Models of Teaching

Eighth Edition

教学模式

（第八版）

布鲁斯·乔伊斯（Bruce Joyce）
[美] 玛莎·韦尔（Marsha Weil） 著
艾米莉·卡尔霍恩（Emily Calhoun）

兰 英等 译

中国人民大学出版社
·北京·

序　言

教学模式是一种媒介，教师和实习教师通过它获得多种成功的教学方法。教学模式不仅在理论上具有极强的逻辑性，而且在实践上具有很大的指导作用，它是专业化教学的基础。 xiii

多年来，课程与教学的研究者试图开发出一种适用于所有教育目标的模式，但我们编写本书的目的并不在此。或许不同的教学模式有不同的教学目的，但组合在一起，却能形成精彩的课堂。所以，有效的教学活动是多种教学模式的组合体，无需专门开发一种高级的、具有普遍指导意义的模式。

在过去的 40 多年里，教学研究取得了三个重要的发展：一是对某些已有模式的继续研究，以及新型教学模式的开发。在此过程中，深入而细致的研究提高了模式的有效性。二是在多种模式的融合方面取得了巨大的发展。事实证明，在课程领域里，多种教学模式的组合使用是非常有效的。例如在语言学习方面，这种方法可以使所有的学生，包括从未学过读写的成年学生，有效地获得阅读和写作的能力。三是电子信息技术扩大了图书馆的信息量，并且把大量信息引入教室。在现代教室里，学生拥有数以百计的图书。同时，电子媒体也为学生提供了各类电子版的课本以及工具书。另外，通过互联网也可获取大量的信息。无论是城市还是乡村都可以通过网络连接起来。世界上任何班级之间都可以通过电子邮件取得联系。艾森豪威尔网（Eisenhower network）提供了大量科学方面的信息和实验。美国国家航空航天局提供几十年前只有极少数人才能了解到的太空信息。“科学星期五网”（ScienceFriday. com）的出现更加令人欣喜。学生们可以通过这一网络了解珍妮·古德尔（Jane Goodall）的生平事迹，为了给地球上的所有生物创造一个更好的生存环境，她促使一个全球性的组织成长和发展起来。

教学模式在逐步完善，因为科学为其发展提供了更加丰富的材料，比如印刷品和电子文档。 xiv

然而，当今的教育界却遭到尖锐的批评。政府部门开始着手对当前学生的学习情况进行检验，这给学校施加了前所未有的压力。另外，有关国家教育发展方面的研究证实当前的教育的确存在着问题。问题之一是有 1/3 甚至更多的学生不能有效读写。在教学资源和教学策略如此丰富的今天，为什么会出现这种现象呢？

原因在于许多卓有成效的教学模式还鲜为人知，没有得到广泛的应用。广大的教育工作者应该了解它们并加以运用。本书及相关资料可以帮助新老教师提高教学技能，开发丰富的课程，帮助所有的孩子取得成功。教育是一项长期的事业，关乎现在，更着眼于未来。随着时间的推移，所有这些教学模式最终都会被更完善的模式所取代。但在今天，让我们把目前最好的教学模式带给教师和学生吧！

布鲁斯·乔伊斯（Bruce Joyce）
艾米莉·卡尔霍恩（Emily Calhoun）
于佐治亚州圣西蒙斯岛（Saint Simons Island，GA）

教学模式的今昔：从单一性到多样化

无论是新任教师还是富有经验的教师，了解并运用教学模式是促使其教学实现专业化的重要途径。如果教师能够掌握有效的教学技巧，并在教学中熟练地加以应用，就可以帮助学生顺利地达到学习目的。教师还可以运用不同教学模式帮助学生形成多种学习策略。教师使用的教学模式越多，学生习得的学习策略就越多，从而加倍提高学生的学习效率。

作为芝加哥大学教育研究所的一名教授，布鲁斯（Bruce）早在 40 年前就开始了有效教学实践的探索，并取得了杰出的成就。当时施瓦布（Joseph Schwab）正在构建丰富的生物学科课程体系及教学模式；赫伯特·西伦（Herbert Thelen）逐步完善了团体探究模式，并在布鲁斯的帮助下使这一模式成为教师教育的主要方式；本杰明·布卢姆（Benjamin Bloom）和约翰·卡罗尔（John Carroll）一起再一
xv 次明确了学习时间和认知表现之间的关系，并丰富了掌握学习的内涵。

几年后，布鲁斯教授来到芝加哥教师教育学院，和他的八位同事一起承担了一项关于新型教师教育模式的开发任务，并促成了能力本位的教师教育运动。这项运动作为教师同伴训练项目的一部分，对 20 世纪七八十年代 140 项教师教育计划的制定产生了积极的影响。

尽管教师教育学院的项目还包括其他内容，如帮助职前教师学习新的教学策略、与纽约市内学校合作促进其发展等，但是，在教师教育方案中把教师教学能力确立为项目的核心组成部分才是人们关注的焦点。有了项目开发的许可，布鲁斯开始拜访许多教学模式的开发者，包括卡尔·罗杰斯（Carl Rogers）及其在加利福尼亚州拉角那（La Jalla）的团队、弗里茨·佩尔斯（Fritz Perls）及位于加利福尼亚大瑟尔的埃塞伦研究所的意识培训中心、马萨诸塞州附近的斯金纳（Skinner）行为主义研究中心、美国蒙台梭利协会创始人南希·兰布什（Nancy Rambush）、戴维·奥苏贝尔（David Ausubel）及纽约大学的其他学者、纽约班克街（Bank Street）研究中心（美国儿童早期教育研究中心）、戴维·亨特（David Hunt）、艾伯特·埃利斯（Albert Ellis）等社会心理学家和治疗专家。

这项研究的初衷是构建一种能够达到所有教学目标的最佳教学模式，现在看来这并不现实。有许多构建者认为现存的每一种模式都有其优势，但都无法满足所有的需要，可是他们相信能够开发出一种通用的模式。例如，蒙台梭利教学法的开发者认为他们已经构建了一个儿童早期教育的万能模式。

由于各种模式的开发者都没有关注其他研究者的成果，再加上研究成果具有一定的相似性，同种教学模式的研究者之间存在互相排斥的态度。

了解到以上信息，布鲁斯承受着构建一种在教师教育中占主导地位的教学模式的重任，从纽约来到了华盛顿。那天晚上，在火车里，他觉得自己有必要告知政府部门他无法完成这一研究任务。正在这时，火车戏剧性地停了下来，灯灭了，发动机也渐渐开始冷却，持续时间有两三个小时，这使得布鲁斯更加苦闷了。后来，灯忽然亮了起来，火车又重新开始前进。布鲁斯做出了那个已在脑海里酝酿了几周的结论：教学模式是多种多样的，有的教学模式只能实现某个或某几个教学目标，有的可能会实现更多的教学目标，不同的教学模式可能具有相同的教学目标。也就是说，没有一种教学模式能实现所有的目标。但是，如果掌握了全部的教学模式，也就可以实现所有的教学目标了。

前　言

20 世纪 70 年代，三本书的出版彻底改变了美国乃至世界职前和在职教师教育的发展。这三本书分别是：米克·邓金（Mick Dunkin）和布鲁斯·比德尔（Bruce Biddle）合著的《教学研究》（*The Study of Teaching*，1974）、本杰明·布卢姆的《人性和学校学习》（*Human Characteristics and School Learning*，1976）、《教学模式》（第一版）（*Models of Teaching*，1972）。 xvii

第一本书的作者为我们提供了一个教师影响学习过程的研究范例。他们对教师影响因素作了分类，并针对影响学习过程的教师和环境因素收集了数据。他们关注的焦点在于教学过程的多变性，即对学习过程中的事件进行研究。目前，人们对师生互动过程的影响因素有了较为明晰的认识，在这种认识的形成过程中，他们的研究无疑起到了催化剂的作用。第二本书的作者对学习能力进行了再定义，强调了学习能力在教学过程中的重要性。他指出，教学活动必须建立在学生原有知识水平、学习态度以及自我认识态度的基础上。1972 年版的《教学模式》一书提出了以上两个重要议题。当时，我和休斯顿大学的同事们正在步履维艰地研究制定职前教师能力本位的培养计划。我们试图建立以相关心理学和哲学为理论基础的研究本位指导策略，研究能力是教师入职前必须具备的能力之一。《教学模式》证明了我们研究思路的正确性，布鲁斯·乔伊斯的研究成果便是最好的证明。《教学模式》还选录了许多教育学家的理论，引起了教师教育的大变革。本书介绍了十几种具有指导意义的教学模式以及每种模式可应用的课堂背景，同时，本书还列出了许多具有说服力并经过研究证明的应用案例。更重要的是，继布鲁斯·乔伊斯做出表率之后，米克·邓金和布鲁斯·比德尔以及本杰明·布卢姆也出版了他们的著作。这意味着教学模式将成为未来所有教学者谈论的话题。

自 1972 年起，我开设了专门的教学模式课程，到目前为止，我教过的学生包括在职教师和师范生在内已达上万名。随后的版本经过增补和调整，各种教学模式 xviii
更加清晰完善，我也亲眼见证了这个过程。每次的增减都会引起人们的广泛关注，也正是这些关注促使《教学模式》一书日趋完善。随着越来越多的教师将新的教学模式应用于课堂，新的教学情景不断产生，这些变化在《教学模式》一书中也有所体现。更重要的是，新版的《教学模式》增加了教师使用方法的说明，使教师可以在本书的指导下轻松自如地运用这些模式，切实促进学生的学习。每一学期，我都会将《教学模式》一书作为课程教材，而且几乎所有的大学书店都会将这本书摆上书架进行销售。这说明《教学模式》一书的价值已得到了教育专家们的广泛认同。

现在，《教学模式》第八版也已经出版了。与以往的版本相比，这一版有明显的改动。具体表现在以下几方面：一是新增了一部分内容，专门用于解决教师在国家和州政府实行绩效化管理的时代如何运用教学模式进行有效教学的问题；二是扩大了读者群，对描述性研究和其他研究的读者也同样适用；三是关注教学模式与其研发者之间的冲突（即模式自身的发展）；四是描述了学习风格（或教学风格）对模式选择的影响；五是探讨了教学模式在远程教育日益发达的今天所扮演的角色。

今年夏天，我结束了教学工作，正式退休了，不过，就在这个时候，我收到了《教学模式》第八版的书稿。在绩效化管理的今天，面对国家以及州政府的评价标准，新的读者会认识到该书的重要价值。对于教育专家而言，本书可以作为他们的教学指南，帮助他们解决在师生互动中如何促进学生的概念学习、发展创新思维、增强问题解决能力、指导学生形成正确的社会角色意识等问题。在过去的30年间，一直关注本书的读者可以清楚地看到，第一版到第八版的《教学模式》关注的都是全体社会成员的学习，无论年长年幼。

休斯顿大学（University of Houston）荣誉教授（Professor Emeritus）
霍华德·琼斯（Howard L. Jones）
于得克萨斯州（Texas）马蹄湾（Horseshoe Bay）

目　录

第一部分　概述

第二部分　信息加工类模式

第四部分　个体类教学模式

第五部分　行为系统类教学模式

第六部分　个体差异、多样性、课程

第一部分

概　　述

我们调查选出的有效的教学模式，将它们作为学生的学习模式加以考察，并考 1
虑如何构建学习者共同体。我们发现教育能在很大程度上影响学习能力，而这些被称为教学模式的工具，是一种组织智力导向的教育的途径，给予我们的孩子们自我教育的方法。教学模式发挥效用的关键是使学生称为更强的学习者。我们工作的关键则是基于教学模式的研究给学生提供学习技能，使他们作为学习者的智慧不断提高。

第1章

开始探究

——专业学习者群体的建立

有时我认为应该把本书取名为《学习模式》，因为真正的教育就是使儿童懂得 3
如何学习。

——艾米莉·卡尔霍恩多次致布鲁斯·乔伊斯

学校开学的第一天上午9点，我们观摩了两个一年级和两个十年级的课。

个案1—1

在一年级的一个班里，孩子们围绕在一张桌子旁，上面放着一支蜡烛和一个罐子。老师杰姬·威斯曼（Jackie Wiseman）点燃蜡烛，当蜡烛燃烧了一两分钟后，她用罐子小心地将其遮盖。蜡烛渐渐变得暗淡，火光摇曳，最后熄灭了。之后，她又拿出另外一支蜡烛和一个更大的罐子重复刚才的试验。这只蜡烛也熄灭了，但是燃烧得更久。随后老师拿出更多的蜡烛和不同型号的罐子，学生点燃蜡烛，用罐子盖住它们，蜡烛也慢慢熄灭了。她说道："现在，大家对刚发生的现象一定有了自己的看法吧。我希望大家就刚才观察到的蜡烛与罐子的现象提出一些问题。"接着，学生们开始做试验。在她循循善诱下，学生们清楚地意识到了自己的问题，修正了试验的计划。当一位学生问道："当使用一个更大的罐子，这个蜡烛是不是会燃烧得更久？"杰姬反问道："我们要怎样去证实呢？"她常常让学生口述自己已知的和未知的知识，并把这些话写在纸上。学生们的自我陈述成了这节课的学习内容。

杰姬在新学年第一课使用的教学模式被我们称为"探究训练"（inquiry training）（见第8章）。这种模式首先是将毫无心理准备的学生置于一个使他们很疑惑 4
的情形中，然后通过提问和引导性的试验，使他们形成个人观点并加以验证。在此基础上，杰姬再分析学生提出的问题，计划下一环节的活动，从而为学生建立一个可以共同探索内心世界的学习群体。

个案1—2

在隔壁教室里，孩子们被分为两人一组。他们的前面是一堆小物件。每组学生面前还有一个大钉子、一团导线和一节电池。老师简·费希尔（Jan Fisher）微笑着向学生解释这堂课将学习电磁学。“我要求每组同学做的第一件事情是把钉子依次放到你们面前的每个物体旁边，然后，我们再一起讨论从中能学到什么。”

学生们按照老师的指示轮流进行试验。每一组都报告说当铁钉靠近或者接触这些物件时没有任何反应。这时，老师向学生演示如何用绝缘的电线包裹铁钉，通过一个开关把非绝缘的导线末端与电池连接起来，再打开开关。“现在，观察一下当你们让它靠近或者接触到放置在你们面前的物件时会发生什么。同时根据所发生的现象进行归类。”学生们不一会儿就将物件分成了两堆，一堆是刚刚被铁钉吸引过去不能动弹的物件，另外一堆是没有反应的物件。

简使用了被我们称之为归纳性思维（inductive thinking）的教学模式（见第 5 章）。这种模式先给学生呈现数据结果或者让学生构建一个可以帮助他们学习这一主题的项目。一旦他们学会了分类（在这个案例中，一些物件在电磁场没有反应），他们会作出假设，然后去进行测试。老师就将根据学生看到的现象，分析学生的思维过程，从而帮助学生进行归纳，使学生作为一个群体学会处理其他领域的问题，比如如何制作磁铁这一发现就可以引导他们尝试更多的探索。

个案 1—3

玛丽莲·哈瑞康克（Marilyn Hrycauk）的社会调查课是以观看加利福尼亚州的一个民事诉讼案件的法庭录像带开始的。这起民事诉讼讲述了这样一个案例：一个 12 岁的孩子在父母离婚后由母亲抚养，父母双方都有监护权，然而母亲却不让孩子的父亲进行探视。

这盘录像带提出了一个开放性的问题。教师要求学生在观看这一案例后形成自己的观点，同时做进一步的思考。她要求学生分享彼此的观点，同时对共享的观点和问题进行整理收集。继而他们发现有必要去探讨另一个被称为“社会地位与价值观”的问题。

5 学生仔细地观看了录像带，也分析了教师为他们收集的若干个相似的简明案例，这节调查课得以深入地展开。其中一份案例成为学生的第一份家庭作业。教师循序渐进地引导学生去理解各种政策声明和这些政策声明的价值。随着练习的进行，她研究了学生在多大程度上能分清事实与假象，从另一个角度区分价值地位，同时讨论这些在表面上相反的价值观和政策的不同点。在深入地开展学习探究的同时，教师自己也成为和学生们同样的学习探究者。

这位老师运用的是法理学的教学模式（jurisprudenticl model）（见第 13 章）。此设计用来引导学生学习公共政策，并形成自己的价值观。

个案 1—4

当玛丽莲班级的学生来到雪莉·米尔斯（Shirley Mills）的英语课堂上时，他们观看了电影《豆田战役》（*The Milagro Beanfield War*）。学生们看到电影的场景、活动和人物特征时反应各异。随后，他们各抒己见，正当他们为坚持自己的观点而与别人争论时，老师宣布：他们可以保留自己的观点并可以作进一步探讨。然后老师分发了约翰·尼科尔斯（John Nichols）创作的小说复印本并要求学生们开始阅读。在这一周内，她鼓励学生们去探讨小说和电影中所表达的社会问题，同时对照作者和电影制作人的表现手法。在构建学习者群体时，她密切关注学生发现和未发现的问题以及表现手法。

雪莉老师已经给她的学生介绍过群体性调查研究模式（group investigation model）（见第 12 章）了，这是她曾经用来设计课程的一种非常有效的合作学习模式。这种模式首先让学生直面那些需要调查的信息，然后开始探究自己能够知觉的世界，并随着探究的深入感知其中的异同。

教育持续不断地丰富学习者的思想并完善他们的情感。丰富的人类意识使教育的过程富有鲜明特色，也使得教学和学习成为一个丰富多彩、不断变化的过程。正如循环变化的思想和情感一样，当学生走进学校时，他们的头脑已经存储了一些经验，其中也包括一些随着年龄的增长而形成的复杂的行为模式。我们试图走进学生心里去探究学习可能产生的影响，询问他们是否对新的学习做好了准备。但是教师实际上不可能走进学生的内心，他们只能根据看到的和听到的去进行推理。当教师试图在自己的心目中构思学生的心理图像时，教育推理就成为主要的工具。教师通过不断地布置情境，安排任务，构建学生的心理图像，使教学这一持续探究人的心 6
理及环境的行为一直进行下去。这个过程通常发生在中小学以及大学教育阶段。例如，物理学教授通过安排环境、布置任务，试图了解学生神奇而独特的大脑中正在进行的活动是否与小学时教师教授的阅读和写作方法相协调。

一个人要全身心地搞好教学就必须敢于探究，不断地去研究心理、思想、情感与环境之间的相互作用和相互转换。我们的探究永无止境，永远不会仅仅满足于科学和艺术上的探索，也永远不会将教学模式的结构建立在对学生心理活动进行猜测这一种途径的基础上。我们要永无止境地探究下去。

教学模式是许多教师探究的结果。正是在他们探究的基础上，我们才能开始新的研究。所有的教师都是通过与学生接触，创造教育学生的环境来积累丰富的实践经验的。有的教育实践已经成为正式的研究课题。研究者通过对这些实践进行研究和改进，使其发展成为教学工作中提高职业技能的模式。

在本书中，我们介绍了一些教学模式，讨论了它们的理论基础，验证了对其进行的实验研究并解释了它们的用途。作为教育者，我们对其进行考察并从中选择能够提高自身教学效率的模式。我们使用这些模式，研究学生的反应并去适应他们。为了更加有效和便利地运用这些教学策略，我们需要进行更多的理论研究和实践。但是只要通过集中学习和使用一两个模式，教师的教学技能就能够提高。掌握这种模式的关键是将其作为探究的工具来使用。我们提供环境，研究学生的反应，同时从经验中学习，在经验中逐渐进步。

学习模式

教学模式就是学习模式。当我们在帮助学生获取信息、形成思想、掌握技能、明确价值观、把握思维方式和表达方式时，也在教他们如何学习。事实上，教学的终极目标就是提高学生的学习能力，使他们将来能够更加便捷有效地进行学习，使他们一方面获得知识技能，另一方面掌握学习的过程。

如何进行教学对学生自我教育能力的形成有很大的影响。成功的教师不是简单鼓励和说服学生的说教者，相反，他们是能够使学生深入地认识社会化的活动，并教会他们如何有效地利用活动结果的促进者。例如，人们都渴望成为口齿清晰、知识渊博的讲演者，但只有通过学习演讲才能够达到较高的水平；成功的讲演者教育
7 学生如何从谈话中挖掘信息为我所用。高效的学生能够从教师那里获取信息、形成思想、增长智慧，并有效地利用这些学习资源。因此，教学的主要任务就是培养高效率的学习者。

上述原理也适用于学校。优秀的学校注重培养学生的学习能力。在这些学校里，学生逐步发展成为学习能手，教学效率也越来越高。评价一种教学模式的优劣，不仅要看它是否直接达到了具体的目标（如自尊、社会技能、信息、思想、创造力等），而且要看它是否能够提高学习能力。后者才是主要目的。

当学生改善学习策略后，他们可以更加有效地完成复杂的学习任务。在对各种教学模式的探究过程中，教师提出了两个基本的问题：怎样教会学生更快、更有效地进行学习？在什么情况下可以使全体学生进行更有效的学习？下面我们将看到有关这些问题的研究。

对教学变化的快速反应

在以色列，什洛莫·沙朗和哈那·沙卡（Shlomo Sharan & Hana Shachar，1988）带领一组中学教师第一次运用“群体调查”这种复杂的合作学习模式研究了学生的发展情况。这一模式在家庭收入水平较低的学生（指社会经济地位较低）与中等收入水平家庭的学生混合组成的班级中进行。在一年的研究过程中，教师先对学生的知识水平进行了前测，在期末又进行了后测。这种方式可以测量出学生在校学习的情况，并可以用此结果与以色列普遍使用的整体课堂模式下的学生情况进行比较。表1—1显示了研究结果。

表1—1　社会经济地位不同的学生在历史课中合作学习的效果

	合作学习（专门训练）		整体课堂控制	
	社会经济地位高的学生	社会经济地位低的学生	社会经济地位高的学生	社会经济地位低的学生
前测				
M	20.99	14.81	21.73	12.31
SD	9.20	7.20	10.53	7.05
后测				
M	62.60	50.17	42.78	27.03
SD	10.85	14.44	14.40	13.73
MEAN GAIN	41.61	35.36	21.05	14.92

（M代表平均数，SD代表标准差，MEANGAIN代表平均数增量）

来源：S. Sharan and H. Shachar，*Language and Learning in the Cooperative Classroom*. New York：Springer-Verlag，1988.

这个表可以进行很多有趣的对比。首先，在前测时，社会经济地位低的学生的成绩明显低于社会经济地位高的学生。一般说来，社会经济地位与学生带入学习环境中的知识有关系，这些学生也不例外。其次，社会经济地位低的学生在群体调查

模式中所取得的平均成绩几乎是整体课堂控制模式下社会经济地位较低学生的 2.5 倍，并且超过了在整体课堂控制模式下社会经济地位高的学生的分数。换言之，群体调查模式教学中，社会处境不利的学生的学习比例要高于非这种模式中的社会处境有利的学生。最后，社会处境有利学生从群体调查模式中也收获颇丰。他们的平均成绩处于整体课堂控制模式下同等程度同伴的 2 倍。因此，这一模式对处于不同社会背景的学生都十分有效。

上述例子使我们认识到不同的教学模式对学生的影响存在巨大的差异。正如我们所看到的那样，其他模式也能或多或少地帮助学生提高学习能力。重要的是我们 8
要认识到，不同的教学模式能使学生在课堂上和学校里产生很大的差异。认识到这点是有效教学的核心，优秀的教师相信自己能够创造这种差异，并且利用学习群体来造成这种差异。然后他们更加关注学生的学习，并创设更加有利于学生发展的学习环境。在这本书中我们将会介绍这些模式，从而使学生快速增强学习能力，这是教师工作的核心。

创设人人能够学习的学校

想象一下有这样一所学校，在那里运用各种各样的教学模式的目的不仅仅是完成一系列的课程目标（使学生学会阅读、计算，理解数学理论，理解文学、科学及社会科学，精通艺术及体育），还要帮助学生提高他们作为学习者的能力。随着学生对信息和技能的掌握，他们收获的不仅仅是学习内容，还有不断增长的应对未来学习任务和设计学习过程的能力。

在学校里，教师运用一定的教学模式使学生获得了一系列的学习策略。学生学习了记忆模式（见第 9 章），懂得如何获得概念（见第 6 章）并形成自己的概念 9
（见第 5、7、10 章）。他们产生假设与理论，再用科学工具去验证它们（见第 8 章）。他们学会如何从课堂和陈述中获取信息（见第 11 章），如何研究社会问题（见第 13 章），以及如何分析他们自己的社会价值（见第 13 章）。

学生还知道如何从训练中获益，以及如何从体育、艺术表演、数学及社会技能方面训练自己，比如如何更加灵活地进行创造性写作以及解决问题等。更为重要的是他们知道如何主动规划学习，也知道如何主动与他人进行合作性的探究。对这些学生的教育既具有挑战性又令人振奋，因为他们不断丰富的学习方式促使我们采用各种各样的方法来教育他们，帮助他们实现教育目的。

本章开始介绍的四个教学案例中，教师和学生共同创设了学习群体来完成他们这一年的教育目标。学校和班级是学生群体的载体，在这里他们学会共同探索未知世界。我们对这些小小的社会团体寄予厚望，希望其成员能更加博学、广泛阅读，并且善于写作；希望他们能够理解周围的世界，并为其发展作出贡献；希望他们自尊自重，通过提高自我效能感创造高质量的个人生活。这些愿望是教学研究的中心，能产生出更多的教学模式来为学生提供学习工具，并激励我们进一步探索。如果要问，我们能否设计出这样的学校和课堂？答案是，能，我们肯定能。如果要问，我们能否运用一些现行的教学策略来达到这一目的？答案是，不能，我们绝对不能！那我们能否研究孩子们的反应并不断地改进教学方式？能，我们肯定能。因此，我们需要继续探索。在开始之前让我们再观摩一些教师的教学，他们充满信心地将学生的学习群体组建了起来。

个案 1—5

开学第一天，当伊芙琳·伯纳姆（Evelyn Burnham）所教的五年级学生走进教室时，他们发现所有的电脑都开着，每一个屏幕上都显示同样的信息："请从班级图书馆中找出一本书来，挑选一张课桌坐下来，开始默读这本书，如果发现生词，就写在卡片上，放进你的生词盒里。"

学生们有点困惑不解，但在环顾教室之后，就从放有科学工具和视听设备的桌子上和标有"班级图书馆"的书架上进行挑选。他们在一个书架上找到一些卡片，每个同学都在上面写上书名，坐到桌子旁，开始读书。这时老师伊芙琳在教室里来回走动，向学生们作了自我介绍，并记下学生们的名字。

10 个案 1—6

邦妮·布里格曼（Bonnie Brigman）教的二年级学生，在开学第一天走进教室后发现课桌上已经贴上他们的名字，黑板上通知写着要求他们找到自己的课桌，然后开始阅读课桌上的一组句子。邦妮让他们记下不会拼读或不解其意的单词。

像伊芙琳一样，邦妮在教室里走动，向学生作了自我介绍。她请送孩子的家长们留在教室里，并请他们浏览"开始阅读"（*Just Read*）项目的内容简介。

20分钟之后，邦妮让学生们说出拼读有困难的单词。当某个学生指出一个单词后，邦妮就问是否还有其他学生也不懂这个词。她在腿上放一张写有学生名单的金属板并记下这些单词。这些句子都是由一些复合词组成。在每个句子中，她都确信有一个学生不会的新单词，如此一来学生必须通过上下文来理解这个单词。

个案 1—7

布鲁斯·霍尔（Bruce Hall）给八年级学生上社会研究课。开学第一天，在学生找到标有自己名字的桌子旁坐下后，他给学生一分钟时间安顿下来，进行自我介绍后，他打开录像机，放了电影《基地》（*Gandhi*）的一个片段，即甘地正在进行著名的非暴力不合作的演讲。结束放映后，布鲁斯让学生们写下对这段电影的感受。他说道："咱们的课从对社会的研究开始，不过我还想看看你们的写作水平怎么样。"

"这是一节英语课吗？"一个学生问道。

"哦，这是一节社会研究课，但所有的课都与文学有关，今年我们要进行很多这样的训练。"

11 这三位老师面对不同年龄的学生做着同样的事情。他们通过向学生布置任务使之意识到自己处于一个学习环境中。他们对学生进行指导，使事情顺利进行。他们没有花时间告诉学生如何去做，而且认为学生都会按照教师的指导进行实践。事实证明这种做法是正确的，学生们也马上开始学习。他们不仅及时引导学生，而且对学生态度友善，并及时给予肯定。

三位教师从学生一进教室就开始对其进行研究，在知道学生能做什么以及如何做之后，他们马上调整自己的计划和方法。

三位教师都认为学生能安排自己的活动：找出图书、独立阅读、按要求写作。

三位教师都希望学生能独立阅读和写作，在开学第一天就开始进行阅读训练。

三位教师都对自己和学生充满信心，让学生懂得教师只是教与学转换过程中的成年人，但并不是什么都会。如果学生在哪个地方遇到困难了，教师会说：“哦，让咱们看一看有没有别的办法。”在学生的眼中，教师也是一个学习者。

应用于所有教学模式的学习概念

本书的大部分内容将要对教学模式进行一一介绍，尽管我们也学习了如何将其整合以创造学习环境和课程计划，但我们需要去认识这些模式的理念，帮助我们认识学生的思维方式和正在使用的教学模式，以便更好地去理解这些模式以及它们的运作机制。

一些关于学生和教育环境思想的专业名词有：

- 建构主义（constructivism）
- 元认知（metacognition）
- 支架式教学（scaffolding）
- 任务与学生之间的最佳错位性（有时也叫最近发展区）[optimal mismatches with tasks given to students（sometimes called the zone of proximal development）]
- 形成目标时专家行为的角色（roles of expert performance when developing goals）

我们将要剖析这些学术术语及其隐含的思想，同时思考我们如何使用它们。这时你会发现，当你试图去创造一些学生的成长环境时，你就会发现这些术语与教学模式的动作方式和动作原因相关联。

建构主义

我们并不是特别喜欢建构主义（constructivism）这个术语，因为主义（*-ism*）暗含着一种“你是否是一个建构主义者?”的教育主导的政治立场。这种看法由来已久，即教育是一种缺失方向的混合体，它一方面强调什么是教学，另一方面强调如何让学生共同学习重建当前的知识，学会探究并培养学习能力。简单地说，教师要直接传授知识给学生，还要教他们如何学习知识。这里提到的“缺失方向”实际上是思维方式，而这种非此即彼的思想却不是一种表达问题的最好方式。例如，当我们观摩各种各样的教学模式时，会发现尽管所有的模式有不同的运作方式，但都是通过教学来提高学生获取知识的能力以及与同伴合作的能力的，进而使他们能够创造丰富的社会关系，获取智力方面的知识，同时也建构起在学术、社会、个人领 12
域的知识。

这就是所谓的建构主义，其多种形式（详细分析见 Phillips，1983）源于早期对教育的讨论。例如，柏拉图和亚里士多德开拓了关于自然知识以及人们如何去建构知识这些领域，杜威（J. Dewey）是20世纪这一研究领域的主要代言人，俄国心理学家维果茨基（L. Vygotsky）也对此予以关注。记住这些建构主义者，我们相信下面的观点处于核心地位。

首先，学习就是建构知识。在学习进程中，大脑存储信息、组织信息，同时修订先前的思想。学习并不是简单的吸收新知识、观点和技能的过程，而是重新建构新材料的过程。如果你集中精力思考这本书的内容，即各种现有的教学模式，你就应该能够想象对于从事教育工作且坚信存在万能教育模式的人们来说，重新建构知识有多么重要。实际上，每种教学模式都包含特别的学习方式，而且这些模式也可以联合起来帮助学生形成各种学习知识的方式。

其次，思想是与生俱来的。孩子们学习文化，尤其是存在于家庭和社会中的文化知识。由于我们是在特定的文化中长大的（应注意我们天生就有学习语言和文化的能力），我们从小就形成独有的信息和思维系统，掌握了自己与人交往的方式，以及适时表达这种语言和文化的能力。这时，如果有新的信息被吸收到，我们就能积极地重建现有的思想体系。举个简单的例子，许多网球新手认为当人们平行挥拍击打网球时，球的轨迹就应该与地面平行。事实并非如此，必须向上击打才行。平行击打网球，网球在过网之前，会因重力往下落。如果不重建这种挥拍的观点，那么打球就没有乐趣，能力也不会提升。举个复杂点的例子，如果一个孩子生长在一个总是用暴力解决问题的家庭，那么在面临挑战时他可能会产生过激反应，从而激化矛盾；在一个合作式的学习环境中，比如在一个好学校、好班级中，学生要学会与他人相处的多种方式，对信息进行重新构建就成为一种必需。

建构主义者认为，知识和文化一样，不仅可以由教师和家长传输给学生，而且儿童在接受教育的过程中通过对信息的反馈也会获得知识。然而，通过发现形成的教学模式并不是知识建构的唯一途径，设计良好的指导方法也有助于学生建构知识。在第 11 章我们验证了先行组织者模式，通过教学生如何在一种明显易于接受的情境下做到积极主动，这一模式帮助教师在授课和其他形式的报告中获得知识。

13

元认知理论

元认知与建构主义相关，连接点即为大多数有效学习者能够逐渐意识到他们是如何学习的；他们拓展学习方法，并对过程进行监控。换言之，他们在学习策略上强调“执行控制”而非被动地对环境作出反应。学生对他们阅读任务理解后的反应就是一个案例。但是，不容乐观的是，有一些学生一直在被动地读课本，他们的学习方式是不断复制材料，而不是积极的建构知识。而另一些学生则会在阅读时有意识地批判这些材料，通过组织信息和构建自己的概念来理解所读内容。令人欣慰的是，通过我们的指导学生可以变得越来越好，能力可以得到很大的提高，这种指导可以从幼儿园和一年级就开始。

从其与教学和课程之间的关系来看，你可以很容易地看清楚建构主义和元认知概念之间的关系，然后通过教学以便能够持续不断地参与到“学会学习”的进程中。当我们教授科学时，我们不仅可以教学生科学的思维过程，而且可以利用这一过程促进学生的学习。不仅仅是科学这一科，其他学科也可以做到。我们在引导学生进行归纳性学习时，还培养了他们的归纳性思维能力。正如珀金斯（Perkins，1984）指出的，在所有课程领域的思维技能方面，学生通过接受教育而获取和存储知识，通过建构概念来理解和应用知识，最终成为一个综合型思考者。与探求教学的模式一样，我们将会更加关注每种模式构成的基础，帮助学生形成对每种模式的元认知控制，从本质上帮助学生在学习中学会建构知识。

支架理论

个案 1—8

米米（Mimi）所教的五年级学生正在学习加勒比海地区，这些学生已经注意到这些巨大的岛屿之间存在着相当大的财富差别。然而，也许当下的任务超出了学生的能力，他们不知道如何进一步说明它们之间的不同。老师建议学生创建一个表格，标注这些岛屿在人均收入、面积、人口和被殖民的历史（统治时间和统治者等）等方面的差异，并且推测这些因素之间是否存在联系。老师试图去找到学生理解数据的程度和它们之间的关系，以便于他们能够进行调查。她试图去理解并提升学生当前的能力。她是否会成功？我们并不知道，但她的目的是本章的主题，即在这部分需要我们解释的支架教学理念。

此处的支架是指能让我们帮助学生获取增加元认知控制能力的方法。在所有的 14
模式中，我们通过研究学习者的现状和他们学习策略的形成来进行支架教学。

交互式的阅读理解式教学

许多合作学习策略是类似的，它们在建构个人理解力和学习技能的同时也应用于不同的课程领域和不同的学习目标中。交互式教学主要针对于听力和阅读理解的教授过程，在这里，理解力被看成是一种探究者解决问题的过程（Brown，1985；Brown & Palincsar，1989）。阅读方面的教学目标是增强学生对课外知识思考和理解的能力，提高他们作为探究者合作学习的能力。

阅读是一种多维思考方式。好的阅读者能够获取大量的情景性词汇，学会如何去增加词汇量。他们知道如何利用语音与结构分析方面的知识和技能去掌握不认识的单词，他们通过词语、句子、段落和文本中的章节理解单词的意思，从而试图去理解作者的观点。阅读主要针对的就是这些，但理解却是真正的难题，因为完全不能理解或只是一知半解的阅读都不算是阅读，因此应优先考虑发展一些提高学生理解能力的技能。交互式教学是一种非常有效的方法，能够帮助学生提高理解单词、句子和课外材料等的技能。

这种方法很简单。学生在阅读文章时每读一段，教师便使用下面四种理解途径来引导：（1）针对课文深入提问；（2）总结已经学习的内容；（3）尝试弄清单词的意思；（4）预测在下一段落中会出现的情况。然后学生轮流引导整个小组去解读下一段或下一章节。根据学生的阅读情况，教师会帮助他们分析理解文中的对话，如果有需要，教师可以告诉学生一个示范性学习策略，教师的角色会依据学生掌握的熟练程度及策略的使用进程而不断调整。以元认知控制策略的形成为基础而产生的自我监控是教学技能的一个非常重要的部分。起初教师为学生提供支持，但随着学生逐渐掌握这些策略，教师需要不断地减少作用。围绕问题而展开的对话既可以帮助学生理解课本，也可以引导他们发展自我探究的意识。学生在自己领导或观察其他学生领导时，可以发现灵活的领导艺术有助于提升自我控制能力。

适时反应原则，即观察学生的表现并提供足够但不多的支持，是成功实施交互式教学的关键。下面是一个针对理解课本有障碍的中小学生设计的 20 天教学。

15 布朗和帕林卡萨（Brown & Palincsar，1989）对交互式教学进行了认真的评价。在教学开始时，近半的学生对文本的准确理解率只有33%。在训练末期，几乎所有（98%）学生的理解水平都达到了75%。几周后教师进行的评估显示大多数学生一直维持在这个水平。一般来说，学生的标准测试结果是中等的。但是我们并不会期望通过对阅读能力几方面的指导就能够影响整体效果。令人感兴趣的是，如果指导能够与加强独立阅读相联系，那会产生什么样的结果？

通过《教学模式》这本书，我们将讨论和解释各种模式应用中的支架教学。每种模式都有被我们称为“适时反应原则”的指导方针，在教师试图提高学生的探究能力时它可以对教师的教学进行指导。

最近发展区

教学最具有挑战性的一个方面就是制定出让学生通过努力能达到又不超越学生实际掌握能力的目标极限。如果教学的内容仅处于他们知道并且能够做到的范围内，那么他们就不能学到更多的知识，形成更为有效的学习策略。但是如果教学设计超越了学生当前的知识和能力，那么他们学起来也会非常困难。

最近发展区从表面来看很简单，但操作起来却很复杂。举一个简单的例子，当你让学生以合作学习的方式来对新信息进行整理时，首先碰到的问题就是学生在人数不同的小组的工作效度存在着差异。某一个班级的学生可能在两人一组的情况下工作得很好，但在人数更多的小组中情况就不一定了。显然，如果将学生两两分组适合该单元教学目标需要的话，可以这样做。然而，如果教师想帮助学生学会如何在更多人的小组学习，就需要增加他们的经验和指导。可以将学生分为3～4人或者5～6人一组。与此相似的是，学生可能现在学习的是如何将数据信息进行分类，如果他们要建立分类的话则需要得到类似的支持。

发现最近发展区

有时我们会遇到十分棘手的任务，而有时学习的课程则轻而易举。因此教师面临的挑战就是创设一个能够吸引学生前进而不是阻碍学习进程的环境。

有时教学内容是关键。交互式教学最复杂之处在于教师要认真观察学生并决定
16 在什么时机给学生进行理解技能的示范。如果学生正在思考下一段会出现什么内容，教师可以指导如何进行预测，以引导学生获得更高的技能水平。

开学第一天，教师要花很大一部分精力搞清楚学生掌握的和未掌握的知识，以及对这些学生而言哪些知识比较困难，哪些比较容易。

确定一个班的学生的平均智力和情感水平处于哪一个成长发展阶段比寻找适合他们的学习内容更加困难。在对学生进行研究的过程中，有几种理论模式可以帮助我们。在建构主义理论中，维果茨基使用了“最近发展区”这个术语来表示对学生发展水平问题的理解，并根据学生的水平安排认知任务，创设能够促进学生发展的符合社会需要的环境。我们还可以用皮亚杰（Piaget）的理论来了解学生的发展阶段，创设一种既有利于学生成长又没有过重负担的环境，从而使学生充分活动。

为了能够具体阐述，我们设想一个关于人际交往的情境。当娜塔莉（Natalie）面对与自己观点相冲突的问题时的反应是要么完全赞同，要么完全反对。而威尔（Will）会对此种情况进行分析，或者使双方观点达成一致，或者是部分反对部分

接受，或者修正自己的观点。因此，威尔能够更轻松地处理复杂的社会情境，因为相对来说他可以接受别人的意见，修正自己的观点。两相对比可以看出，娜塔莉需要更多的指导才能达到威尔所具有的能力水平。

最佳环境

促进个体复杂性和灵活性的最好方法是满足个体当前人格发展阶段的需要，创设适合该阶段特征的环境，以促进个体向下一阶段发展。下面概括了四种概念化水平，并列出了与此相对应的最佳教育环境。

阶段特征

阶段一：这个阶段有着显著的固定的反应模式。个体习惯按照自己固有的模式对事物进行分类并且喜欢用对错模式来评价问题；喜欢单向度地看待社会关系，如将人分为高低贵贱的等级关系；习惯性地拒绝那些不符合自己当前观念体系的信息，或者转化这些信息以便将其储存在自身已有的信息类型中。

阶段二：在这个阶段，个体破除了第一个阶段僵化的规则和信念，处于一个积极抵制权威的阶段，试图反对一切控制，甚至是非权威性的控制。但他仍然试图将环境分为两类；难以理解别人的观点，难以在任务导向和人际关系之间保持平衡。

阶段三：在这个阶段，个体开始与他人重建联系，并开始采纳他人的观点。在与他人形成新的人际关系的过程中，个体由于关注人际关系的发展而难以保持任务导向。然而，他开始去平衡各种选择，并开始建立一种概念以连接不同观点和相互矛盾的理念。

阶段四：这一阶段个体能够在任务导向和人际关系之间保持平衡。为了适应不断变化的情境和接受新的信息，个体能够建立新的结构和信念，甚至信念体系。此外，个体能够与他人协商在一定条件下控制行为的规则，与他人一道设计活动项目，并能为探讨抽象问题而与他人共同协商构建概念体系。

最佳环境

有些人在过度开放的社会系统中会变得更加固执，因此为了促进个人在第一阶段的发展，这里需要对环境进行合理组织。这种环境必须重视以下方面：让个体形成与其信念相分离的自我形象，认识到包括自己在内的不同的人看待事物的视角各有其长处，认
识到不同情境中的对错和规则不是一成不变 17
的，而是可以协商的。总之，对于个体来说，这个最佳环境是具有支持性、组织合理、控制适当但又强调自我描述与协商性的。

在第二阶段，经建议的自我描述得以执行。同时个体需要重建与他人的关系，采纳他人的观点，并且要注意他人在情境中是如何表现的。因此，环境要强调人与人之间的协商，以及规则和概念形成过程中具有拓展性的特征。

第三阶段的环境应强化重新建立起来的人际关系，同时也应将重点放在以下两个任务上：一是个体作为小组成员应达到的目标，二是维持自己与他人的关系。尽管个体能够继续发展人际关系方面的技能，但如果这时有过度的环境保护的话，个体可能就会停滞在这个阶段，尽管他或许还可以发展人际关系方面的技能，但却不可能再发展与概念化和任务导向情境有关的更高的技能。

在第四阶段，个体的适应性增强了，他可能更适宜在一个独立的、以信息为导向的复杂环境中进行操作。

如果我们能够理解这些阶段的话，我们就可以明白在推动或能够推动自己取得 18
更大发展的过程中学生为什么会做出那样的反应了。发展学生对于概念的灵活性是

一项严肃的教育目标。

设想有一位教授不同发展水平的学生的教师，这些学生大部分是处于阶段一水平的一年级学生。他们需要具有高度组织性的环境，喜欢军事训练营。然而，如果所有环境的组织性都很高，我们很可能发展不到下一个阶段就会成为专制主义者。让我们回头看看那些小学高年级学生和初中低年级学生。如果学生不断地进步，就能够找到更多可以选择的方法，进行更加深入的探究。在第一阶段，环境组织程度如果很高，将遏制学生的发展。另一方面，如果他们要进步，就要接受挑战产生更强的能力来看待不同的观点，尊重其他人的意见。（对公共事件的辩论，要求学生清晰分析对方的立场，并不断地发起挑战来维护自己的立场。但是真正具有综合意义的复杂性的发展要到下一阶段才有可能。）在更高级的阶段，学生将会对过度的控制表现出不满，对更强有力的、更具挑战性的领导作出回应。

选择目标时专家行为的角色

我们如何确定目标？这个问题包括是否应有不同水平的目标（一年级的学生应该做到哪些，二年级的学生应该做到哪些，等等）。我们是否能够确立适用于不同发展水平的专家行为体系？因为它是所有教育目标的高水平的行为，而不是某一教育发展阶段的任务。实际上，我们要努力去发现专家是如何操作的，是如何为不同年龄的学生设计课程模式并实施的。

实际上，我们要么设置婴儿学步式（*baby-steps*）课程帮助学生逐步提高能力，要么尽早向学生介绍顶级水平的行为，使他们认识到自己的“专家”行为因能力的限制而有局限性。专家行为提供的模式使学生为之努力，从而不断提高自己的能力。

所有课程领域的学习都可以利用专家行为帮助确立目标。例如：在阅读方面，我们可以研究专家型读者怎么理解文章、辨别单词、深入理解主旨、构建词汇，然后，通过课程安排来帮助学生形成这些能力；在写作方面，我们可以引导学生去研究作者如何确立题目、介绍主题和安排人物角色、组织句子，等等，准备学习写作
19 的一年级学生可以利用图画书上的题目来帮助他们形成自己的题目；在社会研究方面，学生可以利用社会学家、经济学家和其他社会科学专家所使用的方法收集和组织来自社会团体、邻居和社区等渠道的信息，还可以通过使用社会科学专家不同的概念观点来比较不同的群体（例如，本书中，一个五年级班级在研究加勒比海时通过使用人均收入等概念来比较不同国家）。

做以上工作所使用的材料必须是学生能够理解的（原子物理对于二年级的学生来说不是一个很好的主题，跷跷板游戏却提供了一个研究杠杆的好办法）。同时，教师需要主动地且不断地推动自身发展。对很多教师来说，向学生介绍专家写作系统时，自己也是第一次接触。另外，对教师而言，用社会学的概念来看社区可能也是一种新的体验。

第一次碰到专家模式的概念，人们的第一反应通常是，其做法违背了最近发展区理论，要求一年级学生将其所在的社区与远离自己的另一社区作比较完全超出了他们的能力。相反的意见却认为专家行为是高水平的、直接的，并且在一定意义上比初学者的盲目摸索更容易。在对不同国家进行比较时，知道将人均收入等经济指标作为研究的起点，这是一个使探究进行下去的概念性的切入口。没有概念和探究的方法，初学者只能盲目地摸索。

写作中最困难的任务之一是组织每一段落的第一句话和较长的句子，因为这两部分主要用来表达主题和文章的主旨。如果新手对此种问题能够具备专家一半的解决方法，写作入门就容易多了。

精准是很重要的，这一点在体育运动中显而易见。如果我们教一群五六岁的孩子打网球，就会发现专家教的发球动作使这些孩子能够把球发过网并落到场地内，打球动作也是这样。专家并不仅仅是个子大些、身体强壮些，他们还具有很多体质以外的素质。

专家模式概念在很大程度上挑战了婴儿学步式课程方法，后者在低年级课程内容方面仅局限于儿童经验范围之内而没有加以扩展。一个类似的社会研究领域的例子是：当一、二年级的学生在研究自己所在的社区时，并没有马上阅读关于自己社区和英国、法国或其他国家的社区进行比较研究的材料，这一步骤在五年级以后才开始进行。但专家模式会使用学生早期不熟悉的文化背景的研究成果去向学生展示他们要研究的社区环境。

应当强调的是运用专家模式并不是要用繁重的、强制加速的方式去教育，当然它确实强调对学生要有高标准和高期待。如果教育过程真的要达到精准水平，那么学习就会成为既容易又富有挑战性的事情。

教学指导 20

我们可以把一直讨论的概念添加到教学指导资源库中，看看是否能够将众多的知识信息运用于一系列使用不同教学模式的教育实践中。学生的成功依赖于掌握每一种学习模式，当他们应用这些模式时，能够意识到如何去取得成功和监控自己的表现。

从建构主义理论出发，我们应该尽可能少地把学生看作信息的接收者，而应该尽可能多地把他们看作知识的建构者。同时，非常重要的是，我们应当把他们看成一群在前进过程中需要不断重组知识的人。他们拥有知识的同时又不得不去重构它。在这些方式下，每一种教学模式都可以帮助学生获得新的创造及重构知识和观点的方法来增加他们的知识量。

从元认知理论出发，我们应该把学生看成知道如何学习、如何创造更多学习策略以及如何运用学习策略意识的个体。

从支架理论的视角出发，我们将自己的工作理解成研究学生的反应，不断提高他们各方面的技能，包括对行为的元认知理解。我们需要调整自己以适应学生，认识到学生的发展水平并努力促进他们的进步。

从最近发展区理论的视角出发，我们应该通过适度超前于学生认知水平的工作去吸引他们向前发展。如果学生需要更多的组织，我们可以提供，但是不能太多，否则就会影响他们的独立学习。可以这样想象，我们手里拿着一个与学生能力相连的橡皮筋，如果他们需要多一点的帮助，我们就拉一下橡皮筋；但是不能够太用力，那样他们也难以坚持下去。

从专家行为概念的视角出发，我们能够更好地理解目标。这种专家行为概念有两个方面：一种是确立较高的目标，推动学生达到我们所知的最高水平；一种是将专家行为教给不同知识水平的学生。

在本书中，我们会结合对每一种教学模式的讨论整合这些观点，同时研究如何将他们糅合创造出更好的课程。

第2章

教学模式的来源

——建构知识的多重方法

21 探索教学模式是一项非常有价值的工作，当人们认识到工作中那仅有的障碍只不过是虚构的和强加上去的时候，内心的愉悦感就再也按捺不住了，人们会像目睹一个新物种的诞生一样感到激动。

——弗里茨·佩尔斯致布鲁斯·乔伊斯，1968 年春

个案 2—1

西蒙斯小学第四教学 A 组的一天（参见本书其他章节中涉及的个案）

8:30：翠西·波瑞尔（Traci Poirier）带领她的五年级学生来到教室，同学们发现他们的课桌被排列成了马蹄形。本周他们被分成若干个小组，每组三人。每个小组的成员需要与组内其他人分享一些他们昨天放学后做的事情或思考的问题。一些同学介绍了他们读的书或者看的电影、电视节目，另外一些同学讲述了他们去的地方、与家庭成员的谈话等。总之所有人都提供了一些与大家分享的信息。

8:45：翠西问是否有学生愿意与大家分享自己刚刚从别人那儿听到的事情。安迪说道，莎伦讲她的姐姐周六要结婚，她想知道大家能否送她姐姐一张贺卡。同学们都同意了，安迪还主动要求到打印店做一张贺卡。然后南希说道，比利收到了他笔友的电子邮件，他的笔友在香港的大埔区老市场学校（最近他们通过选修课程来了解美国生活，美国的学生也是通过选修课程来了解香港的生活的）。比利的笔友想知道比利的同学都有多少个兄弟姐妹，每个人都写下了自己兄弟姐妹的数量并交给了比利，这样就足够答复他的笔友了。

9:00—10:30：读写练习。第一个问题是从大埔区一座公寓的照片中获取信息
22 （见图 2—1）。每个成员轮流辨认图片中的内容（见第 7 章），翠西在图片周围将物体与图表用线连接起来，并分别写出它们的名称，安迪把它们输入电脑，稍后又把班级每个同学指出的物体都打印在卡片上，大概有 30 个。

之后，他们把这些词同自己城市里一座公寓照片上的物体进行了比较（见图 2—2），他们惊奇地发现，有 25 种是相同的。在大埔区的照片中只有三个物体是他们所不熟悉的。有些物体尽管名称可能有区别，但实质还是相同的，如使用中文和英文两种语言的标记和只使用英文的标记（见图 2—3）。

图 2—1　大埔市场旁边的公寓

图 2—2　佐治亚州亚特兰大的公寓

9:30：独立阅读。这意味着大多数学生需要通过阅读百科全书、做笔记、探索开放性问题来了解香港（见第 8 章）。翠西用格雷朗读测试（*Gray Oral Reading Test*）（Wiederholt & Bryant，2001）来测试两名学生对文章的熟悉程度和理解程度，以此来探索在下学期提高所有学生理解能力的方法。

10:00：写作。学生利用他们描述两张图片信息的单词进行写作，以此来比较两个市区的异同。翠西给他们做开头语的示范，重点讲了怎样把标题和首行联系起来确立主题。她像上学期那样，让同学们对课文的开头进行分类（见第 5 章）。第 24
二天共同研讨他们作文结构的相似性（见第 10 章）。

图 2—3　大浦市场附近的公共汽车

刚过 10:30，翠西已经运用了合作学习策略、图—文归纳模式、群体调查、归纳思维模式等设计了一系列活动，并用共同研讨法准备了下一节课的内容。随着工作的开展，她将运用科学探究及其训练模式在学校附近的工厂开始一组新的教学活动，并将继续关注数字系统的特征。

翠西掌握了大量的教学模式，并深知学生的成功取决于他们自己对蕴含在每个教学模式中的学习模式的掌握程度。

学习环境和教学模式

教学的核心在于环境的创设。学生在与环境相互作用的过程中学习并学会如何学习（Dewey，1916）。教学模式是对学习环境的描述，其中包括作为教师的我们在运用教学模式时的行为。这些模式有许多用途，从规划课程到设计教学材料，多媒体教学也可以用到。

多年来，我们一直在研究切实可行的教学方法。我们通过走进学校、走进课堂来研究教与学。除中小学外我们还走进其他环境，比如通过走近工业、军事和体育界中的治疗师与训练员来研究教学。我们已经创建了大量的教学模式，其中一些得到普遍应用，另一些则只适用于特殊的教学目的。有的模式程序简单、直接，能够立即见效，有的则包括复杂策略，需要耐心而熟练的指导才能被学生习得。

本书介绍的这些模式构成了学校教学的基本框架。我们可以利用这些模式达成大部分的教学目标，当然，只有优秀的学校才有能力达到综合运用的程度，我们可以对整个教学、课程、单元和课时等进行设计。即使不是全部，大多数的教学模式也都是从哲学和心理学两个角度出发来研究教学的。所有的教学模式都有明确的理论基础，以解释为什么这些模式能够实现我们设计的目标。我们所选择的教学模式都经历过长期的实践，并且在实施的过程中不断完善，使其可以高效地运用于现行的课堂及其他教育环境中。此外，它们具有广泛的适应性，可以适用于不同学生的学习风格，满足多种课程领域的要求。

在涉及的各种模式中，有些理论及实际效果除了要通过经验验证，还要经过大 25
量正式的研究来测验。其中一些只需要少量的研究，而另一些则要经历数百次的研究。我们在讨论每个模式时都提供了重要的参考文献，即那些相关研究的文献。例如第 3 章的一系列模式类型，包括了检验这些模式效果的方法以及运用它们的方式，如上文中翠西所做的那样。

根据这些教学模式是指向人类自身还是指向人如何学习，我们将其分成四类：

- 信息加工类
- 社会类
- 个体类
- 行为系统类

本书从每类中都选取了几种模式，在第二部分到第五部分中分别予以呈现。在第六部分，我们将研究几种模式的综合应用，即教学模式通过消除性别、种族和经济社会权利的不平等来促进教育公平，创建课程，为处于困境中的学生创造环境，使各种学习风格的学生都能进入更高的发展阶段。下面我们简要地介绍一下我们所选择的这些模式。

信息加工类模式

信息加工类模式强调人类的内在驱动，通过获得信息和组织信息来认知问题并找到解决问题的方法，从而获得对世界的感知，发展概念和语言。有的模式给学习者提供信息和概念，有的强调概念的形成和假设的检验，有的强调形成创造性思维，还有的旨在提高学生的通用智力。许多信息加工类模式都有利于自我和社会方面的学习，因此有利于实现个人和社会的教育目标。

在第二部分中，我们将讨论八个信息加工类的教学模式，表 2—1 展示了这些模式的创立者和修订者。

归纳思维模式（第 5 章）

分析信息和创造概念的能力通常被认为是基本的思维能力。归纳思维模式是在希尔达·塔巴（Hilda Taba，1966）和其他人研究成果的基础上通过修订而形成的，他们做了许多关于如何教学生发现和组织信息以及提取、验证数据集之间关系的假设研究。该模式已经运用于多种课程领域而不仅仅限于科学，并且适用于所有
年龄段的学生。语音、结构分析与语法规则一样，都依赖于概念学习。而文学的结 26
构则是以分类为基础的，对社区、国家和历史的研究都需要概念的学习。即便概念学习对于思维发展并不起关键作用，但由于信息的组织对课程学习来说非常重要，所以归纳思维成为学科教学的重要模式，该模式是基于乔伊斯和卡尔霍恩（Joyce & Calhoun，1996，1998）的研究发展而来的，乔伊斯、哈瑞康克和卡尔霍恩（Joyce，Hrycauk，& Calhoun，2001）利用该模式来促进学生多学科学习能力的发展。

表 2—1　　信息加工类教学模式

模式	创立者	修订者
归纳思维模式	希尔达·塔巴	布鲁斯·乔伊斯
概念获得模式	杰罗姆·布鲁纳（Jerome Bruner）	弗雷德·莱特霍尔（Fred Lighthall） 坦尼森（Tennyson）和科克奇瑞拉（Cocchiarella） 布鲁斯·乔伊斯
图—文归纳模式	艾米莉·卡尔霍恩	
科学探究及其训练模式	约瑟夫·施瓦布（Joseph Schwab） 理查德·萨奇曼（Richard Suchman）	霍华德·琼斯（Howard Jones）
记忆模式	迈克尔·普瑞斯利（Michael Pressley） 约珥·莱文（Joel Levin） 理查德·安德森（Richard Anderson）	
共同研讨法	威廉·戈登（William Gordon）	
先行组织者教学模式	戴维·奥苏贝尔（David Ausubel）	劳顿（Lawton）和万斯卡（Wanska）

概念获得模式（第 6 章）

概念获得模式以布鲁纳、古德诺和奥斯汀（Bruner，Goodnow，& Austin，1967）的思维研究为指导，经过莱特霍尔（Lighthall）和乔伊斯的修订发展而来，与归纳思维模式密切相关。对于如何设计进行概念学习这一教学问题，概念获得模式为每个发展阶段的学生提供了从宽泛的主题中获取有序信息的高效方法。 27

图—文归纳教学模式（第 7 章）

由艾米莉·卡尔霍恩（1999）创建的这一模式研究的是学生如何获得书面语言，尤其是阅读和写作的能力，同时还包括对听、说以及词汇的研究。图—文归纳模式与归纳思维模式、概念获得模式一样都可以促进学生对单词、句子和段落的学习。该模式无论是对幼儿和小学生的阅读学习，还是年龄稍大的学生在“安全网（safe net)”项目中有关阅读和写作训练的有效课程学习来说，都是一种最核心的教学模式。

科学探究及其训练模式（第 8 章）

在众多用于学生进行科学探究及其训练模式中，我们选择由施瓦布（1965）领导的生物科学课程研究小组（Biological Sciences Curriculum Study，BSCS）的研究成果作为主要例子。在学习的初始阶段，我们引领学生进入科学探究的过程，帮助他们收集和分析资料，验证假设和理论，以此思考知识建构的本质。该模式能够引导幼儿进入科学的殿堂，有效地促进学习机会的均等化，缩小性别差异（Parker & Offer，1987），并能极大限度地减少经济社会的差异带来的问题。BSCS 继续致力于课程的修订和为幼儿开发新的课程（例子参见 Greenwald，2001）。《教学科学研究》（*Journal of Research on Science Teaching*）杂志已经报道了大量的相关研究，互联网上也有大量以探究为导向的科学课程。尤其是艾森豪威尔网，信息更为丰富，通过这一网站和美国国家航空航天局（National Aeronautics and Space Administration，

NASA）的网络终端可以进行空间模拟。

记忆模式（第 9 章）

记忆模式是记忆和同化信息的策略。教师可以利用该模式来呈现材料，通过这种模式的教学，学生可以更加容易地收集到信息，也可以在个体学习和合作学习中提高获得信息和概念的能力。这个模式在多个课程领域得到了验证，涉及了不同年龄阶段及不同性格特征的学生。该模式由普瑞斯利、莱文和迪兰尼（Pressley, Levin, & Delaney, 1982），以及两位莱文（Levin & Levin, 1990）等首先提出，由罗拉尼和卢卡斯（Lorayne & Lucas, 1974）、卢卡斯（2000）等人广泛应用于实践。由于人们往往把记忆术（辅助记忆法）与重复和死记硬背相混淆，因此普遍认为记忆术只能应用于低水平的信息记忆，但这是不对的，记忆术不但可以帮助人们掌握有趣的概念，而且它本身也是很有趣的。

共同研讨法（第 10 章） 28

该模式首先应用于工业背景中的“创造性群体”，威廉·戈登（William Gordon, 1961a）将其改编并应用于中小学教育中。这种模式旨在帮助人们在问题解决和写作活动中打破环境限制，从更广泛的领域中获得更新的视角。在课堂教学中，教师引领学生将这种模式不断地用于一系列训练中，直到学生能够独立或在合作小组中使用这种模式。该模式设计之初是为了直接引发创造性思维，它也能促进学生的合作学习和研究能力，使学生之间的关系更加融洽。最近，凯斯（Keyes）和格罗丁（Grodin）的一些研究使得该模式有了进一步的发展（见第 10 章）。

先行组织者模式（第 11 章）

在过去的 40 年中，人们对戴维·奥苏贝尔（1963）提出的先行组织者模式进行了大量的研究。这一模式旨在给学生提供一个通过讲授、阅读和其他途径理解材料的认知结构，能够广泛地应用于各种教育领域及各个年龄段的学生当中。在教学活动中，它可以很便捷地与其他模式结合共同使用。

社会类模式：学习群体的构建

许多人一起工作能产生一种集体力量，即整合的能量。社会类教学模式就是利用这种原理来构建学习型群体的。课堂管理（classroom management）实际上就是在教室中创造一种合作关系。积极校园文化的形成就是发展一种人际影响和关系整合方式的过程，这种过程有利于学习活动规范的形成。表 2—2 列出了几种社会型模式及其创立者和修订者。

表 2—2　　社会类教学模式

模式	创立者	修订者
合作学习模式	戴维·约翰逊（David Jonson） 罗杰·约翰逊（Roger Johnson）	
明确的相互独立性	玛格丽塔·卡尔顿（Margarita Calderon） 伊丽莎白·科恩（Elizabeth Cohen）	

续前表

模式	创立者	修订者
有组织的探究	罗伯特·斯莱文（Robert Slavin）	阿伦森（Aronson）
群体研究	约翰·杜威（John Dewey） 赫伯特·西伦（Herbert Thelen）	什洛莫·沙朗（Shlomo Sharan） 布鲁斯·乔伊斯
角色扮演	范尼·沙夫特（Fannie Shaftel）	
法理学探究	唐纳德·奥里文（Donald Oliver） 詹姆斯·沙文（James Shaver）	

合作学习模式（第12章）

近年来，关于合作学习的研究取得了很大的进展，在如何帮助学生形成高效合作发展的策略这一方面也有很大进步。由罗杰·约翰逊和戴维·约翰逊、罗伯特·斯拉文以及什洛莫·沙朗分别带领的三个研究小组在这方面的成就尤为突出。但是整个合作学习群体活动主要集中于对信息和策略的交流以及对研究的实施和分析
29 （见诸如 Jonson & Jonson，1999）。这些研究成果产生了大量组织学生合作学习的有效方法。其中，有的是组织学生两人一组进行简单任务的学习，有的则把全班或全校组织成复杂团体，使学生进行自主教育。合作学习模式有利于所有年龄段学生的所有课程的学习，它能够提高学生的自尊心、提高社会技能、增强同学之间的凝聚力，有利于学生根据学科原理采用不同的探究模式来实现获得信息和技能的学业目标。

在第12章中，我们从较为简单的，特别是易于与其他教学模式结合的合作学习模式开始介绍，然后介绍最复杂的、将学业学习与民主社会的生活准备结合起来的群体研究模式。

群体研究

约翰·杜威（1916）提出民主社会中的教育应该是直接进行民主进程的教育，该观点问世后经过许多教师和理论专家补充、修订，由赫伯特·西伦（1960）形成了颇具影响的概念。这一观点认为，教育主要应通过对重要社会问题和学术问题的
30 合作探究来进行。实质上，这个模式提供一个可以适当运用其他模式的社会组织。群体研究已经运用到所有的学科领域并且适用于各个年龄段的学生，甚至已经成为整个学校教育的最核心的社会类教学模式（Chamberlin & Chamberlin，1943；Joyce，Calhoun & Hopkins，1999）。该模式的基本特点是引导学生确定问题、了解关于此问题的不同观点，使学生一起收集信息、形成观点、掌握技能，并在这个过程中发展自身的社会能力。教师的任务在于组织群体并进行管理，帮助学生发现和组织信息，以确保活动及学习过程充满活力。沙朗和他的同事（Sharan and his Colleague，1988）、乔伊斯和卡尔霍恩（Joyce & Calhoun，1998）在有关探究小组的最新研究成果的基础上对该模式进行了补充和修订。

角色扮演（第13章）

角色扮演能使学生理解社会性行为，理解自己在社会交往中的角色并掌握更加有效地解决问题的方法。这个模式是由范尼·沙夫特和乔治·沙夫特（Fannie &

George Shaftel，1982）提出的，他们认为该模式有助于学生研究社会价值及其对自身的影响，角色扮演还能够帮助学生收集并组织有关社会问题的信息、培养同情心、增强社会技能。此外，该模式要求学生表演人际冲突，并借此学会从他人的角度看待问题、观察社会行为。若运用得当，角色扮演可应用于所有年龄段的学生。

法理学探究（第 13 章）

随着学生的成长，他们可以研究社区、国家、民族以及国与国之间等不同层面的社会问题，这就是法理学探究模式的目的。这种模式结合法律教育，将案例研究引入教学过程，尤其适用于中学生的社会研究学习（Oliver & Shaver，1966，1971；Shaver，1995）。学生研究一些与制定公共政策有关的社会问题案例，如公平与公正、贫穷与权利等。在引导学生确认公共政策问题的同时，这一模式还要求学生认识到如何做出解决问题的选择以及这种选择背后所隐含的价值观。虽然该模式是为了进行社会性研究而产生的，但它却可以应用到任何有关公共政策问题的研究以及与此有关的课程领域中（如学术道德、商业、体育等领域）。

个体类模式

从根本上讲，人的现实性存在于个体的意识之中。在社会生活中，我们通过自身经验和所处位置形成独特的人格和分析世界的不同视角。因此，人和人之间只有通过一起生活、工作和组建家庭才能达成共识。

这就是从个人发展角度提出的学习模式。这些模式试图通过改革教育使我们更
好地认识自己，为我们自身的教育负责，并学会超越自己当前的发展状况，而使自 31
己更坚强、更敏锐、更富于创造力，进而追求更高的生活品质。

这些个体类模式注重个体的独立，从而使人们更清晰地意识到个人对自身命运的责任。表 2—3 列出了这些模式及其创立者。

表 2—3　　**个体类教学模式**

模式	创立者	修订者
非指导性	卡尔·罗杰斯（Carl Rogers）	
自我概念发展模式	亚伯拉罕·马斯洛（Abraham Maslow）	布鲁斯·乔伊斯

非指导性教学模式（第 14 章）

30 年来，心理学家、咨询专家卡尔·罗杰斯（1961，1982）一直被公认为“将教师视为心理咨询者”模式的代表人物。非指导性教学模式源于心理咨询理论的非指导式心理治疗，它强调教师与学生的伙伴关系。教师要帮助学生理解如何在进行自我教育时担当主角，比如自己确立目标并为达到这些目标而努力。教师应使学生了解自己已取得了多大的进步并帮助学生解决问题。运用非指导性教学模式的教师必须积极地与学生建立良好关系，并在学生解决问题时提供必要的帮助。

该模式有多种用法。通常它可以作为整个教育运行的最基本模式（Neill，1960）；可以与其他模式一起使用，确保师生建立联系，营造良好的氛围；也可以用于学生的独立思考和合作学习；还可以不定期地用于学生的心理咨询，分析他们

的思想和情感，帮助他们解决问题。该模式主要用于促进学生的自我理解和独立思考能力，同时也可以很好地促进其他学业目标的达成（见 Aspy & Roebuck，1973；Chamberlin & Chamberlin，1943）。最近，科尼利厄斯-怀特（Cornelius-white）对有关以学生为中心的师生关系对学生认知情感、行为表现影响的研究进行了总结，其中包括了涉及 30 万学生的 119 项研究。

32 自我概念发展模式（第 15 章）

在教学中，最困难的任务就是帮助那些信心受损而深陷于无助、失败情绪中的学生。他们害怕甚至逃避普通的、他们能够完成的课程任务。在这里，我们利用一个多层面的方法，帮助那些四到十二年级学生面对他们最害怕的事情——学习阅读，带领他们走入成功的世界。40 年来，马斯洛卓越的研究一直引领着关于自尊形成和自我能力实现的研究。我们探索可以指导学生的原则，帮助他们尽可能地发挥个体认知能力。最近，有教师提出了一种能够研究学生学习风格和学习过程的方法，从而拓展了这种教学模式（Joyce & Showers，2002）。教育的个人、社会和学业目标是相互联系的。个体类的教学模式是教学模式系统的基本部分，与其直接相关的是学生对自尊、自我理解的需要及获得其他同学支持与尊重的需要。

行为系统类模式

社会学习理论是一个常见的理论基础，以行为修饰、行为矫正和控制而著称，该理论指导各种行为系统类模式的建立。该理论认为人类具有自我运行调节系统，可以根据如何成功完成任务的信息对行为进行调整。例如，一个人正在黑暗中爬一段不熟悉的楼梯（任务），刚开始的几步是试探性的。如果抬得太高，脚就会由高到低慢慢下落，直到挨到地面；如果抬得太低，脚就会踢到楼梯。经过不断地试探，这个人的脚步会得到不断调整，直到完全适应楼梯的高度。

通过分析人们对任务及反馈结果的反应方式，心理学家（尤其见 Skinner，1953）已经证明了人类如何通过组织任务和反馈结构来使自我调节能力更加容易地发挥出来。研究内容包括减少恐惧感，学会阅读和计算，发展社会技能和体育技能，通过放松减少焦虑，学会如何综合运用智力、社会技能及身体技能等。因为这些模式都集中于可观察的行为，学生能够拥有促进交往的、较为清晰的任务和方法，因此，该类教学模式有着坚实的研究基础。行为策略适用于所有年龄段的学习
33 者并且拥有广泛的教育目标。表 2—4 列出了这些模式及其创立者及修订者。

表 2—4　　行为系统类模式

模式	创立者（修订者）
掌握学习模式	本杰明·布卢姆（Benjamin Bloom） 詹姆斯·布洛克（James Block）
直接指导模式	汤姆·古德（Tom Good） 吉依·布洛芬（Jere Brophy） 卡尔·贝瑞特（Carl Bereiter） 兹格·英格曼（Ziggy Engleman） 薇丝·贝克尔（Wes Becker）

续前表

模式	创立者（修订者）
模拟训练模式	卡尔·史密斯（Carl Smith） 玛丽·史密斯（Mary Smith）
社会学习模式	艾尔伯特·班杜拉（Albert Bandura） 卡尔·索瑞森（Carl Thoresen） 韦丝·贝克尔（Wes Becker）
程序教学模式	斯金纳（B. F. Skinner）

掌握学习模式（第 16 章）

行为系统类模式在学科教学中最常用的是掌握学习模式（Bloom，1971）。首先，教师要将学习材料分成由简单到复杂的若干单元，通过适当的媒介（阅读材料、磁带、活动等）逐步地呈现给学生。教师在每个单元学习过后对学生进行测验，帮助他们了解自己掌握的知识。如果发现学生还没有掌握某部分，教师可以重复这一部分的内容，或者调整内容来加强学习，直到学生掌握了为止。基于该种模式的教学体系已经运用于各个年龄段的学生，以及各种或基本或复杂的学习内容。经过适当的修改，这一模式也适用于有天赋的学生、有情绪问题的学生及体育专业和航空专业的学生。

直接指导模式（第 17 章） 34

根据教师有效性之间的差异及社会学习理论，可以建构出一个直接指导的教学范例。在这种教学模式中，直接阐述教学目标、确定与目标有直接联系的活动、对过程的严格控制、对取得的成就及策略运用的反馈等都与促进学习的指导模式相联系。

模拟训练模式——接受训练与自我训练（第 18 章）

行为控制论者提出了两种训练方法：一种是从理论到实践的模式，另一种是模拟模式。前者将有关技能信息与演示、练习、反馈及指导结合起来，直到学生掌握技能。例如，如果想让学生掌握一项算术技能，那就要通过讲解、演示、练习并给予学生正确的反馈，同时让学生在同伴及教师的指导下运用该项技能。这种方法通常运用于体育训练。

模拟模式根据真实情境建构起来，它创造一种接近真实生活的环境，并将其应用于教学情景中。有时创设这种情景是相当复杂的，例如飞行和太空飞行的模拟、解决国际关系问题的模拟等。学生通过参与活动来实现真实情境下的模拟目标（例如使飞机起飞或者开发一片城区），直到达到学习目标。

运用教学模式：一个既严格又灵活的工具

作为教师，我们因拓展了教学技能而感到愉快，通过传授学习策略而使教学变得更加简单。这些教学模式在创设之初就是为了促进学生的学习，同时使教师的工作更加高效。

当我们考虑何时以及如何综合运用这些模式，在面对特定单元、课程和学生群体时哪些策略应该优先运用的问题时，我们就要把学习的类型和促进学习的量力性纳入考虑范围内。通过研究，我们确定每种模式在发展过程中在哪些方面发挥了作用及其作用的大小，这样在运用模式的时候我们就可以预测出效果。

在学习这四类教学模式时，你可能会考虑这样的问题，即某种模式适用于完成什么样的任务，是否有特定的使用情境，一种模式是否会比另一种模式更加有效。
35 这样的问题有时候非常容易回答，因为某种模式显而易见就是为某种特定任务而设计的。例如，法理学探究模式就是教高年级学生分析公共事务的，它不适合在年龄小的学生中使用，同时这两类学生也都不适合去分析复杂的国内外社会经济问题。然而，以分析公共事务作为主要目标的高中课程就可以运用该模式来设计。另外，法理学探究模式也可以用于其他的教学目标，例如，它可以促进学生在研究事务时的信息和概念学习，还可以提高学生的合作技能等，但那些是对学生的培养目标，而非最主要的教学目标。

当几种模式都可以达到相同的教学目标时，对教学模式的选择就变得复杂了。例如，信息可以通过归纳性探究模式获得，也可以通过先行组织者模式所提供的阅读和讲授获得，还可以通过两种模式的综合运用获得。在设计课标、课程和活动时，只有完全了解四类模式之后才能有目标地综合运用它们，我们要记住，我们研究的每一种模式在设计学习项目时都可以作为教学系统的一部分被拿来使用。

当我们触及研究基础时，我们要学会评估效果，比较教给学生的某种学习模式与其他模式所能达到的效果。每一种模式提供给学生的认知任务和社会性的任务肯定会产生一定的效能，引起特定类型的学习。每种模式的效果都是由这种模式和未在这种情景下使用的其他模式相对照而共同决定的。例如，我们可以这样问：独自学习和合作学习，哪种学习能力会有所提高？注意，这是个比较的问题。显然，学生可以在上述两种条件中的任何一种下进行学习。选择模式时面临的问题是在一定的课程、单元或情境下哪一种模式效果更好。同时，我们必须留意，有些类型的学习任务可以通过合作学习得到提高，有些则不能。

在一项学习任务中，教学模式的使用很重要，而且恰当地融合多种模式也很重要。就教学生一门新语言而言，先要进行的任务是学习基本的词汇，联词记忆是非常有效的获得基本词汇的方法，在某些情况下，运用该方法获得并记住的单词量是用普通方法的两倍多（Pressley et al.，1982），因此这种方法是语言学习初期的一种不错的选择。通过扩大词汇量，学生的阅读、写作及会话技能能够得到进一步增强；然后可以运用一些其他的模式，比如练习、综合等。

然而问题的复杂性在于，我们不得不承认学生之间存在差异。一种方法对一个学生的学习有效，但对另外一个学生可能就不会起到同样的效果。幸运的是，我们现在已掌握的案例还没有证实有哪种方法会对一类学生起到良好的作用，而对另一种类的学生造成严重的伤害；然而，在设计教育环境时，我们还是要充分考虑到它
36 们对不同学生造成的不同影响。因此，我们需要高度关注学生的“学习历程”，包括他们的学业进展、自我形象、认知、个性发展、社会技能及态度。

学生对学习策略的不断掌握会使其发生变化，无论对学生群体还是个体来说都是如此。随着他们成为强大的学习群体，他们将更加有效地完成越来越多的类型学

习。因此，对这些学生提供的帮助就是提高他们的学习能力。

在对这些研究进行评价时，我们不仅关注每种模式产生的一般的教育影响，还会考虑在设计该模式时产生的特别的、与该模式相关的影响。例如，归纳模式是用来给学生传授科学方法的，这是它主要的、直接的任务。研究表明，该模式很好地发挥了这一作用。但是传统的课堂模式在教授科学方法时就发挥不了多大的作用了（Bredderman，1983；El-Nemr，1979；Gaber，1994）。同样重要的是，科学探究增加了学生信息量的获得、促进了学生概念的发展，改善了他们对科学的态度。值得注意的是，这些模式既实现了其基本目标，又起到了包括提高学生学习能力在内的普遍的教育作用。

令人兴奋的是，一些模式虽然作用不大但却能够产生持续的影响。先行组织者模式用来增加学生从课堂或别的途径（如电影、阅读等）中获得和保持信息量的能力，如果“组织者”运用得当，就能达到目标。学生要接受来自课堂、写作、电影及其他媒介长达数千小时的信息，这些作为教育工具的媒介所产生的影响是如此普遍，以至于由组织者引导的最一般的知识增长也会引发学生学习的显著变化。

另外，尽管许多模式都针对具体的学习类型设计，但并不是说这些模式就无法用于其他类型的学习。例如，归纳教学模式是用来教学生怎样建构概念、验证假设的，因此，有时候人们认为这种模式影响了信息的广度。但是通过测验发现，归纳教学模式也是帮助学生掌握信息的一种非常有效的方法。另外，通过运用这种方法掌握的信息比那些在学校通过背诵、练习等方法获得的信息存留的时间更加持久（见第 21 章）。

根据具体内容设计的模式往往可以通过修改成功地运用于其他的内容。如为学习自然科学和社会科学而设计的归纳模式也可以运用于文学和社会价值观的学习。但是如果认为一种特定的模式是有效模式而可以广泛运用，就不对了。归纳模式证明了这一点，如果它被任意地用于所有的教学目标当中，就不会达到理想的效果。创造性很有意义，创造精神应该普遍应用于我们整个生活，共同研讨能够提高人的创造性（见第 10 章），但不是所有的学习都需要创造性。记忆同样重要，但是把一 37
切教育都建立在记忆的基础上也是极端错误的。一些学习模式在具体的运用中取得了神奇的效果。联词法作为帮助记忆的方法之一，在一系列的试验中被证明可以提高学习效率 2～3 倍。事实上，这就意味着学生运用联词法学习规定的单词比用传统方法要快 2～3 倍（Pressley et al.，1982）。但是，我们并不能因此就依靠联词法实现所有教学目标。当我们把快速获取信息作为教学目标时，联词法可以是我们选择的模式之一，但它并不是解决教育问题的唯一方法。另一方面，联词法并不仅限于此，它还可以有效地运用于科学教学中对概念等级的学习（Levin & Levin，1990），从而实现这种重要且极为复杂的教学目标。该模式还有助于培养学生在学习中的自信心，这种更快速、更自信的学习会使学生们对自己更加有信心。

因此，在我们学习所有经过证实了的教学模式时，我们会发现没有一种模式在实现所有的教学目标时各个方面都优于其他模式，也没有一种模式是达到特定目标的唯一的途径。但是，我们确实找到了能够与不同教育目标相联系、可供选择的教学模式，而这些不同的教育目标构成了整个教育目的。这就要求最富成效的教师（或设计者）必须为自身终身职业的发展不断掌握新的教学模式，并完善和扩展已有的教学模式。

教师从个人、专业的成长和探索中获得的满足感使他们设定了这样的目标，即不用一两种基本教学模式去实现所有的教学目标，而是用多种方法去探索师生共有的潜能。

我们希望看到的是孩子们（或年龄更大一点的学生们）能接触多种教学模式，并能够从中获益。随着教师教学技能的不断提高，学生的学习能力也可以不断增强。这才是本书的写作目的。

第3章

学习日渐增长的知识

——穿越荆棘丛林的指南

作为教师，你将发现，我们需要随时准备寻找那些能指导教学的知识，这本身 39
就是一个棘手的问题。无论是在国家级组织主办的报刊上发表的观点还是一般同事的谈话，都需要我们搞清楚他们说话的依据是什么。在众多的观点中，我们必须避免表面上似是而非的观点。

——布鲁斯·乔伊斯致新教师

人们总希望在各个领域的专业人士那儿找到可靠的知识来指导实践，近40年来，我和同事们一直在寻找经过不断修改和测验已经日趋完善的教学模式。我们决定建立一个庞大的知识宝库，它既可以适用于新教师，又有利于经验丰富的教师的教学工作。在过去的几年里，教育研究人员已经逐渐地开始进行研究，他们有时关注某些具体的教学模式，有时关注某几类教学模式，他们的研究能够丰富我们的知识体系。本书介绍了一些有较好研究基础和实验依据的教学模式，但是它们也有局限性。这些教学模式仅供参考，我们仍然需要更多的学习和了解。

研究发现，教育仍处于一门独立学科成形的早期阶段。在我们列举出的教学模式中，我们通过调查发现，这些教学模式连同我们最近的一些研究还是需要不断的改进。我们一直在研究不同教学模式及其对学生整个发展的影响，而且，我们专门研究了教师怎样拓宽自身的教学领域。在这本书中我们给出了教师在课堂中进行有
效提问的方式方法。实际上，良好的授课要研究学生以及他们学得如何。我们不是 40
要传递式教学或是给学生灌输一种万能模式，而是要研究学生的反应以及通过我们所获取的信息如何调节我们的教学。

众多教育者对各种教学模式提供了有力的理论支撑，但大家莫衷一是，让新教师无所适从。在某些篇章中，我们会尽力消除一些争议，并提供一种看待现有研究成果的基本方式，从教师的角度出发寻找问题的答案。

阅读领域的争端由来已久（见Joyce，1999），争论的焦点在于阅读既是一种交流和口头语言的研究，也是一种有关课程和教学理论的研究。美国教育部门采取的折中政策激化了这种争议。本书在列举了多种教学模式的同时也收集了一些材料来阐明这些问题和其他的理论争端。

政府方面的影响

一些官员对当地的教育部门施加影响，宣称他们所谓的“绝对标准”是一种试验研究。在这一研究的过程中，被试者是随机分组的，研究结果也发表在所谓的专业杂志上。他们说服政府部门实行这一典型的试验，而不采用其他方式，“阅读第一”（Reading First）和“不让一个孩子掉队”（No Child Left Behind）口号的提出也给当地政府施加了压力，使其只采用绝对的标准阅读方法。就像阅读委员会在报告里所说的那样，希望他们的研究能在相关杂志上登出来，并希望能够在试验或准实验阶段通过设置控制组或者多种研究方法来进行实验（2002，p. 5）。

教育部门也改变了拨款政策，以前，教育部门根据家庭贫困人口数把教育专款直接拨给政府，而现在只把钱拨给那些使用他们选定的和修正的阅读方法的政府，从本质上来讲，这就迫使各地政府都采取统一的阅读方法。这样，联邦政府规定使用的科学阅读方法就获得了各个州和各个地区的一致支持，从而确保孩子在三年级结束的时候能学会阅读（美国教育部 CFDA 84. 357 号规定）。

相关研究

政府有充分的理由来提高学校学生在阅读方面的能力。如果政府和学校所在区未能给经济条件不好的学生提供良好的教育资源，那么整个学区 30 年的发展计划就会功亏一篑。

遗憾的是，从总体上来说，有关读写课程的教育研究很匮乏，关于教育整体的
41 研究也少之甚少。在教育界，没有几个顶尖教育期刊上发表过课程与教学研究。就连两个主要的参考杂志——《美国教育研究》（*American Educational Research*）和《教育研究评论》（*Review of Educational Research*），在过去的两年中也只发表过 48 篇教育类的文章，其中仅有 4 篇涉及课程与教学研究，这并不能为我们核心课程的研究提供充足证据。教育部门希望有两三个像医学界的《新英格兰医学期刊》（*New England Journal of Medicine*）那样顶尖的杂志刊登最新的研究或实践成果，但是在教育方面却没有这种杂志，就连“同行审查”这样的专业术语都要小心谨慎地使用。笔者最近评论了某些教授联名发表在某杂志上的文稿，这些教授试图把他们研究的一些具体做法运用到一般的领域。但是这一想法遭到了人们的谴责，谴责的原因不在于他们是一个从事特定工作类型的团体，而是因为他们相互疏离。他们之所以被称为“同行”只是因为他们有共同的利益，而并不是指对其书稿进行审查的同领域内的高级学者。对此，我提出文章是需要给整个领域和从事一般教育研究的人看的，而非仅仅局限于圈子里的几个人。换句话说，虽然《科学教育研究》（*Journal of Research in Science Education*）关注教育的具体分支学科，但是其评论者还是来自不同的领域。

关于从何处着手寻找相关的研究，我们在本书中提出了一些建议，也列出了有关的实例，但是遗憾的是，教育研究者很少给新教师提供实践方面的东西。

不仅联邦政府支持多样化的教学实践，就连一些国家组织，如课程监督和发展协会、国家职业发展委员会和全国英语教师委员会也深表赞同，他们的支持也在一定程度上推动了这股教育热潮的发展，但最后大多都无疾而终。在初中实施的小组计划就是一个很好的例子，这项计划虽然延长了课程时间，但是学生们的成绩并未

像教育家们所宣扬的那样提高了很多。

幸运的是，有相当多的研究有助于指导我们进行实践，本书中有很多教学模式也得到了研究项目组的认同和支持。

各个国家组织和以发展为导向的大学提出并传播有关课程与教学的思想，但是联邦政府却给各州和地区带来了巨大的资金压力。比如，由于联邦政府与纽约市在选修课程方面产生了分歧，一位官员威胁说，不会拨 7 000 万美元给纽约市，而研究者认为这笔资金对于扫盲来说非常重要。

在下面的几章中，我们将讨论几种类型的研究及其在教育方面的运用。具体说来，我们将接触到：

- 描述性研究：简单、明了。
- 描述性研究的相关性和多种分类。
- 由学生自控的干预研究——两种类型的准实验设计。 42
- 通过干预来观察实验条件，并且有几种类型的控制组。

如果从本质上考察这些分类的差异性，任何一种研究都不是固定不变的，它们在使用过程中都会或多或少地受到其他分类的客观限制。

描述性研究

描述事物是为了更好地了解它们，清晰明了的认识有助于奠定决策的基础。下面我们选定一个地区来看一下有关国家、学区、学校和班级的描述性研究，我们将着重关注阅读和性别的相关研究。

全国教育进步评估

每隔一段时间，联邦政府会对全国教育的进步做出评估，一般是从全国抽出一部分学校作为样本参加阅读能力竞赛，用测试结果评估整个国家的阅读水平，所选择的样本一般是四年级和八年级的学生。测试的结果一般能显示出四年级之前或在四到八年级这一阶段之间的学生的阅读水平。多年来已经产生了一些重要成果。

第一，在过去的 30 多年，虽然政府已经付出了很大的努力来提高学生的阅读水平，但是反映国家阅读能力的平均分数并未见明显的变化。这一重要发现帮助我们了解和思考大致的教育效果（Donahue，1999；Donahue，Flanagan，Lutkus，Allen，& Campbell，2001）。

媒体频繁报道说，人们的阅读水平日益下降，这种局面是由学校间的差异和父母受教育水平的差异以及移民问题导致的。我们姑且相信国家教育评估所说的，那么我们的读写能力就不该有如此大的下滑。

第二，尽管在过去的 20 年里，社会各界和教育系统一直在做着各方面的努力，试图提高人们的读写能力，但是国家教育进步评估资料提供的分数几乎没有什么改变，曲线图一直呈平直趋势，这并不意味着相关课程或教学模式对读写能力的提高没有起到促进的作用，只是它们没在全民测验的项目中显示出水平的差异而已，尽管有些人告诉你说，父母的受教育程度、教师及学校都是造成这种差异的主要因素，但是这些并非是必然因素，尽管全国都在努力改善这种情况，但是还是存在不少问题。虽实施了“不让一个孩子掉队”和“阅读第一”的项目， 43

但是全国的阅读水平并未得到很大的改善。

第三，影响读写能力的一个重要因素可以归为性别差异。在读写能力方面，男性成绩明显低于女性，而且这种差异在大多数学校和学区一直存在。就拿我们最近工作过的一个学区的成绩来说，四年级男生的读写平均成绩大约处于女生的第 35 个百分位且两年后依然停留在这个百分点，在那个学区六年级以上的学生接受到的教学指导很少，并且整个高中都是这样。大学中女生的入学率是 60%，并且呈现不断增长的趋势，但 20 年前男生和女生的入学率是相近的，现在高等教育中男生的绝对数量在减少（Brooks，2005）。我们认为，基础教育阶段读写能力的差异造成了现在入学率的差异。

当涉及性别差异时，全国测验显示的成绩表也能给我们的研究和实践提供一些信息。我们有必要研究班级成绩表，而且我们建议每位老师从一年级开始就要用个体化的标准测验，如格雷朗读测试来研究孩子的成绩（Wiederholt & Bryant，2001）。如果你发现成绩一直呈平直状态，或者性别差异导致了某些问题的产生，请继续研究，最终你将发现能够改变这些差异的有效教学模式。

这些数据能帮助我们做出可行的决策，全国范围的发展状况也能帮我们选定某一地区，从而对其学区、学校和班级进行调查，我们可以选择适当的教学模式来提高学生的学习能力。这些强有力的教学模式能很快地改变学生的学习能力，快得简直超出人们的想象。

描述性研究的相关性和多种分类

我们继续讨论描述性研究，但是这里的分析稍微有些复杂，同时能帮助我们建立更多的假设来进行检验，分类法也是很有用的，在我们国内最大的一个州，如果首先计算初中入学的人数，那么四年之后拿到毕业证的毕业生只占 55%，从性别来看，女生的比率一直在增长，即便是从种族差异、家庭的收入和性别来看，男性和女性读写能力的差异已经超越了经济和种族的限制，正在逐渐扩大。如果就英语能力方面的表现而言……

你能明白我们的意思吧！

44 我们再来看一下相关性。测量统计学的专家不断地提醒我们，事物之间的相关性并不能证明事物之间的因果联系，但是我们可以基于事物之间的相关性来对事物做出如实的评估和相应的决策。例如在医学方面，从来没有拿孩子做试验品，让他们抽烟来体会抽烟的危害性的试验。但是，我们能从抽烟与不抽烟的人数及两者患有疾病的概率得出相关的结论：抽烟不是一件好事。

偶然的一天，我们碰巧看见了全国成绩单中一组很有趣的数据（Daane，Campbell，Grigg，Goodman & Oranje，2005）。下面的数据是阅读速度和理解程度之间的比较：

速度	理解
低于 80	185
80～124	207
105～129	225
129 以上	224

当然，上述的数据显示出阅读速度和理解力是呈正相关的，一般说来，阅读速

度越快，对文章的理解度就越高。那么这意味着什么？难道意味着阅读速度的快慢决定着理解程度的深浅吗？还是理解程度能推动阅读速度？我们是否可以推论旨在提高阅读速度的教学有助于增加学生的阅读理解力呢？或者反之亦然？上述的数据显示，阅读速度和理解程度是正相关的，这是偶然的吗？要想解决这些问题，最好的方式是从整体上把握阅读能力。阅读速度和理解程度都是阅读能力的组成部分，只有两者很好地结合在一起才能提高阅读水平。

不管你怎样看待这种相关性，我们更希望是后一种解释。这种排列有序的相关数据是非常有用的，如果没有上述表格所提供的信息，有人就可以草率地得出这样的结论，即阅读速度快的人只是一个略读者，也会有人说只要给予阅读速度方面的指导就能理所当然地提高阅读理解，也会有人说……

大规模的描述性研究

全国教育评估囊括了很多学生，同时也考虑了各种变量。但是如果很多学区的成绩在短时期内发生了很大的变化，我们要问，学生成绩的变化是否与学校的干预有关？在美国，为了提高学生的成绩，很多幼儿园不惜延长学生的在校时间。由以前的半天延长到全天，一些研究经常出现这样的问题：全天待在幼儿园的学生在一年级时的阅读学习真的比那些待在幼儿园半天的学生学得更轻松或更好吗（Walston & West，2004）？

是否延长儿童在幼儿园的学习时间是一个很重要的政策性问题。但是对幼儿展
开大规模的研究是很麻烦的。原因是，这些孩子还太小，他们的成绩是忽高忽低不 45
稳定的，如果评估结果不是很保守的话，那么测评与再次测评的误差就变得不可忽视。

全国测验评估研究对 1998—1999 学年的幼儿园学生进行数年的跟踪调查，一个重要的研究维度是全日制幼儿园与半日制幼儿园学生之间的不同。在那一年，美国 61%的幼儿园学生是全日制的；在公立学校，57%的学生是全日制的；一些私立学校，包括天主教会学校，全日制的学生数占到了 61%，单天主教会学校则为 78%。这就反映了一个重要的问题，一些学校为学生提供全日制与非全日制的选择是否会对学生造成什么不同的影响？这些全日制的学校就是所谓的好学校吗？或者是否有其他的一些因素，例如为经济条件较差的学生提供的资源？

调查研究人员对接受全日制的学生进行了阅读测验，但是测验并不要求学生阅读课文，也不要求计算或者理解数学题。我们毫不夸张地说，鉴于样本和测验中的诸多问题，没有人能从这次测验当中得出任何结论。因此，全日制幼儿园的出现或许与学校的质量、学区的教育资源有着密不可分的关系，我们热烈欢迎各方研究专家齐心协力，共同解决这一问题。

关于学生本身或之前班级作为控制组的调查研究

一些教育类研究设计的文章强调学生、父母、学校等在接受随机干预治疗与非随机干预治疗时会产生不同的研究结论。不使用随机分组的研究被称为准试验（见 Stanley & Campbell，1963），但是对于我们大多数人来说，设计问题时最大的障碍不能排除对一些学生或学校进行分组后产生的不公平。如果没有完全的任意

分组，我们就不确信不公被消除了，不仅是理念层面上的不公，而且是设计过程中一些不确定因素潜入其中给我们意想不到的结果。当然，这种结果有时是不符合逻辑的。然而，就像我们所说的那样，随机并不能解决所有的问题。

干预研究：学生是他们自己的比较组

我们对 20 个学生进行测量，看他们能否匀速跑 3 公里而不呼吸急促，结果发现没有一个人能做到这一点，最远的也仅跑了 1 公里，而且所有的人都在期间停了 3 次。

46 我们对这些学生进行干预，让每个学生连续 30 天每天坚持跑 1 公里，并且不让他们参加其他的正规训练。

之后我们再对他们进行 3 公里的测验，结果发现有 15 个学生能坚持跑完 3 公里，5 个学生能成功地跑完 2 公里且中途只停一次。如果把学生自己作为他们的比较组，就可以明显地看出干预的作用是巨大的。如果再测验一下，结果又是怎么样的呢？人们可能普遍认为动机因素会影响实验组的因素，但是研究能够将其他方式的干预性排除吗？显然是不能的。

尽管我们没有使用先进的自然科学方法去改变那些人为因素，但是，如果我们在干预研究的过程中能够利用和复制变量，就能推广这类的干预性研究。换句话说，一次干预研究只能获得一点可支持的结果，多次干预研究不仅能使我们加深理解。而且就像目前所能看到的，能极大地改善学生的学习能力。

在我们的系列研究中，我们已经看到，提高一到十二年级学生的独立阅读数量会有什么结果。我们有能力让学生每年多读较之于以前几倍的书，这对他们的阅读影响是很大的，但是多读书真的能提高学生的阅读理解吗？这种因果关系目前还没得到证实。只是我们认为让学生多读书大有裨益（Joyce & Wolf，1996）。

以前的班级作为控制组

之后，我们将会检测幼儿园的阅读教学模式是如何运行的，当学生进入幼儿园的时候，只有 1%的学生能够达到幼儿园阅读水平，只有 3 个学生能够辨认所有的字母。一年之后，当学生离开幼儿园的时候，只有 2 个学生能阅读文章，也只有 1/3 的学生能够辨认大多数的字母。因此，我们把即将接受阅读训练的学生当作比较组去研究，跟踪他们的成绩，把他们与以前的同学进行比较，看他们是否真的学会了阅读。

我们假设幼儿园里所有的学生都学会了阅读，所有的学生都能辨认字母表，而且一年级的阅读课是非常成功的，那么这种成绩又是怎样的呢？我们目前还不能证明有什么方式比干预研究更有效，但是我们可以说几乎没有什么方式比干预研究作用更大。在本章的最后，我们将列举一种研究测验：图—文归纳模式，你可以就其研究结果提出一个问题，即你认为如果再测验一次结果还会一样吗？

关于这个课题，重复确实很重要。我们可以假设相同的干预能产生相同的结果或是相同的干预不能产生相同的结果。

最近我们在同一个学区的 43 个学校中研究一年级的学生，我们把图—文归纳
47 模式和其他的教学模式结合起来，以此来提高他们的阅读能力。学生确实取得了进
步。这表明，多次重复确实能提高这种教学模式的效果。然而，仍有一些学生的成

绩几乎没什么改变。所以，我们不能就此认为我们能够解决所有学生的问题(Joyce，Calhoun，Jutras & Newlove，2006)。

大量的研究表明，一些教学模式确实对教学实践发挥了积极的作用，科学研究就是很好的例子。20 世纪 70 年代中期，在一些学科中，很多研究使用实验设计(Bedderman，1977)，尽管一些研究缺乏科学的论证，但是其结果却是一致的（见第 5～8 章），而且更为重要的是，它们都促进了教学模式的改变。

使用标准数据作为比较

第二种设置比较组的方式是使用平均数作为比较组，即对大量的学生进行测验，进而得出他们的平均认知水平或者情感水平。例如，如果我们要评估学生的阅读成绩，就要把学生的一次学业表现与某种标准作一下比较。一般情况下，年级水平等量（Grade Level Equivalent，GLE）常常用于此种目的。假设在一年级刚开始时，全班的 GLE 是 1.0，在一年级结束的时候全班的 GLE 则是 2.0，二年级第一学期全班的 GLE 是 3.0，以此类推。教育家一度不提倡使用 GLE，因为人们常把 GLE 错误地理解为学校每半学期的课程。例如，2.6 就表示学生在二年级前 6 个月所学的课程，事实上，如果我们可以正确理解 GLE 的话，这种计算方式是十分有用的。

下面我们举一个例子。我们跟踪调查了一个幼儿园的学生，这些学生的阅读课程是以图文解说的模式进行的（见第 7 章）。在一年级结束的时候，对所有学生进行的标准测试的 GLE 是 2.0，但是实行此种阅读教学的幼儿的 GLE 是 3.5，这个分数高于一般孩子的平均成绩。到五年级的时候，这些学生的 GLE 是 7.7，几乎接近于七年级学生的分数。在测试当中，五年级所有学生中只有 4 个学生的分数低于 5.0。其中有 1 个学生尽管能完整地阅读三年级的书，但是依然有阅读障碍(Joyce，Hrycauk，Calhoun & Hrycauk，2006)。在六年级结束的时候，学生的 GLE 是 8.5，而以前九年级的 GLE 才 7.4，那些即将毕业的六年级学生的阅读成绩分数比那些大他们两三岁的学生还要高很多。

依照这种标准比较有意义吗？答案是肯定的。但是，它是否排除了其他的课程大纲发挥相同作用甚至更大作用的可能性呢？当然没有。学生的成熟度对阅读成绩的影响是非常小的。在一项干预研究中，低年级学生的 GLE 和成年学生的 GLE 是一样高的。

再举另外一个例子。在一年级结束的时候，我们对同一个学区 43 个小学的 80 个班级进行一次测验，他们的分数是 1.6，远远低于平均 GLE，1/4 学生的 GLE 甚至是 1.0。这一分数表明，这一学年的学习并没有使学生取得进步。

第二年，我们对这个校区所有一年级的教师进行了为期 10 天的专业发展培训， 48
并且为他们提供了新的教学模式，尤其是图—文归纳教学模式（见第 7 章）和概念获得模式（见第 6 章）。后来再次对这个年级的学生进行测试时，他们的 GLE 是 2.2。当然，仍然有一些学生的 GLE 为 1.0，但数量降低到了 15%(Joyce et al.，2006)。

这两次测验 GLE 的差别是很明显的，但是它也表明了这种差别只是 GLE 的差别，因为这种比较也只是一种标准成绩的比较。如果在 80 个班级中反复进行干预研究，那么学生每年的平均成绩都会有所不同。当然有很多东西仍需进一步研究，我们在这儿不一一阐述。但通过这次测验，你能看到干预所起的作用，尽管仍然有很多东西需要完善。

干预研究的试验设计与试验条件

在所有的研究中，我们都在坚持不懈地寻找依据，以证明它的有效性并认识到所进行过的个案和小组研究在我们的实践中对整个知识基础作出了什么贡献。在过去的几十年里，大量学业成绩研究表明，学生的写作能力仍然没有多大进步。在某种程度上说，甚至是让人气馁的。但是从另一方面来说，它给我们树立一个巨大的目标，那就是促使我们创造新的教学模式以推动学生更好地学习，我们希望比 30 年前做得更好。本书在过去 35 年里呈现了一系列的教学理论和教学模式，教师也在很多方面突破了以往的标准规范，给学生提供了比寻常班级更多的学习机会。

语音教学案例

鉴于政府大力推进语音教学，甚至把它作为“阅读第一”或“不让一个孩子掉队”行动中的一个重要组成部分，我们非常有必要提及语音教学。当然，在教育实践中还有很多其他有趣的教学案例。

语音教学的历史

现在有很多关于阅读教学的完整教材，但是一百多年来，最受关注的问题是应该教给学生多少语音以及怎样进行语音教学。历史上有很多语音教学方法依然值得关注，其中一个就是语音体验法，这种方法已经有一百多年的历史了（见 Pratt，1996）。这种方法能够让学生表述体验后的印象，教师给学生指定一些阅读材料，让他们划出句子成分，标出需要学习的词汇并把它们分成不同类别。通
49 过这种专家式的教法，学生建立了自己的词汇，形成了自己关于字母或发音的概念，进而认识新的单词。另一种语音教学方法是让学生一遍一遍地阅读简单易懂的故事和非小说类的文学作品，直到他们掌握了这些单词。这两种教学方法可以有效地联结起来，或者与其他的教学方式结合起来，从而产生更加明显的效果。

然而，曾经有一段时间，人们的关注点集中在语音的系统性教学上。那是在苏联的卫星升天之后，美国政府感到失去民族自尊。一些人开始怀疑美国的基础教育存在问题，语音教学法的创始人鲁道夫·弗莱什（Rudoph Flesch）出版了一些书，这些书在当时很畅销，如《为什么约翰尼不能读》（*Why Johnny Can not Read*，Flesch，1955）以及《为什么伊万能读》（*Why Ivan Can Read*）。这些书讨论了苏联的语音教学，并指出美国语音教学在这些方面的缺失及其所造成的结果。尽管弗莱什的归因有失偏颇，但还是引起新闻界的强烈吹捧且获利颇丰。这么多年来，激烈的争论一直在延续，阅读专家各自坚持不同的观点，争论逐渐升温。联邦政府也介入了该领域，授权一个国家课题组研究语音学以及我们此处所讲的研究设计。

语音教学法

什么是语音？首先，它是一种把字母和发音联系起来的概念。例如，ti 在 nation 和 ration 中发一个特殊的音/sh/，与 share 和 ship 里 sh 的发音是一样的。其实，语音教学有很多技巧，如通过发音认识一些生词。当你在一个单词里面看到 th 时，你就能把它与/th/的发音联系在一起，这能帮助学生拼读出另一个单词。

阅读学习的现实性意义是毋庸置疑的。首先，语音教学应该在阅读教学的起始阶段进行。一般说来，从幼儿园到小学二年级是学生学习语音的最佳阶段。一个刚到美国的外国人要学习英语，他最先应该学习的就是语音。一个二年级以上的学生在阅读方面有困难，那么有必要对其进行语音教学。但是，语音教学是应该按照传统习惯进行，还是不用拘泥于形式呢？换句话来说，应该系统化地教给学生多少语音？为了解决这个问题，一个系统掌握语音内容并了解哪些语音对学生最有用的专家型教师应该站出来，利用实验法介绍系统的语音概念。

语音教学究竟应该怎样教？就目前的有用证据来说，还没有更好且系统的方法（Camilli，Vargas & Yurecko，2003；Erhi，Nunes，Stahl & Willow，2001；Juel & Minden-Cupp，2000；National Reading Pandel，2000；Stahl，Duffy-Hester，& Stahl，1998）。从以往的历史来看，也只出现过 3 种语音体系的教学方法，按照出现的先后顺序，分别是分析法、合成法、类比法。

分析法从教学生学习单词和帮助学生判断字母和发音的共同属性开始。例如 begin 这个单词的中 b 发/b/音，教师帮学生学习运用语音规则并对词汇进行归类。学生不仅能利用正在学习的单词和语音的关系更好地阅读和写作，而且也能学习课外的阅读和写作。刚开始，学习读写的学生并不受字母和语音关系的限制，很多阅 50
读者利用他们所学的语音法则和语音归类形成自己的语音体系。在阅读本书后面的信息加工模式时，你就会看到语音教学分析法的案例。

类比法与分析法很相似，它的开端也是教师教学生学习单词，不同的是，类比法指导学生学习单词首音和尾音的特征（一般称为首音和尾音），学生学习字母、音素以及单个的字母和发音，并逐渐地形成一个更大的具有相同首音和尾音的语汇，然后经归纳分类形成整个单词库。学生利用这些词的构成学会一些新的单词，通过词的构成方式重新对单词进行编码或解码。这样一来，他们学习新单词的速度也开始突飞猛进。他们一看到 pan 这个单词就立刻意识到 pan 中的 an 和 can 中的 an 的发音是一样的，他们能把它读成/pan/而不是逐个字母地读成/p/、/a/、/n/。当学生可以通过自己的知识体系学会多音节词汇（例如 eating）时，他们已经掌握了其他的学习工具。当他们知道 belief 这个单词，利用自己的知识就能读出 relief 这个单词。他们把类比法当作一种工具运用到单词的学习上。这种运用是把相似的东西组合到一起，比如这些单词是否有相同的尾音、音节，词根、前缀与后缀，或者整个字母。这种学习单词的方式要比逐个破译字母或者图片快得多。因此，正如分析法一样，学生们不仅可以作为阅读者和写作者大声地读出单词，而且可以不受当前学习内容的限制。

在利用合成法进行语音教学时，音标是按顺序结合的。音标通常由特殊的字母和字母组合在一起，当学生读到某些单词时就能判断出每个单词的音标。音标的结合是有逻辑顺序的，一般最容易发音且最稳定的辅音与半元音结合在一起，例如，tam、ram、mam 辅音/m/、/t/、/r/与半元音/a/结合在一起，接下来学生可以拼读 mat、rat、tat 来练习这些语音。一般学生能在故事材料阅读中运用 the、is、on 这些高频率词汇，然后再增加一些辅音字母如 s、n 等，学生可以再次练习如 man、tan、sam 这些单词。在语音合成法教学中，很多阅读材料都是对课文的一种重新编码，这就意味着学生所阅读的故事使用了他们所学的语音或语素。教师希望学生能够运用他们所学的音标写出单词。因此合成语音教学法是一种顺序严谨的字母教学。

语音教学是阅读课程中的一个重要组成部分，但不是唯一的部分。一个成功的阅读者通常运用很多方式去了解新单词的意义及这些单词在课文中的引申意义。埃瑞和她的同事们（Ehri and her colleagues，2001）告诉教师通过译码至少有四种教学生阅读的方式，即通过单个的字母教学或通过更大的集合教学，通过观察、记忆、推理的方式对单词形成自动化的认知，通过类比熟悉单词的拼写方法或者字母的组合方法，发现它与你所知道的哪个单词很相似，通过课文推断出生单词的意
51 思。我们自己以及其他人的经验（Ehri et al.，2001；Gaskins & Elliot，1991）告诉我们一个成功的阅读者在其一生中要学会运用这四种方式去学习，下面我们来引用一段埃瑞的话，或许能给那些初学阅读的人一些帮助：

> 语音教学的技巧只是形成可视性词汇的一种工具，初学者需要学会译码以便能获得可靠的可视性词汇并把它储存在持久记忆中。但我们最终所要达到的目标是形成可视性词汇而非译码技巧。

国民委员会的研究

很多研究都使用了上述三种方法，而不让控制组的学生学习语音，这种情况下，三种教学方法所达到的效果是极其相似的，也就是说这三种教学方法没有明显的区别（Ehri et al.，2001；Report of the National Reading Panel，2000，pp. 2－85）。很多人能够把语音教学与合成法结合在一起，却没有意识到分析法与类比法也能结合起来使用，当我们探究教学模式的信息加工过程时，将其有选择地结合在一起。

国民委员会将一些随机挑选的学生作为研究对象，使用合成法、分析法或者推理法对这些学生进行干预，然后再把他们与那些没有进行语音教学的班级进行比较。这种比较本身就能产生一种异常的结果。在研究中，你能想到那些没进行语音教学训练的学生获得优秀成绩的概率是多少吗？我们在阿灵顿（Allington，2002）和坎宁安（Cunningham，2002）的报告中发现了很多异常的结果。我们关注的是，尽管强调学生的分组的随机性，但这并不能保证各个小组的条件都是均等的；这种随机性并不能排除其他情况的发生。我们反复分析国民委员会语音教学的相关研究，结果表明，这些干预课程一般来说是非常有效的，通过这种干预研究，2/3 的学生都被诊断为学习障碍者。这也可能歪曲了适用于正常学生的研究。

在幼儿园与二年级早期的时候运用分析类比法或者合成法进行语音教学当然是一个好想法，但没有哪种课程是不包括语音教学的，人们常常希望通过加斯金斯（Gaskins）及其合作者所做的试验来检测阅读者的阅读水平（见诸如 Gaskins & Elliott，1991）。

我们从国民委员会报告中的信息得知，很多教育家和一些政策制定者已经对合成法做出回应，他们认为合成法是唯一一种能成功地帮助学生把字母和发音联系在一起进行学习的途径，但是在一些词汇专家看来，这是无法证明的（Ehri et al.，2001；Stahl et al.，1998）。似乎有人把所谓的合成语音学当成是系统语音学的同义词，但是上述所描写的任何一种教学法都可以系统地讲授给学生，从而确保学生形成一个丰富的视觉词汇系统。

52 随机分组设计本身并不排除其他的方法，这些方法虽没有经过实践的检验，但是也能达到同样的效果。我们所说的不同种类的干预或许有不同的作用。让我们来

看一下科尼利厄斯-怀特（Cornelius-White，2007）对教师与学生关系所做的评审。评审结果表明，一个以学生为主导的班级对分析法、合成法使用侧重不同，其结果也是大不一样的。师生关系与教学是相互作用、相互促进的吗？当然这种关系会或多或少地影响到学生的学习。这就使我们想到教学效应这个概念。我们所采用的教学方法以及这种方法所达到的教学效果是以大样本和小标准差的计算结果来确定差异的。从某种程度上说，用大样本和小标准差进行研究要比小样本研究产生的差异性大得多，而在临床试验上的差异性就小得多。另一方面，设计严谨的小样本研究可能也有较大的影响，不能简单否定。

我们想要发挥作用!

效应大小的概念

位于纽波特/科斯塔梅萨学区的凯撒学校的教师一直都在尝试使用归纳思维模式帮助学生建立阅读和写作的联系，目的是为了确认能否通过对著名作家作品的分析来提高学生的写作质量。例如，在学习怎样介绍人物时，学生就会对作者书中运用的方法进行分类，然后在实践中运用这些方法。

教师要求学生根据标准化的内容和提示做一些拓展性写作，给学生看一段与所写人物有关的短片，然后要求学生写一份对这个人物的书面介绍，教师利用加利福尼亚大学洛杉矶分校评估研究中心开发的评估工具（Quellmalz & Burry，1983）对写作质量进行评分。这套评估工具从三个方面对写作质量进行评估。

在教师开始用归纳思维模式来设计写作教学的前一年，学生的平均成绩一年提升 20 分，例如，四年级的平均分从 180 分上升到 200 分，六年级的平均分从 220 分提高到 240 分。当教师使用归纳思维模式将读和写联系起来进行教学时，第一年学生的平均分提高了 90 分，大约是前一年的 4.5 倍。所有学生成绩的提高没有低于 40 分的，有的甚至提高了 140 分。

教师们调查了这项有关写作教学的研究，发现当运用某些特定课程教学法时，学生似乎能取得更好的成绩，但让他们困惑的是当使用不同的教学方法进行研究时，如何对结果进行比较。在本章中，我们将探讨凯撒学校的教师发现的一种工具，它有助于检测出研究隐含着哪几种教育模式，更重要的是，我们将探讨如何将 53
这个工具应用于教学研究中。

我们使用效应大小（effect size）（Glass，1982）这一概念来描述教学实践中成绩提高的特定变化对个体影响的大小。因此，我们可以通过这个概念预测这种变化可能产生的结果。

为了介绍这种思想，让我们先看一下由贝弗加（Bharati Baveja，1988）博士领导的研究小组在印度新德里西北 50 公里的默提拉诺赫瑞运动学校所作的一个研究，她设计的研究是用来测验在生物学习过程中使用的归纳法与相对的密集教学训练法的有效性（见第 5 章）。在研究开始前，研究小组对所有的学生进行了一次测验，以确认他们原有的知识水平，并根据水平把他们分成两个小组；控制组的学生在教师的指导下学习统一的材料，这是印度学校中学习这一类课程的标准训练方法；实验组的学生两人一组进行学习，通过归纳和概念获得法来练习掌握植物分类的知识。

图 3—1 表明了两个组的学生在后测中的分数分布情况，前后侧内容都是与本单元有关的信息。

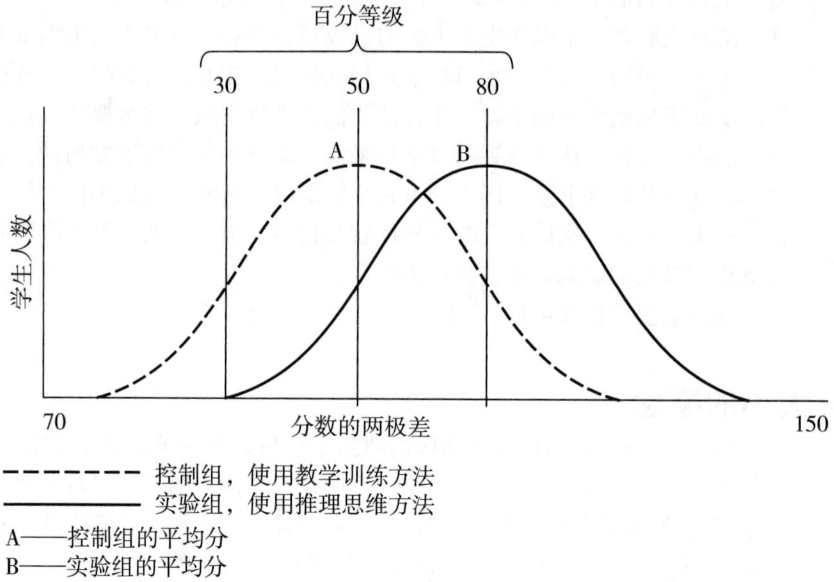

图 3—1　一个生物学单元后测中两组学生的成绩分布图

来源：Baveja，1988.

54 实验组与控制组之间的差异略大于一个标准差。根据标准差计算，它们之间的差异表现在归纳训练的效应大小上。事实上实验组平均分所在的位置是控制组的第 80 个百分位。当 10 个月后进行延迟回忆测验时，两组之间的差异又提高了。这表明运用概念导向策略方法获得的信息要比通过控制训练法获取的知识持续的时间更长。

上面这种统计使我们可以对这些改革（在教学技巧、方法、课程和技术等方面）对学生学习产生的影响的大小进行比较。我们还可以判定这些方法是对所有的学生都有不同程度的影响，还是仅对一部分学生有影响。从上述研究中，可以明显看出，实验方法对所有的人都有影响。实验组的最低分是控制组的第 30 个百分位，而实验组有 30％的学生得分超过了控制组的最高分。

尽管上述实验在学习成绩提高和对知识的保持方面颇有成效，但是我们对学生辨别植物和植物特性能力的测验结果这一角度进行单独测验后发现，实验组的分数要比控制组的分数高 8 倍，而前面的收获显得微不足道。贝弗加探究证实了她的假设：用归纳思维模式学习的学生比讲授法训练出来的学生更能有效地运用其所获取的知识和概念。

对效应大小的进一步探究

为了加深理解，我们首先要搞清楚几个有助于说明分数分布的概念。我们用集中趋势、方差和离散趋势来说明分数的分布。集中趋势是指在分数分布中大量数据向某一点集中的趋势，描述集中趋势的统计量被称为集中量数。集中量数包括平均数或算术平均数，是由所有数据之和除以数据个数所得，还有中数或中位数（一半数据高于中数，另一半数据低于中数）以及众数，它是指分布中出现次数最多的那个数的数值（图上分布的最高点）。在图 3—2 中，中数、平均数和众数处于同样的位置，这是因为分数的分布完全对称。

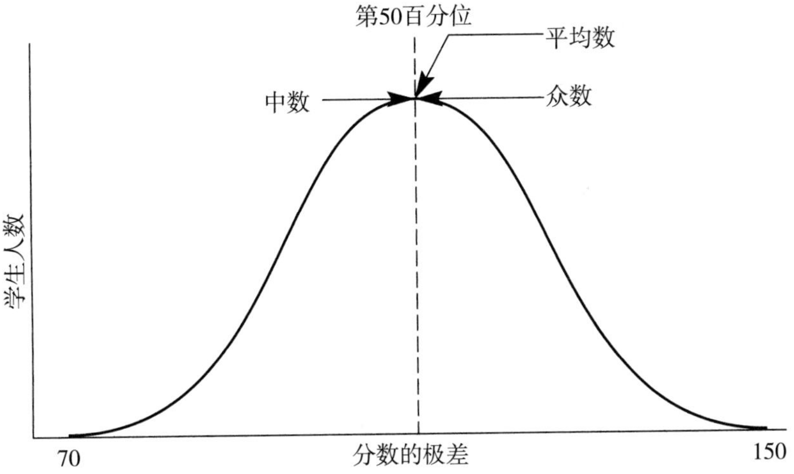

图 3—2　正态分布样本图

离散趋势是指分布中数据彼此差异的程度，描述离中趋势的统计量称为差异量数，它包括极差（一组分数的最大值和最小值之差）、等级（通常用百分位数来表示，即在 100 个人的分布中，第 20 名就是第 80 百分位数，因为 20％的分数在它之上，而 80％的分数在它之下）和标准差（通常表示一组分数的离散程度）。在图 3—3 中，范围是从 70（最低分）到 150（最高分）。第 50 百分位数在正中间（在这个图中，正好与平均数、众数和中位数相重合）。标准差是用标有＋1SD、＋2SD 56
等垂直线来加以标识的。需要注意的是高于平均数一个标准差的百分位数是 84（指 84％的分数都低于这一点）；高于平均数两个标准差的百分位数是 97；高于平均数三个标准差的百分数是 99。

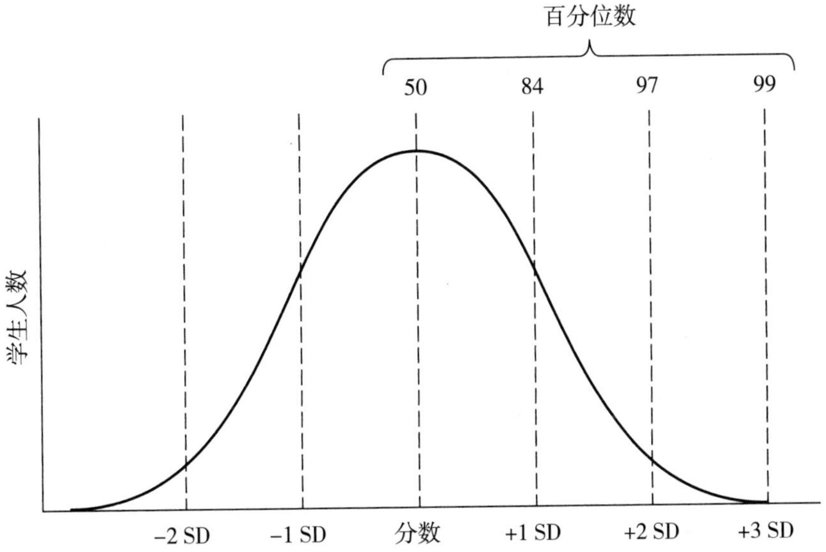

图 3—3　标准正常态分布样本图

在图 3—4 中，当平均数、中位数、众数重合在一起，同时分数的分布也像图中描述的那样对称时，这种分布就叫做正态分布。尽管现实中的许多分布实际上并不对称，但这个概念在数据操作中是很有用的。为了解释效应大小，在搞清楚它在不同分布形态中的作用之前，我们会用到正态分布的概念。

这里我们要把图 3—4 中的群体调查结果的数据转换成表 1—1（参见第 1 章)。该表中，将社会经济地位低的学生在混合编班的群体调查（合作学习训练）和分类编班两种情况下的后测成绩进行了比较。在群体调查训练下的平均数相当于分类编班情况下的第 92 个百分位数。效应大小是由两组的平均数之差除以控制组的标准差得来的。

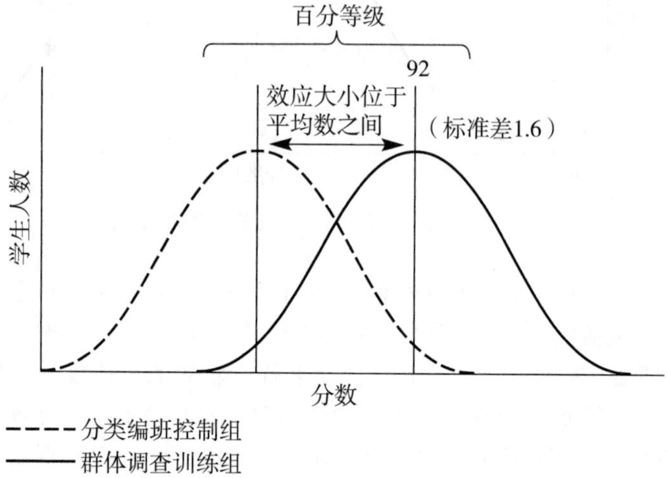

图 3—4 效应大小

来源：Sharan and Shachar，1988.

ES（效应大小）=(实验平均数－控制组平均数)/控制组的标准差

在这个例子里，ES=(50.17－27.23)/13.73=1.6

57 如果将教师用一种教学模式教学与用标准课程和指导进行的教学相比，那么本书提供的数据就会给老师提供一个相对效果。我们会从对当前研究分析中得出每一个数据，然后在此基础上获得能够代表大量研究成果的平均效果数据。

当根据研究结果决定什么时候使用一个特定的教学模式时，效应大小并不是我们唯一要考虑的因素。我们还要考虑目标的性质和模式的使用。例如在斯波尔丁(Spaulding，1970）的关注增长的认知和社会能力研究中，能力测量的效应大小只有 0.5，或大约半个标准差（见图 3—5)。然而，能力是一种强有力的属性，一个可以提高能力的模式或模式组合可以影响学生未来几年各个方面的发展，同样也可以促进学习的提高。最简单的合作学习程序有相对适中的效应，影响学习者的自我情感、社会技能和学业学习，另外它还应具有易操作性和广泛的适用性。因而，和那些对某个既定目标有显著影响的模式相比，我们认为这种模式会更有规律、有更广泛和适中的影响。

一些教学模式还可以帮助我们消除成绩分布中的离散程度。例如，我们的一位同事用记忆法教四年级学生学习州名以及州首府的名称，所有的学生都学会了并且

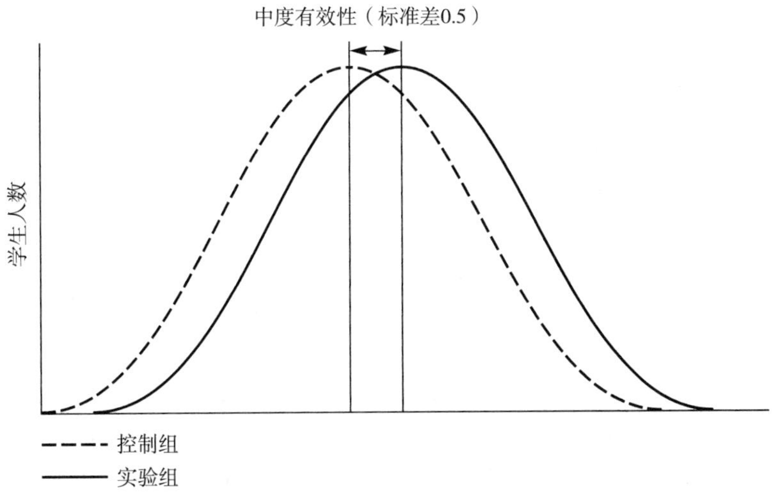

图 3—5 能力测量的大小效应

来源：Spaulding，1970.

记忆时间长达一年。因而有一次让学生在一张空白地图上填上地名的测验时，学生之间的分数根本就没有差距。平均分可能就是最高分。因为学生的分数都集中在顶点（最高点），所以也就没有所谓的百分位数的次序。事实上，对于一些学习内容， 58
像美国宪法的基础知识、计算技能、基本阅读词汇量等来说，我们期待所有的学生都可以获得成功，因为缺少任何一样，对他们自身和社会都是极为不利的。

尽管高效应很具有吸引力，但当我们进行选择时，效应大小并不是唯一要考虑的因素。能够对很多人产生影响的一般水平的效应大小也会对人类产生很大的贡献。我们可以用医药来做一个比较：假设有一种可怕的传染病正在蔓延，我们也有防止这种疾病的疫苗，但是这种疫苗只能使 10%的人口免于感染该病。也就是说，假如不用这种疫苗，可能有 100 万人感染，而使用了疫苗可能受感染的人数则变成 90 万人感染，那么，这种疫苗的效应大小可能会拯救 10 万人的生命。在教育中，一些教育调查评估结果显示：每年都有将近 100 万名（大约 30%）儿童在他们学校生活的第一年中，在阅读学习方面几乎没有进步。我们也知道，阅读教学的失败是一种教育的严重失败。因为学生在学习第一年的不成功会大大降低学生对以后学习的积极性，那么是否有效应大小适度的方法来将这种失败的比例降低 5%，换句话说就是提高 5 万名学生的成绩呢？我们认为是有的。当然，这样的方法也是可以累加的。我们更喜欢高效应的方法，但有时这种高效应的方法也并不那么容易找到，即便找到，也并不一定能够运用到某些学生身上，因而，对这些学生我们可以选择一个低效的方法。幸运的是，在读写能力的培养方面，确实有能够适用于所有学生的课程和教授方式（尤其见第 19 章和第 20 章）。我认为应该选择那些相对低效但能照顾到全体学生的方法。

同时，我们也要考虑有效性的不同类型。态度、价值、概念、智力发展、技巧、信息只是其中的一部分。由上面早期阅读的范例可以看出，在短期内，两种方法可能对学生阅读的能力的提升效果相当，但其中一种方法可以对学生的态度产生深刻的影响，并使他们充满信心。同样地，可能两种关于社会研究的教学方法可以使学生获得等量的知识和概念，但是其中一种在培养学生公民态度方面更胜一筹。

最让人感到吃惊的是，当效应大小达到 5 或 6 个标准差时，实验组中学生的最低分数也会超过控制组中学生的最高分数。当然，这种情况是很少见，但它确实出现了，这让我们看到了教育的巨大潜力。

再重复一遍，我们不能仅仅将目光集中在上述研究及其可能产生的效应上。那些自我指导方法虽然比标准指导的效果要差点，但是这种指导方法也很有用，因为它们能使学生学会自学，并能与教师教授的方法结合起来。广播电视与标准的教学指导相比，尽管效应大小有限，但受用范围很大，因此仍然具有很大的意义。“芝麻街”（Sesame Street）和“电力公司”（The Electric Company）节目就是很好的例子（Ball and Bogatz，1970）。在一年级教学中使用它们并没有产生戏剧性的高效应，但是能促进学生积极态度的形成，并使一部分学生在一定程度上学会自学。事
59 实上，远程教育和多媒体教学（电视教学、计算机辅助教学、多媒体材料包）虽然效应并不明显，但是非常有用。例如，如果一所高中不开设某门外语课，那么想要学习这门外语课的学生就可以通过电视、电脑软件等方法进行自学，并受益匪浅。实行远程教育的英国开放大学使英国大学毕业生的数量翻了一番，并且与常规学校的学生相比，这些学生的成绩也非常令人满意（见第 22 章）。

另外，一些方法还可以与其他方法相互产生影响。“一对一”的教学方法在实现某些特定目标时效应很大（Bloom，1984），还可以与其他的教学策略一起使用从而产生相互作用。另如，正如“让每个人成功”（Success for All）项目（Slavin，Madden，Karweit，Livermon，& Dolan，1996；Slavin，Madden Dolan，& Wasik，1996）和“阅读恢复”（Reading Recovery）项目（Pinnell，1989，1994）一样，它可以与一个课程控制系统结合来在短期内获得效应，另一方面“跟踪式教学”（tracking）会对一些方法的效应产生消极影响（Oakes，1986）。

对教学效果的效应大小进行一年的研究并不是一件困难的事情。我们可以从国家写作发展评估委员会提供的资料中了解到，全国写作教学方面的效应大小表现为：八年级学生的平均数大约是四年级学生成绩分布图中的第 62 个百分位数，许多学校都想知道如何才能做得比这更好（Applebee，Langer，Jenkins，Mullis，& Foertsch，1990）。

测量学习效果的方法有很多种。学校的分数当然很重要，它就像测量其他物体的标准一样。事实上，教师发展研究项目不仅仅试图研究这样的标准，还想要研究像学生读多少本书这样的简单测量标准。在研究写作质量时，对学生作品的内容进行分析也是非常重要的。与课程相关的测试（对一个单元或一堂课的测试）同样也很重要。最后，传统的标准化测验可能会被效应大小评估分析所取代。

当凯撒学校的教师发现效应大小这一概念之后，他们就能够通过这种方法把自己努力的结果与他人的进行比较来计算自己工作的有效性。这些教师参考了乔治·希洛克斯（George Hillocks，1987）所作的写作研究评论报告，发现与以教材为中心的授课方式相比，这种探究式的写作教学方法的平均效应大小是 0.67，在这种教学方法下学生取得的成绩是学生成绩分布中的第 70 百分位。教师对每一年级的效应大小都进行了认真的计算。譬如说，六年级取得了平均 90 分的成绩，与前年（采用控制方法教学）平均 20 分的成绩相比，有 70 分的差别，那一年的标准差是 55。用 55 除 70，其效应大小是 1.27，这几乎是希洛克斯报告中成绩的两倍。在采用归纳模式的第一年，学生的平均成绩大约是采用控制方法教学所获成绩分布的第 90 个百分位。图 3—6 描绘了这两种分布情况。

60

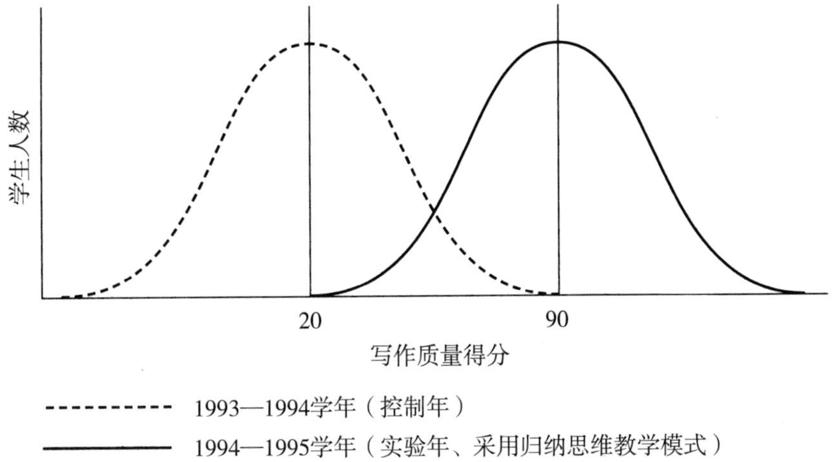

图 3—6　采用归纳思维教学方法前后学生写作质量得分比较图

来源：Kaiser Elementary School，Newport/Costa Mesa School District，California.

正如上面所说的那样，凯撒学校的老师都是探究者。他们选择一种教学模式，学着运用它，探究这种方法在学生身上产生的效果。这种探究将会引导他们继续探索更好利用这种模式的方法和其他有益于学生发展的模式。他们是典型的研究型教师。

我们强调教学艺术并不是说有一种特定课程或授课模式可以解决学生学习中的所有问题。教育研究仅仅处于起步水平。我们希望读者不仅仅是把本书当做是一种教学策略的来源，而是学着不断去丰富它的知识体系。仅美国就有几百万名教师。如果每年 1%的人能进行一次研究并写出报告，那么将有两万项新的研究报告问世，知识增加的数量将会是现有教学模式和方法的好几倍。除此以外，任何学校的教师都可以通过对自己教学的研究而与其他教师分享自己的研究成果，进而帮助学校的每位教师更有效地从事教学活动。

应用研究

一个学校无论何时进行改革，无论是微观层面还是宏观层面，也无论是否有中心目标（如提高学生的识字能力或者自学能力或者两者兼有之），其中一个重要的问题是我们期望达到什么样的结果。当我们考虑这个问题的时候，我们需要进行一 61
些检测研究，并从领导、专业发展、课程，以及行动研究等层面来检验这种学校发展理论。

15 年来，有远见的学区已经开始着手一系列复杂且广泛的课题研究，例如国家倡议的以基础教程、教学模式、形成性评价为重点的发展措施是否能提高学生的学习及教师的满意程度。下面是对这个案例的研究，旨在测试普遍性的问题，而不是评估具体课程的有效性。

里士满县（The Richmond County）调查研究

此研究侧重于课程领域教学模式的概念性研究，当然这些教学模式的实施也在研究范围内。其中包括有关学生学习的两种类型。

第一种测量方式是在内城区中把相关的课程测验和教师评价有机地结合起来。内城区中学的学生以前的成绩很差，甚至2/3的学生每年都升不了级，但是经过为期两年的行动研究之后，按照同样的标准对学生进行测验，95%的学生连续三年成绩稳步上升。第二种测量方式是艾奥瓦基本技能测验（Iowa Test of Basil Skills Battery），也是在内城区的中学，当时学生的平均成绩是17个百分点。然后由骨干教师给9所学校提供专业的指导，在这些学校中对72名学生（每所学校8名）进行平均成绩的比较。经过一年的行动研究之后，有40名学生的平均成绩是0.4。也就是说，比起他们以前的平均成绩提高了0.2。20名学生的平均成绩增长了0.2～0.4，剩下的12个学生的平均成绩与之前的成绩持平。

这项研究包含着一个有关实施率效果的测验，以百分比来算，教师对学生进行行动研究之后，学生的平均成绩是76分，而那些未被实行行动研究或者实行力度不够的学生的平均成绩是44分，总体来说后者比起过去几年的成绩已有所上升。但是，实行行动研究的教师使学生的平均成绩超过了国家平均成绩。

在里士满县，校长和教师的主导地位受到重视，尤其在教师作为行为研究的骨干力量时。教学模式受到关注已经很长时间了，并在一些年级和课程领域得以运用。教师在理论和实践方面的专业发展也得以执行。学生的成绩在一定程度上反映了行动研究的实施率所产生的效果。

艾姆斯（Ames）的研究：推理性写作教学

为了创造一个把读和写有机结合起来的课程，连创佳绩的学区中的九所小学一
62 直强调使用概念性教学模式，从而形成一种适用于各种写作方法的课程，教师必须了解学生的写作水平，也应该接受一流的专业训练、运用一流的教学模式指导、观摩其他教师的课堂学习和教师日志。通过对学校的教师提供集中的专业指导培训，使大多数教师参与到行动研究之中。

年底的时候，学生的写作水平得到了显著的提高，四年级的写作水平要比八年级学生的平均水平高（平均效应超过2.0）。研究表明，即使是成绩优异的学生，其写作水平也会因课程和教学的改变而受到影响。写作作为一门限制学校发展的课程可以通过教学和课程的改变而得到极大的改善。

艾姆斯的控制研究

此研究是基于个体、学校和社区对教师进行的行为评估。艾姆斯是在一个偶然的情况下开始进行这项研究的，除了社区要为学生的写作付出努力外，学校也要尽可能地对行动研究给予物质技术方面的支持，学校要保证所有的教师都有资金来支持自己的研究（约每年1 000美元）。这个项目对教师的教学效能及其个人满意度进行了广泛评估。大部分教师认为三者都是很有效的，但是只对学区性的控制研究给予了最高的评价（84%的教师认为学区控制研究对学生能产生积极的作用），其次是校区的控制（75%的人认为校区控制对学生能产生作用）。个人控制研究却产生了奇怪的结果：1/6的教师根本就没用这些资金，另外1/6的教师只用这些资金购买了一些教学材料（显然他们不打算用这些钱来进行控制研究）。其余大多数教师对他们的工作环境和教育资源很满意，大约有55%的教师报告对学生产生了积极的作用。

除此之外，结果也显示应该更多地关注教师的感受以及他们对各种类型研究的反应，尽管教师广泛地参与了这项控制研究，但是社区范围内的控制研究经常

是起伏不定的，当然教师对这些设计很好的写作研究还是会打心底赞成，不过仍然有一些教师不喜欢学校的这个研究项目，认为这些都是个人型的控制研究。就像一名教师说的：他们以为他们是谁啊，在这里对我们指手画脚，告诉我们如何提高。这种想法代表了 1/4 的老师的想法，1/3 没有使用个体定向研究的教师坚持自己以前的教法。一名教师这样表达了自己的想法：“这些奇怪的人给我们这点钱就像给孩子们零花钱一样，但是却让我们去购买一种新的教学技巧。”

第二次机会：成功阅读 63

纵观整个美国学区，有相当一部分的人处于初级阅读者的水平，他们在小学阶段没有学习阅读，进入高年级后阅读也有很大的难度，他们所在的学校也没有将阅读设为核心课程，同时几乎没有一所学校有能够教学生有效阅读的项目。重要的是，教师也没有做好教学生阅读的准备。那些学生在阅读方面的障碍不利于个体和社会的发展，也很难具备解决个人和社会问题的能力。

加利福尼亚州的两所学校首先开始实行这种项目：一所学校在偏远的农村学区，另一所在城市。这两所学校同时开设了一门课程。此课程规定学生每天学习 90 分钟，并根据他们已有的阅读发展水平布置一些家庭作业。其实施过程完全依赖每年 12 天的专业阅读指导。学生的阅读学习形成了一门课程，而且行政部门对他们的阅读水平进行了测验。调查显示，学生们都取得了相当大的成绩，甚至在其他方面也取得了很大的进步。

在同一阅读水平的小组里，一般的学生前几年阅读成绩提高了 0.3～0.4 个单位。在“成功阅读”这项研究中，一般学生的平均成绩在一年内提高了 1.5 倍，效应大小超出了 3.0。性别、种族都不再是影响因素，约 75%的学生能够积极参与到核心课程中来，第二年他们的成绩也取得了同样的效果。基本上，如果一个具有四年级阅读水平的学生参与到“成功阅读”这个项目中，两年后他们的阅读水平就会相当于甚至高于七年级的水平，而如果不参与该项目以他们当年的成绩预测，两年后最多也只能达到五年级的水平。

重要的是，“成功阅读”这一项目通过使用一种简单明了的方式轻而易举地攻克了一个长期严重的问题，这个项目在实施过程中最大的困难是对于领导者的依赖，尤其在行动研究和阅读教学方面需要由专业的教师来进行。

能力和领导因素：教师专业发展和学生成绩

在佐治亚州，大量的数据表明很多学校都会出现这样的情况：学生的成绩连续一段时间要么很高要么很低（已经连续超过三年都是如此）。通过实行 SES 控制研究，得出了一些有趣的结论，比如，一些学生能力较低的学校的成绩要比那些拥有能力较高学生的学校取得的成绩好，具有同样能力的学生产生了不同的学习效果。

基于佐治亚州提供的数据，我们展开了两项研究，其中一项研究用来检测在相同的基金基础上成绩比较好的学校是否在专业发展上有所差异。与成绩相对比较差的学校相比，两者确实存在差异。最显著的差别就是组织和参与的不同。那些成绩 64
相对好的学校的教师一般是整体开展工作，在既定时间里缩小了他们的关注范围，在教学实施过程中，他们一起参与培训并制定新的教学内容。

艾奥瓦大学学校委员会对几个学区进行了人种志研究，这些学区的学校不管是成绩较好还是较差，其人口特征是很相似的。结果显示在校区的能力认识上，学校之间存在着很大的差别：成绩好的学校里，从督导到教师到监护人对教育在人的天性和成长过程中所起的作用持一种赞同认可的观点，他们认为积极有效地使一切学生获得发展是他们的天职；与这种积极的观点形成鲜明对比的是，成绩较差的学校认为学生成绩差是学校外部条件产生的结果，这种思想占主导地位。

尽管这些研究并不能证明这些因素与领导者之间存在因果关系，但是它们确实提供了一些建议，即人们对教育领导的普遍认同要比组织和管理所起的作用更大，并且认为前者能够提高教师的职业道德和合作效率，调动教师和社区成员的积极性和热情。

关于阅读的现代课程体系

15 年前，美国出现了一种新型课程：发展和营销。几十年来，商业出版社已经出版并销售大批教材或更乐观地将其宣传为课程，然而现在，它成为组织者和大学联合起来共同开发和推广的一门课程，并附带了教师的专业发展和评估。这里有两个很有名的例子，一个是由约翰霍普金斯（John Hopkins）大学特意为内城学区有学习障碍的学生研发的初级课程项目“让每个人都成功”（Success for All）；另一个是与俄亥俄州立大学联合研制的适用于任何地方有学习障碍的学生的初级课程“阅读恢复”（Reading Recovery）。

每门课程所产生的教学影响与邻近的学校相比是 0.3～0.4，实行这种课程项目的学校的学生成绩普遍都得到提高，但是学校本身实行的力度还是不够的。然而对于这些学校的孩子来说，这已经是很幸运的事了。

合作模式

从一般的概念来说，有些人会产生疑问，合作学习真的有助于学生学习吗？当然，合作学习确实有助于学生的学习。也有人会问，合作学习在任何时候都适用吗？当然不是。然而，当我们考虑使用这种教学模式时，我们有充足的证据来证明它的有效性。

2000 年，两位约翰逊和他们的同事集中研究了合作模式与竞争模式的差异（如 Johnson，Johnson，& Stanne，2000）。总的来说，几乎所有的研究都会拿合作
65 模式和竞争模式做比较，而研究结果表明实行合作模式的确能促进个人、社会和教师的专业发展。现在我们能够放心地说，合作学习策略能够促进学生多方面的发展。然而，强调合作模式与强调竞争模式相对比也有局限性。我们强调合作模式并不意味着竞争模式是它唯一的对立面。一些班级选用的教学模式处于两者之间，这也说明了竞争并不是必然发生的。

约翰逊和他们的同事已经验证了八种不同合作模式的相关研究，但是目前还没有任何一种关于教学的合作学习模式。一些合作学习的方式并没有像其他的学习方式一样产生大的效应，例如拼图玩具模式非常受欢迎，但它的效应很小，甚至会产生消极的效应。

为有缺陷的青少年提供的复合模式课程：策略性教学模式的成效

教学模式可以结合不同的教学方法提高教学效率，使我们能为所有学生，包括特殊群体设计课程。在过去的 25 年里，堪萨斯大学以唐纳德·德什勒（Donald Deshler）和简·舒马克（Jean Schumaker）为首的教学中心为有缺陷的青少年学生

开发出一种多样化的教学模式，这是教育中最具挑战性的课程设计问题之一（见诸如 Deshler & Schumaker，2006）。

在美国，有轻微学习障碍和中度学习障碍的人在高等教育阶段无法取得很大的成就（这里我们不讨论那些身体深受残疾的人，如聋哑、盲人和其他的一些进行矫正手术的残疾人）。很多这类学生完不成作业，几乎没有人能接受任何形式的高等教育。这种情况在有些州或有些学区更糟糕，例如，佛罗里达州完成高等教育的残障人士不到 20%，尽管政府在特殊教育师资培养方面的投资很大，但是情况并未好转。特例只是相对而言的，少数学区中有很多具有学习障碍的学生正在接受特殊的服务和教育。

但是我们不必悲观气馁，堪萨斯研究小组已经开发出了策略性教学模式（strategic instructional model，SIM），并投入使用，同时还做了广泛的调研。作为教师，你是否在担忧那些有学习障碍而不能进入高等学校的学生呢？你是否希望策略性教学模式的工作人员帮助你？这些工作人员将会集中帮助此类学生进行有效学习，并帮助他们和作为教师的你精神百倍地参与到核心课程中。

换言之，学生要学会怎样学习以及怎样把学习策略运用到中等教育的核心课程中；教师要学习如何使学生领会学习策略以及怎样发现、创造、修改课程材料，从而使学生更容易接受这些知识和技能。

理论基础 66

当我们考察理论基础时，会发现就具体学科而言，对待有学习障碍学生的标准十分极端，与第 1 章的练习相似的标准化的练习逐步将基本阅读和计算技巧教给学生。这些标准的理论基础限制了学生的能力和教学的发展，掩盖了课程领域的专业性，使课程发展非常缓慢。

策略性教学模式理论的五种观点可以被解释为（见 Deshler & Schumaker，2006，p. 122ff）：

（1）这些学生在进入中等教育阶段时，缺乏适当的学习技巧，我不像德什勒和舒马克那样谨慎，接受特殊教育 8 年的专业指导使他们丧失了从中等教育中受益的有效工具。

（2）这些学生不能自然地形成有效的学习策略。事实上，很多学生已经形成了无用的学习策略，这使他们学习起来更加困难，因此他们需要更有效的学习策略。

（3）尽管他们有很多缺点，但是与小时候相比，他们有了更成熟的认知能力，也就是说现在教他们要比七八岁时容易得多。

（4）他们必须学会独立地阅读，高中是他们为生活做准备的最后一次机会，学习能力是一个关键的变量。

（5）这些学生必须要为他们的学习负责，他们需要学会有效的学习策略。以前干预研究失败的原因之一就在于教师被放在一个负责任的位置上，这样一来，学生就变得越来越被动，只等着教师来激发。

为什么要使用多样化的教学模式

仅掌握一种教学模式并不能满足不同的教学目标、教学或自学的需要，根据中等学校和高等学校的种类，一般把课程分为三个部分（Deshler & Schumaker，

2006，p. 124）。同样，学习策略的课程也有三个方面：

（1）帮助学生从写作材料中获得信息并储存信息的策略（p. 124）；

（2）帮助学生判断信息、组织信息、储存信息的策略（p. 125）；

（3）提高书面表达的策略（p. 125）。

67 如果你思考过中等教育和高等教育的需求，并能够有效运用书面材料组织和储存信息，那么你就是一名很优秀的学生。

建立研究和良好客观信息的基础

为了构建一个有机的学习策略系统，堪萨斯研究小组收集了大量有关这三种学习策略的资料，并对此进行了分析研究，最后把结果汇总成三种不同的学习策略。

例如，在从书面材料中获取信息、存储信息、表达信息方面，存储信息这一步包括三个组成部分：首字母联想策略（见第 9 章）、联词法记忆策略、词汇学习策略。这样一来，就像一般的教学模式一样，教师教给学生一些基础性的学习策略。

向有学习障碍的学生授课的策略

我们再强调一下，堪萨斯小组已经形成了一个能帮助学生学习策略的精细策略，并且能把这些策略运用到课程任务上，以确保学生提高阅读速度。

策略性教学模式并不局限于有学习障碍者，一些核心课程的教师也开始使用策略性教学方法，这种策略有助于教师教授学习策略，并计划和执行教学方法，以帮助学生成为一个成功的学习者。

策略性教学模式的一个典型特点是：不会伤害到任何学生。信息的获得、存储和运用是所有学生学习的一部分，笔者经常说，高中学生学习数学的目的就是为了遗忘，当他们需要计算时他们总会忘记计算公式。教师教学生学习计算，只是把通过测验当作教学目标，而不是为了教会学生学习策略，也不是为下一个阶段的学习做准备。这种现象并不局限于数学这门功课，在所有的核心课程中都存在着这种问题。

我的话很好笑，但对于堪萨斯小组我是很严肃的。他们的研究结果表明，多种教学模式的确能帮助不懂教学策略，以及不知道如何帮助学生学习的教师。

68 一个令人满意的比较

我和卡尔霍恩已经研发了一门针对四到十二年级中超龄学生的阅读课程。这些学生一般是有阅读障碍的，有一半被诊断为学习障碍者，我们把这种课程称为“第二次学习阅读的机会”（Second Chance to Learn to Read），一些学区称为“成功阅读”（Read to Success），这个术语是由亚伯达省北极光学区发明的（见 Joyce，Hhrycauk，Calhoun，& Hhrycauk，2006）。第二次学习阅读的机会有很多教学方法（见 pp. 419 – 424），如教师教学生形成可视性词汇、探求单词的结构、进行广泛阅读、边读边写学习法等。参加“成功阅读”的学生的 GLE 与他们之前相比提高了 0.5。一年后，学生的 GLE 是 2.0，利用策略性教学模式使那些超龄阅读障碍者对他们的阅读成绩产生了新的希望和期待。

一个复杂的问题：以学区还是以学校为单位将学生进行分组

一个人们争论不断的焦点是按能力还是其他的标准对学生进行分班或跨区分班。另一个焦点是是否应根据学生的学习动机或者感知能力将其编成一个班进行专门教学。从参与研究的数百名学生那里收集到的大量资料充分证明了三种主要的研究结果与所用的分组教学类型息息相关，以库利克（Kulik，1992）为首的团队对有关数据进行了完整的分析。

第一，根据一般标准把学生分成小组并不能提高学生的成绩，换言之，把学生按成绩分成差等、中等和优等，希望通过这种分组改变学生的学习，但是却没有给他们个性化的课程和教学，不能提高他们的成绩。比如有四个同年级的班级，按照他们之前的成绩（优等、良好、中等、差等）分成四个小组，如果没给他们个性化的课程和教学，他们的成绩就不会有任何变化，甚至还有可能产生消极的影响（Kulik，1992）。因为差等生可能会在心里形成对自我的认知，把自己定位成失败者。遗憾的是，在北美的学校中最典型最普遍的分类方法就是按能力分组。

第二，在某个具体的时间内，可以为了某种专门的教学而把学生分成几个小 69
组，例如一所中学的学生数学成绩有很大的差异性，因此可以分成两组，对一个小组的学生进行基础教学，而对另一个组的学生进行计算教学，虽然课程与教学是不同的，但应与学生以前的课程和教学应该是一致的。

第三，也是非常重要的，即在具体的时间内对分组的学生进行集中强化训练。例如，把学生分成不同的小组，给那些能完成任务的学习者提供优先教学机会，所教的内容和方法也与传统的英语课有所不同。如果课程和教学能够根据学生自身特点有所调整的话，分组教学确实能提高学生的成绩，提高他们的自尊心，但如果用同一种教学方式对他们进行教学，那么他们的阅读成绩就很难提高。在第 20 章我们将描述一种适用于初学者或超龄阅读者的课程，这门课程是专门为四年级以上的超龄阅读者设计的。合作教学对教师来说是一种切实可行的教学模式，且能使学生受益匪浅。

抵抗宣言

研究中的方法很重要，推动者常常声称这种研究只是根据某种特殊情况做出的研究，不具有普遍性。当我们把研究结果用于指导实践时，却发现这种研究与实践不一致，这种情况下我和同事们要连续很多次地进行修正。最让人沮丧的一个案例是“识字教练”。这种观点认为学校只要聘用一名读写教师就可以了。我们的研究表明，是教师，而不是专门的教练帮助学生形成一个庞大的知识库。但目前，还没有哪项研究支持基于学校的专职读写教师。实际上，如果专家不是某一种特定教学模式的专家，那他们给出的也是荒唐的建议。

有关自然科学探索的备忘录

在关于判断的问题上，对同行评审的选择必须谨慎。我们认为，如果对某一个
研究进行审查，需要考察研究假设以及研究设计等。在结构化的领域进行审查是非 70
常困难的，再加上教育领域是一个不太成熟的领域，审查者必须要谨慎，尽量避免

理想化的先入为主的概念影响审查过程。很多教育专家认为，现实是针对具体情况和个人而言的，因此在研究过程中考虑到现实的情况和人的因素都是非常重要的。但是，这样也容易导致极端：教育知识的发展会受到人们的怀疑，我们常常在多变的现实与多变的个性中迷失方向。课程和教学的知识一般包括教学方法、职业发展等。只有结合学生、教师以及工作特点，才能形成相应的课程和教学的一般性方法，也才能使这种方法得以推广（见 Bereiter，1984，1997；Phillips，1995）。

在某些教育研究领域，有这样一种普遍观点，教育研究界的成果是教育研究者复制的一种成果，这一成果与课程、教学、专业发展以及学校进步是完全脱节的。不，不是这样的。最初的设计必须包括设计原则，这些原则决定着试验效果，它的客观性并不会消失。但实验效果并非真实的实验结果。另外，实验设计需要复制，而且是合理的复制。目前，我们已经编制了一门课程，这门课程专门针对四至七年级还未学会阅读的学生，我们以严谨的态度研究这门课程，并相信我们的研究结果能够被复制。只有这样做，模仿者才有可能掌握课程，学会如何帮助教师用这种方法，并了解学生的学习效果。我们赞成模仿，但是模仿至少要花费五年的时间和大量的金钱，而且这些东西不可能指望政府来提供，因为政府对此类学习者持另一种态度。模仿很重要，但一个成功的复制是要花费很多金钱的，不要把教育只当做一个化学实验室（见 Viadoro，2005）。

我们渐渐地明白了卡普兰（Kaplan，1998）行为科学的研究方法中所涵盖的相关学科与分支学科，就像他们在研究中写道的：

> 本书没有包含科学方法的定义，因为我们相信没有什么东西是可以用定义来解释的。当一个人说到打棒球的方法时，人们就可以运用投球、撞球侧击法、运球来定义它。击球手和投手有他们自己的管理策略、信号和训练方式以及保持团队的精神和方式方法。上述的这些都有多种作用，在比赛的过程中，每种方法都不是固定不变的。当然，唯一不变的就是计分方式。如果你击不中，就得不着分。他的这个比喻确实能帮助我们理解抽象的自然科学方法，如果我们用复杂的真理，就很难理解布里奇曼（P. W. Bridgman）的话："科学家没有别的方法，他们所能做的只是尽自己最大的努力。"（Kaplan，p. 27）

71 信 息

为教育实践寻找基本框架一直是驱动我们进行研究的动力，这样做的主要原因是我意识到许多研究人员都希望找到一个完美方法来实现所有教育目标，且适用于所有学生。如果我们能正确使用现有的教学模式，那么一方面我们可以将其与典型材料以及不同的教学问题结合起来，另一方面也可以提高教学技能。

在每个领域中，人们几乎都认为掌握一种方法就是掌握一种技能，但只会做粗活的工人算不上是一个能工巧匠，只会整形的外科医生不是一个全能的外科医生，因此只能教好学生的教师也不是一个好的教师。

不是每一个领域的实践者都有可能把事情做到最好，只有精通各方面的人才能处理好不同的任务，所以对专家的定义也需要根据不同的环境而定。

第4章

影响教学的三个因素

——风格、模式和个体差异性

人之为人，个性与社会性使然，教育指在促进两者间的和谐。

——吉姆·沃尔夫（Jim Wolf）

个案4—1

开学的第一天，我们以旁观者的身份来到五年级的教室里。现在是8:30，还 73
有15分钟就要上课了。学生们纷纷进入教室，有的在交谈，有的在给教室里的盆景浇水，有的在活动挂图上写着课外阅读中新学会的单词。大概10分钟后，他们的老师毕晓普走进教室，面带笑容地走向被课桌环绕的讲台。毕晓普老师带着一个宠物箱，里面有一对猫咪和它们的6个孩子。这一群猫咪感觉有些不舒服，因此一大早毕晓普老师就带它们去看了宠物医生。这时，一个学生轻声问了毕晓普老师一个问题，毕晓普老师对她耳语了些什么，接着她就去学校办公室了。

毕晓普老师走到她的桌前，和一群女生开始叽叽喳喳地交谈起来。铃声一响，有线广播系统就开始播放校秘书处的早间通知，学生们也各自坐到了位子上。广播过后，一位同学打开音响，全体学生起立开始唱国歌。

毕晓普老师微笑着环视四周，问道："今天我们还有没有其他要做的?"她看着另一块活动挂图说："还是和往常一样?"同学们都笑了起来，一只手举了起来："我们还没有观察室内植物的生长记录。"

"我们确实还没有。"毕晓普老师说，并将这件事列入今天可能要讨论的话题当中。

8:30，在隔壁的教室，安德森老师站在桌子旁边。8:40，学生们安静地进入教 74
室，广播过后，安德森老师来到日程表前，在上面写道：今天需要更改的日程是四到八年级的同学到多功能厅去，有专业人士会告诉大家如何远离毒品。

"还有什么问题吗?"

"好，现在开始上数学课。首先回顾一下昨天的学习任务，遇到不懂的问题请指出来。5分钟后，我们讲解答案。"

这两位教师都是三十多岁，教龄也有八年左右，而且他们的教学风格已经基本固定，很难再发生变化。教学风格的形成与她们性格和教学经验是密不可分的。特别是毕晓普老师和安德森老师学生时期的教育经历对她们教学风格的形成产生了很大的影响。教师风格的不同不仅表现在他们与学生相处的方式、他们制定的班级规则上，还表现在他们课堂管理和教学过程中的情感态度。对学生来说，一些老师是很容易接近的，跟教学一样，是自然而然发生的；但另外一些老师却是严肃而让人感到生疏的，学生很难与之亲近，即使他们教学经验丰富或者曾经在教学成果上取得过很大的成功（Joyce，Brown，& Peck，1976）。

从学生的角度出发，教师们的教学风格直接决定了教学质量和课堂氛围。课堂氛围有温暖亲切的、严肃专制的、温暖专制的和严肃民主的等各种类型。有的教师习惯采用探究型教学和活动型教学，使学生获得全面的发展；有的教师则注重培养学生的个性特长；还有一些教师会兼顾学生的全面发展和个性发展。找到令大多数学生满意并使师生关系亲近融洽的教学风格对于大多数教师来说是一件很困难的事情。例如，一些学生喜欢严格的教学环境，但其他学生可能会觉得过于压抑。尽管如此，师生双方都需要去相互适应，在调整自我的同时学会相互配合。

但师生间风格差异会影响教师对学生的评价，并由此产生一些有趣的现象。例如，由于师生风格的不同，教师们会认为一些学生的注意力不够集中，甚至是缺乏注意力。教师们对待此类学生的态度也不相同，有的教师甚至很少关注此类学生，这可能与教师的风格有关；学生成绩等级划分的依据是实际的学习成果，但也会受教师风格的影响；在选修课的选择方面，影响选择结果的主要因素也与教师风格有关。例如，在选择外语选修课时，以法语为例，当第二位法语教师的教学风格与第一位教师相同时，很少有同学还会继续选择此课程。反之，大多数同学都会继续选择。

个案 4—2

75 让我们继续观察毕晓普老师和安德森老师的课堂。

10:00，毕晓普老师给学生们展示了这样一段话。

> “醒醒！醒醒！”查理试图从温暖的枕头上离开，但他的头似乎有千斤重，怎么也抬不起来。他知道，起床是不可能的了。
>
> 一对白鹅向他游了过来，它们的孩子——10 只小鹅，也正拨动着脚掌向他游来。
>
> 他的周围散发着危险的气息，经过那个古老的教堂时，他把外套披在肩上，环视四周，进入了……
>
> 学校看起来像一座巨大的堡垒。当他来到学校的前门时，一股压迫感笼罩了他。但是，门并没有开。

毕晓普老师说：“小说作者通过不同的开篇方式，将读者带入话题、篇章或者故事。请大家将以下 30 个例子进行分类后思考：作者是怎么开篇的？我们写作的时候会用到哪几种？”

10:15，安德森老师对学生们说：“这是一些文章的开头部分，它可以帮助我们理解作者是如何将读者带入话题、故事或者是篇章的，同时如何使读者有身临其境的感觉。”

"醒醒！醒醒！"查理试图从温暖的枕头上离开，但他的头似乎有千斤重，怎么也抬不起来。他知道，起床是不可能的了。

一对白鹅向他游了过来，它们的孩子——10只小鹅，也正拨动着脚掌向他游来。

他的周围散发着危险的气息，经过那个古老的教堂时，他把外套披在肩上，环视四周，进入了……

学校看起来像一座巨大的堡垒。来到学校的前门时，一股压迫感笼罩了他。但是，门并没有开。

"我们现在开始仔细阅读文章，体会作者描写人物的方法，写出这些句子的特点。半个小时后，我们集体讨论，并进行归类。"

我们从以上案例可以发现什么？我们可以发现，两位老师在运用相同的材料对学生进行指导时，风格是不同的。他们使用的是相同的教学模式——归纳模式，即让学生对一系列材料进行归纳，并且在指导写作方法和文章连接方式的时候都运用了概念获得模式。但是，他们不同的教学风格使同一教学模式有所不同。同时，在引导学生进行归类并使用不同的方法进行写作时，不同的教学模式也会影响教师的教学方式。教师的教学风格和不同教学模式的相互作用就产生了不同的教学氛围。

教学风格 76

任何领域都有一套固定的思考方式和交往方式，本书只涉及教育领域。它可以由个人通过学习来掌握，也可以在工作中根据个人经验自然形成，这种方式就是风格。教学风格在研究中不断地得到完善和肯定之后就会形成模式。而模式是某项工作得以进行的技术性基础。每个人都有不同的风格，这种风格是相对固定的，它可以从个体的总体特征上表现出来，而这种总体特征又在模式的学习中得到加强。在讨论教学风格和教学模式时总会遇到一些困难，因为教育学者们似乎不太喜欢"技术"这个提法。但是在教育学专业领域，还找不到可以用来描述"风格"并为大多数人所接受的词汇。

专业风格：个人风格

文化融合是指新教师融入教育者这个群体及其职业文化圈的过程。通过文化融合，新教师在实践中不自觉地践行着普遍的教学文化，他们自身独有的教学行为特征开始慢慢地消退。文化融合在师范教育、教学实习及入职之前就开始了。因为任何教师或职前教师都经历过学校教育。在学生时期，他们已经了解了教师的教学过程、师生之间的互动模式，以及教师制定课堂管理的方法和教师与家长进行沟通的方式。他们经常听到父母或其他家庭成员，以及社区人员对学校管理的意见。当然这些意见中的大多数都是较为保守的，即用直接的方式教授基础知识和技能。

背诵法

在教学方法的选择方面，文化融合的作用会促使新教师采用背诵法（the Recitation pattern）。实际上，背诵法主要是给学生展示一个任务，告诉学生要学习的内容，然后对学生掌握的熟练程度进行检查。教学材料是最重要的因素。教师的教学活动通常会依据教学材料来进行。学生主要学习展示材料，教师会根据学生的学习情况提问。通过对教师教学计划的研究发现，大多数教师的教学计划建立在对教学材料的研究和对后续教学准备的基础上（Clark & Yinger，1979；Clark & Peterson，1986）。

导师制（即学徒制、实习制或是师徒制）的出现强化了一个观点，即教育是一个建立在丰富的实践经验上的成熟领域。教师们接受了背诵法是建立在科学研究和实际经验上的有效方法这一观点，开始被同化并使用这种方法（Sirotnik，1983）。从领导机构的形成来看，校长是从被同化了的教师中选拔出来的。同时，中央教育机构成员是从被同化了的教师和校长中选拔出来的。所以，教育文化的形成不是来源于某个教师，而是来源于整个教师群体。

77 作为教室里一个真正的观察者，你可以发现文化融合造成的结果：校长和人事部门选择的教师在风格特征上有很多共同点。只是由于他们的个人性格不同才使得实际的教学活动有所不同。

教育法规的制定者可以根据他们的喜好来制定政策。“不让一个孩子掉队”就是一个有争议的决策，通过它的制定可以看出联邦政府的决策来源于个人喜好而不是实际的研究。如第 3 章所述，在阅读教学方面，管理者推行的是拼读法，即使他们的研究已经证明分析法和模拟法也一样有效（见 Ehri et al.，2001）。

变量因子：个体差异

教师的性格特点与他们的教学风格是相互影响的。20 年来关于性格的研究证明，我们的设想是正确的。教师的教学热情、亲和力、学术水平以及理论水平各不相同，这些是影响教学风格的重要因素。

教学热情：多年前的一系列研究已经证明，教师教学热情的表现方式造成了教学风格的不同。有的教师习惯调动学生的积极性，他们通过不同的途径表扬学生，如轻拍学生的肩膀以示鼓励，或走近学生小声地鼓励他们。（Joyce，Brown & Peck，1981）

亲和力：教师之间的差异还表现在与他人的相处方式上，当然也包括与学生的相处方式。有的教师会很自然地问：“我们要怎么做呢?”有的教师则只是简单直接地告诉学生要做的事情；有的教师积极创设与学生自由互动的氛围，消除年龄的差距；而有的教师十分保守，与他人的相处也是被动的。

学术水平：几年前，施莱提（Schlecty）和万斯（Vance）曾经做过一项令人惊讶的研究。研究发现，许多新入职教师的学术水平在他们的大学班级中处于较低层次，只有少数人例外。这种现象会对教学风格产生影响，学习成绩不佳的学生在成为教师后，仍然觉得学习是件很困难的事情。这种态度会影响他们对教学的组织。例如，比起优秀的同事，他们更不喜欢布置高难度、开放性的学习任务。

理论水平：教师的信息加工方式会影响他们传授知识的方式。概念系统丰富的教师，即理论性较强的教师，会要求学生回答高难度的问题，完成探究性的任务，用理论来概括所学知识，从而提高学生的概括水平。反之，理论性较弱的教师则更
78 习惯于提出低水平的问题，只安排需要记忆的知识和能够解决问题的固定程序（Hunt & Joyce，1967；Hunt，1971，1975a）。

尽管在教育者群体文化背景下，许多教师不得不依从传统的教学模式，但是教

育者之间的差异也会使得教学风格多样化，从而使教学方法也变得丰富起来了。

态度因素

在教学过程中，教师形成了对学生、教学和教学环境的情感态度。这种态度又影响着学生、家长和同事。虽然文化融合是影响因素之一，但个体差异才是态度形成的重要因素。传统观点强调遗传因素对学习能力的影响，强调学习能力来源于父母，以及父母与孩子相处的方式，教师所受的教育告诉他们，社会经济因素是影响学生学习的重要因素。然而，仍然有许多教师对教育影响因素持乐观态度。教师对学生行为因素的解释，以及针对可能出现的学习障碍给学生的指导等，都可以显示教师的态度。有关孩子多动症的介绍就是一个很好的例子。一些教师从来没有想到这一点，他们深信，多动症的行为不会出现在他们的课堂上。但另外一些教师却认真考虑过班里部分学生是否有多动症。教学态度是建立在教学风格的基础上的，它影响着学生的行为和教师的职业生涯规划。

教学风格和学习能力：教师发展的首要任务

虽然教师们都学习了新的教学模式，但其教学风格是否会在一定程度上阻碍新的教学策略的习得呢？这个问题影响着整个教师发展计划的形成。如果教师只能学习与自身教学风格相关的教学模式，那么教师发展组织就不得不建立新的教学计划，以满足教师们不同的目标取向和教学方式的需要。因为教师们原有的教学方式是在自身经验的基础上自然形成的，是多种多样的。但是建立这样新的发展计划非常困难，因为：第一，大多数课程建立的基础是教学模式，而不是教学风格；第二，个人喜好与认知方式很难被了解。

教学经验使教师自然而然地形成了一些教学方法，但教师如何将教学理论应用于教学，从而获得新的教学方法呢？曾经有三个相继的研究关注于此问题。第一个研究开始于 20 世纪六七十年代，研究的焦点在于职前教师掌握教学模式的能力，以及其思维水平、哲学素养和原有的风格等因素是否会对学习新模式产生影响。研究表明，几乎所有的教师都有学习新方法的能力，并且思维水平和对学生的态度能 79
够影响新方法的学习方式，并不能阻碍这些教师习得新的模式（Joyce，Brown，& Peck，1981；Joyce，Weil，& Wald，1981）。

20 世纪 60—90 年代，研究的目标不变但对象转向在职的经验型教师，并且涉及两个领域的研究（见 Joyce & Showers，2002）。其中之一提供了一个教师培训计划的范例。它包括了理论研究和实证研究，以及在实践中运用模式能力的培养研究。但是，完全掌握教学模式是以长时间的实践为基础的，而“同伴训练”有助于模式的掌握。“同事互助”即将教师分组，使之共同研究，互相分享实践经验。当时几乎所有的教师都参与了“同事互助”计划，不同的教学风格使教学实践变得丰富多彩，并提高了教师掌握和使用新方法的能力。

第三种研究曾经是区域学校发展计划的一部分，许多教师对新模式的定义、学生的学习过程和影响因素进行了研究。事实上，研究证实，几乎所有人都有在实践中掌握了一种或多种教学模式的能力。教学风格不仅丰富了实践活动，还增加了教师的教学方法（见 Joyce，Hrycauk，Calhoun，& Hrycauk，2006）。

小　结

教学风格和教学模式都是十分重要的，教师间的风格差异使学生的学习生活更加丰富。教师普遍使用背诵法的现象对学生是没有益处的。与使用多种教学模式的课堂相比，使用单一背诵法的课堂明显失败。职前教师教育应注意这一点。

教师的在职培训也是如此。目前在职教师的培训侧重于改进现有教学方法而不是去构建和丰富教学法，这也是不正确的。

第二部分

信息加工类模式

信息加工类模式的创建者在认真研究个体时，关注的是个体加工了信息，做出 81
了决策，其智力得到了发展，创造力也得到了表现和提升。在我们努力了解世界、解决问题和培养学生时，模式构建者不能只做旁观者，他们必须找出能帮助我们更好处理信息和提升能力的方法。

这些学者型实践者开展工作的方法起初看似完全不同。有些学者帮助我们设计课程，在课程中让学生组织信息、建构概念以及检验与专家不一致的概念；有些学者则列举一些概念，让学生对其进行检验并建构特定的结构；有些学者帮助我们记忆现有信息；还有一些学者帮助我们创新思想。

他们的共同目标是帮助学生成为更有能力的学习者。 82

这些教学模式可以积极地应用于所有课程领域的教学中。它们适用于每一个科目并对所有的学生都有帮助，它们能够为学生提供助其成长并伴其终生的学习工具。

第5章

归纳思维模式

——通过收集和组织信息形成概念

归纳性思维既是人的天赋才能，同时也是有规律可循的。这是一项革命性的工作，因为很多学校都决定要以一种打破常规、颠覆本能的方式来进行教学。

——希尔达·塔巴（Hilda Taba），1966年对坐在林肯纪念堂台阶上人们的致辞

个案5—1

在印度哈里亚纳邦的莫提拉尔尼赫鲁体育学校里，两组高一年级的学生正在进 83
行植物学中的植物生命结构方面的研究。其中一个小组主要研读课本，教师以校园里植物的结构为例对他们进行指导。我们把这一组称为讲解举例组。另一组被称为归纳组，由新德里大学的教师贝弗加指导，这个组面对的是大量标有名称的植物。学生两人一组根据根、茎、叶的结构特征对植物进行分类，所有小组定期对植物的分类和类别名称进行交流。

贝弗加偶尔使用概念获得模式（见第6章）引入某种概念来扩展学生的参考范围并启发他们做出更复杂的分类，她还为学生的分类提供了科学的名称。接着贝弗加给学生一些新标本，看他们能否在观察植物的某一个部分结构时推断出植物另一个部分结构（如从观察叶推断根部结构）。最后，她让学生收集更多标本并将其添
加到已有的类别中去，看看自己分类的覆盖程度。最后学生发现大部分新添加的植 84
物都能在已有的分类中找到合适的位置，但他们也必须做出新的分类，以容纳一些新的样本。

学习两周之后，两组学生共同进行了一次测验。测验内容是分析一些标本，并根据它们的结构特征命名。

归纳组在知识测试方面的成绩是讲解举例组的两倍，而在正确识别标本结构方面的成绩则是讲解举例组的八倍。

个案5—2

杰克·威尔逊（Jack Wilson）是英国剑桥的一位小学一年级老师。在日常阅读教学中，他发现班上的学生进步很快。这一时期他在研究学生如何攻克生词。他发现当学生识别出的单词都是包含在听说词汇表中时，他们能够记得很好。例如，当

遇到 war 这个词时他们可以记得很好，而 postwar 这个单词就难住了他们。因此，他认为学生在词法结构上存在障碍，学生不知道词根加上不同的前缀和后缀会形成意义不同的新单词，所以他设计了以下的系列课程。

杰克准备了许多卡片，每张写有一个单词。他挑选了一些带有特殊前缀和后缀的单词，并有意把词根相同但前后缀不同的单词卡片放在一起。他挑选前后缀是因为它们的构词结构具有显著的特点，所以很容易识别。（之后他会继续选择一些具有更加细微特征的单词。）杰克使用这些卡片作为基本资料，为接下来几周设计了一系列的学习活动。下面是其中的一些单词：

set	reset	heat	preheat	plant	replant
run	rerun	set	preset	plan	preplan

星期一上午学生到校时，杰克发给每个学生几张卡片，并保留了剩余的卡片，打算逐渐增加学生的信息量。他让每个学生读其中一张卡片上的单词，并对这个单词予以描述，其他同学可以进行补充。这样，单词的结构特征很快就引起了学生的注意。他们讨论分析出了诸如首字母为辅音（如以 s 开头、元音字母、辅音连缀（pl））等之类的特征。

在学生熟悉了单词的分类之后，杰克让他们给单词分组："把单词分成几组吧。"学生们开始研究他们的卡片，反复地看单词以便归纳出它们的共同特征。起初，学生们分出的卡片组仅反映首字母或单词的含义，比如它们是否与运动或温暖有关。逐渐地，他们注意到了前缀以及拼写规则，并在词典中查找前缀的意义，懂得了如何通过增添词缀来影响词根的意义。

85 当学生完成单词的分类后，杰克让他们对每一组分类进行讨论，指出这些卡片的共同特征。慢慢地，因为学生熟悉了杰克挑选资料的方式，所以他们能够辨认出主要的前缀和后缀并指出它们的意思。然后杰克给学生一些句子，句子中使用的新单词是他们的卡片组上所没有的，但有着卡片上学过的前后缀。杰克让学生运用他们已经形成的概念去推导出这些新单词的意思。但是他发现还是需要直接教学生识别词根的意思，然后再加上前缀和后缀的意思，才能让学生掌握新单词。

通过选择不同的单词资料，杰克引导学生们掌握了他们需要攻克的生词的辅音和元音的发音及结构，并给学生提供很多归纳性学习的机会。杰克通过研究他们的学习过程，调整分类任务，使学生获得更透彻的理解，从而形成了他们运用新方法攻克生词的能力。

个案 5—3

8 岁的谢默斯正在厨房里玩。他面前放着许多盘子。其中一个盘子里放着一个切成四块的土豆，另一个盘子放着同样切成块的苹果，其他的盘子放着其他各种水果和蔬菜。谢默斯把许多与灯泡连在一起的铜片和锌片插进土豆块中。当灯泡亮时他满意地点了点头。他拆下灯泡接上电压表，简单地检查后重新接上灯泡。接着他用苹果重复了这一过程，再一次检查了灯泡和电压表。然后又换成覆盆子、柠檬、胡萝卜等等。当父亲进入房间时，谢默斯抬起头说："我的猜测是对的，我们可以用覆盆子当电池，但是其他那些……"

显然，谢默斯以能否与金属相互作用产生电流为方式对水果和蔬菜进行了分类。

个案5—4

黛安娜·舒茨是一位一年级教师，她给学生端出了许多需要分类的郁金香球茎。学生根据大小和外形把它们分成了几组，比如，是否两个连在一起（有些在顶端有小球），是否有“外衣”，或是否有像根一样的端点。现在学生在栽种球茎，想要弄清楚他们所识别的特性差异将会怎样影响郁金香的生长（大球会变得更大吗？小球靠自己长大吗？）。黛安娜根据创建分组、做出预测和检验其正确性这一基本程序来设计整个科学课程。

个案5—5 86

马基宾博士是社会研究课教师，他的学生正在研究世界各国的人口统计数据。一个小组研究非洲，另一小组研究拉丁美洲，其他小组研究亚洲和欧洲的数据。他们在寻求这些变量之间的相互关系，比如人均收入是否与这些地方的人均寿命相关、教育水平是否与人口增长率相关，等等。在相互交流研究结果时，他们会比较各洲之间的异同，还试图了解各洲的内部关联是否与其他洲存在可比性。

以上五个个案展示了归纳性思维和教学工作中的归纳教学模式。教师们在教授小学及初中学不同领域的课程内容时本质上运用了相同的程序。在每一个案中，过程目标（学习建立、检验和使用类别）和内容目标（在课程中调查及掌握重要的话题）结合在一起的。

我们强调，学生是天生的概念生成者。人们总是通过不断地对事物、事件、情感等各个方面进行比较，形成自己的概念。为了把握这一自然趋势，我们通过设计学习环境、给学生布置任务来提高他们形成和应用概念的有效性，并帮助他们有意识地提高自身在这些方面的能力。多年来，我们已经形成了一些指导方针，通过帮助教师塑造环境和设计任务来帮助学生形成概念。随着学生越来越熟练地使用归纳性学习方法，我们也不断调整自身的行为，以帮助他们设计更适合的环境和任务。学会如何进行归纳性思维是一个关键目标，学生们需要不断地练习，而非走马观花、浮于形式。此外，营造学习环境的指导方针（即课程和单元设计）也应该简单直白。

第一是聚焦，即帮助学生专注于一个熟知的范围，对他们不加限制，让他们充分发挥能力，形成自己的观点。我们向学生提供本课或本单元范围内的数据资料，然后让他们研究资料中事物的特征。举一个简单的例子，给幼儿园或一年级学生发一些卡片，每张卡片上都有几个字母，让学生仔细观察这些字母并描述它们的特征。当然这个范围就是字母表，它包括字母和字母的名称。另一个例子是给五年级或六年级的学生提供一组数据，这些数据包含着世界上某一区域各个国家的统计信息，比如拉丁美洲，让他们仔细研究各国的数据，这里的范围就是拉丁美洲各国，研究依据是所提供的统计数据。

第二是概念控制，即帮助学生形成特定范围内的概念掌握能力。在学习字母表

87 的案例中，教学目的是让学生识别不同的字母，并对具有相似特征的字母进行归类，这样学生就能够根据字母的异同来看字母表。这些字母和包含着这些字母的单词一起放在教室里的图表上，当学生把形状相同的字母归类后（比如把几个含有字母B的单词放在一起），他们就能够在单词中找出这些字母并掌握这些字母的名称。而在拉丁美洲国家的案例中，学生可以根据人口统计数据给国家分类。先从单一特征进行分类，比如人口或人均收入；进而根据多个特征进行分类，比如确定教育水平、生产力和收入水平等变量是否与其相关。学生能够根据这些分类来认识拉丁美洲。而后随着更多信息的加入，在学生心理结构中就会形成更高级别的分类，最终通过生成概念层级获得元控制来掌握特定范围内的信息，这时就形成了概念控制。

第三是把概念理解转化为技能。在学习字母表案例中，要转化的技能是找出字母和发音之间的关系及如何在拼读中运用它们，进而有意识地在单词识别中加以应用。在拉丁美洲国家的案例中，要转化的技能是根据国家的多个特征进行分类，生成并检验假设的正确性（比如研究人均收入水平是否与人口出生率和教育水平相关）。

学习环境、数据资料的创建、学习任务（分类、再分类）以及假说的生成构成了一个整体环境。教师观察学生并通过详细解答问题来帮助学生扩展和完善他们的概念。在字母表案例中，教师会提出“哪个字母最像A，最有可能与它相混淆?”之类的问题。在拉丁美洲的案例中，教师会提出“还有哪些因素可能与受教育水平相关?”之类的问题。

随着学生逐渐学会形成和扩展类别（概念），他们在过程中就要承担起越来越多的责任。比如，他们需要学着创建与学习领域相关的数据资料。幼儿园或一年级的学生会使用单词卡片来完善数据资料，开始时他们需要有明确的指导（“这里有三个首字母相同的单词，把它们加到单词表上好吗?”），后来他们就可以通过观察单词表并根据单词的首尾字母来独立地给单词分类。我们的小拉丁美洲学者刚开始学着使用统计数据和诸如百科全书里的资料给数据库添加变量，而随着他们对这些国家研究的进一步深入，他们就能够自己创建以地区为单位的数据资料，从而进行地区间的比较分析。

归纳思维模式使学生自觉地收集信息并进行细致的观察，再把信息组织成概念，最终学会处理这些概念。有规律地应用这一策略可以有效地提高学生形成概念的能力，并拓展他们分析信息的视角。

88 研　究

大量有关信息处理模式的研究都关注如何提高学生形成和使用概念及检验假说的能力，然而该模式的实践者和旁观者却提出了一系列相关的问题，它们大都反映了这样一个疑虑，即专注于思维是否会阻碍对学习内容的掌握。

教师们提出这样的问题：“我有很多内容要讲解，如果我把精力都放在培养学生思维能力的教学上，会不会因此而耽误学生学习核心课程的基本知识和基本技能呢?”几家研究性期刊的评论也涉及这个问题。

埃尔-尼默尔（El-Nemr，1979）主要致力于高中和大学的生物教学研究。他研究了学生的学习成绩对个人技能的发展以及对科学态度的影响。这种实验取向的生物学课程在三个方面都取得了积极的效果。布莱德曼（Bredderman，1983）对范围更大的科学项目和小学不同年级的学生进行了研究。他也报告了该实验在信息获取、创造力和科学程序等方面的积极效果。此外，他还报告了与之同时进行的智力测验的结果。希洛克斯（Hillocks，1987）有关写作教学的考察也得出了相似的结果。基本上，在写作教学中，采用归纳型、探究型方法与不采用此方法相比，效应大小约为 0.6。

其他研究者也研究过思维教学在不同课程之间相互迁移的范围这一问题，并且发现以探究为取向的课程似乎更能促进学生在其他相关性不明显领域的发展。例如，史密斯（Smith，1980）对美术课程的分析就说明了以艺术为取向的课程也能使学生提高基本技能。

最近在基础学科领域进行的许多大规模的田野调查涉及时间与效率的问题。艾奥瓦州一个学区的 190 名小学教师提供了一个例证。这个学区的教师和管理人员致力于提高学生的写作技能，他们通过归纳思维模式来帮助学生了解作家的写作技巧，让学生完成人物介绍、背景创设和动作描述之类的任务。教师收集了一些孩子的作品，并请专家给这些匿名作品评分。

到了年底，学生的写作水平显著提高。四年级学生的例子就可以说明他们取得的巨大进步（见表 5—1）。他们去年年底的写作分数比八年级学生的分数还要高。学生们在一年里取得的进步比普通教育环境下的孩子四年里取得的还要大。此外，不同程度的学生（从原来写作最差的学生到原来对写作就掌握较好的学生）也都有相当大的进步。写作上的性别差异（在写作技能的发展上男生经常落后于女生）也 89
明显缩小了（Joyce，Calhoun，Carran，Simser，Rust，& Halliburton，1996）。

表 5—1 从三个维度对比了两个学期（1992 年秋季学期和 1993 年春季学期）学生的平均成绩，从三个特征（论点/结构、论据和语法/技巧）来评定每个学生的写作水平。在秋季学期，论点/结构和论据两个维度之间的相关系数为 0.56。论点/结构和语法/技巧的相关系数为 0.61。论据和语法/技巧的相关系数为 0.63。到春季学期时，这些相关系数分别为 0.84、0.65 和 0.74。

表 5—1　　1992 年秋季学期和 1993 年春季学期四年级说明文写作的平均成绩

学期	维度		
	论点/结构	论据	语法/技巧
秋季			
平均成绩	1.6	2.2	2.11
标准差	0.55	0.65	0.65
春季			
平均成绩	2.8	3.2	3.0
标准差	0.94	0.96	0.97

我们把秋季和春季两学期分数的效应大小也计算了出来。论点/结构的效应大小为 2.18，论据为 1.53，语法/技巧为 1.37（见第 3 章对效应大小的解释）。在这一年中，各项效应大小的结果都是 1991—1992 年全国标准和最低要求的几倍。尤以论点/结构方面区别为最大，学生在春季学期平均成绩达到了秋季学期分布的最高点，这在全国从四到十二年级的整个时段都未曾出现过的现象。

同样的教学模式能使所有的学生都受益，这着实让很多人吃惊。但在教学研究和教学策略方面，这的确是一个经典的发现。教师不仅能够照顾到后进生，帮助他们摆脱困境，同时又能推动优等生达到一种比以前更好的状态。

结构体系

我们所指的“结构体系”是教学模式的结构，包括主要构成要素或阶段以及它们的组合方式。有些模式（比如概念获得模式）具有相对固定的结构，其内部的一
90 些要素或阶段需要彼此相连才能获得最大的效应。有些模式的结构则呈滚动或波浪状，各个阶段之间可以不断循环。归纳思维模式的结构随时间的推移呈滚动状，并且较为复杂。归纳过程有四个要素：一是通过不断地收集和筛选信息来建构概念，尤其是分类概念；二是对信息领域的概念控制，它是由这些概念和分类提供的；三是生成假设，这是为了更好地探讨它们之间的关系或者提出解决问题的方法；四是把知识转换为能够实际应用的技能。

在回顾归纳教学模式的四个阶段时，我们需要思考一下本章开始的个案。归纳模式的阶段包括：一、确定并列举与主题或问题相关的数据资料；二、给这些数据资料分类，使同组成员具有共同特征；三、解释数据资料并为各类别命名，以便对其进行处理；四、将类别转化成技能或假设。

为了鼓励学生积极进行归纳活动，塔巴（Taba，1966，1967）创建了任务型教学步骤。例如，让学生“从世界主要地区查找 12 个国家的人均收入和人口增长的数据”这一任务会促使学生创建一个数据文件；“判断哪些国家最相似”这一任务可以促使学生将列出的资料进行分组；“我们怎样称呼这些组?”这一问题会引导学生对数据进行命名；而让学生把收入水平和人口增长联系起来会促使学生进一步解释信息并生成假设（他们可能发现人均收入和人口增长之间有一种负相关关系并想探明原因）。当学生能够根据人均收入数据预测一个国家的人口增长时，技能就得到了提高。

教师是通过在恰当的时机引出问题以引导学生转向活动的下一个阶段来运行这一模式的。例如，如果数据还没有被识别和列举出来，那么给数据分类的时机就还过早。但是在转向新的阶段之前如果耽搁太久，则会错失学习良机并可能降低学生的认知兴趣。为了使学生积极回应这个模式，我们建议教师开始时先给学生提供数据资料以引导他们逐步进行活动，然后再教给学生如何创建和组织这些数据资料。

数据收集和展示阶段

归纳性操作包括组织数据、为了形成观点拆分数据以及重组数据三部分。因此，首先需要收集数据，当然在调查过程中还会增删一部分数据。在指导学生用归纳法学习时，我们通常给学生提供一些没有条理的数据信息让学生选择，以进行最初的调查研究。许多归纳性调查都始于数据收集阶段，同时我们会教学生怎样收集
91 数据和创建数据集合，数据集合是从现实中发展而来并用于学术研究的，这些有待探索的领域种类繁多且可任意选择，它们可以从地理角度进行界定（如“咱们来看看市中心的情况”），或者通过一般的分类来界定（如所有国家或亚洲各国的经济体制、中国女性去年创作的诗歌），或者从我们认为对研究有创新意义的角度来界定。重要的是，只有按照一定的学术标准，这些研究领域才具有一定的意义。实际上，

学术领域的研究多年来已经发展壮大，如写作质量研究、浪漫诗人研究、光学研究、代数方程研究等，举不胜举。因此，尽管可以对微不足道的事物进行研究和分类，但我们通常不会在课程中浪费宝贵的时间。然而，一些严谨的研究却能够赋予那些看似微不足道的事物以重大意义。格夫曼（Goffman）的书《广告中的性别》（*Gender Advertisments*），探讨了如何在公众中树立形象。而乔治·格布纳（George Gerbner）则研究了报纸和电影等媒体是如何影响教师观点的。

检查并列举数据阶段

所有数据，不管是关于摇滚乐、诗歌还是哲学，都需要仔细研究并给予标注，以便我们对其进行识别。摇滚乐可以用编号或不同颜色的标签予以标注；诗歌可以用题目，也可以用数字编码；哲学则可以用哲学家的名字命名。数据集合中的项目需要非常认真的研究，以便使它们的特征充分显露出来。这个阶段需要认真去做，否则研究就会缺乏深度。我们发现许多教师在这一阶段很仓促，这显然是错误的。

分类的第一阶段

为了真正获益，我们通常对数据进行数次分类。分类的第一阶段很重要，开始时我们通常要么以总体特征笼统地进行分类，要么只以其一两个属性进行分类，要么只使用一种方式进行分类。比如给诗歌分类时，我们会根据主题、语气和手法这些显而易见的特征进行分类。有了这些初步的分类工作，我们在以后的阶段中就能顺利向前发展。

有时在初步分类之后，我们发现还需要给数据集合添加资料，或者发现了当时研究和列举数据时没有注意到的信息，在这种情况下，我们需要返回去重新收集和检查数据。

分类的第二阶段

再次深入分析的数据。在我们对数据进行重新分类、改进或否定原有的分类，并尝试两三种新方案之后，就会出现新的分类，同时我们也就逐渐掌握了这些数据资料。有时在对数据资料进行进一步的探索时，我们会改变以前做出的分类。

提出假设并形成技能阶段 92

仅仅进行分类本身具有一定的教育意义。在对小说或故事中的人物描写进行分类的时候，我们会发现作者介绍人物的方法有所不同，了解这些方法会帮助我们更深入地理解作品。如果我们继续进行分类，就可以从中提出假设并把其中一些假设转化成有用的技能。假如我们发现，在介绍人物时女作家比男作家更常使用类比法，那么我们就可以提出这样的假设：女作家在她写作的每一阶段都更多地使用类比法。然后我们可以通过开展一项新的研究来验证这个假设，如果对这一问题继续研究，我们可能会发现其中的原因。

想要从分类中获得技能，就需要了解怎样做才会出现适合分类的结果。比如我们发现比喻是诗人常用的一种策略，如果我们想要使用比喻，就需要练习，并拿我们的比喻与专业作家的比喻进行比较。

关于学习环境的设计思考

塔巴早期（Taba，1966，1976）曾指出在当前课堂教学中使用归纳思维模式是非常重要的。塔巴一直在努力普及教学策略这一术语，并逐步完善了归纳思维模式，以便使其能够方便地应用到课程设计和课堂教学中。

社会系统

课堂上会伴有大量的学生活动，并且形成一种合作型的课堂氛围。由于教师通常是下一阶段的引领者，而且各阶段的活动顺序是预先设计好的，所以教师尽管处于合作地位，但同时又具有控制性。然而，因为学生是学习策略的主角，他们应当拥有更大的控制权。

教师作用的原则

塔巴对教师在每一阶段如何互动和反应给出了相当明确的指导原则。在使用各种策略解决认知任务时，教师必须保证这些认知任务以最佳的顺序出现在最佳的时机。他对任务制定的要求是，在分类开始之前就应当对资料进行充分研究，在完成分类之后才对其关系进行探究。而在使用策略过程中，教师的主要任务是对学生处理信息的过程进行监控，然后使用适当的启发性问题对其予以引导。教师肩负的一项重要任务是探明学生在面对新经验和新认知活动时的学习愿望和准备程度。

93

支持系统

这一模式可以应用于需要处理大量原始资料的任何一个课程领域。例如在研究不同国家的经济问题时，学生们会需要大量有关国家经济情况的数据，以及关于世界事务的统计资料。此时教师的任务是帮助他们使用越来越复杂的方法来处理这些资料，同时提高他们处理资料的综合能力。

应　用

该模式的基本应用是发展思维能力。在发展思维能力的过程中，这些策略显然要求学生吸收和处理大量的信息。该模式可以应用于从幼儿园到高中的任何课程领域。教师应有意识地引导学生使其思维超越所给资料的范围，有目的地发展学生的产出性思维和创造性思维。归纳过程包括对信息的创造性加工，以及如何应用这些信息去解决问题。

概念形成模式适用于从幼儿园到研究生的各年龄段的学生。在这一模式中，学生们收集信息、仔细地检验信息，然后把它们组织成概念并学会运用。经常使用这一策略能够增强学生有效形成概念的能力并拓宽学生审视信息的角度。

比如，如果一组学生经常进行归纳活动，这组学生就能掌握越来越多的资料来源，他们就会从多角度检验资料并仔细分析事物的各个方面。假设有一批学生正在进行社区研究，可以想象起初他们收集的资料会很肤浅，但是随着调查能力的逐步提高，他们会依据越来越多的特征给数据分类。而且，如果一个班的学生分成若干小组，那么各小组之间相互交流分类结果将会促使大家从更多的角度分析信息。

学生还学会了给项目分类。假设有一组学生对诗歌和短篇小说进行分类，他们还能将这些类别进一步概括从而得出其上位概念。

另一个例子可以帮助我们体会这些观点的实用价值。正如我们所讨论的那样，有时候我们提供资料让学生去分类，而有时候我们帮助他们去组织资料。下面例子里的资料就是学生自己写的。

个案 5—6

写作中的副词归纳练习

学生看了电影《走出非洲》(*Out of Africa*) 中的一幕，其中有三个新朋友以诙谐幽默的谈话和讲述趣闻故事来自娱自乐。此时教师要求他们就这一场景造句， 94
每一句都使用副词开头。(因为他们正在学习副词的用法，教师发现他们使用副词时没有像使用形容词时那么灵活。)

他们以下列的方式开始造句（为了突出句首的副词用法，我们省略了句子其余部分）：

1. Profoundly looking into one another's eyes...
(深情地彼此注视着……)
2. Intently listening to one another's word...
(专注地相互倾听着……)
3. Wonderingly and as if by magic the love began to flow...
(神奇如魔力一般，爱情开始流露……)
4. With relaxed and forthright honesty they shared a part of themselves...
(他们彼此放松而坦诚地分享……)
5. Anxiously the husband watched as his normally taciturn wife...
(丈夫担忧地看着平时不爱说话的妻子……)
6. Passionately I gazed at my two companions...
(我热切地注视着我的两个同伴……)
7. Playfully at first, but with growing intensity...
(起初很好玩，但是随着渐渐增加的紧张情绪……)
8. Tentatively, like three spiders caught in the vortex of the same web...
(暂时地，像是三只被困在同一张网中的蜘蛛一样……)
9. With heated anticipation, the three formed a web of mystery and emotion...
(带着热切的期望，三个人织出了一张神秘的情感之网……)
10. Quietly listening they were engulfed by the tale.
(静静地听着，他们沉浸在故事中。)
11. With awe and a certain wonderment...
(带着畏惧和几分惊奇……)
12. Tenderly, in the midst of warm candlelight, they...
(在温暖的烛光下，他们温柔地……)

13. Skillfully she met the challenge...
（她熟练地迎接挑战……）
14. Boldly they teased one another with their mutual love of language...
（他们大胆地用彼此爱慕的话语挑逗着……）
15. Effortlessly her practiced mind...
（她那训练有素的头脑毫不费力地……）
16. Awkwardly，like children just learning to walk...
（笨拙地，像刚刚学步的孩子……）
17. Softly，slowly，but glowing like the candles about them，they negotiated...
（柔和而缓慢地，就像弥漫在周围的烛光一样，他们商量着……）
18. Boldly she drew them into the fabric of her story.
（她大胆地把他们编进自己的故事中。）
19. Suspended by the delicate thread of her tale...
（被她故事中精心构造的线索所牵挂……）
20. Instinctively she took his cue...
（她本能地以他为榜样……）

在继续往下读之前，请重读这些句子并记下它们的特征，然后给句子分类。（如果你是一个人或在一个很小的小组里，可以独自做出分类。如果你的小组人数在8人以上，就与其中一个同伴合作进行分类。然后你们可以相互交流分类结果，讨论分类时使用的原则和关注的特征。）

现在我们来看看学生作出的分类。

一个小组以副词的形式给句子分类，单个词为一类（比如第1句的 profoundly，第5句的 anxiously），短语为一类（比如第4句的 with relaxed and forthright honesty），从句为一类（比如第19句）。另一个小组分类的依据是句子的语气和它所唤起的情绪。例如，第3、7、11、12、17和19句为一类，因为小组成员一致认为他们从中感受到了温柔的爱意。而第5和16句则强调了异乡人的艰辛。

然后学生们使用他们的分类进行写作实验，把单个词、短语和从句相互转换，或是更换单词来改变句子的语气等等。例如，一个小组试着把第6句的“passionately”变为“with passion”（带着热情）和“passion flowed as I gazed”（热情洋溢地）。另一小组把第8句改成了“tentatively and spiderlike”（暂时地，蜘蛛似的），并且认为这同时也改变了句子的语气。还有一组把第18句的“boldly”换成了“skillfully”（熟练地），并认为句子的语气也发生了变化。

95 接下来研究的是几本短篇小说。学生们把作者使用副词的句子摘录下来。他们通过分类进一步整理出专业作家常用的副词分类表，并尝试在他们自己的写作中加以运用。

因此，该模式的各个阶段相互依存，引出越来越复杂的智力活动，从而增加了通过语言研究来提高写作技能的可能性。当学生们开始研究专业作家并试图从中学习时，第二阶段归纳活动就在第一阶段归纳活动的基础上开展起来了。

这一模式适用于各种学习方式。亨特、乔伊斯、格林伍德、诺伊、里德和韦尔（Hunt，Joyce，Greenwood，Noy，Reid，& Weil，1981）探索了相对呆板和比较灵活的两组学生的归纳过程。他们发现两组学生都能够运用归纳方法，但是比较灵活的学生一开始就有很大进步。更重要的是，他们发现练习和训练能够提高效率，学生也学会了独立地进行归纳活动。

个案 5—7

单元开发

本案例是围绕萨斯卡通公立学校（Saskatoon Public Schools）一位读写教师莎伦·钱普（Sharon Champ）提供的一系列资料而形成的。莎伦准备收集一些关于句子句法结构的资料，以便学生们在进行分类时能发现这些结构。其目的在于提高学生学习句子的能力，以及弄清楚句法结构是怎样组织起来表达某种特定含义的。我们来看看这 21 个句子的结构特点。

In the grass, the spider patiently weaves her web.
在草丛里，蜘蛛耐心地织网。
In the trees, birds gather to eat berries.
在树上，鸟儿一起吃浆果。
In the forest, a squirrel leaps from tree to tree.
在森林里，一只松鼠在树上跳来跳去。
In the space shuttle, the astronauts complete their experiment.
在航天飞机里，宇航员完成了实验。
In the burrow, the rabbit family nestles together to keep warm.
在洞穴里，兔子们依偎在一起取暖。
In the cockpit, the pilot carefully checks his instrument panel.
在驾驶室里，飞行员仔细地检查仪表盘。
In the icy water, a penguin dives and splashes.
企鹅跳进冰冷的水里，弄得水花飞溅。
Under the sea, large sharks circle the school of fish.
在海底，巨大的鲨鱼围绕着鱼群。
Near the trees, lion cubs scamper in the tall grass.
在树林旁边，小狮子们在深深的草丛里奔跑。
Under the water, the diver silently searches for a dolphin.
潜水员在水底悄悄地搜寻着海豚。
Under the snow, a hungry mouse burrows deep looking for food.
一只饥饿的老鼠在雪下打了很深的洞寻找食物。
Beside the school, two small boys play catch with a bright red ball.
两个小男孩在学校旁边追着一个鲜红色的球玩儿。
Behind the mountain tops, dark storm clouds are gathering.
山顶上乌云密布。
Between the trees, a small monkey wrestles with its mother.
小猴子和妈妈在两棵树之间摔跤。

Beside the river, a bear cub scrambles on the rocks.

一只小熊在河边的岩石上蹦蹦跳跳。

Between the rocks, a snake slithers to search for food.

一条蛇在两块岩石之间爬着寻找食物。

96 On the surface of the pond, a loon floats peacefully.

一只潜鸟安静地漂在池塘的水面上。

Hidden under leaves, a spotted frog hides from the sun's brilliant rays.

一只花青蛙在树叶下躲避着烈日。

Deep in the forest, a black panther patiently waits to pounce on her prey.

一只黑豹在森林深处耐心地等待着偷袭猎物。

High in the sky, the lone eagle glides gracefully.

一只孤鹰在高空中优美地滑翔。

Far below the earth's surface, molten lava rumbles and boils.

熔岩在深深的地表下翻滚着，隆隆作响。

从形式上看，每个句子都包含着一个关于动作发生地点的介词短语。莎伦推论，如果学生能建立一个含有这些特征的分类（介词短语及其特征、短语的意义"在哪里"），那么他们在阅读时就能使用这些类别找出具有特定意义的结构，在写作时也能掌握给读者提供有关"在哪里"这一信息的方法。

下面的资料中没有关于地点的介词短语。

Penguins have huge appetites.

企鹅胃口很好。

This bird is a rockhopper penguin.

这是一只跳岩企鹅。

You would not want to fight a grizzly bear!

你不会想和一只大灰熊打架的！

Clouds come in all shapes and sizes.

云朵大小不一，形状各异。

A blue whale is not a fish.

蓝鲸不是鱼。

This tough bird is an emperor penguin.

这只粗暴的鸟是帝企鹅。

The small dog yapped impatiently.

这只小狗不耐烦地狂吠。

In the day, bats sleep upside down.

白天蝙蝠倒挂着睡觉。

At twilight, bats' sharp cries fill the air.

黄昏时分，蝙蝠尖锐的叫声弥漫在空气中。

At night, the owl hunts silently for mice and rabbits.

夜里，猫头鹰悄悄地搜寻着老鼠和兔子。

In the winter, most bears hibernate in caves.

大多数的熊冬天在洞穴里冬眠。

Some frogs lay their eggs on land.

有些青蛙在陆地上产卵。

A duck makes its nest in the reeds.

一只鸭子在芦苇丛里做窝。

The young penguin stays beside his mother.

这只小企鹅待在妈妈身边。

Many desert animals live underground.

许多沙漠动物生活在地下。

Many plants and animals live beside lakes.

许多动植物生长在水边。

A woman is standing between her children.

一个女人站在她的两个孩子中间。

The woodpecker searches for insects under the bark of the aspen tree.

这只啄木鸟在白杨树皮下寻找虫子。

They build their nests on steep，rocky cliffs and hillsides.

它们把巢筑在陡峭多石的绝壁和山坡上。

Snow leopards live high on snowy mountain sides.

雪豹生活在高高的雪山上。

Yaks live on some of the tallest mountains in the world.

牦牛生活在一些世界上海拔最高的山上。

莎伦把这些句子和最初的 21 个句子混在一起呈现给六年级学生。她让学生观察句子的特征及其所表达的意思。她还让学生不要把注意力集中在特定字符上（如牦牛生活在哪里），而要集中在句子的详细特征所传达的综合信息上。

显然这不是“句子结构和意义”的第一课，而是研究“阅读理解和写作表达”这一大单元中的一部分。

你对此有何看法呢？在学生的探究活动中你认为他们会形成哪些分类呢？

归纳教学的建议 97

下面是布鲁斯·乔伊斯十几年前写给教师的关于归纳教学的一些建议：

1. 练习、练习、再练习（焦虑会使练习减少），充满兴趣地放手去练习。最好围绕教学模式组建一个群体进行练习。同时，应该制定出完整的课程计划，仅做出周课时计划是不够的。

2. 研究学生是怎样思考的，这种研究能打开一扇通往学生心灵的窗户。对他们的思维特征了解得越多，我们就能越好地调整教学方法。

3. 首要的问题是要尽力帮助学生学会学习。教学中出现的一个共同问题是教师只顾提问而忽略了指导学生怎样回答，或者怎样让学生提出更深层的问题。阅读理解教学是一个很好的例子。很多教师只是就学生读过的内容进行提问或者让学生做出解释，以了解他们是否已经理解。然而这两种方法都教不会学生该怎样理解或在理解的基础上做出解释。学生需要一个能展现成人理解和解释的思维模式来进行模仿。

4. 当一个学习团体努力去掌握某个领域的知识时，归纳过程可以带学生进入这一领域的研究中。假设一些初学者正在研究首辅音这一领域，他们需要研究许多首辅音，并且逐个区分这些字母及其发音。如果教师仅仅给他们一套“本周学习字母”的资料并希望他们专注于此，那么这只会导致学习的失败。我们往往是通过比较字母及其发音来学习语音的，不进行比较，一次只学习一个单词会让学习变得很困难。请记住，传统的教授阅读的方法实际上使30%的学生学不会阅读，他们需要的是积极进行语音和结构分析探究以及综合性的技能。

5. 除了特别关注语素和学习新单词外，单词还应该出现在句子中。句子为单词提供了上下文的语义线索，以完形填空的形式保证了单词意义的确立。我们培养的大批“单词记忆者”要么不知道如何从课文中提取单词的意思，要么在面对复杂的课文时就轻易地放弃。

6. 要在正式的课程领域里使用归纳思维模式来讲授教学内容的主旨，而不要把它当作一个雨天打发时间的活动。

7. 无论是在概念形成阶段还是在概念获得阶段，都要确保提供给学生的数据资料具有当前概念的特征。这里再次引用“食物群”这个例子，学生能够记住哪些食物属于哪一类，并且接受我们对它们的营养价值的看法。但学生不可能使用归纳法去发现这些类别，只有生物化学家才可以。然而，如果我们能提供足够丰富的资料，那么他们就可以做到，小学四年级的学生也能够根据人口统计资料对世界各国进行分类，因为这不需要多么高深的科学知识或方法。

98 8. 注意你怎样教“完整”和“不完整”的句子。先教主语和谓语，因为一个完整的句子都有着明确的或暗含的主谓语。

9. 在短期内对客观事实和主观见解做出明确区分可能难以实现（只有在学生已经知道哪些是事实哪些是见解的情况下，包含事实或见解的数据资料才会起作用），在这种情况下，将不会有新的学习。做出这种区别需要对课文进行推论，但更常见的方法是从权威资料中查证。

10. 在科学研究中要努力教会学生收集原始资料。例如在研究岩石时，学生可以观测岩石的密度、硬度、pH值以及同质性。但是如果想弄清楚岩石是如何形成的，则必须查阅权威资料。只有当他们已经知道了事实或从权威资料中获得了信息时，他们才会知道岩石不是由火山形成的。建议教师进行一个“树林单元”的教学，在附近找一个有多种树木的小树林，让学生对这些树木观察一年，然后做出分类。学生还可以用他们观测这种树木的知识作为起点，去查阅其他树木的有关书刊或资料。

11. 学生的确能够创建或者形成多重特征的分类！

12. 在教副词、形容词、短语、从句之类的概念时，要记住每一个概念下面还含有许多子类别。如果一组资料含有五六种副词的类别，那么这对于学生来说就太难了。所以应当考虑把学生能够找出的不同子类别的资料作为教学内容。

13. 对于诗歌之类较复杂的资料，应当尽力挖掘其含义。学生希望通过学习这类资料的各个方面来了解它们。

14. 研究事物的特征（比如故事中人物的特征）会产生很多有趣的问题。而研究一个人物的特征通常需要对文章脉络进行挖掘。你可能要仔细回想介绍该人物不同特征的许多资料，比如外貌和性格描写等。再次提醒，要注意教学生如何回答问题。

15. 如果打算给人物分类，一组资料中需要的人物数量是 20 个左右。

16. 一开始就要确定一个高层次的目标。学生研究云的一项作业记录就是一个很好的例子。学生们把云的图片分类，然后学习一些根据云的形状而命名的科学术语。经常出现在归纳思维模式中的一个问题是“我怎么知道什么时候我们成功了?”答案是要确定他们想要用新获得的知识做什么，并设计一个需要动手的应用型任务。例如，让学生在刚开始的几天花几分钟时间观察天空，并记录下来或进行口头描述；或者让他们查找有关天气的信息或研究一些天气预报，并从中归纳出云的概念。

教学效果和教育影响 99

归纳思维模式设计的目的在于指导学生形成概念、学习概念以及应用概念。它培养学生关注逻辑、关注语言和词义以及关注知识本质的能力。图 5—1 说明了归纳思维模式的教学效果和教育影响。

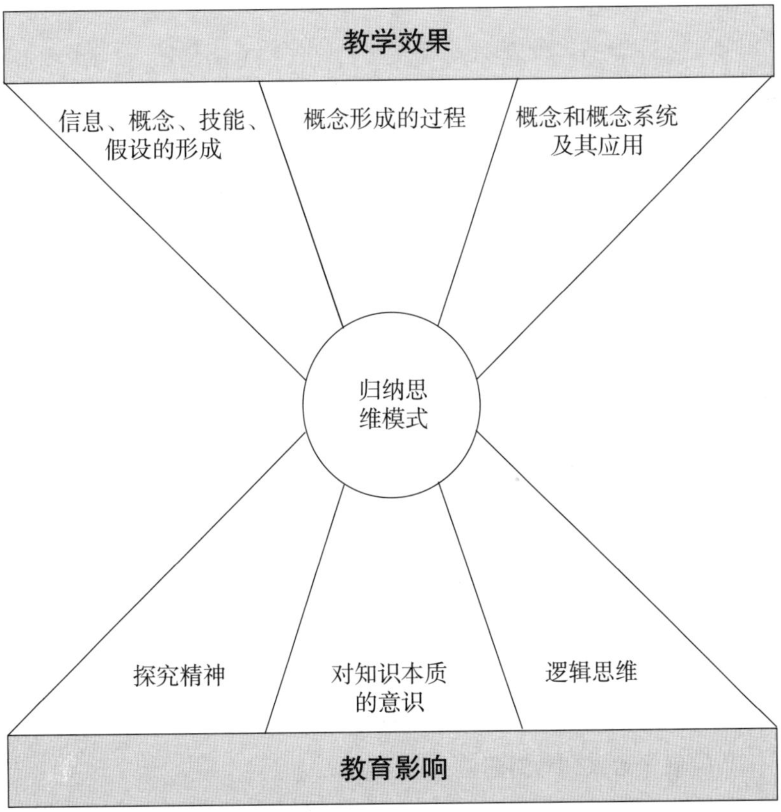

图 5—1　归纳思维模式的教学效果和教育影响

人们有时认为高层次的思维只有到成熟期才会出现，事实上并非如此。各个年龄段的学生都可以很好地处理信息。虽然初等教育内容的学习需要丰富的具体经验，但是小孩子也能够学会正确的思维。而对于那些学习吃力或者成绩较差的学生来说，复杂的、以探究为取向的教学模式已经成为教育良方了。

100 良好的思维方式总是原则性与灵活性相结合。如果我们想要帮助孩子成为更强大、更灵活的思考者，我们必须掌握这一要点，创造一种能够为他们提供充满挑战且有强大支持力的环境，而不是抑制我们想要培养的这种思维品质。

归纳过程模式

下面的小结概括描述了归纳思维模式的要素。该模式具有相对清晰的结构，包含教师在每个阶段应该做出的反应。其社会系统是合作型的，但（最初）还是以教师为中心。它需要丰富的原始数据作为支持系统，它的适用范围极其广泛，一线教师应该考虑把基本的归纳策略作为一种必要的工具使用。

小　结　归纳思维模式

结构体系

形成概念
列举
分组
命名、分类

解释资料
确认主要关系
探究关系
做出推论

应用原则
预测后果、解释不熟悉现象、提出假设
解释和/或支持预测及假设
证实预测

社会系统

该模式具有很高的结构稳定性。虽然其关系是合作型的，但教师仍然是活动的发起者和控制者。

教师作用的原则

教师根据学生的认知活动水平来调整任务，确定学生的准备状态。

101 **支持系统**

学生所需要的用于整理和分析的原始数据资料。

教学效果和教育影响

归纳思维模式（见图 5—1）的设计目的在于指导学生形成概念和学习概念。它培养学生关注逻辑、关注语言和词义以及关注知识本质的能力。

第6章

概念获得模式

——增强基本的思维能力

那个孩子抓住了重点，所以每个人都可以听懂他所讲的。上周，他参加了四节 103
由实习老师负责的概念获得课程。因此，他说我们应该给他机会，如果我们允许他教二年级的话，他计划教同样的课程。他也期待着像教师一样全程录像。因此，我们安排一些学生，由他来教同样的课程，他确实教得很好。所以，每个人都知道了关键是把这种思维模式教给学生，通过实践训练就能做到这一点。

——凯·范德格里夫特（Kay Vandergrift）致布鲁斯·乔伊斯，1969 年 11 月

个案 6—1

洛丽是萨斯喀彻温省（Saskatchewan）萨斯卡通市（Saskatoon）公立学校的一名语文老师，她设计了一系列关于概念获得的课程。

第一节课是为六年级有阅读和写作困难的学生设计的，这是用来帮助学生提高阅读能力的系列课程之一。许多学生只是大声地读课文，语调平平，缺乏感情，直接反映了学生缺乏对感叹词的理解策略。因此本章节主要是帮助他们掌握这种策略，并把这种策略应用在写作中。

洛丽的第一节课

第一节课是围绕感叹词这一概念而设计的。洛丽的意图是通过她设计的课程来理解这一概念。

> 定义：感叹词是在句子中表达情感的，它在句子结构中没有语法功能。感叹词通常用在引用口头语言的时候，而在商务文书中应避免使用。
>
> 标点：不管是逗号还是感叹号，都可以运用在感叹词后。逗号通常用在表 104
> 达很平静的感叹词后，而感叹号用在强烈的感情表达中，如吃惊、情绪、感触等。
>
> 1. 以感叹词（用来表达情感的词）开头；
> 2. 感叹词后有口语化的短语或句子。

她写出了一些句子，其中有的包含感叹词，有的不包含。她让学生们通过对比这些正面的例句和反面的例句，来获得感叹词这一概念。

洛丽在阐明怎么样集中分析句子后，就将成对的句子呈现在学生们面前。

要点说明：

在这堂概念获得课程中，所有的正面的例句都有两个共同的特征。第一个特征是我们可按照句子的字面意思来获得信息，第二个就是我们需要思考后才能知道句子实际要表达的含义（这个句子事实上在表达什么）。

第一部分包含有六对句子。

哈！我们胜利了！
我们赢得了比赛。

每一组的第一个句子都是典型的感叹句，这些句子开头都是感叹词加感叹号。后面是相关的短语，短语后也是感叹号。这些句子很明显是在表达情感。

在下一对句子呈现之前，学生需要思考上面句组的不同，并做好笔记。

啊！好痛啊！（正面的例子）
针刺到我的时候很痛。（反面的例子）

同样的，洛丽要求同学们比较这些正面的例句和反面的例句的不同。下面的句子也是如此：

啊！抓紧你的马！
慢点并且要有耐心。

啊！好大的南瓜啊！
那是一个大南瓜。

嘿！把它放下！
你不应该动那些不属于你的东西。

啊！烤炉着火了！
烤炉烧着了！

105 随后，洛丽问学生对如何区分这些感叹句是否有自己的设想。学生事先没有私下交流各自的想法（我们马上就要讨论为什么不事先交流）。

现在她呈现了另外一些句组，这些句子与第一组相比区别不是很明显。

快点！车快要开了。
车子就要走了！

啊！我不会再那样做了。
我再也不那样做！

哦！你到了。
你终于到了！

在这三组例句中，感叹词后面都接着感叹号，而后面的句子既没有感叹号，也没有像前面的句子一样在表达强烈的感情。

更多的句子被呈现出来了。洛丽问学生是否有新的设想。

然后她让学生试着把一些正面的句子改写成反面的句子：“请移动下列句子的一部分，把它们改成非感叹句。”

哦，我现在懂了。
哎，我累了。

然后把下列反面的句子改成正面的句子。

> 在这些例句中，感叹词后并没有感叹号，而是作为句子的一部分。通过移动感叹词，这些句子就成为了非感叹句。后面的句子也是在表达同样的意思，而这些非感叹句需要添加一个感叹词。

你的意思是今天考试！

那是一个奇迹！

如果学生们能够完成这些任务，那么他们就已经开始获得相关概念了。然后，洛丽给出一个包含许多感叹词的短片故事，让学生们找出感叹词。这种类型的课程依此持续一段时间，当然这种课程也是学生们学习读和写很重要的一部分。

个案 6—2

洛丽的第二节课

洛丽的这一单元课程是根据一部分二年级学生在结构分析/语音概念中存在的问题而设计的。例如，学生们过于泛化重音“g”，他们可能会把“page”拼写或读成“paggey”。

这并不只是他们结构/语音的问题，洛丽想让学生们在词汇的情境中获得有关单词发音的概念。

她的笔记反映了她是怎样来选择这些项目的。

所有的正面例子包含两个元素： 106

连在一起的 ge

e 必须是发/j/这个音

洛丽首先呈现七组单词，这些单词的区别不是很明显。她要求学生们比较这些正面的和反面的例子，他们需要通过独立思考，然后找出这些正面示例的特征。这些词组是成对显示出来的。

正面例子	反面例子
1. age	ace
2. cage	came
3. page	plate
4. rage	rate
5. wage	wade
6. sage	sale
7. stage	grade

> 第一组前七个单词都是以ge结尾的。我选用的单词都有相同的元音，这样学生就更容易看到这些单词的形式。所有的单词都只有一个音节。

洛丽让学生写出自己的猜想，但不要与其他人交流。因为一旦分享观点，学生将不再独立思考，而会去揣测别人的观点。然后，洛丽呈现另外七组单词。

8. bridge	gate
9. huge	game
10. range	gave
11. hedge	gale
12. urge	grape

> 这七个单词仍然是以ge结尾。它们还是只有一个音节，但是有不同的元音和组合。

13. large　　grade
14. dodge　　great

在这一节中，字母的位置是不同的。在反面示例中，它们都有 g 和 e，但并不是连在一起的。在同学们之前的猜想中，可能是只要 g 和 e 连在一起就会发/j/这个音，而这些例子正好用来修正他们的猜想。

在下一节中正面例子显示了单词的开头或中间或多音节词中的 ge，是否也是发/j/这个音。

正面例子

15. germ
16. gel
17. gem
18. angel
19. agent
20. urgent
21. digest

> 在前面三个单词中，ge是用在开头。接着的四个单词中，ge移到了中间。后面的四个单词都是双音节词。学生们都能够把这些肯定型的词改成否定型的词。如agent–angry, urgent–rent, digest–dig.

107 最后，洛丽呈现出一些反面例子，在这些例子中，ge 是组合在一起的，但是发重音/g/. 那么区别在哪儿呢?

反面例子

15. getting
16. together
17. bagel
18. ragged
19. anger
20. forget
21. singer

> 这七个单词都包含有ge组合，但是，ge在这里是发重音/g/。最后的四个单词很特别，因为这些单词很容易就可以转换成正面示例（ragged/rage，anger/angel，forget/forge，singer/singel）。

在这次课程中，我们可以看出，通过让学生分析单词结构和字母组合发音来获得相关概念的方法并不是简单的事。但是，这样的训练能够帮助学生们获得概念，从而增强技能。

个案 6—3

在得克萨斯州的休斯敦市，斯特恩女士所教的八年级学生正在研究美国最大的 21 个城市的特征。学生们收集了这些城市的信息，如面积、人口、种族、工业类型、地理位置和主要自然资源，等等。

通过小组合作，学生们把已经收集到的信息绘制成一系列图表挂在教室里。在 11 月的一个星期三，斯特恩女士说:“今天我们试着做一些练习来帮助我们更好地了解这些城市。我选择了一些概念供分析比较，根据这些概念我把图表定为是或非，当你看到我所给出的信息时，思考某个城市的人口和其他特征，猜测我的概念是什么。我将会以一个是的城市开始，然后是一个非，依此类推。思考一下这些是的城市所具有的共同点。然后在第二个是出现时，把它写下来。并通过后面的练习来不断地检测它。”

“现在让我们从自己的城市开始，”斯特恩女士说，“休斯敦是一个是。”

学生们仔细查看了有关休斯敦占地面积、工业、位置和种族构成等的信息。接着斯特恩女士指向了马里兰州的巴尔的摩市：“巴尔的摩市是一个非”。然后是加利福尼亚州的圣何塞。斯特恩女士说：“这是另外一个是。”同学们看了这些信息后，有两三个人举手了。

一个学生说道：“我想我知道是什么了。”

“先记着你的看法，”斯特恩女士回复道，“看看是否正确。”她接着选择了另一个是——华盛顿州的西雅图，密歇根州的底特律是非，佛罗里达州的迈阿密是是。这样一直持续到所有的学生们都认为自己知道了这个概念，然后她开始让学生们表述这些概念。

“吉尔，你认为它是什么？” 108

“所有的是城市气候温和，也就是说，这些城市都不太冷。”吉尔说。

“但盐湖城很冷。”反对者说。

“是的，但并没有芝加哥、底特律或是巴尔的摩那样冷。”另一个学生反驳道。

“我觉得是的城市都是发展很快的。在过去的 10 年中每个城市的发展速度都超过了 10%。”这些话题又引发另一番讨论。

“所有的是城市都拥有大量不同类型的工业。”这时传来另一种声音。

“那没错，不过几乎所有的城市都是那样的。”一个同学回复道。

最后同学们达成共识：所有标为是的是发展迅速并且气候相对温和的城市。

“很好，”斯特恩女士表示了认同，“跟我想得一模一样。现在让我们接着再来一次。这次我想从马里兰州的巴尔的摩开始，这回它是是了。”

这样的练习重复很多次。同学们注意到了斯特恩女士将水运、自然资源、种族构成和其他因素作为划分的依据。

同学们开始查看资料中的模式。最后斯特恩女士说：“现在，请同学们依次试着用你认为最重要的因素作为划分这些城市的依据，然后领着我们练习，直到我们确定你划分的依据为止。然后我们将讨论观察这些城市的角度以及使用的不同策略所达到的不同目的。最后，我们将使用归纳演绎模式，你就会明白自己发现了多少种联系了。”

在这个案例中，斯特恩女士教会了学生怎样看待城市。同时，她也教会了他们怎么样进行分类。这就是他们进行的教学模式，我们称之为概念获得模式。

分类、概念形成和概念获得

概念获得是指“在不同的种类中寻找并列出能够区别开来的特点。”(Bruner, Goodnow, & Austin, 1967)。然而，概念形成作为归纳模式的基础，它需要学生们确定归纳的依据，概念获得则需要学生们对包含概念特征的例子和不包含概念特征的例子进行比较，以此来发掘已经存在于另一个人思想中的类别特征。为了设计这样的课程，我们必须在头脑中有清晰的类别。例如，我们来思考“形容词”这个概念。我们挑选了一些形容词（正面例子）和非形容词（反面例子—— 109
即不具有形容词特点的词），并将其成对地呈现给学生。来看下面的四组词语：

triumphant（胜利的）	triumph（胜利）
large（大的）	chair（椅子）
broken（坏的）	laugh（笑）
painful（痛苦的）	pain（痛苦）

由于形容词在句子中起着重要的作用，因此，最好的方式可能是把形容词放在句子当中，这样它可以提供更多的信息。例如：

正面例子：Our *triumphant* team returned home after winning the state championship.
在赢得了全国冠军后，我们胜利的团队回来了。

反面例子：After her *triumph*，Senator Jones gave a gracious speech.
在取得胜利后，塞纳特·琼斯做了精彩的演讲。

正面例子：The *broken* arm healed slowly.
那只断了的胳膊在慢慢地恢复中。

反面例子：His *laugh* filled the room.
他的笑声充满了整个房间。

正面例子：The *large* truck backed slowly into the barn.
那辆大卡车慢慢地倒入了谷仓。

反面例子：She sank gratefully into the *chair*.
她很悠闲地坐在椅子上。

正面例子：The *painful* separation had to be endured.
必须要忍受这痛苦的分离。

反面例子：He felt a sharp *pain* in his ankle.
他感到脚踝处一阵剧烈的疼痛。

为了实现这种模式，我们共需要 20 对词语，但如果某些概念比我们所列举的形容词还要复杂时，我们就需要更多的词语。

刚开始时，我们要求学生们仔细阅读这些句子并且注意那些斜体单词，然后指导他们比较这些积极性和消极性词语的功能。“在这些句子中，正面例子的功能是相同的，而反面例子则不同。”通过阅读这些例子我们让学生记下他们所认为的相同点，然后我们再提供更多的例句，问他们是否还持同样的想法。如果不是的话，就请他说出新想法。这样一直持续到大部分学生都认为他们能够解释这些例句的时候。这时，我们让一个学生说出他的想法以及他是怎么样得出这个结论的时，他可能会说：“刚开始我觉得正面例子是长单词，但是很多反面例子也很长，所以我放弃了这个想法。现在我觉得正面例子总是跟着其他一些词，并对这些词产生作用，但我仍不能确定。”

接着有其他的学生也说出了他们的观点。接着我们呈现了更多的例子。慢慢地，学生们都认为正面例子就是那些为句中表示物、人或属性的单词增添一些意义的词语。

我们接着提供更多的句子并且要求学生们辨认出属于形容词的词语。当他们能
110 够做到时，我们就给出形容词的概念，让他们形成一致的定义。最后的活动是让学生们描述自己的思考过程以及处理信息的方法。

家庭作业是让学生们在指定阅读的简短故事中找出形容词。我们通过检查他们找出的词语是否正确来确认他们是否掌握这一概念。

这种过程能让学生们学到构成某一概念的特点，并且能够与那些重要但不构成概念的特点区分开来。例如，所有的单词都是由字母组成的，但字母的呈现并不能构成语言。字母是所有字词句中的重要特征，但在定义形容词中却并非关键因素。学生们领会概念的本质是词的功能，而非等号。

我们通过这种方式教会学生更有效地获得概念，他们也因此而学会了这种模式的规则。让我们看另外一个初学者语言学习的例子。

个案 6—4

教师给 6 岁的孩子列出了标有是和非的词汇表

fat	胖的	是
fate	命运	非
mat	垫子	是
mate	伙伴	非
rat	老鼠	是
rate	比率	非

教师：这是一些单词，它们有的标有是，有的标有非（学生们注意观察词汇，教师随后把它放在一边）现在，我有一个想法，我想要你们猜猜我想的是什么。请注意我给你们看的词汇表（拿出词汇表），这里的每个单词都是线索，它们将帮助你猜出我的想法。如果是是的单词（指着第一个单词），它就是我的想法，如果是非，就不是了。（教师继续这一活动直到学生们领会了这一要求，然后教师引导他们去获得概念。）

教师：你们知道我的想法是什么了吗？（学生们纷纷猜测老师的想法，而教师接着上课。）

教师：让我们来看看你们的想法是否正确。我给你们一些例子，你们按照自己 111
的想法告诉我是是还是非（她给出了一些例子，这次由学生们自己判断是是还是非。）

kite	风筝	非
cat	猫	是
hat	帽子	是

教师：好了，你们看起来已经掌握了。下面请一位同学说出几个认为是是的单词，让我们来判断是否正确，如果我们猜对了，你就告诉我们。（这个练习一直持续到学生们能举出自己的例子，并能说出他们是怎样获得概念的。）

在这次课中，如果学生们把概念仅仅定义为/at/元音与辅音结合，并能正确把 cat 与 hat 作为是，那么他们只是在低层次上获得概念；如果能够把 at 发音的特点用语言准确表述出来，那么他们则在高层次上获得了概念。布鲁纳描述了这种不同层次的概念：仅仅区分这些例子比起用语言来表述概念的本质要简单得多，因为学生们在能够用语言表达概念的含义或本质属性之前就能够正确判断上面的例子。

概念教学为教师分析学生的思维过程以及帮助他们形成更有效的策略提供了机会，同时这种模式也能反映出学生们参与的程度和教学内容的复杂性。

理　念

我们已经使用了类似于“示例”“特征”这类术语来描述分类活动和概念获得。依据布鲁纳对概念学习以及概念获得的研究，在所有形式的概念学习，尤其是概念获得中，每种术语都有着特殊的意义和功能。

示例

示例在本质上是一系列资料的组合，而类别则是若干具有共同属性的例子的集合。正是通过对这些例子的分析比较，我们才能掌握概念和类别。

特征

所有的事物都有其特点，我们称之为特征。例如，国家是拥有一定国土、人口以及能处理与其他国家关系的政府。城市也有边界、人口和政府，但它不能与其他
112 国家独立交往。因此，区分国家和城市就取决于国际交往这一特征。

本质属性是我们所思考的对象的最根本的特征。同一类别中的不同示例有许多其他特征，但这些特征与该类最本质的属性是不同的。例如，国家也有花草树木，尽管这些花草具有重要意义并也能够分类，然而在国家的分类上，花草并不是本质属性。

另一个重要的概念是类别属性。它指的是某一特性在特殊情况下的变异程度。例如，在一般情况下，每个人都是理性与非理性的结合体，当他表现出足够理性的时候，我们将他归为“理性”的人，反之，就是“非理性”的人。类别属性对于某些类型的概念是不需要考虑的，而对于另外一些类型的概念则是需要考虑的。

在为学生提供示例时，首先应给出一些属性价值较高的示例，等到学生们完全掌握了相关概念时，再让他们应对难度较大的问题。因此，当我们依据富裕程度来划分时，先从极富有和极贫穷的国家开始是很容易的。在分类过程中，我们要注意到某些特征会以不同的程度出现。我们必须考虑特征的代表性，即这种特征是否足以使得某些事物被列入某一类别中，同时注意这种特征的代表性程度有多高。以毒性为例，由于氯有毒，我们需要精确地把氯投入水中，因为我们可以很准确地判断这种含量的氯既能杀灭病菌又不伤害人体。自来水不在有毒的类别中，因为它不足以伤害人体，但氯含量足够多时，它将会对我们产生影响。在这种情形下，当氯这一特征的属性价值低到一定程度时，我们就不能将水归为对人类有害的种类中去。

下面我们讨论一下“身材较矮的人”这一种类。矮到什么程度才能归入此类呢？正像判断高个子一样，人们的判别标准总是相对的。什么时候冷？什么时候热？一个人什么时候是友好的？什么时候是敌对的？这些都是有用的概念，然而把某些事物划分到这些概念中却要依赖于其表现的程度或者所谓的属性价值。

在其他情况下，特征的属性价值并不在考虑之内。一种装置要成为一部电话，它必须具有某些特定的属性。那么这里就出现了关于质量的问题，“哪一种电话才算是精密的设备？”这类问题需要我们重新考虑特征的属性价值。

一旦建立了一种类别，我们就可以用符号来对其命名。学生们命名类别时应该

按照事物的属性来进行。在洛丽的第二次课中，学生们应该把教师课程设计的类别描述为某些字母连在一起发/j/音的单词，如果教师的课程设计中有一个专业术语（如之前一个例子中的“形容词”），那我们就可以直接运用它。然而，概念的获得并不是猜测概念名称的过程，而是使这一类别属性变得清晰的过程，然后概念名称才会被创造出来或加以运用。因此，名称仅仅是分类的术语。水果、狗、政府和贫民 113
区都是被用于区分某些经验、物体、结构和进程的名称。虽然同一类别中的不同事物在某些方面是不同的（例如，狗的差别就很大），但是它们的共同特征使得它们被统一归于某一名称。通常情况下，我们教给学生的是他们不知其名但能直观理解的概念。例如，小孩子经常把各种水果的照片放在一起，理由是“它们都能吃”。他们是在用事物的特征而不是名称来描述概念的。如果学生们懂得了概念，他们很容易就能学会它的名称，并且用语言很清晰地表达出来。懂得概念的一部分就是能够识别正面例子，并能够区分与之相关的反面例子，但仅仅知道名称并不能使人做到这些。许多人都知道“明喻”和“暗喻”这两个词，但从来没有通过明确判断它们的属性来区分或运用它们。如果一个人不能清楚地理解明喻的特性，他就不能运用明喻这种方法。

复合属性是另一种值得考虑的情形。某些概念只需要单个事物特征就能确定，而有些则需要多个特征才可以。“红头发男孩”这个概念需要有男孩和红头发两个条件。“聪明的、合群的、运动型的男孩”这个概念则需要多个不同的特征。在文学、社会学和科学中，我们面对的很多概念都需要多个属性才能确定，而且有些特征的代表程度也需要列入考虑范围之内。就“浪漫喜剧”这个概念来说，正面例子必须是电影或戏剧，必须足够幽默，而且还要浪漫。反面例子则应该既不幽默也不浪漫，或者是幽默但不浪漫等情况。

在教学生获得概念时，我们必须很清楚特征的定义以及特征的属性价值。同时我们还要选择好反面例子，从而排除只代表局部属性的例子。

我们把包含一种或多种属性的概念定义为连接概念（conjuctive concepts），其示例由一个或多个特征属性组合而成。另外还要考虑另外两种概念：非连接概念（disconjuctive concepts），它需要由某些确定和不确定的特性来定义。例如，惰性气体具有所有气体的属性，但不能与其他物质发生反应。又例如单身的概念，它与其他男女的特性相同，但它成立的特征是没有配偶；孤独的人则是缺少朋友；质数则被定义为除了 1 和它本身以外没有因数。

最后，有些概念是建立在示例与其他事物的联系上的。例如寄生虫这一概念主要依赖其本身的特性，但同时也有赖于寄生物和寄生主体的关系这一特性。许多人类关系的概念也都属于这样的类型。例如没有外甥和外甥女也就没有舅舅了，没有 114
妻子也就没有丈夫了，没有机构也就没有领导等概念了。

概念获得的策略

当学生们在分析和比较示例时，他们脑中想的是什么呢？起初他们会有怎样的假设？后来又是怎样修改和完善的呢？要回答这些问题，有三个重要的因素。第一，我们可以设计一些概念获得的练习来研究学生们的思维过程；第二，学生们不仅能描述他们是怎样获得概念的，而且能够有效地改变学习策略和运用策略；第三，我们可以通过改变提供信息的方式和修改相关模式来影响学生处理信息的方式。

要理解学生们获得概念时所使用的策略，关键在于分析他们是怎样处理示例中的有效信息的。尤其重要的是知道他们是仅仅集中于几个方面的信息（partistic strategies），还是关注所有或大部分的信息（holistic strategies）。设想一下，我们试图通过比较长篇小说和短篇小说来获得文学风格的概念。第一个正面示例如下：

> 新的国家总是有着同样的模式。首先是有一样强大、勇敢但有些孩子气的开拓者，他们能在荒野中生存，但他们缺少经验，彼此无法互助，这也许就是他们离开家乡的原因吧。当有了新的国土后，商人和律师在发展中起着重要作用——他们通过消除诱惑人的事物来解决土地所有权的问题。最后出现的是文化，也就是走出痛苦生活后的娱乐、休闲和交通。事实上这种文化水平多种多样。(Steinbeck，1952，p. 249)

学生们知道，这段文字将会依据风格和其他别的段落归为同类。

有些同学将专注于某一种特征，比如，陈述句的使用和对开拓者的不同描述。而其他同学则会留心文章的细节，如比喻的使用、激励性的语言、作者作为一个观察者的立场等。

如果把上面这段文字与其他正面示例相比较，单方面者（partist）的任务（在使用语言中只关注于一两个方面）似乎显得容易些，因为他们只需要分析第一段的特征是否在第二段出现，并依此类推就可以了。不过，如果第一段分析得不对，他就必须重新回到文章中寻找另外的特点。相反，全局者必须同时注意多个角度，而
115 且要一次次排除非决定性因素，但整体策略使学习者在获得多个概念特征时较容易，因为即使遗漏了某个特征，也不会影响整个过程。

有两种途径能够了解学生获取概念的方式，一种是在学生获得概念后，让他们陈述在整个过程中的思考策略，即自己在每个阶段的想法，刚开始注意到了哪些特征，以及后来做了哪些修改。(可以这样提问："告诉我们你开始是怎么想的，为什么这样想，你是怎么样修改的。") 这种方法能引发讨论，让学生从中发现别人的思考方法和过程。

而另一种途径是，请大一点的学生写下他们的设想，这样就有了以后可供分析的记录。例如，在一项由贝弗加、肖沃斯和乔伊斯（Baveja，Showers，& Joyce，1985）指导的植物分类实验中，学生们两人一组来研究两个一组的示例（一个正面的和一个反面的）。他们要记录下自己的假设、所做的修改以及原因。采用整体法的学生仔细确定多种假设并逐步排除了非本质的特征；而选择一个或两个假设的学生则需要不断地重新审视示例，修改自己的想法以达到确定多特征概念的目的。通过相互交流和思考，学生们在以后的学习中能够尝试新的方法并观察这种新方法的影响。

如果我们在课程开始时给学生们提供大量标明性质的示例（即标明正面的和反面的），那么他们就能在大致浏览所有资料之后选择少数几个假设往下做。如果我们成对提供示例，学生们就需要采用整体法来同时考虑多个特征。

许多人第一次遇到概念获得模式时都会问到反面示例的作用，他们奇怪为什么不只给出正面示例。这是因为反面示例在帮助学生确定概念范围中起到重要作用。例如，绘画中的印象派概念，印象派的风格与其他派别之间有很多相同点。因此，对于学生来说，通过观察非印象派的作品来确定印象派的特征很重要。同样，要确定一组词为介词短语，我们必须把它与从句区别开来。只有通过与那些包含或不包

含某些特征的例子比较，我们才能准确地把握某一概念的特征。概念获得模式是一种长期的学习策略。例如，当我们经过努力确定了质数、元素、发展中国家以及反语的定义之后，今后再遇到这些概念时，我们就能够准确将其归类。

坦尼森和他的同事（Tennyson & Cocchiarella，1986）对概念学习进行了重要研究，并形成了一些提高教学设计的概念。在探索过程中，他们解决了许多问题，116
这些问题有助于我们理解本章中的模式。他们比较了学生们由示例推导出特征和定义的方法，虽然在前面我们已经介绍了给出示例前先探讨定义的方法，但是当示例检验在讨论特征定义之前时，学生们都能掌握概念并保持很长时间。坦尼森和科克奇瑞拉也发现，最先给出的示例应该尽可能清晰，尤其是复合概念。换句话说，教师不应该给出一些含混的例子来糊弄学生，而应该仔细排列资料，等概念明确了之后，再来处理不清晰的示例。

坦尼森和他的同事还得出结论，学生通过实践获得程序性知识（怎样获得概念），而且学生拥有的程序性知识越多，就越能有效地获得和运用概念性知识。因此，分析思维过程对于习得概念获得的元认知是非常重要的。

这里讨论的概念学习、分类特征和下定义的方法与现行的教学实践不一致，因为我们发现有些教师在第一次进行概念获得教学时，很快就给学生下出定义并呈现所有特征。而事实上分类的最佳时机是在学生已经完全掌握相关概念之后，这是非常重要的。

所谓示例，就是一系列呈现给学生的资料。例如，如果一首诗包含有概念的特征，那么它就是正面的，反之，就是反面的。

通过比较正面的和反面的示例，学生们得出了自己的猜想，但此时并没有相互交流。而当大多数学生都做出假设时，教师会把一些未分类的例子给他们，来测验他们能否准确把正面示例找出来。有时还可能要自己举出一些示例，如在阅读一首诗后，找出一些正面的和反面的例子。

此后，学生们就可以相互交流设想，并描述他们在整个过程中的想法。在设想得到一致肯定并得到验证后，就给它取个名字；如果有专业术语，教师就直接给出（例如十四行诗）。

为了更牢固地掌握和运用概念，学生们需要搜寻更多的示例（如本节中的诗），并找出与概念相吻合的例子。

教学模式 117

表 6—1 对概念获得模式体系进行了分析。

结构体系

第一阶段，向学生呈现资料。每种资料可能是针对概念的例子，也可能不是，这些资料以成对的形式出现，它们可能是时间、人、物体、故事、图片或其他可以被描述的内容。学生们被告知所有正面示例有共同的特征，他们的任务就是形成关于概念本质的设想。这些例子按照事先安排好的顺序，并标为是或非，学生们要对它们进行比较，并判断不同示例的特征。（教师或学生可以做一份特征记录。）最后，学生们要依据其本质特征来命名概念并说出其中的定义规则。（他们的假设到下一阶段才被证实；学生们可能不知道某些概念名称，而当所有概念被证实后，这些概念名称就会被揭示出来。）

表 6—1　　概念获得模式结构

第一阶段：资料呈现和概念确认	第二阶段：检验概念获得
教师呈现标注的例子	学生判断新呈现的示例是是还是非
学生比较积极性的和消极性的示例的特征	教师根据本质特征确认假设，命名概念
学生概括并检验假设	表达定义
学生依据本质特征表达定义	学生举例
第三阶段：分析思维步骤	
学生描述想法	
学生讨论假设和特征的作用	
学生讨论假设的类型和数量	

118 第二阶段，学生检验所获得的概念。首先是将未标注的例子正确分类，然后自己举例。在此之后，教师确认或否定学生原来的设想，必要的时候修改所选择的概念或属性。

第三阶段，学生们开始分析他们获得概念的策略。如前面所言，有些学生先确定很宽泛的范围，然后逐渐缩小范围；而有些同学开始就从小范围着手。学生们可以描述他们的方法：他们着重关注的是概念还是特征？是一次关注一个还是多个？当自己的假设不能被证实怎么办？他们会改变策略吗？慢慢地，他们会比较出不同方法的效果。

社会系统

在使用概念获得模式进行教学之前，教师要先选择概念、挑选资料并组织成正面的和反面的示例，还要把这些示例进行排序。大多数教材，尤其是课本，并不是按照教育心理学家所提出的概念学习的思路设计的。在很多情况下，教师必须要通过课本和其他途径来准备示例、抽象概念和相关材料，并把它们按一定的方式组织起来，从而使概念清晰，并同时包含积极性的和消极性的例子。在使用概念获得模式时，教师是一个记录者，记录下示例的特征及其学生提出假设（概念）的过程。在必要的时候，教师还要提供额外的示例。教师在概念获得过程中的三大作用是：记录、提示（线索）和提供额外资料。在概念获得的开始阶段，把分类的例子结构化是很重要的。同时，合作学习的程序在这里也可以成功地得到运用。（见本书第 3 部分）。

教师作用的原则

在讲课的过程中，教师要支持学生大胆假设——要强调只是暂时性假设——组织学生通过对话检验对方的假设。在概念获得模式的后一阶段，教师必须要把学生的注意力转到对概念和思维过程的分析上。教师应该鼓励学生去分析不同方法的优缺点，而不是去寻找一种适合任何情景任何人的最佳方法。

支持系统

该课程需要向学生呈现出各种正面的和反面的示例。需要强调的是，学生在概念获得中的作用不是去发明新的概念，而是要获得教师事先选择的概念。因此，起 119 先教师要提供相关资料，同时这些资料所反映的概念特征要十分明显。这样，当面对示例时，学生才能够记录并描述出它们的特征。

应　用

概念获得模式的运用决定了某种特定学习活动的形式。例如，如果是为了获得新概念，那么教师就会侧重于通过提出问题来分析每个例子（尤其是正面示例）的特征以及概念定义。如果强调归纳过程，那么教师可能会通过提供很少的线索来激发学生主动参与，因为主要的内容（概念）比起归纳参与过程来说可能不是很重要；而且它也可能是学生熟知的概念（就像布鲁纳最初实验中的那样）。因此如果强调的是思维分析过程，那么只需要一个简短的样本概念获得来进行练习，更多的时间应该用在思维分析上。

概念获得模式适用于所有年龄和班级的学生。我们已经看到教师在幼儿园里成功地运用了这种模式，因为孩子们很喜欢归纳活动的挑战性。对于低龄学生，概念和示例要相对简单，课程本身也要简短，并且需要教师指导。适用于低龄儿童的典型课程是大量使用具体概念，把孩子们引向概念获得的方法中。思维方法的分析（第三阶段）不适于小孩子，尽管大部分处于高年级的小学生对这样的活动也会有所反应。

在早期教育中运用这种模式时，可以用做示例的材料比比皆是，并且不需要做很大的改动就可以直接运用，各种实物、教具、图片等在教室里随处可见，虽然帮助孩子进行归纳学习是很重要的目标，但教师在使用这种模式时应该在头脑中设立更多的特殊目标。

对于所有的模式，我们都鼓励教师抓住模式的本质，并把它融合到自己的教学风格和教学形式中去。在概念获得中，把布鲁纳关于概念属性的思想融入教学行为和评估活动中是很容易的，而且我们看到自己的学生已经把这些思想当成了他们概念教学的一部分了。

当教师想要检验同学们是否已经掌握了学过的知识时，概念获得模式可以成为很重要的评价工具，它能够迅速地显示学生掌握的程度并进一步巩固这些知识。

通过引入一系列个体或集体的探究，这种模式还有助于开启一个新的概念领 120 域。例如，一个探讨文化概念的课题可以从一系列模仿活动的概念获得课程开始，通过让学生体验初次接触不同文化时的困难来激发他们阅读异国文化的兴趣。

因此，概念获得模式不仅能够把探究引入更广泛的领域，而且能够促进探究中的归纳学习。概念获得课程提供了社会研究中的重要概念，如民主、社会主义、资本主义和合法程序等，这样概念需要持续用在课题中，否则学生只能通过阅读和报告才能学到。如果一个概念具有争论性，教师可以提供几种相关解释让学生进行探讨。通常情况下，讨论对于任何领域的深入探究都具有很大的动力。

让我们来看看洛丽设计的另一次课程，它旨在帮助学生在阅读小说时获取背景信息，以及思考在写作中如何建构背景。

个案 6—5

洛丽的第三节课

这次课程我们将要求大家通过查看给定的正面的和反面的示例得出关于概念的结论。

下面是洛丽关于概念的说明。

定义：所谓背景是某个行为发生的环境，它包括时间和地点等信息。

要点说明：

在这节课中，所有的积极性的例子都有共同的性质。在阅读这些句子的时候，你们要注意所提供的内容和信息。

下面是一系列正面的和反面的示例。

概念获得课程（背景/时间）的正面示例

1.1997 年 10 月 31 日，丹尼穿上了最漂亮的万圣节服装。

2.2001 年的情人节是一个周五，乔安妮在前一天就准备好了要寄出的卡片。

> 前七个句子表示特定的时间和日期，由日/月/年形成组合。前三个句子是特殊日期（万圣节和情人节是固定的日期）。

121 3.1952 年 4 月 14 日，复活节要到了，萨姆还需要 5 天来装饰彩蛋。

4.1999 年 1 月 29 日，马克度过了他 20 岁的生日，这一天也是超级杯比赛的日子。

5.1981 年的春天干燥且炎热，6 月 7 日是毕业的日子。

6. 在 1862 年 8 月一个星期六的早上，他开始了第一次旅行。

7.1965 年的 3 月阴冷潮湿。

8. 珍珠港遇袭后，空气中到处充满了浓烟的味道。

9. 他读了新闻后才知道泰坦尼克号昨天就已经沉没了。

10. 教会早上的活动是为了纪念去年的“9·11”事件。

> 接着的七个句子由历史事件开始，逐步涉及著名的历史时期。

11. 人们将那段美国历史上具有极大破坏性的时期称为美国内战时期。

12. 随着希特勒的军队向前挺进，卡尔每天都听广播，并希望自己能够加入战斗。

13. 股市暴跌之后，人们的日子很艰难：他们在 30 年代里勉强度日。

14. 汤姆一直期待着成为飞行员，去年夏天，人类首次登上月球，并知道了未来是什么样子。

15. 杰克坐在电脑前看他的电子邮件。

16. 随着主角进入黄金战车竞技场，全场开始开始欢呼。

17. 马克的新手机上周被偷了。

18. 在长途旅行中，有篷马车就是他们的家。

19. 塔尼斯一手拿着电话，一手拿着滑板上山去了。

20. 行星的运动是很奇特的，人类还没有掌握它的预定运行系统。

> 最后的七个句子是一定时期的交通方式和发明创造，通过陈述猜想当时的背景。

21. 他们昨晚乘坐马车到家了，这是他能想到的最快和最舒适的方式。

概念获得课程的反面示例

前七个否定型示例没有涉及时期，而是人物/地点。

1. 萨拉比她的姐姐高，但是她们都是红头发并且有雀斑。
2. 画面中的小孩子穿着蓝色的连衣裙，扎着辫子。
3. 琼喜欢的乐队将在舞会中演出。
4. 他知道他应当扑灭大火，但他确实动不了。 122
5. 她是他的第二个表妹，他们一直都是好朋友。
6. 汤普森夫人在商场上班，她在业余时间教钢琴。
7. 如果他们取胜了，将提前进入半决赛。

接着的七个句子用到了表示时间的单词，但并没有给出时期。

8. 上个月他们见了三次面。
9. 昨天，她和他已经谈论过了。
10. 离重要的日子还有两周。
11. 她在三天前才听到这个消息。
12. 庆典两个小时后开始。
13. 他们至少要 15 分钟后才能得到帮助。
14. 半场时间，运动员们在讨论新的策略。

最后的七个句子涉及具体时期(如“从周六开始，持续三周”)，但没有显示特定时间，这些句子可以适用于任何时间。

15. 促销活动从周六开始，持续三周。
16. 结果将在 25 日午夜揭晓。
17. 在接下来的每个周三，他们都要学习这些课程。
18. 她最喜欢三月、四月和五月。
19. 每周五的晚餐他们都要吃鱼。
20. 秋天总是充满南瓜饼和腐烂树叶的味道。
21. 他们准备在明年春天建造新房子。

教学效果与教育影响

概念获得模式根据具体课程的侧重点来实现不同的教学目标，在教学中主要用于具体概念和概念属性的获得，这一模式还提供归纳推理的练习，并为学生完善和提高构建概念策略的机会。最后，特别是在抽象概念的教学中，这种方法能培养学生分享考虑问题角度的意识、交流过程中逻辑思维的能力以及对真理模糊性的理解力和包容性（见图 6—1）。

加涅（Gagné）在 1965 年发表的文章中完整地谈论了类似于概念获得的方法。梅里尔和坦尼森（Merrill & Tennyson，1977）也介绍了一种类似的方法，但没有详细分析思维过程。麦金尼、沃伦、拉金斯、福特和戴维斯（McKinney，Warren，Larkins，Ford，& Davis，1983）也报告了他们的一系列研究，并对梅里尔、坦尼森和加涅的方法以及叙述方式进行了比较，这些比较显示，将建立在同样前提但实施细节各不相同的模式进行有意义的比较是很复杂的。然而，上述方法以及试图建立更好模式的研究这两者之间的区别对于教师来说并不那么重要，对他们来说重要

123 的是，相对于传统的概念教学，存在着更有效的概念教学模式，它们可以丰富自己的教学方法，我们正在讨论的就是其中之一。

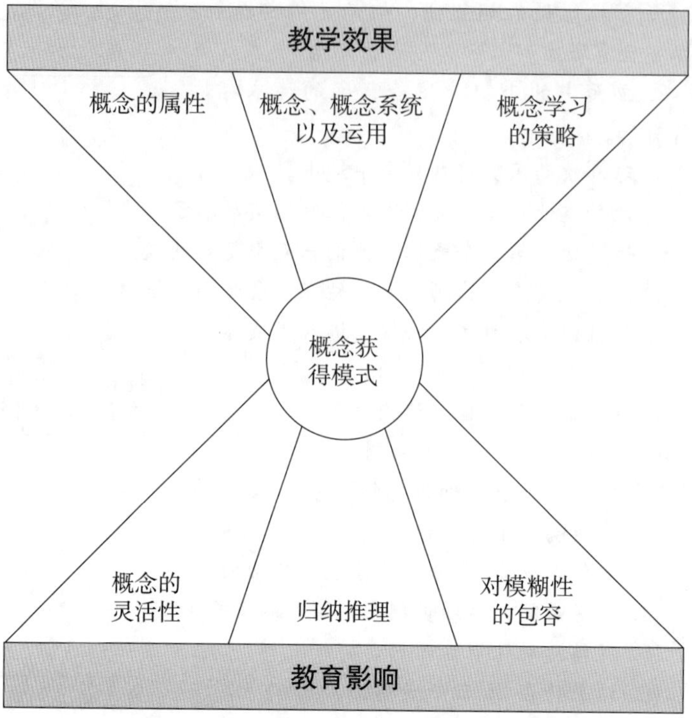

图 6—1　概念获得模式的教学效果与教育影响

小　结　概念获得模式

结构体系

从呈现示例到检验和命名概念，再到运用。

124 **社会系统**

该模式结构适中。教师控制整个过程，但是后面的阶段有开放式的对话。鼓励学生互动。当学生获得更多的经验并更积极地进行归纳时，这一模式的结构化程度就提高了（其他概念获得模式的结构性低）。

教师作用的原则

1. 支持讨论，但强调讨论的假设性。
2. 帮助学生在不同假设中寻找平衡。
3. 集中于示例的特殊属性。
4. 帮助学生讨论和评价思维方式。

支持系统

支持系统包括精心选择和组织的材料，以及以单元形式组成的用作示例的资料。随着学生们经验越来越丰富，他们可以在组织材料中相互交流，就像在第二阶段自己举例那样。

第7章

图—文归纳教学模式

——通过课程培养读写能力

探究、探究、探究！我的这句话听起来是否像一段破损的录音？ 125
我们必须让学生们探究语言究竟是如何运作的。
西伦是正确的！这是探究活动而不是一般性的活动！

——艾米莉·卡尔霍恩多次致布鲁斯·乔伊斯

个案 7—1

现在我们在莉萨·米勒所教的一年级课堂上。这个叙述摘自她的日志，日志中描述了一个完整的图—文归纳教学模式。在这一教学模式中，她的23个学生参加了22次训练课，每次训练课大约50分钟左右，时间是开学后的第二个月，即10月2号到30号。

下图展示的是库拉·兰珀（Kuala Lumpur）的一个市场。在模式开始的时候，她要求学生研究这幅图片，并且依次认出里面的事物和行为。她说道："你们已经看这张图片几天了，并辨认出了图片上的东西和正在发生的事情，现在让我们按顺序将单词和你们发现的事物连接起来。"因为每个事物都是有名称的，所以莉萨用线把图片中的事物和背景纸上打印的单词连在一起，然后她让学生们拼读这些词。学生们频繁地复习，拼写朗读词汇，根据之前的连线找单词对应的事物，并学会了如何把图片当作词典使用。在第一次训练课中，24个词从图片中被选了出来（如香蕉、汽车、男孩、箱子）。

挑出来的单词被输入到计算机中并打印在卡片上，每个学生都得到这样的一套卡片。在接下来的几天，以下三种活动依次进行：首先，按照类别复习单词：观看图—文归纳教学模式图表，挑选一个单词，找到它在图片中对应的事物，并进行拼写，然后学习下一个单词。莉萨说："一张接一张地看你的卡片，如果你能读卡片上的单词，然后看图表，在上面找到这个单词，并沿着线的方向在图片中找到对应的事物，并确定你所做的是正确的。"其次，每个学生都仔细看卡片，看看自己是 126
否能正确地认出卡片上的单词，如果没有正确地认出单词，在图—文归纳教学模式表上找出它。最后，学生将单词分类，把具有共同特征的单词卡片分到一组。此时，莉萨说："仔细看这些单词，然后按特征对单词进行分类。"在分类的过程中，几种类别的词被呈现出来，尤其是具有相同词尾的单词，单数和复数单词也出现了

(car & cars)。莉萨将这些种类的单词打在大卡片上，然后学生讨论这些单词所具有的共同特征，并且思考其他的单词里有哪些比较适合归到这类词中。附加了16个单词（其中有to，two & too；slight，tight & night）。

库拉·兰珀的一个普通场景。这种场景在北美是相当普遍的。

从图—文归纳教学模式周期的第二周开始，教师要求学生们为图片设计标题。莉萨说道："我将给你们展示一些我已经设计好的标题图片，然后我希望你们为图片设计一个标题。试着设计一个标题帮助来访者从众多的图片中找到我们的图片。"莉萨示范了一些简单的标题，并且要求学生们以几本书的标题作为进一步的参考。每个学生都要设计一个标题，并把标题打印在新闻纸上。在学生不断学习单词并将单词进行分类的过程中，词表里新增了14个单词，更多种类的单词也都被挖掘出来了（如parking，carrying，watching）。在第二周，学生们继续学习单词，他们使用图—文字典将卡片上的单词进行了分类。

在亚伯达学区的北极光学校，凯拉·诺维奇向莉萨阐述她对单词的分类。

在第二周的周末，在不使用图片、标题和句子，只在卡片上给出一个孤立单词的情况下，莉萨和她的助教塞茜尔检查了学生们所学的单词。9个学生能正确地读出11～

17 个单词，7 个学生能读 8～10 个单词，6 个学生仅能正确地辨认 1～7 个单词。 127

在第三周开始时，莉萨给学生们展示了她写的与图片有关的一系列句子，并示范了几种句子结构，如“我们在图片中发现了一个______”。在这一周，学生们将利用他们从图片中挑选出来的单词，再加上一些构成句子的词汇，比如 the，来口述他们自己造的句子。当学生们口述句子的时候，他们一共发现了另外 16 个新的单词，这些单词大部分是“用途较小的词”，比如 is，are，by 和 from。

学生们继续学习单词和朗读句子，在这一周末，莉萨和塞茜尔再次检测学生们认识单词的情况，这次他们在认识单词的过程中有相当大的收获，大多数学生能够读 20 个单词甚至更多，只有一个学生没有什么进展。大多数学生都能在没有帮助的情况下读出图片的标题和句子。

在最后一周，莉萨选择了一个标题，把学生们自己造的句子加以修改组成了一段话，这段话被打印在卡片上，并制成小册子以便学生能够带回家读给父母听。

谈到阅读，全校学生都参加了学校的读书吧（见 Joyce & Wolf，1996）。这些一年级的学生需要记录下家长应该给他们读的或者自己要读的书的数量，家长的任务是每周至少给孩子读 5 本书，到 10 月最后 3 个星期，家长平均每周要给孩子读 6 本书，但仍有一些变故，如在规定的任何一周时间里都有 2～3 名家长不能汇报任何书或者只能汇报 1 本。然而，在这三周期间，家长至少应该给学生读 3 本书，因为这对学生来说，至少表示有人偶尔能给他们读书，当然这里不存在性别差异。

在 2000—2001 学年中，莉萨指导了几种研究，包括可视词汇的习得与记忆的保持，词汇中高频词汇出现的程度，语音和结构分析技巧的发展，以及独立阅读能 128
力和阅读水平的习得。

可视词汇

在一年中，除了学生自己在阅读中遇到的单词外，学生们总共学习了 1 029 个可视词汇。在这 1 029 个单词中，有 377 个单词来自图—文归纳教学模式周期的第一周。5 月我们评估了学生对这些词汇的记忆，并在 9 月再次评估，在这两次评估中，如果脱离语境，学生能够识别 91%的单词，最低水平的学生也记得 59%的单词。

作为高频词汇的可视词汇

莉萨使用道奇高频词汇表（Dolch list of the high-frequency words）测验了学生对单词的识别情况，这些高频词汇经常在具有代表性的三级词汇教材中出现。学生认识的单词范围是 49%～100%，平均认识 87%的单词。在 22 名学生中，有 15 名学生能认识 90%的词汇或者更多。此项发现具有重大意义，因为这个课程没有根据预定的词汇表系统来介绍可视词汇。尽管这样，高频率单词的出现也是有规律可循的，并且是符合逻辑的，因此这些一年级的学生很快就学会了这些单词。

语音技巧

图—文归纳教学模式没有按照预定的教学方式一一介绍语音技巧，而是通过教师引导学生探究单词首尾的读音以及单词的结构特征来教学生分析单词和培养语言概念。在 5 月，莉萨对学生进行了事物名称测试（在测试中，学生试着去理解不熟悉的单词，当然这些单词中包含了所有的基本字母组合），学生们都取得了理想的测试分数，这表明他们在理解单词时都正确地利用了字母和语音之间的基本关系。他们的平均得分是 81 分，最低分是 62 分，4 个学生得了 95 分以上。图—文归纳模式运用下测试的结果远远好于一年级班级学生的代表性行为。

一年内所读书籍（大多是独立阅读）

学生所阅读书籍的数量在60～300册之间（大约每周两册）或者更多，平均阅读书籍的数量大约是200册。

达到的阅读水平

到学年末，对22名参加了一年课程学习的学生进行了艾尔伯特诊断性测试，该测试按照年级水平对阅读成绩进行打分。13名学生的分数远远高于一年级结束时应有的水平，其中2名学生处于六年级中期水平，3名学生处于四年级中期水平，6名学生处于三年级起始水平，2名学生处于二年级结束时的水平；另外有6名学生处于一年级结束或者二年级开始的水平，3名学生处于一年级中期水平。被测学生的平均分数略高于二年级结束时的水平，这是二年级学生的代表性结果。

莉萨是一位非常好的教师和研究者，她不仅可以充满激情地授课，而且还会研究最新的教学模式及其应用，同时她还研究学生的发展状况。

129 理论依据

许多教学模式的最终确立都要经历相当长的时间，需要几代人的不断改良。我们每次修订本书时，都是仅把少数具有很大影响力的新的教学模式考虑在其中。图—文归纳教学模式是一种新增的相当有趣的教学模式，它的理论基础和应用广度已经产生了非凡的影响。

这一教学模式基于对学生读写能力的研究，即学生通常是如何发展读写能力的（特别是他们如何学习阅读和写作），包括所有课程领域的读写能力和认知发展，元认知控制的发展是核心（学会如何学习包含在这一过程中）。艾米莉·卡尔霍恩用了20多年的时间发展这一模式，你可以看到这一教学模式的应用在本质上提高了学生学习成绩。

在所有课程领域中，建构书面语言知识（语音和结构分析）和发展提取、组织信息的技巧时，学生学习的性质是最重要的。在某种意义上说，这是最终的建构模式，因为一般的读写能力是相关课程读写能力发展的基础。

要想成为专家读者，人们需要大量阅读，扩大可视词汇量，培养语音技巧和结构分析方面的能力，并且能够学会全面理解课文并使用延伸性的课文。当学生在课程领域内理解文本时，这些都是至关重要的，而收集信息、概念化信息、应用信息是学生取得成就的核心。

针对学生如何获取读写能力的研究，我们提出了一系列的命题。

第一，孩子们以最自然的方式学会听说语言。在一个阿拉伯家庭里，孩子们就能学会阿拉伯语，而生活在一个法国家庭里的孩子则可以学会法语。在使用大量的词汇和复杂句法的家庭里，孩子们则能学习大量的词汇和语法结构，重要的是，这一学习过程是自然发生的。

第二，如第5章所描述的一样，归纳思维是在我们的头脑中建立的。孩子们从出生开始就在将世界进行归类。他们是天生的概念形成专家。

第三，孩子们寻求意义。孩子们想通过组织观察到的事物来理解他们的世界，他们把获得语言作为寻求意义的一种来源。

第四，与成年人和同龄人交流是社会化的自然途径。当年轻的读者发现书中的信息或产生某些想法时，通过阅读进行交流是促进其社会化的重要部分，因此社会化的程度受读写能力的影响很大，阅读能力差的小学生在学习中会处于劣势，在与作者交流的过程中也会失去乐趣。

所有这些并不是说读和写是自然的生理过程，而是说应该利用孩子们语言习得
的自然方式。我们面临的挑战是设计能够利用这些自然能力的课程，帮助孩子去拓 130
展与生俱来的读写能力。

图—文归纳教学模式就是为了迎接这一挑战而设计的，它的概念基础借鉴了我们在前面的章节中所描述的关于学生如何获得读写能力以及所研究的几种基本学习模式。尽管这种模式在社会和科学研究方面是非常有用的，但是我们在这里关注的是它对早期学习读写课程的应用价值。在第 22 章，我们将讨论作为一个成功的课程，这一模式在语言学习效果不佳的高年级学生群体中的使用情况。

这一模式（Calhoun，1999；Joyce & Calhoun，1998）是语言艺术课程的主要成分，是为小学初学者和超龄初学者以及处于阅读低级阶段的读者而设计的。该模式属于信息加工型教学模式，因为教学的重点主要通过建构课程使学生探究语言，形成并归纳怎样使用字母、单词、短语、句子和文章，从而支持英语语言艺术方面的交流。基于几种教学策略和提高读写能力的研究成果，这一模式也包含了一些帮助教师研究学生读写能力的工具。事实上，有效地使用图—文归纳教学模式需要进行行动研究，因为教师不能简单地接受或者直接使用这个模式，而需要调查它的理论和基本原理、它的结构以及它对学生的影响。最近的两项研究阐释了这一模式的优势，其中一项研究在加拿大的亚伯达省进行，另一个在加拿大的萨斯喀彻温省（见 Joyce，Hrycauk，Calhoun，& Hrycank，2006；Joyce，Calhoun，Newlove，& Jutras，2006）。

来　源

如前所述，卡尔霍恩借鉴了儿童如何获得读写能力的基础研究和应用研究（儿童语言的发展、学习读写的过程以及读写之间的联系）以及几种教学模式的研究，综合这些再加上她从教学生读写的教学经验中获得的见解，发展了这一教学模式。这一综合的模式的基础和其他模式有所不同，在其他模式中，专家们以教和学的某

在另一所北极光学校，特雷西·玻伊瑞尔带领学生从图中找单词。

个单一形式来详尽阐述依据，而不是从更广泛的探究范围这一角度进行综合考虑。而在这种模式中，最早在课堂里使用图片作为语言经验活动是为了促进语言学习的应用，尤其是在教年幼的初级读者学习读写的应用（见诸如 Adams，Johnson，& Connors，1980），因此我们首先可以从早期读写课程开始去获得该模式的理论基础。

131

儿童语言的发展

研究儿童对语言的自然习得是理论基础的第一个来源。在发达国家，大多数儿童到了 5 岁的时候，能够听说理解 4 000～6 000 个词汇，并且已经学会了语言的基本句法结构（Chall，1983；Clark & Clark，1977）。他们能够听懂并理解复杂的句子和较长的交际对话。他们说出的句子包括了介词和连词，同时也包含了因果关系，比如“如果我们现在去商店，回来的时候我们就能看托马斯的歌剧了”。这时他们会迅速而贪婪地学习词汇、灵活组织语言，甚至与毛绒玩具和娃娃对话，像他们将来写作那样形成思想、处理词汇。儿童对语言的自然习得是最令人兴奋地介入文化的方法之一，当这些年幼的学习者接收外部的信息、学会把自己的思想转化词汇时，他们感到的是一种强烈的个人力量感和满足感。

在图—文归纳教学模式的建构中，我们给儿童们呈现的是他们相对熟悉的场景。他们通过辨别物品、活动和特征把相应的单词从图片中挑选出来，然后用线把图片中的事物和图表上的单词连起来，这样他们在识别事物的词汇时就能和已经自然形成的词汇建立起联系了。

图片中的事物以及活动和儿童语言之间建立的联系使得儿童能自然地把口语（听和说）转化为书面语言（读和写）。他们能够理解这些转换。他们会看着教师拼写单词，并和教师一起拼写。当他们把图片中的事物和一个单词联系起来时，就会
132 看到这个单词的书面形式，而且此时他们也能够读这些单词，他们知道我们总是以同样的方法来拼读单词，因此当他们在图片中找到了一只狗，然后看到“狗”这个单词，听到这个单词被拼读时，他们自己就会读；在放学回家的路上，他们在街道拐角处看到了一只迷失狗的标志，自然而然地就读出了“狗”这个单词。

因此，该模式的主要原则就是要不断充实儿童的词汇库和句法形式，并且要有利于词汇从口头形式转换为书面形式。大多数儿童想要弄清楚他们周围的语言的意义，他们会积极地和我们一起解开它们的神秘面纱。要遵循的一个原则是尊重儿童语言的发展：这一模式的核心是使用儿童熟悉的词汇，并且有能力在这些词汇间建立联系。随着儿童词汇的发展，教师就要运用记忆原则，尤其要培养学生丰富的联想能力来达到长时记忆的目的。

学习读写的过程

这一不可思议的过程有很多需要研究的地方。在这个过程中，儿童需要在自然习得的语言和书面语言之间建立联系，这是一个认知奇迹。我们认为，随着儿童读写能力的发展，他们需要完成几种类型的学习。

学习读写，儿童需要拥有大量的可视词汇，即一个他们能够立即拼写出来的词汇库。如果儿童要看图画故事书，大约需要 400～500 个词汇，正如我们所见，即使读《狗狗快跑》（*Go，Dog，Go*，Eastman，1961）和《床上的十只》（*Ten in the Bed*，Dale，1988）这样简单的书，他们也需要掌握 100～150 个单词。此外，学生

们掌握大约 50 个可视词汇，就会给他们的语音学习带来极大的好处，在学习的其他方面，包括扩大词汇量也是如此（Graves，Watts，& Graves，1994）。

图—文归纳教学模式与扩充可视词汇量之间有直接的关系。首先，在学生们从图片中挑出单词之后，他们需要对这些单词进行读写。然后，这些单词被放置于学生们能看到的大的词汇卡上，教师利用这些卡片来进行分组指导。学生们也会得到一套小的词汇卡片，他们将这些单词进行归类，并且用图片字典去核对他们对单词的理解，以此达到复习单词的目的。学生们把单词卡片保存在自己的单词库或者单词盒子里以供随时参考，最终他们会把这些单词变成句子。

现在，我们再一次认识到了扩大学生们的词汇量是培养读写能力的重要渠道（Ehri，Nunes，Stahl，& Willows，2001）。图—文归纳教学模式处理的就是扩展词汇量、进行单词记忆的问题，进行的是如何使这些单词进入到长时记忆中去以及如何使用英语字母的研究。

为了学好读写，儿童必须建构关于发音、结构与书面形式联系起来的语言规则的概念，关于发音/拼写（语音的）形式（常称作发音/符号关系或者字母/发音关系），儿童需要知道的是，对于以某个特定发音的单词来说，一定是以代表那个特 133
定读音的字母开始的。一位使用图—文归纳教学模式的教师要求学生从单词库中把所有包含字母“b”的单词找出来，并且专门学习字母“b”。在另一段时间里，他们又专门学习包含字母“at”的单词。当学生已经会读图表上的大多数单词之后，教师要求学生把含有“s”读音的所有单词找出来。

关于词汇的结构，学生们需要形成对词汇后缀的理解，也就是单词形式的变化暗示了数、性、人称、时态、语气和语态的变化。似乎很难想象，随着时间的推移而形成的这些结构惯例使学生们能够更快、更准确地进行思想交流，而且学生们能够注意到词的单复数之间的异同（比如“book”和“books”的相似与不同）。

图—文归纳教学模式促使学生将新学的单词分类，学生们根据分类建立起新的概念，这将使学生能够识别出他们以前没有见过的单词。在英语语言中，大约有 44 个音以 200 多种形式出现，也有一些人说是 250 种形式（Morris，1999）——因为某些音有多种表现形式（如 shut，nation）。当学生们整理词汇的时候，会形成很多种类：有些词汇全部以“boy”开头，有些词汇的中间含有两个“d”，比如 ladder。他们把单词归类为音标符号组和押韵组（bat，cat，hat），以此来读写他们先前没有记住的单词，最终他们利用归纳分类学会了所遇到的 70%的生词。

有时学生们会被一些词的拼写方式逗得哈哈大笑（如 ate，eight），有时偶尔也会因我们坚持让他们学习语言的一些特性而叹气。他们会对 see，sea 这两个单词感到困惑，并且想知道它们为什么有相同的读音。有时，我们会说一些老师曾经对学生时代的我们说过的话：“你只需要记住它。”

总之，图—文归纳教学模式是利用儿童的能力进行的归纳性思考。这将使儿童形成概括的能力，而这种概括能力又是结构和语音分析的基础。这一教学模式顺应了儿童的思维能力，其主要原则就是让学生掌握语言惯例的概括能力。

读写之间的关系

当学生们在图片中寻找单词对应的事物时，这些单词是被教师正确地拼写在图片字典上的，这是为学生们进入正式读写早期阶段所做的准备工作。之后，教师要求学生根据图片造句，在教师的帮助下，他们开始写更长的句子。通过大量的反复练习，句中的单词进入到学生们的知识结构中，并且自然而然地进入了他们的词库
134 当中。逐渐地，随着学生阅读量的增加，他们也学会了分析其他作者是如何写作的，然后他们运用这些作者的策略去提高自我表达的能力。实质上，他们开始把高雅的文学和散文（世界上的图书馆）作为学习写作的模式，以此来分享和交流思想。当他们读了更多图片故事书以及简短但令人大开眼界的书时，他们将对这些书进行讨论，并根据正在读和已经读完的内容造句。很多学生开始意识到，只有用自己的语言讲解书的内容，在读者和作者之间实现对话、建构意义，这样才算是完成阅读。

从幼儿园开始，学生和教师一起学习单词、句子、段落和文本。当组成段落时，他们将选择和讨论标题。教师将引导学生进行元认知的讨论思考，即为什么选择这个标题而不是另一个？哪个标题是最全面的？哪个标题会使读者感兴趣？哪个使另外的读者感兴趣？哪些句子和这个标题匹配，哪些句子和另外一个标题匹配？而当写一段话和设想一个标题时，教师将帮助学生把注意力集中在交流的本质上：我们想要和读者说些什么，和我们自己说些什么？当教师帮助学生思考他们想和读者分享什么，他们最想让读者知道什么，如何帮助读者获得这些信息，最后评估我们所期望分享的信息是否实现时，学生就要使用读写之间的关系来处理了。教师要尽力帮助学生，直到学生作为独立的学习者能够清晰地认识并使用读写之间的联系。

这样，运用图—文归纳教学模式的另一个主要原则就显现出来了，即读写之间是自然建立联系的，并且能够同时被掌握，也可以一起使用来促进个人语言运用方面快速、有效的进步。关系概念是至关重要的，如果在口语中单数名词和单数动词联系在一起，那么在书面语中也应该如此。如果作家呈现给读者的隐含有特定内容的标题确实能在文章中反映出来，那么新手作者在形成标题时也应该学着向读者呈现与标题相关的内容。

结构体系

图—文归纳教学模式的每个周期在开始时都使用了一张大照片作为普通刺激物来促进词汇和句子的产生。教师帮助全班同学或者几个小组的同学使用图—文归纳教学模式的步骤来学习词汇：形成并使用语音和结构，然后分析概括；进行词汇、短语、句子、段落和扩展联系层次上的阅读理解和创作；使用参考资料观察和核实数据。

135 模式的步骤

图—文归纳教学模式使学生的探究周期变得结构化，一般持续 2～6 周，首先，图—文归纳教学模式的教学常常以一张照片作为开端，图片也极为常见。图片中的内容，如重要元素和细节等包含了很多学生能够用已经发展的听说语言来描绘的事物。学生通过研究图片找出图片中事物所对应的词汇，这意味着学生能够识别出他们在图片上看到的事物，根据学生的辨认，教师用线把图片中的事物及代表这个事物的单词连接起来，然后让学生反复地大声拼读，并书写这个单词或者短语。学生们重复该词和它的拼写。一个清晰明了的看图识字字典就诞生了（见下图）。

达拉斯·富尔克正在给莉萨演示他是如何使用图片字典的。

图—文归纳教学模式的下一个阶段是为每个学生提供一套单词卡。学生们检查自己是否能够马上认出这些单词，能否在需要的情况下理解单词的意思，如果在这一过程中学生遇到了困难，他们可以使用看图识字字典。当教师参与到学生的讨论中时就会很容易了解他们知识和技巧的掌握程度。当学生开始阅读单词的时候，该模式的下一个阶段就开始运作了：学生按照语音、结构和内容特征将单词进行分类，然后共享这些词类，并探讨把特定的单词放到一起的原因。在图—文归纳教学模式周期中，分类活动会出现若干次。

使用图—文归纳教学模式教学的进度取决于学生的阅读水平和教师的课程目标，但是在学生们将单词分类之后，教师会要求他们根据图片造句子。在造句的过程中，新的单词又被加入到学生的单词库中，同时，分类活动可以反复进行，一旦学生学会阅读句子，教师就要求他们将句子进行分类（可以根据他们的意愿按内 136
容、相同的句法或者结构分组），并且给出分类理由。

接下来，教师选择学生们句子分类中的一种类型（按照内容）写出一个结构合理的示范段落，然后教师告诉学生她是如何根据句子的意思组成段落的，如果需要的话，修改结构并形成有关的图片信息与学生读者分享。无论哪一种方式，都要适应学生的发展水平，比如将图画和写作结合起来，向年纪较大的学生口述几段话，接着教师要求学生用其他分类自己组成段落。当学生学会组成段落的时候，这一周期就结束了。

个案 7—2

我们走进南希·沃纳所教的二年级课堂时，他们已经开课 3 周了。南希有 22 名学生，其中 8 名学生在入学时英语水平较差。这是学生们的第 2 个图—文归纳教学模式单元，南希依然在教他们模式的步骤。

教室黑板上，两条浅蓝色的纸带中间钉着一张 24 英寸×30 英寸的图片，这是一张所有的学生聚集在一个教室里的图片。

南希组织学生坐到图片前，当学生在地毯上就座之后，她说道：“请大家坐好，并且确保每个人都能看到图片。”她花了 1 分钟的时间帮助学生们调整好位置，然后说：“接下来的几天我们将学习这幅图片，就像我们之前学习的学校图片一样。我们将找出大量的单词，学会读写这些单词，然后我们会利用这些单词来描述这幅图片以锻炼我们的写作能力。现在，请大家准备好，并且告诉我你在图片中识别出来的事物。”

英国诺丁汉一所学校的一年级学生在使用图—文归纳教学模式，反过来这张照片在美国和加拿大常被使用。

137 南希等了大约 1 分钟的时间，大多数学生都举起了手，之后她请迪伦回答问题：“你在图片上看到了什么？”

迪伦指着图片中一个小朋友带着的领带说：“这是一条领带。”

南希从领带那里将一条线划到纸上空白处并说明这是领带。“现在，当我第一次拼读领带这个单词的时候，我希望你们注意听，然后我们一起拼写，这样你们就可以进行很多的拼写练习”。当南希一边说“n-e-c-k-t-i-e”一边拼写的时候，孩子们仔细地听着。接着，南希又拼写了一次 n-e-c-k-t-i-e 并说道：“现在，我们大家一起来拼写。”

当教师指着每个字母的时候，孩子们齐声地读出来。“好，现在它应该拼读为?”

“Necktie!”

接着南希又叫玛丽安娜起来回答问题。玛丽安娜指出图片中的磁带说：“磁带。”教师从磁带那里引出一条线划到纸上空白处说：“现在我们来学习拼写‘磁带’这个单词。”她拼写后，学生们跟着她指到的每一个字母进行拼读，她说：“现在，‘t-a-p-e’读作?”

“Tape!”学生们异口同声地回答。

在接下来的 20 分钟里，学生们继续从图片中找单词，金色的字（gold letters）、书（books）、白板（white board）、孩子（children）很快被找了出来。每次，教师都会拼写并且领读单词，然后学生自己拼读。正如第一单元一样，学生不断地建立起了看图识字词典。

有学生说到“T-shirt”时南希故意把单词写成“tee shirt”。这时哈里大声地说：“那不是 T 恤衫，它的拼写开头应是 T”，南希把正确的写法记了下来。她让学生把两种拼法都读出来，但是，学生们只读正确的那个。她说：“我要检查一下两种拼写方法是否都是正确的。看看你们还能找出什么来。”最后，总共有 25 个单词被找了出来。

南希和学生们一起复习了所有的单词，然后她引导学生对图片进行讨论。“现在，有人问我这些孩子在哪里，你们认为他们在哪里呢？”她请玛尔塔回答这个问题。

“学校。”

“有多少人同意她的看法？是什么让你们觉得这些孩子是在学校里呢？”

“也可能是在家里，但是这样孩子太多了啊。”

一名学生问道：“为什么他们都穿红色的衣服？”南希让学生们思考了一会，不同的想法出现了，有学生觉得这是一个“特殊班级”，有学生觉得“学校要求他们那样穿”，等等。

罗伯特猜测有可能是学校，因为有个白色的写字板，而大多数家庭是不会有这个的。

弗朗西斯说，在图片里能看到一个很大的图书馆的一角，因此，这看起来更像一张孩子们在学校的图片。

保罗说那不可能是在家里，因为有很多书，安娜补充道：“家里不可能有这么多书架。”对此，大家一起展开了讨论。

最后，南希肯定地说这是一个学校，在这个学校里学生们都要穿制服，学校位于英格兰的诺丁汉，他们都是五年级的学生，然后她把图取下来，让萨拉上前来找到诺丁汉这个地方。

“明天我们将继续学习这幅图片。今天还有些时间，请练习读我们刚刚学习的 138
单词，如果不会读单词怎么办？”

“沿着线的方向在图片中找到单词所对应的事物。”学生们齐声说道。

第二天上午 9 点的时候，学生们又围坐在图片旁边，南希说：“在我没有给你们分发新的单词卡片之前，让我们先默读这些单词。”她指出一个单词，大约有一半的学生出声地朗读出来了。她说：“让我们再读一遍，默读，不要发出声音，现在仅在你的脑海中读这个单词。”她指了一个单词，把手放在嘴唇边以示安静。所有人都安静了，她把单词和图片对应的事物用线连接起来：“现在，可以大声读了。”

南希指出单词，学生们默读，然后她把单词和图片对应的事物用线连接起来，以便学生能够核对朗读的单词，之后他们大声地读出这些单词。最后她给每人发了一个信封，里面是前一天学过的单词，她说：“接下来的 15 分钟，每个人都要独立地读出卡片上的单词，如果需要的话，可以使用图表。”

第二天早上，他们开始第三节课，开始的时候学生们快速地复习了图表。在学生读完了所有的单词之后，南希拿了些积木，开始准备训练学生分类，她拿起了一个黄色的塑料桶，摇了一下，问道：“这是什么？”学生们纷纷回答道：“这是我们的数学教具桶。”“我们的积木。”“我们的模型。”然后她说：“我将从这个桶里选出一些积木，并把它们放在一起。我想让你们思考一下，我为什么要把它们放在一起，你们能不能找出至少两种原因。”她从桶里挑出了五块积木，拿在手中，以便学生能看到。然后她叫凯瑞纳斯回答。凯瑞纳斯回答说：“你把它们放在一起是因为它们都是红色的。”

“有多少人赞同凯瑞纳斯的观点？”有人举起了手。“你们还有其他的理由吗？”斯科特主动说到它们都有四个面。接着，南希又问谁同意，学生们都表示同意这个观点。塞雷娜又主动说道：“你把它们放在一起是因为它们都是红色的，都有四个面，并且都是正方形。”南希说：“关于我为什么要把这些积木放在一起这个问题，塞雷娜给出了三个理由。谁同意这三个理由？”只看到一种属性的学生开始意识到南希把多个有共同属性的东西归成了一类。

她说：“现在，我们再回到单词的学习上，我希望你们认真地学习单词，并根据它们的拼写或者意思进行分组。”她把三张单词卡片放在一个大的袖珍图表里，上面是一些单词。我希望你们像玩积木一样，用这些单词来做同样的工作。她将单词卡片翻过来，“每个人默读单词。”然后她示范了如何检查阅读，即首先将卡片放在图画中相对应的单词下面，然后用手指沿着线的方向找到这个事物，这样就可以检验是否读对了。

purple（紫色）
person（人）
pictures（图画）

“现在，请你们思考一下，我为什么要把这三个单词放在一起？”

她请玛洛斯回答，她害羞地说三个单词都是以字母 p 开头的。

139 “谁同意？这三个单词是以字母 p 开头的。”南希给学生们留了一点时间去观察这些单词。

“现在，我们一起读这些单词，看看能否找出其他的原因？”学生们开始读这些单词，开始是默读，然后大声地朗读。“现在，我将大声地读这些单词，你们仔细听，看看能否想到其他的原因。当然刚才你们是对的，其中的一个原因是它们都以字母 p 开头。”

她认真仔细地读了 purple，person，picture。这时，有几个人举手。她让安妮莉回答。

“它们都有字母 e。”

“对，你们还能发现什么？默读然后仔细想想，琼闺来说说。”

“‘人（person）’和‘紫色（purple）’两个单词的开始读音很像，但是它们的拼写不同。”

“很好，琼闺。字母 r 跟在元音后经常这样，因此‘人’和‘紫色’开头的 er 和 ur 的读音很像。”

“还能想到其他的吗？”南希叫起了克里斯蒂娜。

“每个单词看上去是两个单词。”

“你说每个单词像两个单词，这是什么意思？克里斯蒂娜，请说明白些。”

“像两部分，两片。”

南希说：“大家再细听。”她又朗读了这三个单词，稍微重读了两个音节。“不错，你们发现了我把它们放在一起的两个原因：它们都是以字母 p 开头，并且有两部分，或者说是两个音节。那单词‘纸（paper）’（她边说边写在了黑板上）适合放到这一组吗？”学生说：“适合。”“那单词‘笔（pen）’呢？”她边问边写。对于“笔（pen）”是否属于这一组，学生们有不同的看法。因此，南希针对“钢笔

(pen)”和“铅笔（pencil）”的区别又做了些练习。

“今天大家做得非常好，我希望你们把自己信封里的单词进行分类，用任何方式都可以，并为展示你的分类和原因做好准备。”她把信封发给学生，帮他们打开，之后学生们开始进行分类。南希走到学生中，观察他们分类，检查学生是否能朗读单词，还请一些学生根据图表检查单词的读音，让一些学生告诉她把一些单词放在一起的原因。

很多种分类出现了。正如所期望的那样，很多学生的分类很相似，但是他们观察单词和解释分类的原因却多种多样。一些学生考虑更多的是字母和读音，还有一些考虑单词的意思，也有一些把几种方法综合起来考虑。以下是一些学生提供的分类和原因。

1. book（书）、boy（男孩）、board（板子）（“都是以字母 b 开头”，“前两个字母都相同”）

2. picture（图画）、people（人民）、person（人）（“所有单词都有字母 p。”“都以字母 p 开头。”“都是以字母 p 为首字母，并且都有两部分。”“都是以字母 p 为首字母，并且都含有字母 e。”）

3. girl（女孩）、boy（男孩）、child（孩子）、people（人民）、person（人）（“他们都属于人类。”“当我们不知道别人名字的时候，都可以用这些词来称呼他们。”“他们都是人。”）

4. black book（黑色的书）、yellow book（黄色的书）、blue book（蓝色的书）（“它们都是书。”“它们都是有颜色的书。”“它们都包含 book 这个词，并且都有两个字母 o”）

南希对一些分类进行了点评，然后用她的大单词卡片与同学生们一起讨论了 140
book（书）、board（板子）、boy（男孩）这一类词，他们讨论了首字母 b 的发音，以及 oo、oa、oy 的不同发音，接着就下课了。课后作业是找出至少 6 个以 bo 开头的单词，把它们写在纸上，第二天早上放到看图识字盒子中。

星期四，他们先快速地复习了单词，并且在看图识字表中增加了一些新的单词。接着南希从作业中找出了一些含有 oo、oa、oy 的单词，进行了简短的训练。学生完成了一部分内容，包括一些同 book、boy 押韵的单词，并且讨论了 r 对辅音的影响。然后她让学生把单词重新归类，看看能否分成新的类别，并且确保会读图表上的每一个单词。最后，学生的作业是找出一些新的单词来称呼“我们不知道名字的人。”

在周五的课上，南希开始让学生学习标题和句子。当学生都聚拢到图片跟前时，她说：“谁还记得标题是用来做什么的？”大家纷纷说：“书的名字。”“故事的名字。”“书的封面。”“告诉我们故事讲述的是什么。”之后南希说：“认真研究我们的图片，看看你们能否想出一个好的标题。”她给学生 1 分钟的思考时间，然后收集了大约 10 个标题。

当学生主动说出标题的时候，她又问标题和图片有何关系。学生的标题中，有一些较为全面而且十分准确，一些则不是，还有一些只是一个句子，而非标题。以下是他们的一些回答：

“我认为图片应该叫做《色彩斑斓》，因为图画里有很多种颜色。”

“《穿制服的学生》，因为他们都穿着红色的制服。”

“《闪亮的书》，因为他们学校有很多闪亮的书。”

“《孩子在学校里》，因为他们都在学校。”

在听完了这些标题之后，南希决定拿出一些信息量丰富的书（有几本她给学生读过，一些没读过）来与大家讨论书的长度、内容以及信息丰富的标题给读者带来的帮助，之后让他们进行造句。

南希在黑板上写“句子”这个单词，然后在下面写了课堂讨论时所听到的句子：

1. 学生们都穿制服。
2. 他们是一群围在教师身边的孩子。

她要求学生默读句子，尽可能多默读出一些句中的单词，然后大家再一起读句子。

“记住，我们来将雷纳塔所说的第一个句子‘学生们都穿着制服’转换成标题‘穿制服的学生。’然后乔治自己将第二个句子改成‘围绕在教师身边的孩子。’这个想法也不错，一会儿，我们还会学习标题。在记录相关内容的日记的时候，你可能要写些与标题有关的内容。”

“你可以在今天花一些时间学习我们的图片，假设你要写一封信给没看过这张图片的人描述一下。准备好，周一和大家一起分享你的信。”

141 在周一早上的看图识字课里，南希在他们上课的教室安装了一台投影机。上课后，他们快速地阅读了看图识字表，用可视词汇进行了练习，然后补充了一些含有oo、oa、oy的单词。然后南希说：“好了，现在开始造句，谁准备好了？”接下来的两天，他们根据图片造句，描述图片中的事物。

这些句子基本包含了所有内容，下面是其中的一些句子：

“金色的字母印在制服上。”（以“金色字母”开始，南希问：“玛丽安娜，金色的字母在哪里？”“在制服上。”）

“他们喜欢学校，因为他们都在微笑。”

“男女制服的上半部分是一样的，但下半部分是不同的。”

当学生说出一些含混的需要解释的事物时，南希要求他们说出证据。

“孩子们正在仔细地听老师讲课。”

南希问：“你为什么会那样说？”

“他们都保持安静，离老师很近，看起来也不像在讲话。”

塞雷娜补充到：“他们都在学习，因为他们是很好的听众，并且读了很多书。”

“他们看起来很高兴。”

南希问：“为什么这样认为呢？”

“多数人都在笑，看起来他们像在一起快乐地学习。”

“这些孩子在学习如何读写。”

“你是怎么知道的？他们可能即将开始学习音乐，”南希补充道。

“我看到了他们的学习任务，他们的教室里也挂着图表。”

星期三，南希把所有的句子打在浅绿色纸的正反面，每个学生都得到了一份。在接下来的几节课，他们练习读句子。南希到处走动听他们读句子，她重点听了一些经常出现的单词（in、on、The/the，They/they）。

接下来的一周学生对句子进行分类。他们两人一组学习，需要花费数天的时间来阅读和分类。开始，南希只是观察并听他们如何分类。因为她想知道他们是如何思考的，并确定他们的分类依据是否正确。最后，大约有一半的学生根据句子的写法进行分类，如“句子都以‘他们’开头”，或“句子都以‘他们是’开头”。一名学生描述了他的分组，大致是这样的：“它们都有 5 个单词，并且都有我们练习的单词 the 在里面。”而另一部分的学生是根据话题和意思进行分类的：“这些句子写的都是关于穿制服的学生。”“我的句子都是关于房间里的东西的。”

学生根据意愿朗读句子并对句子进行分类之后，南希从她看过的几种典型的分类中选择了一种具有代表性的分类，并以此来示范如何通过内容分类。她鼓励学生根据内容分类，并至少找出一组句子。在开始之前，她快速地和学生一起把一些容 142
易混淆的词，比如 an、are、all 练习了一遍，她希望每个学生都能掌握这些词。

然后南希让学生根据一个主题或者中心思想来写几段话，并用简短而准确的词语写出一个好的标题。一些学生把关于校服的句子放在一起，一些是把图画中所有关于颜色的句子放在一起，一些把关于书的句子（这些书在哪里，以及如何被使用）放在一起，还有一些把有关学生活动的句子放在一起。他们中有的人写了三四种不同的分类，有的写了自己最感兴趣的分类。

“我运用你们提出的一种分类写了一个关于我们图片的段落。”她把 4 个句子放在大的图表上，“我们一起来读这些句子，然后我跟大家分享我写的段落。”

“学生们很有天赋。”
“他们正在学习如何书写和拼写单词。”
“他们通过听老师讲解和读大量的书来学习。”
“看上去他们在一起学习得很开心。”

南希继续说：“我们还可以利用许多好的分类去写作，但是我选择了这种，因为当我问你们为什么要把这些句子放在一起时，你们说这些句子都是关于学生学习的。当我看这个图片的时候我看到了一件特别的事情，因此，我就把它写下来了。”

接着，她用投影仪放映了这个段落：

所有的孩子都在学习

这些小学生都很有天赋。他们正在学习如何读单词和拼写单词。阅读大量的书籍和老师的讲解帮助他们学习。看起来，他们在一起学习得很开心。

南希给学生们一些时间默读这段话；然后她大声地朗读这段话，并且告诉学生她是如何组织这段文字的，告诉读者人物（小学生）、事件（学习得很开心）、方式（通过读大量的书、教师的讲解、合作以及他们自己的天赋）、地点（在教室）。

她继续讲解，解释了她为什么把第一个“他们”改为“这些小学生，”以及她为什么在第二句话里又加了第二个“如何”等。当她讲述完她对单词顺序和句子顺序的改动后，她在投影仪上把第一份草稿放映出来，然后学生们问了一些有关原句所做修改的问题。

我们花了大约 3 周的时间观摩了南希的看图识字课堂，大多数课堂都是 30 分 143

钟左右，有一些大约45分钟。这个看图识字的周期至少还要持续1周的时间。他们会写一个关于校服的段落，因为这是大多数学生都感兴趣的主题，学生需要根据分类至少写出一个段落。他们将继续在图表和单词库中添加单词，并学习拼写和语音。南希会继续倾听并观察学生的学习过程，示范并为他们讲解英语语言是如何运用的。

总结：图一文归纳教学模式

图一文归纳教学模式是一种探究性的教学模式，这个教学模式的构架可以帮助学生完成任何复杂的任务。希望上面的个案能够使我们清楚地认识到教师是如何利用这个模式组织学生探究英语及其使用方式的。

这个模式为教育初学者的阅读和写作提供了一个多维的课程（Calhoun，1999），如果想充分利用这一教学模式，那么教师每次都应该讲授清晰，通过组织并引导学生进行活动来帮助他们形成概念。对那些处于初级水平和把英语作为外语的学生来说，教学的重点是培养他们的阅读和写作技巧。然而，这一模式对于能够独立阅读且年纪大一点儿的学生学习社会科学中的信息和概念也是十分有用的（Joyce & Calhoun，1998）。

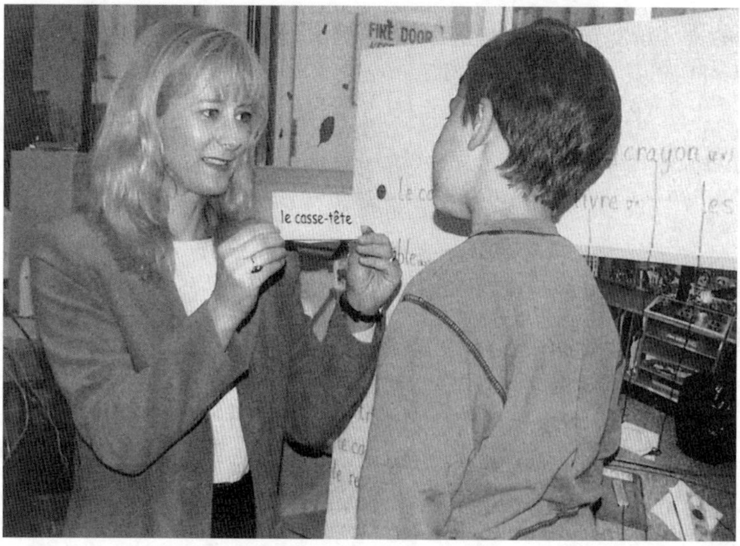

在北极光法语幼儿园，卡萝尔·克鲁格露格正在检查布雷迪对新词汇的掌握。

144 反 思

教师掌握了很多教学生阅读的关键要素，包括提供学习的途径和方法。学生所掌握的听说词汇越多，他们对周围的事物理解得就越深刻，随着读写词汇越来越丰富，他们对人生的选择和控制就越来越多，同时他们也会掌握更多的知识和经验，提高自学的能力。另外，他们对语言应用的方法了解得越多，就越可能成为具有较强语言沟通能力的交流者和公民。

读写初学者运用图一文归纳教学模式的程序

学习符号和交流（实物、图画、单词、字母、句子和段落之间的关系）

1. 选择一幅图画。

2. 让学生辨认在图画中的事物。

3. 标记出图画中被识别的事物。(教师用线条把图画中的事物和单词连起来，读单词，写单词，学生跟随教师指引的字母进行第二次阅读，并且和教师一起拼写。)

4. 朗读/复习看图识字图表。

5. 让学生把单词分成不同的种类。把具有共同概念的单词作为一个整体进行强调。如果单词不在可视词汇表内，学生可以参考图表把单词读出来。

6. 朗读/复习看图识字图表（读、拼写、读）。

7. 如果可能的话，将新的单词增加到看图识字图表或者生词库中。

8. 让学生为看图识字图表设计一个标题。(教师引导学生思考图中的“证据”和信息以及对这些信息的表述。)

9. 让学生根据看图识字图表造一个句子、多个句子以及一段话。学生可以将句子分类，教师将句子组成一个示范段落。

10. 朗读/复习句子或者段落。

语言/语法/技巧/用法

1. 学生需要多次准确地听单词的发音，也可以直接参考看图识字图表把单词添加到可视词汇表中。在教师的帮助下，掌握大多数读音/符号关系（了解或者掌握）。

2. 学生多次准确地听到和看到被辨别出来的字母，而且这些字母被正确组合成单词。

3. 学生反复地听到了单词的正确拼写，并且也跟着正确地拼写。

145

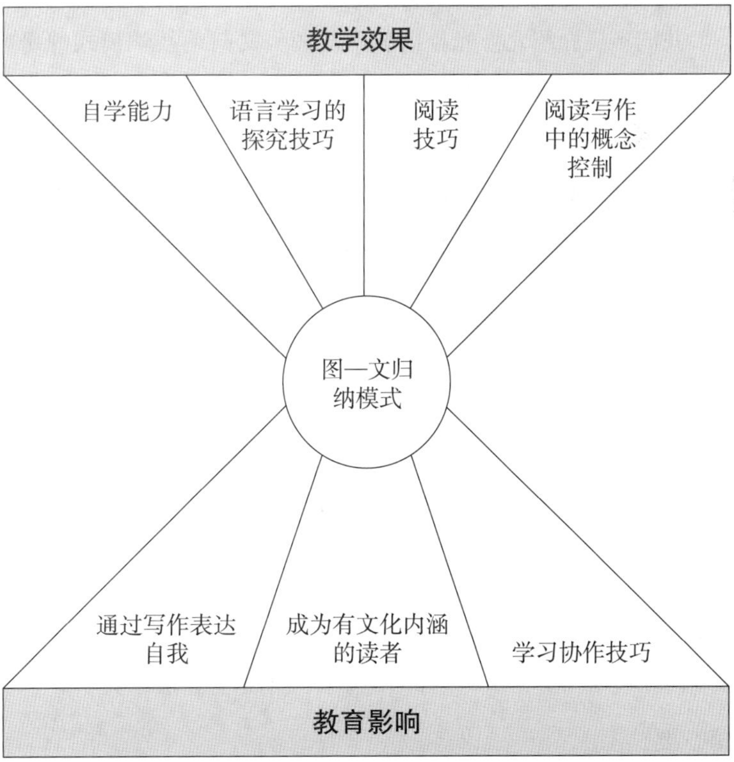

图 7—1　图—文归纳模式的教学效果和教育影响

4. 在写句子时，教师应该使用标准的英语用法（在需要的情况下对学生所造的句子进行修改）并正确地使用标点符号（逗号、大写字母等）。

教学效果与教育影响（模式设计的教学目标）

1. 学会如何建立可视词汇。
2. 学会如何探究词汇和句子的结构。
3. 生成性写作（标题、句子、段落的生成）。
4. 促进对阅读和写作关系的理解。
146 5. 培养学生的发音和结构分析技巧。
6. 培养学生通过写作表达思想的兴趣和能力。
7. 增加非小说类文学的阅读。
8. 培养学生在阅读和写作领域与他人合作的能力。

可视词汇的扩展是这一模式成功的关键。

在最近一系列的研究中，加拿大亚伯达省 69 号学区北极光学校的教师收集了相关方面的研究数据。而在可视词汇的扩展方面，一些一年级的英语和法语教师对此进行了深入调查发现，在一年的课程中，学生平均掌握了 600～800 个词汇，并且在整年内都没有忘记（见 Calhoun et al.，2000）。在第 22 章中我们会介绍有关幼儿园学生和四到十二年级阅读有障碍的学生的多维课程研究，图—文归纳教学模式就是这一多维课程的一部分。

图—文归纳教学模式进入幼儿园

我们不再介绍北极光校区教师对图—文归纳教学模式的研究。下面是一篇向 2006 年 11 月份香港举行的亚洲教育研究会议递交的对图—文归纳教学模式进行描述的论文。

多方面融合（性别、社会经济地位、学习障碍和种族差异）的读写核心课程趋势

布鲁斯·乔伊斯，布克森德（Booksend）实验室
圣西蒙斯岛，佐治亚州，美国

玛丽莲·哈瑞康克，加拿大亚伯达北极光学区 69 号
邦尼维尔（Bonnyville），亚伯达省，加拿大

艾米莉·卡尔霍恩，菲尼克斯联盟
圣西蒙斯岛，佐治亚州，美国

沃尔特·哈瑞康克，主席，理事会
北极光学区
邦尼维尔，亚伯达省，加拿大

147 **摘　要**

本文呈现了一个校区的案例研究（加拿大亚伯达省邦尼维尔北极光学区 69 号），以当前的读写研究为基础这个学区开发了一种小学读写课程，并探讨研究了

这种课程在学区内 15 所小学中对不同学生的影响。研究的重点是其对幼儿园和一年级学生的影响，对学生学习影响的研究持续进行，目前已跟踪到了五年级。研究结果证实了这一观点，即以教学模式为中心的多维幼儿园至一年级课程能够满足不同人群的需要，并能够减少依赖特殊目标进行矫正的需要。

教育不同学生群体的方法

一般来说，有三种方法能够满足不同学生群体的需要，但其重点是增加亚群体接受教育的机会，以使他们有所成就。

- 第一种方法强调具有包容性：确保各类学生能充分参与到主流教育的过程中并获得公平的教育机会。
- 第二种方法强调通过创建多种项目来支持民族、社会地位或者社会/心理特征不同于主流人群的学生的发展。在美国，大量的特殊教育都开始采用这种方式。
- 第三种方法就是在这里所讨论的，基于对当前识字教学的研究，同时基于对为所有学生才能的发展提供强有力核心课程的关注。

当然，我们没有把三种方法对立起来的意图。

包容性很重要。有很多自然的力量将学生分为不同的人群。很显然，所处社区的差异会产生有关社会经济地位和种族差异的不平等，这种差异会影响人的一生。尽管很难，但我们仍应寻求方法来减少现实生活中因种族隔离和其他力量所产生的排斥和不平等的现象。

目标明确的措施也很重要。我们需要继续寻找方法来帮助某些学生，种种因素使其成为低学历、低社会成就和低个人成就的人。一些推动者做出了很大的努力，如堪萨斯州大学的策略性教学模式组就很重要（SIM，2006）。他们的做法很独特，所进行的大规模活动都是针对处于社会经济低层且屡屡遭受失败的学生实施的，正如许多计划服务于有轻度或中度学习障碍的学生一样。性别差异在读写领域非常重要，在许多学区，从小学到高中，男生的读写能力要远远滞后于女生，在美国的大 148
学里，60%的注册人数都是女生，进入大学之后，她们一般都比男性优秀（见诸如 Brooks，2005）。

核心课程的力量也十分重要。首先，核心课程（此处指读写课程）服务于所有的学生。我们无须把它设想得很完美，即对主流学生很见成效，而对其他的学生却不是那么好。我们所关注的是，这个强有力的核心课程能否通过教育来建设一个更高层面的文化从而使所有学生，而不仅仅是主流学生，达到一个更高的成就水平？

一个强化课程

在北极光学区我们对幼儿园至二年级课程进行了重大的改革。在先前的论文中，我已经叙述了在识字学习中所取得的成就（见 Joyce，Hrycank，& Calhoun，2001；Hrycank，2002；Joyce，Hrycauk，& Calhoun，2003）。这里我们专注于课程对不同人群产生的影响。

我们首先描述了课程的变化及其变化的基本理论，然后为教师发展和研究的推行提供条件，接着再评价其对学生的影响，包括对学校中不同学生群体的影响，这些学生群体包括性别不同的学生、有社会经济地位差异的学生，或者有学习障碍的学生以及存在种族差异的学生（尤其是土著学生）。最近该省一款条例的变化允许我们按照社会经济地位和种族来报告数据，这样我们就能够更为详尽地提供研究数据。

北极光学区

此地区位于亚伯达省北部，横跨 200 多公里，面积有 14 800 平方公里。很多学校主要位于科尔德莱克（Cold Lake）、邦尼维尔、拉克拉比什（Lac La Biche）（这三个地方拥有的人口达到6 000人左右）周围的镇上，还有些学校位于格伦登（Glendon）和普拉蒙登（Plamondon）的乡村以及加斯顿（Casden）的村庄，以及阿德莫尔（Ardmore）、艾恩里弗（Wandering River）和旺德灵里弗（Ion River）的农村地区。该学区还管理着位于科尔德莱克附近一个大型空军基地的一所学校。

学区里大约有 6 000 名学生。男女生人数大致相等，有轻度和中度学习障碍的学生大约占学生总数的 11%，其中有 8%的学生对学习很感兴趣，因为诊断出来的结果在理论上影响了他们的阅读和写作能力（事实上情况并非不可挽救）。学生的父母为土著居民的占总人数的 28%（1 675 名学生）。在这些人中，有 230 人是生活在居留地的原住民并且有地位权利，包括享有条约利益和继承土地的权利，62 名学生是原住民但没有居住居留地，因此他们没有地位权利。其中墨提斯（Metis）的学生占大多数，他们有一些土著居民祖先。在学区中，有 976 个墨提斯学生，占学生人数的 16%，还有一名因纽特（Inuit）学生，他出生在北美洲的北极地区。

在历史上，学生成绩可能会用加拿大/美国标准来描述，直到实施新的课程之
149 后，“标准”测试结果已经无情地被平均化。大约 2/3 的学生看起来学习得很好或者比预计得更好，大约 30%的学生的阅读和写作没有学好。

设计课程

基本原理

正式幼儿园项目的设计和实施引起了很大的争论，因为问题的焦点集中在正式的教学是否与幼儿园学生的发展相适应；因此，我们将拿出更多的精力来讨论幼儿园的课程问题。教一、二年级学生阅读的方法问题也被人们争论不休，例如语音教学和语言教学的对抗。我们设计课程的基本原理跨越了这些问题（见 Joyce，1999），我们的目的很简单，就是让读者理解课程是什么样的以及为什么是这样的。

什么是适度发展？

多年来，“适度发展”一词在幼儿园乃至一年级课程的讨论中一直是主导词语。专业人士和外行人都在使用这一短语，部分缘于一位杰出的心理学家，同时也是一位研究儿童心理学的流行杂志专栏作家的极力推广（Elkind，1987）。对教育家和外行人来说，这个词有它内在的意义。“当然，我们希望教学要和学生的发展水平相适应。”然而，这个词受到了“截然相反病菌”的感染。有人多次表明立场说，幼儿园的学生还没有发展到学习阅读的程度。人为营造出来的教幼儿阅读的场面往往是一种毫无意义的差劲表演，教师只是用代表抽象意义和声音的单词生字卡，甚至用虚构而非真实的单词来让学生进行练习。使用这样让人震惊的图片，又会产生一个令人困惑的问题，图片适合儿童的发展吗？还是会使整个课程令人不快？儿童是否发展到已经可以学习阅读？关于这一问题的符咒已经根深蒂固，以至于一组阅

读课程的带头人强烈要求对阅读研究做出全面的分析，在没有相关研究的条件下驳回幼儿园即开始学习阅读的想法（Show，Burns，& Griffin，1998）。他们开始对一年级的研究做出解释，这显然是由于专家驳回了早期阅读教学的理念。“在玩中学”与严格课程之间的对立也开始逐渐向公众传播。2005 年 4 月圣迭戈《联合论坛报》（*Union-Tribune*）上有一篇文章标题为《是幼儿园还是折磨孩子的地方》这样说：如果你教阅读，你就应该态度严谨，但这一理念与儿童的适度发展有冲突。以此为依据，在经过两年争论之后，教师缩小了校方制定的识字目标。几十年来，圣迭戈统一标准已经成为最适宜的全国学校系统标准，但是至少有 1/4 的学生在学完小学低年级的课程时仍不能进行有效阅读。然而，幼儿园教师解释道，升级版的识字重点有必要朝着严苛且需死记硬背的课程发展（Gao，2005）。

正如我们所写，国家组织有关立场的文件仍然认为“从发展角度来说不适合在幼 150
儿园开设阅读课程”（IRA，1998；IRA & NAEYP，1998）。一些专家甚至怀疑全日制幼儿园是否合理，更不用说开设阅读方面的课程了（Natale，2001）。在所有争议背后，美国政府倡议不让一个孩子掉队，尤其关注幼儿园学生的缺课问题。正如在斯诺调查中显示的那样，国家阅读小组简单假定在幼儿园开设阅读教程不是一个现场命题。

在幼儿园断然拒绝正式的读写课程是不合常理的。在英国，尽管一年级学生的年龄和美国幼儿园学生的年龄一样，但是在阅读上却和美国一年级学生取得一样的学业成绩。美国一位最受尊敬的早期阅读专家（Durkin，1966）也对早期阅读提出了涵盖面较大的建议，几乎没有其他学者质疑的理由。另外，在一项纵向研究中，汉森和法雷尔（Hanson & Farrell，1995）发现一个幼儿园阅读课程所带来的成效可以在十二年级学生的学业成绩上反映出来。最后，幼儿园的构想之父弗里德里希·福禄培尔（Fredrich Froebel）曾强调需要创建一个让学生进行探究与丰富发展的环境：既不是一个自由游乐的场所，也不是一个粗略边缘化的课程。

从我们的观点来看，真正的问题是综合阅读课程能否与学生的发展相适应。

另外，我们开始了解一些很好的新兴的识字教室。在那里，有收藏丰富的教室图书馆，孩子们能够仔细阅读图书，还可以要求教师大声朗读一些选集；与实际生活联系的有趣的实地考察可以挖掘出新的语言。尽管科学学习的核心是观察和实验，学生可能不学习阅读，但是他们一定会在认知和语言发展上成长。不幸的是，发展适应性理论被理解为什么样的学生可以上学，而不是促进学生的发展，结果就像迈克·施莫克（Mike Schmoker）所形容的，成了一种“蜡笔课程”（Schmoker，2001）。

课程设计

对于我们早期的识字课程来说，从传统的概念形成和掌握教学模式的语言经验参考框架中诞生的图—文归纳教学模式极为重要（Calhoun，1999）。图—文归纳教学模式的设计周期以照片场景为开端，学生有能力对照片的场景进行描述。照片可以反映当地社区的一个问题，或者教师可以利用照片涉及的场景带领学生环游世界，比如一个尼泊尔男孩的照片。学生轮流指出照片里的事物和活动，教师拼写单词，把单词和图画中涉及的事物用线连起来，建立一个图片字典，学生们需要一份用来识记的单词卡片，然后通过图片字典辨认单词。接着他们利用行之有效的学习
归纳模式将单词分类，找出它们的异同。教师选择其中一些分类作为学习的拓展。 151
这样，学生既学习了语音特征又学习了结构特征。然后教师示范如何写标题和造句，接着学生创造自己的标题和句子，口述并且学会阅读。学生们根据图片的内容

逐渐学会将标题和句子组成段落。图—文归纳教学模式的周期（探究图画）一般需要 3～5 周的时间。

支撑课程的主要假设之一是学生们需要探究语言，寻求建立可视词汇表的方法，研究词汇的特征，以及尝试对语音和结构特征进行概括。

我们预设的教育课程和大多数人为儿童设想的课程大纲大不相同。人们观念上的课程形象使其避开为幼儿园设计正式的读写教学课程。我们相信严厉且需要死记硬背的课程不会阻碍学生的发展。我们并不计划让学生通过练习册、字母表动画卡或者单个字母语音训练的方式来学习。我们设想了一个环境，学生可以在其中利用他们掌握的听/说词汇表去读单词，他们自己可以造句、组织长的文本，以此来取得进步；他们可以在轻松的氛围里探讨简单的内容；他们可以以涂鸦和简单的插图方式写字；教师还可以有规律地进行朗读，并且通过阅读和研究吸引人的小说以及非小说类书籍给学生示范全面理解的策略。如果儿童的任务是玩，我们计划让学生在玩耍中学习读写。福禄培尔设想利用孩子们的自然倾向，使他们通过参加越来越复杂活动实现社会化和认知成熟。我们则希望建立一个学生能够以快乐的方式学习阅读的环境。从早期的文学阅读开始，我们确立了学习阅读的几个维度（见 Calhoun，1999）。

• 发展可视词汇。首先，要进行分析图片的活动。在开始 3～5 周的学习中，以一幅大的图片为基础，图画的大小可以是 24×30 英寸或者更大。设想学生研究一幅图片，图片展示的是在库拉·兰珀市场上一个抱着孩子的妇女。学生们确认事物和活动，以及“香蕉”“笑”“车”等词语。通过教师用线把单词和图片中的事物连接起来，之后进行书写和拼读。这样，这些单词就在学生的听/说词汇范围内了。当教师分享关于世界各地市场的非小说类和小说类书籍时，学生们还学习了其他的单词。而学生们通过自己的探索和阅读普通书籍也浏览到了这样的环境。

• 单词的归纳学习。学生们把单词分了类，发现了语音和结构特征。他们了解到语言是可以理解的，单词拼写的方式几乎总是相似的。两个单词的开头字母相同的话，它们的读音可能是一样的，单词有很多规律性，在单词 banana（香蕉）和 smile（微笑）后加 s 就构成了复数，把 s 从 cars 这个单词中去掉就得到了一个单数的 car（汽车）。

152 • 在已有的水平上广泛阅读。起初，学生进行图片类的活动，当他们逐渐了解到作者是如何传达意义的时候，他们能够理解书中的标题，也学会了使用从图片里选出来的单词造句，首先可以口述：“一个妇女正抱着一个男孩。”然后用句子组成段落。教师示范句子和段落。当然，教师还经常给学生阅读。

• 定期书写（每日若干次）。开始他们可能仅仅根据图片去辨别单词。逐渐地，学生会进展到根据图片写句子和段落。

• 对理解策略的学习。尽管大多数关于理解策略的研究都是针对年龄稍大一些的学生，但是孩子们对意义的理解很早，因此一开始对理解策略的示范（在文章中的清晰指导）学习是非常重要的（更多细节见 Calhoun，1999；Joyce，Hrycauk，& Calhoun，2003）。

实施和学生学习

在实践的过程中需要建立三种类型的评价：课程的实施评价、教师对学生学习的深入研究以及外部评估小组通过正式文件对学生学习实施的正式研究。通过自我报告日志以及评估者、中心办公室人员观察相结合来完成实施的研究。每个教师定期进行学生学习的深入研究，即从幼儿园课堂字母表的学习到可视词汇习得的研究。外部评估小组要接受培训以便在幼儿园实施冈宁程序（Gunning Procedure）以及在一到五年级实施格雷朗读测试。

格雷朗读测试根据学生读给评估者的一系列由简单到复杂的段落来进行。

评估者研究了学生运用视觉识别单词的能力以及运用识别单词策略的能力。评估者在一段合理的时间之后（大约 3 秒钟）可以提供一些不认识的单词，在读完每段之后，通过对学生提问来评定他们对内容的理解力。评估者根据学生群体的状况制定出关于流畅性和理解能力的标准，以此给出学生在测试中的分数。这样，测试的结果可以与标准水平进行比较。

冈宁程序由托马斯·冈宁（Thomas Gunning，1998）创造，主要是给学生介绍一些选择出来的普通书籍，它们分别代表了下面显示的水平。

冈宁水平

- 第一级：图片水平。词汇量非常小——有时候仅有 6 个单词，与图片密切相关。
- 第二级：标题水平。有一些更多的单词和活动，包含更多的理解内容。翻 153
  开书每页都有一个短语。
- 第三级：简单的文字水平。介绍拓展的文本，学生阅读不仅仅是为了知道文本阐明了什么。
- 第四至六级：初级阅读水平。词汇增加，故事的复杂性增加，对更丰富的图画书的理解依赖于复杂的文本阅读。
- 第七级：2A 等级。这些是更大的，更复杂的书。能在这个水平上阅读的学生就可以独立地阅读大量的有关许多议题的书。

把书呈现给学生，并且对封面页做简要讨论，在学生阅读书之后进行格雷朗读测试，其中包括设计出对书的主要方面理解的评估问题。为了确保学生事先没有读过这些书，书均选自在英国出版而没有在加拿大发行的图书。

接下来，我们首先处理第八幼儿园课程初步实施的大体效果。然后我们继续检测这种课程在不同人群中的实施效果。之后，我们将从人口学的角度关注学校采取的进一步措施，这样就能够突出种族上的差异。

幼儿园学生初步的总结性成果

深入研究字母识别以及词汇习得是很重要的，但是对于我们的研究目的来说，首要问题是幼儿园学生在使用冈宁程序时的最初进展如何；其次，多年来，如同小学以五年级为代表一样，表 7—1 呈现出幼儿园结束时群组的结果。

在我们学区，幼儿园学生学习阅读水平要比一年级学生好些，需要补充的是，他们在不同程度上都学习了阅读。前些年，在这些学校里，70%的学生在低年级（不是在幼儿园）就学习了阅读，大约有 30%的学生仍处于图片理解水平及以下，与美国低年级大体上保持一样的比例，和国家教育发展评估委员会对四年级学生的评估报告所描述的一样（Donahue，1999；National Center for Education Statistics，1998）。

8 个部分明显地把所有学生都提升到了看图识字的某一水平。大约 40%的学生能够阅读扩展文本，另外 30%学生显示了阅读扩展文本的独立能力。20%的学生达到了 2A 水平，该水平包含了长且复杂的一段阅读文本并且需要学生运用复杂的技巧去解释和推测单词的意思。所有的学生至少可以处理最简单的书籍。对我们来
154 说意义重大的是没有学生经历悲惨的失败。甚至进入一年级处于图片水平的学生在进行来独立阅读时也没有遭受过失败，图片水平包含识别字母，形成一个大的词汇库，以及获得一组语言和结构概念的信息。然而，仍有 6 个学生需要被密切关注，因为即使他们能够处理带有标题水平的书籍，在完成识别图文关系以及使用其语言和结构去概括应对不熟悉的单词时他们仍显得吃力。

表 7—1　　年末测试达到冈宁程序水平的学生百分比

水平	达到水平的百分数（%）
图片 （几个单词，与图片密切相关）	2
标题 （图画书，带有标题文本）	26
简单文字 （包含意义的简单文本）	30
简单文字以上 （包含复杂故事的拓展文本）	42

舒适度和满意度

在一年的时间里，家长经常会提出他们的意见，5 月，我们为家长和孩子准备了简单的问卷。我们问了家长一系列关于孩子进步的问题，以及父母和孩子自身是否相信他们正令人满意地成长。孩子们只被问到他们是否正在学习阅读，对进步有何种感觉。我们主要是想查明是否存在没被我们发现的不满情绪。问卷结果显示，没有任何学生和家长对课程显示出不适和不满。然而，部分家长在开始时感觉到忧虑并且直到年底依然担心。一些家长因我们没有采取逐个字母合成语音的方法教学而担心将来会产生问题，但是他们认为到现在为止孩子进展得很顺利。

至于未来负面后果的可能性，在五年级结束时全国的格雷朗读测试平均等级水平在理解方面的等效得分是 6.0，这是多年来对那些学校学生测试的平均结果。对 69 名学生的研究测试中，GLE 平均是 7.7。有种理论认为用正式的识字课程教幼儿园学生将在以后损害他们的发展，但是与此完全相反，这些学生的发展非但没有被损害，而且还发展得很好。重要的是，仅有 4 个学生低于 5.0 水平，在这 4 人中
155 只有一个是阅读困难者。就幼儿园而言，课程开发因此可以避开争议。此外，均衡设置的课程已经产生了持久的影响，比大多数单方面的课程，比如合成语音法好得多。

多样性和初入幼儿园人群

性别

从幼儿园到小学五年级，性别没有影响到学业水平，男生和女生的成绩分布基本相同。对于整个美国来说，全国教育统计中心对四年级学生学业分布状态测试表明男生的成绩比女生低 30%。

社会经济地位

有和没有午餐补贴的学生分数分布大约相等。在给大量经济条件比较差的学生提供了额外的资源之外，像美国的 Title Ⅰ计划这样的重要措施已经开始在处于社会经济底层且学业不成功的学生中实施。

学习障碍

单在我们学区，特殊教育诊断程序鉴定大约有 28 名幼儿园学生有特殊需要。五年级时，其中的 8 名学生停止了特殊教育。在整体社区内，28 名学生全部能够继续学习。

种族

在我们的人口区域中，主要关注的是土著学生的成绩。在这个地区，几乎所有土著学生都做得很差，在我们采用的幼儿园学生样本中，有 8 名土著学生，他们在五年级的平均理解力得分是 7.0，只有 1 名学生低于 6.0。

总　结

伴随着正式且更强有力的读写课程的实施，整个幼儿园学生人群所取得的学业成绩得以提升，亚种群看起来也受益颇多。当我们考察已经毕业的六年级学生时，我们发现女生和男生都很成功，也都具有较高的读写能力。轻度至中度学习障碍正在减少，社会经济地位也并没有抑制其成长，但在种族这个领域内我们没有足够的证据，对于土著居民进步这一点，削减性效应经常出现。在六年级结束时这些学生在理解力方面的 GLE 是 8.5，而在过去，我们九年级学生才达到 7.4。

使用图—文归纳教学模式进行比较研究 156

在我们结束这一章时，让我们回到六年级学生的课堂去，在课堂上学生们正在研究三个城市的生活。第一个是他们自己的城市，萨斯卡通，一个在草原上的现代化加拿大城市。第二个是得梅因，艾奥瓦州，一个美国草原城市。第三个是威廉斯塔德，位于荷属安的列斯群岛。他们收集信息，并从各种来源进行叙述，同时也用图—文归纳策略去分析图片资料。以下三张照片拍摄于 2006 年，展示了城市郊区的住宅。当你看的时候，自己分析并挑选出信息，问自己这些房子具有更多相似之处，还是不同之处三个环境对今天的生活有什么影响。

加拿大萨斯卡通的一所住宅。

艾奥瓦州得梅因的一所住宅。

157

荷属安的列斯群岛威廉斯塔德的一所住宅。

第8章

科学探究及其训练模式

——推论的艺术

每一种事物都有审美尺度。每一所学校的环境、每一种教学行为、每一处休闲 159
场所都会提高或者降低人们的生活质量。不管你教的是科学还是艺术，挑战只有一个，即如何做得更好。

——埃利奥特·艾斯纳（Eliot Eisner）致课程管理与发展协会，1990年春

本章将介绍一种科学的教学策略，我们将利用生物学来描述总体的模式，并按照另一种探究模式引导学生形成合理的假设和理由，首先我们走进一个课堂去看一看。

科学探究模式

2002年6月25日，约翰·奥尔所教的五年级学生已经开始浏览《纽约时报》“科学时代”版块的内容，以及来自冰岛的基因图谱项目的深度报告了（Wade，2002）。约翰的学校订阅了电子版的报纸，这在他的课堂上得到了很好的使用。他要求学生通过了解其中关于世界的报道来研究自己比较熟悉的国家和其他地区的新闻。各组同学浏览报纸的全部内容并寻找感兴趣的栏目。通常，约翰会像今天一样用投影仪显示器把文章的目录打到屏幕上，并向全班朗读这篇文章。最终，这些新闻纸上的信息和文章要点会被学生写成“今日头条”。

最后，教师要求学生把每天的社论整理成档案。这些信息中有对收集到的关于
基因图谱项目尝试所进行的概括，而且他还要求学生对6月25日之前的内容进行 160
总结。

对基因图谱项目感兴趣的学生惊奇地发现：地球上每个人都分享着99.9%的人类基因组。利用网络这一便利资源，就像教室里摆放着的百科全书CD光盘一样，约翰可以带领学生进行种族和性别的概念研究，从中认识到有多少差异性是由社会化所导致的。

今天的故事吸引学生有三个原因：

第一，在冰岛，研究人员通过家谱信息可追溯到1100年前的某一阶段某个小群体的迁移。这一研究其他基因组项目策略的不同是，研究人员不能通过跟踪迄今为止的血统进行研究。因此需要他们想出一种独特的策略。

第二，据一些初步调查结果显示，基因图谋项目是以疾病为导向的，在哮喘的病例中，病症的迹象可以追溯到在1710年出生的一位祖先的身上。

第三，人口因素。在公元800年左右，10 000～15 000个古代挪威人发现了冰岛。他们袭击了北爱尔兰和英格兰，捕获的年轻女人就成了他们的“奴隶妻子”。他们总共奴役了40 000～50 000位年轻的女性。

这一项目激发了学生的兴趣。他们知道这是有难度的，研究方向转向冰岛和斯堪的纳维亚半岛。他们开始收集资料，在百科全书和数据库中寻找素材。他们了解到维京人实施的“妻子—掠夺”行为极大地减少了北爱尔兰和英国北部的女性人数，学生们希望知道这可能会产生或已产生什么样的影响。最后，他们将与一个在牛津大学的学者联系，请他提出有关这个研究主题的意见。

学生在学习科学及其发现是如何产生的。约翰·奥尔想让他们知道科学是怎样的以及科学是什么。他继续让学生回想卡尔·萨根（Carl Sagan）的假定：“科学的方法，尽管看上去乏味并且杂乱，却比它的发现重要得多。”

个案8—1

在伦敦的安大略小学，亨德里克先生的四年级学生吃过午餐后进入了教室。房间里面散布着一列东西：一堆眼镜、瓶子、铃铛、大小不同的有孔木盒、调音叉、木琴和小木笛。学生们狂呼一声，扑过去拿起来开始玩，亨德里克先生则在旁边观察。

数分钟之后，学生开始安定下来，一个学生问：“这些东西是用来做什么的，亨德里克先生？看起来你已经将这个地方变成了一个管弦乐队。”

161 “嗯，在一定程度上是，”亨德里克先生微笑着说，“实际上，在以后的几星期，这里就是我们的音响实验室。”他在教室里走动，并且拿起一把琴拨动一根弦。同时，他使用一个勺子击打着书桌上紧邻着这把琴的一个饮料瓶。“从这些声音中，你听出什么了吗？”他问道，同时重复了他的动作。

“嗨，”一个女孩说，“他们听起来一样，但是实际上却不同。”

“再做一次。”一名学生建议道，亨德里克先生又做了一次。很快所有的学生都注意到这些声音是在同一音高上的。

亨德里克先生说：“你们的任务就是发现什么东西能使声音变化并把它描述下来，并给变化以限制。考虑到教室设备有限，我希望你们组织起来，利用现有的设备进行实验。我希望你们能够描述出声音变化的规则。当你们完成时，我希望你们能讲解一下你们设计的乐器实现了哪几种功能，然后告诉我应该怎样去做。之后我们将检验大家的想法。现在，我想我们应该分成几组并且决定应该怎么开始，还有其他的建议吗？”

萨莉勇敢地开了一个头：“我注意到这些东西都是由五种不同的材料做成的，或许我们可以分成五个组，每组用这些东西进行实验，然后所有人再交流一下体会，听听别组的意见，然后再决定我们下一步怎么做。”

其他同学也提出了另外一些意见，接下来的半小时同学们讨论出了一个如何开始的计划。

从20世纪50年代初到60年代末，美国的学术改革运动开始推动教育改革的发展，教育改革从一些主要的教育观念和学术训练的研究方法两方面入手来改变传统的学校课程。例如，在数学领域里，课程设计者试图从基本概念和数学探究方法两个方面来影响学生们对于数学的思考方法。同样地，科学课程也同时反映了科学的主要观念和科学团体的研究方法与态度。换句话说，这一课程是围绕着学术训练的信息系统加工而建立的，类似的其他课程研究也在继续进展，可以看出这种课程的研究和发展十分活跃，第 15 章将会予以详细介绍。

此处有两个简明的例子。生物科学课程研究（Schwab，1965）提出了一些在中学生物课中使用的课程和教学方法，密歇根社会科学课程计划则倡导使用社会心理学方法来研究人类关系（Lippitt，Fox，& Schaible，1969a）。在本章中我们以生物科学课程研究作为教学模式的代表。值得一提的是，生物科学课程研究仍然极具活力，它创造了高中和小学具有革新性的课程（见 www.bscs.org/au_why.html）。
在所有的核心科学领域中，艾森豪威尔计划为科学教育者提供多种途径，从而共享 162
在课程与教学和研究方面的发展。议员的说客认为官方给出的科学指导会衍变为进化论与上帝创造论争议的一个战场，迫于此种压力，受共和党支配的国会终止了对所有科学教育项目的资金支持，其中包括艾森豪威尔计划。而私有资源重新为这一计划注入了资金，使其继续成为帮助教研人员和教授沟通的智力资源。

模式导向

生物科学课程研究的实质是帮助学生在处理信息时学会使用类似于生物学家进行研究时所使用的技巧，也就是说，使用具体方法来解决研究问题。它强调的是内容和过程。其强调的第一个重点是地球生态中的人的行为：

> 政府需要采取明智之举来解决由于人口增长、资源枯竭、污染和片面发展等所引发的问题。这些问题从某种程度上来说属于生物—生态问题，每个公民都应该意识到这种情况。（Schwab，1965，p.19）

第二个重点是科学的调查：

> 尽管这一部分的主要目的之一是介绍现代分子生物学在科学问题的基本理解方面所作出的贡献，其第二个目的也很明显。经过各种标准的衡量，科学已经成为并将继续作为我们社会中的权威力量。然而，此时出现了一个难题。如同斯诺在《两种文化》（*Two Cultures*）一书中所表述的那样，这一难题产生于这样一个事实：虽然许多人能够理解科学的产品，但他们却可能对于科学的本质及其探究方法一无所知。以下的理解可能不会有什么大错：如果不理解科学过程，就不可能理解科学产品。很显然，维系像我们这样的自由社会在很大程度上需要依靠公民的整体科学素质水平（Schwab，1965，pp.26－27）。

为了帮助学生理解科学的本质，生物科学课程委员会提出的策略是向学生讲授生物学观念和事实，同时引导他们掌握生物学的研究方法。委员会相当严厉地指出：

> 仔细观察传统的中学课本就会发现，这些课本主要或全部是由一系列未加限制的肯定式的陈述句构成的：“有那么多种哺乳动物”，“器官 A 由三种组织构成”，“呼吸按以下步骤产生”，“基因是遗传的单位”，以及“A 的功能是 X”。
>
> 这种提供结论的表述方法长期以来一直是教科书的编写标准，甚至大学课 163

> 本也是这样。它有许多优点，至少可以说较为简洁明晰，然而这一表述方式也遭到一些严厉的批评，它的简约性和权威性给人们描绘了一幅虚假且具有误导性的科学本质图像。
>
> 权威性、结论性的表述给学生带来了两种不好的影响。首先，它给人造成这样一种印象，即科学是由不可更改的确定真理组成的。然而事实并非如此。近年来知识的迅速发展告诉了我们这样一个明确的事实——科学知识在不断地变化着。科学知识的规则只是暂时的，它会随着新资料对旧资料的取代而不断地被修改。
>
> 结论性的表述还会传达这样一种观念——科学是完善的。然而，科学研究仍在继续，而且以日新月异的速度进行着，这就会造成学生难以理解的困惑。
>
> 我们可以这样来说明这种具有总括性和简略性的表述中所隐含的错误：它没有显示出科学知识并不是一份关于所观察事物的简单报告，而是从原始材料中经过尝试和千锤百炼得出的结果；它也没有显示出这些原始材料和资料来自人们遇到的问题，这些问题又来自于早期知识概念的总结；最后，很重要的一点是，结论性的表述没有显示出科学家也像其他人一样会犯错误，大部分的科学探究都是与纠正错误分不开的。
>
> 总之，结论性的表述没有显示出，那些总结出来的概念总是会被它们自身提出问题的结果所检验，并根据验证结果而被修改或代替。
>
> 因此，科学应该被当做一种探究过程来讲授，重点在于在科学结论产生并被检验这一背景框架内揭示这些结论的发现过程。所以，教师要把已经提出的观念和教给学生并指出相关的数据，同时遵循把这些数据转化为科学知识的解释方法（Schwab，1965，pp. 39－40）。

生物科学课程研究在把科学当做探究活动来讲授时使用了几种技巧：第一，使用了许多表现科学探索性本质的表述，例如“我们不知道”，“我们不能确认这是怎么发现的”，以及“关于它的证明是矛盾的”（Schwab，1965，p. 40）等。它指出，目前的理论随着时代的发展可能被新的理论所取代。第二，生物科学课程研究使用了被称为“探究叙述”的方法来取代结论性表述法。该方法表述了生物学中主要观点的发展史以及在这一领域进行的探究过程。第三，用实验室工作来引导学生辨别是非，而不是仅仅举例说明课本中的内容。正像科学家们所说的那样，“他们处理的是课文中没有提供答案的问题，而他们创造的是学生能够参与其中的探究条件”（Schwab，1965，p. 40）。第四，精心设计实验程序，使学生能够进入一种解决实际生物学问题的环境，最初学生面对的可能是科学家们早已熟知的资料以及已有确定答案的问题，然而“随着问题的逐步推进，他们越来越接近知识的前沿”（Schwab，
164 1965，p. 41）。这样，学生们就模仿了科学家的研究活动。最后，他们使用了一种被称为“参与探究”的方法。类似于实验室的功能，“参与探究”鼓励学生参与活动，从而使他们能够学习并参与触及前沿问题或是高端生物学方法论问题的探究。

在这一章里，我们把“参与探究”作为生物科学课程研究的教学模式来讨论。

为了准备本章的撰写，我收集了当代的生物科学课程研究资料并欣喜地发现，它坚持了科学探究的精神，正是这种精神创造了这一课程和教学模式。通过阅读“布卢”版《生物科学课程研究生物学》（*BSCS Biology*）——高中生物课的介绍（Greenberg [as head of team]，2006），我学到了很多，有些更新了我的科学知识，

有些则为我打开了我先前在常春藤联盟求学时未曾涉猎的领域。基本的文本包括大约 100 页为学生提供探究操作指导的研究成果。这一文本持续不断地开拓着读者关于资料收集和整理，以及解释性理论的产生和检验的思路。下面将要描述的是探究的遗产。应指明的是，并非所有的课本或课程都机械地遵从这一理论。

参与探究

施瓦布是这样设计这一策略的：

> 让学生懂得知识是怎样从对资料的解释中产生的……让学生懂得如何对资料进行解释，的确，甚至资料的寻找都是以概念与假设为基础来进行的，而它们是随着知识的增长不断变化的……让学生懂得尽管知识发生了变化，但是是向好的方面发展的，因为我们获得了比过去更好更多的知识，此外需要强调的是，现有知识在未来总会有所改变，但这并不意味着它是错误的。现有知识是以现在我们拥有的、经过实验完全证实的事实和概念为基础的科学，是人们所能得到的最可靠最合理的知识（Schwab，1965，p. 46）。

每一项参与探究都是一个旨在说明主要概念或训练方法的个案研究。每一个参与都是“在过程本身的例子之后提出例子，并且保证了学生对于过程的参与”。（Schwab，1965，p. 47）

每一个个案都涉及一个来自真实生活的科学研究，然而，其中被有意识地安排了一些省略、空白或者令人感到奇怪的地方，等着学生们把它们填补出来。“这种省略可能是一个正在实验的计划，可能是某一实验中控制某一因素的方法，可能是从所给资料中得出的结论，也可能是用来解释所给资料的一个假设。”（Schwab，1965，p. 46）换句话说，参与探究保证学生可以看到实际活动中的生物学探究，并保证他们参与其中，因为他们必须去完成被省略了的实验或者补全被漏掉的结论。

参与探究是按照难度逐步递增的方式进行排序的，这样可以引导学生一步步过 165
渡到更复杂的概念。我们可以从它的第一组里看到这种过渡，其中主要涉及的是与方法论有关的主题——基本知识、资料、实验、控制、假设以及科学问题的本质和作用。表 8—1 给出了第一组参与探究的研究主题。

表 8—1　　参与探究，第一组，样品探究：基本知识、资料、实验、控制、假设以及科学问题的本质和作用

参与步骤	内　容	主　题
1	细胞核	对简单资料的解释
2	细胞核	对变量资料的解释
3	种子的发芽	对资料的误解
4	植物生理学	对复杂资料的解释
小结 1：知识与资料		
5	一般性评价	系统性和随意性错误
6	植物营养学	实验计划
7	食肉动物及其食物	实验的控制

续前表

参与步骤	内　容	主　题
8	自然人口学	“次级”资料
9	人口增长	取样问题
10	环境和疾病	假设的观念
11	光和植物生长	假设的构成
12	维生素缺少	“如果……就……”
13	自然选择	练习做出假设
小结 2：假设的作用		
14	植物生长素与植物运动	假设；非正常的解释
15	心脏的神经激素	科学问题的起源
16	青霉素的发现	探讨中的意外发现
16A	过敏性反应	探讨中的意外发现

来源：Joseph J. Schwab，supervisor，BSCS，*Biology Teachers' Handbook*（New York：John Wiley & Sons，Inc.，1965），p. 52. By permission of the Biological Sciences Curriculum Study.

166 其中参与探究 3 可以作为这一模式的一个例子。它帮助学生理解如何处理对资料的误解。

参与探究 3

（内容：种子的发芽）

（主题：对资料的误解）

（在解释资料时预先估计到风险是一回事，而在没有证据支持的情况下作出解释则是另一回事。后者产生的原因可能是对现有资料的错误理解，也可能是对证据的漠视。这一章中的材料主要为了说明其中最明显的误解之一。它还介绍了一个完全成形的问题所扮演的角色，即它能够引出实验并从中得到资料，然后再予以解释。）

对学生：(a) 一个观察者对种子最易发芽的条件产生了兴趣。他把几粒谷物放在两个玻璃盘潮湿的吸水纸上，然后将其分别放在湿度相同的两个房间里，一间见不到阳光，另一间则阳光充足。四天后他检查了种子，发现两个盘子里的种子都发了芽。

你会如何解释这个实验的结果？注意：不要考虑用自己从别的地方已经获得的知识来解释，而要严格地只对这一实验予以解释。

（当然，实验设计的目的是检测光线这一因素的作用，但是参与探究却希望给勇于创新的学生提供机会去得出这一结论，即实验表明，湿度对谷物的生长是必要的。或许有人会说，一定的温度是必要的。但如果没有人提出这种假设，那就试着给他们引入一种。所以我们要积极地鼓励学生做出别具一格的解释。）

（如果有人提出这种假设，那么你可以指出其中一些缺点，比如：提问学生是否可以从资料中得出生物发芽需要玻璃盘子的结论。当然，极有可能出现没有人认可这一观点的现象。这时你应该毫不费力地指出，他们提供的用来证明温度或者湿度必要性的资料与证明玻璃盘子必要性的资料之间并没有什么区别。因为，无论在哪种情况下，这些资料都无法得出这一结论。）

对学生：(b) 在这两个盘子的周围环境中，哪些因素具有明显的不同？在思考答案时，请记住这是一个精心计划的实验，你应当尽量准确地陈述引出这一实验计划的具体问题。

(如果这一假设一直没有被学生提出，那么教师应当很明确地告知，实验的设计目的在于检测光线这一因素在植物发芽中的必要作用。表述这个问题时，参与探究常以一个笼统的问题开始："在什么条件下种子最易发芽？"在进行科学探究时，这并不是一个阐述问题的最佳方式，因为这一方式并不能指出到哪里寻找资料以及如何寻找。一个问题只有足够具体，并能够告诉人们回答它需要什么资料时，才会成为一个有用的科学问题。例如："在什么情况下种子发的芽更好些，光线充足时还是没有光线时？"这就是一个具有明确指向的问题，它要求对不同光线条件下的发芽状况进行比较。因此我 167
们说，疑惑如果十分具体，以至于导出某一疑问，使得用实验加以解决或者由某些具体资料加以解释成为一种必要时，它就立即转变成了一个有用的科学问题。这里我们并不是说一般的疑惑是没有用的，正相反，它们是必不可少的，关键在于它们必须能够对一些别的东西起到导向作用，即引出一个可以解决的问题。)

对学生：(c) 根据你陈述的问题，再看一下资料，我们能作出什么样的解释呢？

(现在很明显了，资料表明，对于某些种子，光线并不是必要的发芽条件，你可以指出，对于一些种子来说它是必要的，例如速生莴苣 (Grand Rapids Lettuce)；然而对于另外一些种子，光线可能会起到妨碍作用，例如某些种类的洋葱。)

(这种参与探究将继续讨论与资料、证据和解释有关的观念。它还从崭新的角度指出了在 (b) 中讨论过的"问题"的观念，并举例说明一般的好奇心必须变成具体的问题。)

(它还表明，探讨中提出的问题应有不止一个作用。首先，问题产生实验的设计，把疑惑变成研究计划。此外，它还引导我们去解释资料。在 (a) 中，我们不太清楚是什么问题把我们引向这些具体资料，相比而言，在 (c) 中做出一个正确的解释就容易得多了。)

(如果你的学生认为这种参与探究比较容易或对其特别感兴趣的话，你就可以开始进行下一步的讨论，并且可以在某种程度上提前接触参与探究第 6 阶段的主题——设计实验。以下的附加内容就具有这一用途。) (Schwab，1965，pp. 57－58)

这种调查的形式相当典型。学生们接触的是生物学家正在攻克的问题，面对的是一些与已经完成了的调查相关的信息。因此，他们被引导着去解释资料，并处理一些有根据或无根据的解释。接下来，学生们会被引导着设计实验，用不易被误解的资料来检验某一因素。而贯穿着这一程序的体系为首先提出涉及某种调查的问题，然后引导学生探求某种方法，从而逐步克服研究中的具体难题。

让我们看看另外一个参与探究吧，这次的主题与概念导向的关系更加密切。下面的例子引自参与探究中关于功能这一概念的研究成果。这一主题的设计使其能够被当作方法论的问题来研究。我们怎么从某一事物的各种可观察到的特征中找出它的功能呢？这一功能的证据是什么？在这种模式中，问题并不是被简单直接地提出来的。取而代之的是，学生们被引至一个涉及方法论并充满探究精神的研究过程中，问题才被提了出来，进而使得学生们能够自己确定问题并寻找解决方法。

168 **参与探究 32**

（内容：肌肉结构和功能）

（主题：功能的六个证据）

（为了进行这个研究，我们暂时假设人体不是一个有机体，而是各种结构的简单堆积。体内的各个部分都是我们一个个的研究对象，这样我们就不需要对人体的整体结构进行研究。探究功能概念的原则之一就是要把它们还原为各个部分。）

（这一参与探究把学生导向对功能的关注。这个概念涉及比因果关系更多的东西。它涉及一个假设：一个成年有机体中的某一特定部分（比如器官、细胞组织等）很可能可以有效地实现对整个有机生命体的功能，因此其作用可以从该部分（其结构、动作等）可观察到的特征中推论出来。如同我们将要叙述的，这个假设也像其他科学研究中的假设一样，仅仅是一个指导性的假设。我们不会假设器官能够完美无缺地适应机体的功能。我们只假设，一个活着的有机体的大部分器官能够很好地适应其功能［由于进化的缘故］，这样在研究器官时假设它能够适应机体功能而非假设它不适应会使我们取得更大的进展。）

对学生：(a) 你认为人体中哪一部分肌肉群最强壮？

（学生很可能说是大腿肌肉或是二头肌，因为它们是人体中最大的单块肌肉。如果他们没有这样选择的话，作为教师的你不妨提出来，并且从尺寸大小这一角度来加以论证。）

对学生：(b) 以大小作为选择标准的话，我们可以判定大腿肌可能是我们身体肌肉中最强壮的部分。因此大小似乎是我们做出决定的依据。

不过为什么这个依据是尺寸而不是颜色或形状呢？

在我们做出这个判断的背后，有没有源于大众经验的另一种资料向我们表明较大的肌肉是比较强壮的肌肉呢？

（考虑这个问题时，学生应当会表现出他们对肌肉强壮标准的认可和接受日常生活的知识，比如，踢球时凌空一脚会比直接传球到达的距离更远，一个举重运动员比一个画家的肌肉更发达等。）

对学生：(c) 现在让我们用日常经验来判断一下肌肉收缩时会出现什么情况？

（此处问的不是肌肉使身体其他部分发生了什么变化，而是肌肉本身的变化，即形状的某种变化，由于压缩而变得短了、厚了、硬了。可以让学生举起或抓起什么东西，感觉一下手臂肌肉的变化。）

对学生：(d) 你已经发现的肌肉运动这一现象，还可以再增加两个事实：第一，许多肌肉都附着在身体其他部位上；第二，许多肌肉是纺锤形的，又长又窄，而且尖端很细，单单从这些资料上看，你认为肌肉的功能是什么？

169 （肌肉的运动、附着体以及形状这几点综合在一起，可以说明肌肉能带动它所附着的身体的一部分或所有的肌肉。这种对于功能的推测仅仅是种可能。但实际上所有的科学推测也是如此，在（e）及其之后的疑问中，我们将对功能性推理的可疑特征做出论述。）（Schwab，1965，pp. 174－176）

这样的例子在这一结构中很多。

教学模式

模式的实质是引导学生对实际问题进行探究，方法是使他们面对某一领域的研究，帮助他们在该领域内确定一个概念性的或方法论的问题，并鼓励他们设计出解决这一问题的具体方案。由于他们体验到了知识产生的过程，因此可以说他们已经加入到了学者的行列中。与此同时，他们获得了对知识准确性的理解，而且很可能既了解到了现存知识的局限性，又看到了它的可靠性（Schaubel，Klopfer，& Raghaven，1991）。

结构体系

这一体系有多种形式（见表 8—2）。本质上说，它有以下要素或阶段，在实践中这些要素或阶段可能以一定的顺序出现：在第一阶段，提供给学生调查的范围以及调查时所使用的方法。在第二阶段，学生确认调查中的困难并把它转变成问题。在这个阶段遇到的困难可能是资料的解释、资料的生成、实验的控制或参考文献的提供。在第三阶段，要求学生对问题进行思考，以便确认探究中可能遇到的困难。在第四阶段，学生应通过重新设计实验，以不同形式组织资料，生成资料以及发展 170
结构等方法来澄清问题。

表 8—2　　**生物科学探究结构**

第一阶段	**第二阶段**
提供给学生调查范围	学生形成问题
第三阶段	**第四阶段**
学生确认调查中的问题	学生找出解决困难的途径

社会系统

研究氛围应当是合作的、认真的。欢迎学生加入到利用最佳科学技术进行探索的队伍中，还应融入一定程度的大胆和谦虚。一方面，学生要有能够大胆假设、挑战证据以及批评研究的设想等等；另一方面，要形成严格而谨慎的科学作风，学生就必须认识到自己的知识与技能还有许多需要提高的地方，在此过程中也可以培养一种探索更高层次的科学知识与技能的谦虚态度。

教师作用的原则

教师的任务是通过强调探究过程并引导学生对其进行反应来培养他们的探究精神。教师应当注意，自己的中心任务并不是确定某一事实，而是鼓励学生从事严谨的科学探究。应当努力引导他们提出假设、解释资料并形成构想，而这些正是解释现实的基本方法。

支持系统

这一模式需要的支持系统包括一个在探究过程方面有着高度技巧性和灵活性的引导者，研究的“现实”范围，所包含在科学问题中多种选择的可能性以及将研究引入这些范围时所需要的资料来源。

应 用

依据探究程序进行教学的模式有很多种，它们都是围绕具体训练的概念和方法而建立的。

由罗纳德·利皮特（Ronald Lippitt）和罗伯特·福克斯（Robert Fox）指导的密歇根社会科学课程设计就是以一种非常简单但又极具发展潜力的方法为基础的。这一课程直接教孩子们运用社会心理学的研究技巧来考察各种人际关系（包括孩子们自己的表现），从而使社会心理学成为一种生动的训练，它的概念和方法在对人类行为的不断应用中自然地显现出来。它的另一个结果是直接说明了社会科学与人类行为的相互关系。这个课程展现了小学生使用科学程序来考察社会行为的方法与过程。

171 这些课程制定者依据其教学方法（实质是教孩子们实践社会心理学）提出的两种概念可以通过他们提供的材料和推荐的活动得以了解。他们根据一本资料或教材以及一系列项目书籍准备了七个“实验单元”。

这七个单元开始于对社会科学的本质，即对“学习使用社会科学”的探讨，之后再进行后续单元的学习，把社会科学的程序和概念应用于人类行为，即“发现不同”、“友好和非友好的行为”、“生存与适应”以及“相互影响”等。

第一单元主要是向学生介绍社会科学的方法，例如：

1. “什么是行为样本?”（我们怎样获得行为的样本?）

2. “三种观察方法。”（向学生介绍描述、推理、价值判断并指出三者之间的区别。）

3. “原因与结果。”（介绍原因的结果，首先从自然现象谈起，然后再转到人类行为这一方面。）

4. “多重原因。”（介绍怎样同时处理几种因素。例如，让孩子们阅读一个故事，其中，核心人物的某一活动不只有一种动机。）（Lippitt，Fox，& Schaible，1969a，pp. 24－25）

学生们比较自己对样本的分析结果，互相检查对方的观察和推理，并从观察所获得的结果中分析出自己所面对的问题。他们也学着如何通过循环分析的技巧来认识互动性。

最后，通过一系列活动引导学生进行社会心理学家的实验，这些实验已经形成了关于友好和非友好行为、合作和竞争等有趣的理论。

这种方法使学生的研究集中于对人类的相互作用方面，从而为他们提供了一个推理的学术框架、一种计划以及实行社会心理学探究的技巧，并且引导学生观察他们自己以及周围人的行为。其总的目的是让学生接受社会科学家所具有的一些特征。因此这一教学的价值既体现在人际关系方面，又体现在学术领域。

这种模式具有很广泛的适用性，但遗憾的是它的使用必须要有与这一探究密切相关的资料。但由于标准的教材都是对话式的，因此在大部分课堂上这种资料都很少，不过，每一个主题都应至少准备有一个与探究相关的或者比较适合该模式的系列课文。一个彻底把握了这一模式精神实质的教师很容易挑选出材料并把它们重新组织起来，使其适用于研究。他甚至还可能会构建自身用于教学的材料。

教学效果和教育影响 172

生物科学探究模式（见图 8—1）的目的在于传授研究生物学的过程、影响学生处理信息的方式并且培养他们的科学探究精神。同时，它也能培养学生虚心的态度、延迟判断和平衡选择的能力。通过对集体效应的强调，它还能培养学生的合作精神以及与他人协作的能力。

科学探究模式适用于从学龄前直至大学的所有年龄阶段的学生（Metz，1995）。它的核心目标是教给学生科学的基本程序，以及从学科和构成学科基础的信息中提炼出来的主要概念。

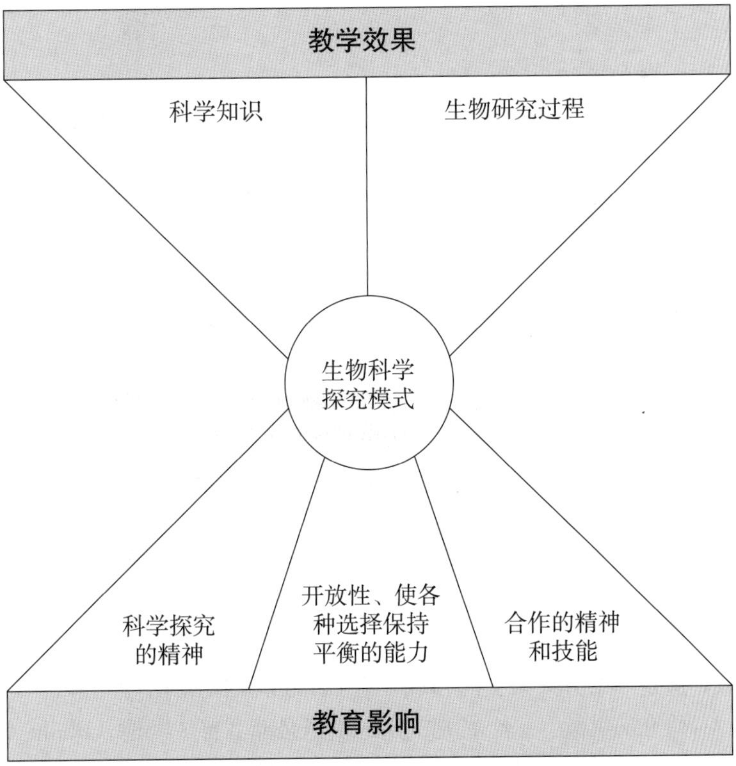

图 8—1　生物科学探究模式的教学效果和教育影响

这种模式通常贯穿于一年或更长时间的全套课程中。我们对两点发现特别感兴趣：第一，使用这种模式进行教学的教师需要对涉及的学术内容和教学方法两方面进行深入的研究。如若不然，不如不用这种模式；第二，如果教师注重以上两方面的学习，其教学效果是非常显著的（Bredderman，1981；El-Nemr，1979）。学生们不仅可以学会科学的课程，还能懂得训练中产生的主要概念，并且还可以获得科学的基本信息并产生对科学的正确看法。在第 5 章、第 6 章和第 7 章中， 173

你会看到向年幼的学生介绍读写知识、向年长的阅读困难者提供二次机会的课程的描述，这些课程的核心要素就是探究。如你所见，这些课程大都很成功。

小　结　生物科学探究模式

结构体系

第一阶段：向学生们提出研究范围。

第二阶段：学生们构想问题。

第三阶段：学生们确定研究问题。

第四阶段：学生们具体找出解决问题的方法。

社会系统

这一模式的结构适度，保持着合作和严谨的智力氛围。

教师作用的原则

教师的教学重点在于科学探究，要把学生的注意力引向探讨的过程而非结果。

支持系统

这一模式需要一个熟练掌握探究过程的灵活的教师以及较宽泛的选择研究问题的范围。

前景展望

近来，一系列的研究正在取得进展，其结果可能会从帮助学生进行分析、做出推理、掌握进行因果推理和综合分析的更加有效的技能等方面促进学生的思维发
174 展。关于“多元智能”的理论也可能会引起人们对思维的多种认识。

计算机技术的发展使得学生可以获得大量的资料，这将帮助他们比较容易地形成比以前更加复杂的概念，同时也可能形成一种更加复杂但更为有力的支持系统。在社会研究领域里《社会教育》（*Social Education*）这一杂志是标题和资源的源泉。

利用实际档案的教学一直处在教学社会研究创新的前沿，电子媒体的出现使它变得越来越有趣。例如，12 座总统图书馆提供的 20 世纪美国总统的相关数字化资源（见 Resta，Flowers，& Tothero，2007）可以模拟并归纳出原来难以研究的领域，这是一个方兴未艾的领域（见 Berson & Berson，2007）。

研究的继续。一个特别突出的例子是菲利普·阿迪（Philip Adey）和他在英国的同事（Hewitt，Hewitt，& Landan，2004）曾专注于研究使用科学调查来推动发展和研究教师如何取得以复杂科学为基础的教学模式。

探究训练模式：从实践到理论

探究训练是理查德·萨奇曼（Suchman，1962）设计的，其目的是要教会学生调查和解释异常现象。它把学者们用来组织信息和提出原理的程序缩小化，然后使学生亲身体验科学研究过程，并且以科学方法的概念为基础，尝试教给学生一些学术研究的技巧和语言。

为了发展自己的模式，萨奇曼对富有创造性的学者，尤其是物理学家所采用的方法进行了研究。他找出了他们从事科学研究过程的基本因素，然后把这些因素引入被称为探究训练的教学模式中。

个案 8—2

一天上午，当哈里森老师所教的四年级学生正在专心致志地做算术作业时，他要求学生留意发生的现象，当学生们抬头望着她时，讲台正上方的灯突然熄灭了，整个教室一片黑暗。

一个学生问道："发生了什么事？"

"你没看到吗？灯泡坏了。"另一个学生说道。

"是的，但这是什么意思呢？"又一个学生问。

"我们看到过许多灯泡熄灭，不过这是什么意思呢？发生了什么事？" 175

哈里森教师拧下灯泡举起来。学生们聚集在她的周围。她把灯泡传给大家，让他们观察。当灯泡又传回来时她提问说："你们为什么不试着猜猜看发生了什么事情呢？"

一个学生问道："玻璃里是什么？"

"恐怕我不能回答这个问题"，她反问道："你能换个方式吗？"

"有空气在里面吗？"有学生问。

"没有。"

"有气体在里面吗？"另一个学生问。

"是的。"学生们迷惑地互相看着。最后，有人问道："气体是充到里面的吗？"

"是的。"哈里森教师点点头。

"那段线是由什么制成的？"一个学生问。

"我不能回答这个问题"，教师说："你能换个方式吗？"

"它是金属的吗？"

"是的。"她回答道。

在提出了一些诸如此类的问题之后，学生们逐渐了解了灯泡的材料，也明白了发生了什么事。最后，他们开始提出假设。在提出四五个假设后，他们又借助参考书尽量地验证这些假设。

哈里森老师的班级正在准备实行一种我们称为"探究训练"的教学模式。通常，班级使用这一方法去探究预先设定好的问题。就是说，要么由哈里森老师设计一个题目来组织教学，要么学生们自己确定一个探究的方向。在这种情况下，学生们需要运用探究训练的技巧找出一个理论来解释自己既十分熟悉又困惑不解的事物，因为当电灯熄灭时，他们中没有一个人对于发生的事情有事先准备。

研　究

探究训练指的是设计一种把科研程序压缩到一小段时间内的练习，然后通过练习使学生直接进入科学研究过程中。它的效果如何呢？施伦克（Schlenker，1991）在报告中指出，探究训练能够提高对科学的理解，发展创造性思维并且培养获得和分析信息的技巧。报告还认为，仅就获得信息而言，这种方法并不比传统的教学方法更有效，但却与背诵或伴有实验的讲课效果相当。伊万尼（Ivany，1969）和柯林斯（Collins，1969）的报告说，当学生面对的问题十分复杂、困惑难解，而且他们对掌握用于解决问题的材料非常有兴趣时，这种方法最为有效。沃斯（Voss）指出，小学生和中学生都能够从这种模式中获益。在一项引起广泛关注的研究中，艾利范特（Elefant，1980）成功地在对聋哑儿童的教学中使用了这一模式，表明这种方法可以有效地运用于那些有严重感官障碍的学生。

176 模式导向

目标和假设

探究训练起源于推动学生独立学习的信念，其方法是要求学生积极地参与到科学行为的探究当中去。儿童充满好奇并渴望成长，探究训练利用他们这种内在的探究渴望，给予明确的方向指导以使其更有力地探究新的领域。它的基本目标是从学生的好奇心出发，帮助他们找出发展智力的方法、提出问题以及找出答案的技能。因此，萨奇曼对帮助学生使用经过训练的方法来独立探究十分感兴趣。他希望学生多多质疑为什么事情会这样发生，并以合乎逻辑的方法获得处理资料，他还希望他们能够获得理解事物本质的一般性的智力方法。

探究训练以向学生呈现一个令人疑惑的事件为开端。萨奇曼相信，一个人面对这样的疑惑时会本能地想去解决它。我们可以利用这种内在的探究渴望教授学生科学研究的方法。

与布鲁纳和塔巴一样，萨奇曼也相信学生会逐步意识到自己的探究过程，因此教师可以直接把科学程序教给他们。他认为，我们每个人都会经常自发地探究，然而除非我们意识到自己的思维过程，否则我们不可能对其加以分析并加以改善。

萨奇曼还认为，帮助学生形成的所有知识都是暂时的。专家学者们所提出的各种理论及观点在若干年后就会被新的理论所取代，永恒的答案是不存在的。当然我们总能使自己的解释更圆满，而且绝大部分问题都可以用几个似乎合理的解释来解决。但必须使学生们意识到，真正的科学探究必定会带有一定的模糊性，对此不妨坦然接受。他们还应该懂得，别人的观点能丰富我们的思想，如果我们能学会容忍不同的观点，那么来自同事和别人的帮助就会促进我们自身知识的发展。因此，萨奇曼的理论是：

1. 当学生面对疑惑时会本能地进行探究。
2. 学生能够意识到自己的思维方法并且能够学会分析它们。
3. 新的思维方法可以直接传授给学生并且和他们原有的方法融为一体。
4. 合作性的探究能丰富学生的思想，帮助他们懂得知识的暂时性，并且使他们能够理解和接受不同的解释。

教学策略的回顾

萨奇曼相信个体会产生本能的探究动机，根据这一信念，探究训练模式的出发
177 点围绕着对智力的冲击。首先引导学生们发现一个令人疑惑的问题，然后对其进行探讨。任何神秘的、没有预料到的或未知的现象都可以用来形成这样一个矛盾的问题。因为最终目标是让学生经历新知识的创造过程，所以这种智力冲击的基础应当是某些

经过研究可以得出结论的东西，下面例子中的探究是从一块受热弯曲的金属片开始的。

> 这块金属片是由两种不同种类的金属片（通常是钢和黄铜）焊接在一起而组成的一个薄片。它的一头装有一个柄，看起来像是一把狭窄的小刀或是刮铲一样。当它被加热时，其中的金属就会膨胀。但是两种金属的膨胀率并不相同，于是加热后，一片就比另一片变得稍稍长了一点儿。由于这两半彼此是被焊在一起的，所以内部的压力迫使这条金属片弯曲了起来，使得膨胀率高的那片金属向外部弯曲得更多（Suchman，1962，p. 28）。

萨奇曼精心选择的这项实验内容能够产生的令人吃惊的结果使得学生们无法对看到的情况无动于衷。通常物体受热并不会有多大的弯曲。因此，当眼前的金属片出现上述情形时，学生们本能地想知道这是为什么。他们会主动地通过寻找结论来解释这一现象，而这种努力就会促使新的洞察力、新的概念和新的理论的产生。

当疑惑出现时，学生们开始向教师提问。他们的问题只能用“是”或“不是”来回答。他们不能要求教师来为自己解释这一现象，而必须集中并组织自己进行探究来解决问题。从这个意义上讲，他们的每一个问题都是一个有限的假设。因此，学生不能问“温度是怎样影响金属的?”但可以问“当前的温度高于这些金属的熔点吗?”第一个问题并不是所求信息的具体表述，因为它要求教师去形成概念。而第二个问题则要求学生把热量、金属、变化和液体这几个因素综合在一起考虑。当然学生必须要求教师证明自己提出的假设（高温使金属变成液体）。

然后学生继续提问，每当他们提出一个不能用“是”或“不是”回答的问题时，教师就提醒他们注意规则并等待学生找到一种合适的提问形式。这时，教师的回应可以是：“请你重新提问一次，让我能用‘是’或‘不是’来回答好吗?”

学生被反复教导探究的第一个阶段是确认事实，即探究对象的性质、身份、事件本身以及环境条件。“这一小片是由金属制成的吗?”这一问题能够帮助我们确认事实，在本例中指的是对象的性质。当学生们明确了事实后，假设就会自然地在思想中产生并进而指导下一步的假设。通过运用自己关于研究对象的知识，学生能把他们的问题转向这一局势中各种事物变量之间的联系。他们用口头的或真实的实验来验证这些因果联系、选择新的资料或以新的方式来重组现有的资料，以便检查事 178
情变化时将会发生什么。例如，他们会问：“如果我把火熄灭了，金属片还会弯曲吗?”甚至更棒的是，他们会通过引入一个新条件或者改变一下现有条件去做这个实验，学生们渐渐把可变量分离了出来并且了解到它们之间的相互影响。

对于学生和教师来说，重要的是应该把试图确认“是什么”的问题和验证变量之间联系的问题或者活动区分开来。两者对于理论的发展来说都非常重要，但事实资料的收集应该早于假设的提出。因为如果没有足够的信息来说明当时的情境及其要素的发生，学生往往会在面对可能的因果联系时难以分辨其真假。

> 如果学生在正式开始时就试图在所有的变量中假设其中复杂的关系，他可能会一直这样漫无目的地猜想下去而得不到明显的进展，然而如果把变量分离出来并且一个个单独地加以验证，就能够排除无关因素，找出存在于每个自变量（例如金属片的温度）和因变量（本例中是金属片的弯曲）之间的关系（Suchman，1962，pp. 15－16）。

最后，学生们试着提出一种能够完全解释这种现象的假设（例如，该物体是两种金属片以某种方式连接在一起而形成的，两者有着不同的膨胀率，因此，遇热时膨胀率大的一片向另一片压迫，最终使得两者一起弯曲。）当然在经过了长期和丰富的大量验证与实验之后，或许还有许多种其他的解释存在，因此，应当鼓励学生不仅满足于这一种看起来符合事实的解释。

探究不能程序化，有效探究的策略是极其丰富的。因此，学生应该：

> 自由地实验他们自己的问题，构想和组织探究过程……然而，总的来说，探究可以大致分成若干阶段，各阶段之间是相互联系的，并存在着简单的逻辑顺序。忽略这一顺序将会产生错误的假设、低下的效率以及重复的劳动（Suchman，1962，p. 38）。

这一模式强调的重点明显地放在了了解和掌握探究的过程上，而不是某一问题的具体内容上。尽管它作为获得和使用信息的一种有效模式应当被大力提倡，然而教师不能过分关注具体问题或是“得到正确的答案”。因为这样将违背科学探究的基本精神，而正是这种精神才吸引着学者们不懈地进行研究，寻找着对现实世界各种现象的更为精确和有力的解释。

179 教学模式

结构体系

探究训练有五个阶段（见表 8—3）：第一阶段，学生面对问题情境。第二和第三阶段，收集资料，包括确认和实验。在这两个阶段中，学生先提出一系列问题，教师用“是”或“不是”来回答，然后他们针对问题情境进行一系列的实验。第四阶段，学生将收集到的资料加以组织并尝试对问题做出解释。最后第五阶段，学生分析自己在探究过程中所使用的解决问题的方法。

第一阶段要求教师给学生提供一个问题情境并讲解探究的方法（目的以及“是”或“不是”的问答步骤）。类似于前面提到的金属片受热弯曲这一类疑难问题的设计需要有一定的深思熟虑，尽管这个策略的基础也可以是一些相对简单而不需要太多背景知识的问题，例如：智力游戏、谜语或者魔术。当然，它的最终目的是
180 使学生，尤其是那些年龄大一点的学生亲身体验那种类似于学者们所做的创造新知识的过程，但是，探究的起点却可以是非常简单的概念。

表 8—3　探究训练模式的结构

第一阶段：面对问题	**第二阶段：收集资料——确认**
讲解探究步骤 提供问题情境	确认探究及情境的性质 确认问题情境的发生
第三阶段：收集资料——确认	**第四阶段：组织并提出解释**
分离相关变量 假设（并验证）因果联系	提出规律或解释
第五阶段：分析探究过程	
分析探究方法并研究更有效的方法	

这里所说的问题应当有一个显著的特征，即包含有与我们的观念或现实相冲突的事件。从这个意义上说，并不是每一个疑惑都可以成为问题。可能某个疑惑之所以成为疑惑仅仅是因为我们不知道答案，要想解答它并不需要新的概念，因而没有对它进行探究的必要。我们指出这一点是因为有时候教师所提出的问题并没有达到这一标准。在这种情况下，学习活动没有超出“20 个问题”的套路。即使这个问答活动有它自身的价值，它也不能与科学的探究混为一谈。

第二个阶段是确认阶段，学生收集关于自己看过的或经历过的有关这个问题的信息。第三个阶段是实验阶段，学生将新的条件引入问题情境以观察事物是否会发生不同的变化。尽管确认和实验被区分为两个阶段，但是在这两个阶段之间学生的思考和他们提出的问题类型通常是互相交叉的。

实验有两个作用：探索和直接验证。探索就是改变事物的条件以观察它是否变化，它并不一定需要一种理论或假设做指导，但却可能会为某一理论提出某些观点或意见。当学生检验一种理论或假设时，直接验证就出现了，把一个假设转变为一项实验的过程并非一件易事，需要我们付诸实践。哪怕仅仅是考察一种理论也需要许多验证和实验的问题。我们发现即使成年人也倾向于简单地说“我认为它应该与某某理论有关……”而不是具体思考出一系列可以用来检验这一理论的问题。此外，几乎没有什么理论能够在仅仅做完一项实验后就被推翻。虽然在第一次实验不能支持它时人们很容易就想到立刻把它“扔掉”，但是这样做是非常错误的。教师的任务之一就是当学生已确定某一变量无用而实验情况并非如此时去指导他们。

教师的第二个作用是帮助学生增加获得信息的类型，以此来拓宽学生的探究范围，在确认过程中，学生提出的问题可能会涉及对象、事件、条件和性质等方面。对象问题是要确认探究对象的身份或性质的特征（这把小刀是由钢制成的吗？这种液体是水吗?）。事件问题是试图确认某一现象的发生或实质（小刀第二次变弯曲了吗?）条件，它涉及在某一特定时间下探究对象或系统的状态（当教师把小刀举起并让大家看到它弯曲时它的温度高于室温吗？加入这种液体后发生变化了吗?）。性质问题是要确认探究对象在特定条件下的反应以获得建立理论所需的新信息（铜遇热时总是会弯曲吗?）。因为学生很难全面确认这些问题的所有方面，所以教师要明确意识到他们所需要的信息类型并引导他们改变提问的类型。

在第四阶段，教师要求学生组织资料并做出解释。从理解收集信息到从中得出一个清晰的解释，这之间存在着一个智力跳跃。有些学生可能会感到他们给出的可 181
能是不充分的解释，或者忽略了一些实质性的细节，而且有时几种理论或解释可能是以同一资料为基础的，在这种情况下，教师就要求学生通过陈述他们的解释来使可能的假设变得清晰。然后把它们全部集中起来就可以形成一个对问题情境的充分解释。

最后在第五阶段里，教师要求学生分析自己的探究方式。他们可以确认哪些问题最有效，并且寻找最有效以及最无效问题的发展线索，找出他们最需要的以及没有得到的信息类型。这一阶段十分重要，它可以使我们充分意识到探究的过程并且系统地将其加以发展。

社会系统

按照萨奇曼的观点，这一组织结构应该是合作的和严谨的。尽管探究训练模式能够组织得相当严密，其进展主要由教师按照计划来进行，但是它包容了所有的观点，在探讨概念时教师和学生应该平等地参与。进一步说，教师应鼓励学生尽可能大胆地独立探究。当学生学会了探究的原理后，就可以将探究活动进一步扩大到利用资料与其他学生对话、试验以及与教师探讨等方面。

一段时间之后，探究活动就可以从教师主导转向学生拥有更多自主性。教师可以在教室里设置一个具有激励作用的事物，启发学生单独或组成非正式小组来进行探究，并在探究活动和收集资料的活动之间来回转换。这一方法使得学生可以在探究活动和独立研究之间自由进退。这种探究训练模式特别适用于开放式课堂，此处教师的角色是教学的管理者和督导者。

在探究的开始阶段，教师的任务是挑选或创设问题情境，依照步骤控制学生的探究过程，根据学生的探究进展提供必需的信息资料，指导初次练习探究的学生熟悉探究过程并帮助学生展开对问题情境的讨论。

教师作用的原则

教师的作用在第二和第三阶段最为重要。在第二阶段，教师的任务是帮助学生进行探究而不是代替他们去做。如果学生的提问不能用“是”或“不是”来回答，教师必须要求他们重新提问，置他们于问题情境之中并以此来激励他们收集相关资料。必要时，教师可以通过提供新信息、引导大家集中于某一特定问题或是提出新问题等方
182 法来推动探究的进行。在最后一个阶段，教师的任务是使探究活动直接指向过程本身。

支持系统

最理想的支持系统是一组有挑战性的资料、一名了解探究过程及其方法的教师以及与问题相关的材料。

应　用

虽然探究训练最初是为了自然科学的教学而发展起来的，但是它的程序适用于所有的学科领域，任何能够形成疑惑情境的题目都可以进行探究训练。在文学方面，神秘凶杀就能构成出色的疑惑情境；报纸中令人惊诧的或者是难以置信的奇闻轶事也可用来作为激励性的事件。有位作者前不久在一家餐厅遇到了一个疑问：“幸运饼干里的幸运签是怎么放进去的呢，它看起来并没有任何被煎烤、烹炸过的痕迹啊？”这对于年轻人来说就是一个很棒的探究训练题目。当然，社会科学同样为探究训练提供了无数的机会。

创设问题情境是一项十分关键的任务，因为它需要把课程的内容转化为探究的主题。当探究对象和其他材料对问题情境不太有效或不太合适时，我们建议教师向学生做出问题陈述，并且为他们提供一个事实清单。问题陈述是描述引起疑惑的事件，也就是提供给学生事实的原来面貌；而事实清单是给予教师关于问题的进一步信息，教师可以根据它来回答学生的提问。下面是两个相关的例子。

个案 8—3

在人类学的研究领域，学生存在着文化重构的问题。在一堂社会研究课上，一

位教师做了一个问题陈述，并且根据有关人类学的文章提供给学生一个事实清单。他的陈述是这样的：

问题陈述

这幅图上有一个处于湖中央的小岛。小岛上石砌的堤道与湖岸相连。堤道从湖底砌到湖面，然后用光滑的石头铺成路。湖水四面环山，仅有的一块平地贴在岸边。岛上有些建筑物，它们的墙还依旧耸立着，但是房顶已经没有了。岛上没有任 183
何居民。你的任务就是找出曾经生活在这里的人们遇到了什么事情，是什么原因造成了这里空无一人。

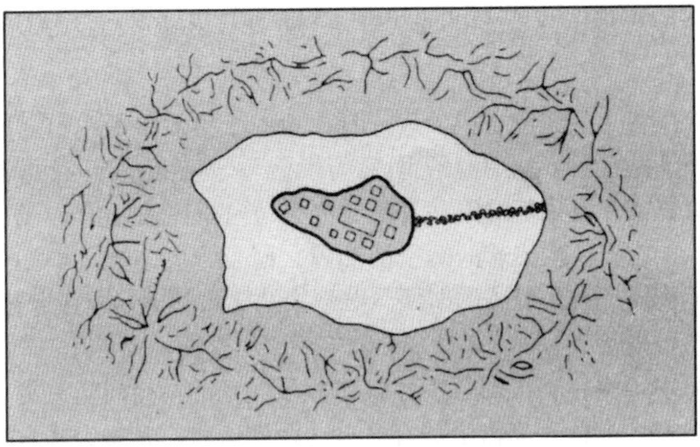

当学生设想他们的探究时，教师给出下面的事实清单：

1. 湖深 150 米，宽 180 米。

2. 湖面海拔是 1 981 米，山高 3 353 米。

3. 堤道填石而成。

4. 房屋不只一间，由石灰石砌成，房屋之间的相互距离不远，每座房屋大约宽 6 米、长 7.6 米。

5. 房间里有一些破碎的工具和陶器。

6. 房屋中央的大厦由大理石建成，分为三层，最底层有 6 座房子那么大。在顶楼，你可以通过一个石块上的小洞看到房屋。12 月 21 号你能看到金星正处在它的最底处。

7. 有迹象证明岛上的居民曾经使用过渔网捕鱼，也饲养过羊、牛、鸡等家畜。

8. 很明显这里没有艺术，但发现了书写的痕迹。

9. 石路下发现了蓄水池。

10. 129 公里内无人居住。

11. 该岛大约 300 年来一直无人居住。

12. 该岛发现于 1900 年。

13. 它坐落在南美洲的亚热带，这儿有丰富的饮用水，每一块有用的土地都被耕种过，而且有灌溉的痕迹，但没有作物轮种的证据。总体来说，小岛土地贫瘠，不适合耕种。

14. 在石灰岩层的表面有一薄层浅土。

15. 有 1 000～1 500 人曾经居住在岛上。

16. 小岛周围的群山可以翻越，但是很困难。
184 17. 山的附近有一个采石场，湖边有一个墓地。
18. 发现了双手被捆绑的尸骸。
19. 没有发生过瘟疫、疾病或是战争的迹象。

根据年龄进行调节

探究训练可适用于各个年龄阶段的学生，但对不同年龄的学生则需要进行适当的调整。我们看到它已经成功地用于幼儿园孩子的身上，但却在三年级学生那里遇到了一些麻烦。如同教学工作的其他许多方面一样，每个群体中的每个学生都是独特的。这一模式能够通过若干种方法进行简单化，使得各个年龄阶段的学生都能够适应。

对于很小的孩子来说，最好只让他们接触简单的内容，或许应该更强调发现而不是因果关系。诸如“盒子里面是什么?”“这件不同寻常的事是什么?”或者“为什么一只鸡蛋和另一只的滚动不一样?”一类的问题都比较恰当。一位教师曾向她的学生展示杂志上一幅飞着的鼯鼠的照片。由于绝大多数人都相信哺乳动物不能飞，所以这就构成了一个疑惑的事件。接下来她要求学生们用探究程序解释这一现象。

布鲁斯等人（Bruce & Bruce，1992）提供了大量用于社会研究的疑惑性事件，它们适用于所有年级的学生并且涵盖了广泛的社会研究议题。

许多儿童科学读物中都有简单的科学试验，其中大多数都适用于小学生。对于低龄儿童来说，神秘故事和谜语是非常好的材料。另一种适用于低龄儿童的探究训练是通过采用视觉材料，如提供线索的道具，来使刺激物简单化并且需要降低记忆要求，这在进行特定对象为一个或两个的探究训练中相当有用。最初（对所有年龄阶段的学生来说都是一样的）不妨先从一个简单的需要“是”或“不是”问题的游戏开始。它可以给学生们一种自己有能力提出问题的信心，避免一开始就直接涉及理论性问题。有些教师利用“神奇的魔术包”，有些教师以“我正在想一件我穿着的衣服，猜猜是哪一件?”这一类简单的游戏开始，同时还给了学生一个区别理论性问题（“这是你的衬衫吗?”）和属性问题（“它是由棉花制成的吗?”）的实践机会。我们建议，教师在介绍和强调探究因素时要一个个地单独进行，教师可以首先提出所有“是”或“不是”的问题，然后要求学生把他们的理论问题转向实践，他应该一次讲清一个因素，这样一点点地把探究过程引向深入。试图一次讲清并且实践所有因素的做法只能使学生和教师遭受失败。

年龄大一点的学生能较好地掌握探究过程，他们的研究对象，尤其是自然科学本身比较容易导向探究训练。在小学高年级和初中教学内容中有许多疑惑性事件的
185 素材，但教师通常需要把适用的材料从陈述模式转为探究训练模式，也就是说，要设计出疑惑性事件。

学习环境的调整

和许多其他模式尤其是信息处理模式一样，探究训练可以在教师指导下进行，也可以在以学习者为中心的，即更侧重于自我指导的条件下进行。疑惑问题可由印刷品、电影或者声像手段来提出，但任务卡片能指导学生对模式做出反应。一个探究可以在几天时间内进行，其他学生的探究结果也可被分享。学生们应该易于接近

资料来源，并可以在小组里与他人一起工作，也可以在同伴中设计疑惑事件来开展探究活动。

教学效果和教育影响

本模式促进了探究策略和价值观和态度的发展，它们对于探究精神的培养是非常重要的。它们包括：

1. 程序技巧（观察、收集和组织资料，明确和控制变量，形成和验证假设与解释，推理）；
2. 积极而自觉地学习；
3. 语言表达；
4. 对知识模糊性的接受；
5. 逻辑思维；
6. 认为所有知识都具有暂时性。

探究训练的主要学习效果在于过程，包括观察、收集和组织资料、明确和控制变量、形成和验证假设、提出解释和做出推理（见图 8—2）。探究训练模式极好地把这几种技巧综合成了一个独立而富有意义的学习单元。

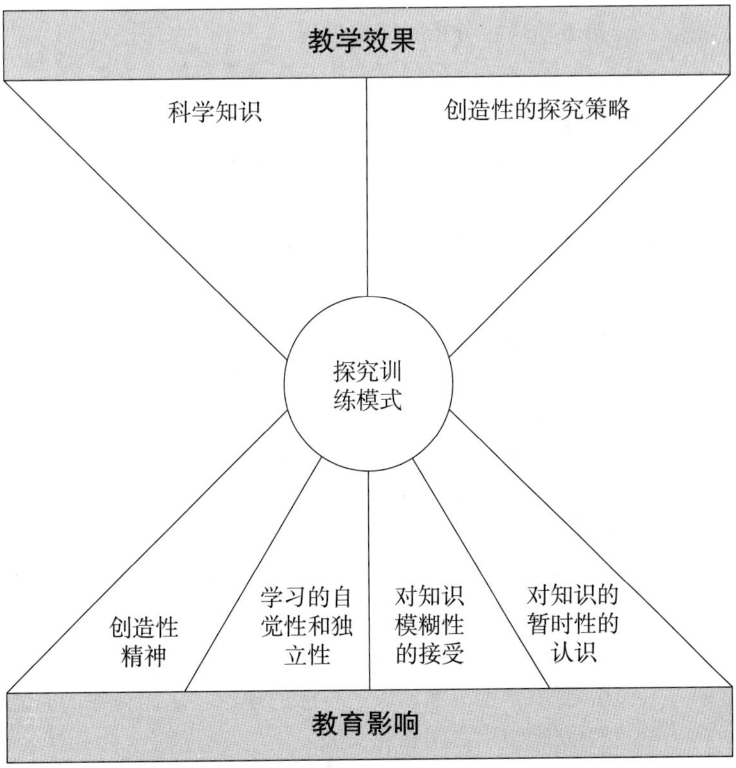

图 8—2　探究训练模式的教育效果和教学影响

探究训练模式通过使学生提出问题和验证假设来促进他们学习的自觉性和积极性。提问需要勇气，而这种勇气又可望成为学生的第二天性。学生因此还会变得精于语言表达，善于倾听和接纳别人的意见。

尽管探究训练强调过程，但是探究训练也推动学生将任务作为疑惑问题背景材料的课程内容进行高效的学习。例如，萨奇曼把这一模式应用于经济学和地质学的全部课程中，因此我们认为，这一模式能够适用于所有的初等和中等教育课程。

186 **小　结**　**探究训练模式**

结构体系

第一阶段：面对问题

解释探究程序。

提出疑惑事件。

第二阶段：收集资料——确认

确认探究对象及其条件的实质。

确认问题情境的发生。

187 第三阶段：收集资料——实验

分离相关的变量。

假设（并验证）因果关系。

第四阶段：组织并形成解释

形成规律和解释。

第五阶段：分析和探究过程

分析探究方法并探索最有效的方法。

社会系统

探究训练模式组织严密，由教师控制师生之间的相互作用并预先制定探究程序，但它的标准是协作、自由思考和平等。它鼓励学生之间相互交流，欢迎提出各种不同的观点。在涉及观点时，教师和学生应平等地参与研究与讨论。

教师作用的原则

1. 确保所提出的问题都能用“是”或“不是”来回答，并且问题的内容有利于学生探究。

2. 问题无效时要求学生重新提问。

3. 指出学生的问题无效时要具体，例如，“我们还没有确认这是液体呢!”

4. 使用探究过程中的特定语言，例如，确认学生的问题是理论性的并鼓励他们对此加以验证（实验）。

5. 不评价学生的理论，从而努力提供一个自由的思考氛围。

6. 要求学生清晰地表达自己的理论，从而为他们的概括提供依据。

7. 鼓励学生之间相互交流。

支持系统

最理想的支持系统是一组能引起疑惑提出问题的材料、一位掌握了知识探索过程和方法的教师以及与问题相关的材料来源。

第9章

记忆模式

——直接获取事实

要想了解联词法（link-word method）的真正意义，唯一的途径是用这种方法本身来获取新的材料——越抽象、越陌生的材料越好。我们不能仅仅轻描淡写地用一句“这对孩子有用”来说明联词法。只有亲身感受了这种方法，才能很好地加以运用。来体会一下吧，也许这一道理适用于掌握所有的学习模式。 189

——迈克·麦基宾（Mike McKibbin）致布鲁斯·乔伊斯，1980年8月

联系是记忆的关键。

在记忆的过程中建立起联系，这样就不必去死记硬背，而是靠概念之间的联系来记忆。

——布鲁斯·乔伊斯致自己

个案9—1

凤凰中学社会研究部已研究出一套记忆方法，将其和归纳性的学习活动结合起来，使学生掌握地球上191个国家的名字、地理位置以及每一个国家人口统计的基本知识，包括人口数量、人均国民生产总值、政府组织形式和平均寿命。学生以小组为单位，使用下面的记忆方法来识记中美洲各国的国名和地理位置。

大家从一张空白的中美洲地图开始练习，每个国家都用数字标示（见图9—1）。小组长首先讲述了一场虚拟的旅行：

“想象一下大家即将到中美洲旅行。我们小组已经知道，中美洲国家的语言受西班牙影响很大，宗教以基督教为主。所以，我们将看到许多用西班牙语写成的标识和有着独特钟楼的教堂。我们知道西班牙人曾经是为了财富而来到这里的，他们曾经期望在这里找到一个黄金海岸。还有，我们必须珍惜水资源，否则要准备很多零钱去买瓶装水了。我们开着本田小汽车而不是乘公共汽车去，因此我们要带着巴拿马草帽来作为我们小组的标志。”

然后组长指向第一个国家——巴拿马，出示第一张图片，并说：“巴拿马（Panama）的联词是巴拿马草帽（Panama hat）”（见图9—2）。大家一起重复读这个词。接着组长指着第二个国家，并展示出第二张图片，说：“哥斯达黎加这个国 190

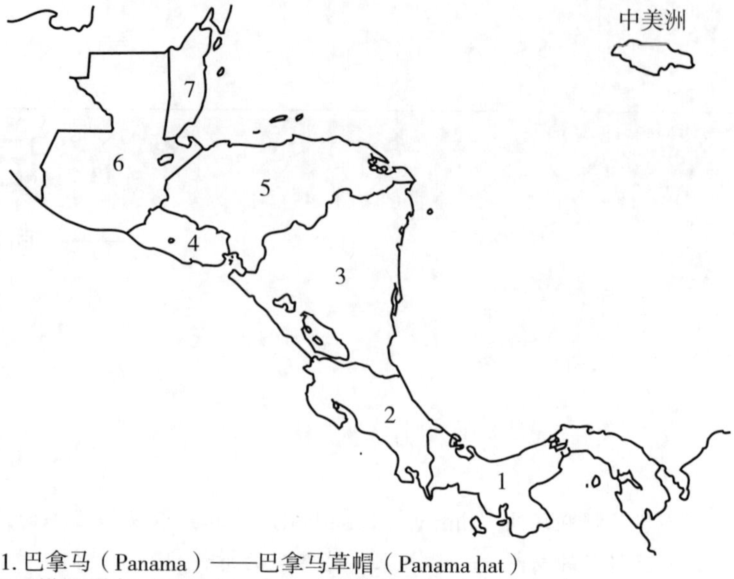

1. 巴拿马（Panama）——巴拿马草帽（Panama hat）
2. 哥斯达黎加（Costa Rica）——富饶的海岸（rich coast）
3. 尼加拉瓜（Nicaragua）——镍水（nickel water）
4. 萨尔瓦多（El Salvador）——救世主（savior）
5. 洪都拉斯（Honduras）——本田汽车拉力赛（Honda race）
6. 危地马拉（Guatemala）——必须最多（gotta lotta）
7. 伯利兹（Belize）——钟声（belleeeeeezzz）

图 9—1

来源：Developed by Beverly Showers and Bruce Joyce with the Richmond Country, Georgia, Staff Development Cadre. Drawing on this page and on pages 191—193, 198—199, 201, and 204—205 are by Jenna Beard, Eugene, Oregon.

家就是西班牙人所寻找的黄金海岸，哥斯达黎加（Costa Rica）的联词就是富饶的海岸（rich coast）”（见图 9—3）。

图 9—2

图 9—3

大家按着小组长指向的漫画一起念着这些国家的联词和它们的国名：“巴拿马（Panama），巴拿马草帽（Panama hat）；哥斯达黎加（Costa Rica），富饶的海岸（rich coast）。”练习就这样进行着。尼加拉瓜的联词是“镍水（nickel water）”或者“尼克阿瓜（nickel agua）”（见图 9—4）。萨尔瓦多的联词是“救世主（savior）”（见图 9—5）。 191
大家跟着组长指向的国家依次重复着这些国名和它们的联词。

组长接着介绍洪都拉斯（Honduras）的联词，他说：“我们有点累了，让我们用小汽车来进行一次‘本田汽车拉力赛’（Honda race，洪都拉斯的联词）（见图 9—6）吧！”接下来介绍危地马拉（Guatemala），组长说它是中美洲人口最多的国家，代表它的联词是“必须最多（gotta lotto）”（见图 9—7）。最后，组长指着第七个国家（伯利兹 Belize），提醒大家联系“钟楼”和它发出的“啵啵—嗞嗞”的声音（见图 9—8）。最后大家按着组长指向的国家依次说出国名和它们的联词。

图 9—4

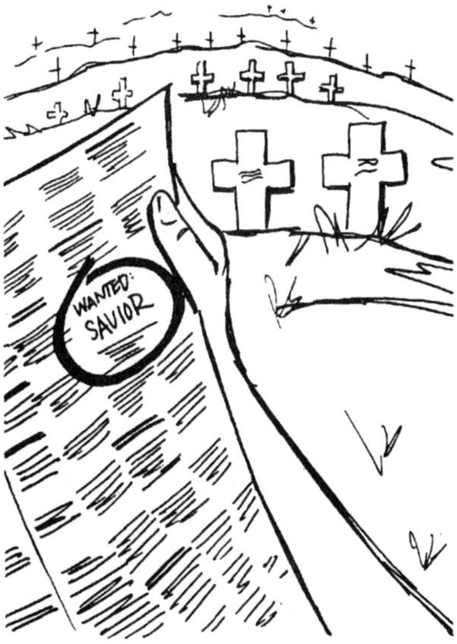

图 9—5

图 9—6

图 9—7

图 9—8

接下来几天里，小组成员们不断地指认地图上各个国家的名字，以及它们的联词，直到大家对这些国家的知识了如指掌为止。他们自己也查阅了关于这些国家人口、出生率和死亡率、人均国民收入、卫生保健等各方面的资料，并根据这些变量之间的相互关系（例如“受教育的水平跟人的寿命相关吗?”等）把这些国家分成不同的类别。

按照这一方式，他们继续仔细观察世界上的各个区域，并通过对比来记忆国名和它们的地理位置等。渐渐地，地图上的国家在他们眼中变得那么熟悉。当然，到了最后，他们的学习范围也远远超出国名、地理位置、人口统计和国民收入等，获取了更丰富的相关国家信息。

193

个案 9—2

约翰·彭诺耶是拉斯普尔伽斯（Las Pulgas）学区双语教学的协调者。他负责督导任课教师鼓励所有的学生同时使用英语和西班牙语来学习。学生入学时一半以英语为主要语言，另一半则说西班牙语。现在他们一起努力地寻找这两种语言之间的联词和发音指南。

在五年级的一个班级，教师为一些新转来的学生做了下面的列表来介绍西班牙语。

西班牙单词

por favor（poor faBORE）请［for fovor］

gracias（GRA see ahs）谢谢［grace to you］

está bién（essTA bee EN）好吧，好［it's be good］

adiós（ahdy OHS）再见

buenos dias（BWEnos DEEahs）早上好［bonnie day］

buenos trades（BWEnos TARdays）下午好［bonnie late day］ 194

buenos noches（BWEnos NOchays）晚上好［bonnie night］

haste mañana（AHstah man YAHna）直到明天［no haste，man］

圆括号里的英语对应词是西班牙语的发音表示，接下来是英语翻译（此处翻译成中文——译者注）。方括号里的则是联词，它们是用来表示西班牙语的意义，并且在发音上也接近西班牙语。

新生可以用上述方法，把西班牙单词和英语翻译、联词统一起来学习。

个案 9—3

假设有这样一群学生，他们要记住美国总统的名字和任期顺序。在此之前，他们已经掌握了 1～40 的记忆方法，也就是说，每个数字用一个意义与它有关并且发音相近的单词来表示。“1”（one）是“甜面包”（bun），“2”（two）是“鞋子”（shoe）等等。另外，每十个数字都与一个地方或场景相联系。1～10 用春天的花园来表达，11～20 是夏天的海滩，21～30 是秋天的足球场，31～40 则是冬天的雪景。

现在，我们利用数字联想法，将每位总统的名字和一个场景（即记忆术中的数字）联系在一起，任职顺序和联词联系在一起。于是就可以表示为林肯（Lincoln）——连接（link），数字 16（sixteen）——小棒（sticks）。那么林肯总统的记忆图式就是海滩上有一个由小棒组成的沙滩城堡。同样的方法可以用来记住其他的总统，之后学生就开始记忆这些图画和单词，学完之后立即对他们进行一次测试，60 天后再测试一次。

这一方法有效吗？在同样的时间内，与那些用常规方法记忆这些名字和任期顺序的学生相比，这些学生是否能学得更多？答案是肯定的。相关研究表明，利用各种记忆术的学生能更快地接受不熟悉的材料（Pressley，Levin，& Delaney，1982，p. 83）。

人的一生都离不开记忆活动。从呱呱坠地的那一刻起，展现在我们面前的世界就充满了新事物和新鲜事。要想记住这些，我们必须对它们进行分类。不过世界上的许多东西已经被前人命名过了，所以我们必须学会大量的词汇，并根据这些单词的特点把它们与所代表的各种事物、事件、活动以及性质联系起来。换句话说，我们必须学会一种有意义的语言。

如果你想要去了解任何一个新的领域的话，一个主要的任务就是学习这一领域的重要词汇及其意义。例如，学习化学时，必须记住元素名称和它们的结构特征；了解一个洲时，要记住各国的国名、地理特征和重大历史事件等。最初的外语学习也是由一大堆从书写到读音都很陌生的词汇开始的。 195

对记忆的研究已经有很长一段历史了。尽管建立“一个统一联系和普遍满意的人类记忆理论的目标”（Estes，1976，p. 11）还未实现，但是人类已经有了一定的进步，一些以教授记忆策略和促进有效学习为目标的教学正在发展中。

教师对材料的选择将会影响学生获取信息的方向。“一个人在短时间内面对大量信息时，只有那些具有注意力指向的信息才能进入到大脑中，也只有那些被复述过的内容才能保持足够长的时间，从而使长时记忆过程得以完成。”（Estes，1976，p. 7）换言之，我们不仅要对记忆的对象加以注意，而且要在头脑中再次唤起它进行复述，这样才能保证记忆成功。例如，当我们在森林里散步时，如果我们不仔细观察树木的话，即使一些视觉表象以无意记忆的方式在头脑中保存下来了，我们仍然不大可能记住这些树木。即便我们留意了它们，也需要利用信息来记忆，比如把不同的树木进行比较等。在我们复述时，我们就建立起了信息检索提示，那么它就成为我们在记忆中对信息进行整理和定位的基础。

短时记忆经常跟各种各样的感觉经验联系在一起。我们喝法国白葡萄酒时，可能记住的是它浅黄色的外观和那独特的味道。对于长时记忆，我们可以通过检索提示，即把我们的记忆对象和片段线索与我们经历过的事情联系起来。比如说，我们会想起安德鲁·约翰逊是亚伯拉罕·林肯之后的一任总统，由于他们在时间上是相关联的，所以他们在历史上的片段线索上也是相互联系的。另一方面，类别线索也包括对记忆材料的概念化，例如，当比较树木的时候，我们就形成了一些新概念，这些新概念就为我们提供了描述一棵树区别于另一棵树的依据。换言之，我们用类别代替了具体事物，这一类别的划分为我们的记忆提供了基础。

无论从学术角度还是流行角度来看，人们都赞成记忆力对智能的至关重要的作用。记忆绝不是一种被动的和无足轻重的活动，而是一种积极主动的追求。获取信息并赋予意义把它们合并为一体，然后按照自己的意愿进行检索，这一能力是记忆学习的结果。个体通过联词法能够提高自己对所学材料的记忆以及以后巩固回忆的能力，这就是记忆模式的目的所在。

模式导向

目的和假设

当我们回忆早年的校园生活时，脑海中经常涌现出一个杂乱无章的大杂烩：新单词、新声音、一周的 7 天、全美的 50 个州或者世界上的各个国家等。我们中有
196 些人记忆很好，有些就不怎么好。当我们回顾过去时，很多信息因为不重要就被遗忘了。想象一下，如果我们没有从学校里获取信息，那么我们眼中的世界将是什么样子？因此我们十分需要信息。

个人能力最有效的表现形式之一就是以知识为基础的能力，它对于一个人获得成就感是必不可少的。在人的一生中，我们需要有技巧地去记忆。掌握这一能力，能够提高学习效率、节省时间，还可以建立一个有价值的信息库。

联词法

在过去 25 年中，人们对什么是联词法做过一系列重要的研究。这些研究结果不仅大大增加了有关记忆的知识，而且也推动了教学资源设计体系的发展。同样，

它也广泛适用于课堂教学、个别辅导以及学生自学。

如果学习任务是掌握未知的材料，那么联词法可分为两个部分：第一步是为学生提供未知单词与已知单词之间的联系；第二步是为新单词建立有意义的联系。例如，当我们学习外语单词时，第一步是把外语单词的发音和英语单词的发音联系起来；第二步在两个单词之间建立一种意义再现。比如说，西班牙单词 carta（信件）可以和英语单词 cart（手推车）建立发音联系，然后构思一幅购物手推车里放着一封信件的图画（Pressley，Levin，& Delaney，1982，p. 62）。

这一研究的第一个重要发现是那些对记忆材料掌握得快并且记得牢的人通常对记忆材料进行了精心巧妙的设计，因为他们通过使用记忆术来帮助记忆；而那些记忆水平不高的人通常采用死记硬背的方法，一遍遍地去背诵那些需要记忆的东西，直到把它们印在脑子中为止。

第二个重要发现是相对于那些比较“自然”的记忆方法来说，联词法这样的记忆方法需要更加精心设计。也就是说，它们比死记硬背需要更多的脑力活动来参与。当许多教师在初次面对前面介绍过的对总统的记忆方法时，会回应说：“我们为什么要增加额外的材料呢？难道掌握这些总统的名字和任职顺序还不够吗？为什么要额外加入诸如‘连接’、‘小棒’和夏日沙滩的沙堡图画呢?”

答案是附加的联系为我们的脑力劳动提供了一个更加丰富的背景，并且联系的过程也强化了认知活动。这种智力活动和意义联系为我们的信息加工系统提供了更好的定位作用。

这种关键词记忆法对原来记忆水平层次不同的学生都有帮助吗？答案显然是肯定的（Pressley & Dennis-Rounds，1980）。另外，它还有益于那些口语水平较低的学生，因为他们总是被认为难以掌握复杂的学习方法。还有，记忆术一旦被掌握，学生们就可以独立运用。换句话说，学生们就可以建立自己的信息库。 197

即使低龄学生（幼儿园至一年级）也可以从记忆术中获益（Pressley，Levin，& Miller，1981a）。但是显然，他们很难自己建立起联系，而当教师把这一方法教给他们后，他们的记忆水平就会提高。

研究结果表明，这一方法效果显著。阿特金森（Atkinson，1975）的早期研究曾得出这样的结论：使用联词法的记忆效率比死记硬背高出 50%。也就是说，在同一时间段内，使用联词法的学生比未用此方法的学生多学了一半的材料。他在后来的一些研究中也发现，使用记忆术的学习效率是传统方法的两倍甚至更多（Pressley，1977；Pressley，Levin，& Miller，1981a，1981b）。重要的是，记忆变得容易了，使用联词法时记忆量变得更大，保持时间更长。由马斯特皮埃尔和斯克鲁格斯（Mastropieri & Scruggs，1994）进行的一项长期研究已经将记忆术运用在专门为学习能力低下的儿童设计的课程中。

正如我们前面论述过的，这种研究有两个明显的作用：一是有效地组织教学活动，使得学生能够尽可能容易地建构起意义联系，从而取代传统的死记硬背的方法，二是教会学生在学习新的内容时主动去建立新的联系。

其他的模式对我们也有所帮助。例如概念形成模式可以为我们提供一些范畴，使我们可以根据记忆对象的属性为它们建立起类别意义上的联系，并且帮助学生把它们与类别以外的事物进行区别；归纳思维模式帮助学生以共同特征为基础建立联系；先行组织者模式为我们搭建起把材料联系在一起的桥梁；而比较组织者模式则有助于把新旧知识联系在一起。科学探究模式为专业术语和能把记忆材料“黏合”在一起的智力结构提供了实验性基础。

在一项有趣的研究中，两位莱文（Levin & Levin，1990）使用了一种方法来教授“什么是人们通常认为的‘高层次’的学习内容”。他以植物分类的等级系统为例，对两种方法进行比较，一种是在用传统图表表示的熟悉概念之间建立联系；另一种是在一张等级系统表中使用联词法把不同的栏目联系在一起。研究结果表明，联词法使学生学习和对等级的记忆变得更加容易，更有利于问题的解决。

教师最基本的任务是备课（即为学生的学习做好准备）。其中最主要的任务是找出联词，有时要准备视觉材料，有时要和学生一起来寻找材料。一旦做好了这些准备，上课就水到渠成了。我们一起来看看下面这个带有插图的例子吧！

这个练习与本章开头介绍的关于对中美洲记忆的设计相似，是有关世界知识教学活动的一部分。联词是一串按一定顺序编排的语音组合，场景是关于一位美国职业女性的虚拟生活故事。我们从中东地图上的七个国家入手，它们被依次标上了序号。（见图 9—9）

中东

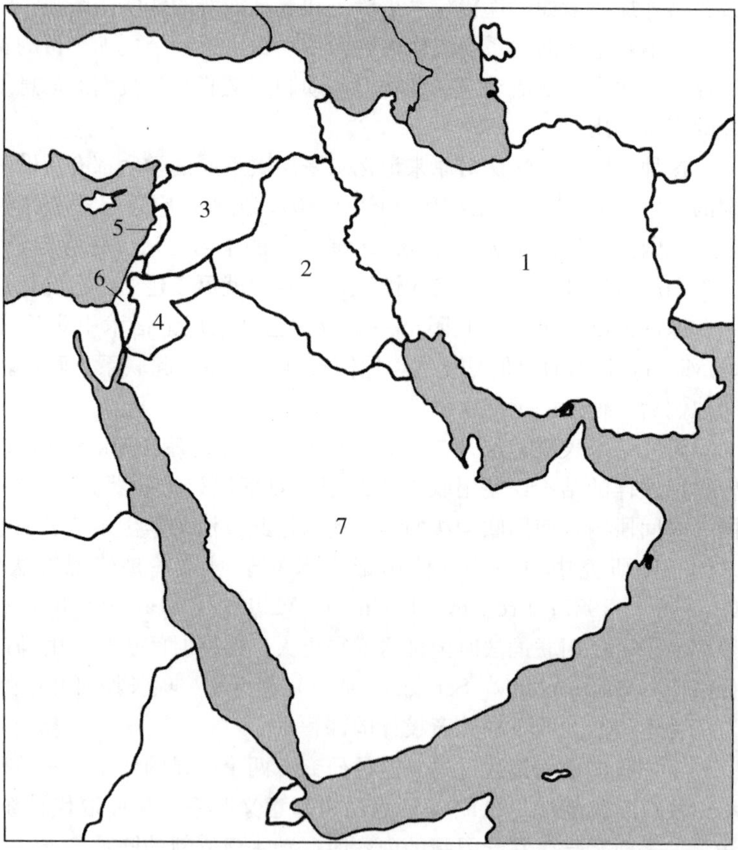

图 9—9

这位职业女性正在讲述她一天的开始。她说：“起床后，我跑步下楼。”“我跑步（I ran）”和它的配图是“伊朗（Iran）”的联结物（见图 9—10）。接着她说“我

从架子（rank）上取了盘子”，“架子（rank）”和它的插图是“伊拉克（Iraq）”的 198
联结物（见图 9—11）。她继续说：“我为孩子们准备了几碗汤（syrios）。”“syrios”和它的配图是“叙利亚（Syria）”的联结物（见图 9—12）。

“我给自己做了一些英式小松饼，拿了果酱瓶（jar of jam）。”“果酱瓶（jar of jam）”和它的配图是“约旦（Jordan）”的联结物（见图 9—13）。“我还为自己冲
了一杯茶，放进去几片柠檬（lemon）”，“柠檬（lemon）”和它的配图代表的是 200
“黎巴嫩（Lebanon）”（见图 9—14）。“最后我跑步去赶铁路（railroad）火车。”“铁路（railroad）”和它的配图是“以色列（Israel）”的联结物（见图 9—15）。“我到了办公室，又热又渴，径直到自动售货机上买了一瓶苏打水（soda）。”“苏打水（soda/sody）”是“沙特阿拉伯（Saudi Arabia）”的联词（见图 9—16 和图 9—17）。

图 9—10

图 9—11

图 9—12

图 9—13

图 9—14

图 9—15

图 9—16

图 9—17

将这些语音联词和图像结合在一起能帮助学生把陌生的词汇和自己熟悉的词语、短语以及视觉形象联系起来，而那些略带幽默和滑稽的语调也会使这些联系变得更加生动。

其他辅助记忆的方法

许多流行的“记忆方法”理论并没有得到普雷斯利（Pressley）、莱文及其同事进行的相关研究的支持。然而，他们都使用了完全相同的基本原则。罗拉尼（Lorayne）和卢卡斯（Lucas）合著的《记忆手册》（*The Memory Book*，1974）以及卢卡斯独撰的《学会学习》（*Learning How to Learn*，2001）就是其中的两例，我们也曾引用过其中一些适合学生学习的建议。

需要再次指出的是，记忆中非常重要的一点是在对某一对象进行记忆之前，必须要先去注意它。一种高效的记忆模式需要诱发我们对记忆对象的注意。只有我们通过多种感官（视觉、触觉、嗅觉、味觉等）感受到它的存在，它才能同我们的记忆发生紧密的联系，因为能让我们深刻记忆的东西往往是那些在我们多种感官中反复出现的。每一种感官都包含有与新材料建立联系的旧材料。例如，当我们“看到”一朵花时，它除作为一种视觉表象外，还可以被感觉到，比如独特的气味、花茎被折断时发出的咔嚓声等，因此我们是通过多种感官形式与这朵花发生联系的。用这样的方法记住它（或它的名字）的可能性，比仅仅通过一种感觉来观察它要大得多。罗拉尼和卢卡斯（Lorayne & Lucas，1974）引用亚里士多德的话：“人脑中的表象思维能力使得更高层次的思维过程成为可能。因此，缺少图像的大脑很难进行思考。因此思维的能力是以图像为形式形成的。”（p. 22）

罗拉尼和卢卡斯建立的模式旨在提高对学习内容的注意、增加参与记忆的感觉、建立新材料与已掌握旧材料之间的联系。在下面的短文中，我们可以对此有所了解：

鲍里斯是一个准备竞选学生会主席的小学生，他要在同学面前发表竞选演讲。但是他苦于记不住演讲词，于是向老师求助。老师鼓励他使用一些记忆策略。他在前面的学习中已经掌握了记住非洲和拉丁美洲一些国家的国名时使用的记忆技巧。另外，老师还引导他实践性地运用罗拉尼和卢卡斯提出的记忆方法。

首先，老师让鲍里斯从讲稿中归纳要点，接着从每一个要点中找出一个能提醒 202
他让记起整个要点的单词。就这样，鲍里斯把要点一个个分列出来，并在能代表要点意义的关键词下面划线。

然后，老师让鲍里斯想出几个具有生动意义的词语与这些关键词联系在一起。最后他用妹妹的名字“凯特（Kate）”联系“资格（qualifications）”这个关键词；又用“梨（pear）”联系另一个关键词“同伴（peer）”。他还用了一些奇异的想象把成对的关键词和替代词组合联系在一起。

在鲍里斯复习了所有的要点并且发挥了自己的想象力之后，老师让他把关键词和描述对象反复练习了几遍。接着他完整地讲了一次，从而检测在把关键词和生动的感官想象联系在一起之后自己记忆得怎么样。

如果鲍里斯学习的是新单词或者重要的科学概念，老师可能会让他把新材料与相关的旧材料联系起来，还会建议他马上练习运用这些新材料。但鲍里斯的演讲只是一次性行为，所以只需要短时记忆，因此他只需要复习一下那些联词，再把发言稿重复几遍就行了。

有关记忆的概念

以下概念可以提高我们记忆的基本原则和技巧。

意识

在记住任何东西之前我们必须给予它足够的注意：“对于最初的意识来说，观察是非常重要的。”（Lorayne & Lucas，1974，p. 6）根据罗拉尼和卢卡斯的理论，任何我们在一开始就注意的事情是很难遗忘的。

联系

记忆的基本规律是：“如果你能把自己已知的或记住的东西与新信息联系在一起，你就能记住任何新的东西。”（Lorayne & Lucas，1974，p. 7）例如，要帮助学生记住“piece（一块）”的拼写，教师可以给他们“a piece of pie（一块饼）”的提示，这样就可以从拼写和词义两个方面帮他们记住这个词。

这种办法的主要局限在于它只能适用于某一特定的事物上。我们不能用把“a piece of pie（一块饼）”用在表示“piece（一块）”拼写以外的对象上。另外，我们
203 通常需要记住许多概念，为了使其广泛的应用，我们应该多次运用这些记忆方法，并且加入多种想法或联系多个方面。

联系系统

记忆过程的核心是将两种观点联系起来，再用第二种观点去引发第三种，依此类推。尽管我们通常努力去记忆一些有意义的内容，但是那些看似没有什么实用价值的插图却能帮助我们看明白这种办法的作用。举一个例子，你要按顺序记住下面五个词：房子（house）、手套（glove）、椅子（chair）、炉子（stove）和树木（tree）。（没有理由说明为什么这样做。）你可以想象几幅不寻常的图画：首先是关于房子和手套，然后是关于手套和椅子。例如，在第一幅图中你也许会想到一只手套正在打开房子前面的大门，欢迎手套家族的成员。在第二幅图中也许是一只巨大的手套正握着一把椅子。花些时间去创造这一类的想象，并把这些单词视觉化，这样它们就按顺序联系起来了。

许多记忆的实质就是关于两个对象的联系。我们经常要在下面这些对象之间建立联系：名字和时间或地点、名字和观点、单词和意义，或者两种观点。

荒谬的联想

联想是记忆的基础，这个联想如果是生动无比的、荒谬无边的，并且不可能发生甚至是不合逻辑的，那么它的力量就会更强大。一棵挂满了手套的树或者一个手套的家族，就是这种荒谬联想的例子。

以下是创造荒谬联想的几种方式：第一种是使用替代法，如果你的联想对象是一辆汽车和一只手套，那么就把它们想象成手套驾驶着汽车；第二种是比例变化法，你可以把小东西夸大或者把大东西缩小，例如，一只巨大的棒球手套在驾车飞驰；第三种方法是夸大法，尤其是数量上的夸大，想象一下成千上万只手套在大街上游行！最后，让联想动起来！在前述的例子中，我们想到手套按响了门铃并且上街去游行。这对于有一些荒诞的想象的孩子来说一点也不难，而对于日渐长大和思维逻辑化的我们来说，倒是越来越不容易了。

词语替代系统

词语替代系统是“一种既虚幻又真实、同时又具有某种意义”（Lorayne & Lucas，1974，p. 21）的形成联结物的方法，这也是非常简单的。要想记住比较抽象的单词或者短语，我们不妨“想象一些东西，或与它读音相近，或是能唤醒你的记忆，或是这些抽象材料可以在你的脑海中形成图像等”（Lorayne & Lucas，1974，p. 22）。当你是个孩子时，你可以用“I'll ask her（我将问她）”来记住 Alaska（阿拉斯加州）；如果你想记住 Darwin（达尔文），你可以想象一幅“黑夜起风（dark wind）”的图画；“force（力量）”一词的内涵可以用“fork（叉子）”来表示。你也可以构想一幅图画代表一个单词、一种思想或者一组短语。在图 9—18（瑞典，Sweden）和图 9—19（芬兰，Finland）中显示了教师在教学生欧洲的国名时使用的替代词（“甜蜜的洞穴（sweet den）”、“脚蹼园地（fin land）”）和图画。

甜蜜的洞穴

瑞　典

图 9—18

脚蹼

芬兰

图 9—19

206 **关键词**

关键词的本质是选择一个单词去表示一个内容较多的想法或若干从属的观点。小学生鲍里斯的演讲就是利用一个单词引出一系列语言表达的例子。他选择了关键词“资格（qualifications）”代表了一长串自己能够胜任学生会主席的优秀品质。在他的例子里，如果关键词是抽象意义的话，那么在想象出辅助记忆的图像之前运用词语替代的方法则是十分有用的。

教学模式

我们已经从普瑞斯里、莱文及其同事的工作中发现，记忆模式包括四个阶段：记忆材料、建立联系、扩展感觉表象以及练习回忆。这些阶段是以掌握注意规律和提高记忆技能为基础的（见表 9—1）。

结构体系

第一阶段要求学习者集中注意去识记学习材料并以利于记忆的方式将材料加以

组织。一般而言，它包括运用一定技巧去记住材料，如重要观点和实例。具体说来，引起注意的技巧有三种：一是划线；二是列表并解释；三是对材料进行再现，通过比较各种观点来确定它们相互间的关系。

表 9—1　　记忆模式的结构

第一阶段：识记材料	第二阶段：建立联系
运用下划线、列表和再现等技巧。	运用关键词、替代词和联词等方法，使记忆材料变得熟悉。
第三阶段：扩展感觉表象	**第四阶段：练习回忆**
运用荒谬联想和夸张法，重构表象。	反复练习回忆材料，直至完全记住为止。

在我们已经掌握记忆材料的大概结构后，接下来需要利用一些记忆技巧来建立 207
学习材料之间的联系。第二阶段需要运用的就是这样的技巧，例如联词、替代词（在识记材料比较抽象的情况下）、代表较长或较复杂段落的关键词等。这一阶段的要点在于把新的识记材料与熟悉的词汇、图像或观点联系起来，并把这些图像或词汇连为一体。

在建立起这一内在联系后，第三阶段要求学生从多种感觉渠道出发把它们联系起来，并且通过荒谬的联想或夸张的想法制造出幽默的气氛，从而使这些表象之间的联系得以加强。这种方法使得这一阶段的表象更容易唤起回忆。第四阶段要求学生对这些材料反复进行回忆练习。

社会系统

其社会系统是合作性的。学生和教师携手合作，把记忆材料整理成易于记忆的形式。

教师作用的原则

在这一模式中，教师的作用是帮助学生处理材料。教师在学生已有的知识范围内帮助他们明确关键词、联结对象并找到视觉表象。

支持系统

图片、电影、教学辅助设备以及其他视听材料对于提高感官联系的丰富性非常有帮助。虽然这一模式不需要特别的支持系统，但是我们仍会向读者推荐卢卡斯教育公司（Lucas Education）提供的“记忆先生”系列材料，例如《巧记姓名和相貌》（*Names and Faces Made Easy*）或者《学会学习》（*Learning How to Learn*）等书以及相应的录音带和录像带。有不少学者在论证记忆术有效性方面都作出了很大贡献，作为这一领域的专家，卢卡斯的理论和范例既有趣又有效。

应　用

在信息加工类模式中，不少都受到记忆术的影响。分类记忆的建构和获取都需要建立联系，我们可以利用隐喻来建立联系，也可以在科学发展的过程中建立联系。

所以说，联系的建立是记忆模式的核心。

马斯特皮埃尔和斯克鲁格斯（Mastropieri & Scruggs，1991）提供了很多有用的记忆方法，这些方法可以应用于地理、历史学科，从而帮助学生记忆让他们头疼的地名和人名。

208 这种记忆模式对于所有需要记忆的学科领域都很适用。它可以用作团体记忆（如化学班学生掌握化学元素周期表），也可以用作个体记忆（学生学习一首小诗、一个故事、一段演讲或者一个角色表演）。

这一模式在由教师主导的“记忆课”上很有用，但是教师还是应当把这一模式教给学生，降低学生对教师的依赖性，这样学生可以在需要记忆的时候灵活运用这一方法。下面是教学的主要步骤：

1. 将需要学习的材料加以组织。从根本上讲，信息组织得越好，识记并保持相关记忆就越容易。信息一般用分类方法来组织。概念获得、归纳以及先行组织者模式都可以帮助学生对材料进行分类并加以联系，从而使记忆变得容易。下面是一个常见的单词拼写表，是按照拼写课本上呈现给学生的顺序排列的：

soft	plus	cloth	frost	song
trust	luck	club	sock	pop
cost	lot	son	won	

我们可以让学生根据这些词的首字母、尾字母以及元音发音进行分类。这种分类要求学生仔细观察单词并把具有相同元素的单词联系起来。接下来他们可以对每类单词进行命名（如“c”组和“st”组），并且注意每一类单词的共同属性。我们还可以把合适的词语放在一起组成词组，如“pop song（流行歌曲）”“soft cloth（柔软的布料）”等，然后让学生进行一类单词的拼写记忆练习。当然同样的规律也适用于其他类型的材料，如数字、事件等。不管类别是由教师提供，还是学生自己划分，目的都是一样的。而且，我们会根据大脑贮存信息的分类进行选择。上面的单词表，从表面看是随意排列的。而一个经过精心设计且包含各种变式的分类将会使材料组织起来更为容易（至少其中暗含着若干分类）。

2. 将需要记忆的信息进行排列。当信息以序列的形式出现，尤其这一序列具有某种意义时，它就更容易被识记和保存。例如，我们学习澳大利亚各个州的名称时，如果总是从一个州（如最大的州）记起并且总是按照同样的顺序去记忆这些州名的话，记起来就会容易一些；同样，按年代出现的历史事件比随意出现的历史事件要容易记一些。顺序是组织信息的另外一种简单方法，我们也可以要求学生按照首字母的顺序把他们拼写的单词排列起来。

3. 在信息和熟悉的材料之间建立联系（同时考虑发音和意义两个方面）。例如，学习美国各州州名时，我们可以把“Georgia（佐治亚州）”与“George（乔
209 治）”联系起来、把“Louisiana（路易斯安那州）”与“Louis（路易斯）”联系起来、把“Maryland（马里兰州）”与“Marry（结婚）”或者“Mary（玛丽）”联系起来等。在把这些州的名字进行分类时，可以按面积大小排列，也可以按照地区排列，总之，不同分类方法可以提供不同的联系。

4. 使信息形象化、视觉化。“马里兰州（Maryland）”可以联想成一幅“婚礼

(Marriage)”的画面。“俄勒冈州（Oregon）”可以联想成“一支枪（a gun）”的画面。“缅因州（Marine）”可以联系到“下水管道（main）”，等等。把字母和数字联系起来可以唤起熟悉的声音和想象的画面，如“一（one）”可以联想到“小面包（bun）”和一个小孩吃小面包的图画；“b”可以联想到“bee（蜜蜂）”和一只蜜蜂飞舞的画面。诸如此类的联系可以反复地使用。想象“一根晦气的金属弹簧（mental spring）”恶毒地缠绕在“春天的花朵（spring flower）”上，那么“四月是最可怕的季节，荒原上盛开着紫丁香”这句诗就容易记住了。

5. 建立信息之间的联系。记一个人的名字时，如果联想到同名的一位名人、读音相似的一个东西或者与此相关的个人信息等时，记忆起来就比反复记忆名字本身要容易多。例如，要记住路易斯·阿姆斯特朗（Louis Armstrong）这个名字，要先联系到他的出生地杰克逊维尔（Jacksonville）；学习澳大利亚各州名时，可以联想起它们在地图上的方位以及许多州名的渊源（像新南威尔士州），这样就比仅仅按顺序记忆更容易。

6. 使信息生动起来。罗拉尼和卢卡斯喜欢“荒谬的联想”，也就是把信息以荒谬的形式联系起来（如用“两个傻瓜背着两个双胞胎，所以他们实际一共四个人”来记住“二加二等于四”），还有人喜欢用渲染和生动的解释（如数一下两队的篮球队员，学会计算“五加五等于十”）。

7. 练习。练习总归是有效的，学生会从结果中获益。对于那些有记忆障碍的学生来说，当他们要记住简单材料时，明确记忆内容并及时反馈记忆效果能增强他们的信心。

教学效果和教育影响

记忆模式用来提高人们储存和恢复信息的能力。它应当培养人们提高个人智力活动能力的意识，即不断提高掌握陌生材料和想象技巧以及关注周围环境的能力的意识（见图 9—20）。

记忆模式最重要的成果之一是使学生认识到，学习不是一种神秘的、与生俱来的或无法自我控制的过程，如同伊恩·亨特（Ian Hunter，1964）所指出的那样：

> 掌握一些简单的记忆术可以使人们意识到他们能够控制和调整自己的智力
> 活动。这种认识可以鼓励他们去培养自我的学习能力，而这一能力是智力发展 210
> 的一个重要组成部分，学生也因此能够进行自我评价。（p. 302）

因此，如何学习以及怎样提高学习效果的意识能够使学生产生一种掌控自身未来的愿望。

成果之二是记忆术提高了我们的想象力并使我们认识到，创造性思维是具有指向性的信息学习的一个重要部分。在想象力得到训练的同时，创造力也得到了培养，创造性思维在寓教于乐的轻松氛围中表现出来。想象力要求我们观察和注意周围的世界。因此，想象作为记忆过程的一部分可以使我们不自觉地加强对周围环境的注意。

最后，理所当然，我们的记忆能力通过记忆模式得到提高，使得我们成为更高效的记忆者。

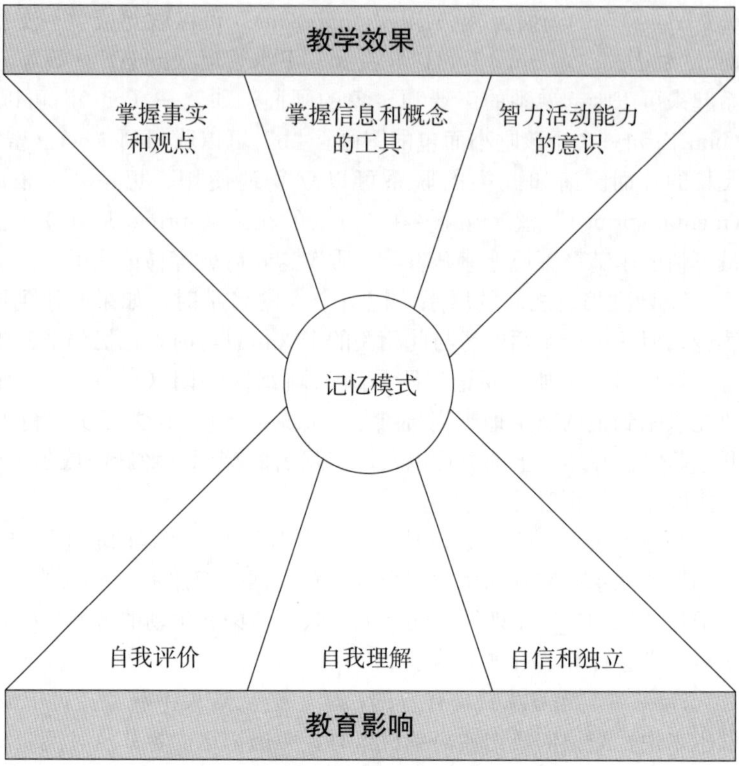

图 9—20　记忆模式的教学效果和教育影响

211 **小　结**　**记忆模式**

结构体系

第一阶段：识记材料

使用下划线、列表和再现等技巧。

第二阶段：建立联系

运用关键词、替代词和联词等技巧使材料变得熟悉，并建立起材料之间的联系。

第三阶段：扩展感觉表象

运用荒谬联想和夸张等方法，重构表象。

第四阶段：练习回忆

反复练习回忆材料，直至完全记住为止。

社会系统

其社会系统是合作性的。教师和学生组成一个集体共同来整理学习资料。在学生掌握了记忆策略并用来记住一些观点、单词和公式后，教师应逐渐提高他们的主动性。

教师作用的原则

教师帮助学生明确联系的关键词、联系范围和视觉表象，并针对学生的学习进展提出建议。当然，熟悉的材料应该来自于学生已有的记忆。

支持系统

所有的常规教学手段都可以采用。图片、电影和其他视听材料等具体的教学辅助设备对于提高感官联系的丰富性都很有帮助。

第10章

共同研讨法

——提高创造性思维能力的艺术

213 如果你正在引导学生进行训练，那么在所有的教学模式当中，共同研讨法所带来的快乐是最为及时的。我们一直试图引导孩子们（包括小学和初中的孩子）来掌握这种方法。我不得不承认，每当我要把这种方法教授给孩子们的时候，总会有那么一点点欣慰感，因为，他们现在马上就要享受到这份快乐了。

——布鲁斯·乔伊斯致比尔·戈登（Bill Gordon），1971年1月

个案10—1

德温——在熟悉的事物中探求比喻

该个案是由迪克西·凯斯（Dixie K. Keyes，2006）提供的，他对该过程的出色研究使我们对比尔·戈登的思维方式与工作方式有了新的理解。通过这种方法，师生们将比喻性的思维方法运用到了他们的教学实践活动中。

德温的足球踢得很棒。由于他为我们高中队拿到了高分，所以我们经常会在校园广播中反复听到他的名字。然而，他的写作却不那么好。他常会花半个小时来排除心不在焉的影响，之后才能将注意力转移到当前话题上来。而一旦他迸发出一个绝妙的想法，他就会迅速记下来，并一直坚持要将其写完，哪怕已经下课。就像一名优秀的运动员常期盼的那样，他也渴望在写作方面获得成功。当全班同学都在为如何利用比喻联想到“逆境”这一主题的文章写作进行头脑风暴活动时，德温却在比喻联想部分遇到了麻烦。我以提问的方式利用足球的事情来引导他。（是对方阻截你传球了吗？带球攻防时是不是充满压力？不丢球有没有压力？你寻找机会进球得分了吗？）这种提问方式使他可以运用在足球比赛方面所获得的比喻概念进行写作，便于在写作中描述他人生中那段艰难的时光。我参阅了弗莱肯施泰因（Fleckenstein）的指导框架，从中找到了大量的指导方法，即比
214 喻可由现有的各种关系引出，弗莱肯施泰因介绍了一种“非片段的系统探求方法”（见Fleckenstein，过程说明见Lisa Mueller的梗概，pp. 215－219）。

德温与足球的密切关系和他对足球比赛规则系统的了解为他提供了具体的“探寻方法”。在我凭借对足球的肤浅了解向他提出几个简单的问题之后，德温就开始主动写起他的文章来了。弗莱肯施泰因也注意到了“一种意象性强烈的比喻可以用

作概念标识或概念的焦点。学生可以不断回顾并使自己逐渐适应这一焦点”(Fleckenstein & Lisa Mueller)。足球是一项可观性运动，球场双方各有一个球门，并有一位衣着醒目的守门员防守。球场上那些标示尺码距离的白得耀眼的线条是一种向前攻球的标界。除了这些可见的事物以外，德温还通过足球比赛构建了对具体距离的视觉记忆。他利用这些重要的经历详细地叙述了他的艰难历程。

请注意德温是如何在文章开头部分将足球作为概念（提示）标识的。

> 生活中有很多问题是你必须要解决的。当你以为一切顺利的时候，麻烦就会出现，这时你的好日子也就到头了。就像足球比赛一样，你正在很顺利地传球，对方球员却突然把球给拦截了，此时你就会感到很不舒服。这就如同我和弟弟不得不照料妈妈时一样，当时我们以为，我们会一直那样生活下去了。

德温不仅把“麻烦”和“感觉不舒服”的概念与足球比赛中的“拦截”联系起来，而且还把这种感受直接跟家庭处于艰难时期的感受联系了起来。通过运用足球比赛中的经历，德温将这一方法贯穿到了文章的其余部分。在文中接下来的段落里，德温继续采用源于球赛中的足球“标识”和概念。在文章的第二段里，他写道：

> 我和弟弟不得不照料妈妈，期间长达两个月。那时我开始变得很焦虑，因为照料妈妈很艰辛，所以我们背负着沉重的压力。这种压力就像你必须既带球又不丢球时所承受的那种压力一样。

他在第三段里继续采用了这种方法：

> 但是我和弟弟坚持与困境作斗争。我们尽一切努力使母亲的状况有所改善，这种情形有点像在足球比赛中，当对方球员发任意球而你却必须防守好球门一样。还好我们没被困境给压垮。

最后，在文章结尾部分，他以一种乐观的态度作结尾，再一次表现出在一场球赛中成功的参赛者应有的心态。

> 我领悟到了，在前进的道路上，不管有没有困难，我们都应该不懈地寻求成功的机会，而不要被生活中的任何困难压垮。尽管生活会很艰难，但是我们必须学会如何克服这些困难。就如同在球赛中一样，不管对手有没有挡住你的去路，我们都必须不断地带球向前冲，并寻找机会射门得分。

尽管那些习以为常的概念比喻，如“比赛就是战争”或“生活就像比赛”似乎更符合德温的情形，但是德温却具有创造性地运用了比喻。他写出的文章之所以具有原创性，得益于他独特的经历。克韦切什（Kovecses）引用了几个创新性的比喻，其中包括罗伯特·弗罗斯特（Robert Frost）的诗歌《未选择的路》（*The Road* 215
Not Taken）来作为对传统比喻“人生就像旅行”的创新性运用。另外一例就是罗斯·佩罗（Ross Perot）对美国居高不下的医疗费用的评论：“我们正在花钱购买前排的包厢位置，但我们甚至都看不到连露天看台都能看到的糟糕表演。”(p. 31) 对于这类语言表达的一个更为常见的比喻可能是“在佛罗里达购置房地产”。克韦切什说：“虽然不难找到创新性的比喻句型来表达传统的比喻性概念，但是，就给定的目标领域而言，要找到创新性的比喻概念不是那么容易。”(pp. 31－32) 德温使

用了“逆境”这一目标领域找到了它的源领域（足球赛），并创造性地运用了它，这里面绝大多数都是足球给他提供的概念，而且他还从立体空间的角度描述了他与弟弟在帮助母亲时所取得的进展，这些进展的发展过程与一场胜利的足球比赛中向前攻球的过程是一致的。

在德温的比喻性概念中存在着另一方面的情感价值，比如“感觉不舒服”“肩负压力”以及“力斗苦难”等表达，都表现了他对这一生活插曲的情感体验，如同在比赛时的情感经历一样。弗莱肯施泰因写道：“比喻除了传递信息以外，其自身也具有情感……因此，学生就能把情感价值与比喻联系起来，由此，更容易为他们创作的主题培养‘一种感觉（felt sense）’。”(p. 111)

结论：创新与认知

德温用了一个较大的比喻“逆境就像足球比赛”，为他写作的每一个段落找到了具体的比喻概念。通过足球比赛带给他的经历，他对自己在照顾母亲期间的个人成长有了更为成熟的理解与反思。在描述他与弟弟如何努力在母亲患病期间确保母亲平安时，他似乎获得一种成就感。他在擅长运动中取得的成功使他获得了一种概念标识，从而能够帮助他详细地描述人生中这段艰难时光。德温希望别人同情他的困境，并感受当时情形下他所承受的压力。他认为每个人都如同他一样热爱足球，所以足球就成为了替他叙述苦难的工具。足球活动不一定都能提供比喻标识，但德温尽量利用他的经历来解决前途未卜的境遇，让人们了解他是如何解决问题的，并设定了“叙述说明的标准”以便周围的人们理解。由于德温有好几个英国的同班同学都踢足球，因此他认为这些同学一定会理解他的文章。

个案 10—2

莉萨·米勒所教的三年级学生：对共同研讨法的实施

第一天

莉萨与学生利用拓展训练进行了两次讨论，并引入了直接类比、拟人类比和简明矛盾修辞法。

216

现在，她先让学生们观察一张图片，然后开始训练。

“接下来的三天时间，我们要观察一幅图片。当你观察这幅图片时，注意看图画中正在进行的主要活动是什么？”以下是他们的回答：

“有些人在使劲地推。”
“是在海滩上——他们正在海滩上推一艘船。”
“天气很热。”

莉萨补充说：“而且那些人的着装跟天气相符。”

“他们正在将船往海滩上推。”
“沙滩上有些叶子。”
“他们看上去推得很费劲儿。”
“他们很使劲儿地向前倾着身子。”
“他们组成了一个群体一起在干这件事。”

在一次讨论结束时，莉萨要求学生们“写出此时在大脑中出现次数最多的想法。”学生们开始尽力写作。以下是第一天结束时他们写出的部分内容。

“人们在推。”
“水荡漾在海滩边上。”
“水面泛着波光。”
“人们一起推着船。”

总之，学生们用缺乏想象的词语来描述所看到的事物。

第二天

现在，莉萨开始利用比喻的特性了——尽量使学生们容易理解共同研讨法。“我们先以直接的类比开始，我会问你们类似‘老师怎么会像一台电脑？’这样的问题。然后，我们要探讨拟人类比。我会问你们比如像‘假如你们是网球，当白天结束后，你们就会被收回盒子里，你们会有什么感受？’这样的问题。让我们开始吧。” 217

“脆饼怎么会像面包片？”

学生回答“脆”，“小块儿的食物”等。

“录影带怎么会像一本书？”

学生回答“他们里面有很多故事”，“信息会散布在大脑中”等。

莉萨继续提问，从而让学生生成类比，使他们通过相对容易生成的类比，比如，“勺子怎么会像铲子？”“玫瑰怎么会像仙人掌？”等进行学习。

然后她转向了拟人类比：“如果现在你们都变成铅笔了，那么铅笔们，当你们必须列出一个洗衣服的单子时，你们有何感受？”

“恐怖。”
“我只有用头来写了。”
“写字会受伤的。”

“交通指示灯哪点像闹钟？”

“它指示你向前走。”

"它们都提示时间。"

"耳环哪点像圣诞饰物？"

"扣子哪点像钉子？"

"乘坐电梯怎么会像爬树？"

接着，莉萨更换了拟人类比，"你变成手机了。"

"你想控制什么？"

"如果你能选择铃声类型的话，你会选什么？"

"你愿意谁对着你讲话？"

学生们的回答中有着各种各样的想法，因为他们正在被引入一种比喻情境中。

"我要控制全世界。"

"我想要播放自己的音乐。"

"我想跟朋友们聊天，但我更愿意跟总理说几件事。"

然后，莉萨又回到直接类比。"系鞋带怎么会像锁前门一样？"

"他们都要把某种东西关起来。"

"地图怎么会像一副骨架？"

"两者看起来都像是一个整体，像一个地方的躯干。"

然后，莉萨结束了讨论。"明天，我们会用到所有这些表达方式，同时还要用它们来做其他方面的练习。"

218

第三天

莉萨准备了一些图片来展示第二天所提出来的表达方式。她先给学生们准备了一些直接类比的拟人类比的核心词汇来热身，然后要求他们尽量从已经产生的话语中找出简明矛盾的表达。（在之前一节概念获得课的探讨中，她已经将简明矛盾的概念教给了学生。）

莉萨给学生们举了几个例子：

美妙的噩梦

寂静的声响

诚实的撒谎者

然后她说："今天，我们要学习创造一些简明矛盾的表达方法并用它们来指导我们的写作。首先，让我们再来'玩儿'一点类比。海龟怎么会像头盔？"

"龟壳和头盔都是用来防护的。"

"方法怎么会像漫步的小径？"

"通过两者都能到达某个目的地。"

"月亮怎么会像镜子？"

"两者都反光。"

接下来，她就让学生们自己创造出简明矛盾的表达方式。"现在，我要你们看看我们昨天提出来的句子（显示在一张图表上），并找出放在一起搭配不当的表达方式。”得出的部分结果如下：

幸福的伤害
枕套般的坚硬
喧嚣的烦躁
狂热的大风
愚蠢的控制
易碎的避难所
发狂的精力
疲惫的精力
正确的错误
脆弱的金属

莉萨说：“现在，请你们选出两者之间最为矛盾的表达方式，也就是说，它们放在一起是不恰当的。”经过讨论之后，‘疲惫的精力’被选出来了。莉萨说：“现在，我要你们就这幅图画再用‘疲惫的精力’写些句子。”写出的部分结果如下：

疲惫的精力跟那幅画很搭配，因为，如果人们要在海滩边推船的话，船看上去是很沉的。

人们筋疲力尽了，因为他们干得很卖力。

起初他们很有劲儿，后来力气都使光了。

人们都疲惫了，因为他们推得太费劲儿了。

总结

莉萨是以类比的方式开始对学生进行思维训练的。然而，即便是在这最初步的训练中，你也能看到，学生们已经从对该场景的片段进行描述发展到了为突出简明矛盾的特点而造句的阶段。在流畅性及概念化方面的提升是比喻性思维方式与前期 219
经历的典型结果。与第一次在描述性文章中仅有的 16 个句子相比，学生们在第二次写作中写出了 28 个句子。

莉萨正在向学生们介绍比喻性思维。由威廉·戈登（1961a）设计的共同研讨法是一种非常有趣而又令人愉快的开发创新思维的方法。共同研讨法的最初目的是要在产业部门中培养“创新性的群体”，也就是说，受过培训的群体要一起努力来解决问题或是研发产品。戈登改编了共同研讨法以适应学生的需求，而且一些包含很多共同研讨活动的教材也即将出版（整个系列的共同研讨教材都是为共同研讨教育体系编写的，剑桥布拉特尔大街 121 号，MA02138）。共同研讨法的基本特征是类比法的运用。在共同研讨训练中，学生们就像塔拉（Tara）的学生们曾做的那样，用类比法来“玩乐”，直至心情放松并且开始喜欢做越来越多的比喻，然后运用类比法来破解一些难题或弄清某些概念。

通常，当我们面临一项任务时，比如一道有待解决的难题或是一篇有待写出的文章，我们会有意识地运用逻辑思维，我们会通过一些要点来拟出提纲而为写作做好准备；会分析构成问题的关键因素，并努力地思考直至得出最后的结论；会运用现有的词汇或习语储备来表达个人的思想观点；还会运用存储于记忆库里的已经学到的方法来解决问题。

对于许多需要我们去思考的问题和任务来说，我们当前的逻辑思维能力已经相当不错了。但是，当传统的思维表达方式不足以应对问题的时候，我们该怎么办呢？这就需要我们运用“共同研讨法”。共同研讨法的设计就是要引导我们进入一个稍微有点非逻辑的领域里，它给我们提供了一个机会，让我们能从新的角度去看待事物、表达思想和处理问题。

例如，学校的领导正在为如何解决学生旷课的问题而大伤脑筋。当一个学生经常缺课时，他们该怎么处理呢？他们常常会借助惩罚这一方式，但什么样的惩罚方式才最有效呢？他们经常采用的是让学生停课的方式。这很符合逻辑，不是吗？但是选择一种严厉的惩罚方式与所谓的严重违规行为匹配起来合适吗？这种解决方式所存在的问题在于，它强加在学生身上作为惩罚的东西，正是学生旷课的目的。而共同研讨法有助于我们以新的思维方式来看待学生本身、学生的动机、惩罚的性质、我们的目标以及问题的实质。面对与我们在思想上有冲突的人，我们必须与他们加强沟通，并意识到我们的判断存在的不足之处。我们也许是在用一种“合理”的解决方法，但这种方法却妨碍了我们找出新的替代办法。

当受阻时，我们只有从貌似合理的想法中倒回来，回头看看是否能够重新认定这一问题并寻求替代的解决办法。通过类比法，我们可能把缺课的学生当作“不快乐的百灵鸟”，一次“被糟蹋了的假日”，而问题就像是一次“空无一人的宴会”的
220 结束。我们自身所需要的行为应该是“有魅力的严格”“强烈的爱”和“危险的调解”。

如果能够消除看待问题的成见，我们就可以找出一种新的解决方法。想想看，我们已经在本应该由学生自己负责的地方替他们担当了责任，那么这种解决方法是否像存在于教学规律中一样存在于我们的规章制度中呢？还有，学生之间的交流会不会产生让他们从不同角度来解决问题的能力和归属感呢？

我们生活于其中的这个世界，无论是从社会角度还是科学角度来看，都存在着许多需要用新的思路去解决的问题：贫穷、国际法、犯罪、正当收税以及战争与和平等。如果我们的合理想法行之有效的话，所有这些问题就不存在了。因此要努力用合适的方式来表达自我，即通过努力学习来清楚有力地说出令人信服的话并写出观点明确的文章才是所有人都想做到的。这里有两个关键：一是全面而清晰地把握主题；二是使用适当的表达方式。

让我们来看一下马丁·阿布拉莫维茨（Martin Abramowitz）在加利福尼亚米尔谷市的学生课堂上的另外一个例子吧！

个案 10—3

现在我们看到的是阿布拉莫维茨的初中一年级课堂，学生们正准备发起一场运动以反对森林管理局改变相关规定，批准一项砍伐大片红杉木林的伐木工程。他们制作了一些宣传画，准备张贴在社区周围，并且将其递交给了州立法部门的有关成员。他们已经有了一些粗略的设想，现在正在重新审核……

“你认为怎么样？”普丽西拉问道。

“嗯，还可以吧，”汤米说：“这些宣传画肯定能表达我们的立场。不过，实际

上，我觉得它们显得有点沉闷。”

“我也这样想，”玛丽安接着说：“有几个还不错，但其他的实在有点像是在说教，表现得有些死板。”

“这些宣传画其实没什么大问题，”另一个人插嘴：“只是不够醒目而已。”

“而且，这些宣传画并没有支持我们的对手，而是支持我们的。”

经过讨论，可以看出差不多每个人都有同样的看法。他们认为，有两三张设计得不错，说出了他们的心里话，不过他们还需要增加一些更为深刻的东西。

“咱们试试‘共同研讨法’吧!”其中有人提议说。

“讨论图画和文字说明吗?”另一个孩子问道：“我还以为它只能用在诗上面呢!我们能用这种方法来处理像宣传画那样的东西吗?”

“干吗不行？当然可以。”普丽西拉说：“我不知道为什么我就没有想到这一点。我们用它来研究诗都有一年了。”

“这样做我们又不会损失什么，”汤米补充道：“可是该怎么做才有效呢?”

“好。”普丽西拉老师说：“我们可以从已经做好的宣传画开始做一些‘共同研 221
讨法’的练习，看看我们是否能因此产生一些关于图画和文字说明的想法。我们可以用拟人类比法、直接类比法和简明矛盾修辞法来探讨这些红杉树。”

“好，试试吧!”乔治插嘴说。

“现在就开始吧!”萨莉说：“我们可以直接做练习，然后在午饭时间考虑宣传画的问题。”

“我可以起个头吗?”南希问道：“我有一些展开练习的好主意。”

“大家同意吗?”普丽西拉问道。

孩子们同意了，于是南希开始提问：“红杉树哪点像牙签?”

“你要用树给神灵们剔牙吧。”乔治大笑着，学生们都笑了起来，之后大家解散了。

很显然，在阿布拉莫维茨老师花了足够的时间使用共同研讨法后，学生们已经理解了讨论的过程并明确了讨论的目的，他们可以独立进行操作了。如果他们认为这种方法有用的话，他们就会借此进行描述了。

个案 10—4

一位当代作家努力了一个月想用一页来介绍一本论学校发展的书。在介绍中他必须表明学校在社会中所处情形的复杂性，且要表明学校需要改进的必要性，同时还必须保持一种积极乐观的文风。经过一个下午的共同研讨之后，他写出了下面的这篇文章：

> 学校和社会环境密切相关，同时与传统文化、现代思想以及物质文明有着诸多的联系，学校极为尴尬地处于诸多社会势力的影响范围之中。学校是社会稳定的摇篮，也是文化变革的先驱，纵观历史，评论家发现，学校既是非常落后的，同时又是极为超前的，但它远远落后于时代的步伐，不能与我们与时俱进。
>
> 学校的使命是难以理解的。基础教育虽然受到重视，然而其创新能力、解决问题的能力、学术专长以及职业技能等，即使对于同样的人，也是时而

受到重视，时而又被忽略的。自由主义者和保守主义者都力图让学校为社会政策的制定提供依据。学校既是激进分子手中的利剑，又是人文主义者温暖的胸膛。学校里的学生良莠不齐，才干和缺陷常常结伴而行，有时甚至是集于一身。

当窗明几净的郊区学校正在为自己的使命奋斗时，老城旧区和山野乡村却在为咯咯作响的旧校舍抱怨连天。强烈的自我意识从学校的前厅趾高气扬地踏步而入，但羞惭胆怯的思想却是蹑手蹑脚地从后门悄悄溜进来的。文化差异交织在一起引起了一些有待解决的同一性和适应性的问题。

科技提升了学校的潜力，同时又有将其取而代之的趋势。学校的教职工只受过极少的培训，却被要求从事这个社会中最复杂的职业。他们的地位很低，

222 却担负着孩子们健康成长和整个社会良性运转的重任。

由于教育能对年轻一代产生巨大的影响，因此，社会对学校施加了种种压力，寄希望于它能反映出最流行的社会思潮，并调整当前有关如何引导孩子的对策。学校的实际规模备受关注（在美国，教育人员超过4 000 000名，大约12%的国民生产总值直接或间接地用于教育事业的支出）。公众密切关注着教育投入，仔细关注着教育中那种既有继承、也有革新的实践活动。

效率受到高度重视，但人们在关注改革的同时也充满了忧虑。我们的学校模式建立于19世纪初期，现在已经为人们熟悉和欢迎。我们希望自己的孩子所受到的教育和我们自己所受到的教育有着一定的继承性，因此大多数市民对教育改革持谨慎的态度。人们对熟悉的老校舍倍感亲切，同时又会对它的陈旧予以批评和指责。他们往往会认为，当前教育中所存在的问题都是改革（被理解为是“降低了标准”）引起的，而不是人们熟悉的学校旧模式的荒疏和过时而造成的。实际上，自从这个人们熟悉而欢迎的教育模式形成以来，我们的社会已经发生了巨大的变化，许多学校已经变得无法满足当今孩子们的需求了（Joyce，Hersh & McKibbin，1983，pp. 3－4）。

这篇文章并非完美，但比那些令人乏味的早期草稿（例如，“公众对学校的看法从某种程度上讲有些矛盾。一方面，他们希望自己的孩子接受一种先进的教育，但另一方面，他们又希望有一种熟悉而稳定的教育”）好得多了。这篇文章是基于一系列简短的观点而发表的，它表达了各种各样的矛盾，并就学校的体系进行了公开讨论。

模式导向

目标和假设

戈登的共同研讨法是建立在四种假说基础之上的，它们对传统观念的创新提出了挑战。我们大多数人常常会把创新与伟大的艺术创作或音乐联系起来，或者联想到精巧的新式发明。而戈登却强调，创新首先只是作为我们日常工作和闲暇生活的一部分，其方法只是用来帮助我们提高解决问题的能力以及增强创新性的表达能力、人际沟通的能力和对社会关系的洞察力等。他还强调，思想的意义可以通过创新性的活动得到提高。创新性活动使我们能够从不同角度看待事物，从而加强我们

对概念的理解。

其次，创新过程一点儿也不神秘。它能够被描述出来，而且创新能力也可以直 223
接通过训练来得到提高。创造力常常被看作是一种神秘莫测、与生俱来的个人能力，此外，如果对创新过程探究太深的话，它就会遭到破坏。与此相反，戈登认为，如果每个人都理解了创新过程的原理，他们就能学会在自己的生活和工作中运用这种原理，从而独立地或者集体地提高创新能力。有意识的分析可以提高创新能力，这一思想促使戈登尽力地对创新过程做出解释说明，并且试图创建一套能够应用于学校和其他环境的训练程序。

再次，创新在所有的领域，即艺术、科学和工程技术中都是相似的，而且它们都依赖于同一种根本的智力活动过程，这种观点与人们的日常看法正好相反。实际上，在许多人眼里，创新仅仅局限于艺术领域。而在科学和技术领域里，它有着另一个名字——发明。戈登坚持认为，艺术领域和科学领域中的创新性思维是密切联系的。

戈登的最后一个假设是个人发明和集体发明（创造性思维）是极为相似的。个人和集体都是以相似的方式产生思想和创造成果的。这一观点也与传统观念迥然不同。传统观念认为，创新是一种极具个人特色的体验，而不是集体共有的体验。

创新性状态和共同研讨程序

共同研讨法的具体程序来源于一系列关于创新心理的假设。

第一个假设是通过将创新过程带入意识层面给创新提供明确的帮助，个人和集体的创新能力可以在这个过程中直接得到提升。

第二个假设前提是“情感因素比智力因素更为重要，非理性成分比理性成分更为重要”（Gordon，1961a，p. 6）。创新使新的心理模式与非理性成分相互作用，从而为开发创新性思维留下空间。这些想法可以产生一种心理状态从而使得新的观念易于产生。然而，还要靠理性成分做出最终的决定。非理性的状态提供了探索和扩展思想的最佳智力环境，但并不是做出决定的状态。戈登并没有低估智力因素的价值。他认为，在做出决定时需要运用某种逻辑方法，而且科技竞争力对许多领域观念的形成也是十分必要的。但是他认为，创新活动就其本质来说，是一个情感活动的过程，是一个要求非理性因素和情感因素共同强化的智力过程。许多解决问题的方法是理性且需要智力活动的，而非理性因素的介入可以增加创新观念产生的可能性。

第三个假设是“在解决问题的情境下，为了增加成功的可能性，就必须理解感性成分和非理性因素”（Gordon，1961a，p. 1）。换句话说，对某些非理性的和感性过程的分析可以帮助个人和集体通过建设性地使用非理性因素来增强他们的创新能力。非理性因素是可以被理解的，也是可以被有意识地加以控制的。通过深思熟虑地对比喻和类比的分析及运用来实现对非理性因素的控制就是共同研讨法的目的所在。

比喻性活动 224

共同研讨法中的比喻性活动使创新成了有意识的过程。比喻是建立在某些相似物体之间的联系，它用一种事物或概念来替代另一种事物或概念，并进行两者之间的比较。替代产生创新，表现在把熟悉的事物与不熟悉的事物联系起来，或者从熟悉的事物中产生某些新的想法。

比喻的运用使得学生与比喻对象或主题事物之间能够产生观念上的距离，从而激发原创性思维。比如，通过让学生把课本看作旧鞋或者河流来提供一种结构、一个比喻，使他们可以用一种新的方式对熟悉的事物重新进行思考。反过来，也可以让学生沿用传统的方式来考虑新鲜的问题，例如，把人的身体比作运输系统。由此看来，比喻的使用依赖于学生已有的知识，而且比喻本身也就是从这些知识中产生的。它帮助学生把已有知识中的观念和新知识中的观念联系起来，或者从一个新的视角来重新思考某一熟悉的对象。因此，使用比喻活动的共同研讨法的目的在于提出一种架构来帮助人们解放自己的思想，增强对于日常活动的想象力和观察力。有三种类型的比喻方法被用来当作共同研讨训练的基础：拟人类比法、直接类比法和简明矛盾修辞法。

拟人类比法

拟人类比法要求学生将自己的情感移入被比较的概念或物体中去，而且感觉自己已变成了比喻对象具体构成的一部分。这个移入对象可能是人、植物、动物或非生命物质。例如，学生可能被要求“变成一台汽车发动机，这种感觉如何？请描述一下当你一大早被人发动时的感受，当你的电力不足时，以及当你遇到红灯时的感受”。

拟人类比的本质在于移情。戈登举出了一个主题情境的例子，一个化学家感觉自己与化学反应中的分子融为了一体。他可能想，“假如我是一个分子，我会有怎样的感受呢?”之后，他便会去体会自己作为活跃分子流的一部分的感觉。拟人类比法需要放弃自我，将自己转变成为另外一个空间或者物体。

在放弃自我而形成的观念中，人与比喻的对象距离越远，这种类比就可能越新奇，学生就可能越富有创新能力和革新精神。戈登确定了在拟人类比法中所涉及的四个层次：

1. 用第一人称来描述事实。这时人引出了一系列众所周知的事实，而没有提出任何一种看待事物或动物的新视角，也没有体现出移情涉入。情感移至汽车发动机的人可能会说“我觉得油乎乎的”或“我觉得好烫哦”。

2. 第一人称情感的认同。这时人只列举了一些普通的情感而没有表现出新的视角，比如，在上述发动机的情感移入中表达说：“我觉得自己功率好强大。”

225 3. 与某些生命物体的情感认同。这时人从情感的角度将自己认同于类比的物体：“当你那样微笑时，我也同样地微笑。”

4. 与非生命物体的情感认同。这一层次要求最高。人把自己看作非生命物体，并努力从同一情感角度来审视问题。在汽车发动机的例子中有人会说：“我觉得自己已被利用了。我不能决定何时启动、何时熄火，有人在替我做决定。”

介绍这些有关拟人类比的层次的目的不在于确定比喻活动的形式，而在于引导我们去了解观念距离是怎样产生的。戈登认为，类比的效果与所产生的观念距离成正比。距离越远，学生越有可能产生新颖的想法。

直接类比法

直接类比法是对两个事物或概念做简单比较的方法。这种比较不一定在各个方面都完全相同。它的作用只是为了把一个对象或问题情境的条件换为另一个条件，以此来获得新的观察角度。这牵涉到对人、植物、动物或非生命物体的认同。戈登引用了一位工程师观察一只凿船虫侵蚀木材的例子。当看到凿船虫通过啃掉木材形成一条通道再向前爬时，这位工程师就想出了一种使用管道向前推进和建造地下隧道的新方法（Gordon，1961）。另外一个运用直接类比法的例子为一个小组试图为一个金属罐设计一个盖子，而金属罐被打开后仍然能够被盖上。在这种情境下，豌豆荚的形象渐渐出现在他们眼前，帮助他们想出了一个主意：在金属罐靠近顶部处留上一个细槽，这样盖子就可以被移开了。

简明矛盾修辞法

第三种比喻形式是把矛盾的两种事物（通常是描述统一物体的两个似乎相互对立或相反的词）凝缩在一起。“无力的攻击”和“友好的敌人”就是两个例子。戈登的例子则是“挽救生命的毁灭者”和“滋养的烈焰”。他还引用了帕斯特（Pasteur）的表达“安全的攻击”。在戈登看来，简明矛盾修辞法提供了看待新事物的最为广阔的视角，反映了学生把某一事物的两个不同参照概念融合在一起的能力。这两个参照概念之间的距离越远，学生的思维灵活度就越大。

扩展练习：比喻的运用

这三种形式的比喻构成了共同研讨法教学系列活动的基础。它们也可以单独地作为创新过程用于小组教学，也就是问题解决的预备。我们称这种用法为扩展练习。

扩展练习为学生提供了三种比喻方法的经验，但他们和任何特定的问题情境无 226
关，也不遵循任何顺序。学生们在运用比喻法解决问题、创新设计和探求概念之前，需要先通过这些练习了解比喻的思维过程，他们可以对下面这些想法做出简单的反应。

直接类比法

直接类比是对问题进行直接的比较而产生的。

一只橘子和哪种生物相像？
学校的什么地方像色拉？
北极熊为何像凝固的酸奶？
轻声耳语和小猫的皮毛哪个更柔和？

拟人类比法

拟人类比是通过让人假装变成一个物体、一种行为、一种想法或是一个事件而产生的。

想象你是一朵云。那么，你在哪里？你在干吗？
当太阳出来把你驱散时，你有什么感觉？
假定你是自己最喜欢的一本书，请描述一下你自己。
你的三个愿望是什么？

简明矛盾修辞法

简明矛盾是通过提出一些问题并让人们去操作运用而产生的。

计算机为什么是既害羞的又富有攻击性的？

什么机器既像是在微笑又像是在皱眉？

教学模式

结构体系

有两种教学方法或教学模式是以共同研讨法的程序为基础的。其中一个（创造新事物）的目的是把熟悉的事物陌生化，帮助学生用一种新的、更富有创新性的眼光来看待已有的问题、观念和结果。另外一个（把陌生的事物熟悉化）是将新的、不熟悉的观念变得有意义。虽然两种方法都使用了三种形式的比喻，但它们的比喻对象、体系及反应原理都各不相同。这里，我们将“创造新事物”作为方法 1，将“把陌生的事物熟悉化”作为方法 2。

方法 1 帮助学生通过使用类比法形成观念上的距离，从而用一种不熟悉的方式
227 来审视熟悉的事物。除了最后一个阶段学生要回到最初的问题以外，他们在其他阶段不进行任何简单的比较。

这一方法的目的多种多样：可能是培养一种新的理解能力；也可能是将情感移到一个好出风头的家伙或者一个欺软怕硬的混蛋身上；可能是设计一个新的大门甚至一座城市；也可能是解决社会或人际交往中的问题，比如清洁工人大罢工或两个学生之间的争斗；也有可能是解决某个诸如阅读时如何集中注意力的个人问题，等等。教师的工作是避免草率的分析和过早的总结定论。方法 1 的体系如表 10—1 所示。

表 10—1　　方法 1——创造新事物的结构

第一阶段：描述当前状况	**第二阶段：直接类比**
教师让学生陈述当前所看到的情形或描述问题。	学生提出直接类比，选择一个对象并进一步加以描述。
第三阶段：拟人类比	**第四阶段：简明矛盾**
学生“变成”他们在第二阶段选中的对象。	学生们找出第二阶段和第三阶段中做出的描述，提出若干矛盾的表述，然后从中选择一个。
第五阶段：直接类比	**第六阶段：初始任务的复查**
学生在简明矛盾法的基础上做出并选择一个直接类比。	教师让学生返回到初始任务或原有问题，并利用最后一项类比或整个研讨程序。

下面这个共同研讨过程的例子向我们展示了教师是怎样帮助学生用新的方式来看待熟悉观念的。学生挑出了“恶棍”这个概念作为下面的写作题目。下面的这一堂课说明了这一模式的六个阶段（Gordon，1971，pp. 7 - 11）。

1. 第一阶段：描述问题或陈述情况，教师让学生讨论熟悉的概念。

教师：现在的问题是如何描述这个恶棍，他是所有恶棍中最恶毒的一个，但他又是一个很特别、个性很突出的人。

学生：他抢劫了犹太人的学校。

学生：给他起个名字吧。

学生：托根。

学生：埃尔。

学生：斯拉希。

学生：埃里克。 228

教师：名字并不重要。我们就叫他埃里克吧。我们要怎样描述他这个人呢？

学生：黑乎乎、油腻腻的头发，因为暴徒都有黑乎乎、油腻腻的头发。

学生：金色长发——漂白过的，带着忧郁的眼神。

学生：有能抓破人的指甲。

学生：矮个子，一身横肉。

学生：也许他瘦得皮包骨。

学生：罗圈腿，大黄牙，紧身白色牛仔裤。

2. 老师让学生陈述问题……然后确定任务。

教师：这里面有创新的东西吗？如果把这些写下来读一读，你们会怎么想？

全班学生：没有创新！太老套了！千篇一律！缺乏个性！太一般了！全是废话！

教师：我同意。到目前为止，埃里克和其他恶棍没什么两样。因此现在我们要解决这个难题。

老师：我们必须明确暴徒埃里克的个性。

学生：他必须要有个性。

学生：他必须要有搞到钱的手段。

3. 第二阶段：直接类比法。教师鼓励学生使用类比方法。她要求的是直接类比。她还具体指定了类比的性质——机器——以保证产生概念距离（生物和非生物之间的比较）。

教师：现在的埃里克还是个平平常常的家伙，让我们再给他增加些风格。假如我请你做一个直接类比，有一样东西有点像埃里克，但它却是一台机器。告诉我，你怎么看这台有着埃里克特征的机器。

学生：它是一台洗衣机、一台洗碗机。

学生：一辆破旧不堪的车。

学生：我想让他成为一个非常有钱的恶棍。

学生：一个啤酒厂。

学生：一台赌博用的弹球机。

学生：轮盘赌博机。

4. 教师对学生的活动做出反应，鼓励他们想出更多的创新性比喻。

教师：你们的注意力都集中在埃里克玩的各种机器上了。那么，有着埃里克特征的东西又是什么呢？

学生：一个电子起瓶盖儿机。

229 学生：一台真空吸尘器。

学生：霓虹灯广告牌。

学生：果冻模具。

5. 教师让学生选择一个可进一步推理的类比，他提出将“最奇怪的类比”作为标准。

教师：有哪一种机器能和埃里克形成最奇怪的对比？想想看，你们可以投票。(学生们投票选择了洗碗机。)

6. 在和最初的对象进行比较之前，教师让学生简单地探讨（描述）一下他们选择的机器。

教师：首先，洗碗机是怎么工作的？

学生：把脏碟子放进去，水不停地围着它们旋转冲洗，最后就把它们洗干净了。

学生：一般还会为洗碗机配上一个吹风机。

学生：里面全是热蒸汽，滚烫的！

学生：我想，如果你想让我们比较洗碗机和快乐的话……

7. 教师控制了进度，防止学生的思路太快，并确保一个类比结束以前，学生没有用正在使用的类比对象开始另一个新的比较。

教师：等等，跟着我的思路走。不要胆怯，但是也不要太快。我觉得现在可能比较得有点快了些。

8. 第三阶段：拟人类比。教师要求使用拟人手法。

教师：好，现在，想象自己成了一台洗碗机，当洗碗机有什么样的感觉？告诉我。让你自己变成洗碗机！

学生：嗯，所有那些盘子、碗什么的都给了我。它们很脏，我要努力把它们洗净。我需要放出水蒸气，把这些脏碗、脏盘子弄干净。这是我的职责。

9. 教师对学生的行为作出反应，指出他们正在描述的是洗碗机，而不是作为洗碗机的感受。

教师：现在，再加把劲。你们要把自己变成洗碗机，而且已经成了洗碗机。刚才的同学说了不少，不过都是我们已经熟悉的洗碗机的情况，里面没有他自己的感受。虽然很难，但是你们要努力试着想想自己就是一台洗碗机。

学生：好没劲儿。我一整天都在不停地洗，我不认识任何人。他们不断地把脏碟子扔给我，我不停地向他们喷水蒸气，而且我碰到的碟子全都是一个样子。

学生：我都快发疯了。我把碟子弄得特别烫，还烫了人们的手指。

学生：我好郁闷。他们不断地往我里面塞碟子。我所能做的一切就是停工不干。

学生：我对所有的人都很生气。也许有一天我不洗碟子，让他们都得病。 230

学生：我就是喜欢垃圾，越多越好。从碟子上洗下来的东西软软的，又黏又稠，味道好极了。

10. 第四阶段：简明矛盾修辞法。随着拟人类比法的自然发展，教师要求学生使用简明矛盾修辞法："你能挑出两个意思相反的词语吗？"

教师：让我们看一下笔记，这些是我从你们的回答中记下来的。你能挑选出两个意思相互对立的词吗？

学生："用过的"和"干净的"。

学生："义务"和"意愿"。

教师：我们怎么才能让它们有些诗意呢？

学生："义务"对"欲望"。

学生："义务"对"兴致"。

学生："沮丧的快乐"。

学生："愤怒的猎物"。

11. 教师中止了可能继续下去的列举，而要求学生从已经列出的词里面选出一个，并提出一个标准："哪个最能真实地反映矛盾冲突？"

教师：好了，你们最喜欢哪一个？哪一个最能真实地反映冲突？

全班学生：愤怒的猎物。

12. 第五阶段：直接类比。重新返回直接类比。简明矛盾修辞无法进行深层次探讨，而只是为下一个直接类比打下基础。这个直接类比是从动物世界里举出的例子"愤怒的猎物"，这里没有提到最初的比较对象。

教师：好了，你们能想出一个直接类比吗？一个动物领域的例子——"愤怒的猎物"？

学生：马戏团关在笼子里的狮子。

学生：响尾蛇。

学生：待宰的猪。

学生：正在发动攻击的熊。

学生：牛蛙。

学生：保护幼崽的鸟妈妈。

学生：斗牛。

学生：被抓住的鱼。

学生：臭鼬。

学生：马。

学生：向前冲的大象。

学生：马背上捕猎的狐狸。

学生：骑术表演。

学生：豪猪。

教师：有人知道，我们讨论到哪里了吗？

学生：我们在试着给埃里克添加个性，使他更独特。

13. 教师中止了直接类比的列举。他再一次让学生选择其中的一个，并且给出了标准："在刚才想到的所有事物中，你觉得哪个类比最令人激动？"

教师：好了，刚才想到的所有事物中，你认为哪个是最令人激动的类比？（学
231 生选择了斗牛。）

教师：现在我们回到埃里克身上来，我们怎么用斗牛来描述一下他，有人明白我的意思了吗？

14. 学生们对斗牛这个类比无动于衷。

（学生们没有反应。）

15. 教师让学生寻找斗牛这一类比的特征。

教师：好了，关于斗牛我们知道些什么？

学生：我们可以说他是公牛，也可以说他是斗牛士。我们就把他当作公牛！

学生：公牛冲进场，被一群陌生人包围着。

学生：人们把刀剑刺向公牛以激怒它。

学生：他们从马背上和地面上对公牛发起攻击。

学生：但它一般不会被杀死。

学生：每次公牛被刺翻在地时，人们都会发出欢呼声。

16. 教师努力得到更多类比的信息。

教师：最后发生了什么？

学生：人们用马把公牛拉走了。

学生：他们怎么把公牛杀死的？

学生：用一把短剑。

17. 第六阶段：重新检查任务。请学生进行比较，回到最初的问题或任务上。

教师：我们怎么利用刚才谈到的这些来讲讲埃里克的事情？用斗牛的材料来谈。

学生：他是公牛。

学生：他是斗牛士。

学生：如果说埃里克是公牛，那么斗牛士就是整个社会。

教师：你们何不就斗牛写一写埃里克？描写一下他的个性和外部特征。读者会顺着你写的故事往下读的，这是你第一次向读者介绍埃里克。（学生们开始动笔，教师暂停讲话。）

教师：都写完了吗？好了，让我们从左到右依次读一读你们写的东西。

232 下面是学生的几例作文：

埃里克狂怒地撞向斗牛士用的红旗，被旗子的阴影蒙蔽了双眼，倒在了地面上。鲜血在他的耳旁激荡着，仿佛要迸射出去似的。但他再挣扎也显得无济于事，因为他的内脏受了剑伤，并且人们的嘲弄哄笑声比剑伤还让他难受。华丽耀眼的制服在闪动，人们都涨红了脸，他真想把唾液吐在这些人干净的衣服上。

他立定在街道中央，仇视地瞪着人群。很多张脸不怀好意地瞥着他，他们带着轻蔑的眼神，张着血红的大嘴，并带着变态的狂笑；当埃里克转过头时，人群向他开始逼进。他蠢蠢欲动，这时有人喊着："静下来吧，小子！没人想看你继续胡闹下去了。"他被困在一个圆圈中，人们在四面为他的敌人欢呼着。尽管他的一生都在被训练着要冲出去，争取自己想要的东西，但现在，他的道路上出现了障碍，社会击败了他，并且告诉他：你完全错了。他必须冲向这些人，这时他变得困惑起来。人们应当为斗牛士的行为而欢呼，斗牛士刺伤了他的猎物，他对荣誉的渴望，被人群中越来越高的欢呼声所煽起，尽管公牛被制服，人们都穿着节日的盛装，斗牛士也得意地笑了，但是你只不过是我的工具而已，因为，剑是在我的手里。(Gordon，1970，pp. 7－11)

共同研讨法激励学生从多种新的角度去理解和感受最初的概念（那种用老套的方式描述的暴徒或者歹徒）。如果他们要解决问题，他们就会更加开放地看待问题，并且增加寻求解决问题的途径。

与此相反，方法 2——把未知的东西变得熟悉则是试图增加学生对全新的或是有难度的材料的理解和内化的能力。在这种类比中，使用比喻法的目的不是像方法 1 那样要产生概念的距离，而是要对概念进行分析。例如，教师可能向学生提出这样一种文化的概念。学生们使用熟悉的类比物（例如火炉或房子）开始确定概念对象所具有的特征，以及概念中不具有的特性。这一方法既是分析的又是综合的，学生们要经常在两种任务之间进行转换：一种是确定熟悉的研究对象的特征；另一种是把它们与不熟悉对象的特征进行比较。

这个方法的第一阶段是解释说明新的话题，并提供给学生们相关的信息；在第二阶段，教师或者学生提出直接类比；第三阶段，把未知事物"变得熟悉"（直接类比的内化）；第四阶段，学生确认并解释类比物和真实素材之间的相似之处；第五阶段，学生解释说明比较对象之间的不同点；学生在第六阶段和第七阶段可以将提出并分析熟悉的类比作为获得新信息的一种方法。方法 2 的体系如表 10—2 所示。

表 10—2　　　　方法 2——使未知东西变得熟悉的结构

第一阶段：真实输入	第二阶段：直接类比
教师提供新课题的信息。	教师提出直接类比并要求学生对类比作出描述。
第三阶段：拟人类比	**第四阶段：对类比进行比较**
教师帮助学生"变成"直接类比的对象。	学生确定并解释新材料和直接类比物之间的相似点。
第五阶段：解释不同点	**第六阶段：再研究**
学生解释类比对象间的不同之处。	学生用自己的方式对最初的问题重新进行研究。

续前表

第七阶段：产生类比
学生提出自己的直接类比并探讨其相同点与不同点。

以下是学生练习方法 2 的一个应用实例。教师要求学生对民主政体（新对象）和人体（熟悉的对象）进行比较。这里所举的例子不包括作为整个方法 2 一部分的
233 拟人类比（第三阶段）。我们认为，在请学生们进行智力联想之前，应该要求他们把自己“变成一件物品”，这样可以增强他们想象的丰富性。在下面的例子中，教师先给学生提供了一个简短而真实的描述：

> 民主政体是政府的一种形式，它是以对个人最高程度的尊敬为基础的。人人都有平等的权利，且受到法律的保护。既然人人都有选举权，所以当有需要时，人们可以通过修改法律来进一步地保护自己。在民主政体的国家里，教育扮演着非常重要的角色，因为选举权是和理解力密切相联的。未受过教育的选举人可能会被权欲极强的政党组织所操纵投下背离个人本意的选票。因此，民主政体必须信任个人、信任人民大众……民主政体对个体的尊重表现为：个人有权拥有财产（比如工厂）来保证在和他人的竞争中获得利益。

234 然后告诉学生：

> 列出你能找到的民主政体和人体之间的联系。把人体的特征写在左边一栏里，然后在右边一栏里对照着写下民主政体的特征。

人体	**民主政体**
每个细胞	每一个个体
各种肌肉	教育
大脑	法律
整个躯干	民主国家
疾病	自由的丧失

学生完成列表后，教师要求他们“写一篇短文，指出两个比较对象之间的联系。一定要指出你认为人体与民主政体相符以及不相符的地方。”

一名学生的短文如下：

> 每个人体细胞都是一个个体，可能肉眼看不清，但是在显微镜下细胞的个体一目了然。肌肉需要接受训练，这样人体才能去做一些事情，例如行走、游戏或者编织等（除去诸如眨眼和消化一类的本能反应，也可能有一些我们未知的反应）。大脑如同法律，如果我们做错了什么，思想就会告诉我，当然思想出自我的大脑之中。整个人体像是民主政体，因为它有赖于所有细胞的健康运转。当疾病出现时，身体就丧失了自由，这时寻求统治地位的疾病便会占据上风。当疾病侵占了所有的细胞时，人体就会消亡。在实行民主政体的国家里，人们通过选举来管理政府，他们也需要经常修改不够完善的法律。但是你却无法永远修正渐渐衰老的躯体……因此它最终必将消亡。

到目前为止，学生们完全沉浸在这个练习之中。类比对象已经给出，他们必须

做的是找出所知类比对象之间的联系。练习的最后一项任务是应用。教师要求学生这样做：

> 现在，请大家自己想出一个民主政体的类比对象，要寻找一个无生命的事物，而且注意不能再像是人体那样的类比，写出你的选择。如果不合适，可以选择一个新的。但是请记住，相似物体之间永远不可能完全匹配，它们只是给我们提供一种思考方式而已。
>
> 不断在下列表格中填进你类比的对象的要素，此外，你可以把你认为有必要的民主政体的特征添加进去。

你的类比对象	**民主政体**	
汽车	民主政体	
每个部件	每一个个体	
零件设计	教育	
汽车本身	民主政体	235
汽油耗尽	失去自由	

程序练习的最后阶段，教师是这样要求学生的：

> 现在请尽可能用最好的文笔写出你的比较。先写下关于比较的所有想法，然后再考虑语法。当你在努力表达所描述的事物时，不要让语法妨碍了你。语法只是一种便于读者理解文章的手段，所以你可以稍后再考虑语法。努力使你写出的文章不超过给出的横线。数量不等于质量。记住，要写出相同点和不同点。

一名学生是这样写的：

> 汽车的零部件就像民主政治国家里的公民。当每一部分都运转良好时，它们是自由的，汽车也因此运行良好。而使零件运转的方法就是教育，上帝给人类以自由权，同样也给了汽车发动机运转的权利——汽油在发动机里燃烧就是上帝赋予的权利。如果民主政体遭到漠视，自由就不存在了；同样，如果汽车的燃油耗尽，自由也就不存在了。

再往下的一个小步骤是十分必要的，要确保学生已经很清楚地认识到类比并非严丝合缝地一一对照……学生被要求："在下列段落中，写出你的类比对象之间的不同点。"

一名学生这样写道：

> 在一个民主政体的国家里，每一个个体都不能忽略国家。而对于汽车来说，忘记加油、忽略汽车的只有主人。我也在努力地为汽车零件寻找它们的"好处"，但我找不到。汽车零件的任何竞争结果都只是使汽车在路上飞驰，并不像民主政体国家中的个人竞争。此外，民主政治的国家有许多与自由相关的法律，而我能想到的关于汽车的唯一法则就是使发动机运转的科学规律。

两种方法的不同之处主要在于使用类比的不同。在方法 1 中，学生提出了一系列类比但没有逻辑限制，只是需要增加概念间的距离，而且想象是自由的。而在方法 2 中，学生处理类比对象时，需要连接两个不同概念并找出它们之间的联系。教师选择哪种方法要依据目的而定：是想帮助学生创造出新的事物来呢？还是要探讨不熟悉的事物？

社会系统

这一模式的结构是较为适度的。教师启动程序并引导模式的展开。教师帮助学生推理他们的思维过程。然而，当学生在解决问题过程中使用比喻方法展开开放式讨论时，应享有充分的自由。合作的原则、想象的游戏以及情感和智力因素的发
236 挥，这些对于建立创造性的解决问题的环境是非常必要的。回报是让学生在学习活动中体会到的内在的满足与快乐。

教师作用的原则

我们注意到，教师已经被程式化的思考模式所束缚，因此要努力促使他们产生能够进行创新反应的心理状态。教师也必须用非理性的观点去鼓励那些不够积极的学生投入到偏离主题、奇谈怪论、象征表达以及其他有助于打破固有思维方式的状态中。教师对学生起着示范作用，教师的表现对于模式能否顺利实施至关重要，所以他们必须学会接受那些千奇百怪且与众不同的事物。他们还必须能够接受学生所有的反应，保证学生不会觉得自己的创新性表达是由一个外在的标准来进行评判的。问题越难解决，或者说看起来越难解决，教师就越有必要接受一些似乎是牵强附会的类比，从而激发学生对问题的新颖见解。

在方法 2 中，教师应避免过早草率的分析。我们还要解释和总结学习活动的过程以及学生解决问题的行为。

支持系统

大多数小组需要一个熟悉共同研讨程序的人来领导，从而保证研究顺利进行。在解决科学问题的情境下，实验室也是必要的，在那里，学生可以利用模型等设施使问题具体化，也可以做出一些实践的发明创新。学生需要独立的学习空间和学习环境，以保证他们的创新性受到尊重，并得到有效的利用。传统的教室或许能满足这个条件，但是一个班级规模的群体对于共同研讨法活动来说太大了，因此需要建立小规模的团体。

应　用

在课堂中使用共同研讨法

共同研讨法的目的在于提高个人和集体的创新能力。学生分享他们关于共同研讨法的经验，由此形成一种伙伴关系，他们通过观察其他同学对某一概念或问题的反应来相互学习。对他们想法的评价标准是是否对集体的研讨有所帮助。共同研讨程序有助于构建一种平等的同伴关系，个人能够坦诚地持有自己的观点是维系这种关系的唯一准则。这种气氛及其带来的乐趣可以使最羞怯的参与者也受到激励。

共同研讨程序适用于文理科的所有课程。它可以用于师生间在课堂上的共同讨

论，也可以体现在教师为学生提供的材料上。不必每次都把它的结果或过程写下来；可以是口头的表达，也可以是角色扮演、绘画、图表或者简单的行为变化。在 237
使用共同研讨法分析社会或行为问题时，你能够通过研讨前后的活动来看到情境行为的变化。让学生表达出某种与最初主题相矛盾的想法也很有趣，比如画一幅画来表现偏见或者歧视，概念是抽象的，然而表达它们的方式却是具体的。

在下面的段落里我们将讨论如何应用一些共同研讨程序以及与此相伴的情境状态。

写作创新

方法 1 可以直接应用在创新性的写作中，不仅是因为它能促进类比法的应用，还因为它有助于打破习惯性的思维方式，帮助作者拓宽思路，使他们能够用说明文、议论文或者记叙文来完成表达任务。

探讨社会问题

方法 1 为我们探讨社会问题提供了一种变换思维角度的方法，尤其对于那些容易被现有概念和方法束缚的问题来说，更是如此。比喻能够产生距离，这样冲突就不会直接影响学生，因为讨论和自我检验都是可操作的。拟人类比阶段对于培养学生的见解是至关重要的。

问题解决

方法 2 的目标是打破常规、以一种全新的方式对问题形成概念，从而找出新的解决方法。这里的问题可以是个人生活中的问题，也可以是学校集体中的问题。比如班级中的群体关系、同学间矛盾的解决、如何克服对数学的焦虑心理、怎样戴眼镜更为舒适、如何不去取笑他人——需要解决的问题不胜枚举。

设计创新或产品创新

共同研讨法也可以被用来创新产品或设计。产品是有形的，比如一张画、一栋建筑物或者一个书架。当然，设计也可以只是一个计划，比如一台晚会的构思或者一种新的交通方式。最终，设计或者计划都要变为现实。不过在这一模式中，它们只是作为草图或纲要存在的。

拓宽思维角度

诸如文化、偏见和经济一类抽象的概念是很难理解的，虽然我们无法以看待桌子和房子的方式来理解这些概念，然而在语言中我们却经常使用它们。共同研讨法可以很好地把熟悉的概念“陌生化”，由此获得一种新的概念。

我们发现，共同研讨法不仅对小孩子来说是最好的训练，也可以适用于所有年龄阶段的人。此外，就像任何教学那样，它总是需要做出一些调整，以确保教学的开展不超出学生的经验范围，另外应该尽量使用实物，循序渐进，对程序进行明确 238
的说明。

有些学生因为害怕犯错误，所以不愿意参与学术性较强的学习活动，对于他们来说，共同研讨法常常是十分有效的。与此相反，成绩一向很好的学生习惯于只对自己确信是“正确的”东西作出反应，因而往往对参加这一模式的活动持犹豫态度。我们认为，出于这些原因，共同研讨法对于每个人来说都是很有价值的。

共同研讨法很容易和其他方法结合使用。它能扩展通过信息加工模式所探究的概念，为一些通过角色扮演、群体研究、法理性思考等方法探讨的社会问题打开思路，并能扩展到由个人类教学模式所涉及的问题或情感的领域。

共同研讨法的有效性随着时间的推移逐步呈现出来。一开始在扩展对概念或问题的看法时，它只能带来若干短期的结果。但是经过反复训练后，学生们就可以越来越熟练地运用它，也会学会轻松和完整的深化比喻模式。

戈登和波兹（Poze）和他们的同事编写了多种适用于教学，尤其是语言发展领域的教材（Gordon & Poze，1976）。这一模式具有普遍的吸引力。提高创新思维能力、丰富同情心、密切人际关系等功能的巧妙结合使得其在各个年龄阶段和大多数的课程领域中得到了广泛的运用。

教学效果和教育影响

如图 10—1 所示，共同研讨法既具有教学价值又具有教育价值。戈登认为，创新性程序是可以相互交流的，也可以通过直接训练得到改进。因此，他研究出了许多具体的教学方法。然而，共同研讨法不仅可以发展一般创新能力，还能够提高我们在多种领域的创新性反应。很显然，戈登认为，创新能增强许多领域的学习能力。为此，他强调，要创造一个鼓励创新、能依靠群体凝聚力来产生创新能力的环境，从而保证每个参与者都能够在这个比喻领域里相互促进地发挥作用。

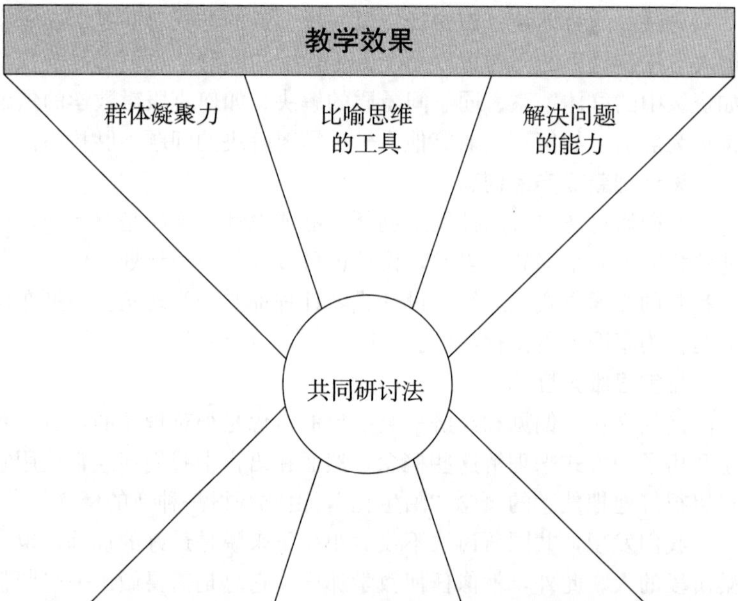

图 10—1　共同研讨法的教学效果和教育影响

共同研讨法的目的在于提高个人及群体的创新能力朱迪斯·桑德思和唐纳德·桑德思（Judith Sanders & Donald Sanders，1984）提出了一种通过比喻活动来激发创新的方法。他们的著作在相应领域里应用十分广泛。我们注意到，许多教育者并没有自觉地意识到这种用来引发不同思维模式的有效应用范围，鉴于某种原因，许多人把创新性归为一种以艺术天赋为特征的能力，尤其表现在创作、绘画和雕刻方面。然而这种模式的创建者认为，创新性能力能够在后天得到提高，而且它可以应用于个人生活的方方面面，因此也可以应用于每一种课程领域。桑德思两人对以下 239
几个方面进行了阐述：目标的设定、情感的培养、价值的研究、各种领域问题的解决以及拓宽看待问题的角度等。

纽比和厄尔特那（Newby & Ertner，1994）曾经进行了一系列精心的研究，指导学生使用类比法学习大学的高等生理学概念。研究结果证实了我们曾经从幼儿园到高三的学生那里得到的经验：类比法不但提高了学生们短时学习和长时学习的效率，而且还增加了他们的学习乐趣。

贝尔（Baer，1993）指导了一系列对特殊性发散思维和一般性发散思维方法的研究。其结果证实，一般的创造性推理方法可能适用于多种领域，而在某些特殊领域中，要进行有针对性的训练才会更有帮助。格林（Glynn，1994）也曾报告过一项有关科学教学方面的研究，他认为使用类比法学习书本材料不仅可以提高短时学习的效率，而且可以提高长时学习的效率。当然，这方面的研究仍在继续。

扩展概念 240

下面将描述共同研讨法对一个学术性概念的扩展。在它之前是两节运用概念获得模式的教学实录，一节是有关逆喻（矛盾修辞法）的概念，另一节是关于富裕小国的概念。虽然这是学生们第一次使用共同研讨法，然而他们却理解了矛盾修辞法的特点，并且能够在课程的第四阶段中形成逆喻。

个案 10—5

教师的课堂设计

第一阶段：要求学生简短地写出世界上富裕小国的主要特点。（学生们刚刚完成了有关这些国家的资料分析。）

第二阶段：直接类比（以及学生的反应）。

巴拿马运河哪点像浴缸？（排水装置）
巴拿马运河哪点像录影带？（长，封闭，连续不断，可视性）
录影带哪点像书？（信息，画面）
看录影带为何像是在跳舞？（活动，行为）
梦为何像滑板？（跌落，风险，加速）
滑板为何像搅拌器？（旋转，擦洗）

第三阶段：拟人类比（以及学生的反应）。

想象自己是巴拿马运河，午夜时分，一长队的船只刚刚开始它们从太平洋到大西洋的航程，你的感受如何？（潮湿，困倦）

一艘巨轮庞大得几乎要擦着两边的船闸才能过去，现在它刚刚驶入第一道闸门，你的感受如何？（紧张，停止）

领航员们正在船上上上下下。你对于他们有何感受？（朋友，护卫者）

潮水随着来自太平洋的船只滚滚涌来，你对潮水有何感想？（有异味，有规律，必然的）

想象自己是一朵积雨云，你正飘向一片晴朗的蓝天，你的身体里裹着成千上万个提着水桶的小家伙，你有何感想？（笑声）（努力争取，冒险尝试）

当你慢慢飘近一座城镇时，会想些什么呢？（抓住你了）

当你发出信号，小家伙们开始倾倒他们的水桶时，你有何感想？（解脱了，轻松了）

当你身体里差不多没有水了的时候，你开始散裂开来，你已看到屡屡浮云已被风吹散，你感受如何？（怀旧，伤感）

241 **第四阶段：形成逆喻（学生真实的反应）。**

孤独的友谊	熟悉的新环境
忧虑的宽慰	封闭的冒险
仿古的时新	友好的敌人
下坠的上升	虚幻的事实

第五阶段：新的直接类比（以及学生的反应）。

“孤独的友谊”的例子有哪些？（争吵或打斗之后的重归于好）

什么是“虚幻的事实”呢？（一种幻想故事，例如《爱丽丝漫游仙境》）

第六阶段：重新检验最初的任务。

用“忧虑的宽慰”来想象一个小而富裕的国家。（以科威特为例，它曾被入侵，人们不知道以后是否还会发生同样的事件；新加坡很繁荣，但对中国却很忧虑。卡塔尔可能会被别国吞并，因为它太小了，所以需要有所保护，它的财富是建立在石油基础上的，而石油资源可能会枯竭，世界市场也许会改换新的能源等。）

在分析了富裕小国的资料后，再使用共同研讨法来学习，学生就能够更详细地了解这些国家了。最初的资料分析给学生留下了这样一个印象：这些国家不存在什么问题。在使用共同研讨法以后，学生能够从一个完全不同的角度来重新审视、分析这些国家在全球关系中的优势和劣势。

个案 10—6

共同研讨法的另一种用途是培养学生对社会问题的不同见解，在考虑解决问题的方法时要“打破固定常规”。下面这个例子发生在印度，教师要求一组初中生思考现代文明中的“职业女性”问题。这个话题通常是不会被提出来讨论的，因为传统文化对男女性别角色的文化观念界定具有很强的影响力。讽刺的是，由于接受高等教育是一种荣耀的象征，所以尽管只有极少数女性在婚后参加工作，但在印度的大学和学院中，女学生几乎占了一半。事实上，差不多所有的印度女性都会结婚，而她们很少在婚后试图寻求工作机会，在这样一个正缺乏人力资源的国家，大量的人力资源就因此被白白浪费了。

（注：这些课是用英语来进行的。对于所有学生来讲，英语是第二语言，他们的母语是印度语或马拉地语。）

开始！

第一阶段：写一段有关印度职业女性的短文。 242

第二阶段：直接类比（以及学生的反应）。

羽毛怎么会像蝴蝶？（诱人，轻柔，飞翔，被追逐）
剪刀为何像仙人掌？（锐利，刺人）
蛇为何像枕头？（光滑，让人做噩梦）
打乒乓球为何像结婚？（有风险，有争斗，有起有落）

第三阶段：拟人类比（以及学生的反应）。

现在你是一只老虎。早上好！老虎，你感觉怎样？（傲慢，气派，饥饿，威严，不可信赖）

当你穿过森林来到一大片水域，看见一条鲸鱼在水里。你会想到什么？（贪婪，早餐，威胁，震惊）

现在你是一片羽毛。好，羽毛们，描述一下自己吧！（无忧无虑，虚弱无力，独立，流浪跋涉）

第四阶段：形成简明矛盾（逆喻）。

挑出一些你在文章中使用过的单词，组成看起来相互对立、彼此冲突与不相匹配的词组。

美丽的噩梦	小心的恐吓
迷人的荡妇	危险的魅力
崇高的贪婪	庄严的崇高

现在选出一两个最不和谐的词组。

美丽的噩梦　　　　危险的魅力

第五阶段：新的直接类比。

有关美丽的噩梦的例子有哪些？
举例说明什么是危险的魅力？

第六阶段：重新审视最初的主题。

运用上述简明矛盾修辞法中的某一概念写一段有关职业女性的短文。不必拘泥于确切的词汇，而应当努力领会这几个词组的含义。

下面是部分学生的短文。这里把他们练习前的作业和练习后的作业作了对比。

练习前：一名职业女性结婚后，只有当她丈夫的职业也较好时，夫妇两人才能和谐相处。否则，一旦男人想要主导女人，就可能会导致离婚。但是女人却不希望如此，因此，只有在不影响抚养下一代的情况下，她们才会寻求就业机会。

练习后：一位职业女性如果特别有魅力的话，就能够成功，尤其是在自然科学 243
领域中。周围的人往往会尽情地欣赏她而对她相当地宽容。然而，当他们后来发现那位具有危险魅力的女人实际上并非像自己先前所预期的那样时，他们就会觉得自己做了一个美丽的噩梦。

练习前： 通常女人在从业之前就应该下定决心，尤其在印度，女人的就业往往会受到家人的阻挠。因为，人们觉得这样女人无法照看好家庭，也无法干好自己的事业，男人通常是不情愿让自己的妻子出外就业的。

练习后： 一位职业女性可能既有危险性，又有吸引力。就那些受到她威胁的人来讲，她可能是危险的；但是当她成功地完成一项工作之后，对于他们来说，她可能又是最甜美动人的了。

练习前： 男人是怎样看待职业女性的呢？他们常常以一种极端的大男子主义态度认为，女人是愚蠢的、低效的、让人头疼的、低人一等的合作伙伴。所以，当他们面对职业女性时，常会感到自己被拉回了现实。他们用泄愤、嫉妒、羡慕和烦躁来表达自己心中低落的复杂情绪。但是在一个以男人为主导的严酷社会里，职业女性其实需要付出更多的意志力和决心才能取得较大的成就，当然，让男人意识到这一事实仍然需要一定的时间，但一旦他们意识到了这一点，我想，男人和女人就能组成一个高效的团队而携手合作了。

练习后： 职业女性确实给大多数男性带来很多美丽的噩梦。这是因为，一方面他们必须与她密切合作，另一方面他们又不想有一位女性上司。在我看来，一位职业女性在工作上表现出色时会产生一种内在的魅力；而在工作低效且又杂乱无章时，她又会是很危险的。

参与共同研讨的小组活动总能获得一种独特的、有利于培养人际理解和团队意识的经验。当每个人都以自己独特的方式来思考共同面对的问题时，大家就增进了互相的学习。每个人都清楚地意识到，自己的看法与其他成员的观点虽然截然不同但是相互依存的。每一个观点，无论多么平淡无奇，对自己的思想所起到的潜在催化作用都是相当有价值的。群体中的每一个体都有自己的看法，而共同研讨活动中所包含的娱乐性，能使那些最羞怯的参与者也受到鼓励。

244 **小　结**　**共同研讨法**

方法1的结构体系：创新事物

第一阶段：描述现状

教师让学生描述他们当前面对的状况或主题。

第二阶段：直接类比

学生提出若干直接类比，然后从中选择一个，并对其进行进一步的探讨。

第三阶段：拟人类比

学生“变成”他们在第二阶段的类比中的事物。

第四阶段：简明矛盾

学生从第二阶段和第三阶段中的描述中形成一些矛盾的表达并选择一个。

第五阶段：直接类比

学生在简明矛盾表达的基础上做出另一个直接类比。

第六阶段：重新审视最初的任务

教师带学生回到最初的任务或问题上，运用最后一个阶段的类比或者整个共同研讨活动重新对它进行分析。

社会系统

这个模式有适度的组织结构。教师启动程序，学生对此做出开放性的反应。创新性原则和“想象的游戏”受到支持，其回报是内在的。

教师作用的原则

鼓励开放性、非理性和创新性的表达，有必要时教师应做出示范。

接受所有学生的反应。

选择有助于学生拓展思维的类比。

支持系统

没有特定的支持系统。

方法 2 的结构体系：将陌生事物熟悉化

第一阶段：真实输入

教师提供有关新主题的信息。

第二阶段：直接类比

教师提出直接类比并要求学生对此加以描述。

第三阶段：拟人类比 245

教师使学生变成直接类比的对象。

第四阶段：对类比进行比较

学生确定并解释新事物和直接类比物之间的相似之处。

第五阶段：解释差异

学生解释类比对象间的不同之处。

第六阶段：探讨

学生用自己的方式重新对最初的问题进行探讨。

第七阶段：生成类比

学生提出自己的直接类比并探讨其相似与不同之处。

第11章

讲授式教学模式

——先行组织者模式

247 为什么不在课程开始时就向学生提供理解新观点的桥梁呢？让学生深入了解结构的秘密，懂得它是如何通过进一步探究而不断呈现出来的。这样可以让他们的思维随着课程的进展而活跃起来。

——戴维·奥苏贝尔致布鲁斯·乔伊斯，1968年11月

个案11—1

一名导游在带领一群中学生参观一个艺术博物馆时说：“我想提出一种观点以帮助你们理解即将看到的绘画和雕塑。这个观点很简单，虽然艺术是一种个人表达方式，但它却在很多方面反映了其产生的时代及当时的文化特色。当你开始注意到东西方艺术差别时，这一点表现得特别明显。此外，当某种文化发生变化的时候，艺术也会变化，这就是我们为什么要用艺术时代这个词的原因。这些变化经常反映在艺术家的技巧、题材、色彩和风格中，而主要的变化经常反映在艺术产生的形式上。”这名导游接下来指出了一两个这种变化的例子。她还请同学们回忆了一下他们的小学时代，比较了他们五六岁时和长大后画出的画的不同，这样就把不同时期的成长和不同的文化联系了起来。

在随后的游览中，当学生观看绘画和雕塑时，导游指出了由于时代变迁而产生的不同。她问道：“你看见了吗？在这幅画中人的身体几乎全部被长袍遮盖了，他的衣服下面看不出人体的轮廓。因为在中世纪，宗教宣扬人的身体并不重要，灵魂
248 才是一切。”她又评论说：“你们看，在这幅画里人的形体透过他的衣服被明显地表现出来而且牢固地站在地面上。这代表了文艺复兴时期的观点，即人是宇宙的中心，人的身体、思想和力量是非常重要的。”

在下面的例子中，教师使用了一种先行组织者策略，一个艺术史专家经常在这种情景下使用的概念。这种策略很多附属观念，而这些观念能够把所看到的艺术作品的特征联系在一起。在这个个案中，教师提供了一个被奥苏贝尔称为“智力支架”的方法来组织在上课时遇到的观点与事实。

个案 11—2

温迪和基思正在上化学课，她们把归纳法和记忆法结合起来使用，进而教学生学习元素周期表。学生基于元素的名称和原子量及其温度处于 10 摄氏度时的状态对它们加以分类。此外，他们还学习元素、原子量和化学键等概念。

这些概念以及有关元素周期表本身的知识就是课程的概念性结构。即将学习的信息会连接到这一结构中，随着课程的进行这些概念本身也将会得到完善和扩展。

个案 11—3

凯利·杨正在向学生介绍词汇字面意义与隐含意义方面的区别，或者说是找出词汇语言与隐含语言的不同。他首先作为先行组织者，指出某些词语代表事物、行动、状态等，同时又隐含了一些东西。他使用例子加以证明，单词 puppy 指的是小狗，同时也暗示好玩与爱抚，因为我们认为小狗好玩，我们喜欢抚摸它；limousine 指轿车，同时也暗示地位、财富，甚至可能还有势利和排场。

然后他给学生展示了一系列短故事，让他们阅读并从中找出两种词汇：一种是他们认为只有字面意义的；另一种是没有直接表明但有隐含意义的词汇。他们把这些词汇列成表，然后讨论为什么一些词汇只有字面意义而另一些词汇既有字面意义又有隐含意义。学生对这两种词汇进行分类之后继续对其进行探索，阅读自己喜欢的作家作品，从而不断丰富自己的词汇量。

模式导向 249

奥苏贝尔是一位非常优秀的教育理论家。首先，他直接指出了学习题材的目的。其次，当其他教育理论家和社会舆论家忙于抨击讲授教学法（讲解和阅读）的有效性、寻找讲授式教学的缺陷时，他却大声疾呼要改进这种教学方法。与提倡发现教学法、开放教育以及经验教学的人不同，奥苏贝尔坚决认为应当通过讲授教学来掌握学术性材料。

奥苏贝尔也是为数不多的强调学习、教学以及课程的教育心理学家之一，他的意义性语言学习理论涉及三个方面：（1）知识（课程内容）是如何组织的；（2）大脑是怎样吸收这些新信息（学习）的；（3）当教师给学生讲授新内容时，该怎样运用相关课程知识和学习观点来教学。

目标和假设

奥苏贝尔最关心的是帮助教师尽可能有效且有意义地组织和传递大量信息。他认为，使学生获取信息是学校教育的本质目的，而且一定的教育理论能够指导教师把知识传授给学生。他主张教师应负起责任将学习内容加以组织，并且通过讲课、阅读、给学生布置任务等方式让他们把所学知识综合起来，从而传递信息。在他的模式中，教师有责任去组织并传授将要学习的内容，而学习者的主要任务是掌握观念和信息。归纳的方法有利于引导学生发现和再发现概念，而先行组织者模式则直接向学生提供概念和原理。有趣的是，奥苏贝尔相信学生必然会成为知识的积极建构者。然而教师训练学生们成为建构者的方法不是始于让他们感知世界并引导他们去导出结构，而是要教给他们与对教学有效反应有关的高度概括的原理和元认知。

设计先行教学模式是为了加强学生的认知结构——以便在任何指定时间里对某一特定主题知识加以理解以及通过组织这些知识而实现知识的清晰程度与稳定程度（Ausubel，1963）。换句话说，认知结构涉及这样一些内容，即在我们头脑里存在着怎样的知识、数量有多少，以及它们组织的程度如何。

奥苏贝尔坚持认为，一个人已有的认知结构是新材料能否被有意义地学习并且有效获得与保持的最重要因素。在我们有效讲授新材料之前，必须增加学习材
250 料结构的稳定性和清晰度。完成这一任务的方法是将能够概括新信息的概念介绍给学生们。在绘画展览的例子中，导游讲解艺术反映文化和文化变迁的观念就是想提供智力支架，进而帮助学生更加清晰地去发现绘画中的信息。温迪和基思的化学课是另一个例子，学生几乎不懂化学，所以组织者提供一个概念结构来建立课程框架。以这种方式来加强学生的认知结构能够提高他们获取和保持新信息的能力。通过听、看、读的学习实质上就是背诵、被动或者没有意义的学习，这是奥苏贝尔十分反对的观点。这种情况可能当然会出现，但是如果学生准备好去接受并且处理信息，那么这种情况就不会出现了。相反，如果没有做好思想准备，学生必将倒退到背诵式的学习，这样将很容易造成遗忘。任何没有有效实施的教学方式都会导致背诵式的学习，解释性教学也不例外。但是只要做得好，它将积极地促进信息处理过程。

什么是有意义的学习？

根据奥苏贝尔的观点，材料是否有意义更多地取决于学习者的准备状态和材料的合理组织程度，而不是讲授的方法与技巧。如果学习者设定了合适的目标，而且材料也能很好地组织起来，那么这种学习就是有意义的。

接受学习一定是被动的吗？

奥苏贝尔认为如果设定适当的条件，那么接受教学就不是被动的。在讲解或其他形式的授课式教学中，聆听或观看者的思想是很积极的。但前提是他们必须把相关的材料融入自己的认知结构中。奥苏贝尔在谈到学习者要和材料做斗争时，强调要从不同的角度看问题，以相同或者相反的信息来理解它，最后再把它们同化到自己的知识框架中。这些并不是机械地发生的。

组织信息：学科结构和认知结构

根据奥苏贝尔的观点，学科问题组织的方法和人们头脑中知识组织的方法是并行的。他认为每种学科都有一个概念结构，这个概念结构是按等级关系组织的（Ausubel，1963）。也就是说，每个学科的最上层是一些广义且抽象的概念，这些概念包括组织中较低状态的更具体的概念。图 11—1 显示了经济学中的等级结构，在金字塔的顶部的概念相对更抽象一些。

251 和布鲁纳一样，奥苏贝尔相信每一个学科的结构概念都能教给学生，对于学生来说它们就是一个信息处理系统，也就是说，它们变成了一张学生可用来分析特定领域并能解决问题的智力地图。例如，学生可以使用经济学概念，从经济学的观点分析事件。假设我们给出一个个案研究录像带，描述在农场、杂

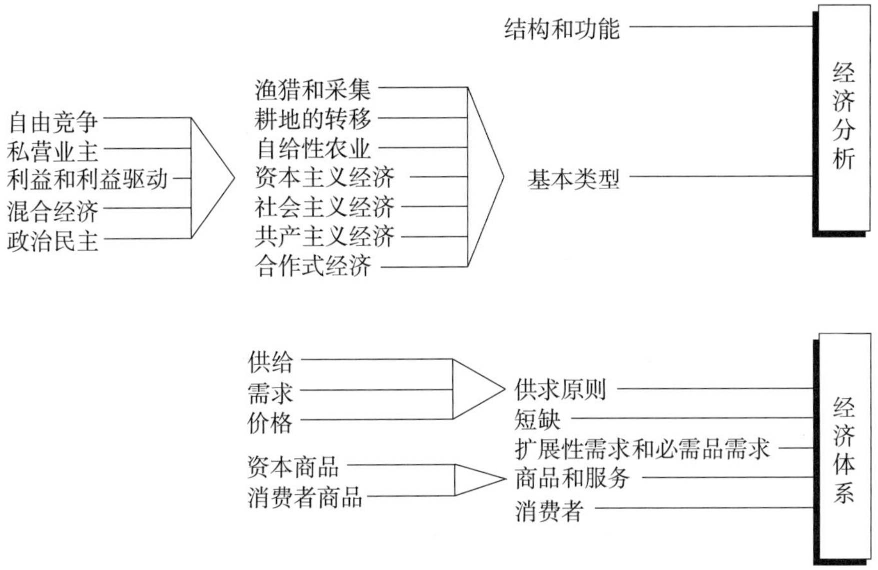

图 11—1　经济学概念的等级结构

来源：Based on Clinton Boutwell, *Getting It All Together* (San Rafael, Calif.: Leswing Press, 1972).

货店、郊区住宅还有经纪人办公室的活动场景。每个场景都包含很多信息，学生看到人们忙于各种活动，注意到很多行为，听到很多谈话，他们将会根据供给者和需求者、买方和卖方、商品和服务、消费者和生产者等概念对人们的行为和活动加以分类。这些概念在很多方面给予他们很大的帮助，它们能够使学生理解大量数据，并且通过比较这四个场景来发现表面不同的事物中隐含的共同点。

奥苏贝尔把大脑组织信息结构的模式描述成一个可以与学科的概念结构相似的信息处理和信息保存系统。如同学科一样，大脑也是按等级关系组织起来的一
套观念体系，为信息提供定位，并为保存信息服务。图 11—2 展示了经济学科中 252
认知结构的等级性。阴影部分的概念是最广泛的，学生已经学习过并且保存在一个假设性的认知结构中，而非阴影部分的概念很可能有潜在意义，因为它们能和现存的概念建立联系。黑圆圈是学生还没有获取意义的概念，因此还没有给它们在认知结构中植入恰当的定位。随着这个信息处理系统获得越来越多的新信息和新概念，它将自动进行重组以适应那些观念。因而，这个系统处于不断变化的状态。

奥苏贝尔坚持认为，新的概念只有与现存结构中为它们提供概念定位的概念或原理联系起来才能被有效地学习并保存下来。如果新材料与现存认知结构产生冲突，或者没有甚至无法建立关联，那么这些信息和观念可能不会被融入或者保持，为了防止这种情况发生，教师必须组织排列新的学习材料，按照概念定位所提供的方式进行讲授。另外，学习者必须对新材料做出积极反应，通过思考它们与现存信息之间的联系来理解两者的不同点与相同点。

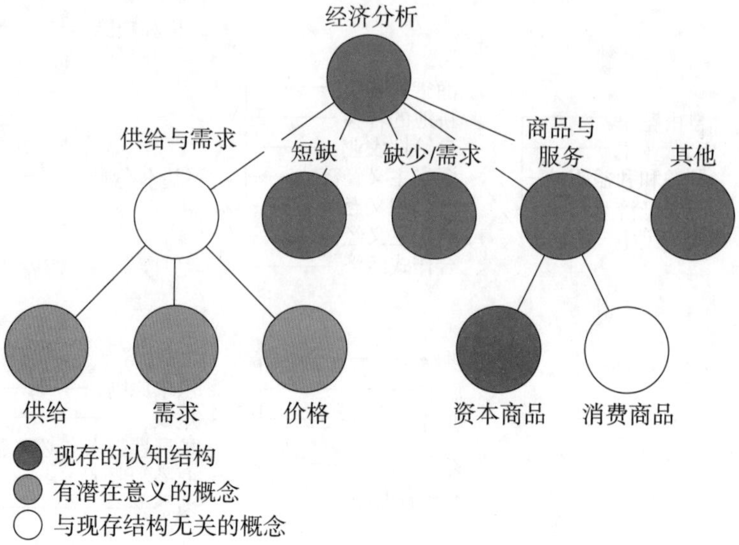

图 11—2 个体对经济学的认知结构

来源：Based on Clinton Boutwell, *Getting It All Together* (San Rafael, Calif.: Leswing Press, 1972).

253 课程中的应用

奥苏贝尔关于学科问题和认知结构的观点对课程的组织和指导程序有极为重要而直接的影响。他提出了两个原则：逐步完善和整体综合。他用这两个原则把学习内容组织成学生已有认知结构中的一个稳定的部分，并且用它们来描绘学生的思维模式。逐步完善意味着最基本的学科观念应首先被提出来，接下来再逐渐使其不断详尽与具体化。整体综合意味着新观念应该有意识地与已有知识联系起来，换句话说，要有效组织课程的序列，这样每次连续的学习才能和先前讲授的东西连接起来。整个材料的讲授如果只遵循逐步完善和整体综合的原则是不够的，还必须要有学习者的积极参与。在这两个原则的共同作用下，学科才会被建构到学习者的头脑中。

学科的结构和授课的进程都是自上而下的，最基本的概念、原则和原理最先被展现出来。奥苏贝尔指出，大多数文章把各个话题分别放在单独的一章或一节中，所有这些章节的抽象性和概括性都处在一个水平上。因此在大多数情况下，“学生在还没有获得足够相关知识和适当概念水平时就被要求学习新的、不熟悉的内容”(Ausubel，1968，p. 153)。

初看上去，提供主要观念然后再逐渐提供次要的观念的方法似乎是在反对讲授、反对概念获得以及科学探索模式，但是概念的形成仍然是中心问题，而且学生都应积极融入概念与信息的连接中，从这两点来看它们仍有极大的相似性。而且，在课程中我们可能会在构造观念与讲授观念中加以选择。

教学中的应用

先行组织者能够加强认知结构并且提高对新信息的保持能力。奥苏贝尔把先行组织者描述成一个在学习任务之前呈现的引导性材料，并且其抽象水平与概念水平要超过学习任务本身。它们的目的是解释、整合并把先前学到的材料和当前的学习任务联系起来（Ausubel，1968，p. 148）。最有效的组织者是那些使用学习者熟悉的概念、条件和原理及适当阐述和类比的组织者。

假如，一名教师希望学生获得关于当前能源问题的信息。这个教师提供了一些诸如可能存在的能源资源、美国经济增长及技术发展的基本信息、能源危机的相关 254
政策和未来计划，这些学习材料以报纸、演讲、甚至电影的形式呈现。学生的学习任务是使信息内化，也就是说，他们要记住中心思想或者有关事实。在将学习材料介绍给学生之前，教师应该以先行组织者的形式提供给学生引导性材料，以帮助他们熟悉材料。

在这个例子中，能源概念可能被作为组织的基础，而相关的诸如能源效率和能源保护等概念可以提供辅助性的组织。其他可能性的组织包括生态学及与环境、经济、政治和社会结构有关的亚系统。第二种组织会把学生注意力集中在新旧能源对于生态系统的亚系统的影响上，另一方面，第一种组织将鼓励他们通过对能源有效性和能源保护进行综合考虑来处理材料。

先行组织者本身是一项很重要的内容，教师需要不断地将其教授给学生。它可能是一种概念，也可能是一种关系状态。无论哪种情况，教师必须花费时间去解释和发展组织，因为只有当被充分理解时，它才能服务于学习者接下来要进行的学习。例如，学生只有充分理解了文化这一概念之后，教师才能在此基础上引入不同文化群体的概念和信息。先行组织者一般以主要概念、原理、一般概念、原则以及法则为基础。例如，在介绍印度种姓制度的一节课或者一篇课文中，可能会由一个社会阶层概念的先行组织者做铺垫。同样地，“技术变革可能会导致社会和文化的重大变革”这一判断可能会成为一个先行组织者的基础，从而被用作某些历史时期与地点研究的先导。

通常，先行组织者和它之后要学习的材料是紧密相联的。尽管如此，为了提供一个新的视角，先行组织者可以由其他领域中的相互类比而产生。例如，尽管“平衡”这个概念属于艺术，却可以应用于文学、数学、政府职能，甚至日常活动中。根据各种先行组织者应用目的的不同，对教会的研究可以呈现经济、文化、社会或者建筑学等多种视角。

有两种类型的先行组织者——陈述性组织者和比较性组织者，陈述性组织者提供的是一个最抽象的概念，还可能附带一些比较低级的概念。它们相当于智力支架，当学生遇到新信息时就可以附着于其上。陈述性组织者对学生特别有帮助，因为它给不熟悉的材料提供观念支架。基本的经济学概念应该先于一个城市的经济条件研究呈现出来。

比较性组织者常常被用于相类似的材料中。它们被用来区分新旧概念，避免由于相似性而造成混乱。例如，当学习除法时，比较性组织者可能被用来指出除法与 255
乘法的异同点。在乘法中乘数和被乘数可调换而乘积不变，也就是说，3 乘 4 能变为 4 乘 3；而要使商不变，除数与被除数不可调换，也就是说，6 除以 2 不等于 2 除以 6。因此比较性组织者能帮助学习者理解乘法与除法的关系，并且明晰它们之间的区别。学习者能够在学习除法时借用一些有关乘法的知识，从而不至于混淆它们的不同之处。

正如在第 2 章中所描述的，奥苏贝尔等人只进行过一些基本的理论研究，而劳顿（Lawton，1977a）的研究不仅涉及对材料的学习和记忆，而且涉及影响逻辑操作的理论能力，也就是说，帮助学生培养思维能力的理论。

一般来说，劳顿的研究看起来支持的是“教的是什么，学会的就是什么”的理念。如果我们给学生讲授材料，那么其中一些就需要被掌握。如果我们按照组织结构进行讲授，那么更多的东西将被学会。如果我们使用帮助学生培养一定思维方式的某种程序，那么他们将学会那些思维方式。然而，如果我们避免使用提供了特定智力结构和思维程序的教学模式，那么我们就减少了学生获得这种结构与思维程序的机会。一般来说，一种智力结构的培养——无论通过讲授或者引导模式——都将增加学生学习这些结构及与之相伴的思维程序的可能性，从而使他们更有效地记住学习材料。对于年龄较大的学生来说这种效果更为明显。另外，当学生运用这套结构去解决他们从未遇到的问题时，其效果也可以更清楚地被观察到（Bascones & Noval，1985；Maloney，1994）。

教学模式

这里介绍的教学模式基于奥苏贝尔关于学科对象、认知结构、积极接受学习，以及先行组织者的理论。

结构体系

先行组织者的模式有三个活动阶段。第一阶段是讲解先行组织者，第二阶段是提出学习任务或学习材料，第三阶段是强化认知组织。第三个阶段用来检验学习材料和已有观念的联系，并帮助学生形成积极的学习程序。表 11—1 是对这一模式的介绍。

256 **表 11—1　　先行组织者模式结构**

<table>
<tr><th>第一阶段：讲解先行组织者</th><th>第二阶段：提出学习任务或学习材料</th></tr>
<tr><td>阐明课程目标。
讲解先行组织者：
　确认最本质的属性。
　给出实例。
　给出背景。
　重复。
唤醒学习者的相关知识和经验。</td><td>呈现材料。
保持注意力。
明确材料的组织。
明确学习材料的逻辑顺序。</td></tr>
<tr><th colspan="2">第三阶段：强化认知系统</th></tr>
<tr><td colspan="2">运用整体综合原则。
促进主动接受学习。
确立学习新内容的批判性态度。
澄清。</td></tr>
</table>

这些活动是为了增加新学习材料的清晰性和稳定性，以减少知识点的遗漏、混淆或者模糊。学生在学习这些材料时应将其与自身经验以及已有的认知结构联系起来，并对这些知识采取一种批判的态度。

第一阶段由三种活动构成：澄清课程目标，讲解先行组织者，唤醒相关知识的意识。

澄清课程目标是一种保持学生注意力，并且指引他们明确学习目标的方式。而这两者对于提高具有意义性的学习都是十分必要的。

正如之前提到过的，先行组织者不仅仅是一个简单的状态，它本身是一种观念，就像学习材料必须进行智力探索一样。它必须和引导部分区别开，后者对课程有用，但不是先行组织者。例如，当我们教学时，大部分都以让学生回忆上周或去年学过的内容，或者通过告诉他们第二天将要讲授的内容来展开课程。这种方式主要是给他们展示课文背景或者即将讲授的课程来呈现或指引课程的方向。此外我们还可以让学生回忆个人经验，然后指出新的学习内容和他们自身经验有相似之处， 257
而且有助于他们理解之前的经验。我们还可以告诉学生一部分课程目标，即我们希望他们从讲授或讨论中学到什么。上述这些技巧都不是先行组织者，但它们都是组织讲授不可或缺的一部分，有一些甚至反映了奥苏贝尔意义语言学习理论的核心原则，也是其教学模式的一部分。

真正的先行组织者是建立在主要学科概念或学科原理的研究领域基础之上的。第一，必须建构先行组织者以便学习者从实质上接受它——一种区别于学习任务又比它更具概括性的概念。因为先行组织者的主要特点之一是它比学习材料本身具有更强的抽象性与概括性。这种高水平的抽象性可以把先行组织者和引导性部分区分开来，后者的抽象程度和学习材料本身一样，因为它们实际上就是学习材料的预习。

第二，无论先行组织者是陈述性的还是比较性的，它的概念或原理的基本特点都必须被指出来且经过仔细解说。因此，教师和学生必须探索先行组织者和学习任务的关系。对于我们来说，这意味着要引用它们的基本特点来对其进行解释，同时提供例证。先行组织的讲授并不需要太长时间，但是它必须被学习者接受、被清楚地理解，且总是与组织的材料相联系。这意味着学习者必须熟悉先行组织者的语言和观念。在不同的上下文中，对先行组织者加以介绍或者多次重复是很有帮助的，尤其是当出现新的或者特殊的术语时，效果更是显著。最后，唤醒学习者的已有知识与经验非常重要，它们可能与新的学习任务和先行组织有关。

在第一阶段讲授先行组织者之后，学习材料以讲解、讨论、电影、实验或者阅读的形式从第二阶段开始被讲授。在讲授过程中，学习材料的组织必须被清晰地展示给学生，以便使他们有一个大体的目标并且能够注意到材料的逻辑顺序，明确这些组织是如何与先行组织者联系起来的。

第三阶段的目的是实现新的学习材料在学生现存认知结构中的定位，也就是说，强化学生的认知结构。在一次流畅的教学中，一些程序可能被植入第二阶段；然而，我们强调新材料而做的重复工作是一个独立的教学任务，有它自己的活动和技巧。奥苏贝尔明确了四种活动：（1）促进整体综合；（2）促进积极接受学习；（3）找出学习对象的一种关键性方法；（4）澄清。

有很多方法能够提高新材料与现存认知结构的综合，教师可以：（1）让学生回忆这些观念；（2）要求学生总结出新材料的主要特征；（3）重复精确的定义； 258
（4）寻找材料不同方面的不同点；（5）要求学生描述学习材料是如何支持先行组织者使用的概念或原理的。

主动学习可以通过这些途径得到促进：（1）要求学生描述新材料是怎样和先行组织者建立联系的；（2）要求学生举例论证学习材料中的概念或原理；（3）要求学生用自己的语言说明和解释材料的实质；（4）要求学生从不同的角度说明新内容。

促进学生确立批判性态度的有效手段是让学生自己在学习中做出假设或推断，进而去判断并挑战这些假设和推断，最后去协调其中存在的矛盾。

在一堂课中使用所有这些技巧是不可能也是不可取的。时间、讨论主题以及知识背景的不同都会影响我们的选择。我们想说的是要记住这一阶段的四个目标和有效讲授教学的具体技巧是十分重要的。在理想情况下，第三阶段的引入是由教师和学生共同完成的。当学生产生澄清某概念和知识并使新材料与原有知识进行综合的愿望时，教师必须首先对此作出反应。

从本质上说，奥苏贝尔提供给我们的模式不仅促进了讲授教学，而且提高了学生的学习能力。我们越是教学生变得积极——寻找组织观念、综合信息与这些观念、产生他们自己的组织——他们就越可能从讲授教学中获益。

社会系统

在这个模式中，教师要控制学生的智力结构，因为在学习材料与先行组织者之间建立联系，并帮助学生区分新内容与先前学到的内容是十分必要的。在第三阶段，理想的学习状态应当是内生的，应由学生自己提出问题并加以评判。材料的成功获得取决于学习者把它与已有知识综合起来的愿望，以及他们批判能力，还取决于教师的讲授和材料的排列与组织。

教师作用的原则

教师对学生的反应所做的主动或被动的回答都出于同一目的：澄清新材料的意义，把它与已有知识区别开来或综合起来，从而让学生亲身感受它，并帮助他们增加对知
259 识的批判能力。在理想情况下，学生是受他们自己对意义探究的驱动而提出问题的。

支持系统

经过良好组织的材料对这种模式起着关键性作用。先行组织者的有效性取决于概念组织和内容之间的一种整体和适当的关系。这种模式为构建或重构教学内容提供了指导方针。

应　用

教学中的使用

先行组织者模式在构建扩展课程序列或者课程过程及以某一领域的主流观念来系统指导学生方面特别有帮助。主要观念和原理逐步得到解释和整合，在一个阶段的指导与讲授之后，学习者应该对整个领域中的观点都有所了解。

我们同时希望提高学生掌握这种关键观点相互之间联系和解释信息的能力。例如，通过对不同文化和亚文化的社会模式的研究，相应的社会概念就能够被反复勾勒出来。因此这种先行组织者的目标还在于扩展学生对于文化的知识。

这种模式也可以用来讲授有效接受学习的技巧。对一些批判性思维和认知进行重新组织来解释介绍给那些长期直接接受秩序性思想和等级性知识的学生。最终，他们能够独立地把这些技巧应用到新的学习中去。换句话说，这种模式能够在阅读、看电影还有其他“接受性”的活动中增强效果。

当然，对于先行组织者讲授材料的评价或者应用方面，其他模式也是有很大帮

助的。例如，先行组织者模式在利用归纳、演讲性方式介绍新材料后，可以通过引导观念获得活动从而巩固这些材料，或者通过非正式的评价来检测学生对新材料的理解与掌握。

教学效果和教育影响

这种模式的教学价值看起来很明显——先行组织者使用的观点本身以及讲授的其他信息都是学生所要学习的。此外，它的另一个效果是能提高学生通过阅读、讲解及教师讲授中使用的媒介来提高学习的能力，比如在探索和细化思维习惯方面的兴趣（见图 11—3）。

260

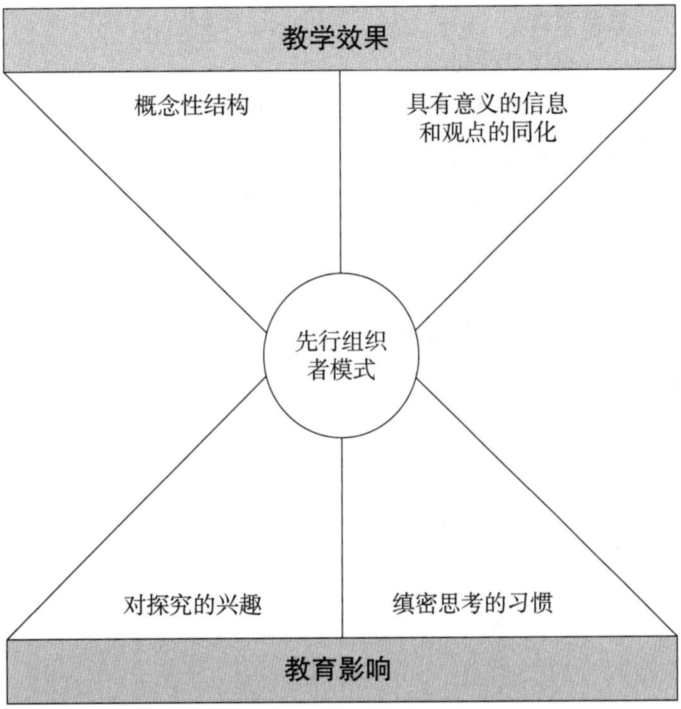

图 11—3　先行组织者模式的教学效果和教育影响

小　结　先行组织者模式

结构体系

第一阶段：讲授先行组织者

阐明课程目标。

讲解先行组织者：

确认本质属性；

给出实例；

给出背景；

重复。

唤醒学习者的相关知识和经验。

261 第二阶段：讲解学习任务或学习材料

呈现材料。

明确学习材料的逻辑顺序。

把学习材料和先行组织联系起来。

第三阶段：强化认知结构

运用整体综合原则。

确立学习新内容的批判性态度。

澄清概念。

积极应用概念（例如对它们进行测试）。

社会系统

高度结构化。

这需要教师与学生的积极配合。

教师作用的原则

1. 与学生一起探讨教材的意义。
2. 根据学生反应连接先行组织者和学习材料。

支持系统

丰富且组织得当的材料。

（注意：许多材料并没有实现概念化的组织。）

第三部分

社会类教学模式

本书介绍的教学模式来源于人类本性及其是如何学习的理念。社会模式，顾名思义，强调的是人的社会属性、如何习得社会行为及社会交往如何提高人的学习能力等。几乎所有社会模式的创建者都认为教育的一个核心作用是为公民的整体民主行为做准备，既要提升个人和社会的生活质量，又要确保一个生动活泼的民主社会秩序。他们认为合作型团体从根本上提高了我们的生活质量，带给我们热情、愉快的感觉以及友情，并减少了疏远感，弱化了社会矛盾。此外，合作行为不仅对社会，而且对智力也起着激励作用。因此，我们能够设计出需要进行社会交往的任务来增强学习能力。丰富的社会行为、学业技能和知识三者的发展是紧密相连的。 263

为了提高教师的教学能力并设计良好的学校整体环境，社会理论家发明了许多非常有潜力的模式。他们认为学校不仅是众多需要单独教育的个体的集合，而且是一个微型的社会。在合作型的学校文化中，教师能够教会学生用其他教学模式获得知识和习得技能，这些模式发明的目的也正在于此。

许多社会理论家不仅为自己的模式建立了基本原理，而且提出了当时流行于学校教育中的教育模式存在的严重问题。在许多学校中，大部分的学习任务都是由教师为学生个体精心组织的。师生之间的互动大部分是一种问答模式——教师对刚学过的问题直接提问，让有反应的学生来回答，然后肯定或修正其答案（Sirotnik，1983）。这种评价模式会导致学生之间相互较量。许多社会交往模式的创建者认为，学校教育的个人主义模式与教师主导的口头问答相结合实际上降低了学习效率，对学生个人和社会的发展都起到了负面作用，营造了不自然甚至是反社会的风气，无法为年轻人提供机会，无法训练他们的合作能力，无法最大限度地发展他们的潜力，这样的缺点还有很多。他们认为，人天生具有合作性，但是消极的合作使孩子之间相互疏离，从而剥夺了他们能力中的一个重要维度（Johnson & Johnson，1990；Sharan，1990；Thelen，1960）。 264

通过合作来学习知识，并为学生的公民身份和让其满意的社会生活做准备，这一想法古已有之。我们可以在亚里士多德（Aristotle）、柏拉图（Plato）和马可·奥勒留（Marcus Aurelius）的作品中找到相关描述。同样，在一些基督教教育家的著作中也有，例如中世纪的托马斯·阿奎那（Thomas Aquinas）、文艺复兴时期的夸美纽斯（Johann Amos Comenius）。随着现代商业民主国家的兴起，法国的卢梭（Jean Jacques Rousseau）、英国的约翰·洛克（John Locke）、美国的托马斯·杰斐逊（Thomas Jefferson）和本杰明·富兰克林（Benjamin Franklin）的著作中也有此种描述。在美国大众学校迅速发展时，霍勒斯·曼（Horace Mann）和亨利·巴纳德（Henry Barnard）强烈建议建立积极合作型学校。

在整个 20 世纪上半叶，约翰·杜威（John Dewey）都在大力宣传这一理念。以他的观点作为理论基础，合作学习理论在许多学校教育模式的发展和进步教育协会（the Progressive Eduction Association）的运动中都得以表现，引领着当前教育研究和社会模式的发展。

在接下来的章节中，在我们研究当代社会类教学模式发明者的成果时，将看到在西方文明进化中，几个主题集中地凸现出来。三个活跃的组织正在坚持不懈地为改进社会类教学模式而努力工作着。其中一个由明尼苏达大学的戴维（David）和罗杰（Roger）领导，另一个由约翰霍普金斯大学的斯莱文领导，还有一个在以色列，包括什洛莫·沙朗、雷切尔·赫兹·拉兹洛威兹（Rachel Hertz Lazarowits）和其他的一些教师研究者，他们的参考框架不同，但他们互相尊重，互相合作，并且逐渐国际化。欧洲的研究者也逐渐加入进来，他们的一些成果得到了亚洲合作者的应用与推广。

在第 12 章中，我们开始以当代视角来审视如何在学习中发展伙伴关系，并了解经典团体探究模式。在第 13 章中，我们关注价值和社会问题的解决。社会探究和角色扮演模式适用于所有学生，而法理学探究模式则强调社会政策和话题，因而只适合年龄较大的学生。

第12章

合作学习模式

——从双人合作到群体研究

最令人困惑的事情是：人们不懂怎样教孩子合作学习，这大概是因为他们没有从 265
学校教育和社会生活中获得相关知识。如果任何事情都由本能驱动的话，那么合作学习就是一种社会本能。如果不进行合作，我们甚至不清楚自己是谁。

——赫伯特·西伦致布鲁斯·乔伊斯，1964 年

个案 12—1

吉姆·沃尔夫正带领他的学生在研究伊拉克和阿富汗，试图理解联合国为什么会介入这两个国家。他们对当前的政治冲突有一定的关注，但是他们认为获取最本质的信息才是关键。此外，他们需要在小组中分享各人收集到的信息。

数据主要来源于联合国开发计划署的 2000 年人类发展报告，其中包括 174 个国家的 300 多项指标，此外还有一系列专题报告。浏览这些数据，他们能从各种各样的分组中找到很多有趣的信息，例如：

在尼泊尔，信奉印度教的居民的平均寿命是 61 岁，信奉伊斯兰教的居民是 45 岁；信奉印度教的居民的识字率是 58%，而信奉伊斯兰教的居民识字率为 22%。

近十年来，除了艾滋病（毒）泛滥的国家，大多数发展中国家在人类发展中都有了明显的进步。在 1975—1997 年之间，有 18 个国家的人口平均寿命呈下降趋势，其中 10 个是非洲国家。

对于发展中国家来说，贫困率在巴巴多斯的 2.6%和尼格尔的 65%之间波动。在这些国家当中，贫困率低于 10%的国家有巴林、巴巴多斯、智利、哥斯达黎加、古巴、斐济、约旦、巴拿马、特立尼达和多巴哥、乌拉圭。以下国家曾经克服过严重的贫困现象：美国是 16.5%，英国大约是 15%，而爱尔兰大约是 15%。

性别平等指数与收入水平、发展阶段和文化的依存关系要小于原先的估计。哥
斯达黎加、特立尼达和多巴哥的指数高于法国和意大利。以色列高于日本，而巴哈 266
马高于葡萄牙。希腊的指数还不及哥斯达黎加的 3/4。

他们在研究伊拉克时了解到伊拉克人口超过 2 500 万，其强大的军事力量在世界上曾经位列第五。巴格达人口 500 多万，其他四个次大型城市的人口也达到了 1 000 多万。古老的底格里斯河和幼发拉底河纵贯平原中部，耕地只占 20%。其居民都信奉不同派别的伊斯兰教。

阿富汗的人口统计资料很混乱，因此难以找到可靠数据。他们仅了解到这个国家的耕地只占 5%，约 1/3 的人口属于游牧部落。

吉姆的学生提出了几十个问题，完成了收集信息的任务。

个案 12—2

玛丽·希尔特波是十年级的英语教师，新学年伊始，她给学生展示了 12 首诗歌，这些诗歌都节选自当代著名诗人的代表作。她把学生分成两人一组，要求他们先阅读诗歌，然后根据结构、类型和主题分类。当他们分类时（参见第 5 章中归纳模式的结构），要准备向其他小组介绍，以便其他学生能够进行对照。通过合作学习，全班同学得出了很多种分类方法。然后，希尔特波老师给学生另外 12 首需要阅读的诗歌，要求学生把它们恰当地归入已经分出的类别中，同时尽可能扩充已有的类别。他们一直重复这个过程，直到所有学生都对 48 首诗歌很熟悉了。之后，她又给学生几个另外的任务，其中一个是要学生学会根据诗歌风格和结构找出主题，或者根据主题找出风格和结构（即风格、结构和主题三者之间是否相关）。另一个任务是让学生运用某种结构与主题的特定结合猜测某组诗歌是不是某个诗人的风格。

当她把用作教材的诗集和评论书籍发给学生时，学生就知道了诗歌的作者是否运用了他们通过合作学习得到的分类范畴中的结构和主题。

玛丽以合作学习为基础组织课堂教学。归纳思维教学模式中采用了分类方法，其认知任务是激发学生的探究能力。除了第一单元学习的材料之外，她准备让学生在下一单元的学习中进行合作性学习——写诗歌或者学习短篇故事。（如果你是教师，你会选择哪种方式教学生进行合作学习？）不久，她将组织学生进行更复杂的群体研究活动。

267 个案 12—3

凯莉·法默尔是萨万纳哈小学五年级的教师。今天是开学第一天，当孩子们走进教室时，发现每张课桌上都放着全班学生的名单，她微笑着说：“在接下来的一年中，我们将要学习使用一种合作学习方式，今天我们从熟悉全班同学的名字开始。大家看到了，我把每两张课桌安排在一起，坐一起的同学在活动中就是伙伴。现在，所有小组都拿起名单，根据所有同学名字的发音进行归类，一会儿我们将查看每组的分类情况。这将有助于我们记住别人的名字，也有助于我们学习拼写和其他几个学科的学习方法。我从安妮丝老师那里得知，你们去年已经进行过归纳学习，所以应该知道怎么分类。但是，如果有任何问题，一定要告诉我。”

学生们确实知道该怎么做。几分钟内，他们已经准备好报告他们的分类了。“我们把‘Nancy’和‘Sally’归为一类因为它们都以‘y’结尾。”“我们把‘George’和‘Jerry’归为一类，尽管拼写完全不同，但是它们开头的读音一样。”“我们把三个‘Kevin’归为一类。”几分钟之后，学生们就开始小组讨论，互相帮助对方练习拼写名字。

凯莉在新学年一开始，就组织学生使用合作模式，我们称之为一种合作学习的组织。她组织学生两人或三人一组，之后逐渐发展为四人、五人或六人一组（如果小组规模再大，学习效率会降低）。组内伙伴关系随时会因活动内容的不同而变化。学生要学会和班上任何一个同学合作，学生要意识到一起学习是必要的，并尽量保证在所有活动中，人人都能达到既定的目标。

两人一组是最简单的社会组织，所以凯莉以这种方式开始合作学习。事实上，早期的合作训练多是两人或三人一组，因为两到三人进行交流比在稍微大一点的群体之间要简单一些。她用直接的、学生熟悉的认知任务开始训练，因为对学生来说，在他们没有掌握更复杂的活动时，合作学习也是相对容易的。例如，她会让学生交换伙伴，让新的伙伴相互测试简单的知识，如国家、首都等，在测试过程中相互辅导。之后，她会再次更换伙伴，要求他们根据大小给几组分数分类。在这一过程中，学生们要学习在不同的任务中与其他任何人或全班同学进行合作学习。不久之后，她要教孩子们如何去应对更复杂的信息加工型模式和其他更复杂的合作方式。到10月底，她希望学生们能掌握得相当熟练，之后她会引导他们进行群体研究。

以上两位教师都在努力构建合作性学习群体的任务。她们会教学生客观积极地进行共同学习，收集并分析信息，提出假设并加以验证，发展技能并相互指导。不同班级的学生之间会有年龄的差距，这会影响学生对问题理解的程度，但其基本过程是很相似的。 268

为了使学生学会更有创造力地进行合作学习，每一个这样做的教师都有一整套策略和方法。他们的案头书应包括《学习圈》（*Circles of Learning*，Johnson & Johnson，1994），《班级中的合作学习》（*Cooperative Learning in the Classroom*，Johnson，Johnson，& Holobec，1994）和《合作学习训练大全》（*Cooperative Learning Resources for Teachers*，Kagan，1990），这些书都研究、探讨了如何教学生进行有效的合作，并指导教师设计合作活动，让学生更有效地开展学习。

目标和假设

在合作学习组织的发展过程中，下面的假设简明易懂：

1. 比起个体化且充满竞争的环境，学生在合作型的学习环境中会产生更强烈的动机合力。实际上，凝聚力强的团体运转，比同等数量的个体能达到更高的工作效率。群体内相互依赖的情感使其成员具有更大的活力。

2. 合作小组的成员可以互相学习。比起单独行动，在此种情况下每个成员能发挥更大的作用。

3. 群体成员间的交流互动使认知和社会学习变得更复杂，与独立学习相比，它能提供更多利于学习成绩提高的智力活动。

4. 合作行为增加成员之间的积极情感，减少疏远感和孤独感，有利于建立稳定的人际关系，并培养对他人的积极态度。

5. 合作增强人的自尊。在合作学习环境中，团体成员不仅能够提高成绩，而且能够得到同伴的尊重和关注。

6. 经历了合作任务的学生在共同创造性的学习能力方面得到提高。换句话说，合作学习的机会越多，他们的获益越大，合作技能也提高得越快。

7. 包括小学生在内的所有学生都能通过训练提高合作学习的能力。

近30年来，人们再次高度关注合作学习模式的研究。随着对已有研究进行验证的研究越来越成熟，专家对于该研究对学术、个人和集体行为所产生的影响了解得越来越精确。其中三个小组的研究工作很有特色：一个小组由明尼苏达大学的戴维·约翰逊和罗杰·约翰逊领导（Johnson & Johnson，1974，1981，1990）；另一 269 小组由约翰霍普金斯大学的斯莱文教授领导（1983，1990）；第三组由特拉维夫大学的沙朗教授领导（1980，1990a）。通过不同策略的使用，约翰逊和斯莱文两个小组对社会类教学模式的假设进行了一系列研究。他们重点研究了合作任务和奖赏行为是否会对学习结果产生积极影响，同时也研究了群体凝聚力、合作行为和群体内部关系是否在合作学习的过程中得到了加强。另外在一些调查中，他们还研究了合作任务与奖赏行为对传统学习任务的影响，这些传统学习任务是指学生必须掌握的材料。

对我们来说，至关重要的问题是合作小组能否产生提升学习的效果。研究结论是肯定的，而且有充分的证据可以证明。在组织良好的课堂这一方面，学生能两人或几人一组，相互指导，分享成果，材料掌握得又多又好，取得了更高的学习效果。此外，在合作学习中，小组成员共同承担责任，相互交流，能对学习任务和他人产生更积极的情感，形成更好的人际关系，让成绩不良的学生能更好地面对自我。总之，研究结果证明了合作学习是可行的（见 Sharan，1990）。

沙朗和他的同事对群体研究模式本身进行了研究。他们获得了大量的研究成果。这些成果包括如何激发学习动机，学习动机对合作行为、群体内部关系和不同水平成绩的影响等。在本章后半部分，我们讨论群体研究的时候会介绍他们的研究。

合作学习模式要与其他模式联合使用才会产生综合性的影响。例如，贝弗加、肖沃斯和乔伊斯（Baveja，Showers，& Joyce，1985）曾在合作小组中研究了概念获得和归纳模式。研究过程如下：在学习相同材料时，使用信息加工类和社会类两类模式的小组为实验组，以个人和小组教学为主要方法的小组是对照组。研究结果是实验组的成绩是对照组的两倍。与此相似的是，乔伊斯、墨菲（Murphy），肖沃斯和墨菲（Joyce，Murphy，Showers，& Murphy，1989）将合作学习模式与其他几种模式结合起来使用，结果显示他们神奇般地提高了差生的成绩（30%～95%），还大幅减少了具有扰乱性的行为。显然，合作与整体行为的增长具有一定相关性。

对从未接触过合作学习的人来说，它的特点很受人欢迎，即教师很容易将学生分成两人或三人一组，效果立竿见影。社会交往能引起社会支持和认知复杂性的增 270 加，两者的结合对学习材料和掌握技巧有适度但迅速的成效。此外，学习中的合作关系产生了一个愉快的情境，学生在其中发展了社交技能，学会了对他人的关爱，放弃任务和捣乱的行为也明显减少。学生们普遍感觉良好，并且他们在合作环境中增强了对自己和他人的积极情感。

合作学习的另一个优点是成绩不好的学生进步很快。合作关系提高了参与度，学生对合作行为的关注减少了他以自我为中心的关注度，增强了学习责任感。然而，当与个体化学习的课堂组织相比较时，合作学习对学生学业成绩产生了不大但却是持续的影响，对社会性学习和个人自尊的影响则更为显著。（Joyce，Calhoun，Jutras，& Newlove，2006；Joyce，Hrycauk，Calhoun，& Hrycauk，2006）。

很奇怪，我们发现有些家长和教师认为在个人学习环境中成绩优异的学生并没有从合作学习中获益。这种观点被表述为“有天赋的学生更喜欢独立学习”，大量的证据否定了这个观点（Slavin，1991；Joyce，1991a）。或许是对个人学习与合作学习二者关系的误解导致了这种观点的存在。发展合作关系并非意味着不需要个人努力。在前面提到的希尔特波老师的课堂上，所有学生都单独学习了诗歌。当大家一起给诗歌分类时，每个学生都发表了意见并且研究了别人的意见，个体并没有被埋没，反而在与他人的合作中得到了发展。成功的学生并非生来缺乏合作精神，而是在高度个性化的学习环境中，他们有时会被教育成为自视清高、鄙视成绩不好学生的人。这对于他们的现在和未来，无论对个人还是国家，都是一种巨大的伤害。

提高合作效率：合作训练

由于一些不明确的原因，有些人对组织学生进行合作学习的第一反应是，学生不知道怎样一起进行有效的学习。事实上，完成简单任务的合作关系并不需要很复杂的社会技能。在明白了自己的学习任务后，大多数学生都能很好地进行合作学习。但是，培养学生掌握更有效的合作学习方式显然也很重要，所以对学生的指导要注重实效。至于如何指导，则要根据团体规模、复杂程度以及实际的任务状况来确定。

首先要介绍的是明确认知任务以及两人之间的合作关系，因为两到三人是最简单的社会组织形式。提供两到三人合作的活动情境是帮助学生合作学习的一种方
式，我们通过任务的不同和组织的大小来控制合作团体的复杂程度。如果学生不 271
习惯合作学习，我们就要有意识地安排他到最小的群体中完成简单或熟悉的任务，以便先获取一些稍大群体中所需的经验。当群体超过六人，就有点笨拙，这时需要有才能的人的领导，否则学生在没有经验或未经训练的情况下，是无法完成任务的。两人、三人或四人的合作关系是最普遍的形式，并能够提高学习效率。如果一开始就让学生进行合作学习，经过几周的实践，我们会发现学生的学习极富成效。

效率训练

我们需要用一些方法来训练学生进行更有成效的合作，以及“积极的相互依靠”（见 Kagan，1990；Johnson & Johnson，1999）。教师能用简单的手势吸引正在讨论的小组，一个常见的方法是：当教师举起双手时，看到手势的学生都会把注意力转到他身上，并且也举起手。别的学生注意到后也会举起手，一会儿所有参加训练的学生都集中注意力了。这种方法很好，教师并没有对闹哄哄的课堂大吼，却有效地发挥了作用，并让学生参与到了课堂管理之中。

卡根（Kagan，1990）研究了几种方法，引导学生有目的地进行合作学习，并确保所有学生可以平等地参与到集体的任务中。他给出一个例子是“编号”。假设学生正三人一组地进行合作，小组中每个成员都有编号，从 1 到 3，教师布置一些简单任务，如你在这篇散文中能找到几个暗喻？所有学生都开始进行这项工作。几分钟后，教师说一个数字，例如，数字 2，所有小组中的 2 号同学举起手，他们负责为自己小组发言，教师叫一个学生回答问题，其他所有 2 号同学负责听并核对答案。例如，一个同学回答“7 个”，其他 2 号同学对照自己的答案，看是否正确。

“多少个同学同意的?”“多少个同学不同意的?”这个程序可以使所有学生都参与到学习中来，避免了一些学生成为小组的“学习者”或“发言人”，而另外一些则冷眼旁观的情况。

另外有一些任务如果合适的话可以进行前测。例如，学生要学习拼读单词，在前测之后，教师布置给学生一些任务，帮助其学习单词。一段时间后，让学生相互辅导，然后进行后测。随后让每组都计算出增加的分数（后测中正确的数目减去前测中正确的数目），记录下每个学生的学习成果。合作学习的方法可以让成绩提高的幅度变得清晰，练习的目的也在于此。如果只进行后测，我们就不清楚每个学生
272 具体的进步幅度。通常情况下，学生能取得比前测高很多的分数。

通过一系列训练，学生的合作学习产生成效，不仅提高了成绩，而且也更加专心致志地投入到学习当中。

相互依赖训练

除了高效的合作学习行为训练之外，教师也可以帮助学生在合作学习中成为真正相互依赖的伙伴。最简单的训练方法有让学生对群体活动过程进行反思，以及讨论最有效的合作方式。一些稍复杂的训练设计有需要依赖行为的合作学习任务。例如，有一种卡片游戏，个体在其中必须放弃一些有价值的卡片，将其传递给另一个同伴，并且进行交流，群体的成败取决于成员间是否设身处地为对方着想。像 Charades 和 Pictionary（用诗、画、动作等拼凑成一个词的一种字谜或游戏）这类游戏，大家较为熟悉也很喜欢，因为它们增强了群体的凝聚力，提高了个体为他人着想的能力。另一些方法还能循环演练，使成员从低级任务向高级任务流动，然后所有成员都轮流进行。

约翰逊等人（the Johnsons，1999）认为，一系列的任务训练能增强成员间相互依赖、相互理解和角色选择能力。学生们能熟练地分析团体动机，试着创造和培养合作性、集体责任感的氛围。在下一章中，我们会讨论角色扮演模式，帮助学生分析自己的价值观，以及合作学习和发展适应角色的能力。

劳动分工：专业化

帮助学生学会在劳动分工中互相帮助的方法有很多。简单说来，任务通常以能提高学习效率的方式呈现给学生，其理论基础是劳动分工要兼顾提高群体凝聚力的原则。一个群体内的学生在学习信息和技能时，必须确保所有成员都在学习，并且都能够在这一群体中发挥重要的作用。想象一下，一个班级正在研究非洲国家，教师把学生分成四组，选择四个国家来研究。每组中有一名学生被推举为研究非洲国家的“专家”。每组的“专家”先集中起来研究他们的课题，之后每位“专家”会成为原来小组的指导老师，负责汇总、概括该国信息，并向全组汇报收集来的信息。与此相似的是，当学生面对需要记忆的任务时，他们会分工负责，利用记忆术来背诵，或者每人负责收集部分信息。

一个以拼图游戏（Aronson，Blaney，Stephen，Sikes，& Snapp，1978；Slavin，1983）著称的程序常被用于形成正式的劳动分工小组，它作为劳动分工的入门方法，
273 结构严谨、难度适中。个性化课堂组织使学生锻炼其高度发展的技能，而劳动分工方法需要学生变换角色且全方位地发展技能。

合作或竞争的目标结构

一些研究者注重小组合作，试图减少组间竞争，而另外一些研究者却推崇组间竞争。约翰逊等（Johnson & Johnson，1990）分析了一些研究成果来证实了合作学习的目标结构，斯莱文（Slavin，1983）认为组间竞争有利于学习。最根本的问题是学生间的竞争是指向学习伙伴还是学习目标。近来，我的几位同事也进行了一项研究，他们组织全体学生为同一个目标进行合作学习。例如，一所高中的科学教研组在新学年开始时，组织学生掌握化学元素周期表的基本特点。他们采用合作学习，创造出适合所有小组的记忆术。两周之内，所有学生都能把元素周期表倒背如流，元素周期表是整个课程的结构性组织者（见第9章）。五年级一个教室里，一个小组在进行社会学习，他们从记忆国家、大城市、河流和山脉系统以及其他地理信息开始。所有学生得分都要计算出来（如50个州乘以30个学生是1 500个项目）。作为一个整体，全班学生都取得了很好的成绩。在一周内，学生分数超过了1 450，只剩下个别学生有几个项目还没掌握，他们基本上完成了学习任务。

动机：从外部到内部？

应该在多大程度上强调合作学习或者个别学习的目标结构和对动机的理解有关。沙朗（Sharan，1990）曾指出，合作学习将动机从外向内移动，在某些方面能够促进个体学习。换句话说，当学生面对合作学习任务时，他们应该对学习目标本身感兴趣，而不必在意外部奖励。学生为了满足内心需要而学习，而不是为了得到教师或其他权威的奖励。内部动机比外部动机更有力，既能提高学习效率、提升技能，又能促进信息的保持。

合作学习团体的相关研究成果，对于许多用测验和奖励方式来提升学生成绩的学校来说是个严峻的挑战。毫无疑问，普及教育的一个根本目标是促进学生内部发展动机，激励其为满足自身成长需要而进行学习。如果合作学习（在和其他模式的联合使用中）取得部分成功的话，那也是因为它的目标和这个目标相一致。实际上，多数学校流行的测验和奖励结构可能会阻碍学习。不论群体调查中学习任务、 274
合作结构和动机原理差异多大，我们在很多学校都能见到这个强有力的、从根本上改变学习环境的模式。

群体调查：通过民主途径建立教育

个案12—4

黛比·赛克尤斯教的是十一年级的学生，在学习世界地理的社会研究课程时，学生们通过全球微机系统收集了177个国家的人口统计数据。他们4人一组，分为9组，每组分析20个国家的数据，并研究以下变量的关系：人口、人均生产总值、出生率、平均寿命、教育、卫生保健、工业基础、农业生产、交通系统、外债、收支平衡、妇女权利和自然资源等。

各个小组都要作报告，以纯粹的学术训练开始的报告突然引起了全体学生的兴趣。

“在一些国家，人的平均寿命只有20岁，低于另外一些国家。”

“我们发现教育水平与各国的财富之间没有必然的联系。”

“一些富裕国家在军事设施和个人消费上的投入，比一些贫穷国家在医疗保健方面的投入还多。”

“妇女的权利与政府的类型没有关系，一些民主国家的情况甚至比一些非民主国家更差。”

“一些小国家因为商业和工业发达而比较富裕，而另外一些国家富裕是因为拥有某种有价值的矿藏。”

“美国欠其他国家一大笔债。”

进行群体调查的时机已相当成熟。赛克尤斯老师引导学生认真地记下他们对数据的反应。最后学生们决定将所有国家的有关数据收集起来，找出各组得出的结论是否是全部数据所反应的内容。他们也决定要找到所选国家更多的信息以更新他们的统计数据。但是选择哪些国家呢？他们会检验假设吗？

一名学生说，他想了解世界组织，以及这些组织与全球形势之间的关系。他们了解过联合国和联合国教科文组织，但是不清楚它是如何发挥作用的；一名学生曾经听说过“七人委员会”，但是其他人没有听说过；有好几名学生听说过“北约”；有几名想要了解欧洲经济共同体；好几名学生想了解关于伊拉克战争的复杂细节；还有几名想了解印度和中国以及两国如何与世界接轨。

尽管探究之前不容易做出决定，但是群体调查的条件已经具备。学生们对各种
275 各样的问题感到迷惑，每人的反应也不同。他们需要可靠的信息来解决这些问题，赛克尤斯老师微笑地看着她这些皱着眉头的学生们说：“让我们按条理来，我们需要信息，所以就从这儿开始吧！将我们的问题排序和分类，分头收集对我们有帮助的信息。”

在约翰·杜威思想的基础上，人们形成了应用广泛、以“群体研究”为名的强有力的教学模式。在群体研究中，学生们组成解决问题的民主小组，去解决学术问题，并学习民主程序和科学探究方法。教室里的民主实践运动是美国教育史上的第一次重要改革，引起了众多批评。在20世纪三四十年代，学校在进行民主教学过程实验时遭到了严厉的批判。改革者最初的研究实际上是在自卫反击中开展起来的。他们主要想回应一些问题，比如，一些关注这项实验的市民提出，教育在很大程度上依赖于社会目的，而这可能会阻碍学生的学业发展。但是，他们的研究总体上证实了培养学生社会性发展的目的和学业发展的目的不是矛盾的。来自参与实验的学校的学生在很多方面并不处于劣势，事实上，他们比来自不重视社会教育的竞争环境中培养出来的学生更有优势（Chamberlin & Chamberlin，1943）。然而，很多人依然反对这场改革。令人不解和感到矛盾的是，在一个民主国家里，政治和商业机构却主要依靠集权化组织行为来管理。

教育模式一般起源于一种理念，即在一个乌托邦式的理想社会中，人类应该是什么样的。教育目的是培养理想的公民，在这样的社会中，培养出来的公民不仅能高质量地生存下来，在社会中不断地自我实现，而且能帮助改良甚至创造出新的社会。自古希腊时期以来，我们就有很多这样的教育模式。柏拉图的《理想国》

(*Republic*，1945）就是一个理想的社会和支撑这个理想社会的教育蓝图。亚里士多德（1912）也设想了一个理想的教育和社会。从那时起，有许多理想主义者曾经提出过各种教育模式，包括奥古斯丁《上帝之城》（*The city of God*，1931）、托马斯·莫尔的《乌托邦》（*Utopia*，1965）、夸美纽斯《大教学论》（*The Great Didactic*，1907）和约翰·洛克（1927）。

人们自然会尝试用这些教育模式去改善社会。在美国，学校已经将课堂教学作为民主过程模式广泛开展起来。事实上，就教育文化来说，民主过程中的变化可能比别的一般教学方法更普遍。就指导模式而言，民主过程主要是组织课堂学习小组去做以下任何一个或全部任务：

1. 发展一种由民主程序创造出来并建立在其基础之上的社会体系。

2. 对社会生活和过程的本质进行科学的探究，从而使民主程序成为科学的方法和探究的同义词。

3. 使用探究的方法解决社会或个体间的问题。 276

4. 提供一种以经验为基础的学习情境。

实施民主教学方法是极其困难的。它要求教师具备较高水平的人际关系指导能力和教学能力。同时，民主的进程也是十分坎坷而缓慢的。家长、教师和学校领导总是担心民主教学作为一种教学模式没有效果。此外，实施民主的教学模式需要丰富的教学资源，而实际上又得不到满足，因此其最大的阻碍可能还是来自学校本身。学校本应是通过民主程序发展学生社会性以及智力的机构，但是它却仅在学生的学业发展上发挥作用并围绕它形成组织。更严重的是，大部分学校领导和董事会成员并不想改变学校的这种现状。鉴于群体研究对学生各方面发展都有积极的影响，在学校工作中不把群体研究作为一项重要学习内容是非常错误的做法。

哲学基础

约翰·杜威是在教育民主进程中发展教学模式的主要代表人物。1910年，他写下了《我们如何思考》（*How We Think*）。自那时起，几乎所有对教育进行反思的理论家们都承认曾借鉴他的理论。但是那些理论家不全是借鉴，他们并没有直接秉承他的模式。他们中有的人在某些方面追随杜威，有的人甚至从相反角度开始着手研究。例如，在20世纪20年代，查尔斯·哈伯德·贾德（Charles Hubbard Judd，1934）关注学术成就；威廉姆·赫德·基尔帕特里克（William Heard Kilpatrick，1919）多年一直担任进步教育运动的主要发言人，强调社会问题的解决；乔治·康茨（George Counts，1932）不仅强调问题解决，而且强调社会的重构；博伊德·博德（Boyd Bode，1927）强调问题解决的一般智力过程。

1961年，戈登·H. 赫尔菲什（Gordon H. Hullfish）和菲利浦·史密斯（Philip G. Smith）在《反思性思考：教育的方法》（*Reflection Thinking*：*The Method of Education*）一书中阐明了关于关注民主过程和社会重构的著名论断。作者强调，个体在处理信息以及思想、信念、价值观的形成和改造方面的能力与教育有着密切的联系。由擅长反思的思想者组成的群体不仅能够完善自身，而且能够保持个体的独特性。这门哲学包含的很多思想和观点与民主过程的哲学相似。它详细地描述了个体世界与人的智慧、社会过程和民主社会功能之间的关系。

赫尔菲什和史密斯发现社会过程中的智力发展和技能发展是紧密相连的。例如，社会技能的发展需要在社会活动中具备综合和分析观点的技能。

进而，他们认为个人和群体都在不断地进行知识建构和重组。他们强调，我们

277 不能只在与环境的感官互动中获得知识，而且需要通过亲身经历来创造知识。因此，知识就具有了个体的性质并表现出个体的差异。举个例子，在写下这段文字的几个小时前，一位作者站在加利福尼亚海边棕色的岩石上欣赏太平洋的美景。他内心非常激动，欣赏着大海、岩石，感受着四周的寂静。然而面对大海、岩石、波浪时，他体会到的激动和对景色的欣赏并不完全是他自己当时的内在体验，而是他当时的亲身经历和以往经历过的体验的共同产物。他创造了一些概念，并从别人那里借鉴一些。他自己产生了一些情感，也从别人那里模仿了一些（大部分人是用这种方式得来的）。

因此，个体反映现实的方式使其能充分地理解整个世界，并且赋予其个人和社会一定的意义。在分析个体建构世界的性质时，个体对自己体验过的事物的反思能力成为一个关键的因素。有些人对自己的经历不太敏感，或是经历不丰富，就不能像敏感的人那样建构自己丰富的世界。教育的一个至关重要的任务就是培养个体对物质和社会环境的敏感性，以及提升个体对环境的反映能力。

在建构一个社会时，知识的个体性会出现一些问题。尽管如此，赫尔菲什和史密斯仍然认为个体间的差异是民主力量的源泉，而且个体间的协商是主要的民主活动方式。个体通过反思自我经历而形成的稳固世界观和信念的水平越高，就越有可能在形成信息、概念和价值观的结构方面保持独特性。换句话说，个体对自己的经历反思得越丰富，其个人发展体系就越完善。民主社会需要我们共同努力、互相理解，互相学习，并形成共同观点，这样才能在复杂现实面前把握自我。

对于社会协调来说，个体必须认识到其可选择的参照体系和行动课程。并且个人只有具有一定高度的发展时才能理解别人的观点。如果要建构一个共有的世界，大家必须拥有共同的看法（见 Berger & Luckmann，1996）。

民主过程的实质是认识问题并对问题现状进行协商。与他人进行协商的能力也能帮助个体协调自己的世界观，个体只有形成稳定而灵活的应对现实的方式，才能真正认识事物的意义和目的。如果难以充分理解生活或无法与他人协商，就会导致情感的混乱。不断重建个人价值立场以及形成一致的价值体系等能力对于个体发展非常重要。

278 大多数模式认为个体从事特定的学习只能得到特定的结果。但是，强调民主过程的模式却认为任何教育经验的结果都不能被完全预测。他们认为，教师可以激励学生探究事物本质，并形成独特的世界观，但是无法推测学生如何面对特定的情境以及如何解决问题。因此，我们可以教给学生一些规律，但不要求所有学生都掌握这些规律，这样做只是给学生提供可借鉴的参考，帮助其应对现实。

模式导向

目标和假设

在《民主主义与教育》（*Democracy and Education*，1916）一书中，约翰·杜威认为，整个学校可以组织成一个微型的民主群体，学生可以参与这一社会体系的发展，通过亲身经历逐渐学会用科学的方法来改良社会。杜威认为，这是成为民主成

员的最好准备。迈克尔斯（John U. Michaelis，1963）吸取了杜威的研究成果，教小学生进行社会研究。其教学方法的核心是建立民主群体，在群体中，大家可以对某些社会问题发表意见或进行抨击。许多社会类教学模式的研究者也给出相似的方法。

西伦是国家劳动训练基地的奠基人之一。他的群体研究模式在很多方面与杜威和迈克尔斯的方法类似，群体研究模式致力于把强调民主过程形式、过程与学术探究过程合并为一种教学策略。而他正在研究一种以经验为基础的、极富群体调查特点的学习情境，这种情境很容易迁移到未来生活中。

西伦（Thelen，1960，p. 80）以一个概念——"社会存在"开始论述，"个体与他人共同制定形成社会现实的规则和协议"，任何关于人的发展的观点都必须面对一个无法逃避的事实——生活即社会。每个社会成员都要参照其他成员的行为，否则就无法行动，个人可能会在保护自我和行使自由权利的过程中与进行同种活动的他人产生冲突。在形成社会约定时，所有人都要明确知晓允许和禁止的具体行为。各个社会领域，如宗教、政治、经济、科学等，都存在这样的规则，由此构建了一种社会文化。西伦认为，对社会秩序的协调和再协调是社会进程的本质：

> 在团体和社会中，个体要满足自身需要，就必须要相互依赖并建立共同社会秩序（并在此过程中发展并形成群体和社会）。社会秩序在不同程度上决定什么样的思想、价值和行为是允许的、有效的而且可行的！在规则范围内，个体行为受到制约，逐步形成社会文化。个体要研究自己的行为是否符合社会规则，并将社会规则内化成自己追求的生活方式。在整个过程中个体改变了自己的生活方式，同时也影响了别人的生活方式。但是，随着生活方式的改变，成员必须更新规则，继续制定新的调控方法和社会规则。（Thelen，1960，p. 80） 279

教室是社会的雏形，有一种集体秩序和教室文化，学生也很关注班级所形成的生活方式，也就是所建立的班级标准和期望。教师要寻求有效的途径去保护学生创造集体秩序的积极性。教学模式复制了社会需要的协调方式。通过互相协调，学生获得知识，并参与社会问题的解决。西伦认为，教师不该绕过社会协调，只进行纯粹的知识教学。

西伦反对传统的课堂教学秩序，即舒适的氛围、学生们文雅而听话，以及只让教师满意的秩序。他主张，班级群体的建立应该采用社会秩序的形成过程。

> 教师主要引导班级中以探究为目的的社会秩序发展的过程，即教师的任务是形成"内部规则"，要培养学生的方法以及对知识原理的态度。教师是提出并利用学生行为方式的不同阐释者、研究者，同时只有当班级每个成员都发挥作用时，他们才会使社会秩序朝着共同探究的方向发展。（Thelen，1960，p. 8）

教师可以采取一系列探究的活动，每次探究都以一个刺激性的情境开始：

> 在这种情境中，学生能够发现他们在态度、思想和感觉模式间的基本冲突并做出反应。在此基础上，他们确定调查问题、分析问题的作用，自己组织去承担不同的角色，采取行动、报告并评估结果。这些步骤通过阅读、个人调查和咨询专家得到阐述。每个小组成员都关心本组的工作效率，并就研究目的讨论其过程。（Thelen，1960，p. 82）

在聚焦于民主过程的活动形式时，我们不应该忽视将民主过程引入生活的潜在意义。如果生搬硬套，这些活动形式就不能运用于实际生活，因此就同杜威和西伦设想的民主过程和科学方法大相径庭。班级应该是一个抨击社会问题的微型民主社
280 会，学生们通过解决问题和获得知识来组成一个高效率的社会群体。在教育实践中，也有人认真使用过民主程序，但效果不好，原因就在于这些做法很肤浅，只照搬了形式，却没有触及民主的本质。

基本概念

西伦提出的策略有两个核心概念：(1) 探究；(2) 知识。

探究

探究源于问题，知识是探究的结果。社会进步则会促进探究发展，同时，社会本身也得到研究和改善。群体研究的核心在于探究的形成。西伦（1960）认为：

> 探究能激发和监控人们对事物的注意过程；是采用口头或书面表达的方式，与他人发生相互作用和刺激的过程；同时还是在得出结论、确定新的调查对象、付诸行动、追求更好结果的过程中对概念的反应和重组。(p. 85)

探究的最初元素是能够引起个体反应和思考的事物，即一个有待解决的问题。在班级中，教师要能够选择内容并以情境的方式抛出问题。例如，“我们的社区是怎样形成的?”如果问题太简单，学生们不会产生困惑，也就无法探究。要回答这个问题，学生必须有自我意识以及对个人具有意义的愿望。他们还必须想象自己拥有参与者和观察者的双重身份，在进行独立探究的同时也观察别人的探究。探究从根本上说是一个社会活动过程，学生通过与他人的交流和互动，通过观察别人在困难情境中的行为，逐渐学会扮演观察员的角色。探究过程中产生的矛盾观点会进一步激发学生对问题的兴致。

教师给学生提供问题情境，学生作为探究者需要明确这个问题，并寻求解决方法。探究需要在真实的情境中亲身经历才能不断获得新信息。因此，学生必须清晰地认识方法，以便收集信息，并对从记忆中提取的信息进行综合、分类，形成假设并验证，研究学习结果，然后再修订计划。最终，学生必须提高反应能力，使用口头语言解释和说明外部行为。他们必须有意识地关注自己的经验，即明确陈述学习结果，并用现有的思想加以整合。以这样的方式进行，他们的想法就能构建成新的、更强有力的形式。

281 教学模式

结构体系

这种模式首先让学生面对一个感兴趣的问题。问题可以由教师提出，也可以是亲身经历；它可以自然而然地出现，也可以由教师提供。如果学生对问题做出了反应，教师可以把注意力集中到反应的差异上，即他们站在什么立场上？他们观察到了什么？他们如何组织问题？他们有什么感受？当学生对他们反应的差异变得感兴趣的时候，教师就可以指导他们自己阐述问题，并给问题分类。然后学生分析解决问题需要的角色，自己组织起来，进行分工、采取行动，并汇报成果。最后，小组根据最初的目标来评价解决问题的方法。这个过程在遇到另一个新问题或从调查过程产生另一个新问题时可以自动重复（见表 12—1）。

表 12—1　　教和学的群体研究模式结构

第一阶段	第二阶段
学生面对问题情境（有计划的或者无计划的）。	学生对情境做出反应。
第三阶段	**第四阶段**
学生分析任务并组织研究（问题的定义、作用、任务等）。	独立研究和群体研究。
第五阶段	**第六阶段**
学生分析成果和过程。	开始新的活动。

社会系统

群体内的体制是民主的，这种体制源于群体经验，或者至少是群体认可的。它对群体进行指导。群体经验是在教师指导下，在确定研究目标的问题情境范围内获得的。在群体活动中，教师应该尽量少添加自己的主观意见。学生和教师在活动中除了角色不同外，其他一切平等。活动在理智、协商的氛围中进行。

教师作用的原则

在群体研究中，教师的角色是顾问、咨询师和友好的批评者。他（她）必须从三个阶段指导和反思群体活动：（1）问题解决阶段（问题的本质是什么？涉及哪些因素?）；（2）群体管理阶段（现在需要什么信息？我们怎样去得到它?）； 282
（3）个人观点阶段（你认为这些结论怎样？当你对这些结果有不同看法时，你会采取什么做法?）（Thelen，1954，pp. 52－53）。这种指导教学的角色既难把握又很敏感，因为探究的核心是学生活动，问题不能由教师强加给学生。同时，指导教师也必须做到：（1）为群体活动过程提供帮助；（2）参与群体活动，引导学生将精力转变为潜在的教育活动；（3）监督这些教育活动，以便能够产生个人观点（Thelen，1960，p. 13）。除非遇到非常大的困难，否则指导者应该尽量避免干预。波拉克（Gertrude K. Pollack）在《讨论群体中的领导作用》（*Leadership of Discussion Groups*，1975）一书的第16～18 章对群体讨论中的领导问题进行了深入的探讨。其中的材料是专门指导有领导行为群体的，通俗易懂，可以为想通过群体研究来组织课堂的教师提供参考。

支持系统

群体调查的支持系统应该广泛且符合学生需要，学校要有一流的图书馆，并可以通过多种媒介提供信息和思路，同时也应该能够提供获取外界信息资源的途径，鼓励学生调查和联系校外的有关人士。目前，这种合作探究还没有被普遍采用，原因之一是支持系统水平还不高，不能满足探究的需要。

应　用

群体研究要求教师和课堂组织都具有灵活性。虽然我们假设的模式很适合开放型教室环境，但它与传统型教室也能兼容。我们曾观察到，有些教师成功地把群体研究实施到其他学科里。如数学和阅读，而且更规范、更具有教师指导风格。如果学生没有机会亲身经历群体内相互作用、决策制定及独立探索的话，可能需要更多的时间来适应这种高水平群体活动。从另外一方面来说，已经参加过班会或自己组织过班会的学生，要适应探究式学习只需要很短的时间。无论如何，教师都应该牢记：这种模式中的社会现象可能会让学生感到有点生疏，但是它像技能获得一样必不可少。

虽然我们提供的范例都是精心设计且非常复杂的，但是一般研究不需要这么烦琐。对于年幼的儿童或刚开始学习群体研究的学生来说，进行简单的小规模调查就可以了。调查问题的范围可以局限在狭窄的主题、事件、信息或活动中。例如，比
283 起解决能源危机的问题研究，为学校举行一场文娱晚会更受学生的关注，决定谁来照顾班级宠物和怎样照顾也更为简单。当然，探究的本质取决于学生的兴趣和年龄，年龄稍大点的学生倾向于更复杂的主题。经验丰富的老师能根据学生的能力和自己的组织能力来设计探究活动。

正如前面介绍的社会类模式一样，以约翰逊、斯莱文、沙朗为首的三个小组作为代表的研究力量已经开始尝试研究在教学中运用社会类模式的意义及可能产生的副作用。

约翰逊小组曾经致力于研究合作性任务、合作性奖励和同伴指导教学。他们对各年龄段学生在真实情境中的表现进行了广泛的研究。正如前面提到的一样，他们的观察和研究实际上证明了这一点，即合作学习能提高学生的积极性，奖励群体成员则是有效的手段，能显著提高学习群体的积极性（Johnson，Maruyana，Johnson，Nelson & Skon，1981）。此外，同伴相互指导的研究也很有成效，尤其是在学生成绩不同的混合群体中效果最好（Johnson & Johnson，1972）。

斯莱文小组（1983）的工作大概证实了约翰逊小组的结论，还增添了一些有趣的变量。他探讨了群体在完成不同任务时可以使用的一些方法，并发现区分不同的任务能增强学生的积极性。例如，当学生研究历史课中的某个主题时，每一个人都能成为该主题某一个方面的“专家”，因此每个学生都必须了解这方面信息并传达给其他学生。另外，他还研究了群体构成对成员学习及对自我、他人态度方面的影响。总的来说，群体成分越复杂，学生获得信息越多，对学习任务就会越积极，群体成员之间的关系就会越融洽（Slavin，1983）。

沙朗小组研究了群体调查本身，他们认为合作气氛越浓厚，学生对学习任务和他人的态度就越积极（Sharan & Hertz-Lazarowitz，1980a）。此外，他们还假设群体构成越复杂，就越可能完成概念和理论之类更复杂的学习目标，他们的研究证实了这一假设，同时还发现群体构成复杂性能使获得的信息增加，并促进基本技能的提升。

在俄勒冈一所高中里，一些教师做的小规模研究就很好，无论从群体动力研究，还是从对学生的影响来说，都值得一读（Huhtala，1994）。

合作研究的目的在于把复杂的社会学习和学业结合起来。如果运用恰当，就能达到目标。

教学效果和教育影响

这是一个多维度的综合性模式，它将学术探究、社会整合和过程学习等目标加
284 以综合。当教师不强调原先已选定的信息，而是希望能突出知识原理和问题解决方面时，这种模式可以运用于不同年龄段的学生和不同学科。

群体研究吸收了西伦关于知识和知识重构的观点（见图 12—1）。我们可以把

它看作教授知识和社会过程的一种直接而有效的方法。同样，它也能培养人际间的温情和相互信任感、对规则和政策的遵守、学习中的独立性以及对他人的尊重。

在决定是否使用这一模式时，有些人可能会觉得分析其潜在的教育影响或许同分析直接教学效果一样重要。其他模式可能也适合学术探究，但考虑到其教育意义，教师可能更喜欢使用群体研究。

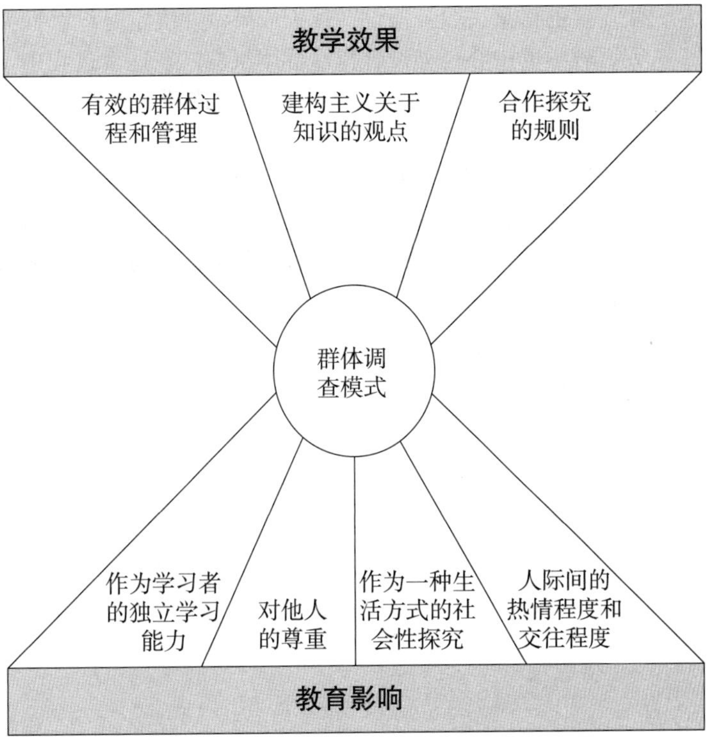

图 12—1　群体调查模式的教学效果和教育影响

小　结　群体调查模式 285

结构体系

第一阶段：学生面临问题情境（有计划的或无计划的）

第二阶段：对情境做出试探性反应

第三阶段：明确研究任务并建立研究组织（确定问题、分派角色和任务分配等）

第四阶段：独立研究和群体研究

第五阶段：分析问题的进展和过程

第六阶段：开始新一轮活动

社会系统

这种体制建立在内部的民主过程和群体决策基础之上，而外部结构较少。学生面临的问题情境必须真实，而不是人为强加的，群体内部需要沟通交流，氛围应该是理智的、协商的。

教师作用的原则

在群体进程和探究时，教师起到了促进作用（帮助学生制定计划、采取行动、调控群体活动、有意识地使用一定的方法）。教师起着学习顾问的作用。学生对疑难情境做出反应，并检验所有成员相同或不同的反应。他们自己决定解决问题需要哪些信息，并进行收集。提出假设后，他们收集需要的信息去验证假设、评价成果，并决定是继续探究还是开始新的探究。教学的中心是创设合作性群体氛围。在这个过程中，学生能掌握解决民主问题必需的协商以及解决冲突的技巧。此外，教师应当指导学生收集、分析数据的方法，帮助他们提出可检验的假设，找出能对假设进行合理验证的构成要素。因为每个群体在结构（Hunt，1971）和凝聚力方面（Thelen，1960）的差异都相当大。教师在指导时，不能机械地照搬教条，必须在理解学生的社会和学业行为后提供帮助，从而保证探究顺利进行。

支持系统

环境能对学生的不同需求做出反应。教师和学生能在必要时收集到需要的信息。

第13章

价值观学习模式

——角色扮演和公共政策教育

对价值观进行分析是非常重要的。如果对价值观的分析是正确的话，通过角色 287
扮演就可以使价值观更易于理解。因此，理解由自己的价值观所支配的行为就是探究的开始。

——范尼·沙夫特致帕洛阿尔托的一些教师，1969年5月

个案 13—1

劳丽所教的八年级学生正在读戴维·哈伯斯塔姆（David Halberstam）的杰作《消防站》（*Firehouse*，2002）。该书描述了一个在曼哈顿西区的消防队（被人所熟知有消防车40辆、云梯35架），有13名消防官兵参加2001年9月11日的世贸大厦抢救工作，最后只有1人生还。哈伯斯塔姆讲述了这一群体的家庭、他们之间的来往以及支撑他们一次次冲向危险境地的理念（当爬上高楼救火时，危险是难以想象的）。

学生逐渐意识到，在美国还有许多这种小群体，他们为自己的工作感到骄傲并忠诚地工作着。劳丽让学生自由讨论，直到大家都明确这个问题。她指定了记录者，让其根据问题和陈述列出一览表，这些问题和陈述将根据信息、公共政策事件和价值观等不同需要而逐步组织，并列出一系列无序的想法和观察。

"在正常情况下，每年有多少消防战士牺牲？"

"为什么他们付出那么多而得到的回报那么少？"

"以危险的速度向前开进是什么样子的？"

"他们为什么要冲向大火里呢？"

"他们是怎样控制悲痛的？" 288

"有趣的是许多消防战士都来自消防世家。"

"如果没有人从事这项职业会发生什么情况？"

"既然高层建筑比低层建筑更危险，我们为什么不多建低层建筑？"

调查进行了一段时间之后开始往不同的方向发展，全班确定了许多受到公共政策影响或在决策时必须妥协的价值观。然后，劳丽和学生一起在其他方面进行探究。价值观的研究是社会学习项目的核心，在本章中，我们将介绍研究价值观的两

种方法。第一种是角色扮演。角色扮演是从学生生活中的问题情境开始，探究价值观如何驱动行为，从而提高学生关于价值观的意识。角色扮演可以获得两种效果：其一，学生自己能深刻理解并能在交往中从别人的角度理解价值观的差异；其二，学生获得解决冲突的策略，而这种策略是在不放弃人道主义价值观、尊重各种不同意见的基础上获得的。第二种是法理学研究。这种模式把我们引入公共政策事物决策的价值观当中，而要进行公共政策辩论的原因就在于要平衡各种价值观。例如，关于公民能否拥有枪支的讨论将武装人员是否危及个人自由等价值观聚拢在一起。法理学研究能提高学生对公共事务的关注度以及在寻求公共事务解决途径时确定和平衡价值观方法的敏感性。

我们将从角色扮演开始。

个案 13—2

在加利福尼亚州洛杉矶东部的一个七年级的教室里，学生课间休息后一回到教室里便互相抱怨。威廉姆斯老师问发生了什么事情，学生们立刻开始讨论休息时发生的一系列问题。有两名学生争论到底是谁把体育器材拿到教室外面。然后，所有学生都为玩什么游戏、游戏的人选、男女生该不该各自玩游戏而争论不休。最后全班学生打了排球，但又因为一个争议性判球不欢而散。

威廉姆斯对全班学生的行为非常不满。他生气的理由不仅仅是学生们当天的纠纷，而是因为开学以来班里就一直存在这些争论。最后，他说：“好吧，我们一起来面对这个问题，今天你们的行为显得非常幼稚。你们一定也和我一样对此疲惫不堪。因此，我们要用一种讨论家庭问题的方法——角色扮演——来解决我们的问
289 题。现在，你们先分成几组进行讨论，明确存在的问题。今天的事情就是一个例子，因为它给我们带来了麻烦。”

学生们从谁把体育器材拿到室外开始，逐渐把开学以来的典型事件都列举出来。他们以组为单位列出了问题，威廉姆斯指定一名学生做组长，对各组提出的问题进行讨论。最后发现每组总有几个问题无法解决。

学生们对不同问题进行分类，分别是劳动分工、游戏双方挑战规则、如何解决游戏中的矛盾，例如球赛的判罚、球员上下场或是否安全等三类问题。教师给每组指定一类问题，让这组详细描述出现这种问题的情境。当学生完成这项任务后，全班投票决定先从哪一类问题开始讨论。他们选择的真实问题情境是由于判球而引起争论的排球比赛。

问题是由一个球引起的，大家一直围绕那颗球进行争论，有的认为出界了，有的认为在界内。学生为此争吵，因此球赛以暂停告终。

威廉姆斯挑了几个学生来表演，重现当时的情境，其他学生则从不同角度观察。一些学生观察争论是怎么产生的，另外一些学生则观察扮演者是如何处理当时的情况的。

表演活动使学生非常兴奋。那些在球赛当中处于反方的学生参与了表演，当他们站在教室中间互相大声喊的时候，威廉姆斯喊道：“停！”然后让学生们描述当时的情况。

学生都争先恐后地描述，讨论逐渐集中到参与者的态度是如何阻碍了问题的解

决这一点上。学生们各持己见，完全不顾别人的观点，他们的讨论没有涉及怎样解决活动中发生的争执。最后，威廉姆斯问学生，人们遇到这种情况会如何处理。一些学生建议礼貌性地认输，但另一些认为自己有理并坚持自己的观点，因此认输这件事并不容易做。最后，学生们把注意力集中到了一个他们认为重要的问题上："我们怎样制定一条决定由谁当裁判的规则？别人对裁判的判罚应该持有什么样的态度？"他们决定让所有参与者重新表演一次，因为只有双方都看清球出界，才可以判罚，而另一方没有看清。

比赛开始了。这次球员们努力遵守刚才制定的规则，防守一方有裁判权，进攻一方则有反对裁判权，比赛再次在一片争执不休的吵闹声中结束。比赛结束后，观 290
看比赛的学生指出运动员们没有完全按照规则进行比赛。学生们认识到，如果要举行比赛，双方就必须互相信任，并就谁有权进行裁决达成协议。

他们决定再来一次比赛，这次增设了两个人作为裁判员，他们的加入完全改变了这次比赛，裁判员坚持球员应当听他们的指挥。在比赛结束后的讨论中，大家指出：要保证合理的秩序，解决争端，必须制定一个制度。如果没有裁判员，问题就不可能得到解决，但只有全体运动员服从裁判员的决定时，裁判才是有效的。大家达成一致，在以后的比赛中，让两名学生当裁判员，这两个人对于比赛的顺利进行非常重要，在出现争端时他们会根据比赛规则进行裁判，并拥有最终决定权。最终大家同意这种规定，并且要观察它的运作情况。

第二天，在威廉姆斯的指导下，学生们开始了第二轮活动，重复了上面的过程。学生们对其他方面问题的探究引起的争论又延续了几周。起初，那些经过争论被澄清的概念只能简单地运用于具体问题的解决，但在教师的指导下，讨论逐渐深入，学生们开始思考支配个人行为的基本价值观问题。学生们开始理解，无论个体或群体，在共同的生活中，必须形成支配自己行为的规则。他们还开始注意培养自己的协商能力。那些总爱与别人发生冲突的学生也开始逐渐懂得，如果自己在行为上能有所改变，别人也会谅解，也就不会有解决不了的问题。

理论基础

在角色扮演的过程中，学生们通过重现问题情境，对问题情境进行讨论和探究，并学习如何处理人与人之间的关系问题。在这个过程中，学生们可以一起学习情感、态度、价值观及解决问题的策略。几个研究小组都进行了角色扮演的实验，他们的研究方法大体相同。这里介绍的是由沙夫特（Fannie & George Shaftel，1967）为代表的理论，同时我们也吸收了马克·切思勒（Mark Chesler）和罗伯特·福克斯（Mark Chesler & Robert Fox，1966）提出的一些观点。

作为一种教学模式，个人和社会双重取向为角色扮演提供了基础。在个人取向方面，角色扮演可以帮助个体发现自己的价值，通过社会群体的帮助解决个人的困境。在社会取向方面，它能够使个体凝聚起来，通过正当、民主的方法，一同分析并解决社会问题，特别是人际交往问题。我们之所以把角色扮演放在社会类教学模式中，就是因为社会群体是人类发展中不可缺少的一部分，而角色扮演 291
则可以为人们提供一种独特的情境。通过这种情境，人们学会解决个人和社会的问题。

模式导向

目标与假设

角色扮演就是先找出问题，再表演问题，然后讨论问题，最后达到解决问题的目的。在这个过程中，一些学生当演员，另一些当观众。让其角色互换，并试着与其他扮演者沟通。在互相作用的过程中，就会产生出诸如移情、怜悯、愤怒及爱怜等情感，若角色扮演能成功地进行，便会成为生活的一部分。扮演中的情感、语言和动作都会成为后来分析的一部分。扮演结束后，观察扮演的学生也会充分卷入探讨怎样才能实现目标、实现目标的障碍是什么、是否还有别的途径可以解决等。

角色扮演的实质是使扮演者及观察者都处于一种真实的问题情境中，并且都渴望寻求解决问题的答案和对情景的理解。角色扮演的过程为学生提供了学习人类行为的实例以：1）探究情感；2）观察情感、态度和价值观；3）培养解决问题的方法与技巧；4）从不同思维角度出发并最终找到解决问题的方法。

在角色扮演中，有几种假设和学习有关。首先，角色扮演是建立在经验基础上的学习情境，情境中的真实事件是我们要学习的内容。这种学习情境是人们设计出的一种与现实生活中真实的问题情境相类似的模式。通过这种再创造活动，学生可以学会生活，并学到真实的、典型的情感反应及行为方式。

与此有关的另一种假设认为角色扮演可以引发学生的情感。在扮演过程中，学生可以对自己的情感进行识别和释放。沙夫特强调智力与情感的作用同样重要，因此对于角色扮演的分析和讨论与角色扮演自身一样重要。作为教育者，我们需要非常关注学生对自身情感的认知和理解，以及学生是否懂得自己的情感是如何影响行为的。

与集思广益的假设相似，另一种假设认为情感和思想能由群体产生并融合到意识之中，同伴群体的机体反应能够产生新的思想，并为学生的发展和变化提供指导，这种模式不是强调教师的传统角色，而是鼓励学生从同伴那里获得信息。

最后一种假设认为，通过对自发角色扮演的分析可以将涉及个人态度、价值观
292 及信念体系的潜在心理过程带入意识层面。如果个体认可并接受所扮演角色的价值观念和态度体系，并与别人的观点进行比较，就能对自己的信念体系进行调节和控制。通过这样的分析，他们可以评价自己的态度、价值观及信仰，从而促使自己走向成熟。

角色的概念

每个人处事的方式都不一样。有些人可能觉得不能信任大部分人；有些人则可能觉得每个人都可能成为朋友。人的自我评价是一贯的、稳定的，认为自己勇敢、聪明或者胆怯、愚蠢，并会依照这种评价行事。这种对人和事的评价也会影响个体行为，并决定人们在不同情况下的反应。一些人恃强凌弱，显示出敌对态度；而另一些人则胆小怯弱，表现出退缩、孤独。

这些人的表现称之为角色。角色是“情感、言语、行为的模式化结果，是与他人有关的独立的习惯性方式（Chesler & Fox，1966，pp. 5，8）”。只有当人们寻找

时才能感觉到它在行为中的持续性及存在方式。有些概念主要以刻画角色的特征出现，像“友好、以强凌弱、藐视他人、无所不知、爱发牢骚”等。

个体在生活中受到的诸多影响决定了其所扮演的角色。个体在生活中接触的人决定着他对别人的情感，这些人如何对待他，他如何看待两者之间的情感，这些也会影响他们对自己的观点。特定的文化和法律习俗决定一个人的角色以及扮演方式。

人们可能不喜欢自己的角色，也可能会因为别人不能理解并接受他的角色而对别人的态度和情感发生改变。两个人会产生共同的情感，但可能表现为不同的方式，两个人可能都渴望达成共同的目标，但如果其中一人误解对方的行为，他就不可能达到预期的目标。

为了更深刻地理解自己和别人，最重要的就是理解这些角色以及思考这些角色应当如何扮演，一个人必须懂得换位思考，尽可能多地体会他人的思想和情感。如果一个人能够做到移情，他便能准确地理解社会事件、进行社会交往。角色扮演是促进人们互相理解的一个媒介。

角色概念是角色扮演模式的核心理论基础之一，也是最主要的目标。我们必须让学生学会使用这一概念，使他们认识不同的角色，并根据角色思考自己和他人的行为。同时，这个模式还包含其他方面和不同层次，在某种程度上，也存在着互相矛盾的地方。例如，问题的内容、解决问题的答案、角色扮演者的情感、表演过程
本身等，都作用于学生的角色扮演，因此，角色的概念一定要渗透于整个角色扮演 293
过程中，成为活动的重要部分。在使用这一模式之前直接教学生使用这个概念是很有益处的。

教学模式

结构体系

角色扮演主要得益于活动的质量以及之后的分析，学生对生活中不同角色的认识都决定了角色扮演作用的大小。第一次角色扮演与分析注定漏洞百出，但不能违背真实性原则，这能保证分析的严肃性。切思勒和福克斯建议用肢体语言教授没有经验的学生（Chesler & Fox，1966，pp. 64 – 66）。如果教师仅仅设计一个活动情境，让几名学生表演并讨论，角色扮演活动注定要失败。

沙夫特研究小组建议把角色扮演活动分九个步骤：（1）小组准备活动；（2）挑选扮演者；（3）安排场景；（4）组织观众；（5）表演；（6）讨论和评价表演；（7）重新表演；（8）重新讨论和评价表演；（9）分享经验和总结。每一步都有各自的目的，并确保核心目的和活动思维贯穿于整个活动过程，学生完全投入到所扮演的角色中，这样，角色扮演的目的就明确了。随后的讨论不仅仅是对不同反应的复述（尽管这些也很重要），还可以更深入一步。表 13—1 总结了这个模式的阶段和活动，以下内容是对这部分的讨论和阐释。

第一阶段：小组准备活动。教师把学生引入一个问题情境中，使他们认识到自己得学会处理这些问题。当小组确定了一个问题之后，即可着手准备。

教师：你们还记得那天我们对珍妮的午饭钱进行的讨论吗？她没有把钱交给

老师，而是放到了自己的口袋里，后来钱丢了，我们曾进行过讨论：是应该自己保存这些钱还是交给老师？这种情况有时很难决定。你们是否有过类似的经历？(Shaftel & Shaftel，1967，p. 67)

教师以问题引发学生兴趣，创造接受氛围，于是学生便会觉得所有一切都是在没有任何压力的情况下进行的。

准备活动的第二部分是通过实例形象地呈现问题。这些问题可以缘于学生对自
294 己的想象所进行的描述或真实的问题情境，也可以是教师挑选的真实情境或从电影、电视、小说中选出来的问题情境。

表 13—1 角色扮演活动的结构

第一阶段：小组准备活动	**第二阶段：挑选扮演者**
确定问题并进入情境。 明确问题。 讲解问题，探究事件。 解释角色扮演。	分析角色。 选择角色扮演者。
第三阶段：安排场景	**第四阶段：组织观众**
确定表演程序。 重述角色。 进入问题情境。	确定观察任务。 分配观察任务。
第五阶段：表演	**第六阶段：讨论和评价**
开始表演。 继续表演。 表演结束。	评论角色扮演（事件、地点、真实性）。 讨论要点。 决定新的表演。
第七阶段：重新表演	**第八阶段：讨论和评价**
表演修改过的角色；提出下一步或行为转变的建议。	同阶段 6。
第九阶段：分享经验和总结	
把问题情境以及现实经验和当前问题联系起来探究行为的一般原则。	

来源：Based on Fannie Shaftel and George Shaftel，*Role Playing of Social Values*（Englewood Cilffs，N. J.：Prentice-Hill，Inc.，1967).

在《社会价值观的角色表演：社会学习过程中的决策》（*Role Playing of Social Values*：*Decision Making in the Social Studies*，1967）一书中，沙夫特的研究小组给学生提供了大量的问题故事选段。这些故事都是在事情发生后就戛然而止。
295 沙夫特认为问题故事有很多优点：首先，每一个问题故事都有一个特定的问题，便于学生独立思考并能找到合适的解决方法。但学生本人在生活中遇到过的问题及体验过的事件会给他们造成紧张情绪，因此，难以进行正确的分析；其次，问题故事具有戏剧性，可以减轻学生表演的负担，使得角色扮演更加生动。

提出问题是准备活动的最后一部分，使学生思考并预测故事的结局：“故事会有什么样的结尾？”“萨姆的问题是什么？他能做些什么？”在进行到这一程序时，教师可以参照下列步骤：

教师：今天下午我想给大家讲一个男孩如何处理问题的故事。他父母想让

他做一件事，而他的伙伴坚持要他做一件别的事。怎样才能两全其美呢？这个男孩觉得左右为难。这个问题故事没有结尾。

学生：像上周我们做的那样吗？

教师：对！

学生：哦！但你为什么不直接告诉我们结果呢？

教师：当你们遇到困难时，难道总会人告诉你如何解决吗？

学生：不，几乎没有。

教师：在生活中，我们经常要自己解决问题。这就是为什么我给你们读问题故事的原因。我们通过做有关问题故事的练习来找最合适的解决方法。当我读故事时，你们可以换位思考一下如果你是汤米，你应该如何做。(Shaftel & Shaftel，1967，p. 67)

这就是汤米和他父亲在俱乐部问题上观点不同的故事。汤米欠俱乐部的钱，而父亲不同意给他，因此汤米便想用其他方法得到钱。这个问题的关键是汤米用什么方法得到钱还给俱乐部。他帮助药店给顾客送药，顾客在付费时多付了 5 元钱，而这 5 元钱足够汤米还账了。因此汤米站在顾客门前犹豫到底是把钱退给顾客，还是拿这钱去还账。读完故事后，教师把故事会出现的情况介绍了下，并让学生做好角色扮演的充分准备。

教师：你认为汤米会怎么做？

学生 1：我想他会把钱留下。

教师：是吗？

学生 1：因为他需要还俱乐部。

学生 2：不会的。他会还给顾客的，因为他知道这钱是属于顾客的。(Shaftel & Shaftel，1967，p. 69)

第二阶段：选择扮演者。教师与学生描述每个人的特征——他们长得像谁，他 296
们如何思考问题，他们可能会做什么。然后教师会问学生们愿意去扮演怎样的角色，学生可以得到扮演某个人的特殊权利。沙夫特的研究小组不允许教师给学生分配角色，因为这样可能会影响到学生的表演并阻碍学生的思维，或使其处于欠佳的状态。角色的扮演者必须渴望得到那个角色，教师不能仅仅考虑不同的学生对角色的喜好，还要对这种情况加以掌控。

我们可以根据几种角色来安排扮演者。角色可以让有着相同经历或者是渴望挖掘该角色的学生来扮演，还可以让那些应当学着认同这个角色或将自己定位到这个角色上的学生来扮演。沙夫特研究小组告诫教师不能挑选想通过角色表演来敷衍老师的孩子，这样会阻碍问题解决的深刻性 (Shaftel & Shaftel，1967，p. 67)。

在下一步的表演中，教师请一位学生扮演汤米，然后问他是否还需要其他的扮演者。他说缺少一位顾客的扮演者，而且还需要一些学生来扮演他的同伴。教师请几位学生扮演这些角色。

第三阶段：安排场景。扮演者设计了故事的情节，但没有对白。他们简单勾画出场景和每个角色的动作，教师通过问学生问题来帮助他们布置场景，比如故事发生在哪里，大概会发生什么事情等。在确定好动作、布置好场景后，扮演者才能安下心来开始表演，而不会手忙脚乱。

场景布置好了，教室的一个角落变成了一所学校，同伴在那里等汤米带钱来。而在另一个角落，用一把椅子表示顾客的房门。教师问汤米的扮演者想从哪儿开始，这个学生决定从他递药品包裹的时候开始。

第四阶段：组织观众。观众的主动参与是至关重要的，只有做到这一点，全体学生才能充分体验到表演给他们带来的感受，也才能深刻地理解它。沙夫特研究小组建议教师给观众布置任务，以便学生能够积极参与。这些任务包括，评价角色扮演的真实性、评论扮演者表演的效果、确定角色的情感及思考方式。观众有权决定扮演者应当往哪个方向演绎，扮演者的哪些表演是多余的，哪些内容应当展现给观众或是让观众观察后决定角色怎么扮演。应当让观众明白：很多情况下，角色扮演有多种方法。他们可以用不同的方法演示一个特定的角色。

297 在例子中，教师是这样组织观众的：

> 教师：好的，根据即将看到的表演，请大家思考一下自己所设想的故事结尾是否会真的出现。人们会怎么想？你们可以思考一下接下来会发生的事。可能你们想到的结果会各有不同。等表演结束之后，我们讨论一下，再来看看你们的想法是否正确。(Shaftel & Shaftel，1967，p. 69)

第五阶段：表演。扮演者进入角色，他们互相之间的反应像在真实情境中一样。角色扮演活动并不要求整个过程完美无缺，也不希望每个角色扮演者总是知道如何应对现实。因为这种不确定性既是生活本质的一部分，也是角色情感的一部分。一个人可能会对自己的言行有个笼统的概念，但若身临其境，却不一定能扮演好这个角色。表演取决于扮演者以及他们的现场发挥。由此可见准备阶段的重要性。

沙夫特研究小组建议演出尽量简短。只有大家都清楚了自己在剧中所表演的角色的情感，把握了人物的性格，掌握了行为的技能，并能在面临的困境或设计的情节中按原定思路表现，表演才可以开始。在随之进行的讨论中，如果学生对所要扮演角色没有理解透彻，教师可以要求学生重新表演。

第一次表演的目的是把事件和角色简单地进行组合，也可以在以后的表演中对其继续进行探索、分析和再组合。在我们介绍的实例中，扮演汤米的男孩选择不告诉顾客多付钱这一做法。在刚开始的表演中，主要角色的扮演者可以由多个学生来演，以便让同学看到不同角色的特点，同时也为讨论提供更多的素材。

第六阶段：讨论和评价。如果问题很重要，讨论可能会因为扮演者和观众在认识和感情方面比较投入而自发开始。讨论可集中于对角色扮演的不同理解，对角色下一步应当如何表演提出建议。但更重要的是行动的结果和角色的动机。为了让下一个阶段准备更充分，教师应当引导学生重点讨论这些方面的问题。

为了帮助观众随着角色扮演进行思考，教师可以这样提问："当约翰说出这些话之后，你们认为他会怎么想？"讨论可能会在角色和整个情节之间轮换进行。讨论的深入也会为下一步的表演做好准备。在下一次表演中，角色扮演者也许会改变他们对人物的理解，用不同的方法来扮演同一个角色。

在我们的实例中，第一次表演的讨论是这样进行的：

> 教师：杰里提出了一种解决问题的方法。你们认为怎么样？
>
> 学生：这个方法不行！
>
> 杰里：为什么？

学生：那个顾客已经记住给汤米多少钱，他会给店主打电话诉说此事的。

杰里：那又怎么样？他没有任何证据，我就说他没多给我钱。 298

学生：他会丢掉这份工作的。

杰里：他们什么时候才能搞清楚这事情？

教师：约翰，你也这么想吗？

学生：我认为店主会站在顾客的立场上说话。他宁愿解雇汤米再雇用一个人也不想让顾客不高兴。

学生：如果汤米将钱留下来的话，他心里会不安的。

教师：为什么呢？

学生：如果知道自己做错了事情，他就会不安心。

教师：那么，你有别的方法来解决这个问题吗？

学生：有。汤米应该敲门告诉顾客多找他钱了，也许顾客会把这钱送给汤米的。

教师：好吧！迪克，我们来试下你的做法。(Shaftel & Shaftel，1967，p. 71)

第七阶段：重新表演。可以进行多次表演。教师和学生可以一起研究角色，尝试新的理解，并决定是否更换扮演者，活动可以在讨论和表演者之间交替进行。进行新的表演时应当尽可能地探究新的原因和结果。例如：可以把一个角色作为例子，以便大家注意到这种改变如何引起另一个角色扮演者行为的变化。角色扮演活动中至关重要的一点在于扮演者可尝试用不同的方法来表演一个角色并注意观察结果如何变化。这种方法可以使角色扮演成为一个戏剧性的概念活动。

在我们的例子中，第二次表演所产生的解决问题的方法是：汤米提醒顾客多付了他一些钱。由于他的诚实，汤米获得了这 5 元钱。

第八阶段：讨论和评价。在第二次表演结束后的讨论中，学生普遍愿意接受这种解决问题的方案。然而，教师询问学生是否认为这样的结果会出现，从而将对这个问题的讨论引入现实的生活之中。一个学生说有过类似的经历，但别人只多给了 1.25 元，而且让他保留了这 1.25 元。教师让全班学生思考 5 元和 1.25 元有什么不同的意义。教师又向学生提出了一个建议，让汤米咨询一下他的妈妈。下面是关于对汤米爸爸、家庭概念和父亲角色的讨论。教师建议再用第三个方案表演一下。下面是第三轮表演中的对白：

汤米：妈妈，我遇到麻烦了。

妈妈：汤米，怎么回事？

汤米：(告诉了妈妈整个情形)

妈妈：哎呀，汤米，你应该早点儿告诉我。赶快把钱还掉（打开钱包拿钱)。等你爸爸回来后，我们和他说下。(Shaftel & Shaftel，1967，p. 73)

在表演结束后的讨论中，教师问学生接着会发生什么情况。有些学生建议将汤米关在狗窝里一会儿作为惩罚。

第九阶段：分享经验和总结，我们不能期待学生马上就能对这种情境中人与人 299
之间的关系进行概括和总结，因为要做到这一点，需要丰富的人生阅历。但是，在讨论中，教师可以引导学生向这个方向努力，以便学生通过角色扮演积累大量的经验，开始总结解决问题的方法及这些方法所可能产生的结果。讨论的形式越多，总结的结果就越多，学生就越能将这些角色扮演中的行为规则运用到自己的现实生活中。

角色扮演的基本目的是用一种不伤害学生的方法将问题情境和学生的经历联系起来。通过询问学生是否有人曾有过类似体验来达到这个目的。在这一问题实例中，教师问班上是否有人曾经经历过与汤米类似的事情，一名学生讲了他和父亲的类似经历。接着，教师又问了他的父亲对此事的态度以及一般父亲对给孩子钱的态度与看法。

通过这些讨论，全体学生都能说出并使用从中得出的规则。这些规则可以用来解决特定的问题，也可被学生用来作为探究其他问题的模板。这样学生可以逐步掌握解决问题的方法。但一旦问题出现，无论在小组还是从他们研究过的内容中，学生都能通过角色扮演找到解决问题的方法。例如，学生可以通过角色扮演来提高班级的民主质量。

社会系统

这个模式内部有着合理的社会系统。教师负责引导学生从一个阶段过渡到另一个阶段，至少在刚开始时是这样的。而大部分讨论和表演的具体内容则是由学生决定的。

教师的提问及评价应该倾向于鼓励学生自由且真实地表达思想感情。教师应当在自己与学生之间建立起平等与信任的关系。教师可以通过接受所有学生的建议并对此不作价值判断的方式来建立这种关系。学生的情感和态度往往会以这种简单的方式表现出来。

教师是主要的反应者与支持者，同时也是指导者。他们需要挑选出要研究的问题，引导讨论的发展方向，选择角色的扮演者，决定表演事件，帮助设计表演等，其中最重要的是决定对什么进行探究，怎样进行探究。实质上，教师通过问题的类别引导学生对行为进行探究，通过提问本身形成研究焦点。

教师作用的原则

对于这个模式，我们认为有五种原则较为重要。第一，教师应以一种非评价的方式接受学生的反应及建议，特别是与其观点及情感有关的反应或建议。第二，教
300 师应帮助学生研究问题情境的不同方面，认识并比较不同的观点。第三，教师通过反应、解释和总结来提高学生对自己的观点和情感的认识。第四，教师应强调可以用不同的方法扮演同一个角色，并产生不同的结果。第五，教师要让学生明白可以用多种方法解决同一问题。没有任何方法放之四海而皆准，教师要引导学生评价某种解决方案，并将之与其他方案进行比较。

支持系统

角色扮演活动需要的东西虽然不多，但是很重要，而且问题情境是最重要的工具。在某些情况下，设计可以描述角色情感变化的简要表格是很用的。有时，我们也为观众设计一些表格，告诉他们在活动中要观察什么，并请他们在相应地方做些记录。

可以为问题情境提供素材的还有电影、小说及短篇故事。问题故事或问题情境轮廓也很有用。顾名思义，问题故事是对某种情境的背景、气氛、情节的简短描述和对话，角色处于两难境地，但必须做出抉择，故事的结尾是开放性的。

现在我们可以在市场上获得更多资源，包括可以把结尾省略掉或进行改编的小

说或问题小说。沙夫特、切思勒和福克斯的许多著作里都包含这些元素。

应 用

对许多重要的教育目标来说，角色扮演的模式非常丰富。通过角色扮演，学生在认识自己和他人情感的能力方面有所提高，在面对困境时，他们能产生新的行为方式，并能提高解决问题的能力。

除了以上作用之外，角色扮演模式还附带有一系列活动。学生很容易忘记它是一种教学手段，因为他们对情节和表演较为感兴趣。角色扮演教学模式并不随着其过程的结束而结束，它使学生的价值观、情感、态度和解决问题的方法得到了展现。这些恰恰正是教师需要努力研究和探索的。

角色扮演和课程

以下两点说明了为什么教师决定在学生中采用角色扮演模式。第一，一些社会教育项目可以系统地在角色扮演模式中实现。因为很多需要讨论和分析的内容可以在角色扮演的情境中完成，所以应当选择一些特定种类的问题故事来达到这一目 301
的。第二，帮助学生学会处理发生在眼前的人际关系问题也可在角色扮演中实现。角色扮演能拓宽学生研究问题的领域，并帮助他们解决问题。

这种模式的使用有助于解决下列几种社会问题：

1. 人际冲突。揭示人们之间的矛盾是角色扮演的主要作用，这样学生能更好地从中找到解决矛盾的方法。

2. 群体内部关系。解决由宗教、种族或信仰等问题引起的矛盾也是角色扮演的重要作用。通过角色扮演活动，这种表面上并不明显的冲突能够鼓励学生接受不同的事物，揭露陋见和偏见。

3. 个人困境。当人们之间的利益发生冲突或遭遇不同价值观时，就会出现两难的境地。由于年幼儿童的道德判断是以自我为中心的，所以他们很难处理这种问题。角色扮演则可以帮助学生明白为什么会发生这样的问题，如何解决这些最复杂、最困难的问题。同时也可以使他们得知，个人困境可能会出现在与父母和群体之间，也可能出现在个人偏好和群体带来的压力之中。

4. 历史或现实问题。这些问题包括过去和现在的紧急情况。在这些情况下，决策者、法官、政治家或民众需要面对个人问题或做出个人决定。在角色扮演的过程中，学生会将注意力自然地放到似乎对他们更为重要的问题或个人身上。

在角色扮演的过程中，学生的注意力自然地集中在他们看来更为重要的问题上，而不去考虑这些社会问题的特定种类。他们的情感、态度和价值观通过扮演者的言语和剧中的情节，通过解决问题的方法和行为引发的结果表现出来。在角色的扮演和讨论中，上述这些问题的某一方面或全部是教师关注的重点。可以在以下几个方面对课程的深层意义进行探究：

情感
态度、价值观和观点
解决问题的态度和技能
主题

我们发现，在角色扮演活动中，仅一个部分的内容就非常丰富。讨论可以向多个方向发展——分析情感、结果、角色本身及表现角色的方法、解决问题的不同途径等。长期使用这种教学模式的经验使我们相信：在角色扮演的过程中，如果对上面的任何方面不认真研究的话，我们的思考就很容易流于表面。要对这些问题进行
302 深入研究，我们需要一段时间。在学生们逐渐习惯这种教学模式之后，教师才能开始探究他们的行为。贯穿整个活动过程的研究是很重要的，在活动中，教师也应当考虑处于次要地位的其他方面。例如，在重点讨论解决问题的方法时，也可以讨论角色的情感；但是对角色情感进行讨论应与解决问题的方法密切相关。

通过选择一两个重点来对学生的观点进行提问和反应，并在总结前一阶段观点的基础上，顺利地过渡到下一阶段。这样，每个阶段所选择的重点就都可以实现。这是我们所说的，每个阶段要形成重点的含义（见表 13—2）。

表 13—2　　角色扮演阶段的研究重点

情感	A. 探究自己的情感 B. 探究他人的情感 C. 扮演或释放情感 D. 体验地位更高的角色的情感以便改变对自己和他人的看法
态度、价值观和看法	A. 确认文化和亚文化的价值观 B. 澄清和评估自己的价值观念冲突
解决问题的态度和技能	A. 拓展可选方法的范围 B. 发现问题的能力 C. 产生备选方法的能力 D. 评价解决问题的不同方法对自己和别人产生后果的能力 E. 体验结果并根据结果做出最后决定的能力 F. 分析问题方法的标准和推断 G. 获得新的行为方式
主题	A. 扮演者的情感 B. 历史事实：历史危机、困境和决策

303 选择问题情境

合适的主题由许多因素决定，如学生年龄、文化背景、复杂的问题情境、敏感的主题和学生对角色扮演的经验，也可以使用学生关注的问题，这样教师才能挑选一些能够表现这些主题的问题情境。总而言之，这样就使学生具有了角色扮演的一定经验，学生之间逐步形成了群体凝聚力，彼此之间互相接纳，师生关系也非常和睦。

根据切思勒和福克斯（Chesler & Fox，1966）的研究，角色选择和扮演会受到学生的性别、种族、社会经济状况等诸多因素的影响。不同文化群体的学生会产生不同的问题、不同的关注点以及不同的解决途径。大多数教师在教学中都能够考虑到这些问题。具有典型代表性的种族、年龄、性别、社会经济等方面的问题也都可以成为问题情境的来源。

问题情境还可来源于：（1）在学生不同的年龄和发展阶段个体和社会所关心的问题；（2）价值观（伦理）问题，比如诚实、责任感；（3）问题行为，诸如攻击、逃避；（4）麻烦的情境——对商店服务员表示不满，遇见陌生人；（5）社会问题，

比如种族主义、性别歧视、工人罢工。这些问题情境的来源汇总如下（见表 13—3）。

表 13—3　　**问题情境的资源**

1. 学生发展阶段
2. 性别、种族或社会经济状况
3. 价值观（伦理）问题
4. 情感困惑
5. 剧本或游戏中的角色
6. 麻烦的情境
7. 社会问题
8. 社区问题

选择问题情境还需要考虑其复杂因素，因为它涉及角色的数目和事件的难易程度。虽然问题情境难度水平还没有准确的标准来衡量，但大体应符合以下条件：(1) 有一个主要角色；(2) 有两个重要人物和可选择的解决问题的方法；(3) 复杂的情节和多种角色；(4) 价值观、社会问题和社区问题。

教学效果和教育影响 304

角色扮演有以下特殊的教育效果：(1) 对个人价值观和行为的分析；(2) 找出解决人际（个人）问题的方法；(3) 形成移情。角色扮演的教育功能表现在对有关社会问题、价值观念等信息获得，以及表达个人观点的舒适感上（见图 13—1）。

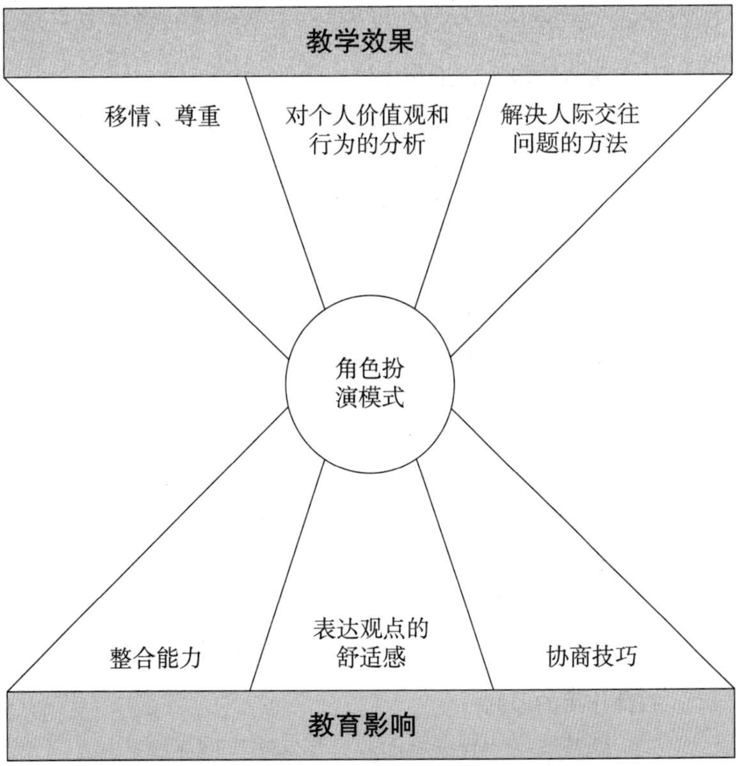

图 13—1　角色扮演模式的教学效果和教育影响

小　结　角色扮演模式

结构

第一阶段：小组准备活动
确定问题并引入情境。
明确问题。
305 讲述问题，分析事件。
阐明角色扮演。

第二阶段：选出扮演者
分析角色。
选出角色扮演者。

第三阶段：安排活动场景
确定表演程序。
重述角色。
进入活动情境。

第四阶段：组织观众
明确观察任务。
分配观察任务。

第五阶段：表演
表演开始。
表演继续。
表演结束。

第六阶段：讨论和评价
讨论角色扮演（事件、地点、真实性）。
讨论要点。
决定新的表演。

第七阶段：重新表演
表演讨论过的角色。
提出下一步建议。

第八阶段：重新讨论和评价
同第六阶段。

第九阶段：分享经验和总结
把表演情境与生活经验联系起来。
探究行为的一般原则。

社会系统

这是一个需要精心组织的模式。演出及讨论的内容应由学生自己决定，教师的任务只是引入每一个阶段并通过活动指导学生。

教师作用的原则

教师应以一种客观的态度接受学生的反应。

通过反思、解释和总结，提高学生对自我角色和情境的认识，帮助学生探究和比较问题情境的不同方面。

运用角色的概念，强调一个角色有不同的扮演方式。

强调用多种方法解决同一个问题。 306

支持系统

角色扮演基本不需要问题情境之外的支持材料，只要有相关经验即可。而下面要介绍的法理学模式却需要丰富的材料和信息资源。

法理学探究：学会思考社会政策

个案 13—3

在美国最高法院和政治家就当代社会政策展开辩论之前，帕特·萨尔茨多为高三学生开设的公民课正在研究最近发生的案例。加利福尼亚州的一项法令最近被该州州长以文件的形式废除了。一名学生在几天后的一个清晨带来了一份《纽约时报》，其中有一篇讨论巴克案（the Bakke case）的文章，这个案例与高等院校的入学条件有关。巴克声称给予少数民族候选人的优惠政策是对他的歧视。

汤米说："这是个棘手的案子。我的成绩不高，但我和其他很多人一样都在申请上大学。但对我来说，决定我能否上大学的不是我的成绩，而是该大学如何看待我。如果某些大学想扩大女生规模，我又是个女性，我的成绩就会提高。如果我被大学断定为和别人没什么两样，那么我的成绩根本不会变化。而在某些地方，则会由于我不属于某一少数群体而被判成绩较低。"

另一位学生说："巴克案还涉及一名法律专业的学生，这和大学本科入学关联大吗？"

一位黑人学生说道："长期以来我们被私立大学拒之门外，当然有关联。"

"医学院也是这样吗？那他们录取没有资质的医学生吗？"另一个学生问道。

另一名学生说道："个别现象并不能说明所有学生都不合格。"

"那你们又如何看待考试分数呢？"另一个问。

"好了。"帕特说："很明显这是个复杂且从多个角色来说非常重要的问题，我们最好把公众观点进行分类，看看自己支持哪一方。"

"那我们如何开始呢？"米格尔问。

"我们首先要做的是收集信息。第一小组找一份案例简介，看看它在地方法院是如何辩论的。你们到学校法律图书馆去收集信息，我会提前告知图书管理员。第二小组把这个案子自引起公众注意以来的报纸都收集起来。第三小组收集报纸上的相关评论。第四小组从学校顾问那里寻找有关大学入学方面的信息，这是非常有价值的。第五小组应当设法与掌握学生学分的学籍管理员取得联系。大家想想还有其他的事情要做吗？" 307

"还有。"萨利说："我们能与负责考试的代表谈谈吗？"

"是个好主意。"帕特说道："首先我们分组行动，每个小组通过收集的材料了解一些问题，这应该会花很长时间。其次我们将继续考察这些问题背后的价值观问题。最后我们就能看出公共政策的实质和含义，并弄清楚我们自己作为个人或者群体的立场。”

默文公园高中的公民学课的一次讨论就这样开始了法理学的探究。在接下来的几个月里，帕特引导学生们讨论了几个更为重要的公共问题，他们也大致了解了法理学探究的基本轮廓。

唐纳德·奥里文和詹姆斯·沙文（Donald Oliver & James P. Shaver，1966/1974）创造的法理学探究模式能帮助学生对现实问题作系统性思考，这是一种高水平的公民教育模式，它要求学生在进行系统表述之后分析选择的立场。在第 20 章中，笔者还会提供大量与性别、社会经济地位、民族和人种有关的教育问题，这些问题是教育者和公民进行法理学探究的资源。

在社会和文化日益变化的情况下，法理学探究模式能帮助人们重新思考法律、种族和社会问题，并积极参与政策制定，它还有助于学生掌握分析和辩论社会问题的方法，让他们积极参与重新树立社会价值观的行动（Shaver，1995）。

模式导向

目标和假说

因价值观差异而引发的冲突是这个模式建立的概念基础。在这个多元化社会

308 中，要解决复杂的、有争议的问题，迫切需要能够进行良好的人际沟通，并能就分歧成功进行协调的公民。

这样的公民能对公共问题进行理智分析并保持相应观点，而这种观点反映两种基本价值观念，即公正和人性的尊严。奥里文和沙文眼里的成熟公民很像一个有能力的法官。假设你是一名最高法院的法官，正在审理一个重要的案件，你的工作是听取双方的证据，并分析双方立场的合法性，衡量双方的立场和证据，评价其意义和法律条款，最后做出可能的最好的选择。当然这也是学生思考公共问题时必须扮演的角色。

扮演询问者需要三种能力。第一种能力是熟悉《独立宣言》和美国宪法中的价值倾向，因为它们体现了判定公共事务、做出合法决定的基础价值观。也许有些政策观点是出于道德的考虑，但我们必须知道并理解形成社会道德体系的核心价值观是什么。

第二种能力是提出问题和解决问题的能力。一般情况下，当两种重要的价值观念互相冲突，或发现公共政策与社会核心价值观冲突时，就会出现三种类型的问题。

> 第一种问题（价值观问题）要确认价值观与法律规定是否冲突；第二种问题（实际问题）确认冲突发生的事实；第三种问题（定义问题）要确认描述冲突的词语的意义（Oliver & Shaver，1966/1974，p. 89；Oliver，1995）。

提出和解决问题的过程涉及明确定义、确认事实、澄清价值观。

第三种能力是了解当地政治问题和公共问题的能力。这要求学生了解美国的政治、社会和经济问题。对美国的历史、自然等问题的了解虽然很重要，但是学生们探究问题需要根据特定的法律事件，而非一般的价值观，这也是法理学探究模式的重要之处。

奥里文和沙文的工作蕴含了许多丰富的思想，给我们提供了一种社会模式，一种价值观的概念，一种极具成效的对话概念。他们也详细研究了课程和教育学之间

的问题，从他们的研究中还能总结出几种教学模式（见 Oliver，& Shaver，1971， 309
p. 7）。然而我们认为最能反映他们的目标和思想策略的是一种对抗式的或苏格拉底式的讨论模式。在苏格拉底的对话方法中，学生选择一种立场，教师提出问题挑战这种立场。教师提出的问题都是经过认真考虑的，主要用来促进学生思考自己的立场并帮助他们学会思考：

自己的立场是否能够有力地反对价值观相异的立场？
自己的立场是否在许多情况下恒定不变？
持这种立场的原因与某种情况有关吗？
支持这种立场的事实依据可靠吗？
这种立场会导致什么样的结果？
如果知道会产生某种结果，学生还会坚持这种观点吗？

公共政策问题

报纸和电视上充斥着公共争议。“一个公共政策问题是由市民或政府官员所做出的有关政府或社区事务的抉择。”（Oliver & Newman，1967，p. 29）

公共政策问题能被解释得非常通俗，如“美国应该留在阿富汗，强行去构建它的社会经济体系吗？”“死刑应该被废除吗？”“美国公民应该被允许到古巴旅游吗？”

公共政策问题也能被解释为个人行为的选择，“我可以给国会议员写信反对法律草案吗？”“我可以向政府请愿让死刑犯减刑吗？”（Oliver & Shaver，1974）“我可以给候选人写信请他支持堕胎吗？”

教师最困难的任务之一就是帮助学生把与案例有关的资料整合成为一个公共政策问题。

价值体系

奥里文和沙文（Oliver & Shaver，1966/1974，p. 64）的策略涉及个人自由、平等、公正等政治和社会价值观，因为“这些是政府和私人团体经常用来说明公共政策和决定的主要概念”。我们为了分析公共问题而谈及的价值体系指的就是决定美国社会政策的道德法律体系，表 13—4 列出了部分《独立宣言》和美国宪法中存在的，并决定政府每个决策的价值体系。

表 13—4　　道德法律体系：基本的社会价值

法律制度	政府采取的行为必须符合法律，并对全体人民一视同仁。
法律面前人人平等	执法必须公平，任何个人或团体不得享有特权或受到特殊的惩罚。
合法程序	没有法律规定的告知程序（公平审判的权利），政府不能剥夺公民的生命、自由或财产。
公平	平等的机会。
维护和平稳定	防止混乱和暴力（作为解决冲突的理由）。
个人自由	个人享有言论自由、拥有和处理财产的自由、宗教自由、个人交往的自由、个人隐私权。
权力分立	政府三个部门的权力平衡并相互制约。
地方有权解决地方问题	限制联邦政府权力，维护地方权利。

通过道德法律体系解决争端涉及对案件细节的调查以及对问题中存在的价值观和政策的认识。由于社会价值可以提供一般而非特定的价值体系，因此这种价值有助于我们对有争端的事务进行分析。然而，在多数有争议的情况下，两种道德的一
310 般性原则容易产生冲突。因而，虽然社会价值体系允许我们在大的方面谈论不同的冲突情境，但是它并没有告诉我们应该怎样解决这种冲突。

近几年出现的许多社会问题都涉及价值观的冲突。表 13—5 列出了一些问题以及这些问题隐含的价值观冲突。虽然它们潜在的社会价值观都非常清楚，但是冲突仍然存在，因为任何一个问题都可能存在不同的观点和立场，而且可以从很多方面进行讨论。

表 13—5　　普通问题范围

冲突的范围	典型的问题	冲突的价值观
种族和人种冲突	学校隔离 非白人和少数民族的公民权 非白人和少数民族的居住权 非白人和少数民族的工作机会 移民政策	享有同等的被保护权 合法的程序 人与人之间的亲情 vs. 和平与秩序 财产和合同权利 个人隐私和联系
宗教和意识形态的冲突	美国共产党的权利 宗教和公共教育 对“危险的”或“不道德”文学的控制 宗教和国家安全：誓言，（为了道德或宗教的原因而）拒服兵役者 宗教的财产税	言论和意识自由 vs. 享有同等的被保护权 民主机构的安全和保障
个人的安全	犯罪和安全	自由的标准 合法的程序 vs. 和平与秩序 社区福利
经济集团的冲突	组织起来的劳工 商业竞争和垄断 农产品的过剩 自然资源的保护	公平协商 权利和竞争 社区的普遍福利和进步 vs. 财产与合同权
健康、教育和福利	老人和穷人享有充足的医疗护理 充足的受教育机会 对老年人的保障 工作和收入保障	平等的机会 人与人之间的亲情 vs. 财产合同权
国家安全	对联邦的忠诚——安全机会 对外政策	言论、意识、交往自由 合法的程序 个人的隐私权 vs. 民主机构的安全与保障

来源：Donald Oliver and James P. Shaver, *Teaching Public Issues in the High School* (Boston: Houghton Mifflin Company, 1966), pp. 142－143.

表中的 vs. 指的是最高价值观与最低价值观相冲突。尽管总体来说这是事实，但也有例外。比如，有人会说有关最低工资标准的法律触犯了财产和合同权利，也与有关大众福利的规定相违背。

定义、价值观和事实问题

大多数争论集中在定义、价值观和事实上。参与者需要从不同角度对其进行探索并给出评价。一些争论是由于事实不够明晰而引起的，那么只要澄清事实就可以将之解决。

在对社会问题进行讨论时，一个不容忽视的问题就是用词的不准确和混乱。除非我们清楚所用词语的一般意义，否则讨论将难以进行，参与者更不可能在一些问题、政策或行动上达成一致意见。为了解决这个问题，首先，使术语具有为大家普遍认可的意义。其次，为了更准确地进行交流，参与者应该：(1) 根据多 312
数人的习惯用法或通过查字典来准确地使用某一词语；(2) 通过列出公认的标准，约定某一词语在讨论中的意义；(3) 通过收集更多的事实材料来确定某一定义是否符合公认的标准。

做出价值判断是指把事物、行为或思想定位为好或坏、正确或错误的过程。假如我们将某些东西（如诚实）视为有价值的，那它就是好的东西。当人们在生活中做出选择时，他们也在不断地做着正确判断，即便有时不能用词语清晰地表达出来，事实也是如此。要我们做出价值判断的事物的范围是非常广泛的，包括艺术、音乐、政治、装潢、服装和人类自身。人们在这些方面做出的抉择的重要性程度对每个人的意义是不一样的，这与我们所持的价值标准有关系。不太重要的选择是个人爱好，不是价值观问题，如艺术或生活环境这一类问题涉及的是艺术的品位和对美的鉴赏，而很多类似的选择，如思想、目标、行为等则是社会和社区讨论的问题。当前，美国的外交政策陷入国内与国际价值冲突的困境，美国是单方还是通过联合国发挥作用以及可以发挥多大作用便是如此。

人们对有关价值观的问题做出决定，是因为他们相信：(1) 将会出现一定的后果；(2) 避免其他不良的后果；(3) 假如不做决定，就会违背重要的社会价值观。 313
在价值观的冲突中，常常出现与预期结果不同的意见，当然我们可以通过获得证据来进一步支持预期结果，从而可以部分地解决异议，但它终究是一种预测。例如“已经批准的法律将提供平等的就业机会”就是预测性结果的一个例子。虽然它能够保障一些同等的就业机会，但这只是逻辑基础上的部分预测。

当两种价值观发生冲突时，奥里文和沙文认为最好的解决方法是各自都做出一些妥协，或用另一种方法，即不遵从任何一种价值观（参见下一部分有关价值观的平衡）。当由于预期结果而引起价值观的冲突时，这种冲突就成为了事实。

教学模式

结构体系

通过正反方的对话来探究学生的观点是法理学探究模式的中心环节，其他几种活动也很重要，如帮助学生形成他们最终支持的观点，在辩论以后帮助学生修正自己的立场等。基本模式包括六个阶段：(1) 对事例的导向；(2) 确定问题；(3) 选择立场；(4) 探究所选立场的观点；(5) 明确并进一步稳固立场；(6) 验证关于事实、定义和后果的假设（见表 13—6）。

表 13—6　　法理学探究模式的结构

第一阶段：事例的导向	教师介绍材料。 重复事实。
第二阶段：确定问题	学生把事实综合概括为公共政策问题。 学生选择一个政策问题讨论。 学生确认价值观和价值冲突。 学生了解事实和定义。
第三阶段：选择立场	学生阐述立场。 学生就社会价值或决策结果陈述所选立场的基础。
第四阶段：探究所选立场的观点和类型	找出违反价值标准的事实要点。 用事实证明所选的立场可能和不可能出现的结果。 用类比确定价值冲突。 选定哪一种价值标准更为重要，阐明如果缺乏另一种标准大致会出现什么情况。
第五阶段：明确并进一步稳固立场	学生陈述立场和选择立场的原因，在一系列相似情境下验证立场。 进一步稳固立场。
第六阶段：验证所选立场的事实假设	认清事实假设，确定它们是否相关。 确定预期的结果，考察它们发生的可能性。

第一阶段：第一步，教师向学生介绍事件，可以通过讲述一个故事、看一场有关价值观冲突的电影，或讨论在生活、学校或社区里发生的事件等方法进行。第二步，通过概括事件的情节来引导学生熟悉事件中的事实，并分析在事件中谁做了什么及其原因，或把有争议的地方表演出来。

第二阶段：学生们把事实综合概括成一个公共问题，找出其中涉及的价值标准类型（例如言论自由、基本福利的保障、地方自治、机会均等等），并确定不同价值标准之间的冲突。在开始的两个阶段，不要求学生表达他们的观点或选择立场。

第三阶段：要求学生讲清对问题的看法，表明自己的立场。例如，在一个与学校经费有关的问题上，学生可能采取“国家不应对在校生的人均经费问题进行立法”的观点，因为他们认为这种行为违反了有关地方自治的规定。

314 第四阶段：探究立场。教师从对立方的角度考察学生的立场。在扮演苏格拉底时，教师可以从以下四种辩论类型中挑选一种进行使用：

1. 要求学生确认哪一点违反了价值标准。

2. 通过类比明确价值冲突。

315 3. 要求学生证明一种立场可能出现或不可能出现的结果。

4. 要求学生选定哪一种价值标准更为重要，并且阐明如果缺乏另一种标准大致会出现什么样的情况。

第五阶段：进一步明确和稳固立场。这个阶段经常是对上一阶段的自然延伸，但有时教师需要鼓励学生重新陈述他们的立场。

第六阶段：进一步检验学生所持立场背后隐含的事实假设。教师要帮助学生判断自己的立场在最极端的情况下是否站得住脚。

社会系统

这个模式的结构是由高到低的。首先，由教师组织这些活动。然后，根据学生完成任务的情况由一个阶段过渡到另一个阶段。经过一段时间的训练，学生应该能够独立完成整个程序，并能够对活动过程进行自主控制，使整个活动过程中充满活力且富有挑战性。

教师作用的原则

教师不应用肯定或否定的语气，特别是在第四阶段和五阶段。他们通过相关性、一致性、特殊性、一般性的问题来提问和定义学生为何做出这样的反应。教师要培养和强化学生思维的连续性，使他们在进行其他辩论时有清晰的逻辑思维能力。

为了扮演好这个角色，教师必须了解每个学生的价值观念，并作好研究的准备工作。对于苏格拉底这一角色，教师要认真考察每个学生的观点，因为苏格拉底对话很容易变成一种有威胁性的混合考察，或一种猜测何为教师的正确答案的游戏。因此教师必须让学生们明白：对事件的描述和防御性立场的采取都要注意客观性，所提供的证据和对事实的假设也必须经得起质疑。评价的基础是这个事件的法律意义，而不是学生本身。

支持系统

支持这个模式的主要是有关问题情境的原始文件。一些相关案例的出版物很容易成为个人案例的材料。这种方法最明显的特征在于这些案例的情境具有真实性或者说是个假设。案例材料必须包含该情境的相关材料，只有这样，才能凸显案例的真实性而不会受到破坏性的影响。

应当给学生选择一个有争议的案例情境，比如有冲突的伦理、法定权利、事实 316
材料或对定义的阐述等。这种案例可以是历史事件、法律情境、关于社会矛盾的短篇小说，比如奥威尔（Orwell）的《动物农庄》（*Animal Farm*）。正如在每天的报纸上，每一版都有几篇涉及重要公共政策问题的文章，这些文章仅把一些事实陈述出来，而并未详细介绍争论的起因。

应　用

为了形成高中社会研究课程教学的基本框架，奥里文和沙文研究了教学内容和教学模式。因此，为了改进当地公共事务（与公共问题有关的案例）等方面的课程内容，改进处理公共领域内冲突的程序，该模式提供了一个简单的教学结构来引导学生对价值观问题进行思考。

这个模式是为年龄稍大的学生设计的。如果用于较低年级的学生，即便是最优秀的学生，也需要做出修改。我们已经在七年级和八年级学生中成功地实施了这种模式，但是在年龄更小一些的学生中使用成功的概率要小很多。

在围绕着社会话题展开的正反方辩论会中，对学生来说开端应该会具有一定的挑战性，尤其是那些表达能力欠缺的学生会感到有些吃力。在这种辩论中，三四个学生组成一个小组并采用某种立场与另外一个小组进行辩论。这种做法允许超出规定时间，允许学生与自己的小组成员商量讨论。一开始，教师先呈现事件，在学生选定政策问题后，要求他们选择一种立场。根据学生的立场，将他们分成不同小组，告知每个小组要拿出最有说服力的事实。学生们明白，不管开始时自己在哪个小组，他们都可以在辩论结束时选择不同的观点。

无论是推理的技巧，还是采取一种立场进行辩论的自信心，学生都不可能轻易地获得。教师应该使一个事件的讨论持续一段时间，从而给学生获取相关信息、反思自己的观点、创造挑战勇气的充分的机会。对于复杂问题进行一次性的简短讨论注定会失败，直接教给学生分析和辩论策略的正规教学是很有效的，但是这些东西应该自然地、逐步地传授给学生。一开始提供的材料应该相对简单，不需要太多的背景知识。一些事件应取自学生在家里或学校里的经历。当然还有很多适于学校使
317 用的资料来源。《社会教育》杂志经常刊登一些评论，社会科学教育协会也开发了许多带有广泛背景材料的历史事件的案例。安大略教育研究院的许多研究人员，特别是马尔科姆·莱文（Malcolm Levin）和约翰·伊森伯格（John Isenberg），也已经开发出了可用于法理学探究模式的生动案例（Giese，1989；Glade & Giese，1989；Greenwald，1991）。这些案例很多来自加拿大，并且非常适合学生使用。这些事件不仅很典型，而且涉及不同的领域和不同的法律体系。此外，他们的出版物《教育伦理》很大一部分涉及了有助于探究事件形成和公共问题研究的议题。安大略教育研究院有很多与加拿大有关的开发得很好的案例。

多年来，教师都是围绕案例组织社会研究课程的。法理学探究模式通过案例研究加强了教学的力度。当然，案例中必须具有内在的公共事务或价值冲突，这样才能使用法理学探究模式对其进行研究。社会研究课程必须涉及个人和公众的价值观，否则它们将偏离社会主流。

一旦学生熟练地掌握了法理学探究模式，他们就能把这种模式用于解决自己遇到的冲突。本书第 11 章个案 3 就是学生探究涉及自身问题的一个例子。如果不用这种模式，即便很努力，对公共问题的研究也会因为过于抽象而与学生的生活联系不起来，学生也只能生活在一个充满问题的世界之中，因此，他们对价值观问题的研究不应远离自己的生活实际，而应缘于他们自身生活和周围社区的真实环境。

教学效果和教育影响

对所分析问题结构的掌握是最主要且最直接的学习结果。这包括明确政策问题的技能，将社会价值运用于政策观点的能力，运用类比探究事件的能力，以及重新确定问题的定义、事实和价值观的能力。

与别人进行有说服力的对话的能力是另一种重要的学习结果。通过它可以培养学生融入社会，激发参与社会行动的欲望。

最后，这个模式培养了学生的多元价值观及尊重他人意见的意识。此外，这种模式自身虽然能够引起学生强烈的情感反应，但是它同样呼吁人们在对待社会政策问题时应当使理智胜于情感（见图 13—2）。

318

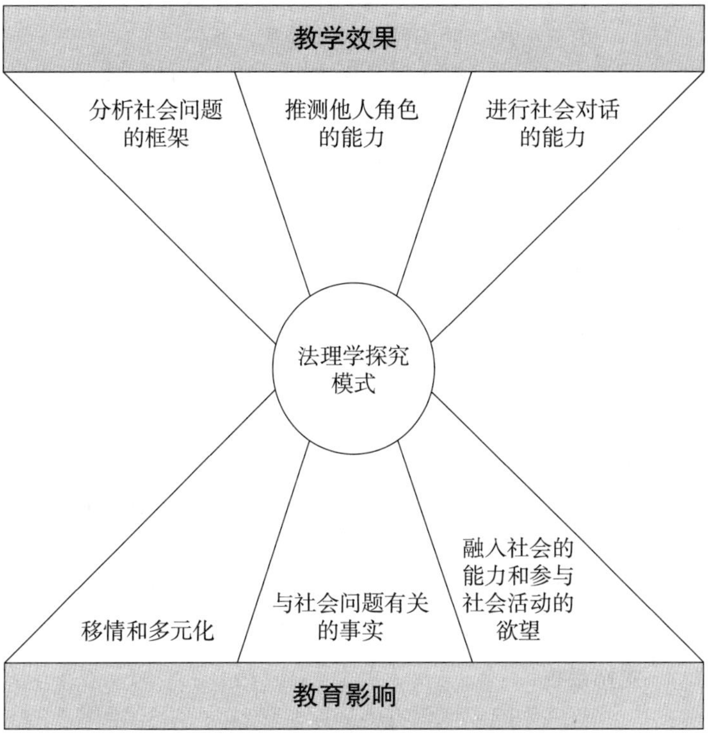

图 13—2　法理学探究模式的教学效果和教育影响

小　结　法理学探究模式

结构体系

第一阶段：事例的导向
教师介绍材料。
重复事实。

第二阶段：确定问题
学生把事实综合概括为公共政策问题。
学生选择一个政策问题进行讨论。
学生明确价值观和价值冲突。
学生了解事实和定义。

第三阶段：选择立场 319
学生阐述立场。
学生就社会价值或决策后果陈述所采取立场的基础。

第四阶段：探究争论的观点和类型
找出违反价值标准的事实要点。
用事实证明所采取的立场可能和不可能出现的结果。
用类比确定价值冲突。
选定哪一种价值标准更为重要，阐明如果缺乏另一种标准大致会出现什么情况。

第五阶段：明确并进一步稳固立场

学生陈述立场和采取立场的原因，在一系列相似情境下验证立场。

进一步稳固立场。

第六阶段：验证所采取立场的事实假设

认清事实假设，确定它们是否相关。

确定预期的结果，考察其产生的可能性。

社会系统

这个模式需要精心组织。由教师发起并引导整个讨论过程，同时营造一种开放、平等的氛围。

教师作用的原则

创设一种活跃的、充满智慧的、所有观点都能够受到尊重的氛围。

避免对学生的观点进行直接评价。

要对问题进行深入探究。通过提问的相关性、一致性、特殊性、普遍性、定义的阐述和持续性，分析学生观点的实质。

支持系统

与一个问题情境有关的原始资料。

互联网具有重要的作用，例如类似干细胞研究的议题，可以从网上得到各地大量的信息和各方群体的支持和帮助。

第四部分

个体类教学模式

从出生的那一刻起，我们就受到来自世界上各方面的影响。社会环境给予我们 321
许多关爱，使我们形成自己的语言，并且学会如何行为处事。同时，我们也会不断地将其进行组合，不断地将其融入自身。所以，每一个人都在用语言、行为等塑造着自己的社会角色。人的个性形成虽然受早期生活的影响（White，1980），但我们却有足够的能力来改变。我们可以适应不同的气候和物理环境。然而，离开了他人，我们就是不完整的。因此，我们应该学会爱他人并接受他人的爱，这会使人得到最大限度的发展。

当然，我们有能力去控制自己不做某些事情，如企图征服这个世界、使自己的劣根性滋长等。我们是伟大的，同时也可以是执拗的。

个体类教学模式有一些共同的目的：第一，通过培养学生的自信心和真实的自我感知来形成对他人的移情反应，从而使学生的情感和心理更加健康；第二，更重视学生对教育的需要和渴望，在决定学什么和怎么学时把每一名学生都看作合作者；第三，发展特殊的思维品质，如创造性思维和自我表达能力。这些模式可以通过以下四种方式加以实施：

1. 个体类模式可以被用作教学的普遍模式，甚至可以设计这样一所学校来将 322
非指导性思想体系作为其教育的核心方法（诸如 Aspy & Roebuck，1973；Neill，1960）或主要组成部分（Chamberlin & Chamberlin，1943）。

2. 个体类模式可以用来优化以其他方法为主导的学习环境。例如，通常我们很关心学生自我概念的形成，会仔细地思考如何使我们所做的每一件事将他们的积极情感最大化，在教学中尽量不把他们当作单独的个体来看待。换言之，我们可以用这种方法去了解学生的个性及情感，并寻找机会与他们进行积极的交流，使他们成为我们的伙伴。我们将主要探讨模式的这一用途。

3. 当我们想要帮助他们更加完全、积极地融入这个世界的时候，我们可以运用这些模式。

4. 我们可以围绕学生构建专门的课程。例如，阅读教学中的经验法就是如此。一旦学生获得最初的能力，我们就可以用学生讲的故事作为初步的阅读材料，用学生选出的文学作品作为主要的阅读材料。将个体类模式和其他模式相结合，用以设计独立学习课程，包括以信息资料为基础的项目。

除此之外，强调学习者的个性本身就是一个有价值的教育目标。这类模式的主要目标之一是使学生更加成熟，更加自信。因为实现了自我价值的学习者都能提高自身的学习能力，所以，个体类模式将会通过关注学习者的心理来提高学习成绩，许多研究成果都证实了这一观点（Roebuck，Buhler，& Aspy，1976）。研究表明，将个体类模式与其他教学活动结合起来使用的教师能够提高学生的学习效果。亨特和乔伊斯及其同事（见 Joyce，Peck，& Brown，1981）的一些研究也已经表明在课程中运用多种教学模式并根据学生特点进行调节是非常有效的。

我们从众多的个体类教学模式中选择了一些进行介绍。第 14 章是关于卡尔·罗杰斯的非指导性教学模式，它阐述了这一教学模式的代表人物的思想和主要策略。第 15 章主要介绍自律学习者群体的课堂教学组织。

科尼利厄斯-怀特（Cornelius-White，2007）对此进行了 50 年的研究，他提出一个很有趣的观点：个体类模式是很难研究的，因为它的特性就是当学生对自己的发展能够更加负责的时候，教学方法就要随之改变。我们不可能事先就设计出一种很精确的模式“X”去评估学生或是当事人无止境的追求，因为各种状况都在变化。总而言之，个体类模式的良好实施可以对以下几方面产生积极影响：认知结果（通常是实质性学习）、情感（通常是良好的感觉、自我概念的改善）和行为结果（常常是学生对自己的学习和发展负责的能力）。科尼利厄斯-怀特（Cornelius-White，2005）提出的这个关于非指导性教育及其来源和效果的描述是值得人们深思的。

第14章

非指导性教学模式

——以学习者为中心

知道如何去教学，在通常情况下，就是弄清什么时候应该保持沉默。 323

——卡尔·罗杰斯致哥伦比亚大学的一个学习群体，1960年

个案14—1

在德国的一个国防部附属学校里，查理·威尔逊所带的五班是由士兵子弟组成的。班级中大多数学生的父母都刚被派往阿富汗执行一项把某机场从反对势力手中解放出来的任务。查理认为他能做的就是使学生忙于学习，而且他准备从一些电影剪辑着手让学生学习写作。

然而，当他准备好影碟机准备放映的时候，却在学生的脸上看到了一种非同寻常的压力。他问道："发生什么事了?"没有人回答。"你们都在担心吗?"他说。

"我们很担心。"一个学生大声地回答，其他人也点头表示认同。

"好吧。现在，让我们一起来面对这个问题好吗？你们想聊聊吗?"

"我不知道该说些什么，我好像被冰封了。"帕梅拉说。更多的学生点头认同。

"那是什么样的感觉呢?"

"我几乎无法活下去了，我像是藏在一个洞里面。"

"那倒是一个放东西的好地方"，乔斯说道。"好像我在某个地方，使劲排斥正在发生的事。"

"你好像害怕——很害怕，但你不能克制，所以你想把它隐藏起来，并远离它。"南希说。

学生们目不斜视地盯着查理。查理继续让他们进行描述，并像前面几位同学那 324
样简单地进行评论。

"你们知道吗？我们都会害怕。"查理说。每个人都再次点头表示认同。"我们能害怕是一件好事情，这并不是疯狂的，因为危险确实存在。"现在同学们开始对视并点头表示理解，但他们依然很痛苦。

"问题是我们必须支持父母，虽然我们也感到恐惧、焦虑，但是还要继续下去，使自己保持积极向上的态度。"学生们都深深表示赞同。"好吧，让我们直面问题，解决问题吧。"

查理准备开展一项调查，该调查的主题是孩子们如何处理刚刚那个问题，如何帮助父母度过生死攸关的关卡。

个案 14—2

在一项“成功阅读”课程的第三天。

“你希望我在班上每天独自阅读20分钟吗?”

“完全正确，只有读得更多，才能读得更好。”

“是谁这么说的?”

“好吧，汤姆。现在是谁在和你说话呢?”

“我可以读得很好，可为什么还必须上这门课呢?”

“好吧，现在，我想让你读一些东西。”(给了他一本已经打开的书)“从左上角开始读。”

“这个单词是什么意思?”

“你在说第一个单词吗，汤姆?”

“是的。”

“是这一页的标题吗?”

“是的，塔马恩小姐。”

“那个单词大概能告诉我们这页讲的是什么，对吗?”

“是的，快点，它究竟是什么意思呢?”

“汤姆，仔细听着，那个单词是‘增加’。一年级的孩子一看到那个单词都能够读出来，你已经是六年级的学生了，它说明了什么?”

“我不喜欢阅读。”

“当你学会怎么读的时候，或许就喜欢阅读了。”

在这个不同寻常的课堂上。塔马恩小姐正在尽力使汤姆正视他自己以及他必须做的事。几年以来，汤姆一直都在排斥试图教他知识的老师。这个案例说明非指导性教学并不意味着“放任自流”。

个案 14—3

26岁的约翰·丹博是芝加哥郊区一所高中的英语教师，他很关心一个名叫玛
325 丽安·福特尼的学生。玛丽安是一个有趣的学生，她文学功底很好，能写出优秀的短篇小说。然而，她不愿意把作品拿出来和同班同学分享，而且拒绝参加任何文艺表演活动。

丹博认识到对此不能强求，但是他想让玛丽安搞明白自己为什么不愿在公共场合展示天赋。至于是否愿意与别人分享自己的观点，则由她个人决定。

一天下午，她请丹博先生观看她的一些作品，并请他发表见解。

玛丽安：丹博先生，你能看一下这些作品吗?

丹　博：当然可以，是新创作的短篇小说吗?

玛丽安：不，是我最近正在写的一些诗歌。我认为写得不是很好，但我想听听

您的意见。

丹　博：你什么时候写的？

玛丽安：几周前一个星期天的下午。

丹　博：你还记得是什么激发你写诗的灵感吗？

玛丽安：我当时感觉有点沮丧，然后就想到上个月我们阅读过的《荒原》，那首诗似乎想表达很多用寻常的方式无法表达的东西。我喜欢开头的两行：“最残酷的四月，从死亡之地开出丛丛紫丁香。”

丹　博：这就是你写的？

玛丽安：是的，这是我第一次尝试写这样的东西。

丹　博：（读了一会然后抬起头看着她）玛丽安，你写得很棒。

玛丽安：什么样的诗才算是好诗呢，丹博先生？

丹　博：评判诗歌有很多方法。有些方法是技巧性的，它的表现水准与人们使用比喻、类比及其他的文学手法有关。还有一些是主观性的因素，涉及表达的质量、语言本身的魅力等。

玛丽安：当我写这些诗的时候感觉很好，但事后朗读时，却觉得难以启齿。

丹　博：你的意思是？

玛丽安：我不知道。我想主要是因为一旦别人看了这些诗，我会感到难堪。

丹　博：难堪？

玛丽安：我真的不知道。我只知道如果当着全班同学的面把这些诗大声读出来，我会羞死的。

丹　博：你真的认为同学们会嘲笑你的这些诗吗？

玛丽安：当然。他们不会理解的。

丹　博：你觉得你的短篇小说怎么样？

玛丽安：你知道的，我不想任何人看到我写的东西。

丹　博：你真的想把这些诗收起来不让别人看吗？

玛丽安：是的，我的确是这么想的。确切地说，我不知道为什么，但我认为我 326
们班没人能理解这些作品。

丹　博：你有没有想到也许还会有别的人会理解呢？

玛丽安：我不知道，也许别处有人会理解，但是这里的人是不会理解的。

丹　博：你的父母呢？

玛丽安：他们喜欢我写的一切。

丹　博：好的，现在已经有三个人理解了，别的人或许也能理解呢。

玛丽安：也许大人们会理解，但是我不相信其他孩子会理解。

丹　博：孩子和大人在这些方面有什么差别吗？

玛丽安：当然有，小孩似乎对这类东西不感兴趣，他们会嘲笑任何尝试写作的人。

丹　博：你认为他们也这样看待我们在课堂上读的那些作品吗？

玛丽安：是的，他们有时会。但我想大部分时间里他们是真心喜欢那些故事的。

丹　博：那么，你为什么认为他们不会喜欢你写的东西呢？

玛丽安：我不知道，丹博先生。我真的害怕，但是我找不到问题的症结所在。

丹　博：有些东西阻碍了你。

玛丽安：其实，我很想知道别人是否会欣赏我的作品，但是不知道该怎样做。

丹　博：如果我在班里念一篇你的短篇小说，而不告诉同学们作者是谁，你觉得怎么样？

玛丽安：您能够保证吗？

丹　博：当然可以。然后我们就能谈论一下每个人的反应如何。你放心，他们不知道是谁写的。

玛丽安：我不知道结果会怎样，但这听起来很有趣。

丹　博：我们可以根据所发生的情况制定下一步的策略。

玛丽安：好的，我想您这样做是对的，我也不会有什么损失。

丹　博：我希望我们永远都不要有什么损失，玛丽安，但是表现自己总是要冒险的。

玛丽安：您这是什么意思，表现自己？

丹　博：我想我该走了——但是请让我带走你的一篇短篇小说，下周我会读给同学们听，然后周三那天我们再见面谈谈。

玛丽安：好的，您保证不说出名字，对吗？

丹　博：我保证，下周三课后见。

玛丽安：好的。非常感谢，丹博先生。祝您周末愉快！

这种非指导性教学模式是以卡尔·罗杰斯（Carl Rogers，1961，1971）和其他倡导者的工作为基础的。罗杰斯将他的心理疗法作为一种学习模式运用到教育之中。他相信积极的人际关系能促进人的成长。因此，教学应当建立在人际关系而不是其他物质概念的基础上。

327 正如本书说明中对这一部分的介绍那样，我们将侧重于使用这种方法进行教学，教师要在头脑中牢记以学生为参照标准，以学生的个人发展为中心，帮助他们解决学习中的问题。

从非指导性教学的观点来看，教师扮演着促进学生成长和发展的指导者的角色，两者之间是一种咨询关系。在这一角色中，教师帮助学生探究有关生活、学习以及与他人关系的新思想。这种模式为师生创造了一种互相学习、坦诚交流的伙伴关系。

非指导性教学模式旨在培养学生而非控制学生的学习过程。这种模式着重强调高效的、有助于长远发展的学习风格，以及强有力的、受到良好指导的个人品质的发展，而不是短期的教学或课程内容的发展。实施非指导性教学的教师要有耐心，而且不能有强调即时结果而牺牲长远发展的思想。

模式导向

目标和假设

我们将着重探讨创造与学生进行互动的非指导性氛围的要素。非指导性教学模式的核心在于促进学生的学习。这种氛围可以帮助学生达到更高程度的个人统合、有效性和真实的自我评价。对需求和价值观的重新审查即对它们的根源和结果的重新审查，对于个人的统合来说是至关重要的，因此，刺激、审查和评估新的感知就成了核心。学生没有必要改变这些，教师的目标是帮助学生理解自己的需要和价值，以便他们更有效地指导自己的教育决策。

非指导性教学模式的核心源自罗杰斯的非指导性咨询。在这种咨询中，当事人有效处理自己生活的能力应得到尊重和培养。因此，在非指导性教学中，教师应当尊重学生发现自己的问题并形成解决方法的能力。

在实施非指导性教学时，教师试着站在学生的立场上去看待整个世界，这就营造了一种移情交流的氛围，以此来培养和发展学生自我指导的能力。在相互交流的过程中，教师了解学生的思想和情感，并通过反思性评论来增强学生的自我感知意识，澄清自己的观点。

教师也是一个仁慈的个性改造者，他需要全盘接纳所有的情感与思想，甚至是学生可能会害怕的、错误的或许还要受到惩罚的情感。只认可而不惩罚的做法间接向学生表明：他们所有的思想和情感都是可以被接受的。事实上，对积极情感和消 328
极情感的认识对于学生情感的发展及积极解决都是至关重要的。

教师摒弃了传统教育中的“决策者”角色，而代之以关注学生情感发展的“促进者”。在非指导性的谈话中，师生之间的关系，最确切地说，是一种伙伴关系。这样，假如学生抱怨自己学习成绩差或学习能力差的时候，教师就不要试图通过简单地向学生讲解好的学习习惯来解决他们的问题。相反，教师应该鼓励学生表达出使他们无法集中精力的感情问题，比如关于自己和他人的情感。当这些隐藏的意识被澄清之后，学生就学会了自己确定目标并努力去实现它。

这种非指导性的氛围有四个特征：(1) 教师要热情，并迅速作出反应，对学生表现出真正的关心并接受他们。(2) 咨询关系以允许情感的表达为特征；教师对学生表现出来的情感不做评判或说教。鉴于情绪的重要性，要时时提防学生与教师或顾问之间以传统关系来讨论大部分内容。(3) 学生可以自由地表达情感，但是不能随便地控制教师或冲动行事。(4) 这种关系没有任何压力和强制。在交谈过程中，教师应避免以个人偏见或以批评的方式作出反应，要把每项学习任务都看作帮助学生成长的一次机会。

“成长综合征”(grouth syndrome)

当学生 (1) 释放情感；(2) 发展洞察力；(3) 开始行动；(4) 达成新导向的统合时，一种“成长综合征”就会出现（见图 14—1)。

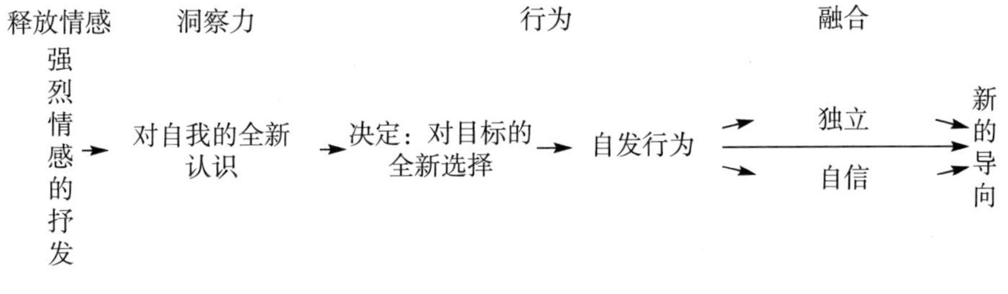

图 14—1　非指导性交谈过程中个人成长的阶段

根据罗杰斯的观点，学生在情感表现方面的问题常常反映在知识的学习上，这
329 是影响学生发展的根本原因。例如，如果一个学生在写作方面有困难，表现在知识学习方面就可能是“先从列提纲着手”，移情性的反应可能是“当我陷入困境时总感到惊慌失措，你有怎样的感觉?”如果这些情感没有得到释放和探究，学生会抵抗教师的建议，无法实现行为方式的转变。

发展洞察力是这一过程的短期目标。通过表达情感，学生就能够正视问题，正如本章开头的个案3，即允许其他人去感受自己所写的东西。洞察力主要来源于学生对某些行为的因果关系或对本人意义的陈述。在该个案中，学生开始意识到问题在于她自己的恐惧，而不是别人的评价。当学生开始理解自己行为时，他们就开始寻找能够更有效地满足自己需要的其他方法。通过释放情感，学生可以更加清楚地感受到多种选择的可能性。新的洞察力使学生们能够选择更令人满意的长期目标，而不是只带来暂时满足感的短期目标。

最后，用激发学生达成新目标进行的种种行动表现来测验个人的洞察力。起初，这些积极的行动可能涉及一些细小的问题，但是这些行动可以使学生产生一种自信和独立的意识。在上面的个案中，教师尽力为学生分享写作成果的行动创造了一个安全的空间。渐渐地，学生的积极行动就会朝向了一个全新的、更加全面的方向。这是整合阶段。在个案1中，查理把他的学生从痛苦和恐惧中引到当前问题上来，并帮助他们在恶劣的环境中创造了一种美好的生活。在个案2中，其长期的目标是培养学生成熟的分享能力，这种能力是在深刻理解所分享的社会意义的基础上产生的。换言之，学生会逐渐发现分享这种行为利大于弊，此外对所分享的问题的综合理解也能够给我们带来满足。

非指导性教学方法认为，要发现一个问题背后隐含的感情最有效的方法就是当学生自由地表达情感时，教师要顺其自然，不要为了诱探学生的情感而直接提问。如果学生能够自由地表达情感，存在的问题及其背后的情感就会自动显现。另外，教师对学生流露出的情感所进行的反思性评价也会加速这一过程，从而使他们更清醒、更敏锐地把握问题的核心。这对很多人来说是一种难以掌握的技巧，因为我们在跟人交谈时，通常更在意人们所说的内容而不是他们的情感态度。

教师的主导作用

在非指导性交谈中，教师和学生都负有责任。但是，教师必须随时起主导作
330 用，引导并维护与学生的对话（见表14—1）。

非指导性评论由教师以积极而和善的方式率先直接陈述，并以一种开放的方式确立方向，或者给学生一些具体而宽泛的指引，教他们进行讨论的方式。

谈话的基本技巧是在不代替学生责任的情况下引导学生。例如：

“你怎样看待这个问题?”

“你能多谈一些吗?”

“如果这件事情发生，你会怎么做?”

表 14—1　交谈中的非指导性反应

A. 对情感的非指导性反应	B. 非指导性的主导反应
1. 简单接受	1. 结构
2. 反思情感	2. 指导性提问
3. 解释内容	3. 强迫学生选择并形成一个主题
	4. 非指导性引导和开放性提问
	5. 对谈话进行最低限度的鼓励

非指导性反应对学生表达的情感或表达的内容做出反应。在说出这些话时，教师不是解释、评价或提供建议，而是反映、澄清、接受和证明理解。这些话的目的在于形成一种氛围，从而使学生愿意扩展他们所表达的思想观点。通常情况下，回答应是一些支持性的简短陈述，能够使学生继续讨论下去。

例如：

"我明白了。"
"孤单的时候特别艰难。"
"好像你做什么都无关紧要，事情将照样进行。"

解释也很少使用，但偶尔使用一下有助于推动讨论。它有时能帮助无法解释自己的行为的学生。解释性的回应可以给无法使谈话继续下去的学生提供一些建议， 331
但是只能用一些易于被学生接受的情感进行解释。教师要谨慎地进行解释，并记住只有坚信解释可以促进对话的时候才加以利用。总之，所有的目的就是帮助学生探究相关的领域：

"你做这些是因为……"
"也许你觉得你不会成功。"
"你这个行动的理由听起来有点像是……"
"你是在说问题是……"

只有当学生真正进步时，教师才能给予赞许，而不能滥用赞许，不然这种非指导性关系有可能会很快转变为传统的师生关系。不过下面的一些说法有时也许会有些帮助：

"这是一个很有趣的评论，很值得考虑一下。"
"最后的看法特别有说服力，你能说得再详细一点吗？"
"我想你真的在进步。"

指导性的咨询方法同样也不能多用，因为它暗含着教师在试图改变学生观点或影响他们的观点态度。例如："你认为如果……可能会更好吗？"这就直接向学生暗示了一种选择。虽然这种做法一般会减轻学生表面的忧虑，但对真正解决问题没有帮助。

教学模式

非指导性教学模式的观点给我们提出了一些有趣的问题。首先，教学的责任由师生共同承担。许多其他的教学模式都是由教师主动设计和实施各种活动的，因此教师知道将要进行的活动类型。但在大部分非指导性教学情境中，活动和事件是自发产生的，其类型具有不确定性。其次，咨询是由在无法预知的情况下作出的一系列应答组成的。因此，要掌握非指导性教学，教师就要学习一般性的原则，努力提高敏感性，掌握非指导性技巧，然后运用非指导性咨询技巧与学生接触，并对他们的行为做出反应。

332 结构体系

尽管非指导性策略灵活而又不可预知，但是罗杰斯指出，非指导性交谈还是有一定顺序的。如表 14—2 所示，我们把这个顺序分成五个活动阶段。

表 14—2 非指导性模式的结构

第一阶段：确定有帮助的情景	第二阶段：探索问题
教师鼓励学生自由表达情感。	鼓励学生揭示问题，教师接受并澄清情感。
第三阶段：发展洞察力	**第四阶段：计划和决策**
学生讨论问题。 教师支持学生。	学生作出初步的决定。 教师澄清可能的决定。
第五阶段：整合	**交谈以外的行动**
学生提高了认识并产生更加积极的行动。 教师很支持。	学生开始积极的行动。

第一阶段，确定有帮助的情景。这包括使学生知道他们可以自由地表达情感，就谈话主题达成共识，对问题进行初步陈述，如果要维持这种咨询关系，就要进行谈论并明确谈话的有关程序。第一阶段一般发生在问题的初始阶段，教师有时需要形成某种建构或说明，哪怕只是偶尔进行总结，重新明确问题并反映所取得的进步。当然，这些建构和说明要根据交谈类型、具体问题和不同的学生而设定。随着行为问题情景的变化，师生之间签订的协商性学习合约也会不同。

第二阶段，探索问题。教师的接纳和澄清，鼓励学生表达积极或消极的情感，陈述并探究面临的问题。

333 第三阶段，逐渐培养学生的洞察力；他们从个人经历中觉察到新的意义，看到新的因果关系，并且理解他们先前行为的意义。在大多数情况下，学生会在探究问题本身和形成对自己情感的新认识两者间做出选择。这两种活动对于学生的进步都是必需的。只讨论问题而不探究情感本身意味着对学生发展的忽视。

第四阶段，学生开始对有关问题做出计划和决策。教师的任务是使学生清楚有多少种选择。

第五阶段，学生汇报所采取的行动，进一步发展洞察力，并计划在更高整合水平上的积极行动。

上面所提供的结构序列可以发生在一次或一系列交谈之中。在后一个例子中，第一阶段和第二阶段有可能发生在最初的交谈中，第三阶段和第四阶段次之，第五阶段则在最后一次交谈中出现。如果遇到一个有紧急问题的学生主动和你会面，前四个阶段有可能在一次交谈中全部出现，学生会在此过程中向你简要报告一下他的行为和看法。另一方面，与协商性学习合约有关的各个阶段有可能会持续一段时期。因此，虽然可能几次交谈都致力于对一个问题的探究，但在每一次的内容中都会涉及某些制定计划、做出决定的问题。

社会系统

非指导性策略的社会系统要求教师承担起激励者和反思者的角色。学生主要对发起和维持交互作用的过程负责，师生之间共享权威性。非指导性交谈的规则是学生要坦率地表达情感、要有思想与行动上的自治能力。通常，教师对特定行为的赞扬不可用于这种策略，惩罚更是如此。非指导性谈话中的赞扬是比较微妙而深入的——它是教师对学生的接受、理解和同情。但是，对自身的认识以及由于自我信赖而获得的心理上的奖赏则是由学生自己产生的。

教师作用的原则

教师作用的原则是以带领学生探究情感为基础的。教师要了解学生，尊重他们的个性，帮助他们认识自己的问题、情感以及所应承担的责任，帮助他们设立目标并让他们知道怎样达成目标。

支持系统

334

非指导性策略的支持系统会随着交谈功能的变化而变化。如果谈话与协商性学习合约有关，就必须准备必要的自学资料。如果谈话是对行为问题的咨询，就无需超越教师技能之外的资源。在这两种情况下，由于是一对一的情况，就需要空间方面的安排，以便保护个人隐私。另外，还要脱离学习和其他活动，以便双方有足够的时间有条不紊地探讨问题。课程学习领域的谈话，如阅读、写作、文学、科学及社会科学，则需要大量的材料。

应　用

非指导性教学模式可在个人、社会和学业的问题情境中运用。在个人问题方面，个人探索自己的情感；在社会问题方面，学生探究自身和他人的关系问题，并调查自我情感如何影响这些关系等问题；在学业问题方面，学生探究自己的能力和兴趣方面的情感问题。然而，在所有情况下，交谈的内容常常是个人的而非外在的，以个人的情感、经历、洞察力和解决问题的方法为中心。

为了有效地运用非指导性教学模式，教师必须相信学生能够理解并处理自己的生活。教师对学生自我指导能力的信任是通过教师的态度表现出来的。教师不要去评价学生。如果教师做不到这一点，而总是试图评价学生，这就意味着教师对学生的能力缺乏信心。教师也不应试图诊断学生的问题，相反，他们应试图站在学生的立场去看待和感受他们的世界。同时，教师要在学生有了自我感知时向他们传递他对学生自我感知的理解。在这一模式中，教师要暂时把个人的思想与感情置于一旁，反映学生的思想和情感。这样，教师就传递了他对学生情感的理解和接受。

非指导性咨询更加强调某一情景中的情感因素而非智力因素。也就是说，非指导性咨询是通过情感领域，而非纯粹的智力手段努力实现整合的。这种观点通常会使考虑采纳非指导性方法的教师对可能出现的角色冲突有所困惑。他们会感到困惑，自己怎样才能成为一个纪律严明的教师、裁判员、指导员、朋友，同时又是一个可以运用非指导性原则的顾问？

当一个班级变得死气沉沉，而且教师发现是他逼着学生做完练习以及学习教材时，运用非指导性教学就会有重大意义。一位小学六年级教师由于采用传统方法去
335 处理纪律问题和学生缺乏兴趣的问题，因此遭到了失败并感到精疲力竭，于是她决定开展以学生为中心的教学实验。她开始运用非指导性的方法进行教学，让学生为自己的学习担负更多的责任，学习内容与他们的需求和学习风格相关。她提供了这方面的大量经验，从中摘录如下：

> 3月5日，我们开始了。一个星期以前，我决定在我任教的六年级课堂上开始采用一种新的教学计划，它基于以学生为中心的教学，是一种无结构的或非指导性的方法。首先我告诉全班我们将要进行一项实验。我花了一整天的时间向学生解释我会让他们做他们想做的事，如果他们不想做，就什么也不需要做。我的一贯作风是注重技能，所以我的艺术班里的学生都比较擅长技能，而缺乏理论指导。
>
> 很多学生都是从艺术活动开始。有些学生一整天都在画画，其他一些学生或是阅读，或做数学题等其他功课。教室中一整天都洋溢着兴奋的气息。许多学生对他们所做的事情很感兴趣，以至于课间和中午都不愿走出教室。
>
> 那天上课结束时，我请全班同学评价这次实验。学生们的评论非常有趣。有些人会因教师没有告诉他们做什么，没有专门的作业可做而“迷茫”“苦恼”。
>
> 大部分学生认为这一天很棒，有些学生对声音太吵以及一部分学生整天“游手好闲”表示忧虑。大多数学生感到他们所完成的作业和通常所做的同样多。此外，他们为能够不受时间限制地完成一项工作而感到高兴。他们喜欢不受“强制”地做这些事情，并喜欢自己决定做什么。
>
> 他们请求继续这项实验，所以大家决定将实验再持续两天，然后对此进行评价。
>
> 第二天早晨，我开始实行“学习合约”的方法。我给所有人发放了相同的单子，上面罗列了我们的全部学科，每门学科下面都有些建议。每一页都留有一定的空间，以便他们写出各部分的学习计划以及计划完成之后进行检查的批注。
>
> 每个学生都要写出那天的个人学习合约，选择具体的学习领域，制定具体的计划。在完成了书面和口头的练习、复习等之后，学生还将根据教师手册来检查、订正自己的作业。作业与合约都要存档。
>
> 我和每名学生都讨论了他们当天的学习计划，有些人能够在很短的时间内完成。我们分小组讨论了这件事的意义，以及处理方法，有学生认为这项计划的挑战性不够，应该调整一下，或者继续下去并在这天的计划中增加另一个领域。

如果有需要，教师可以提供材料，做出建议，以及提供一些可供练习用的材料。

这样下来，我发现我的时间很充裕，因此，我一边工作一边与学生交谈，把时间都花在单个学生与小组身上。在第三天结束时，我评估了每个学生的学习档案。为了解决分数问题，我让每名学生都告诉我他学到了什么。

3 月 12 日，进度报告。事实上，我们的实验经过了一些小的调整之后就 336
成为了我们的教学计划。没有教师的指导，一些学生感到慌乱和不安。我开始意识到，有些学生还存在纪律问题。虽然有的学生比其他学生更适合这种教学方法，但我对他们的期望太高、太快了，他们还没有做好自我指导的准备。也许，我们还是需要渐渐地摆脱填鸭式的程序的。

我重新划分了班级，将其分为两个组。大组没有教师指导，小组有教师指导，小组的组员是想恢复以前按照教师指导的方法进行学习的学生和由于其他原因无法适应非指导性教学方法的学生。我本来可以等一段时间再看结果，但是对一些人来说，这种方法不起作用，这对全班都不利，因为这种破坏性因素会使每个人都不安，并且限制了想学习的学生。因此，我感觉修改计划对整个小组和整个教学计划都是最有利的选择。

那些继续进行非指导性教学方法学习的学生，已经走到了前面。我教他们怎样将课本作为基础指导去计划自己的学习。他们已经学会了自学（互学），当一个步骤不那么清晰或者需要什么建议时，我随时可以提供咨询。

在一周结束的时候，他们对自己在各个领域进行评估，在诸如完成的作业及其准确性等方面。我们知道，犯错的数目并非评判成功和失败的标准。错误能够而且应该成为学习过程的一部分，学生可以在错误中学习。我们同样也讨论了这一现状：连续获得满分可能意味着学习任务的挑战性不够，也许我们应该继续前进。

自我评价之后，每个学生都带着评价单和作业本来和我讨论。

在小组学习的、希望教师给出指导的学生也很希望成为“独立”的学生。我们每周都会评价他们在向这个目标前进时取得的进步。

几个原先想回到教师指导学习项目中的学生（有两三个）现在则希望参加自我指导的教学计划。（我觉察到他们很难再重新适应旧的教学计划，我也感到这比较困难。）

教学效果和教育影响

非指导性教学模式不对活动进行规定。这些活动是学习者在和教师及其他学生互动时产生的，这种非指导性的环境在很大程度上取决于教育的影响。教学的效果则取决于对自我发展的成功培养（见图 14—2）。因此，该模式可以被认为是用来培养性格的，它的效果依赖于对非指导性环境的体验，而不是通过具体设计的活动来实现的。

337
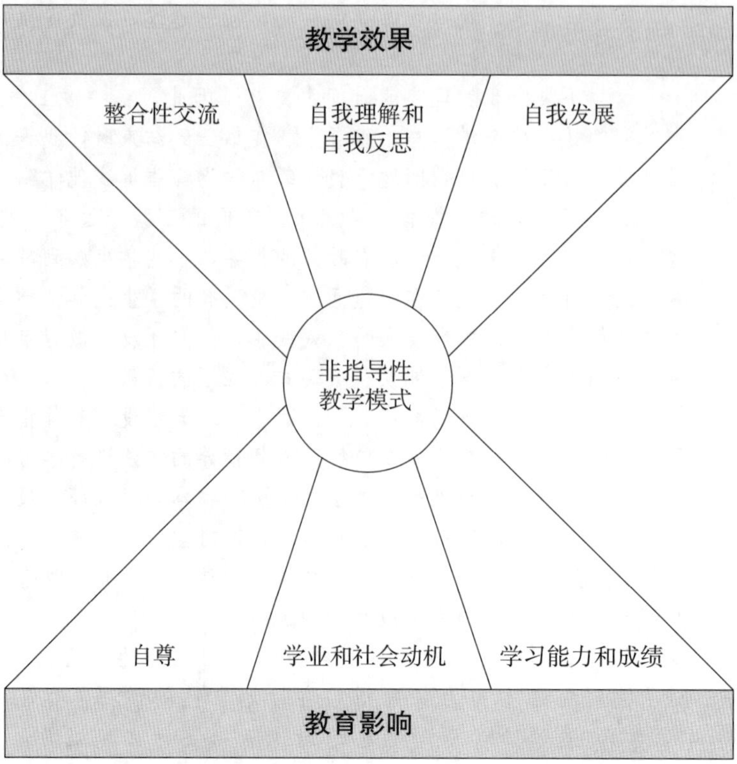

图 14—2　非指导性教学模式的教学效果和教育影响

小　结　非指导性教学模式

结构体系

第一阶段：确定有帮助的情景
教师鼓励学生自由表达情感。

第二阶段：探索问题
鼓励学生确定问题。
教师接受并澄清学生的情感。

第三阶段：发展洞察力
学生讨论问题。
教师支持学生。

338 第四阶段：计划和决策
学生作出初步的决定。
教师澄清可能的决定。

第五阶段：整合
学生产生进一步的认识并发展了更积极的行为。
教师支持。

社会系统

这种模式几乎没有外在组织：教师提供支持，学生自己开始行动；讨论以问题为中心。通常，对具体行为的表扬和惩罚不能用于这种模式。教师对学生的反馈是内在的，它包括教师对学生的接受、移情和理解。

教师作用的原则

教师帮助、理解学生，帮助学生明确问题，采取行动来获得解决问题的办法。

支持系统

教师需要一个安静的私人空间和学生进行一对一的交流，资料应该是和学习合约相关的参考书。

第15章

自我概念发展模式

——未成年人和成年人的内在自我

339 我们想让学校富足，也想让孩子们知道他们不能永远依靠我们，而必须学会依靠自己。

——卡林·墨菲致布鲁斯·乔伊斯，1990年夏

尽管个人及其成长是本书的主旨，但这是第1章试图从概念上来研究通识教育的基本要素，即受学校教育影响的个人的成长状态。

我们已经做了许多关于人的论述，但是当直接谈论这个主题时我们需要总结一下以前的观点。

第一，教学模式的研究证实了这样一个观点，即所有的学生都能学会学习，他们能对各种各样的教与学的环境变化做出反应。如果学生有足够的机会，他们能用多种不同的方式更快地提高自己的学习能力。

第二，学生掌握的技能越多，视野就越宽广，掌握技巧和策略的能力就越强。(教师也是如此，越是优秀的教师就越能取得更大的进步!)

第三，在学校和班级里发展起来的学习群体对学生的自我感觉、学习互动以及学业学习有极大的影响。换句话说，群体氛围是学校教育内容的一部分，它提供的“课程”极大地影响了学生的学业成果。

最重要的一点是学生在学校里不仅能够学习学科内容和社交技巧，而且还能学会怎样融入这个世界，并从自己与外部世界的相互作用中得到全面发展。

340 现在让我们回到塑造学生积极的成长状态这一点上。我们将观察并寻找未成年人和成年人与世界互动的方式——从积极主动追求成长到较为被动地接受影响，再到抛弃旧有经验形成新的自我概念。在许多情况下，学生会成为我们所塑造的模样，我们在他们的发展中起到的作用取决于我们自己的成长状态——我们自己的自我概念——以及我们与他们交流的方式。

个体差异

我们先从能帮助我们研究成长过程中的个体差异，尤其是在成长准备状态方面的差异的相关理论开始。

当前有许多研究个体差异的方法可供我们使用。其中一些能帮助我们研究未成

年人的学习方式（Dunn & Dunn，1975；McCarthy，1981），并且它们也同样适用于成年人。还有一些方法能区别出不同的思维方式，并且检验出这些思维方式是怎样影响人们解决问题的方式的。至少有一种理论是试图研究未成年人和成年人之间作为学习者的不同的（Knowles，1978）。

我们可将大量关于人格概念化的研究成果拿来指导作为教育者和学习者的教师（Erikson，1950；Gregorc，1982；Harvey，Hunt，& Schroeder，1961；Maslow，1962）。尤其是概念系统理论，它不仅得到深入的研究，而且被用来预测师生间的相互影响、教师的教学风格、学生的敏感性和反应，以及（这里指最相关的）获取并运用教师教学技能和策略的能力（见 Joyce，Peck，& Brown，1981）。

在这一章中，我们将讨论加利福尼亚员工发展研究提出的关于教师职业和个人生活的理论框架体系（Joyce，Bush，& McKibbin，1983；Joyce & Showers，2002）。这个体系是用来指导人力资源发展计划组织和改进学校工作实践的（McKibbin & Joyce，1980；Joyce，Hersh，& McKibbin，1983；Joyce，Calhoun，& Hopkins，1999）。尽管它的发展基于纯粹的实用主义，然而其研究成果和人格成长理论有关，并且还涉及了概念发展、自我概念和心理成熟等问题。这所有的一切都和马斯洛（Abraham Maslow，1962）的研究分不开。

成长状态的概念

研究的目的是了解教师是否能从学校、学区、大学、中介机构（县教育局和专业发展中心）及其他机构那里获得有利于专业成长的机会。最初对 7 县 21 个学区中的 300 多名教师进行了研究，另外还有 2 000 多名教师接受了问卷调查。除了对 341
他们参与正规支持系统的活动（课程、研讨会、管理和监督服务）进行研究之外，我们还对教师之间的相互影响进行了考察，因为个人生活中的这些方面可能对教师的专业成长也有影响。因此，所收集的数据归为“正式”“同伴影响”和“个人”三个方面，这种分类完全依赖于人们所从事活动的原始资料。

个人与环境相互作用的动力成为研究的中心。在特定的环境之中（比如在圣弗朗西斯科湾地区的一所学校中），从理论上讲，影响个体成长的人际互动机会应该是大致相同的。也就是说，对所有人来说，即便是教师发展系统中的正式员工，他们在阅读、看电影、参与艺术活动、从事体育运动等众多活动中机会都是一样的。因此，个体的差异可能和他与环境相互作用的倾向有关。如果我们能揭示这些差异，我们就能够继续探究其原因并学会如何利用它们。

正式、同伴和个人的领域

三个领域的相互作用在数量上有很大的不同。城乡地区中小学教师之间的差别是巨大的。像海湾区和洛杉矶盆地这些差别很明显的区域不仅为教师提供了数千种的课程和研讨会，许多校长和督导人员也都训练有素，并且会主动为教师提供诊断性的帮助。在各县和其他机构中，许多专业发展中心也都为教师提供了职业发展的机会，还有众多活跃的写作、科学和其他课程领域的教师组织。另外，这些依山傍水、靠近海洋的大都市存在着许多有利于个人发展的机会。因此，三个领域内的差别是非常值得去研究的。

正式教职工的发展机会

这个领域涉及的教师范围很广，有的教师仅接受过地区教育和行政部门赞助或要求的活动（一两次专题研讨会或报告会，或是一两次督导或顾问的检查），有的几乎没有参与过任何活动，有的教师非常积极，有明确的专业发展计划，还有一小部分教师能够有效利用大学和教师培训中心的资源。

342 受同伴影响的发展机会

这个领域涉及的人也很多，有的人从未和其他教师进行过职业讨论，有的人与他人有密切的、经常性的联系并能与别人互相帮助，还有人和他人一起为学校的发展而进行改革创新。

个人领域

在个人生活领域，一些教师相当积极，而且有一两个发展很好的活动领域，而另一些教师几乎没有利用自己丰富的生活环境。我们发现有些教师是非常热心的读者，而有些则连报纸的标题都很少浏览；有些是某俱乐部的活跃分子，有些则从来没有光顾过这些地方；有些是表演艺术团的成员，有些则十年都不看一次电影或文艺演出。

成长状态

让我们感到有几分惊奇的是，人的活跃程度与不同的领域之间都有相互联系。也就是说，那些在专业性活动中活跃的人在个人生活领域中也是积极活跃的。究其原因，我们认为，个人活动水平的差异是由个体对环境的取向造成的，这种取向受社会影响的制约。

环境取向性

这一概念的实质是个体利用环境来满足自我成长需要的程度。因此，积极的人认为环境有满足个体与环境相互作用的可能性，他们会开发利用这些可能的环境资源；而不太活跃的人则很少意识到这些可能的机会，并对其漠不关心；最不活跃的人则只是扩展自己免受威胁的安全空间，并且尽量避免接触环境，极力抵制别人对自己的影响。同样，那些较为活跃的人具备获得更多发展机会的优势。这就是说，他们更关注环境，这让他们在自己的领域中获得了更多发展的可能性，从而也使许多人有了众多的发展机会。我们经常会发现这样的情况：教育中心办公室、教师培训中心和大学都愿意将活跃分子集中的学校（一般情况下校长也是活跃分子）作为“实验”基地，进行计算机技术、社区发展项目等各种实验，并与这些学校的教师进行更多的接触，使这些教师和学校获得更多的信息资源、受到更多的培训。而一些反对这样做的学校只能最后接触实验，使许多机会与它们擦肩而过。

343 社会影响

朋友、同事、工作单位和邻里等社会环境也影响着教师成长的一般倾向性。关系密切且活跃的朋友和同事以及良好的社会风气促使人们进行比独处时更积极的活动。这项研究成果给第 12 章的主题提供了一个看问题的新视角。和谐的环境不仅对集体行为必不可少，而且能够产生一种促进个体成长的同事关系。同样，正如我们后面要强调的，人类资源发展系统的一个主要目的在于提高系统内个体的成长状况，这不仅有益于个人和组织，同时还能保证儿童接触到的是积极的、具有进取人格的人。

活动水平

尽管成长的取向性已经表现了出来，但随着时间的推移，人们逐渐形成了各种界限分明的类型。假如我们认识到不同类型的人可以彼此融合的话，将他们分为不同的类型也并非没有道理。明确了这一点，我们提出下列几种模式，因为这些模式有助于我们解释行为、计划教师发展项目以及组织全体员工开展活动。

积极适应环境者

这种类型的人非常成熟、活跃。他们懂得怎样适应并有效利用环境。在正式的活动领域中，他们对成长的可能性保持清醒的认识，能识别极有可能发生的事件，并且努力加以挖掘，使它们成为促进自己成长的有利因素。

积极适应环境的人会成为教师中心、学区或中介机构所提供的服务的忠实参与者，还会经常对一些项目提出建议，并寻求各种方法来影响决策者，但他们并不会对所属组织持否定态度。他们努力在个人兴趣和组织成员意识之间保持平衡。

积极适应环境的人往往会寻找在专业发展中相互影响的同类人。他们通过各种非正式场合向自己的同伴学习，要么和同伴一起工作和创新，要么参加研讨会或课程学习。当计算机出现在教育领域时，总是这些人先学习使用计算机并在自己的学校建立计算机中心的。

在个人生活方面积极适应环境的人也具有明显的特点，他们一般头脑比较清醒，最突出的特点是他们每人都有一两个热衷的活动领域。这些领域因人而异，一
个可能是无所不读的书迷，一个可能是戏迷，另一个可能是旅游或滑雪爱好者，还 344
有一个可能是喜欢制陶的手工艺匠，而另一些人则喜欢经商。在和别人的密切交往中，他们能成为激发别人的动力，影响别人和自己一起活动。网球爱好者的配偶可能也打网球，电影爱好者的好友将会被邀请一起去看电影。因为他们具有这些特点，所以他们能够排除其他干扰，主动发展自己的爱好。最引人注意的是，他们无论处于何种环境都能利用并丰富自己的爱好。在工作场所，他们尽可能多地吸收周围环境所提供的丰富营养，并和同伴互相鼓励。在私人生活方面，他们也总能找到各种发展机会。

积极适应环境的人因为持之以恒而与众不同。在麦基宾和乔伊斯的研究中，这类人会积极寻找机会参加各种有关新事物的培训，一旦返回工作岗位，就会将所学的东西付诸实践。他们还具有使其他教师支持自己活动并参与其中的能力，而且他们比别人更有可能把个人生活中的收获用到工作岗位上，用到教学中。最近的一些卓有成效的研究（Hopkins，1990；Joyce & Showers，2002）也取得了类似结果。

被动的消费者

在我们研究过的人当中，大约有10%属于积极适应环境的人，另外10%被我们叫做主动的消费者，这些人也会很积极地参与到周围环境的方方面面。我们把代表另外一种类型的最大群体（大约70%）称为被动的消费者。

被动消费者的显著特点是顺从环境，对当前社会环境有高度的依赖性。换句话说，他们的活跃程度主要取决于他们和谁在一起。与其他被动消费者为伍时，他们也就不活跃了。我们研究了一所学校，在这所学校中，在大楼一侧的教职工几乎为被动型，他们随和地与别人来往，相互之间很少认真地进行教学讨论，也很少观摩教学。如果行政管理部门没做明确要求，他们从不参加任何培训活动。但如果要求他们参加春秋两季各一天的研讨会，他们也不反对。他们喜欢这种活动，但对培训的内容却不感兴趣。

而在大楼的另一侧，两个被动消费者处于由两个积极适应环境的人和一个主动消费者组成的群体里，他们被比较有进取心的同事带进了许多活动中。结果他们发现自己能帮助学生建起计算机工作站，能与同事一起进行规划、选择软件、学习文字处理的方法，能教学生使用自学程序等。他们参与积极适应环境的人发起的写作教学研讨会，并开始改进自己写作课的教学计划。

345 被动消费者在个人生活中也多受他人的影响。如果其配偶和大家庭不活跃，他们也会变得不活跃。如果他们的亲戚、朋友和邻居很积极，他们的积极程度也随之提高。

沉默寡言的消费者

被动消费者虽然没有进取心，但他们起码相当随和。在我们所研究的人群中，还有10%的人实质上是在放弃成长机会，因为他们极不情愿和周围的环境相互交往，我们称这些人为“沉默寡言的消费者”。这类人在专业领域和个人领域的活动中都有其特点。

这一类型的人只参加被要求参加的职工培训，并且总是对不得不去参加的培训气愤不已。不管培训的内容是什么他都反对，还尽力避免参加培训的后续活动。他们对待管理体制和同伴活动都持同样的怀疑态度，并相信自己的消极态度是正确的。因为他们认为这种体制在本质上是具有强迫性的、残酷无情的，因此同事的一些新想法也会遭到他们的非难。如果同事相信自己“理想化”的观点会得到管理者支持的话，他会认为“这是因为他们太天真”。所以，沉默寡言的消费者就像对待所憎恨的管理体制一样用否定的态度对待积极适应环境的人。顽固又沉默寡言的人甚至拒绝参与决策的机会，他们认为这些在本质上是邪恶力量的联合活动。在个人生活方面他们的态度也基本如此。他们往往更关注方方面面的缺点，认为人、机关、服务等众多领域都有问题，电影、戏剧、体育运动、州、国家公园、图书、报纸等所有的一切都在遭受迅速衰败的命运。（“这些日子出版的全是垃圾……电影充满了性和暴力。”）在一个物质丰富的城市中，他们会认为拥挤是参与活动的一个障碍。（“如果我能买到票……如果你不得不等场地……你永远也不可能欣赏到好电影……”）而在农村，他们又抱怨缺少活动设施。

虽然如此，沉默寡言的消费者也并不是不会受到现实社会的影响。在积极的学校环境中，他们不会像通常那样表现得过于消极，而且可能会为改造学校而努力与积极适应环境的人一起工作。生活中积极活跃的配偶也会耐心地容忍他们偏激的观点，并带动他们参加丰富的活动。在积极的环境中，他们会学着去利用生活中的各种机会。

概念结构、自我概念、成长状态

为了研究教师自身成长状态差异的形成原因，我们求助于几种发展性理论，有两种理论对我们特别有帮助，它们对发展的看法与我们所研究的成长状态有很大的 346
关联（Joyce，McKibbin，& Bush，1983），其中一个是概念系统理论（Harvey，Hunt，& Schroder，1961；Hunt，1971），另一个是自我概念理论（Maslow，1962）。

概念的发展

概念系统理论认为人们是用概念结构来组织这个世界上的有关信息的。在最低级的发展阶段，人们只使用些许概念来组织他们的世界，经常拥有非此即彼的简单观点，而且其中会掺杂许多情感因素。他们反对一切与自己的概念不一致的信息，或者试图歪曲地理解信息以符合自己的观点。因此，他们往往将人和事看作简单的“对”或“错”两种类型。他们的头脑仅仅保存着与当前有关的概念。

在发展的高级阶段，人们形成了较强的整合新信息的能力，能从多种角度看待问题，对于不同观点也有较大的包容性。当旧概念变得过时、新概念开始发展时，他们的概念结构也随之改变。他们能够接受新的信息和观点，而且不会为了维持现状将其拒之门外或加以歪曲。

例如，让我们来想象一下一位处于低级发展阶段和一位处于高级发展阶段的不同个体首次接触到一种外国文化时会发生什么样的情况。有着较低概念化水平特点的人总是对文化的不同之处表示怀疑，总想找缺点。（“你想象不出那里的人吃的是什么。”）他们怀着即将返回美国的喜悦，透过观光巴士的窗户，大声地议论着一个不会说英语的“蠢笨”的旅馆服务员。他们抓紧自己的钱包，远离那些他们认为是相互串通、有欺诈行为的不诚实的当地居民以及他们肮脏的手。

概念化水平较高的人对此却有着不同的表现。他们会被奇异的景观、声音和气息吸引，还会细细品尝当地的佳肴，并与熟悉的饭菜进行比较，找出一些令人愉快的新味道，而且还会讨要一种当地的食谱。他们还喜欢步行，如果不是因为时间不允许，他们就不会坐车。同时，他们会请商店老板教他们说某件物品的名称，还会为了更好地欣赏角落里的一个有趣花瓶而将其灰尘掸掉，而且他们还会低声地讲话，耐心地等着旅馆人员向他们讲解当地的习俗。

概念发展和我们所研究的教师、管理人员的成长状态之间有着本质的联系。积极适应环境的人不断追求有效组织信息的新方法，最终他们形成了更为复杂的概念结构，他们对待世界的积极态度和成熟的概念体系能够使他们以一种开放的心态面对新的事物、处理新的问题并形成新的观点；而被动的消费者具有有限的概念结构，缺少获得和处理新经验的能力；沉默寡言的消费者忙于保护自己现有的概念，以抵制那些冒犯了他们的不熟悉现象，同样，他们可能对自己不理解的学生持以否定的观点，正如他们对那些尽力把新观念和新技巧带进他们生活中的人的态度一样。概
念发展也和教学风格的多样性、灵活性有关（Hunt，1971），和掌握新教学方法的难 347

易程度有关，还和理解学生、适应学生的能力有关（Joyce，Peck，& Brown，1981）。

所以说，一种价值取向的改变会涉及另一种结构的变化，因此个人需要形成一种能够从多角度出发分析人和事的结构以及一种能够吸收新信息并具有适应能力的结构。

自我概念

早在45年以前，马斯洛（Maslow，1962）和罗杰斯（Rogers，1961）就提出了有关个人成长的概念，引领着其他有关个体对物质环境和社会环境反应差异的理论。他们的理论不是专注于个体智能的发展，而是注重个体的自我观点或自我概念的形成。他们认为，我们对待自己的态度极大地影响着我们和环境互动的能力。

“自我实现”行为会随着较高的自我概念水平出现，当对环境足够信任并与之互动时就会产生。自我实现的人和周围环境进行着广泛的相互作用，他们积极寻求成长和提高的机会，也会对别人的发展产生积极的影响。

自我概念发展水平稍低的人觉得自己有能力应付环境，但只是接受当前的环境，很少主动地去创造有利于个人成长的环境。当他们处于一定的环境中时，往往想到的是环境带给了他们什么，而不是通过自己创造机会从环境那儿得到了什么。

发展水平最低的人和周围环境之间存在一种不稳定的关系，他们不相信自己有应付环境的能力，而把大部分的精力用来保护自己并确保自己能在一个他们认为不太乐观的世界上存活下来。

人类的成长状态和自我概念之间存在着密切关系，这并没有使我们在研究中感到惊讶。因为积极适应环境的人是自我实现的人，他们对自己和自己所处的环境感觉良好。被动的消费者觉得他们有能力应付环境，但要依靠环境提供给个体成长的机会。沉默寡言的消费者感觉自己生活在一个不稳定的、危机四伏的世界上，其实他们周围的环境发展良好，只是他们不愿去寻找这些有利环境，这并不是因为他们没有能力去发现，而是由于沉默寡言的消费者需要在一个安定的环境里使保护自己的意愿合理化而已。

对成长和成长潜能的理解

在计划和实施关于成长取向的研究时，概念发展和自我概念的理论都能帮助我们加深对自己的理解。它们帮助我们理解为什么人会做出那样的反应，并为我们提
348 供了一个创设有丰富意义的环境基础。这种环境无论对于研究内容还是期望培养的人来说都是非常有价值的。

戴维·霍普金斯（David Hopkins，1990）和他的同事在英国进行了一项研究，他们研究的是一组自愿承担艺术新课程教学任务的教师。这些教师首先要在自己的课堂上讲授新课程，然后再教授给别的教师。霍普金斯和他的同事研究了教师成长状态、自我概念以及他们所在学校的组织环境。当然所有变量都具有影响力，但仅成长状态这一项就可预测出教师承担艺术课程的情况。大体来说，沉默寡言的消费者和被动的消费者并不是在任何组织气氛中都能完成任务，但组织环境却促进了主动消费者和积极适应环境的人的工作。不仅那些低成长状态的教师不能从他们所接受的培训中获益，就连他们的学生也因此被剥夺了学习新课程的机会。

促进更好的成长

作为人，我们自身需要发展，同时期望可以帮助学生更好地成长，二者是紧密相连的，因为我们对学生的主要影响在于我们自己属于什么类型的人。如果我们自己是属于被动型的人，就会鼓励被动。如果我们是属于主动类型并和这个世界建立积极联系的人，我们就会鼓励学生更加主动。令人高兴的是，我们更有可能朝着积极向上的方面发展，而不是向下发展，并且我们会在和世界发生相互联系的过程中发展自己——我们只要“去做”就行！因此，我们的任务是通过更丰富、更优秀的活动来发展自己，实现与世界的联系。各种不同的领域还需要平衡，阅读或看电影可以由对社会或体育的追求来加以平衡。所以我们相信不仅可以将学生培养成为博览群书的读者，而且可以使他们具有不断追求的精神。本书中介绍的教学模式具有较强的实用价值，一个合作的学习群体，拥有收集并理解信息、审视社会问题、探求有效学习方法的主动模式，将会对学生产生影响；丰富而积极向上的社会氛围也会对学生产生影响。

我们不仅具有生理属性，而且还具有社会和情感属性。在积极、有序、内容丰富的环境中，我们会更加充实且活力四射。在我们的教师生涯中，积极向上的环境还会培养出更多自我实现的学生。

第五部分

行为系统类教学模式

对许多人来说，行为理论就是心理学。这一观念在某种程度上是正确的，因为 349
早期的心理学研究主要集中于怎样通过条件作用来学习行为，从而使行为主义者成了心理学的奠基人，并占据了大部分心理学书籍的开头章节。而让人产生争议的是：尽管行为主义既有启发作用又非常实用，但人们担心如果它在心理学理论中独占鳌头的话，就会导致对它的不当使用。从科幻小说《美丽新世界》（*Brave New World*）到电影《发条橙》（*Clockwork Orange*），行为理论都被描述为“黑暗面”（Dark Side）的科学。还有人提出，环境变量决定行为这一说法与人们可以自由支配个人观点的说法相抵触。随着行为理论的发展，教育者也分为两大阵营，至少在学术圈里，支持者和反对者各执一词。

我们的立场是：肤浅的判断很不明智，在这种情况下，争论是没有意义的。行为理论给教师和学生提供了很多可借鉴之处，但它的模式也像本书中介绍的其他模式一样，并非在任何情况下都是最佳选择。

让我们先介绍几种行为主义的理论，因为一些学习模式就是在此基础上建 350
立的。

行为有规可循并取决于环境变量

人们会对自己所处环境中的变量作出条件反应，同时这些外部力量也会刺激个体采取或避免某种行为。一旦某种行为被学会，它再现的可能性会因环境对它的反应而加强或减弱。因此，如果一个两岁的孩子看到房间里有一张桌子（刺激物），指着它说出“桌子”一词（反应行为），他就对外部力量作出了反应。如果在此之后，妈妈把他抱起来，紧紧拥抱他并且重复着“说得对，桌子”（强化刺激物），孩子很可能就会再次说出这个单词（反应行为）。另一方面，如果这个孩子看到身边有一个模样可怕的玩具动物（刺激物），心里就会产生不安和恐惧（反应行为）。如果孩子跑到一边来躲避这个玩具（又一种反应行为），这种行为就减轻了他的恐慌（强化刺激物）。这种强化刺激物增加了孩子尽力避开那个玩具的可能性。以上两例都说明了行为主义的基本概念，即行为是通过原始刺激物或者强化刺激物的外部变量而发生。一种情况是我们学着做某事，而另一种情况是我们学着避免做某事。

与此相关联的是对抗性条件作用，它和条件作用的细微区别在于它总是会出现再学习。在对抗性条件作用的过程中，人会产生一种与原有行为不相容的新行为替代旧行为，比如轻松替代焦虑，要想治疗公共场合恐惧症（广场恐惧症），个体就必须采取积极的情感来代替焦虑，他甚至可以做好应付未来情况的心理准备。例如心理助产法就是引导产妇在分娩过程中学会放松。

从这个角度来说，心理学家的任务就是去发现影响行为的环境变量是什么，以及以什么方式对其产生影响。而教育者的任务则是把这些知识运用到教学实践中，设计出能够积极鼓励学生学习的教学材料和教学活动，同时避免消极的环境变量。如果我们能做到这些，学生也会跟着做。这样，那些最初似乎用来控制他人的技巧就可以通过提高人们的自我控制能力而使他们获得更多的自由。

我们可以使用行为主义的研究成果，但并不需要全盘接受一切行为无一例外都取决于环境变量的观点，只要相信其中部分理论的正确性就可以了。例如，我们既可以从行为主义的观点出发为学生设计有用的刺激物，使学生对其做出反应并因此而学习，同时又可以采纳人格主义那种认为学生能够自己指导自己行为的思想。

351 对行为主义的简单回顾

教与学行为主义模式的根源可以追溯到巴甫洛夫（Pavlov，1927）的经典性条件作用实验、桑代克（Thorndike，1911，1913）对奖赏性学习的研究以及把巴甫洛夫的研究成果应用于人类心理疾病研究的华生和雷纳（Watson & Rayner，1921）。斯金纳（B. F. Skinner）的《科学与人类行为》（*Science and Human Behavior*，1953）一书在许多方面都是行为理论及其教学应用的代表。20 世纪 50 年代后期教育家们开始在教学环境中应用一些行为主义的原理，特别是在对意外事件的处理和程序化的学习材料方面，这些原则在某些类型的学习者身上取得了巨大的成功。例如，一些原先在语言发展和社会交往中困难重重的年轻人现在通过训练已经具备了学习能力，并且经常能够融入正常人之中。行为主义模式对解决一些其他不太严重的学习问题也有很大的作用（Becker，1977；Becker & Carnine，1980；Becker，Englemann，Carnine & Rhine，1981）。

在过去的 35 年中，大量的研究表明，行为主义方法不仅对解决学习（例如数学）恐惧症、社会技能不足、行为问题和考试焦虑等较大范围内的学习问题方面有良好的效果，而且还可以有效地运用于群体情景或者供非专业人员使用。我们相信，目前行为理论可以提供一系列对于教师、课程设计者和教材设计者来说特别有用的模式。

学习理论、社会学习理论、行为修正和行为疗法等术语已经被这个领域中各方面的代表人物运用到了我们正在讨论的模式中。（Bandura，1969；Salter，Wolpe，& Reyna，1964；Wolpe，1969；也可见于 Estes，1976）因为每一个术语通常都涉及行为主义基础理论中的某一方面，所以我们还是用一个比较通用的术语“行为理论”来涵盖那些应用了操作性条件作用或对抗性条件作用原则的程序。

原　则

行为理论主要集中于可观察的行为并对此持乐观主义的态度。只要具备合适的条件和充足的时间，我们就可以成功地学习（或不学习）某种行为。

从根本上说，一种刺激会引起相应的行为（反应），然后产生某种结果，如果进一步强化，类似的刺激再次诱发同样行为的可能性就会增加。相反，消极的结果则会降低这种可能性。

行为理论家相信，人的内部反应（例如对失败的恐惧）会产生某些可观察的行 352
为（例如逃避会让人对失败产生恐惧的环境），而这种内部反应是能够被改变的（Rimm & Masters，1974）。这种方法要求教师不断地探究，即对学生的仔细研究、对环境的设计、对反应的研究以及对行为过程的不断修正。

不良行为是后天习得

在我们的社会中，许多人认为，不少孩子对某些事物（例如数学）存在着无法改变的内心学习障碍，然而事实证明，许多这一类的心理障碍只是一些习得的憎恶感，是孩子们可以学着去控制的。如果这种逃避恐惧事物的心理状态不被触及的话，他们对学习的憎恶感就会越来越明显。当数学学习的内容变得更加复杂时，学生会感到学习越来越困难，学习成绩就会越来越差。我们应该在学生学习这门课程时教学生把握自己的情感，这才是关键所在。在一些问题不严重的情况下，若干简单的技巧就可以起到很大的作用。

行为主义的目标是特定化、分散化和个体化

尽管行为主义原则已经被用来设计大量供学生应用的如模拟法一类的教学材料，但是行为主义模式的参照系实际上是倾向于分散化、具体化和个体化的。两种极其相似的外部反应并非一定出自于同样的原始刺激（一个人的友善可能是因为友善本身的魅力，而另一个人表现出来的同样的友善却可能只是为了不被别人疏远或忽视）。同样，没有任何两个人会对完全相同的刺激做出完全相同的反应。因此，设计用来鼓励某种新行为的程序时一定要有特定化和个体化的行为目标。这并不是说集体训练是不可能的，只是强调对每个学生的要求目标会有所不同，而且在训练过程中需要对进度或内容区别对待。总之，从行为主义观点出发而准备的教学材料几乎总是遵循“个人进度”原则（Becker，1977；Becker & Carnine，1980；Becker，Englemann，Carnine，& Rhine，1981）。

行为理论注重此时此地的行为

一个人的过去对他行为形成的影响并不重要。拙劣的讲授可能会导致学生无法成功学习阅读，但问题的焦点是在当下学习阅读，行为主义者关注的是创造或帮助学生创造能使他们快速进步或感到满意的条件。这种观点用乐观的态度关注人们的
行为，而不赞成人们沉溺于过去的失败之中。它的理论根据是过去的失败并不会导 353
致永远无法改变的状况，只是比较困难的问题可能需要花费更长时间去解决。

行为主义的实践者经常说自己已经在很短的时间内改变了学习适应不良的行为，甚至严重的学习恐惧症或长期的逃避行为也消失不见了。许多性格腼腆的人已经在短时间内放松下来并且卓有成效地参加了社交活动，而那些过去学习有困难的学生也取得了较大的进步（Resnick，1967）。

操作性条件作用与对抗性条件作用

行为主义者总是喜欢设计较易获得成功的教学。而为自学设计的程序教学则强调循序渐进，每一步的进度都比较缓慢以保证学习者能够正确反应，而在学习概念和技能时，则会设计一些激励措施增强学习者的成就感。学习者的学习从对知识的正确反应中得到强化，从而能够长期坚持并积极向新的目标迈进，这就是过去很少成功的学生为什么可以很好地学习并使用程序教学课程的一个原因。最后，学生的学习还可以通过控制环境得到强化。程序教学的部分吸引力就在于它的机械化操作具有强化功能以及调节个人进度的能力。

我们不应该低估社会氛围产生强化作用的功能，教师可用的正强化因素很多，例如微笑、热情、兴趣、关注、欣赏和随意谈话等。最有效力的可能是一种弥漫着积极性的氛围，学生仅仅置身于教室之中就会感到愉悦和自信，相反，在很少有积极事件发生的环境中，学生只会消极地等待着把自己和适当的行为联系起来。

与此相反，负强化是指从环境中拿走一些东西（比如增加一些令人厌恶的东西）。例如，用威胁来减少某种反应出现的惩罚就是一种负强化（厌恶性的刺激）。有些课堂管理就是建立在厌恶性控制基础之上的，如果学生不学习或不遵守规则，就会受到惩罚。许多年前，惩罚的方式是用桦树条体罚学生，如今这些厌恶性刺激已很少反映在身体方面，而是变成了给低分或者批评等精神方面的刺激。根据行为主义者的观点，惩罚有几种弊端：第一，影响比较短暂，被惩罚的行为有可能重复出现。第二，这种出现在惩罚中的厌恶性刺激可能引发不必要的情绪，例如会养成逃避、报复或者无能性的焦虑等（Skinner，1953，p. 183）。一次消极性的事件实际上会强化本来要消除或减少的行为。运用负强化会把学生从正努力学习的内容中推开。如有可能，我们应尽量使用正强化措施，避免使用负强化措施。

354 有些事件因为违背了行为主义原理而极大地影响了学生的发展。例如，留级不仅会挫伤学生的情感还会导致他们失去对学校的兴趣，它带给学生的困窘情绪会持续很长时间并导致他们厌学，甚至影响他们与其他学生的交往，进而严重地降低学生今后成功学习的可能性。

给孩子贴上有学习问题的标签同样会使学生产生厌烦心理。显然，对“学习能力不足”的学生的教育之所以失败（正如第 3 章所述，我们为什么是策略性教学模式程序的忠实拥护者），原因之一就在于学生总带着低落的情绪去学习，以至于最后使这种情绪影响了学习。在最糟糕的情况下，这些学生只要一有可能就会马上“自我批准”逃避学习任务。

强化程序的效果不仅仅取决于强化和行为之间建立的暂时的紧密联系和所使用的强化类型，而且还取决于强化的程序或频率（强化程序）。对教师或其他任何人来说，最难掌握的一项技能是对预期反应的奖励要一致、及时且频繁。如果一种反应没有得到强化，它出现的可能性就会越来越少，直到最后完全消退。例如，要想让学生带着自信和积极的情感去学习写作，教师就需要经常引导学生进行写作并对他们的作品进行强化指导，如果写作频率太低，就会减少学生写作时的良好感觉、同时也会降低他们写作的积极性。

脱敏程序是通过逐渐扩大不会使个人产生焦虑反应的刺激范围来控制刺激。减压模式则是通过不断变换情境来认识个人身体、心理的紧张状态并采取行动用积极情绪来取代消极情绪。

训练模式是通过运用示范和实践来展示行为主义的基本理念。例如，在一次网球课上，首先教师示范，然后学生进行练习、教师口头强化、学生通过对结果的观察进行自我强化。每一堂课都只教给学生少量的技能，以便让学生产生掌握技能有较高可能性的感觉。

克服对数学的焦虑情绪

希拉·托拜厄斯（Sheila Tobias，1993）关于这方面的一本杰出著作运用了几种行为主义的原则来帮助数学自学者克服消极悲观情绪。该书的大部分内容讲述的是有关算术和数学的概念问题，认为不研究课程就无法克服焦虑情绪。因此，首先逐步地接触课程内容是大部分焦虑治疗计划的核心部分；其次是要明确个人在学习中的责任；最后是在数学学习中利用支持性群体来形成积极的学习气氛。托拜厄斯的工作极大地帮助人们理解了焦虑情绪对于有效学习的阻碍作用。

探究的必要 355

虽然有些工作已经完成，但仍有许多方面有待于进一步探究。如果从整体上考虑这一领域的话，精心设计的小组学习活动已经在很大范围内取得了积极的效果，但在学区实施却是最为困难的。尽管最为一致的结果可能出现在直接教学系统的教学与补救等程序中，然而教师、学校和学区都需要在实施以行为主义原则为基础的课程时才对其执行过程和效果进行行动研究，此外，这与应用其他教学模式时的区别并不是那么大。

教学建议

下面是需要读者注意的一些教学建议，它们很好地概括了行为主义观点的优越性和积极性。我们按照问题以小贴士的形式将其列出，大家可以尝试一下。

教室规则

为避免和负强化物联系起来而采取一系列行为（一次违反规则会导致名字在黑板上出现；两次便会引起……）；和运用一些可取的行为准则和奖励（以此证明"你是最好的"）。哪一种效果更好？

小贴士：持积极原则和乐观态度的教育者会大大增加产生更好效果的可能性。

无任务行为

如果28位同学有学习任务，两位学生没有学习任务，教师的哪种行为将更有可能把这两个同学带入任务模式，是训斥无学习任务的学生还是表扬有学习任务的学生呢？

小贴士：表扬有学习任务的学生（采用正强化而不是负强化）。

教学还是自学

在计算机实验室里，在向已经掌握一种程序的学生介绍新的文字处理程序时，教师有不同的做法。一种是根据使用指南逐步进行教学，另一种是在进行简要说明后让学生自己学习如何掌握。哪一种方法的效果更好呢?

小贴士：自学计划会产生积极的教学效果。当然，由于需要不同，个体掌握的进度也有快有慢。

356

令人头疼的学生

个别学生上课注意力不集中，交头接耳，当他们不能按时完成学习任务的时候，你会布置额外的家庭作业吗？当学生精力过旺、情绪饱满的时候，教师如何将其加以利用来开展释放情绪的练习呢?

小贴士：第一种解决方法是运用负强化物，即利用学习成绩作为惩罚方式，从而使学生产生厌恶反应。第二种是提供有效控制，鼓励学生自我约束，为积极地自我强化与外部强化提供机会。

动　机

数学单元测验完毕后，教师们有两种做法，一种是教师安排学生自己检验学习成果，订正试卷；第二种是教师给学生打分，帮学生分析做错的题目。哪种方法能更好地激励学生呢?

小贴士：自我评卷，注重学习的过程，树立新的目标是正确的做法。

你不妨尝试一下，看看是否赞同以上的小贴士。

第16章

掌握学习模式

如果允许他们一次只学习一样东西，然后再学习下一个，直到他们运用自如， 357
我们就可以冲破失败的怪圈了。

——贝里·哈如图涅（Berj Harootunian）致布鲁斯·乔伊斯，1993年3月

近年来，约翰·卡罗尔（Carroll，1971）和本杰明·布卢姆（Bloom，1971）提出了掌握学习的概念，它是一种计划教学顺序的大纲。掌握学习提供了一种严谨而又有趣的方式，使学生在学校各科的学习中都极有可能达到令人满意的水平。最近的研究为该理论提供了更为充分的证据，而现代教学技术的提高使它变得更加可行。

对能力倾向的看法

掌握学习的核心理论观念以卡罗尔关于能力倾向意义的有趣观点为依据。传统的看法总把能力倾向当作与学生的学业成就相关联的个性特征（一个人的能力倾向越强学习就会越好）。然而，卡罗尔却倾向于把能力看作是一个人学习任何给定材料需耗费的时间量，而不是一种掌握这种材料的能力。在卡罗尔的观点里，能力很差的学生在进行特定学习时，只要比能力较强的学生多花一些时间就能掌握要学的东西了。

根据这个观点提出的建议，如果给予学生足够的时间（即学习机会），再具备
合适的材料和教学，那么，几乎所有的学生都可以达到指定目标。从上述意义来 358
说，这个观点显然是乐观的。因为这样看来，能力倾向基本上成为学习者计算所学东西掌握时间的一个指南。能力倾向还应该显示怎样进行教学，因为如果教学风格适合学习者的能力结构，那么，不同能力学习者的学习效率就会更高（用术语说，能力倾向是与模式有关的，它能帮助我们选择和调整模式）。根据卡罗尔的理论，对于任何给定的目标来说，任何一名特定的学生所达到的学习程度都将是教师所给予的学习时间、学生自身的毅力、教学质量、学生理解教学的能力及其能力倾向的函数。而关于教学安排的问题就是如何组织课程与课堂以便给学生最适当的时间和良好的教学，引导学生持之以恒地学习并在理解学习任务方面接受帮助。

布卢姆把卡罗尔的立场转换成了具有以下特征的体系：

1. 对任何一门学科的掌握可以用几种主要目标来定义，这些目标代表一门学科的教程或者单元的目的。

2. 材料可以划分成较小的学习单元，从而组成一套更大的系列，每一个小单元都有它自己的目标，这些目标是较大目标的组成部分或者被认为是要掌握的至关重要的内容。

3. 鉴定学习材料并选择教学策略。

4. 每一个单元都需要有简单的诊断性测验，目的是测量学生在学习进程中的进步（形成性评估），并鉴定每个学生现有的具体问题。

5. 运用测验所获得的材料向学生提供补充性教学，以帮助学生解决问题。(Bloom，1971，pp. 47 - 63)

布卢姆相信如果能这样安排教学，教师就可以调整学习时间以适应学生的能力倾向。辅助测验在监测所有学生的进步的同时还可以给能力倾向较差的学生更多的时间和更多的反馈。

个别性教学

布卢姆、布洛克和掌握学习的其他倡导者相信，只要修正传统的小组教学程序，根据形成性评价的结果来确保一些学生有更多的时间，并接受适当的个人教学，那么他们就能实现掌握学习。但是我们并不十分肯定掌握学习是否能轻而易举地在普通课堂中实现（Carroll，1971，pp. 37 - 41）。

359 然而，现代教学技术，尤其是自我支配的多媒体技术的发展和程序学习的运用，激励了课程编制者创造综合性的课程体系，并重新组织学校以为学生提供个别化教学。这比传统学校组织中提供的个别化程度要大得多。

匹兹堡大学的学习研究和发展中心（Learning Research and Development Center of the University of Pittsburgh）与鲍德温-怀特霍尔学区（Baldwin-Whitehall School District）合作设计的个别性教学计划（individually prescribed instructional program，IPI）主要是为中小学教学设计的，它是对系统计划加以应用的一个最突出的例子。教师根据学生所表现出来的能力水平、学习风格和具体的学习时间要求为学生规定材料，而且接受个别性教学的学生只要根据教师专门为他们规定的材料独立学习就可以了。

计划的步骤

个别性教学阐述了一种标准化的课程，这种课程是通过把系统分析程序应用于课程教材的编制而发展起来的。这种课程随时可以演示个别性教学的编制者在发明这一体系时所采取的步骤，所以，作为案例研究它是特别有用的。我们的目的是考察这些步骤，所以在呈现的过程中我们将稍有停顿，以便显示这种课程的每一步是如何反映这种行为操作模式的内在机制的。

首先，编制者在构思一个行为操作模式时，会考虑学习者应该达到的一套目标，设想学习过程以及学习者将会学习哪个系统。

这一系统设计的目的是：

1. 使每个学生按照自己的速度和学习顺序来学习每个单元。

2. 使每个学生对学习的掌握可以发展到能够演示的程度。

3. 发展学习中的自我激发能力和自我指导能力。

4. 通过学习过程培养解决问题的能力。

5. 鼓励学生对学习进行自我评估并激发他们的学习动机。（Lindvall & Bolvin，1966）

关于学习过程和相关学习环境的设想如下：

1. 学生之间的显著差别之一是他们达到指定的教学目标所需要的时间和练习量不同。

2. 适应个别差异的一个重要方面是安排条件，使每一名学生都能根据自己的进度和所需要的练习量按次序地学完教学单元。

3. 如果一所学校有适当的学习材料，那么在教师做个别指导并强调自学的环境中，小学生能在教师提供最少教学的情况下进行学习。

4. 在按教学单元顺序进行学习时，每个学生只有在对先修单元材料的掌握达 360
到或超过所规定的最低程度时，才能开始新单元的学习。

5. 如果要使学生得到加快个人学习速度的许可和鼓励，那么对于师生双方来说，要点在于经常对学生的进步提供评估。这种评估为制订个别教学的规定提供了基础。

6. 只有当受过专业训练的教师从事诸如教授个别学生或者小组，诊断学生需要以及制定教学计划一类的工作，而不是执行诸如登记分数、批改试卷等事务性工作时，他们才能取得最大的工作成效。通过雇用事务员帮助教师摆脱许多非教学事务可以使学校工作更加有效、更加经济。

7. 每一名学生在规划及执行学习计划时所承担的责任都可以比大多数课堂所允许的大。

8. 如果允许学生之间相互帮助，那么教师和学生的学习都能得到促进。（Lindvall & Bolvin，1966，pp. 3－4）

发展是至关重要的。对任何课程来说，总体操作模式，即目标是必然产生的。所以应该将行为操作模式分解成一系列按顺序组成的行为目标。个别教学的设计者相信这是教学计划其他部分的基础，并且必须具有以下的特征：

a. 每个目标都应该准确地说明如果要掌握指定的内容和技能，学生应能做到什么，一般情况下，应该是普通的学生在相对短暂的一节课里能够掌握的东西。目标应该用解决、表述、解释、罗列和描述等行为动词来表示，而不应用懂得、体会、知道和理解等术语来表示。

b. 目标应按内容意义的序列来分组。例如，在算术中，人们将目标（典型地）分成这样几组：数数、数位、数值、加法、减法等。这样的分组有助于教学材料进行有意义的改进以及诊断学生的成就。同时，这种分组并不排除实现跨领域目标的可能性。

c. 在每一个系列或领域里，目标序列的安排应尽可能根据这样一个规划：每一个目标都建立在前一个目标的基础上，反过来，它又是后一个目标的基础。这样做的目的是让目标成为学生能力的“尺度（scale）”。

d. 在每个领域的目标序列里，目标应划分成有意义的亚序列或者单元。这样
一些单元就可以代表不同程度的进步并提供折点，以便一名学生在结束某个领域中 361

的单元学习后，可以立即进行同领域下的单元学习，也可转到另一个领域中的单元学习。(例如，完成了B水平的加法学习后，学生可以继续学习C水平的加法，也可以转到B水平的减法上去。)(Lindvall & Bolvin，1966，p. 3)

数学课程的13个课题包含400个以上的具体行为目标。

层次 E	层次 F
加法和减法	
1. 已知任意两个整数，学生用简便算法进行加减运算。	1. 已知任意两个10 000以内的数，由学生利用加减运算进行解答。注意：答案为正数。
2. 已知一个加数小于等于5的加法问题，学生利用简便算法进行解答。	2. 已知五个以下的含有少于七位小数的加数，由学生进行加法运算。注意：答案精确到小数。
3. 指定这一阶段要求学生掌握的加减技能——加减法混合运算的文字题数道，由学生解答。	3. 已知两个小数，由学生做减法。注意：不超过7位小数。
	4. 运用这一阶段已掌握的加减法技能解文字题。
乘　法	
1. 已知一个两位数和一个一位数，学生用分配律进行横式乘法运算。	1. 已知一道一个两位数乘另一个两位数的题目，学生用标准法则运算。
2. 已知一个由一个三位数被乘数和一位数乘数组成的问题，学生用部分乘积来解题。	2. 已知一个三位数，乘以一个两位数，学生用标准法则运算。
3. 已知一个由乘数和被乘数都是10以内的数，乘以10的倍数，由学生解题。注意：因数小于等于9 000。	3. 已知一个整数和一个百分位带小数，学生进行乘法运算。注意：整数部分小于等于100。
4. 已知一个乘数小于等于10的整数乘以一个10的乘方，被乘数为三位数的数字，学生进行解答。	4. 已知两个小于等于0.99的纯小数，学生做乘法运算，并以分数形式表现等值，运算后再转换成小数，并比较两种答案作为验算。
362 5. 已知一个两位数乘以一个两位数的问题。学生用部分乘积运算。	5. 已知一道要求学生用已掌握的乘法技能进行运算的混合运算文字题，学生进行运算。
6. 已知一个两位数和一个一位数，学生用乘法运算。	
7. 已知一道要求用已掌握的技能进行乘法运算的题目，学生用倒置因数位置的方法验算。	
8. 已知一个100以内的数，学生找出其所有可能的因子。	

这13个领域都有从A到I的9个难度层次。在一个特定的课题领域内的每一个层次上都能确定几个行为目标，并且按顺序加以组织。把这13个领域划分为9个层次的做法为师生提供了一定的选择余地。学生在进入下一阶段的学习之前可以

深入这个领域进行学习，或者从 E 层次的加法转到 E 层次减法的学习。我们可以看到，个别性教学计划的内容已得到细致的说明且排列有序，在师生合作之前就已经建立了良好的内在联系了。

这些材料多半是供学生在几乎没有教师帮助的情况下进行自学的材料。除了自学以外，计划还要求教师就某些内容对大组或者小组以及个人进行教学。例如，如果几名学生在达到某一特定目标的过程中不断遇到困难，教师便可以把他们集中起来进行小组教学。在 IPI 中，教师的角色是至关重要的。他应该是：

> 诊断师（diagnostician）（分析关于每名学生的 IPI 诊断资料以便修正方案来满足个人学习需要）；
>
> 选择者（selector）（把一切可能利用的人力资源和书面材料用于 IPI 教学）；
>
> 指导者（tutor）（使学生获得有意义的、合适的学习体验，引导学生在 IPI 学习环境中更加独立，对自己的角色更有责任感）。（Scanlon & Brown，1969，p. 1）

语言实验室

在教学系统中，机器的组合开创了一种全然不同的学习环境，这方面的一个突出的事例就是语言实验室。语言实验室的发展呈现了在教育环境中对系统分析、任务分析和控制论原则的综合特征的生动运用。在语言实验室普及以前，教师是班级学生学习外语发音的示范者，这些班级一般有 25～35 名学生，他们都试图模仿教师的发音。在这样的情境中，每人每节课最多只有 1 分钟的语音练习时间，这就很 363
难做到流利或准确地发音。

如今在典型的课堂实验室中，学习者使用电子设备听、录并重放朗读材料。这种物理设备包括学生的座位和教师的控制台。教师可以通过控制台播放各种材料，以及新计划和补充计划，并对个体、选定的小组或者全班进行教学。教师还可以监控学生的行为操作。学生的座位常常是一系列有音响装置和带书架的单人阅览桌，通常备有耳机、话筒和磁带录音机。学生从耳机里听到教师的现场指示或录音指示，复述、回答问题，或对授课做出其他合适的反应。教师也可以选用黑板、课本或者其他视觉刺激作为听觉输入的补充。现代技术几乎可以同时使每个学生做到：

1. 比起其他手段来，通过耳机能更清楚地听到自己的声音；
2. 把自己的发音与示范者的拿来作直接比较；
3. 给自己提供即时反馈；
4. 把要学的项目逐个分离出来；
5. 允许为专门练习确定学习速度；
6. 允许顺序安排更为妥善的教学内容。

学习外语要求学生反复地听词汇和言语模式。要小心排列这些练习，并配以新的和复杂性不断变化的综合练习。它的最终目的是使学生随时都能真正地理解听到的内容，并且作出及时而又适当的反应。在学生看来，语言实验室是他们不断有序练习的基地，它能使自己跟上语言示范者的速度并且达到语言流畅的程度；在教师看来，语言实验室为有效设计语言学习情境提供了良好的条件（硬件和软件）。

用系统分析的术语说，语言实验室代表了以熟练掌握外语这一行为目标和实现教学要求为基础的人机系统的发展。在语言实验室出现以前，尽管可以提供可视材料的合理次序，但是语言训练中的关键要素，如个体化的听力练习和动态反馈等，远远超出人类的管理能力之外，这对于教师在面对包括有25名学生的自我控制能力良好的班级有很大支持和帮助的。由于有了电子硬件和软件的辅助系统，教师现在就能更有成效地把时间分配在监测（管理）、诊断和教学上。而学生则能得到即时的、直接的反馈，以便他们能把实际的成绩和所渴求的成绩进行比较，从而做出必要的自我矫正的调节。

364 许多适用于个人电脑的程序都在自学情境中起到了微型语言实验室的作用。不带声卡的计算机通过语音拼写来辅助发音，带声卡的计算机则可以“说”出单词和句子。结合图—文归纳教学模式（见第7章），发音字典帮助第一语言为法语的幼儿园学生的英语水平达到了与大多数将英语作为第二语言的二、三年级学生的水平。

掌握学习已得到广泛的研究。斯莱文（Slavin，1990b）对这个方面文献再分析的结果和库利克、库利克和班格特-德朗斯（Kulik，Kulik，& Bangert-Drowns，1990）的大致相同，分析结果表示：这种方法能真正提高学生学习的效果，但这种提高往往表现在与课程有关的测验中（一般中等程度的学生会学习同样材料，但是与没有精心安排教学目标和基准的控制组的学生相比大约处于前65%的水平）然而，标准化测试却不明原因地对此一直持抵制态度。

有关于程序教学的说明

许多掌握学习方案都运用于为自学材料而编制的程序教学。这是对斯金纳学说的最直接的应用。它提供了高度系统化的刺激控制和及时强化。尽管斯金纳最初的程序教学已经改变了很多，但是大多数还都保留了，以下三项就是它的本质特征：（1）将要求学生做出反应的问题或陈述的条目按顺序排列；（2）学生反应的形式可以是填空、回忆问题的答案，从一系列答案中选择答案或者解决问题；（3）提供及时的反应确认，有时出现于程序结构本身，但常位于不同的位置，比如在程序化教材的下一页或在教学机器的另一个独立窗口。

近来关于程序教学的研究表明，即使以上核心部分出现相当大的偏差也不会造成学习数量的显著性差异。不需要学生做出显性反应的程序式讲座就是一个例子。在最初的直线式程序中，尽管每个学生按自己的速度自主地学习同样的材料，但是对一些教育者来说这一程序并没有充分地个人化。因此，分支式程序得到了发展。分支这一概念的意思是说，不能对某一特别的结构或结构序列做出正确反应的学生可能需要额外的信息或对背景知识的回顾。另一方面，学习进度快的学生可以从额外的、更难的材料中受益。在很多情况下，分支式程序是依据学生对特定结构序列内正确反应的数量来引导他们学习合适的材料的。分支式程序将根据学生自己的选择自动地把他引到某一特殊部分，如果学生选择了错误反应，其推理中的错误就会
365 被指出来；如果他选择正确，一个更难的例题就会出现。

程序教学已经成功地运用于各科教学中，包括英语、数学、统计、地理以及科学。从学前班到大学的各级教学都用到了程序教学。程序教学技术也被应用于众多的行为，如概念形成、机械学习、创造、解决问题等。一些程序甚至通过使用归纳思维中的记忆恢复原理来引导学生去发现概念。

程序教学与一些教师使用多年却没有明显成效的传统练习册有什么不同呢？练习册强调的是练习（反应保持）而不是通过精心安排材料获得行为习得。练习册的

编排是根据所提供的大量练习材料而设计的。因此，复习几乎是没有价值的，除非行为一开始就被成功地建立，但传统的练习册并未设计这样的方式；同样，由于学习者仅仅是温习已经掌握的材料，所以连续复习所起的强化作用肯定会减小；最后，大部分传统课本的练习册不提供及时反馈，而是仅在教师参考书中提供答案。

小　结

掌握学习见效快，前景乐观且简单易行。掌握学习体系的建立和开发需要有一种积极的社会气氛，这个学习体系的建立会直接涉及许多教师强迫式教学中产生的令人困惑的学习问题。同时，在这个体系中，教师也扮演着对学生的个人发展进行积极鼓励并提供帮助的角色。

第17章

直接指导模式

367 *教学生如何提出问题、回答问题，而不是仅仅向他们提出问题，这一观点给我很大的启示。*

——一名 20 岁的教师致布鲁斯·乔伊斯，1995 年 5 月

尽管直接指导模式是基于对高效能教师的研究而建立的，但是其理论却源于行为系统类教学模式，特别是训练心理学家和行为心理学家的看法。训练心理学家主要训练人们去执行高度准确的复杂行为，这些行为经常需要与他人合作，例如潜艇上人员的工作。他们对学习情景的主要贡献是明确任务，分析任务。他们提出的教学设计原则的重点是把学习者的表现概念化为目标和任务，再把这些任务分解为更小的组合任务，进而发展为能够确保熟练掌握每个部分的训练活动。最后，对整个学习情景进行有序安排，确保从一种学习到另一种学习之间的转化，完成进行更高级学习的知识准备。

训练心理学家强调教学的设计和教学安排，而行为心理学家则致力于研究师生之间的互动。他们讲的是示范、强化、反馈以及循序渐进。

368 目标和设想

直接指导模式在综合教育方案中起到了有限但很重要的作用。直接指导模式的批评家指出这种教学方法不是在任何时候对所有目标、所有学生都管用的（当然我们对此毫无异议）。尽管直接指导模式存在这些缺陷，但是它有相当可靠的追踪研究记录，如果在教学过程中运用适度，会收到很好的教学效果。

直接指导的学习环境

它最显著的特点是以学习为中心，教师进行高度指导和严格控制，对学生进步具有很高的期望，管理时间呈系统化并拥有相对温和的学习氛围。以学习为中心指的是一个人要把完成已经布置的学习任务置于一切活动之上。在教学过程中，我们强调学习活动，而不强调甚至不鼓励使用非学习性材料，例如玩具、游戏及谜语，也不重视非学习取向的师生互动，例如关于自我的问题或关注个人的讨论。几项研究表明高度地以学习为中心能引起学生更大程度的参与，并相应地取得了更大的成绩（Fisher，Berliner，Filby，Marliave，Ghen，& Dishaw，1980；Madaus，Airasian，& Kellaghan，1980；Rosenshine，1970，1971，1985）。

当教师选择并指定学习任务时，当他在教学过程中承担中心任务并尽量减少学生参与与学习无关的讨论时，教师的指导和控制作用就表现出来了。对学生具有很高期望、关心学生学习进步的教师要求学生学习优秀，并鼓励有助于学习进步的行为。他们对学生学习的数量与质量会有更高的期望。

直接指导的两个重要目标是实现学生学习时间的最大化以及在寻求教育目标的同时获得独立性的发展。事实上，许多被认为和学生成绩有关的教师行为与学生花在学习任务上的时间和学生在学业上取得的成功密切相关。因此，这些包含直接指导的行为被用来创造一个有组织、有学习取向的学习环境。在这个环境中，学生积极参与教学活动（任务），并且在完成指定任务方面的成功比例相当高（掌握 80%及以上）。学生用于这些环境的时间被称为学习时间，教师力求其最大化。

最后，有实质性证据表明学生的消极情感会阻碍学习的进步（Rosenshine，1971；Soar，Soar，& Ragosta，1971）。教师应该创造以学习为中心的氛围，并且避免采取消极措施，例如批评学生等。关于积极情感对学生成绩影响作用的研究结果现在还不太清楚，但接受大量表扬的学生可能会比其他学生获得更多的好处；而 369
且某些表扬的方式可能比其他方式更为有效（Brophy，1981）。

总之，直接指导的环境就是一种以学习为中心的环境，一种使学生把大量时间用于完成学习任务并具有很高成功率的环境。这种环境中的氛围是积极的，不存在消极影响。

模式导向

研究者使用直接教学这一术语指的是一种教学模式，即教师对学生讲解新概念或新技巧，在教师指导下通过练习来测试学生的理解程度（控制性练习），鼓励学生继续练习（指导性练习）。

在呈现和讲解新材料之前，要确立一个课程框架并把学生引向新材料。在新课开始前有组织的评论使学生明白这一课的目的、程序及接下来要学习的内容。这种评论对提高学生在学习活动期间的参与以及整体学习成绩产生影响（Block，1980；Medley，Soar，& Coker，1984；Fisher et al.，1980；Medley，1977）。这些导向性的评论可以采取多种形式，包括：（1）唤起学生已有知识结构的导入性活动（Anderson，Evertson，& Brophy，1979），如复习前一天的内容（Rosenshine，1985）；（2）讨论这节课的目标；（3）提供一些对必做工作的简洁明了的指示；（4）告诉学生将要使用的学习材料和将要参加的活动；（5）介绍这节课的大体轮廓。

一旦建立了学习环境，教学就可以随着新概念或新技能的呈现而开始。学生对新材料学习的成功与教师起初的讲解质量和完整程度有很大的关系。效率高的教师在讲解和演示新材料方面比效率低的教师花费更多的时间（Rosenshine，1985）。促进学习的呈现活动包括：（1）小步骤地呈现材料以便一次能够掌握一个知识点；（2）提供介绍新技能或新概念的大量多种类型的例子；（3）示范或口述学习任务；（4）紧扣主题，避免跑题；（5）再次讲解难点（Rosenshine，1985）。从对概念学习的研究中我们也知道，在讲授一个新概念时，重点在于澄清概念的特征并提供规则或定义（或技能学习步骤的顺序）。最后，在口头解释的同时提供有关概念或技能的视觉材料可以帮助学生理解。之后，在学习过程的其他阶段呈现视觉材料可以起到一种暗示或提示的作用。

370 讲解之后是讨论，这样教师可以检查学生对新概念或技能的理解程度。一个常见的错误是教师简单地问学生是否理解或者有没有问题，然后做出推断，如果没有或仅有几个学生回应，那么可以认为所有的学生都很好地理解了所讲的内容，可以进行下一步的学习了。在检查学生理解程度方面效率高的教师会比效率低的教师提出更多的问题（Rosenshine，1985）。这样的问题需要具体的答案或要求说明解答过程。根据罗森夏恩（Rosenshine，1971，1985）的理论，效率高的教师不仅提出更多的问题，而且在练习和重复自己所教的新材料上花更多的时间。对直接指导教学来说，有效的提问行为还表现在：（1）提出适合讨论的问题，而不是不好回答的问题。（2）确保所有的学生都有机会回答，而不仅仅是一些举手或者叫得最大声的学生。这可以通过按次序提问学生的方法来完成，例如，在提出问题之前按阅读小组叫学生的名字，或让学生一起回答（Gage & Berliner，1983；Rosenshine，1985）。（3）大部分时候（75%～90%）要提出一些学生力所能及的问题（Rosenshine，1985）。（4）在直接指导中避免提出与学习无关的问题（Rosenshine，1985；Soar，Soar，& Ragosta，1971）。

一旦教师提出了问题，学生也已经回答，教师就需要对学生的回答做出反馈。研究表明效率高的教师在提供反馈方面比效率低的教师做得更好。他们不会对错误置之不理，也不会仅仅给回答错误的学生一个答案（Rosenshine，1971）。教师应运用技能纠正错误或者重新讲解这部分的学习材料。另外，在回答问题的活动中，效率高的教师能够保持轻松愉快的节奏。当他们对学生的错误进行纠正性反馈或重新讲解教材时，能有效地给学生提供许多练习机会，使多数学生都有机会回答。例如，当学生给出正确答案时，教师会简单地再问一个新问题。而在学习的初期阶段，当学生的答案虽然正确但表现出不确定时，教师会提供一些与结果有关的知识来进行快速反馈（“很好，你还记得当 i 和 e 字母组合出现在字母 c 的后面时，i 总是在 e 的前面”）。如果学生由于粗心回答错误，教师要提供纠正性反馈并继续提下一个问题。如果学生的错误回答是由于对材料缺乏理解，教师应该提供暗示或线索，如回顾以前呈现的视觉材料。探索澄清和修正答案都是极为重要的，有效的反馈具有学习指向性，而不是行为指向性（Fisher et al.，1980）。以正确的方式告诉学生他们都做了些什么也是很重要的，反馈可以伴随表扬进行，然而表扬要建立在回答质量的基础上（Gage & Berliner，1983），学生需要的表扬在数量上有所不同：有些学生，特别是成绩差的学生，需要多一些表扬，而其他人则不一定需要那么多。即使一个学生极其需要表扬，教师也不能因为一个错误的回答而给予他一定的表扬（Brophy，1981）。

371 需要重点指出，学生在有组织的练习中获得的反馈和他以后的成功有很大关系。反馈可以帮助学生弄清他们对新材料的理解程度及其错误所在。反馈要有效就必须是学习性的、纠正性的、表示尊重的，并且是有价值的。

显而易见，在学生开始自学之前，透彻的讲解和有组织的练习是很有必要的。然而，从研究结果和作者自己的经历这两方面来看，目前许多教师经常要求学生使用课本或练习册进行学习，而几乎不做讲解，也没有实践环节，而当学生阅读或进行技能训练时，他们却希望获得很高的成功率，为了实现这一点，他们需要在有组织的练习中达到大约 90%的正确率，这样才有可能从有组织的练习转向自由开放的练习。

在一堂的普通课中，学生要花费 50%～70%的时间独自完成学习任务（Rosenshine，1985）。要把这大量的时间用在高效的学习上，学生需要持续参与到学习任务中。对学生学习最有帮助的一点是学生在教师的讲授和指导下通过练习来做好充分的学习准备。与教师讲授有关的练习和之后在教师指导下进行的练习会促进学生对学习的投入。在学生学习时，教师通过在教室中来回走动的方式与学生进行短暂的接触，这种方式更有利于控制学生的学习（Rosenshine，1985）。

练习理论

正如这一节的标题所示，这个教学策略的核心是练习活动。这个模式的三个阶段都与各种辅助条件下的练习有关。三个水平的练习以如下方式发挥作用：当一种新技能或新概念第一次被介绍给学生的时候，教师需要一步步引导学生解决问题。在学习的初期，学生的记忆最容易受错误练习的影响，而错误又会强化错误的信息，因此，这种前后紧密衔接的方法能确保学生避免在最初的学习阶段出现错误。在有组织的练习之后，学生各自做练习，教师则发挥指导的作用。在这期间，教师对学生出现的所有错误提供纠正性反馈，并对正确指导的练习予以强化。当学生能准确地练习时，他们就已做好了独立练习的准备，也就是说，在没有帮助的环境下进行练习。家庭作业就是独立练习的一个例子。实践程序的最后一步是达到掌握的水平，学生独立地执行技能且极少出错。

第二个原则关于每个练习阶段的长度。研究表明，一般而言，一个人对某一项技能练习得越多，忘记它所需要的时间就越长。这里推荐的对练习时间长度的指导性原则是高强度、高动机、短时间的练习比低强度、低动机但长时间的练习效果更 372
好。例如，对年龄较小的学生来说，每天或几天安排一次时间较短（5～10 分钟）的练习比长时间（30～40 分钟）的练习更有效。年龄稍大的学生可以进行时间稍长一点的练习。但是，对他们来说，许多对其进步进行明确反馈的短时练习也会达到同样的效果。

第三个原则是需要监控练习的初始阶段。因为，这一阶段不正确的练习将会干扰学习。学生需要及时的纠正性的反馈，以防不正确的程序从一开始就镶嵌在他们的记忆里。除此之外，它也可以降低学生对练习的焦虑，因为学生会感到自己是在有及时反馈的情况下进行练习的。除了要在早期发现不正确的操作外，对正确操作的强化也很重要。这可以使学生知道结果，从而更快地在新的学习中稳定下来。

第四个原则是使学生在进入下一阶段练习之前在现有练习中的正确率达到 85%～90%。对准确率的关注能让学生感受到成功的体验，从而减少错误。

接下来的一个原则是分散练习，或在一段时间内进行多项练习。如果 24 小时内没有强化练习，80%的新知识将被遗忘。如果在一段较长的时间内安排阶段性复习，那么在四五个月内，几乎所有的新知识都能得到保持。教学中常出现这样的错误，即开始一个主题，然后结束这个主题，直到期末考试才再去复习这一主题的信息或技能。重要的学习材料需要经常复习。

最后一个原则是在学习初期的练习应安排得密集一些；到了独立学习阶段，练习可安排得间隔时间长些。因此，在学习新知识之后应马上进行练习并频繁地继续练习，直到学生能独立进行练习，而在独立练习时，可以安排得间隔时间长一些例如刚开始可以每1天、2天、6天一次，独立学习后就可以每15天一次。

教学模式

结构体系

直接指导模式由五个阶段的活动组成：导向、呈现、组织练习、指导练习和独
373 立练习。在使用这一模式之前，应对学生的知识和技能进行有效诊断，以确保他们具备在不同练习条件下达到高准确度的预备性知识和技能。

第一阶段是导向，即建立学习任务的框架。在这一时期，教师传达出他们的期望，明确学习任务，建立学生的责任意识。这一阶段有三个特别重要的步骤：（1）教师提供给学生课程目标及需要达到的技能操作水平；（2）教师陈述课程内容以及它与以往知识或经验的关系；（3）教师讨论课程的进度，包括课程的不同部分以及学生在这些活动中的责任。

第二阶段是呈现，即教师讲解新的概念或技能并演示和举例。如果学习内容是一个新概念，那么教师要重点讲解这个概念的特征、定义、规则，并举例说明。如果学习内容是一种新的技能，那么尤为重要的是教师要通过每一步的例子来明确技能的步骤（常见的错误是提供的示范太少）。无论是两种情况中的哪一种，声情并茂地传递信息都是非常有益的，这能使学生在学习初期就有视觉表征作为参考。这个阶段的另一个任务是教师要检查学生是否在进行练习之前已经理解了新学的知识。他们能回忆起教师讲过的概念特征吗？他们能想起刚刚展示过的技能的步骤、顺序及数目吗？检查理解程度就是要求学生回忆或再次确认他们刚刚听过的信息，这些信息都将运用到接下来的有组织的练习中。

第三阶段是有组织的练习。教师通过详解例子的每个步骤来引导学生。通常学生以小组为单位来练习并写出答案。要想做到环环紧扣，最好的方法就是用投影仪。在幻灯片上做练习以便所有的学生都能看到每一步的产生。在这一阶段中，教师的任务是对学生的反应做出反馈，强化正确反应，纠正错误以及提出学习目标。在做例题时应该使用这种方法，以确保学生能够理解，使其在半独立练习时可以把它作为一种资源拿来使用。

第四阶段是指导练习，即给学生提供独立练习的机会并给予指导。指导练习能使教师通过学生出现错误的数量和类型来评估学生完成学习任务的能力。在这一阶段中，教师的任务是监控学生的学习，必要时提供纠正性反馈。

第五阶段是独立练习。当学生在指导练习中达到85％～90％的准确度时，开始进入这一阶段。独立练习的目的就是强化巩固新学的知识以便记忆并达到熟练应用的程度。在独立练习阶段，学生在没有帮助的情况下自己练习，而且只有延迟反
374 馈。教师在这一阶段的任务是保证在学生完成独立练习之后进行检查，对学生的精确度是否保持稳定进行评估，为需要纠正性反馈的学生提供反馈。独立练习的时间可以很短，练习项目也不宜多。然而，这并不是一劳永逸的。正如前面提到的那样，一个月分散安排五六次独立练习可以保持记忆。

社会系统

这一模式具有高度的组织结构。

教师作用的原则

教师要给学生提供有关结果的知识，帮助学生调整进度并提供强化。支持系统包括按顺序编排学习任务，有时候这种学习任务的编排要像个别性教学小组开发的材料一样精细。

应　用

这种模式在对基本知识和技能的核心课程领域研究中得到了最普遍的应用。根据直接指导理论开发的一些大型项目都是针对经济条件较差和学业成绩不良的学生而展开的。在对全程追踪项目（Project Follow Through）（一个将提早入学方案扩展到小学各年级的联邦项目）的评估中，俄勒冈大学的直接指导模式在认知和情感发展水平方面得到了不同于与其他 8 个主要项目的结果（Becker，1977）。总体上，参与这个项目的所有学生在项目开始前的阅读、数学和拼写能力远远低于全国的第 25 个百分位，到三年级时则达到或超越了第 50 个百分位。这一项目强调教师的教学应该是“小组型的、面对面的教学”（Becker，Engelmann，Carnine，& Rhine，1981），每天的阅读、数学和拼写的内容都是经过教师精心编排的，“积极的自我概念被认为是高质量教学的附属品，而不是其要达到的抽象目标”（Becker，1977，pp. 921－922）。

教学效果和教育影响

如其名称所示，这个模式是直接的。它系统地深入学习内容，通过调整进度和强化来刺激并保持动机，通过成功和积极反馈来提高学生的自尊（见图 17—1）。

375

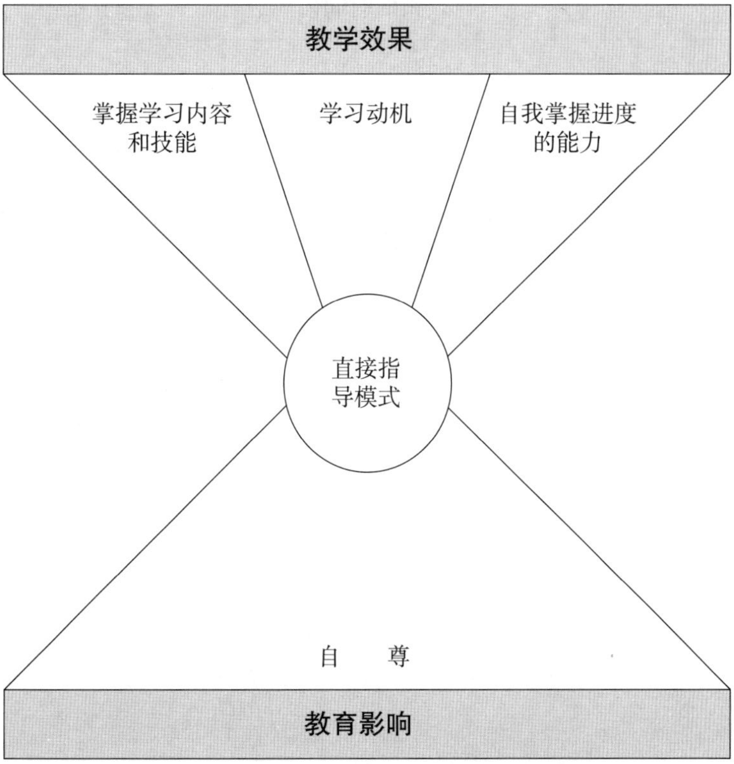

图 17—1　直接指导模式的教学效果和教育影响

小 结 直接指导模式

第一阶段：导向

教师建立课堂内容。

教师回顾先前所学的内容。

教师建立课程目标。

第二阶段：呈现

教师解释新概念或演示新技能。

教师再次提供可视化的任务。

教师核查理解情况。

376

第三阶段：组织练习

教师通过详解练习的各个步骤引导学习小组。

学生对问题作出回应。

教师对错误提供纠正性的反馈并强化正确的练习。

第四阶段：指导练习

学生进行半独立练习。

教师在教室来回走动以监控学生练习。

教师通过表扬、激励及认可的方式提供反馈。

第五阶段：独立练习

学生在家里或在教室里独立地进行练习。

延迟反馈。

在较长的时间内要进行若干次独立练习。

第18章

模拟训练模式

——接受训练和自我训练

这比上下翻转真正的直升机要好得多。 377

——一位部队教官致乔伊斯，1953 年 6 月

个案 18—1

沃尔特·赫赖考克和他九年级的学生一起在网上寻找可用的空间旅行模拟程序，但结果让他们所有的人都感到震惊。他们从美国航空航天局的网站开始寻找时，发现了一大批可供选择的程序。只要想做，他们便可以模拟航天飞机旅行或其他航行、进行世界范围内的天气预报，并且访问上百个有着相关信息的网站。他们发现了一个叫做国家太空模拟教育协会（National Association of Space Simulating Educators）的专门机构，还发现了加拿大正在进行的“月球探测器的运行”也正是这样一个涉及人际关系、文化以及空间探险的庞大模拟程序。

沃尔特和他的学生发现的第一个棘手问题是怎样开始，而且他们认识到他们必须要学会很多东西。最终沃尔特决定通过模拟机进行对物理、天气以及探究方面的学习。（沃尔特建议从莱斯大学的网站开始学习，因为该网站链接到美国航空航天局 http：www. rice. edu/armadillo/Simulations/simserver. html 以及发现频道。）

个案 18—2

在芝加哥一所中学里，接受驾驶员训练的学生们正在轮流驾驶模拟汽车。该模拟汽车上装有投影机，投影机可以投射出前方路面出现的障碍。譬如在驾驶过程中 378
突然有一个孩子从停放的两辆小汽车后走出来，驾驶员需调转方向避开孩子。驾驶员刚刚超过一辆停着的卡车，路边突然出现了停车路标，他需要紧急刹车。转弯后公路突然变窄，驾驶员需要再次刹车。就这样，每个学生在模拟的条件下体验着驾驶汽车的感觉。当一名学生完成驾驶课程后，教员和其他学生就会上前询问他们的反应以及采取的防护性措施。

在波士顿郊区的一间教室里，学生们正在观看录像，一些演员们在录像间扮演面临危机的美国内阁成员。看完录像，学生们得出一致结论。其中一名学生拿起教室的电话拨通了录像间，建议演员采用不同方式扮演应对危机的角色。与此同时，

另外25个班的学生也在讨论他们在录像中发现的问题，并且也和录像间的演员交流自己的观点。第二天，演出继续。演员采纳了学生的建议并对演出做了相应的改动，其他演职人员也对此做出反应。25个班的学生们不仅看到了他们的想法活生生地出现在屏幕上，也看到所产生的影响。

在多伦多市区，一所小学的学生也在观看录像，录像显示的是火箭在脱离地球引力进入太空的情景，通过解说员的解说及观看，学生得知火箭脱离地球引力以失败告终。这时学生纷纷要求扮演宇航员的角色，根据加拿大皇家宇航局的指示，他们被分成了若干小队，接着他们将共同协作来保全救生系统并设法在火箭内保持联系直到修复完成（这就是值得尊敬的“月球探测器的运行”模拟程序）。

在圣安东尼奥，两组孩子进入同一个房间。一组代表α（Alpha）文化，另一组代表β（Beta）文化。他们的任务是互相学习，学习与来自不同社会、与自己有着不同社会规则和行为方式的人进行交流。他们逐渐掌握了交流的方式，同时，他们意识到作为某种特定文化背景下的社会成员，他们不知不觉地继承了一种影响自己个性和交流方式的行为模式。

在费城，一个班的学生正在学习通过爱斯基摩人的狩猎方式来捕猎北美驯鹿。在这一过程中他们了解到爱斯基摩人的行为方式，并尝试把这些方式与自己的日常生活方式进行了比较。

在圣弗朗西斯科郊区，一群学生正面临着国务卿提出的难题，农学家研制出了一种添加剂，把它添加到肉牛的饲料里可以大大增加它们的体重。但目前这种添加剂的数量有限，学生们必须合理地把它们分配给世界上最需要的国家。国会制定了以下限制条件：接受国必须有可观的牛肉供给数量，而且人口必须超过一定的数量，不能分配给信奉素食主义的国家。学生们对此进行了辩论。一些国家很快被排除在外，在剩余的国家里，有些最初具备条件，后来却失去了吸引力。学生们围绕
379 人道主义、意识形态和实际情况争论不休。在模拟中，他们还要面对对美国政府的行动方案一直提出建议的科学委员会成员的提问。

在我们安静舒适的家中，神偷卡门带领我们的孩子去探索未知的世界，而通过模拟系列游戏可以帮助孩子们建立有关社区和生活环境的概念。

以上这些学生全都参与了模拟学习，模拟了现实生活中各行各业的人的活动。现实世界的要素被简化成能够在教室里呈现的形式并提供给学生，这样做的目的是尽可能地接近真实情境以使学生学习到的概念和得到的结论可以迁移到真实的情境中去。

要完成模拟学习的各项任务，学生们就必须形成相关领域的概念和操作技能，为了有效驾驶，小驾驶员必须掌握驾驶的概念和技能；捕鹿小猎手必须理解爱斯基摩文化的概念；而小内阁成员必须了解国际关系的知识和处理大国事务的策略。

在模拟中，学生可以从他行动的后果中学到东西。例如：驾驶员如果转弯不够及时会撞到孩子，所以他必须学习转得更快些。但转得太急，又会使车失控冲到马路对面去，于是他不得不学习一边拨正方向，一边目不转睛地看路，留意各种障碍。在捕猎中表现不佳的学生认识到了如果不能有效地按照爱斯基摩人的方式行动或者弱化了其中一些关键的环节会造成严重的后果。

在这一章里，我们探讨模拟的原则并举出各种模拟的实例：这些例证有的是游

戏，有的不是；有些具有竞争性；有些则具有合作性；还有些是与个人平常的处事标准相悖的。在为大家所熟悉的掮客游戏即大富翁游戏中，竞争是相当重要的。它模拟的是真实的房地产投机商的活动，并掺和许多现实生活中的投机要素，赢家掌握了游戏规则并游刃有余地对其进行运用。而在模拟游戏“职业生涯”中，参与者用一种非竞争性的方法达到目的，这种游戏不计分，但游戏者之间的相互行为会被记录且被分析。学生们在这个游戏中表演人一生的历程：选择伴侣、选择职业、选择受何种程度的教育，并通过所做选择的结果切实地了解这些选择会对他们的实际生活产生怎样的影响。在诸如“模拟城市”或“模拟地球”这类我们熟知的电脑模拟游戏中，学生可以单独或一起通过违背常规去创造一种自己比较满意的结果。

几乎所有的模拟游戏都依赖于软件，也就是说，这些游戏需要各种各样的道具。此外还依赖于教师把准备好的游戏或是其他模拟活动纳入课程，以突出并加强游戏中固有的学习活动。在这里，教师是否拥有赋予这些活动以教育意义的能力是 380
非常关键的，所以说，模拟训练至关重要的性质还是通过这些活动进行自我教育。

显而易见的是，模拟游戏在教学中并不像它们电脑游戏世界中一样流行。模拟游戏在很大程度上还原了真实的世界。但这并不是说游戏中呈现的场景总是描绘现实世界，它们中有些仅仅是虚构的小说，甚至纯粹的幻想。

模式导向

控制论原理

最近 30 年，模拟被越来越多地运用于教育领域。我所知道的第一部计算机驱动的模拟机是由纽约州区域服务中心的理查德·温（Richard Wing）改造而成的（Wing，1965）。模拟模式并非起源于教育领域，而是来自应用于心理学领域的控制论原理。控制论心理学家把人和机器做了类比，把学习者概念化为一个自我调节的反馈系统。作为一个学科，控制理论“被描述成人类（或生物）控制机制与电脑之类的电子机械系统之间的比较研究”（Smith & Smith，1966，p. 202）。其关键在于二者反馈控制机制具有明显的相似性：“一个反馈控制机制具有三个基本功能：启动该系统朝着某个目标或按照确定的路径运行；把这个行动的结果和真实路径相比较并检验出错误；借修正错误之机重新调整系统。”（Smith & Smith，1966，p. 203）

例如，轮船上的自动导航仪依靠罗盘仪的指示不断调节船舵。当轮船开始偏离航线即罗盘指示与所要求的方位发生一定程度的偏差时，就会转舵。而一旦回到设定航线，船舵就会对直方向，这时轮船就会继续沿航线航行。自动导航仪的操作和驾驶员的操作在本质上是一样的。这两种操作都根据航行状况而左右转动船舵。它们都是遵循既定目标的行动（“我们向北走”），并且都要根据反馈或错误信号的出现来修正原来的操作。目前，更为复杂的自我调节控制系统已经研制出来并应用于控制诸如巡航导弹、远洋货轮和卫星这样的装置。

控制论心理学家把人类个体视为能够做出一系列行动，然后利用反馈进行调整
的控制系统。这可能是一个很复杂的过程，就好像国务卿核定对外政策一样；或者 381
是一个很简单的过程，就像我们所注意到的帆船顶风行驶时稍微改变一下方向那样。通过借鉴机械系统作为参考框架来分析人类，心理学家提出这样一个中心思

想：“必须根据操作者和设备条件之间的控制关系来分析行为和学习。”也就是说，学习被理解为既由个体的本性决定，又由学习情境的设计决定（Smith & Smith, 1966, p. vii）。

根据控制论心理学，所有人的行为都是可以认识的模式，既包括诸如思维和象征性行为之类的隐性行为，也包括那些显性行为。在任何特定的情境中，个体都需要根据环境的反馈信息来改进他们的行为。他们根据反馈来组织自己的动作并确定反应的模式。这样，个体自己的感觉运动能力就形成了反馈系统的机制。这种接受反馈能力进而构成了人类接收和发送信息的内在机制。当人形成更高的语言能力时，他们不但能利用直接反馈，而且能利用间接反馈来扩大对自然和社会环境的控制。也就是说，由于人类能够使用符号表达事物，所以减少了对环境中具体事物的依赖。控制论心理学最本质的原则是个体具有内在的感知反馈能力（如能感觉到自己决策的后果），这也是个体进行自我纠正选择的基础。个体之所以能“感觉到”自己决策的后果，是因为环境的应答是充分的，而不是简单地告诉你“对了”或“错了，再试一次”。也就是说，个体选择所产生的环境后果能对他们产生反作用。用控制论的术语来说，学习本质上就是个体体验自己行为的环境后果并且进行自我校正的行为，而教学则为学习者创设一种能产生这种充分反馈的环境。

模拟机和模拟训练

我们可以从模拟机的发展过程中清楚地看到控制论在教育程序中的应用。模拟机是一种很接近现实的训练设施，而且这种训练设施可以对事件的复杂性加以控制。例如，一辆模拟汽车，有驾驶盘、离合器、刹车闸、变速挡以及现代汽车所有的其他设备，司机在车子里可以看到前方的道路（借助于大屏幕）。而且司机只要扭动车钥匙就能听到马达声响，就可以发动这辆模拟汽车，当他一按加速器，声音就大起来，就像真的引擎在加大油门，当司机驾驶时，大屏幕会显示公路上的弯道，当他转动方向盘时，可以体验到汽车正在转弯的模拟感觉。模拟机可以给学生
382 呈现出他能应对的学习任务，只不过他应对的后果与现实情境中产生的后果不完全一样，尽管在驾驶员看来，车像是撞上去了，但一部模拟汽车是不会撞到任何东西的。而且，依照训练心理学的原则，模拟机所呈现的任务不如实际驾驶中遇到的情况复杂；这样，学生就更容易以渐进的方式习得以后实际驾驶所需的技能。例如，在模拟驾驶中，学生可以反复练习排挡转换直到掌握为止。学生也可以反复练习刹车和驾驶盘，并感受自己做这些动作时汽车的反应。

模拟机有一些上面提到的优点，它可以把学习任务设计得不像现实世界中那样复杂，以便使学生有机会掌握现实生活中包含所有操作因素时所需的极具难度的技能。譬如，没有模拟机的帮助，学生驾驶复杂的飞机而不出错的可能性就会很小。飞行学员在第一次飞行时必须把每件事都做好，不然就有机毁人亡的危险。有了模拟机，就能组织模拟训练，让飞行学员接受由简单到复杂的任务，直到他掌握了驾驶飞机的全套技能为止。另外，像暴风雨或机械故障这样的困难情境也可以进行模拟，飞行学员可以借此学习怎样应付这些情况。到真正开始飞行时，飞行员就已掌握了必备的全套技能。

模拟机的第二个优点是学生可以根据自己行为所产生的反馈改进学习。譬如，当飞行学员把方向盘转向右侧时，他就感到飞机在倾斜，有些失控，于是他能迅速

地学会如何在转弯时使飞机保持平衡。也就是说，学员可以通过自我感觉而不是教师简单的口头指导来学习必要的矫正行为。在模拟驾驶中，如果司机转弯时车速太快，那么他必定要紧扳驾驶盘以防车子冲出马路，这一反馈会使他在实际驾驶中谨慎地把握方向。控制论心理学家设计模拟机的方式使得学习者能够依据行为结果的反馈调整自己的反应并形成合理的行为系统。

我们比较喜欢的一个传统模拟训练能够很好地说明这种模式给课程学习带来的影响。哈罗德·格兹库（Harold Guetzkow）和他的同事（1963）为中学生和小学高年级学生的国际关系规则教学设计了一项复杂而有趣的模拟训练。训练活动围绕着五个国家而展开，在每一个国家里，参加者分别扮演决策者和“有抱负的决策者”，所模拟的国家关系状态主要从这些国家的特征以及依据这些国家过去的行为规则推断而来。每一个决策小组都有所代表国家的可资利用的信息，涉及
国民经济系统的基本实力、消费能力、军事能力（国家发展军事物资和三军力量 383
的能力）、贸易与援助等方面。这些国家要在一起进行国际关系的博弈，进行贸易往来，达成各种协议。譬如，国家间可以建立国际组织或制定互助与贸易协议，甚至可以发动战争，其胜败则取决于双方各自结成同盟的集团实力。

当学生扮演国际决策者角色时，他们必须像真正的外交官以及国家代表那样举行国与国之间的谈判，他们谈判时必须考虑国家的经济状况。在这个模拟练习过程中，学生了解到经济状况会制约国家运作的方式。如果他们充当的是一个小国的小组决策成员，在试图达成贸易协定时，就会发现要想获得某些东西就必须付出一定的代价。如果他们的国家是以农业经济为主，而他们要同工业国打交道，除非对手恰好非常需要他们的产品，否则自己的国家必然处于劣势。通过接受自己决策得到的反馈，学生开始理解处理国际关系的原则。

教师角色

不难设想，由于学习活动是由专家设计和包办的，教师在学习情境中所起的作用很小，人们都认为一个设计良好的游戏能够自行教学，但这只说对了一半。控制论心理学家发现，教育模拟活动能够使学生对隐含在游戏中的模拟经验进行直接地学习，而不需要通过教师的解说或讲演去学习。然而，因为学生往往会全神贯注地投入游戏之中，所以他们可能觉察不到自己正在学习和体验的东西。因此，教师要发挥的重要作用之一就是帮助学生认识作为这些模拟训练和他们自身反应基础的概念和原理。此外，教师还具有一些重要的管理职能。对于那些越复杂的游戏和问题，教师的活动对于学生的学习就越关键。教师在模拟模式中的作用，我们确认为四项：解说（explaining）、裁判（refereeing）、辅导（coaching）和讨论（discussing）。

解说

如果学生要在模拟中学习，就应充分理解游戏中的规则。当然，没有必要使学生一开始就对模拟有彻底的理解。正如在真实的生活中一样，许多游戏规则只有在活动过程中才能发挥作用。

裁判 384

用在课程中的模拟训练是为取得教育效益而设计的。教师应对参与游戏的学生加以掌控以保证效益的实现。游戏前，教师要把学生分成小组（如果游戏中有小组

活动)，使每一个人的能力与游戏中的角色相匹配，以保证全体学生都能积极参加。例如，羞怯的学生与自信的学生应混合编在各个小组中。教师应当避免把很“难”的角色分配给能力突出的学生，而把比较次要的角色分配给学业较差的学生。

教师应该事先就认识到，模拟训练是为了营造一种积极的学习情境，因而它比其他的课堂活动要求更多的自由活动和交流，作为裁判的教师必须在维护游戏规则的同时尽量不干预游戏活动。

辅导

在必要时，教师应起到教练的作用，向参加者提出建议，使他们把游戏做得更好。也就是说，要充分地挖掘游戏的可能因素。作为一名教练，教师应当是支持型的顾问，而不是布道士或训练者。在模拟训练中，参加者可能会出差错并因此付出代价，不过在这一过程中他们也实现了学习。

讨论

模拟训练结束后，教师一定要引导全班进行讨论：游戏究竟在多大程度上模拟了现实世界；学生在游戏中遇到了哪些困难，学到了哪些知识；在模拟游戏和真实操作之间存在着什么样的关系，等等。

教学模式

结构体系

模拟训练模式有四个阶段：导向、参与者的培训、模拟训练本身和总结（见表18—1)。在导向阶段（第一阶段)，教师提出研究的题目和模拟训练中要应用的概念。如果学生是第一次参加模拟，那么教师要对模拟训练进行解释并对游戏本身进行概括的介绍。第一阶段不需要太长，但它是其余各部分学习活动的背景。

385 **表 18—1　　模拟训练模式结构**

第一阶段：导向	第二阶段：参与者的培训
提出模拟训练的主题以及模拟训练活动中涉及的概念。 解说模拟训练和游戏过程。 概括介绍模拟训练。	设置情境（规则、角色、程序、评分、决策类型、目标)。 分配角色。 进行简短实践。
第三阶段：模拟训练操作	**第四阶段：参与者总结（全部或任意以下活动）**
进行游戏活动和游戏管理。 接受反馈与评价（表现和所做的决定的效果)。 澄清错误认识。 继续模拟训练。	总结事件和感受。 总结困难和看法。 分析过程。 比较模拟情境和现实世界。 把模拟活动和课程内容联系起来。 评价并重新设计模拟训练。

第二阶段，学生开始进入模拟训练，这时教师通过向学生介绍游戏的规则、角色、程序、评分、决策类型以及游戏的目标等来设置情景，然后教师给学生分配角色并进行简短的实践，确保学生能够理解所有的指令并能胜任其角色。

第三阶段是模拟训练的参与，即学生投入到游戏或模拟训练中，教师则发挥裁判和教练的作用。教师可以定时暂停模拟训练，以便学生及时接受反馈，评价他们的表现并澄清一些错误概念。

第四阶段，由参与者总结汇报，根据游戏的结果，教师可以帮助学生集中注意以下几点：(1) 描述模拟中出现的事件以及他们对此的感觉和反应；(2) 分析过程；(3) 将模拟与现实世界作比较；(4) 把模拟与教程内容联系起来；(5) 评价并重新设计模拟。

社会系统 386

教师选择模拟训练活动并通过仔细讲解活动来指导学生，因此模拟训练的社会系统是非常严密的。但是在这个有组织的系统中，参与者之间的协作互动也应是非常活跃的。事实上，模拟训练的最终成功在一定程度上取决于学生的合作和积极的参与。学生在一起共同操作、相互交流时会更重视同伴的评价而不是教师的评价。因而，同伴之间应该不存在竞争，而是以合作为主。

教师作用的原则

教师在活动中的反应主要是激励。在整个模拟活动中，教师必须保持非评价的、支持的态度。教师的任务首先是提示和说明模拟训练活动的规则并帮助学生理解。此外，如果学生对活动的兴趣开始减弱或注意力开始分散，教师还必须引导学生“继续关注游戏活动”。

支持系统

这方面的资料很多，例如，《社会科学教育大全》(*The Social Science Education Consortium Data Book*) 中仅社会研究一项就列举了 50 多种实用的模拟训练。《社会教育》(*Social Education*) 杂志也一直在提供关于模拟训练的评论性文章。近年来大量的电脑模拟训练也已经被研发并投入使用。

应 用

模拟训练可以激发很多方面的学习，例如：(1) 竞争；(2) 合作；(3) 默契；(4) 社会系统；(5) 概念；(6) 技能；(7) 功效；(8) 后果承担；(9) 机遇的作用；(10) 批判性思维 (检验可选择方案的策略和预测他人行为的策略) 和决策的能力 (Nesbitt，1971，pp. 35－53)。

教学效果和教育影响

模拟训练模式通过实际的游戏以及其后的讨论能产生多方面的教育教学影响，包括概念获得与技能掌握，合作与竞争，批判性思维与决策能力，默契，政治制度、社会制度和经济制度方面的知识，效能感，把握机遇的意识以及面对后果的勇气 (见图 18—1)。

387

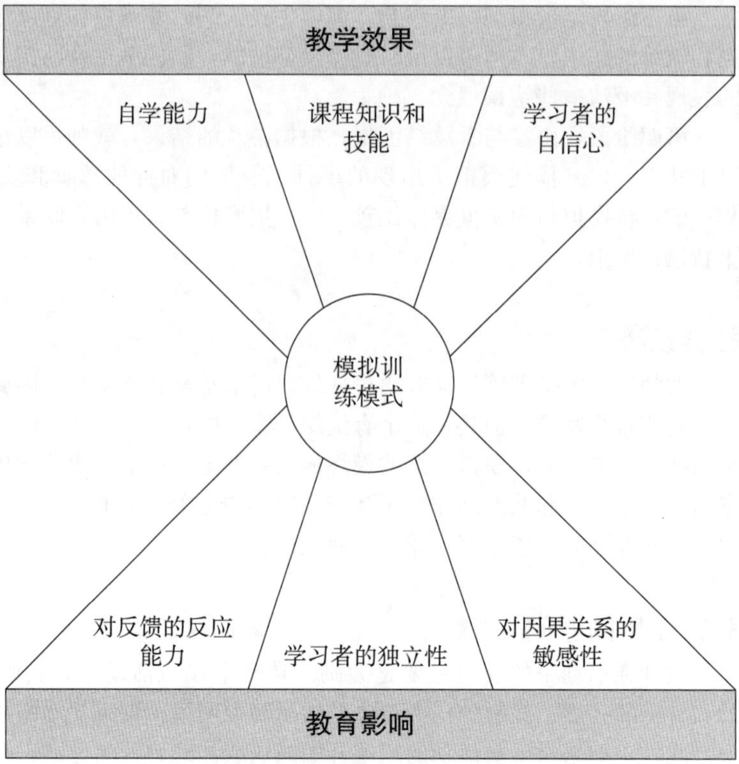

图 18—1　模拟训练模式的教学效果和教育影响

小　结　模拟训练模式

结构体系

阶段 1：导向

提出模拟训练的主题以及模拟训练活动中涉及的概念。

解说模拟训练和游戏过程。

概括介绍模拟训练。

阶段 2：参与者的培训

设置情境（规则、角色、程序、评分、决策类型、目标）。

388 分配角色。

进行简短实践。

阶段 3：模拟训练操作

进行游戏活动和游戏管理。

接受反馈与评价（表现和所做决定的效果）。

澄清错误认识。

继续模拟训练。

阶段 4：参与者总结（全部或任意以下活动）

总结事件和感受。

总结困难和看法。

分析过程。

比较模拟情境和现实世界。

把模拟活动和课程内容联系起来。

评价并重新设计模拟训练。

社会系统

这种模式的社会系统表现为教师选择学习材料和指导模拟训练。班级里的互动环境不应对训练构成干扰，而应带有合作式特征。教师的主要责任有管理模拟训练（组织和做好后勤）、解说游戏、维护规则、裁判（提出建议，进行鼓励）以及组织总结和讨论。

教师作用的原则

教师总体上要起到支持作用，观察学生并帮助学生解决遇到的困难。

支持系统

正如上面所提到的那样，模拟训练需要高度结构化的资料来源。

第六部分

个体差异、多样性、课程

几年前，美国最大的汽车制造厂家宣布，他们将设计出与人的体型大小相匹配 389
的汽车，而不是造出使人们适应的汽车。这家公司研制的车型是以美国人的体型数据为依据的，包括手臂和腿部的长度。不幸的是，他们使用的仅仅是一个平均数据，而没有考虑个体差异。更糟糕的是，他们使用的只是男性体型的平均数据。结果是有的人坐在驾驶座上只能看到方向盘，有的人不得不把脚伸直才能够到踏板，而另外一些人开车时头不得不向前伸着或向左右歪着、膝盖贴着方向盘。

教育也存在类似的问题。我们开发普通教育的课程时，最好了解一下学生应该知道什么以及能做什么。然而，学生的个性特点并不完全相同，我们不可能只依据一般学生的模型来设计课程。

在第六部分，我们将对普通教育与个体差异问题展开一系列的探究。

第 19 章将首先介绍个体差异，然后再探讨影响学生成绩的变量——性别、种 390
族、经济背景等，以及平等与不平等是如何产生的。接下来会讨论读写能力问题，对此我们主要讨论三个方面：一是多元模式课程怎样有效地解决幼儿园中年龄较大和读写吃力的学生的问题；二是幼儿园的阅读教学以及小学其他年级学生的读写教学研究；三是探讨加涅的课程开发框架以及远程学习。

第19章

处理好学与教的关系

——在“调适”中发展

如果太舒适，我们就会停滞不前。我们应该正确地认识到，即便学生感觉良 391
好，我们同样也有工作压力，我们需要耐心地帮助他们调整不适应的地方。

——赫伯·西伦致布鲁斯·乔伊斯，1963年秋

本章我们主要讨论学习方式与教学模式之间的关系。我们将介绍个体差异以及学习者如何从众多的教学模式中获取知识。

学习方式很重要，因为它是与教育相关的个体独特性的表现。个体差异之所以受到重视，是因为它是个体独特性的体现。就个体独特性而言，它构成了个体身份，同时又体现了丰富的文化。

我们希望给孩子们一种普通教育，以此来强化他们的个性，促进他们人格的发展，同时传递我们的文化和学习方式。教师应根据学习者的特点，使用自己所拥有的教学技能帮助他们逐步在成长过程中获得自我控制能力。

关于教学模式，我们应避免两个错误的看法：一是认为教学模式是固定不变的，为了取得最佳效果必须运用死板的公式；二是认为学习者有一成不变的学习方式。这两种看法会使我们陷入一种无法实现的两难境地。因为如果毫无成效的教学模式与呆板的学习者不相适应的话，就很难避免无可挽回的冲突。也正是因为教学方法有很大的灵活性，学习者有很强的学习能力，两者才能相互适应。

考虑一下我们所讨论的教学模式的特点。个体模式是从学习者的独特性着手 392
的，试图帮助学习者把握他们自己的成长；社会模式以不同的思想和个性相互作用产生的协同作用为依据；群体调查模式则从不同的学术和社会问题的感知中直接产生学习动力；行为模式建立教学顺序，即调节学习速度、任务难度及先前成绩的能力；信息加工模式按认知方式和认知发展来调整教学。

本章所讨论的重点不仅在于我们应该使用每一种模式来教授信息、概念、技能、价值分析以及其他的内容和目标，而且在于教会学习者使用每一种模式的方法来进行自我教育。在前面几章中，我们把每一种模式都看成是使学习者学会思考的一种方法，从这个角度看，每种教学模式都可以看成一种学习模式，一种无论现在还是将来都会是帮助学习者扩展解决问题途径的模式。

然而，当我们试图给学习者提供新的学习内容和学习方式时，引起他们不同程

度的不适在所难免，这时我们必须帮助学习者有效地处理这种不适。我们必须解决的难题是：真正的成长常常要求我们不仅使学习者感到不适，同时还要帮助他们应对这种我们必须为其创造的陌生环境。

不适与学习

对于这个问题，我（乔伊斯）想从一张个人便条说起，它解释了“不适”在学习方式和教育环境的讨论中显得如此重要的原因。30 年前，在芝加哥大学与西伦的谈话结束时，我向他借了本名叫《教育与人类的追求》（*Education and the Human Quest*，1960）的书。那天晚上大部分时间我都在读那本书。第二天，我们又有机会谈了一次，在西伦具有极大影响力的观点中，有一点让我受到了刺激，感到有些不舒服：“有效的学习常常伴随不适，同时由不适推动。”他甚至尖锐地说：“学习者只有不知道如何回答时才会学习。”（Thelen，1960，p. 61）有时他把它称为群体调查法中探究过程的原动力。群体调查源于一种“刺激情境”（p. 8），学习者对它作出反应并发现自己的态度、观点和感知模式中的基本冲突。西伦对教育现实中的“愉快和适应的规则”（p. 80）的有效性提出了质疑，他认为这样做的结果只会削弱争论，降低任务难度和不适，而在他看来，这些恰恰是有效教学的特征。

我的第一感觉是困惑。我以前学习的观点是：学习者作为脆弱的自我，必须被一种支持的环境所保护，从而使他们能以非常愉悦的心情进入学习世界，这与西伦
393 的观点是不一致的。如何使学习者在学习中同时感到舒适和不适呢？当我问西伦这个问题时，他微笑着回答说：“这就是你必须考虑的难题。”

研究取向不同的心理学家虽然并不经常使用“不适”这个概念，但他们也对此有过一些探索。个性心理学家就是一个很好的例子。罗杰斯（Rogers，1961）的理论支持者提出，要为学习者提供一个安全的环境，以保证他们对自我及自身环境的探索。罗杰斯强调，我们作为学习者的本能倾向是把自己置于一种感觉安全的境地，而教师的主要任务则是帮助学习者进入一种感觉不安全的地方。为了成长，学习者必须接受不适，并努力克服恐惧的障碍。教育者的任务不仅是简单地打破学习者的环境禁锢，而且要帮助他们积极地追求新的发展。

马斯洛（Maslow，1962）指出，自我实现是这样一种状态：人们不仅能冒险，而且在尝试使用不熟练的技能时能忍受难以避免的不适。他的这一理论对成人和儿童都适用。一项历时四年的有关教师各种发展活动的调查表明：教师的自我观念是在教学情境中运用新技能和新知识能力的重要标志（McKibbin & Joyce，1980）。我们也认识到，绝大部分教师的有效发展主要就是帮助人们成功地解决在发展新能力水平过程中的不适。

当我们考虑发展阶段理论时，不适的作用及对其进行有效处理的能力就出现了不同的外在形式。（见 Erikson，1950；Harvey，Hunt，& Schroeder，1961；Piaget，1952）大多数发展阶段理论不仅强调不同阶段发展的自然性，而且强调发展停滞的可能性及达到更高层次发展所需的适应性。在皮亚杰的理论中，使人印象深刻的是他所描述的成长的自然性，即新信息的同化必然导致下阶段的顺应。然而，并不是所有的人都能在皮亚杰的每个发展阶段中都呈上升趋势，在某个阶段也有可能会停滞。当出现顺应时，它会引发结构重组，通过结构重组，进入新的发展阶段，这个阶段要求打破原有的阶段限制。如果任何一个发展阶段的舒适性都得不到

挑战的话，学习者将愉快地放弃认知结构中重要的飞跃。

在概念化系统中，亨特（Hunt，1971）强调环境和发展的关系。他描述了发展的各个阶段及每个阶段中所允许的有效活动，同时发展有利于进入下一阶段的特征。

如果环境与学习者的发展水平完全适应，学习者的发展可能会停留在这一水平。亨特和他的同事使用了挑衅性的语言。他们认为，如果环境太舒适或过于安全
可靠的话，学习者可能会心满意足地停留在具体思维阶段。于是，整合信息和形成 394
新概念系统的能力就会受到限制。为了促使学习者脱离他们熟悉的概念，即简单地把世界看成是黑白的概念，环境必须有一些方面令人不满意。虽然亨特（Hunt，1971）研究发展的角度与西伦有所不同，但他仍然认为不适是发展的先兆，为了刺激发展，我们需要有意识地使环境与学习者不相适应，使学习者无法轻松地适应熟悉的模式，而必须考虑更复杂的问题，但又不能太复杂，我们要寻找的是一种不适的最佳状态，在这种状态下，学习者的概念系统是受到了挑战而不是彻底摧毁。

关于教师培训的研究也多次揭示，当教师获取新技能时，不适因素也在起作用。在 1968—1983 年间，我们对教师使用多种教学策略所必需的技能进行了大量的调查（Joyce，Peek，& Brown，1981；Joyce & Showers，2002）。研究结果表明，教师可以通过学习各种教学模式和技能、观摩（15～20 次）以及根据良好反馈所进行的一打（12 次）练习来获得技能。然而，当尝试使用这些新方法时，他们感到相当不适。在学习新方法的教师中，只有 5%～10%的教师能在毫无帮助的情况下应对不适。而大多数教师在没有其他人帮助时，从未尝试使用他们不熟悉的教学方法。即便如此，在前六次试验中，多数教师发现，无论使用什么新方法，他们都会感到很不适。原因之一是为了使用新方法，他们需要适应其他技能；另一个原因是，学生面对新方法时，也需要学习一些补充的技能，这样才能与之适应；还有一个原因是，教师在使用新方法时没有使用原有方法时那么自信。

其结果是许多教师即使在参加培训后能轻松地运用新方法，他们也不愿使用。然而，经过几次尝试，他们在使用新方法时感到更得心应手，同时能力也得到提高。同事互助小组的一个主要作用是为顺利度过不适期提供必要的支持。概念化水平能预示获得新技能能力的高低。概念化水平越高的教师越能很好地掌握新模式，并且会更频繁地使用（Joyce，Weil，& Wald，1981）。概念化水平与学习新教学方法的能力二者之间的关系在很大程度上与个人如何处理在学习新技能时的不适感有关。概念化程度越高的教师，越能有效地处理不适的过程。他们能从学生那里吸收新信息，并调节自己的不适感，最重要的是，他们能教学生学会如何度过学习的不适期，直到在整个教学中熟练使用新的教学方法。

显然，教师学习新教学方法的重要任务之一就是必须帮助学习者获得与新教学 395
方法相关的技能。为调查学习者对陌生教学方法的反应过程，亨特和他的同事进行了一系列研究（Hunt et al.，1981）。他们把学习者按不同的概念化水平进行区分，并让他们接触与其发展水平相适应与不相适应的教学方法。结果显示，几乎所有的学习者都能对大多数教学方法做出反应，但是仍然存在个体差异，概念化水平较低的学生对结构化的需求较高，面对结构化程度较低的方法就会感到更多的不适。而偏爱独立指导的学习者对高度结构化的教学方法感到更不适应。

另外，学生会“拉动”教师的行为向自己喜欢的学习方式靠拢。那些结构层次

较高的学生向教师显示了自己的需要，教师则通过调整教学方法来适应他们的个性。奇怪的是，教学模式与学生的自然学习模式越不适应，就越能激发学生积极的学习态度，他们渴望顺利度过不适期，最后形成技能，这些技能与学习环境形成一种促进关系。

例如，善于交际的学生最能适应社会类模式并能迅速从中受益。然而，那些不善交际的学生更需要使自身感到不适的模式。因此，挑战不是去选择最舒适的模式，而是使学习者形成与大多数模式相关的技能，当然许多这样的模式至少在表面上与他们的学习方式不相适应。

许多研究表明，个体的发展需要这种不适。如果环境和学生过于和谐，学习者就会停留在不思进取的舒适水平上。为了帮助学生成长，我们需要运用一个术语，即“动力失衡（dynamic disequilibrium）”。我们的任务是让学生去接触那些新的方法，从而在一段时间内使他们感到不适，而不是使这种教学方法减少给学生造成的不适。

学习者的边缘性

大部分关于学习者与教育环境的文献都强调和谐以及把环境调节到学习者最佳的“舒适水平”。舒适水平及相关概念常常出现在学习方式的讨论中（占优势的大脑半球、感知形式、认知水平等）。为了探索不适生成的可能性，让我们来讨论一
396 下在环境中体验到极大不适的“边缘”学习者。最近，许多教育工作者开始关注所谓的“边缘学习者”，并且也在寻找途径使教育环境对那些处于边缘的人们更有益（这一问题通常在“多样性”的概念中进行讨论，不适应理想化的主流观念的学生是很难理解的）。如果考虑边缘化的概念，我们就能把不适与成长直接联系起来。当学习者与教育环境只是在有限的联系中感到适应时，我们就会改变环境，重建“舒适标准”。而事实上，学习者感到的不适感也许正是我们帮助他们达到新的成长阶段的信号。

边缘性是学习者感到很难适应环境并从中获益时的一种状态。学习者也许适应某些环境，但对其他环境并非如此。从理论上讲，边缘性的可能范围是从无（学习者能适应他们所处的环境）到全部（学习者所处的环境对他们无益）。教育工作者创造了环境，但学习者不能在其中学习，原因就是他们的实际情况与我们认为的特定环境的有效性相差甚远。如果学习者在特定的环境中处于边缘状态，那么对他的教育有效性就会减弱。更糟糕的是，如果边缘性很严重的话，可能还会产生副作用。学习者会变得沮丧，甚至认为自己在这种环境中学习不可能有成效。如果学习者把多次受挫的经历累积起来，就可能会认为教育是无望的（从这类人的角度来看）。

关于学习者的假设

如何看待我们的学习者呢？我们会从多种角度来进行分析，而每种角度都会使我们看到学习者的不同样子。

对文化的适应性

第一个假设是，在某种程度上学习者已经适应了某种文化，已经接触到构成美国文化的行为模式、物质世界及认知方式。学习者也许会（也许不会）比一般人的

词汇量小，但却拥有某类词汇。他们既内化了我们基本的语言性质，也参与了文化过程并观察了成人的社会行为。换句话说，尽管在文化领域内，学习者也许会相对不成熟，但就文化而言，他们与其他人没什么两样，这是毋庸置疑的。但是边缘学习者的许多语言都在暗示，在普通教育中被边缘化的人实际上是亚文化群体的成员。他们与主流文化群体的成员之间存在很大的差别，以至于他们被当作了外国人，但是这种情况是很少见的。人生来就具有学习文化的能力，但只有少数人会在某些方面形成与自己所处的社会结构不相符的文化模式。

智力是一种暂时因素 397

关于第二个假设，卡罗尔（1971）和布卢姆（1971）描述的有关智力差异的观点是相当有说服力的。这一观点明确指出，智力能力方面的差异实质上可以解释为在掌握特定学习目标方面所产生的暂时的差异。第二个假设与第一个假设有很大的相关性，因为卡罗尔和布卢姆观点的另一种表达是：就文化而言，“不太聪明”的学习者并没有什么不同，只是需要更长的时间，也许需要相当长的时间才能认识特定的文化。换句话说，学习者是我们中的一员，在特定的教育环境中，我们中的某些人在学习文化的一些成分时会比其他人慢。我们可以做出一个乐观的假设，那就是边缘学习者是有能力学习的，只是需要比别人更多的时间。

不良印象

第三个假设是，不能有效适应特定教育环境的学习者常常会给社会留下不良印象。不能适应环境的学习者会受到其他社会成员的嘲讽，而更大的危害是，人们可能会内化一些文化标准，而不能适应这些标准的学习者就会自我谴责。像在正规组织中显示的那样，教育在很大程度上是一种公众活动，当存在边缘情况时，社会的全部力量就会谴责学习者，由此产生潜在的负面影响。边缘学习者会受到双重惩罚，一是自我沮丧感；二是他人的嘲讽（或自我嘲讽）。

灵活性

关于学习者的最后一个假设是，人们是灵活的，不是呆板的。他们是不断成长的，且完全有能力适应。只要他们对所处的环境不完全不适应或其他人能在他们适应特定环境时能给予有效帮助，几乎所有的学习者都有适应大部分教育环境的潜力。

关于学习环境的假设

作为文化变体的环境

从文化角度来看，学习环境是我们文化的基本主题。过去 25 年来广为使用的教学方法都源于西方社会，都属于文化的主流。换个角度来看，所有的教学模式都是我们文化的变体。但是在文化上，它们之间是没有区别的，因为它们都出自于同类教师或同一名教师之手。因此教学模式和学习者有相同的文化根源。

个性化与环境

每种学习环境都会引起学习者的一系列反应，表现在学习者对环境反应的有效
性和适应性上。大致来说，学习方式与学习环境之间的相互作用是有区别的。没有 398
任何一种学习环境能对所有的学习者都产生完全同样的效果。

环境是能适应的

如果我们在设计学习环境时考虑到它的灵活性，那么它就是可以适应的，至少

有这种可能性。一种合适的教学模式并非简单地以硬性和无情的方式展示在学习者面前，恰当地创造学习环境，使它具有灵活性并能通过适当的调整来适应学习者的个性特征；同样，受到恰当训练的学习者也具有一定的灵活性，能改变自己来适应学习环境的特征。

可选择的环境与教育成果

最后，不同的教学方法（或称学习环境的创造）可能会对学习者产生不同的效果。某种教学方法会增加某种学习效果的可能性，同时也有可能降低其他学习效果。例如，我们将角色扮演模式与探究训练模式对比一下。沙夫特的角色扮演模式的目的是使学习者的价值观能够自我检验（Shaftel & Shaftel，1967）。而萨奇曼（1962）的探究训练模式的目的则是增加学生的因果推理能力。可见，根据沙夫特的模式来设计学习环境，将会增加学习者适应自己社会价值观的可能性。而萨奇曼的模式将会增加学习者因果推理能力的可能性。我们要面对的并不是一个各种事物互不相关的世界。对价值观的探究也可能会增强因果推理能力。而且，没有任何规定指出不能把萨奇曼的模式用来提高价值观方面的因果推理能力。沙夫特的模式曾经在教学习者因果能力方面比萨奇曼的更有效，而萨奇曼的模式在培养学习者的社会价值观方面却更有效。从长远来看，每种模式都可能在某方面更为有效。因此对教育者来说，拥有与既定教学目标相适应的多种教学模式的技能是非常重要的，因为这样他就可以任意选择教学模式了。

如何处理边缘性

当我们回过来再看边缘学习者时，我们需要考虑的问题是，当学习者对特定环境有边缘反应时，我们该怎么办？为了把讨论限定在一定范围内，我们想象一下，当两名学生同时面对萨奇曼和沙夫特的模式时，其中一名学生对某种环境有积极的反应，但另外一名则没有。这种情况下，我们应该怎么办呢？

在这两个例子中，一名学生在某种环境中有边缘反应，但是另外一名并非如
399 此。我们可以预言，其中一名学生可以以相当适宜的方式学习价值观，而另一名学生则能提高因果推理能力。如果我们顺其自然的话，两名学生之间的差异就会增加，一个在价值观方面会越来越好，而另一个在推理能力方面会越来越好。

现在，我们暂时对此不作解释，先不去寻找两名学生中为什么只有一个对环境有这种反应的原因，而是考虑我们能做些什么。

纠正边缘性的方法

首先，我们反对顺其自然的方法。我们不想让学习者处于低效、沮丧甚至是憎恨的状况。另一种方法是使学习者脱离使他们受干扰的环境，以此来消除他们的挫折感。我们应该选择让学生最适应的模式，消除让他们不适的模式。从积极方面来看，我们有足够多的教学模式，我们确信，所有学习者都会很好地适应其中的一种。在上面的例子中，我们对此已经有过初步的分析。

行业解决方案

我们从亨特（1971）称之为行业解决方案的方案中寻找一些能够减少学生边缘化的教学方法并加以运用。这种方法有一定的实用意义。但是对于某些学习者来说，这种方法最明显的效果是减少他们对有着各种不同目标的教学模式的选择。来

看看前面两名学生的例子，由于沙夫特的模式设计是为了促进价值观学习以及减少那些边缘化学生的不适，那么这就意味着我们将不得不选择不适合价值观学习的模式。对于任何特定的学习者来说，这也许只是有效性的适度损失罢了，但如果为大多数学习者做长期考虑，这种行业解决方案就会存在内在的缺陷性。

然而，这种解决方法肯定比对其视而不见好。至少它可以减少学习者与教学模式之间的不适应而产生的副作用。勤奋心理学模式的成功主要取决于这样一个假设，即我们能发现许多适应学习者和目标的模式。

所选模式的适应性

另一种解决办法是调整模式使之适应学习者的个性特征。我们应找出某些学习者不适应特定环境的原因，然后调节学习环境的特征以便学习者能轻松地适应。例如，假设我们把探究训练模式用于基础科学中，对这种模式不适应的学习者也许会对这种归纳推理的模糊性产生反应。学习者可能更喜欢直接获得正确答案，而不愿意提出自己认为是错误的或无法立刻得出结论的问题。在学习者能够应用许多已有 400
的知识的情况下，我们可以通过只含两三种探究问题的方法来降低探究训练学习任务的难度。

不适合角色扮演模式的学习者在面对困难时或许会感到不安，他们或者很难扮演他人，或者自己不适合讨论价值观。在这种情况下，我们可以通过指导使他们感到角色扮演是相当简单的，或者我们可以给他们提供一些价值观分析所必需的技能训练。亨特（1971）指出，如果我们能通过学习者“凿出”一个模式，尽力去寻找是什么困扰着学习者的话，就会有办法改变当下情形。我们可以增加非结构化模式，减少结构化模式，调节学习者的控制程度和任务难度，或许就能找到为被边缘化的学习者提供安全学习环境的其他办法。

这种方法的优点在于我们可以针对特定目标继续使用选择性模式，即选择可能产生一定学习成果并能减少学习者不适感的模式。该方法取决于这样一个假设：学习者与模式之间的不吻合度不可能大到难以克服。因为学习者和教学模式都来源于相同的文化，所以我们肯定他们能带来环境的发展方法，只是少数学习者缺乏适应广泛教学模式的能力。

我们仍需要对这个领域进行大量的研究，其中需要研究的问题是：只要接触到模式就会表现出不同程度边缘性的学习者怎样才能适应广泛的教学模式。如果不对这些问题进行探究，就很难确定我们能做到什么程度。我们对所提到的适应与不适应的重要发现之一是学习者对环境施加影响的程度。要求较高结构化模式的学习者即使是在启发式教学模式中也会提出许多关于程序的问题，并要求教师明确指出自己应该做什么，要求教师定期向他们解释并指出下一步应该做什么。他们要求教师将整个模式分解为一个一个的小单元以更好地适应自身的能力水平；其他学习者则争取对程序进行控制，降低强加给他们的结构化要求，实际上这就增加了模糊性任务的难度。作为参加这些研究的成员之一，在结束这项工作时，我觉得如果我们让学习者为我们提供帮助，他们是可以做到的。他们希望有一个有效的学习环境，如果我们给他们机会，他们愿意和我们一起通过合作来适应环境。

学习者灵活性的培养

第三个纠正边缘性的方法是让学习者与广泛的学习环境联系起来。继续沿用上面的例子，我们要教给学习者探究性训练的必要技能，亨特（1971）在与模式相关 401

的技能训练方面的实验又一次丰富了我们在这个领域的知识。如果要进行技能训练，我们必须搞清楚有利于边缘学习者的教学模式是什么。这一训练的目的是为了帮助学习者很好地适应环境。最近关于教师培训的研究对此具有一定的指导意义。特定教师的全新教学方式与以前习惯的教学方式之间的差异越大，教师在使用时就会越不适应。模式的训练与相关模式技能训练是有区别的。当我们训练教师使用新模式时，他们会指出自己无法掌握的地方，然后我们针对这些问题对他们进行直接的指导（Showers，1982a）。

在帮助学习者形成相关环境的技能的过程中，我们应该观察一些使用特殊方法的学校的学生，以便帮助学习者在他们创造的环境中有效地学习。强调自我指导活动的学校应该教会学生怎样进行自我指导。强调顺序学习的实验室应该帮助学生学会判断问题和说明活动，以便顺利地参加这些活动。另外，这与我们的亲身经历也有关系。我任哥伦比亚大学师范学院实验室的主任时，我们建立了一系列关于操作不同模式的学习中心，而且学生们都投入到了这些中心的活动中。我们坚信，几乎所有的学习者使用不同方法的能力都能得到提高，并且能够调整自己的学习方式来适应不同学习中心的要求（Joyce & Morine，1977）。

如果认真看待技能训练方法这一问题，那么我们就应该努力教学生学会适应各种各样的学习环境。只有通过帮助学生掌握学习技能，他们才能把握事实、掌握概念及技能，解决相关的问题。我们把学习技能当作课程学习的基本技能，并且把是否能帮助学生成为有效的学习者作为衡量教师成功与否的标准。

从这个方面来讲，我们应该用一种新的视角来看待适应学习环境的个体差异。当学习者对特定的学习环境不适应时，我们就应该制定不同目标帮助学习者适应这种环境。我们不仅不能放弃对他们的帮助，而且应该持续给学习者提供保护性练习及特别的帮助，以便学习者与环境之间能建立一种有效的关系。因此，我们不应该认为不适应角色扮演的学习者就不能使用该方法学习价值观，而应该认识到，通过训练是可以培养他们这方面的能力的。我们还要以卡罗尔（1971）和布卢姆（1971）的做法为鉴来调整教学进度。假定所有的学习者都能从学习环境中受益，只不过在某些环境里，有些人需要更多的时间而已。学习者被边缘化的原因是教师
402 要求他们以超出掌控能力范围的速度进行学习。即使小学的基本技能训练也要求熟练运用，我们认为这些原则可以适用于对各种学习目标的掌握。因此，一些学习者可能从罗杰斯所倡导的环境中获益速度较慢，一些也许在培养发散性思维的教学模式方面适应较慢，另一些则可能对概念学习模式掌握较慢。

对于边缘学习者来说没有特别的模式，所有学习者都是我们文化的一部分。实际上，假如学习环境与学习者的个性特征是相适应的，且我们又着重教他们怎样有效地学习，那么所有的学习者都能学会适应广泛的学习环境。有严重感观障碍的人的经历就是一个很好的例子。从教学模式的观点来看，并不存在任何教聋哑人的专门模式。他们也能适应大范围的学习环境，并能从中获益。但如果不帮助他们学习就等于剥夺了他们在许多领域的成长机会。因此，实际上学会适应更大范围的环境就是一种成长，而这种成长会大大增加更多学习的可能性。

成长的智力

作为学习者，我们的本性中存在一种有趣的矛盾，即重要的成长需要改变，因

此我们不得不放弃习惯的思维方式，并继续不断地与我们不熟悉的观念、技能和价值观作斗争。成长是人类的本性，我们在成长意识的驱使下会不断进步。然而与此相矛盾的是，我们人类现在或已经具有保全自己的倾向。而怀旧则是一种不希望长大或改变的愿望。我们希望像年轻时一样，并且喜欢用以前的方式来看问题。但奇怪的是，答案是为了产生平衡，我们创造需要改变的环境，并不是要放弃我们在特定阶段是什么的问题，而是要学会有效地重建自我。西伦给我们的建议是正确的，学习者需要面对不同的问题及观点，以便能够超越现阶段并构想继续发展的另一阶段。

当我们是婴儿时，改变的过程对我们是有益的。我们本没有刻意地学语言，但我们学会了，而且在学的过程中改变了自己。我们并不想走路，但我们到达了以前从没有到过的地方。短短几年之后，我们学习了自己的文化，并且开始在某种程度上对其加以利用。我们对这个程度感到满足，并希望能永远保持在这一程度。教育的目的就是创造一种条件，一种能使我们认识到改变是成长的先决条件，从而使我们能超越自我、加深自身的理解能力，并接受存在于自身的智慧。不适如果没有将我们阻断在前进的路上，就是我们的财富。

第20章

平　等

——性别、种族和社会经济背景的兼顾

403 “努力尤其重要”是美国人的信念。奇怪的是，在20世纪的后几年，我们用一种破坏性的方式改变了这个信念。为什么我们只看到人与人之间的差异性而没看到相似性呢？我们为什么不愿意看到社会是向前发展的？我们为什么不愿给社会其他成员充分发展的机会，而仅仅局限于在社会经济和种族方面享有特权的群体呢？

——哈罗德·史蒂文森（Harold Stevenson）和杰伊·施蒂格勒（Jay Stigler），《学习的鸿沟》（*The Learning Gap*），1992年

在第19章中，我们讨论了在不适应的环境下学习者进行学习的方式，以及如何才能确保学生有效调适以达到学习目标所需条件。现在我们从人口统计学的视角来研究类别的不同如何影响学习者，以及我们应该怎样设计教育环境来确保性别、经济地位和种族因素不会给学习者带来不利的影响。

学习者之间的一些差异纯属个体性的，这些差异的产生纯粹是因为我们中的每个人都具有独特性。另一些差异则是范畴性的，即在很大程度上属于人口统计学意义上的差异，这些差异对具有某些共同特征的群体有着有利或不利的影响。在个体差异方面，个体或具有特殊复杂特质的群体与每种教育环境都会发生相互作用，我们的能力也会在这种相互作用中得到提高。个性特征在很大程度上会影响个人在学习和生活中的成功。当然，我们可以用教学模式给所有的学习者提供有效的学习工具，从而对他们的个性造成一定的影响。

本章我们将讨论一些明显的差异并特别关注性别、社会经济地位和种族，因为
404 标准化的教育已经导致了男女两性、经济背景、文化或种族背景不同的学生之间在教育进步方面的严重差别，因此我们应该看到各种教学模式对降低范畴性差异中不平等现象的作用。首先，让我们看看美国学业成绩方面的研究数据，然后我们将目光转向能够说明这些统计数据或产生教育行为问题的资料上去。

对学业成绩的大规模研究

关于范畴性差异的数据

社会在改变，尤其是大学入学学生的性别问题有很大的改变。但是很明显，我

们关心的领域并不只是性别差异。我们来看看这样一个使人清醒的事实：1990 年，美国大学授予数学科学博士 933 个，其中只有 401 个是授予美国公民的，其中只有 87 位女性，而只有 4 位非洲裔的美国人获得了这一学位。

高中毕业率

有关高中毕业率的信息为我们了解教育的有效性和差异性提供了一些素材，下面是美国一个面积较大的州的资料信息。

1996—1997 年在校学生人数（人）

九年级	193 000
十年级	161 000
十一年级	128 000
十二年级	105 000
六月毕业生	92 000

毕业生数比九年级入学新生的一半还少。让人恐慌的是学生数量在逐年减少。将这些数据按人种分类时，可以看出白人、非裔和西班牙裔的美国学生之间的差别不大。一半以上的学生没有按时毕业，按性别分类的话，女生按时毕业的比率占 55%，男生占 43%（资料来源于 1998 年佛罗里达州教育部）。

另外，我们再来看一下现在的情况。在全国范围内，最近几年的高中毕业生大致年龄保持略高于 17 岁人口的 70%，其中女性毕业生的数量已经连续几年超过男性。目前，这种性别鸿沟正在逐渐扩大。

读写能力 405

毫无疑问，基础教育的主要任务是教会学生阅读，那么我们应该从整体来看看学校教育的效果。观察学生在一、三、五年级期末的阅读能力发展水平比较有意义，因为一年级是学生努力的开始阶段；三年级是小学低年级的结束，这段时间内读写是学生的基本任务和兴趣，其他课程还没有像之后阶段那样占去他们太多时间；而到了五年级，小学阶段结束，学生的读写水平应达到一个能继续接受中学教育的程度。

根据可靠资料，大约 2/3 的学生能够阅读具有信息性和叙事性的图画书及插图书。大约到二、三年级，如果教学质量高的话，即使没有什么压力，他们也应该拥有发展自己能力的工具。在三年级，几乎所有的学生都在以令人欣喜的速度进步，如果三年级结束时成绩不错，他们就能够应付初中和高中的阅读任务。然而，另外 1/3 的学生则有所不同，他们中很少有人能从最初的失败中恢复过来。在普通的小学里，大约 20%～25%的学生在毕业时的阅读水平只能达到三年级甚至更低的平均水平，这些学生大多数都是辍学或不能按时毕业的学生。虽然有很多女生在阅读方面有困难，使得她们的发展受到阻碍，但在阅读有问题的学生中男生占 3/4。很少有初高中学校配备了能够教授超龄初学阅读者的教师。关于这一问题，我们将在后面详细讨论，并将谈及对小学高年级和中学学生的读写能力教学开放一个多维度、多模式课程的问题。

性别、社会经济地位和种族等都包含在读写能力问题里。让我们来看看国家教育进步评估项目的资料，它包括读、写以及其他核心课程领域的成绩。

在过去 20 年的大部分时间里，美国教育部一直试图把握全美学生的成绩，采用的方法是对 50 个州学生的核心课程进行抽样测试，然后分析数据，最终形成含有大量数据的研究报告，以帮助我们了解目前教育状况及今后的发展。下面我们来看一下这其中与性别、社会经济地位及与种族有关的资料。

阅读

过去 25 年的情况与媒体经常报道的情况有所不同，当代人的读写能力已经差到了极点。现实情况是这样的，在 1971—1996 年间人们的读写能力是极其平稳的。国家教育进步评估资料显示，9 岁、13 岁、17 岁学生的读写分数几乎没有改变
406 (Campbell，Voelki，& Donohue，1997)。但糟糕的是在过去 25 年里，我们的社会和教育系统一直都在努力提高人们的读写能力，然而以上资料表明，所有的努力都是徒劳的。从另一方面来看，有些课程使用的几种教学模式对读写能力的提高产生了一定的作用。因此，当我们看待超龄初学者的测试时，应该保持乐观的态度。

实际上，本书的主要目的之一就是使未来教师及在职教师在一定程度上掌握一些教学模式和课程模式，通过提高学生的学习能力来改变这种状况。

国家教育进步评估小组已经评估了四年级、八年级和十二年级学生的能力发展水平（Campbell，Donahue，Reese，& Phillips，1996）。其 1996 年的报告资料提供了按性别进行的统计（见表 20—1）。这些能力的类别是对下列情况的粗略统计：学生是否能通过阅读（高级的和熟练的）进行自学，是否能对布置的（基础）阅读任务作出适当的反应，或是否在面对特定年龄或特定年级水平（基础水平以下）的阅读材料时有困难。在解释这些数据时，要注意十二年级学生的人数少于其他年级。

这些数据对我们未来的目标进行了最好的阐释。我们希望所有的学生都达到高年级水平或至少是熟练水平，当然我们也明白目前为止这是不可能的。尽管要达到这一点还有很长的路要走，但是有关课程和教学的研究已经清楚地表明，如果我们每个人都致力于这一目标并且掌握教学生进行高水平学习的工具的话，我们就能更快地达到目标。

表 20—1　　不同年级和性别学生的阅读水平的百分比　　（%）

年级	高年级	熟练的（或以上）	基础的（或以上）	低于基础的
四年级				
男生	4	22	54	46
女生	6	28	64	36
八年级				
男生	1	22	63	37
女生	3	33	75	25
十二年级				
男生	2	31	70	30
女生	4	42	80	20

407 从这些数据可以看出，性别是一个影响因素，此外我们必须提高教学质量，否则男女生中会有许多可能毕不了业并需要进一步学习的情况发生。在教师中，有的人已经做到了这一点，但需要所有人都达到这个水平。

此外，我们应该努力消除社会经济地位对学生的影响。下面的材料是来自国家

教育进步评估小组的同一份报告。所有年级的情况都类似，为了简便起见，我们只看八年级的情况。这些数据是国家教育进步评估小组根据父母受教育水平测试得到的平均分，父母受教育水平与家庭收入有很大的关系。

父母中有一个或两个大学毕业	270 分
父母中有一个或两个受过高中以上教育	266 分
父母中有一个或两个高中毕业	252 分
父母中一个都没高中毕业	238 分
同一测试中的两性平均分	
男性	252 分
女性	267 分

在不同教育水平的父母内部，性别差异也是一个影响因素。如果不能完全消除这些差异，我们面临的挑战就是只能通过创造具有同等机会的课程和教学来缩小这种差异。

民族和种族间的差异虽然不是全部，但至少在很大程度上反映了父母经济水平的差异，包括父母受教育的程度。以下数据反映的同样是八年级学生的平均得分。

亚裔人	273 分
白人	268 分
西班牙裔美国人	240 分
黑人	237 分

同样，此处也有很大的差异。黑人和西班牙裔学生的平均得分低于亚裔和白人学生 30 多分。

穷人大量集中在城市内部，这给城市学校带来了很多特殊的问题，更糟糕的是这些学校在招聘教师方面非常困难。从本质上来看，假如一个学生成长在周围很少有受过良好教育的人的环境中，那么学校就必须加大力量弥补学生这种文化的缺失，而这种文化的缺失则是由于社会对少数人种存在偏见且偏见进一步强化造成的。从全国来看，大约有 1/3 的人被列为少数民族，大约 1/5 的孩子在贫困中长大。

这些差异存在于全美各州。不同的州在社会经济地位和民族差异上的表现有所
不同（加利福尼亚州的少数民族学生比多数民族学生还多）。这些差异在各州的评 408
估资料中都有所反映。

写作

国家教育进步评估小组对写作成绩方面的研究跟阅读成绩方面的研究很相似，但却增加了一些有趣的新信息。显然，阅读能力强并不能保证写作能力就强，但是阅读能力的提高对于写作能力的培养是必不可少的。

有关写作的研究资料也显示女生的写作能力超过男生：四年级男生的平均得分是女生平均得分的第 35 个百分点，并且在八年级和十二年级时这种差异逐步扩大；四年级女生的平均分数已经接近八年级男生的平均分数，而八年级女生的平均分数甚至高于十二年级男生的平均分数。

男女两性写作能力的进步都是比较慢的，八年级学生的平均分数是十二年级学生的第 62 个百分点。虽然种族也有影响，但没有阅读那么明显。父母学历是大学毕业的孩子与父母没有高中毕业的孩子之间的差异与性别差异是相同的。

这种现象并非必然。在很大程度上，合理的课程和高质量的教学会减少性别方面的差异，也能减轻家庭贫困对学生的影响。

减少差异并不是我们的唯一目标，提高所有学生的成绩才是我们的首要目标。来自科罗拉多州的资料就证明了这一点。在1997年，四年级中32%的女生和50%的男生的写作能力不令人满意，其中白人占41%，非裔美国人占50%，西班牙裔美国人占43%。各个种族学生的写作能力都存在问题，这就表明学校迫切需要提高所有学生的写作能力。

社会研究

国家教育进步评估小组非常关注历史和地理学科，而且对这两个学科的研究取得了相似的结果。这里我们只讨论地理（Persky，Reese，O'Sullivan，Lazer，Moore，& Shakrani，1996），因为这个领域的一些信息与性别有一定的关系。

从整体来看，四年级、八年级与十二年级学生的总分数十分接近，但是男生分数稍微高一些（用相同的量表测试八年级学生的读写成绩却比先前的分数高4分）。实际上，这些差异是非常有趣的，一般来说，较高的阅读能力在任何学科的测试中都会占优势，因此，实际成绩的差异可能会比测试分数更大。西班牙裔男女生的分数是相等的，但在白人和非裔美国人的抽样中，男生的分数要高一些。在每个年级中父母教育水平最高和最低的学生分数之间的差别大约是20分。非裔美国学生的平均分数要比白人学生低40分，比西班牙裔学生低10分。这种差异比仅用社会经济地位来解释的差异要大得多。我们要考虑平等就应该看到这一点。

409 **数学和科学**

我们将依据国家教育进步评估小组的资料对这个领域进行研究，但当讨论几个严重的性别问题时，我们需要再查看这些资料。国家教育进步评估小组评估的数学平均分在1990—1996年间有所上升（Reese，Miller，Mazzeo，& Dossey，1997）。由于女性平均分数比男性增长要快一些（几十年前男性分数相当高），所以性别差异可以忽略不计。社会经济地位的差异也是相当大的，当以父母受教育程度来判断时，最低水平和最高水平的差异大约有28分，而在十二年级这种差异就达到了32分。四年级白人学生的平均分比非裔学生的平均分高32分，比西班牙裔学生的平均分高26分。这种种族差异在更高的年级会继续存在并可能会进一步扩大。

在1996年对科学的评估中，性别差异可以忽略不计，因为在十二年级（性别差异最大）时男女生只有4分的差距。但是父母教育水平所引起的社会经济差异就相当大：四年级23分，八年级29分，十二年级36分。此外白人和亚裔学生的分数远远比非裔美国学生和西班牙裔学生高。

另外，在学习机会方面种族也有很重要的影响。尽管种族和民族之间的差异在实现需要方面非常小，但在机会平等方面却发生了改变（Cooper & Dorr，1995）。达文波特等人（Davenport，Davison，Kuang，Ding，Kim，& Kwak，1998）对一些课程的学生人数进行了调查，这些学生成绩在一个规模较大的学区都是顶尖的。代数入学成绩优秀的学生比率中亚裔美国人占100%，白人占87.5%，非裔美国人占51%，西班牙裔美国人占42%。当然，在学校进行咨询应该也能够改变这种情况。

解释和其他资料

上述数据充分说明，作为一个国家，我们还没有实现对所有人的平等，而且差距甚大。一些人认为完全平等是不可能的，对此我们会在以后进行研究。但是我们相信通过课程和教学，学校可以确保在这方面实现完全平等或近似完全的平等。

让我们先看一下不同种类的问题，然后再对这一主题进一步挖掘。

社会经济地位

我们这里引用的数据与几十年来一直存在的观点是一致的：在全美学校，社会经济的差异是成功的最好标志。一项著名的关于教育成就方面的大规模研究（Coleman，Campbell，Hobson，McPartland，Mood，Weinfeld，& York，1966）发现，父母的受教育程度和职业对学生学业成绩的影响很大。研究人员实际上得出这样一个结论：相比之下，学校间的差异影响是微不足道的。换句话说，他们认为，如果任何特定学校可以仅通过了解父母的特点来预测成绩的话，那么成绩好的 410
学校和成绩差的学校就都是存在问题的。实际上，如果学生发生了改变，那么他们的学习成绩也会随之改变。

尽管科尔曼（Coleman）研究小组详细地解释了他们的研究结果，但学校间仍存在差异，毫无疑问社会经济差异肯定会影响教育的反应（Brookover，Schwetzer，Schneider，Beady，Flood，& Wisenbaker，1978）。为此，联邦政府曾通过一项为学区提供资源的项目来改善贫困学生的教育，结果失败了。其中的两位发起人现在是研究一个大城市学区问题小组的成员。我们发现，在这个接受一号方案资助的学区，有近 70%的学生获得资助，从一年级就接受资助的学生在十二年级仍在接受资助。出现这种现象的原因是他们接受教育的不利条件还没有得到改变。

许多项目引起了严重问题，在一号方案中要求对贫困学生进行帮助，学业成绩差的学生也因此得到的资助时间最长，以至于使人们形成了贫困的学生就是天生低能的刻板观念。这些学生也刻板地认为自己确实如此，并产生了自我缺陷综合征。从本质上来看，这样会使他们放弃进取的机会（Urdan，Midgley，& Anderman，1998）。不仅是普通人，即使是教育者也会受到这种观念的影响。通过对一号方案项目中的教学进行研究表明，在这些项目中，课程进度非常缓慢，内容难度大打折扣且非常简单，教师也无须采用具有挑战性的教学策略，这进一步加剧了这些项目原本想要减少的劣势。

然而，也有一些围绕创立强有力的教学模式来改善办学的项目，这些项目确实在短时间内（1～2 年）提高了贫困学生的成绩（Becker & Gersten，1982；Joyce，Murphy et al.，1989；Levin & Levin，1990；Slavin，Madden，Karweit，Livermon，& Dolan，1990；Wallace，Lemahieu，& Bickel，1990）。全面的文献见乔伊斯和卡尔霍恩（1995，1996）；乔伊斯、卡尔霍恩和霍普金斯（1999），乔伊斯、卡尔霍恩和麦基宾（1998），乔伊斯和肖沃斯（2002），以及乔伊斯和沃尔夫（1996）。另外，高质量的教学对解决这一问题也有所帮助。当然这是必须做的，因为学习上的失败会让人一生都觉得自己不会学习，这样就使他们逃避学习机会和成人后的各种挑战，从而永远地在贫困中徘徊。科恩（Cohen，1995，1998）和他的同事从事的一系列研究表明，通过促进地位平等可以使学校迅速地发挥其影响作用，从而使所有的学生都能建立起良好的自我形象并获得优秀的学习成绩。尽管有关儿童早期的研究项目不像我们所希望的那样成功，但是某些突出的例子却依然存在（见诸如Campbell & Ramey，1995）。我们讨论的是他们如何做，这与对具体的教学模式的研 411
究有一定关联。

遗憾的是，很少有学区要求他们的教师给贫困学生提供平等的课程和教学策略。这些问题是我们必须解决的。另外，学校必须引领社会的发展。有些人撰写了一些荒谬的书籍，如《钟的曲线》（*The Bell Curve*）（Herrnstein & Murray，1994）来鼓吹穷人在基因方面比富人差。因此学校必须严肃对待现实中的愚昧无知，指出穷人的孩子和富人的孩子有同样的潜能，尽管客观上大量存在，但是学校还没有学会使用挖掘他们潜能的工具。正如《纽约时报》的一篇关于《钟的曲线》的评论文章所指出的那样："植物生长在理想的环境中就长出不同高度……但是，如果把其中的一半锁在黑暗的柜子里，这两组植物在平均高度的差别将完全取决于环境。"（Editorial，1994，p. 16）

种族、文化、民族

如上所述，教育部门常常把种族和民族混为一谈，并且他们认为种族的范畴包括几种不同文化背景的人（例如，老挝人、中国人和日本人都包括在亚洲人中）。因此我们在进行概括时要特别注意。同时，我们所讨论的学习成绩的资料显示了种族在对教育体制的反应方面发挥着重要作用。

如果美国的学校总是让处于主流文化中的孩子们感到很舒适的话，原因很简单，因为美国主流社会总是让那些近似于生活在主流文化的人们感到很舒适。几乎所有的社会都存在这一问题，甚至经常表现得有些极端。我们来看看世界历史上不同部落和民族之间的争论，请想一想南斯拉夫过去是什么情形吧。

在大批欧洲人向美国移民期间，已经定居的欧洲人和新来的欧洲人之间仍然存在着很大冲突，即使他们都拥有欧洲国家许多相同的文化因素。19 世纪和 20 世纪早期，学校难以容忍语言上的差别。当时学校的政策是"快点学英语，否则就要失败"。奇怪的是，对待已有居留权的人也好不到哪里去。在 1900 年，人均受教育年限是 7 年，而有一半的学生受到的教育少于 7 年。在考虑这个问题时我们需要注意，二战之前仅有 8%的人有过大学的学习经历！

在美国，欧洲人的孩子在掌握英语并找到提高收入的途径之前一直生活在犹太人聚居区。学校教育在这里起了很大的作用。这是一个大环境，孩子们在这里学会了英语与融合，也逐渐学会了与他人相处。然而，当时的学校也让他们付出了残酷的代价。当时许多孩子就像今天他们的子孙后代一样经历着生活的磨炼，他们一辈子都在为自己的血统感到难堪。但正是他们的血统给了他们生命和爱，并奠定了脱离学校系统却赋予他们社会意义的文化基础。

412 我们暂不考虑非裔美国人（直到 20 世纪初，最高法院才规定必须为黑人提供受教育机会），在 1950 年以前，美国的移民主要来自欧洲，少数来自中国和日本，他们大部分是来这里做苦力的，如在美国西部修筑铁路等。当他们到那儿时，这些移民的孩子很少有受教育的机会。墨西哥人去农场做工，上学经常是季节性的，而且很少有美国学校给移民的孩子提供受教育机会。来自纽约市公立学校系统的有关学生学业成绩的资料很有意思，少数民族学生的规模达到了可观的程度，接近中部和中西部城市，而且他们中有些人的母语对学习发挥了一定的作用，有些人的却没有。科恩（1969）对纽约的资料做了分析，他把新移民孩子的成绩与以前移民的学生的平均成绩进行比较后提出了疑问："在进美国学校的头几年这些新移民学生的学习成绩如何？后来又如何？"对此他有几点发现：

1. 尽管来自英国的移民学生已会说英语，而且他们的社会也与美国相似，但他们的成绩比当地美国人的成绩稍低；

2. 爱尔兰移民也说英语，成绩却远远低于平均水平；

3. 斯堪的纳维亚移民的平均成绩稍高于标准；

4. 意大利移民的平均水平大约与爱尔兰移民相同；

5. 德国移民的平均成绩比美国本土高很多；

6. 犹太移民的平均成绩很高；

7. 极少数进入学校的中国学生和日本学生的成绩很高。

也许这个研究最引人注目的方面是，母语对这些种族群体的成绩影响不大。在当时，英国和爱尔兰移民学生已经有很高的成绩了，因此我们假定英语为母语的人在移入英语国家时有很大的优势。然而事实并非如此，任何语言的读写水平都可能是一个影响因素。几乎所有的犹太人在过去的两千年里都能读写，因此不管是来自德国、俄罗斯、波兰还是其他非英语国家，犹太移民学生的父母都非常有文化（具备读写能力），且他们都处于有文化的群体。而许多意大利、西班牙、葡萄牙学生的父母则没有受过教育。亚洲移民的孩子表现出一种有趣的情况，直到今天也是这样。即使亚洲语言与英语不同，但亚洲移民依然能够顺利地适应并学会美国社会的语言。

今天，文化差异问题正处在两难的危机阶段。首先，目前美国大部分孩子都是 413
从其他国家移民过来的，尤其是拉丁美洲和亚洲。无论从学业成绩还是尊重民族文化的角度来说，学校教育都不可能对每个学生产生良好的效果。其次，世界在变化，国家今后的繁荣取决于其与世界其他国家有效融合的能力。

现在种族和语言的大融合使美国的学校成为最佳的教育实验基地。以上两方面都表明文化差异不但不会阻碍学习成绩和文化尊重，而且还能帮助所有的孩子共同迎接一个崭新的全球化社会。作为社会成员的个体和独立个体我们都应推动它向前发展。少数民族这个术语比 40 年前所想象的更早过时了。在加利福尼亚和得克萨斯，1998 年给新生男婴取的最多的名字是乔斯。

假如我们愿意，我们就会掌握课程方面和教学方面的技能。

再谈性别

通过对大量男女生成绩的比较研究，我们发现美国教育中存在一些有趣但严重的问题。在社会研究、科学和数学学科等方面，性别差异很小。然而在读写方面，男生明显处于劣势，这无疑会影响高中毕业率和大学入学率，并最终影响研究生的录取。我们会发现 20 年后的社会里，在 20～40 岁之间的人群中有 60％的大学毕业及更高学历者都是女性。另外，男女的读写能力差异存在于各种社会经济水平和大部分种族群体中。

然而，女性仍然在许多方面处于劣势，而且情况很严重，这些都反映了文化、个体和学校教育之间的关系及差异过程。正如前面所说，在热门专业中，女性人数仍然很少。使人不解的是，在工作岗位、工资待遇方面男女两性之间也存在不平等，女性做同样的工作却得到较低的工资，而且晋升的比例也很小。尽管如此，在大城市中，年龄在 21～30 岁的职业女性的数量超过 21～30 岁的男性 17％。教育正在打破性别歧视。

一般来说，教育是社会的一部分，文化和教育之间的关系相当重要，特别是在性别议题方面更是如此。让我们来想象一下整个发展过程吧！

设想一下我们把社会看成是一个伟大的导师，它用思维方式、行为模式、价值观以及各种社会关系来感化我们。从出生时起，社会就开始把它的文化坚定不移地传递给我们。即便是在重大的社会变动时期，文化也一直伴随着我们，渲染并融合社会的各种变化。

设想家庭也是很有影响力的教师，是社会的一个主要教育工具。它用各种文化洗涤年轻一代，教他们怎样做人，培养他们的社交习惯，教他们文化，使他们树立远大的抱负和不同程度的自我意识。

414 设想学校是社会职能的执行者，是由完全社会化的人组成的群体，并以其独有的方式遵循文化标准，随着它的运转，文化也得到了传播。

最后，想象一个具有教学任务的课堂。

现在，让我们设想一种极端的情况，也就是上述四个层面共同运转形成的一个不平等结果。例如，一个人的社会经济地位受其社会技能水平和计算机使用水平的影响。低收入的工人从事的是低技术的工作，很少有机会在工作岗位上学习技术，而在家里获得技术的资源也很少。家庭就反映了对孩子提供技术机遇方面的经济差异。学校在给不同阶层的孩子提供的技能丰富性程度上也有很大的差异，而且这种差异随之进入课堂。而且总的来说，这些学校目前教学设备不全，对教师计算机使用方面的培训也不够。那结果会是什么样呢？富有者在获得技术方面当然会更有优势。

这个例子并不微妙。关于性别平等的例子则更微妙且让人难以理解。迈拉和戴维·塞迪可尔（Sadker & Sadker，1994）对这个课题进行了很好的论述，他们的论述和参考书目对学习这门课程的学生来说是个好的开端。

社会层面。尽管已有两代人已经超越普通教育只鼓励男性而遏制女性的观点，但社会上仍然存在与教育有关的性别差异。例如，我们的文化把男性描述成擅长机械操作而在文学方面有所欠缺的人；女性则是缺乏数学天赋但却善解人意而且是生儿育女的人（Gerbner，1987）。尽管行为科学的大量证据证明，男女两性都有能力学好学校开设的各门课程，但社会对男女两性的观点却没有改变。其实，媒体在描述科学家形象方面对两性也有影响，他们通常把科学家描绘成男性，而且行为举止有点古怪。实际上，学问常常是以别具一格的“知识分子”形象为代表的。另一方面，太空计划多少改变了大众对科学家印象，特别是女宇航员的加入。

社会压力会影响个性。尽管已有所改变，但是社会仍然教导男性要体现出自信和威严，女性则要有女人味和魅力。

家庭层面。许多家庭都遵循社会准则。这一点可以从家庭鼓励孩子的择业类型中看出来。例如，很少有家庭主张女儿从事科学、数学或医学等领域的职业，而主张儿子从事这些职业的就多些。换句话说，当男孩和女孩去上学时，社会的“计
415 划”使女性在科学和数学领域中发展的可能性就很小，但亚裔家庭倾向于鼓励两性都从事科学和数学等行业（Burkham，Lee，& Smerdon，1997）。

学校层面。许多年来，尽管女性以优秀的成绩证明了她们有资格选择科学和数学，但是男性更有可能选择这些学科。尽管一些不平等依然存在，但本质上差距却减少了（Davenport et al.，1998）。显然，学校政策、教师的辅导与学生所选课程有很大的关系。数学是科学的重要课程，它不仅影响学业成绩，而且影响高等教育的入学率。托拜厄斯（Tobias，1993）对在加州大学伯克利分校学习的女生进行了调查并发现，所有的研究对象都是为了上大学才努力学习并最终取得很高成绩的。

在他研究期间，57%的男生四年都选择了数学课，而女生则只有 8%。但如果不选修四年的数学课，学生就没资格学微积分，也不能学化学和物理，这样在统计学和经济学方面就没有优势。因为他们没有选修入学水平课程，所以 12 所学院中有 10 所不能报考；大学中开设的 44 个专业中就有 22 个不能报考！这样很多成绩优秀的男生就会处于不利境地；而对于女生来说，十有八九都一直处于这样的境地。澳大利亚西部的一项研究中显示，学校要求男女学生都要完整地学习数学和科学，在这种情况下他们的学习成绩之间就没有差异（女生的平均成绩还略高于男生）（Parker & Offer，1987）。

课堂层面。教学的本质主要通过科学和数学教学来体现。但关键问题在于课程是不是按科学探究模式进行的，在这种模式指导下课堂教学效果会如何（Burkham，Lee，& Smerdon，1997；Staver，1989）。差的模式不仅会影响学习成绩，而且还会影响自我观念。然而，塞迪可尔（Sadker & Sadker，1994）的研究发现，在小学，有 31%的女孩感觉自己擅长数学，而到了中学，就只有 18%的女学生感觉如此。以探究为导向的积极的课堂教学和实验室经验似乎可以提高所有学生的学习成绩，而且在一些方面能够减少人口统计方面（范畴性的），包括性别差异在内的差异。在重视以“用粉笔说话”的教学设计中，性别差异是最大的，即使在重视经验的课程中，学生的参与机会也不均等（Jovanovic & King，1998）。因此更高阶段的学习也变得不平等（Bielinski & Davison，1998；Fennema，Carpenter，Jocobs，Franke，& Levi，1998）。

然而，尽管课程开始时两性之间存在很大的差异，课堂教学却能很快建立平等（Kahle，1985；Klein，1985；Weiss，1978）。重要的是，曾被认为是认知问题（Maccoby & Jacklin，1974）的性别差异现在从教育研究的视野中消失（Linn & Hyde，1989），而且当学校和课堂教学用多种教学模式来呈现丰富多彩的课程时，性别差异在科学和数学方面就显得微乎其微了。

读写能力方面的性别差异仍然比较大，人们却认为这种差异是正常的，因为他 416
们认为这是基因差异造成的结果。然而，在使用帮助学生进行有效阅读的教学策略时，这种差异则能够消失。而且，如果用最有效的课程和教学方法进行写作教学，那么两性的写作能力都会得到明显的提高，这时性别差异也就不存在了。

我们并不是说男女生在青春期和成年初期的学习适应和掌控自己方面没有真正存在的生物性差异，事实并非如此。但性别阻碍学习的观点是错误的。即便真的存在学术能力方面的性别差异，它也对从事基础教育的学校没什么影响。因为在普通课程的各个领域中，成绩差不多的学生之间的性别差异并不是很明显。

在一个优秀的教育系统（或课程）内，每个人都是胜利者，好的教育才是关键，但要落实这种观念还需学校起到引领作用。

教育机会

我们很荣幸能够进行教学。人类的丰富性使我们拥有孩子的生活与学习，也使我们拥有了不同性别和不同肤色的孩子，他们给我们带来了他们国家丰富的文化和个体差异。幸运的是，我们有能力教育勇敢或害羞、较高或较矮、严肃或滑稽、自信或胆小等各种不同性格的孩子。

而且，我们被赐予了许多机会向他们展示无与伦比的科学和工程学，以及一个浓缩了所有国家文化，历史上首次获得政治自由的国家形象。我们拥有随处可见的具有观赏价值的媒体以及更加便捷的图书馆。

丰富性使我们能利用人类的多样性进行教育，也因此来丰富整个社会。我们在教育技能方面的财富能满足所有儿童的需要并且保证他们受到良好的教育，从而使他们在工作领域里取得良好的成绩，过上高质量的生活。

无论是社会还是个体，在成长过程中放弃一些东西都是困难的

我们面对的真正困难是如何摆脱一种观点，这种观点认为性别、金钱、种族和文化差异是决定人们教育潜能的因素。事实上，这些因素只有在人为情况下才会如
417 此。强有力的教学模式能满足所有学生的需求，为他们创造更大的发展空间。因为这些模式不但能教孩子学会学习，而且具有广泛调节差异的灵活性，并能合理有效地利用个体差异。曾有很多针对解决贫困家庭、种族差异、文化差异、性别差异而使用特殊方法的课题研究，但都没有取得任何效果。其原因在于人们之间的相似之处比差异之处突出，而且这种差异也都流于表面。我们习惯说：“读万卷书，行万里路。”当然环球旅行也应该如此，因为当你偶然触及其他文化，经历新的处事方式时，你就会发现在我们的地球上只有一种人。下面看看相关的个案。

个案 20—1

基本的性别问题

最近，一群拉拉队队员围坐在自助餐厅看好莱坞的一张宣传画，因为她们想看看她们的队（这些女孩刚从初中毕业一个半月）在这个赛季将穿什么衣服。

当 44 个女孩开始训练时，房间里洋溢着青春活力的吵闹声。当这张宣传画传到她们身边时，房间里突然安静下来，因为她们看到封面上有一张穿着白色花边连体衫裤、线条优美的女性照片。

“看起来很棒，”教练说。而女孩们的沉默却暗示了她们反对教练对参赛服的选择，因为她还未宣布在44 个队员中选谁去参加这个由某公司主办且会持续整个冬季的比赛。

“穿高腰裤能使你们的臀部看起来更苗条”，教练说。“而且在花边上面戴上胸罩也不会让人看见你们的胸部”。教练说的正是以前参赛服的不足之处。

民族与种族

许多年来，种族歧视成为社会的一部分，其中，智力低下是有色人种受到的最大歧视。华盛顿大学教授吉姆·班克斯（Banks，1995）对心理学家关于种族和学习能力的研究进行了精彩的评论。科学界对于种族决定智力的理论也予以否定，但这种观点在社会上却根深蒂固。尽管很多有色人种取得的卓越成就，有色人种国家在经济上也取得了很大进步，但这种根深蒂固的偏见仍然使人们相信这些成就只是
418 例外。这个问题总是与有色人种生活贫苦这一现实交织在一起。

事实上，种族并不能决定人类学习的能力，起决定作用的是教育。前面的研究已经证明，在良好的课程和高质量的教学及积极的社会风气影响下，不同种族的学生在学业成绩方面几乎没有差异。我们拥有这种教学技能，所以我们就得使用它。

然而，我们可以从本章总结的案例中看出问题的复杂性。

个案 20—2

罗德尼 · 鲍威尔

鲍威尔家的孩子从小就明白，家人把成才的希望都寄托在罗德尼身上。从 13 岁起，他就在课余时间打零工，省吃俭用，为上大学筹备资金。他的生活是典型美国黑人男孩的生活，他是《星期六晚间邮报》封面人物诺曼 · 罗克韦尔（Norman Rookwell）的新版本，一位举止优雅、彬彬有礼的青年。他学业成绩优异，工作负责，自食其力，生活目标明确……

但学校想让他进职业学校而非学术性学校……他的指导顾问是个在对谁该上大学和谁不该上大学问题上有着固执观念的传统白人女性。她认为罗德尼在商业方面有天赋，这种天赋不能被低估，也不可被忽视。如果罗德尼工作努力，行为检点的话，他可以生活得很好。当他提出上大学是他家人的夙愿时，她的话却使他意识到自己未摆正位置。她说："你父亲是个干体力活的人，所以你必须明白你家的生活境况。当然，你不必消沉，你的人生也有其价值。"

起初，罗德尼想为自己申辩，他试图解释自己的成绩是如何好，这不仅仅表现在他会卖东西上，他们也已经攒够了上大学的费用，但他的学校顾问还是无动于衷，她说："并不是每个人都可以上大学。"但是，罗德尼还是很想上大学。因为除了其他原因，他还明白优异的成绩增强了他的自信心，高分充分证明了他的实力，也证明了一个黑人男孩能够做到的事。但不论怎样努力，他也不能说服她。

因为罗德尼的家人生活清贫，受教育程度低，觉得自己没有能力上学，所以把机会给了罗德尼。但附近有一个姓克罗兹尔的黑人妇女，对他非常关心。埃德娜 · 克罗兹尔的孩子已经长大了。尽管她自己必须做家务，但她对教育很热心。她了解罗德尼，她比罗德尼谨小慎微的父母更能挑战命运的不公，于是她去学校为他争辩。在那里她听到罗德尼不是上大学的材料后，介绍了罗德尼真实情况：罗德尼的父母的确很穷，家里人也没上过大学，但这都不是理由。"给他一次机会，看看他优异的成绩吧！"她说。"假如穷困白人的孩子有这样优异的成绩，您能让他去读 419
职业学校吗？"指导顾问说道："他付不起学费，没有什么希望，生活就是这样。"但埃德娜坚持自己的立场，她说："我们只要求你给他一次机会，为什么不能这么做呢？"埃德娜是一个固执的女人，那天她说服了顾问。后来罗德尼被安排去了一个有着学术前景的班级。最后他上了培养学术性人才的高中。上学期间他继续打工，为上大学攒钱。（Halberstam，1998，pp. 379－380）

继续战争

最近在加利福尼亚州的一项研究表明，罗德尼这一代人需要学校和学区的平等对待。研究也发现了这些学生的基本技能综合测试成绩都是顶尖的，但他们是不是都选修了数学呢？只有 51%的黑人学生和 42%的拉丁裔学生选修了这门课，而有 88%的白人学生和 100%的亚裔学生选修了这门课。

教学模式无须特别关注有色人种、性别种族及社会经济地位。社会系统不是教育系统，但必须包括在教育系统内。

直接针对教学模式存在的问题

“超龄”初学阅读者：多维方法的一项行动研究

布鲁斯·乔伊斯，布克森德实验室
玛丽莲·哈瑞康克，北部莱茨学区 69 号
艾米莉·卡尔霍恩，菲尼克斯联盟

无论是通过考察国家教育进步评估的研究报告、各州和学区教育研究评估报告，或仅仅是学区提供的信息，情况都是相同的：有 1/3 的学生未能通过获取小学高年
420 级、初中及高中所使用的学习资源来提升自己的能力水平。然而，情况更糟的是，对于这些学生来说，当他们的能力远远落后于同龄人时，大量分类明确的项目（如特殊教育、低收入家庭儿童教育、超常儿童教育）总的来说对于解决这种问题的作用不大（McGill-Franzen & Allington，1991）。

因此，几乎所有学校行政区域都面临着这样一种情况：占相当大比例的四到十二年级的学生基本上都是“阅读初学者”，他们仅有小学低年级学生的知识和技能水平。另一种情况是，干预使得学龄前、幼儿园和小学阶段学生数量有所减少（见 Slavin，Madden，Dolan，& Wasik，1996；Dinnell et al.，1994），但是在大多数行政区域，学生数量继续增加，小学阶段之后的干预几乎不起作用。

视角

然而，研究如何教会学生阅读实质上是非常复杂的，它的理论基础是我们能够建构理论化的课程，而这种课程又必须体现出差异性，并且它不是以大量很少涉及教学的现成材料来建构的。课程的实施要求大幅提高教师的探究能力，因为实施这些课程需要扩展教师的技能。这样全体员工就需要学习研究，获得新的教学策略并研究学生形成性学习和终结性学习的基础。

学习阅读的“第二次机会”

从大量文献（Calhoun，1997；Joyce，1999；Showers，Joyce，Scanlon，& Schnaubett，1998）中可以看出，多维课程可能会帮助超龄初学阅读者迅速提高他们的读写能力，从而使他们重新获得自信，通过阅读和写作，他们能在学业上获得成功并形成自我教学的能力。多维课程包括以下几个部分：

- 积累听力、口语所必需的情景词汇，方法是通过单词归类图片（Calhoun，1997）、“经验记录”（Stauffer，1969）及广泛阅读（Nagy & Anderson，1984）。
- 在成熟阶段广泛阅读（Duke & Pearson，undated）。
- 学习单词形式（拼写）（Ehri，1999）。
- 书写规范（每日练习几次）并学习写作（Englert，Raphael，Anderson，Anthony，& Stevens，1991）。
- 学习阅读理解策略（Garner，1987；Pressley，1995）。
- 教师和学生以每周和每月为基础对学习进步进行研究，包括学生阅读书本
421 的水平、情景词汇的学习、语音和句子结构的分析技能、信息的获取及写

作的流利程度（Calhoun，1999）。学生研究他们取得的进步并决定是否要退出，因为他们是相应年级课文的独立阅读者。

“第二次机会”的课程每天需要大约 90 分钟来学习，初高中的学生可以利用学习选修课程和探索性的课程的 90 分钟。学生学习这些课程的时间长度也有很大不同。他们学习这些课程的能力水平与需要处理的典型年级的学习资源能力水平之间存在一些本质上的差距。八、九年级的学生也许只具有普通二、三年级学生的平均水平。另外，大多数达到较高发展水平的学生也会对阅读和写作感到害怕，由于他们缺乏学术上的成功，极力反对教导，为了避免教导，他们也反对发展良好的技能。一些探索性的研究发现，大约有一半的学生在一个学期内就取得了相当大的进步，他们学习能力水平将会达到五年级学生的平均水平。另一半学生在第二学期反应相当好（Showers et al.，1998）。因此，参与学习的能力应该是针对第一年来说的，退出时他们可能已经获得了可以处理资源的能力。通过对六年级毕业学生的平均能力水平进行估计，他们中大部分学生能够独立地处理初高中学习资源。

探究模式或数据资源

在北部莱茨学区，“第二次机会”源于一个广泛的、关于主动性的项目，所有的主动性研究都产生于一个具有参考价值的行动研究框架，而这个框架包括形成学习基础并激发主动性研究的所有教师、管理员以及学生。这个学区的 20 所学校在不同的社会经济地位中存在巨大的人口差异和种族差异。通过教师的观点与地方的评价表明，在北美有代表性的学区里大约有 1/3 的学生都是超龄阅读初学者。

项目的组成部分要求大量的教师形成以研究为基础的课程和教学模式。其中一些部分强调在学生某一水平上的需求，而其他部分强调学生具体水平的需求或学生的特殊需求。具体如下：

- “只是阅读”。所有学区的项目都是为了提高学生的独立阅读能力，尤其是在家阅读的能力（Joyce & Wolf，1996）。原理很明确，学生需要大量阅读来巩固技能，需要利用书本知识来探索世界，而“只是阅读”项目将所有的学校和相邻社区融入这项积极的行动研究以保证所有学生都可以独立阅读。
- 小学课程（幼儿园至三年级）。教师正在研究并开始实施策略，特别是图—文归纳模式（Calhoun，1999；Joyce & Calhoun，1998），它用来增加词汇量，提高语音和句子结构分析能力，增加阅读理解策略。幼儿园教师开始研究怎样教学生阅 422
读。行动研究的重点是使学生获得词汇和语音分析技能。这些教师参加了 10～15 天的教师发展项目，包括示范、演示、文学作品读写能力的研究，并得到了骨干教师和管理者的支持和帮助。
- 初级读写的个别指导。这种指导主要是针对小学阶段没有学习阅读的学生。初级读写能力指导教师需要研究一些教学初始阶段的阅读策略。教师将这些阅读策略教给学生，然后进行为期 20 周以上的一对一指导。对于这些早年没有做出令人满意的回应的学生来说，初级读写能力辅导是第一道安全网。
- 第二次机会。第二道安全网就是本文呈现的主题。

目前的研究涉及北部莱茨学区 69 号的 12 个地区的 300 名学生。对“第二次机会”的教师进行 10～15 天的教师发展研究，并研究他们的实施情况，进行各种各样的评价，包括标准化考试下学生的成长情况，这种标准化考试包括加拿大的基本技能测试或盖麦二氏认知功能测试（Gates-McGinnitie battery administered）及

1999—2000 年底的学术成绩。

在这个报告中，标准化测试是数据的主要来源并通过学生的个性特征和学生的进步进行解读。对于 12 个地区的 250 名学生来说，所有的数据都是可利用的。对于每一个学生来说，与学生的平均水平相比，学习历史的指数可以通过学生取得进步的数据来估算。行政区的 12 名老师都需要研究本地区每名学生的成长和进步及接触“第二次机会”后整体主动性的进步。研究包括情景词汇、语音和结构分析技能的获得情况，并从标准化测试中计算出分数。整体情况在这篇学术报告中都有所体现。

表 20—2 是一个地区收集的数据实例。

表 20—2　　16 个地区男生的 CTBS 词汇前测、后测和阅读理解的分数

学生数量及性别	年级	持续月	词汇（GLE）			阅读理解（GLE）		
			开始	最后	增加	开始	最后	增加
1. F	5	9	2.3	4.4	2.1	2.9	4.9	2.0
2. F	5	9	1.9	4.3	2.4	2.9	4.6	1.7
3. M	5	9	1.7	4.2	2.5	1.4	5.0	3.6
4. M	5	5	3.3	3.9	0.6	3.0	4.8	1.8
6. M	5	9	1.4	4.3	2.9	3.0	4.7	1.7
7. M	5	5	2.8	2.9	0.1	3.2	3.7	0.5
8. M	5	5	1.9	4.0	2.1	2.1	3.5	1.4
9. M	5	9	2.3	4.3	2.0	3.5	4.8	1.3
10. M	4/5	7	3.9	3.3	(0.6)	3.0	4.1	1.1
11. M	4/5	5	3.1	4.1	1.0	4.8	5.1	0.3
12. F	4/5	5	3.6	4.4	0.8	3.0	4.6	1.6
13. M	4/5	5	2.6	3.0	0.4	2.9	3.5	0.6
14. F	4/5	5	4.5	4.9	0.4	3.3	5.1	1.8
15. M	4/5	9	3.9	4.9	1.0	2.7	5.3	2.6
16. M	4/5	5	2.3	3.0	0.7	2.4	3.6	1.2

对所有这些学生进行一般词汇测试、阅读理解测试及加拿大基本技能测试。这个班只有三位女学生，因此，在入学方面有一个巨大的性别差异，但事实上结果并没有表现出任何性别差异。词汇测试的平均得分是 1.2，阅读理解测试得分是 1.5，这个得分与初始分数相比特别有趣。有 6 名学生的初始分数是处在一年级学期末的平均分数（1.7～2.3）范围之内。这组学生的平均得分是 2.1。在他们入学的前四五年，这 6 名学生每年的平均得分约为 0.25，因此他们达到预测值水平的速度可能较为缓慢（Juel，1992）。

在进行这个案例的一年或半年期间，学生的得分是本年平均学生得分的两倍，
423 是他们先前每年平均得分的 8 倍。对于大多数学生来说，第二年获得了巨大的进步，使他们可以与学生平均分数相差无几，至少从测试分数这一角度来看是这样。这样，他们就经历了一年的成长，并达到了一定的阅读水平，此时，如果努力，他们能处理典型的小学高年级学习任务。顺便说一下，所有被编码的学生都被视为具有严重学习障碍和交际障碍的学生。

参与学生特征的结果或事实

每一所学校都要求识别学生的阅读水平并进行记录。“阅读走向成功”项目的结果部分反映了在实施的过程中学校所承担的任务不同，尤其是优先权的显现。在所有学校里超龄的阅读初学者是如此之多以至于无法在时间给予保证，全体教职员工和管理者都不得不决定哪些学生可以参与。四到九年级的250名学生大约占该地区学生人数的10%。所有参与“第二次机会”的学生群体看起来都是这样的：

- 性别：有2/3的学生是男生。在一些地区几乎全是男生（在一个案例中，12名中就有11名是男生），另一些地区相对来说是均衡的（在一个案例中，14名学生中有8名是女生）。 424
- 对有特殊需求的学生进行编码：70%的学生有特殊需求，在其余30%中大概有54名轻度到中度学习障碍者被编码，有57名交流障碍者被编码。
- 入学标准测试分数：小学阶段有46%的学生达到测试标准，毕业班仅有2名学生没达到平均分数。在学校学习4年及以上的五年级学生的得分大约是学生平均分数的1/4。在即将成为中学生的人群中也存在类似的现象。

他们有什么样的进步？

- 总体情况：56%的学生得分显示学生的得分从平均得分的1.5倍上升到3倍，18%的学生得分几乎与平均得分相等（大约是他们先前取得的进步的2～4倍）。
- 性别：男生和女生取得的进步几乎一致。
- 小学和中学两部分几乎获得相同的进步。学生的年级层次（一些包括二、三年级的学生）并不是影响因素。例如，在这些地区的六年级和八年级的学生取得的成绩和七年级学生的成绩相差不大。
- 刚开始参与时的分数不是影响因素。初始分数是2.0、3.0、4.0的学生取得的成绩是相似的。
- 特殊的需求编码：总的来说，有没有特殊需要的学生在所有年级取得的进步几乎都是相同的。
- 学生的SES测试不是一个影响因素。

教育的重要性

我们对超龄初学阅读者所进行的研究已经使得我们设计出了一种课程，这种课程能满足这些学生的需求并给他们提供正常或更好的成长机会。为了改进课程的框架结构，我们需要进一步对反应迟钝和进步较慢的学生进行研究。还有一点很重要的是关于“桥梁”的研究，也就是学区的教师和管理者应该运用他们的学识来解决紧迫性的问题，并形成多个研究团体。这应该是可行的，至少能够适应北部莱茨学区的情况。

第21章

创造课程

——学习的条件

425 虽然日本教师教的班级规模较大，但是他们用双倍的时间去设计教学，这也许就是他们能取得一些与众不同的成就的原因。

——赫布·沃尔伯格（Herb Walberg）
在美国教育研究协会（the American Educational Research Association）年会上的发言，1991年

做好课程、科目、单元及每一节课的设计是高质量教学的基本保证。在这一章里，我们将和一位教学设计方面的专家共同研究教学设计问题，并努力把他的基本构思应用于教学设计的有关问题之中。

加涅的《学习的条件》（*Conditions of Learning*，1965）一书是关于学习和教学方面的最重要的著作之一。他详细地分析了影响学习的重要因素，以及如何在组织教学中把这些因素考虑进来。他的“学习就是机会的不同”的构想使我们能够对学习目标和各种不同的行为之间的关系进行分类和详细说明。

加涅把各种不同的行为划分为六种学习的类型：

1. 特定反应（specific responding）
2. 连锁反应（chaining）
3. 多项辨别（multiple discrimination）
4. 分类（classifying）
5. 规则应用（rule using）
6. 问题解决（problem solving）

行为类型

“特定反应”就是对一定的刺激做出的特定反应。例如，一位一年级的教师举着一张写有“dog”（狗）字样的单词卡片（刺激），孩子们随即念出“dog”来（反
426 应）。特定反应是一种极其重要的学习方式，也是我们获得大量信息的基础。为了使学生学会做出正确的、特定的反应，我们必须假定他具有在事物之间建立联系的能力。在上述例子中，写出的单词“dog”和学生念出来的“dog”是互相联系的。请注意：我们这里是在描述如何学习——能够做出反应的学生已经完成了这一水平

上的学习。至于究竟学习是怎样完成的则是另一个话题。换句话说，是否用卡片并不重要，就像是否采用哪一种具体的教学模式并不重要一样。

“连锁反应”就是做出一系列相互关联的反应。加涅通过用“钥匙开门”和“把一种语言翻译成另一种语言”两个例子来解释这个概念。“开门”要求我们做出一系列特定的反应（选择钥匙、插入钥匙、转动钥匙），而且这些反应要依照一定的能使这个任务得以完成的顺序进行。当一个人把英语 how are you 这几个单词放在一起组成一个有意义的短语时，连锁反应就发生了。同样，翻译成西班牙语的“你好吗”也是对一种语言中做出一系列特定反应，并把它们组织成短语。

“多项辨别”涉及学习多种特定反应和连锁反应并对其进行恰当的加工整理。辨别适用于已学会的反应方法的一个例子是，学习在类似条件下把颜色及其名称联系起来。例如，我们在家里或学校的某间屋子里学会了辨别不同物体的颜色，那么我们就必须能够在不同的条件下（例如购物中心）认出这些颜色并把它们和不同的物体联系起来（最初在家里学的是蓝色的毛毯，现在在商店里则要认出蓝色的羊毛衫）。再复杂一点就是选择与合并连锁反应。与此类似，在学习一种语言时，学习者必须在大脑中储存大量的单词和短语（连锁反应）。也就是说，他必须先选出答案，再根据其性质、数量和时态等做出调整。“多项辨别”涉及学会如何处理先前掌握的各种不同类型的连锁反应。

“分类”就是把物体按功能属性归到一定的类别中。学习区分动物和植物，或者区分汽车和自行车等都涉及分类。这一过程的结果是形成“概念”，也就是对事物或事件进行比较和对比后得到的，或者是对它们之间的因果关系加以解释后得到的观念。在学习语言时，学习者建立起一些有关语言结构的概念，如主语、谓语、短语、从句以及不同的词性。孩子们学语言时，尽管说不出具体名称，但他们在四五岁以前就已经掌握了诸如用形容词修饰名词等许多概念。

“规则应用”是根据暗含在一定行动中的概念去实施行动的能力。比如，在拼写中，我们学到许多有关单词如何拼写的概念，那么我们就可以把这些概念以规则的形式运用在拼写活动中。例如，我们学会了这样一个概念：sit 这样一类以 t 结尾的元—辅音单词加-ing 时要双写 t 这个辅音字母，那么，双写 t 就变成了一条在拼写同类单词时通常要遵循的规则。

最后，“问题解决”就是运用几条规则来解决学习者以前没遇到过的问题。问题解决包括选出正确的规则并把它们结合起来加以应用。例如，一个小孩学会了一些有关跷跷板平衡的规则后，就可以应用这些规则解决用杠杆移动重物的问题。 427

促进各种类型的学习

加涅认为这六种学习类型构成了一个逐步复杂的等级体系。因此，一个人在能够进行连锁反应之前，必须先学会特定反应。多项辨别要求先学会几种连锁反应。归类是建立在多项辨别基础上的。规则应用是通过分类和建立因果关系所学到的概念形式。问题的解决首先要求掌握规则。任何一种水平的学习都要求一定的条件。教师的任务就是通过运用适当的教学模式提供这些条件。

为了促进特定反应，教师就要给学生提供一个刺激，这个刺激必须能引起学生的注意，能够引导学生在刺激呈现后很快做出相应的反应，然后教师要对这个反应进行强化。因此，教师可以举起写着“dog”的卡片，念出“dog”的发音，同时要求孩子们也念出“dog”，然后笑着对同学们说“很好”。教师反复这样做就会帮助学生学会辨认单词和正确发音。记忆模式和训练模式都是促进特定反应的方法。

为了促进连锁反应的获得，教师必须提供一系列的暗示，从而引出适当的反应。一名教语言的教师可以先用英语说“你好吗”，接着再用西班牙语说“你好吗”，然后再让学生跟着重复。教师要提供足够的重复次数以便学生能掌握连锁反应并达到流利的程度。记忆模式、先行组织者模式和归纳思维模式都适合帮助建立连锁反应。

要促进多项辨别，就需要用正误两种刺激来练习，以便使学生学会区别。例如，假定学生正在学习用西班牙语表述“你好吗?”“早上好!”和“喂!”，他们必须学会辨别在哪种场合下使用哪一个。教师给出一系列正确和不正确的刺激，直到学生学会正确的区别方式为止。先行组织者和归纳推理在这个过程中比较有用。

分类的教学要通过不断提供各种各样的范例和概念来进行，这样学生才能逐渐掌握辨别它们的基础。概念获得模式和归纳思维模式比其他模式都更适合分类教学。

要促进规则应用方面的学习，可以引导学生回忆一个概念，然后对它进行各种不同的实际运用。在前述的拼读例子中，教师要让学生回忆加-ing 时双写最后一个辅音字母的规则并提供可供练习的例子。这种探究训练能帮助学生从概念转移到规则上去，就像它能够帮助学生从概念形成阶段转入归纳思维阶段一样。

问题解决主要是靠学生自己。因为各种问题都有其独特性。提供一系列学生能够尝试解决的问题有助于促进问题解决方面的学习，尤其是在教师知道学生已经掌
428 握了问题解决所需要的规则的时候更是如此。探究训练、群体研究、共同研讨、模拟和非指导性教学等多种教学模式都能应用于解决问题的活动当中。

教师的职能

加涅强调说正是学习者的活动才导致了学习。教师的职能在于给学生提供条件，使他们能够提高获得具体行为的可能性。学习者必须进行必要的练习，这样才能在事物之间建立联系。但是这种联系必须由学习者自己建立，即使有时不得不由教师给他们指点出来。教师也不能用自己的活动代替学生的活动，在这一点上我们完全同意加涅的观点。

教师（或是教学系统）通过下面的教学职能进行操作：

1. 告知学生教学目的；
2. 呈现刺激；
3. 提高学习者的注意力；
4. 帮助学习者唤起先前经验；
5. 提供诱发行为的条件；
6. 决定学习的顺序；
7. 激励和引导学习。

此外，教师还要鼓励学生归纳总结他们正在学习的东西，以便使这些新技能和新知识能够迁移到其他情境中去。

要想给学生提供一个明确的目标，最主要的是要使他们明白自己的预期目标。例如，教师可以说：“今天，我们将要学习与三位美国的总统有关的知识。我们将

学习他们的姓名、生活时代和他们最著名的特点。”接着，教师拿出华盛顿、林肯和罗斯福的照片，照片下面印有他们的名字。教师指着照片并念出名字可以吸引学生的注意力。

要想唤起先前经验，教师可以这样说：“我们曾经讨论过，我们国家在很多方面都取得了发展和变化，你们还记得吗？能告诉我其中一些发展和变化是什么吗?”这样学生们就能够打开记忆的大门并且回忆起那些能和三位总统联系起来的内容。

要诱发行为，教师可以让学生说出三位总统的名字并朗读描写他们各自生活的材料。然后教师可以提问学生都学到了什么。

根据学习的类型和主题的不同，我们可以用各种不同的顺序来学习。但一般的顺序都是这样的：呈现刺激、唤起注意力、帮助学习者理解教学目标、诱发行为及帮助学生总结归纳。这样做能把这些主要的教学任务自然地衔接在一起。

加涅的示范给我们提供了教学的一系列重要的基本原则：让学生明白所追求的 429
教学目标的水平；鼓励归纳总结；最终把所学到的东西运用于实际。

加涅重点指出我们无法控制学习过程，但却能够提高某种行为出现的可能性。我们可以提供一些促进书面语言和口头语言之间联系的练习，然而实现这种联系的主体却只能是学生自己。

> 从根本上来说，无论我们怎样细心地控制前述外部学习条件的各个方面，教学也只能增加一些内部的、个人特有的学习的可能性。对教学的精心计划的确能提高这种可能性，并且由此使学习的整个过程变得更加确定、更富有预见性、更为有效，然而个体的神经系统仍然会发挥作用。当然，这一作用的性质也就决定了对学习的个体差异进行研究的必要性。(Gagné，1967，pp. 291－313)

从这种观点出发，一种教学模式可以使学生获得一些结构，这些结构能够改变学生学习一定学习内容的可能性。这种体系给学生提出任务，教师引导学生对此做出某种反应。其中的社会性因素又引出了学生与他人交往的需求。这种网络效应使得不同形式的学习变得大有可能。表 21—1 列出了几个信息加工和其他类型的模式与加涅所提出的六种不同学习行为方式之间的配合。

表 21—1　　适合不同种类学习行为的教学模式

学习行为	模式				
特定反应	记忆	归纳思维	概念获得的第一阶段	先行组织者	群体调查（收集数据活动）
连锁反应	概念获得	归纳思维			
多项辨别	探究训练				
分类	概念获得	归纳思维	先行组织者		
规则应用	探究训练	模拟	归纳思维		
问题解决	集思广益	科学思维	探究训练	群体调查	

加涅的这种层次学习体系十分有助于我们选择适合不同教育目的的模式。它还提醒我们：由于学生个人模式的原因衍化出了多种类型的学习，而且当学生从事重要学习时我们必须关注其中各种不同的学习行为。例如，当学生运用归纳思维去探讨一个国际关系问题（如进出口平衡问题）时，他们会进行资料收集（特定反应和

连锁反应）和整理（多项辨别和分类），最后再形成规则（规则应用）并用来探求解决问题的答案（问题解决）。

设计一门课程：全球教育

让我们看看加涅学习层次理论的实用效果吧。我们现在来设计一门从小学到高中都可以使用的全球教育课程。这样一门复杂的课程将给我们提供运用一系列教学模式的机会，而且我们确实很想运用其中的一些模式设计这样一门课程的各个教学环节。

让我们从总体目标的表述开始。注意，我们的教学目标是从问题解决阶段开始的，因为这些目标会指导我们在加涅学习层次的各种不同阶段进行目标选择。在课程设计中应避免的一个常见错误是从“反应阶段”开始，然后试图从这些反应中
430 “榨出”更加复杂的学习类型。相反，我们应该从最复杂的问题解决阶段开始，然后决定要想解决问题的话我们需要学习些什么。

总体目标

首先，要保证学生具有足够的人文地理方面的必要知识，能够对一些全人类所面临的重要问题进行思考，并且准备与不同文化背景而不仅仅是与自己同一文化背景的人们交往。我们的理由在于：全球观对于个人的理解、国家的领导、世界的发展以及经济的提高等诸多方面都是最为根本的。从一种层次上来说，我们希望学生在毕业时能够熟悉全球的各个角落，掌握任何一个地区和国家的大量知识。从另一种层次来说，我们希望他们懂得几种具有代表性的文化，能够从文化发展和文化比较的角度考虑整个世界和本国的问题。还有一个层次就是我们希望他们能够经过思考并得出解决全球重要问题的方法。

其次，运用对全球问题的研究进一步加强读写课程，特别是对论述性文章的读写能力（所有的课程里都有这一目标）。

431 建立操作性目标

有几种教学模式可以帮助我们明确我们的目标，并且把它们转化为能够进行操作的目标：

整合的复杂性，认知发展和自我概念。让我们先从强调个体差异的模式入手。当学生试图全面把握复杂的问题，理解文化的概念，使个人的文化观与不同文化背景的文化观相互协调时，这种对于全球及其多元文化的全面理解就需要一种高水平的复杂的整合能力。

认知发展结构的研究有助于我们思考并确定不同年龄学生的不同目标。小学低年级学生当然可以吸收一两种文化的信息，但是让他们去抽象地思考文化范畴显然有些为难他们。小学高年级学生可以学习处理各国的人口统计数据，并且能够从中探求它们相互之间的关系。他们可以试着提出一些问题，比如，一个国家的富裕程度是否与教育水平的高低、资源的贫富相互联系等。他们对不同文化之间的比较是一些可见的、具体的东西，如住房、家庭类型以及职业等。中学生可以处理较为复杂的多元文化问题，对更抽象的变量（如行为规范等）进行比较和对照；还可以就

不同国家针对同一具体问题会做出什么样的反应进行推理，例如，人口增长问题、战争威胁和全球生态平衡等问题。

自我概念的研究可以从几个不同的方面给我们提供帮助。首先，研究的总体取向帮助我们认识到：整个课程的着眼点应该在于提高学生学习和掌握复杂材料的能力的意识。其次，它总是提醒我们：自我理解是至关重要的。对世界文化问题的认识可以影响自我理解的很多方面，因为它可以帮助学生从与其他文化的关系这一角度来反思自己的本土文化，并且可以帮助他们了解文化价值观是如何影响个体的思想和行为的。

下面让我们从不种类型教学模式的视角来看一下这个问题。

合作行动和相互理解。社会型教学模式提出要建立一个合作性的学习群体（本身就是一个很好的目标），并且帮助这个群体一起探索世界，揭示一些重要的价值观问题。角色扮演模式则给我们提供了一个帮助学生在进行探究时研究他们自身价值观的工具。法理学探究模式的方法则使得我们能够通过把所遇到的问题以及潜在于各种选择背后的价值观逐一澄清而逐步接近问题实质。

信息学习、概念、建立假设、检验。信息加工型教学模式给我们提供了一套可供利用的工具。概念的发展对于大量信息的处理是十分必要的。而对概念之间相互关系的思考将为学生提供许多有待证明的假设。共同研讨可以帮助学生在全球问题和国际关系问题方面打破常规，寻求新的思路。联词法能帮助学生掌握将会出现的陌生的词语。

自我实现和自我指导。如果说个体类教学模式的提出者有他们自己的方法的 432
话，我们则可以给学生提供更多自我指导式探究的机会，并且要求他们不仅仅满足眼前和现有发展水平，还要把学习延伸到新的领域、朝着最有利于个人发展的“最好”的方向。我们还要让他们的情感成为学习研究的一部分，使他们始终意识到知识是一种个人建构。

读写能力和图—文归纳模式

现在让我们回到图—文归纳模式上来，运用加涅的理论框架设计一个教学案例。请思考下面的个案：

个案 21—1

朱迪斯正在罕布什尔赫尔小学教她 5 岁的学生们学习扩大阅读词汇量。他们还通过分析单词结构（拼写）来学习语音。这些词汇都限于他们的听说和阅读范围内。

孩子们坐在地板上，面对着一幅画，上面画的是一个玩具熊坐在乡村风景里。朱迪斯说：“我们要从这幅画里挑出一些这周要学的单词。我想请你们先好好看看这幅画，当我喊到你的名字的时候，请站起来指出画面里的内容并说出它是什么，我会把你说出的词语写下来并用线把它与画面的内容连接起来，最后我们再来读一读这些词。”

孩子们开始琢磨画面。过了一会儿，朱迪斯问他们是否想告诉大家自己观察到的东西。大家纷纷举手，朱迪斯喊起了杰西卡。

杰西卡指着画说："那是个梯子。"朱迪斯从梯子那儿画了条线并把单词写了下来，她边写边念，然后又拼读了一遍"ladder"这个词。孩子们边看边听。

"现在我再拼读一遍单词，你们跟我念。"做完了这一步骤之后，她又让另一个孩子说一个词。

"sit"，布莱恩指着那个玩具熊说："小熊坐着的。"

特定反应

朱迪斯从小熊那儿画了一条线并写下"The bear's sitting"（小熊坐着），她边写边拼读每个单词，让孩子们按顺序把每个词念一念、拼一拼，然后又让孩子们跟着她拼读。她又指着第一个词问："这个词是什么？"

"ladder。"孩子们都齐声答道。

"如果你们看见这个词但记不起来了，你们会怎么办？"

"顺着线去看画里的梯子。"他们答道。

433 "好。那么这个词是什么？"她指着单词"the"。

"the。"他们异口同声回答道。她又用同样的方法重复着"bear's"和"sitting"，然后是整句，然后叫南希读整个句子。

"The bear's sitting。"南希读道。

"谁认为她读对了？"朱迪问，孩子们举起了手。朱迪斯继续用刚才的方式引导孩子们说出单词，她进行检查，然后再定期复习。

连锁反应

在这节课最后结束时，孩子们已经学会了下面这些单词：

latter	apple	leaf	bear
teddy bear	sitting bear	half-eaten	trunk
tree	apple tree	apples	trees
ate	basket	basketgrass	tree truck
little trees	adder	apple core	teddy
core	half-eaten apple	The bear's sitting	leaves

无论朱迪斯指到哪一个单词，孩子们都会念。朱迪斯问孩子们想不想把书上所学到的单词带回家，晚上与他们的父母分享。下课时，一个年龄稍大的负责把单词输入计算机的孩子将单词存盘后把磁盘给了朱迪斯。

第二天，孩子们走进教室后，一些人走到图片前看那些单词，相互谈论着，通过连线复习所学过的单词。孩子们又坐在图画旁边，朱迪斯让他们读单词，用画面帮助他们找到这些单词表达的意思。

多项辨别

朱迪斯已经把图画中的单词存了盘，整理在了一起，然后把它们打印出来，做成了一套单词卡片。她发给每个孩子一套卡片，要求他们读出这些词。如果忘了哪个词就到图上把它找出来，再顺着线从画里找出来它表示的东西。

很多活动发生了，孩子们盯着单词，自己大声地念着。偶尔也会有孩子问一下朱迪斯自己念得是否正确，而她会告诉他们自己去图画上核对一下。很快地，孩子们站起来又坐下去，拿着卡片在图上对来对去。

精细的多项辨别

接下来，朱迪斯让孩子们用从图画中引出的单词组成一个完整的句子并写出来。孩子们写的句子有："一只玩具熊坐在乡村的空地上"，或者是"到处都是苹果树"。一个孩子提了一个问题。她指着一个苹果核好奇地问："是谁把那个苹果吃了?""玩具熊会吃苹果吗?"朱迪斯记下了这些句子。下课前大家一起朗读了这些句子。

分类 434

第三天上午她又和孩子们一起回顾了画面内容，然后让孩子们拿出他们的单词卡片，并根据拼写进行组合。

下面是学生们的一些分类。

杰西卡说："tree，trees 和 ladder，这几个词里有两个相同的字母。"

"很好！你能说出这些相同的字母吗?"杰西卡指了出来。"还有人能用同样的方法对单词进行分类吗? 南希，你呢?"

"我把 apple 和 teddy 放在一块，因为它们一个中有两个 p，另外一个有两个 d。"

布莱恩补充说："我把 teddy 和 ladder 放在一起是因为他们中间都有两个 d。"

朱迪斯说："让我们看看'apple'和'apples'这两个词，它们有什么相同点和不同点呢?"几个孩子都要求回答，她叫了迪伦。

"除了字母 s 以外，它们的拼写相同。apple 是指一个苹果，而 apples 是指两个以上的苹果。"

规则应用

朱迪斯问为什么"tree"和"trunk"能放在一起。

孩子们迟疑了一会儿，然后开始有人举手。朱迪斯等到几乎所有的孩子都有自己的想法时叫起了布勒丹。"可能是因为'tree'和'trunk'的开头听起来很像吧。"孩子们讨论了布勒丹的回答，然后朱迪斯把"听起来很像"写了下来。

最后，孩子们又把表上的单词全都读了一遍才下课。朱迪斯还要求他们在晚间阅读内容里寻找他们学过的词汇。

问题解决

在上面的例子中，朱迪斯一直在使用第 7 章介绍的图—文归纳模式。它要求从学生听说词汇中引出单词以便学生能够学习并掌握，接下来的分类则为进一步的语音学习打下基础。从根本上说，认识单词以及积累可视词汇是学生自己的问题，但是像第 20 章所介绍的那样，我们能够给予他们帮助。

第22章

展望未来

——不让任何人掉队以及远程教育

435 教育事业应该拥有光明的未来。学校即将需要为某一时期的到来而进行广泛的改革，我们可以看到许多通向成功的途径。在此，我们仅简要地讨论其中的两种。

由联邦政府颁布的《不让一个孩子掉队》法案的实施刻不容缓，这会大大拓展联邦政府的视野，使他们认识到不同的教学模式可以产生不同的学习效果。虽然我们讨论的是未来教育的可能性，但是远程教育也许会彻底改变学校的形式。

远程学习：从《芝麻街》到开放大学

也许是因为艾米莉、布鲁斯与英国作者大卫·霍普金斯在开放大学出版社联合出版了若干著作，我们才会特别关注开放大学的戏剧性变革。另一方面，《芝麻街》的魅力和真正的实力使它成为过去45年以来教育领域最激动人心的改革。也让我们开始思考远程教育在过去的40年里对孩子们到底有什么样的意义。

《芝麻街》

19世纪60年代，两个特别著名且得到深入研究的远程教育项目同时得到了相
436 当程度的发展。最开始这两个项目是为初等学校的学生创立的。第一个项目是1962年在美国创立的节目《芝麻街》（一所房子的名字），现在已经遍及拉丁美洲和许多亚洲国家。在美国，那些收看《芝麻街》长大的成年人现在又和儿孙一起收看这个节目。

在福特基金的支持下，儿童电视工厂创立起来，并开始制作节目。电视广播的强力应用将《芝麻街》及其相关节目带进了家庭和学校，并且VHS（家用录像系统）和DVD（数字化视频光盘）的产生使收看节目的方式变得更为灵活，计算机的普及也提高了收看节目的可行性。其间，大量的印刷材料、活动、动物标本和木偶也被利用了起来。

在教育史上，《芝麻街》曾有过一项研究最为彻底的发展性评价项目。该项目的每一部分几乎都围绕着一个教育目标进行，对每一部分的评价都要从它是否能够吸引学生的注意力以及教育目标是否实现为准。当一个时长半小时的节目播出时，开发者已经确定该节目可以用在教育领域。之后就有一些批评家认为新兴媒体有损青少年的身心。如今批评家一方面宣称花大量时间使用电脑将对年轻人产生不利影

响，另一方面又宣称现代人花太多时间去看电视。

关于《芝麻街》影响的研究已经有许多，其中最早的研究之一包括鲍尔和博格茨（Ball and Bogatz，1970）运用一种研究范式来帮助我们理解对被试儿童的支持会对结果产生的影响。他们运用各种方法对语言学习进行研究，研究从以下四个条件对儿童的学习进行思考：

1. 儿童仅是在学校或者家里观看节目。
2. 家长与儿童一起收看并讨论节目内容。
3. 教师和儿童一起收看，并向整个班级提供后续活动。
4. 儿童收看，家长、教师在儿童学习中陪同左右。

最近我们分析了评估数据中的效用值报告（研究进行时效用值数据还没有产生）。

1. 观看节目的学生获得了 3.0 这样相当可观的效用值，该数据高于没有观看过《芝麻街》的在校学生的得分。这是与重新实施经典阅读的效用值相比较而言的。
2. 在有家长陪同或是有教师参与的后续活动时，儿童的效用值提高到 3.5。
3. 在家里和课堂上与成人形成学习同伴的儿童的效用值又提高到 4.0。

《芝麻街》的教育价值是明显的，特别是当大量儿童观看，而且家长、教师与他们一起时，芝麻街就显得更有意义了。

《芝麻街》并不能取代儿童学前或幼儿园阶段语言课程，而只能作为其补充。437
十分有趣的是，《芝麻街》的平均影响结果与国际委员会报道的关于初级课程和无语音教学的影响结果相比是一致的。从政策性的观点来看，在单调的课程中增加《芝麻街》将会比单纯地采取综合语音计划提供更多学习识字的机会。

英国的开放大学

20 世纪 60 年代中期，在网络对信息进行普及性的推动产生令人鼓舞的变革之前，尽管电视广播、录像带、书籍已经被开发利用，但英国的高等教育容纳力在很长一段时期内仍然较低，并且准入标准也较为严格。但希望接受高等教育的学生却不断增多，因为高等教育很明显是经济繁荣和社会安定的必经之路。同时，国家也需要一批接受过良好教育的劳动力以及更多的富裕公民。

开放大学就在这种背景下应运而生了。电视、广播和磁带的可获取性以及通往辅导中心的交通的便捷性显得重要起来。更为重要的是，政府也大力支持，他们相信这项伟大的实验能够成为事实。

对“开放”概念的理解是十分关键的。无论成功或者失败，学生都应该有机会参加课程学习。学生应该有机会获得成功以证明他们的价值，而不是一开始就因为资历受到怀疑而被拒之门外。应该给予学生一个机会，而不是对其进行格式化的评估，这是所有远程教育的核心观点。

在运用计算机和互联网实现各种可能之前，无论在哪儿住或在哪儿工作，学生都可以到大学学习。课程资料以邮寄的方式寄到每位学生手上，录像带讲演也成为一种可利用的课程资源。由此，辅导中心也得以在各个地区建立起来。监考代理人可以将学生安排在其居住地和工作的地方完成考试。（早些年有一场考试十分具有戏剧性。这场考试是为一名海员举行的，被安排在北海货船上。为了考试能顺利进行，船长担任了考官，而把自己客舱里的客人置于一边。）

开放大学在不断发展着。尽管遭遇过严重的阻碍，但学生还是通过课程学习完成了考试，获得了学位。当然并不是每一个人都能成功，不过还是让我们对比一下传统大学过去和现在的学生数量。在美国和英国的大多数有择优录取权的大学中，大约有 3/4 的学生能够在四年内完成他们的本科学习计划。在剩余的 1/4 学生中，大约有一半的学生在四年中都处于自己的兴趣选择中，担任科学学徒制（science apprenticeships）、旅行以及工作，而其余学生无法完成学习计划。在美国一些无择优录取权的大学里，学生完成本科学习的学习时间大约是 6～8 年，并且有超过 1/4 的注册学生不能获得学位。

开放大学学生学习计划的完成率要略高于大多数择优录取的学院和大学。当然
438 所有这些学院和大学都为学生提供了强大的支持，并培养了一批在合作学习上能力出众的学生。

1971 年，第一批注册进入开放大学的学生有 25 000 人，而英国整个传统大学学生的人数才达到 130 000 人。如今，每年大约有 170 000 的学生进入开放大学学习。在进入开放大学学习的学生中，有 70%的学生是全职人员，其中有 50 000 人左右是在雇主的资助下学习的，资助范围从提供计算机等学习工具进行网上交流到提供时间让雇员与导师见面，等等。在这一点上，英国开放大学的注册学生人数超过了所有传统大学的学生人数。当然，许多传统大学已经认识到了开放大学的重要性，也开始提供远程教育课程，并为学生学习提供一些其他选择。

随着许多教授对录音带和学习任务的创新，开放大学提供的学习方式变得更加广泛，有的极具革新性，有的则很普通。计算机网上互动模式为开放大学的学习提供了新的路径。1971—2006 年，英国广播公司已经提供了 35 年的基于课程学习的广播。但是，近期伴随着 CD 和 DVD 等科技，以及互联网技术的发展，这些广播课程变得不那么必要了，这是媒体对教育产生的影响越来越大的一个显著写照。一些复杂的课程设计已经非常有影响力，如长期的初等代数课程、初级语言课程和绘画史课程等。

远程教育的有效性（与什么相比而言?）

远程教育使我们关注一种“教学之谜”，即所有的学习都是自主学习。在很大意义上，学校以教会学生习得自主学习的能力作为存在的意义。教师借助教学设施使学生的学习技能得以提升。这本书中所涉及的教学模式的重要的普遍性元素之一是强调教学生“学习”。这些教学模式所创造的环境是开放的，而不是封闭的。教师很难意识到他们正在试图帮助学生成为比自己更好的作家、数学家、科学家和公民！从总体上来看，即使是在小学里，教师也希望学生变成比前辈们更好的阅读者、写作者。

从定义上讲，与学生每天在学校中参加的计划性课程相比，远程教育给予学生在普遍性、具体性和个性化方面的支持程度较低。再者，尽管使更多的学生得到更多的教育这一点十分重要，但远程教育的目标并不仅仅如此。它使学生获得了卓越的教育机会。这个目标只能在学生学会有效地进行自我教育之后才能达成。

远程教育首要关注点受到许多人的质疑，特别是在以下三个方面：

1. 如果没有一所学校能够提供令人足够信服的支持，那么很少有学生具备自主学习的能力。

2. 仅仅有课堂中直接的师生交流便可产生高质量的教育，这一点让人质疑。

3. 学生并不是一个互动的学生群体，而是一个像“任天堂”等电子游戏环境 439
中的玩家。

每一种观点都需要得到重视。针对第一个方面来说，正在滋长着的一种迹象表明许多学生可以自如应对远程教育。此外，学习的常规化形成性评价十分重要，因为那些不能在校取得良好学习效果的学生需要寻找另外的途径进行学习。我们没有必要一次次地重复失败。复合式评价指的是学校里盲目依从教科书的课程，而且这些课程又有一些远程形式——但如果教科书是教师，那远程教育还有那么重要吗？学生在学校的课程也就失败了。很明显，我们的学校中有好的和差的课程，也会有好的和差的多媒体教学技术。像第 3 章指出的那样，在小学阶段，我们的学生中大约有 1/3 没有达到与同学们一起进步，提高阅读能力的水平。

我们当然希望不会有人由于不当使用远程教育而创造出一种“地狱任天堂”。

一个对此行业耿耿于怀的对比问题是：拿代数来说，与课程教学和学校教师质量相比，一个很棒的远程教育课程有多大的有效性？问题的答案必然只是推测，最终研究将会更好地回答这个问题。一些学生无疑十分独立，有设备支持使其与其他同学拉开距离。而其他学生则需要接受身边教师的教育培养。

我们猜想，在以一百个注册学生为教学对象的传统教学课程中，教科书的作用是显著的，而在结业考试中，接受远程教育的考生分数将是接受学校教育考生分数的 90%。如果我们是对的，那么在小型学校中的学生可以获得一些在校内得不到的远程课程。假设可以得以严谨发展，所有的学生都可以通过课外形式获得有用的课程，然后上大学。

全体教师的发展和教师教育

这个部分有一点点离题，但是有关教师发展的新进展便是运用计算机和视频（如录像带、学生编班制等）来进行多媒体课程。国家公共广播（NPB）已经通过提供 80 种以上的课程进入了竞争行列。目前国家级的咨询机构是课程发展与监督组织（ASCD），它也有自己的一系列课程。NPB 和 ASCD 都提供继续教育单元和大学学分制。两个组织提供的课程都是以常见的短期培训班的形式展开的。尽管这种明智的发展方式经常遭到抨击，但多媒体的确具有明显的吸引力。这些项目都宣称是以研究为基础的（我们将在以后讨论这意味着什么），并且许多的文章和论著呈现了各种教员的发展途径，他们带来了相当大的影响。有一个广告称：“一项来
自赫兹尔协会与布朗大学教育联盟研究人员的研究表明，与没有参加 PBS 教师在 440
线课程（为了教育专家提供的 PBS 专业发展）的学校相比较，至少 10%的教师加入 PBS 教师在线课程的学校总体上获得了明显的成就。”想象一下，如果学校的 30 位教师中有 3 位教师参加了远程课程，那么整个学校的成就会不会上升呢？尽管 PBS 在线课程的观点极为糟糕，但有一点是人们达成共识的，即它在提倡教员发展途径的多样性方面作出了显著的贡献，当然尽管带有煽动性的语言使人们相信了它的存在，但也没有在任何评论或研究上找到一点迹象。在这个例子中，当我们与赫兹尔协会和布朗大学的人员进行交流时，他们声称现在不能公布研究结果。真是太可惜了，因为 PBS 完全可以告诉全世界他们的实践是在研究基础之上进行的，但目前这项研究仍然是一个秘密。

如果学习一种复杂的在线教学模式显得有些奇怪的话，那么请想想国际马术学

院（the Global Equnie Academy，2004）所提出的，承诺教你学会骑马（你必须要有一匹马），甚至学习一些驯马技术。在马术教学领域，几乎不需要什么证据来证明，但是我们与他们就成功、信誉（银行存款）进行一次愉快的交谈——但问题是，老兄，抓住马前鞍！

如果你偶然拥有一辆坦克，你也许会试着去学习军队指挥课程，因为这方面相关的研究还比较容易得到（Leonard，Winkler，Hove，Ettedgui，Shanley，& Sollinger，2001）。

利用基于教学模式的课程，不让任何人掉队

我们来了解一下加拿大的另一项研究，这项研究说明了综合各类模式能够达到什么效果。

扩展：读写课程在53所教育权威学校实施的结果

布鲁斯·乔伊斯，布克森德实验室，圣西蒙斯岛，佐治亚州，美国

艾米莉·卡尔霍恩，菲尼克斯联盟，圣西蒙斯岛，佐治亚州，美国

吉姆·贾崔斯，教育主管，萨斯卡通公立学校学区，萨斯喀彻温，加拿大
441 （在该分区，教育主管是高级行政官员）

金·纽洛夫，警司，萨斯卡通公立学校学区，萨斯喀彻温，加拿大
（在该分区，有8个以警司命名的地区）

从当前关于学校发展的专业文献来看，我们在这里传递的信息从政策角度来讲是不正确的。

“由内而外（inside-out）”的理念目前方兴未艾。当前的学校革新提倡教师研究团队（一般称学习共同体）的发展，这些学习共同体研究自身现状，并为学校发展提供建议，对教员发展和学校发展进行管理。地方中心的全体办公人员要支持这些团体。一些有关学校发展的理论工作者甚至提倡教师“知道所有他们所需要知道的”：他们仅仅需要一个能分享知识，发挥专业威信，以及不被中心行政官员和策略规划者所束缚的机会（见 Schmoker，2004）。

但是如果地区理事和行政人员认为部门内部计划需要促使学生的学习超越校本教师团体的视界范围，将会产生什么样的结果呢？如果他们将创立更好的课程作为奖学金的条件，又将怎样呢？换句话说，如果原课程被拓展以至达到整个地区学生的水平，又将会发生什么样的情况呢？

尽管在萨斯卡通的公立学校，我们支持校本学习共同体，但是我们提出倡议的中心内容是为了生活阅读。

一项关于学校行政区的记录写道：“我们坐落在拥有210 000人口的萨斯卡通市。”萨斯卡通是加拿大萨斯喀彻温省最大的城市。萨斯卡通公立学校行政区有43所初级学校（幼儿园至八年级）和9所中级学校（九到十二年级），加上一所幼儿园至十二年级的联合学校。这儿有超过1 200名专业人员和450名教学助理为将近21 000名学生服务。或许是因为学生在社会经济环境处于不利地位，有10所初级

学校和 3 所中学被指定为学校共同体，并得到了特殊的财政资助和人力资源。第一团体，墨提斯和因约特学生构成了这些学生群体的 18%。10 位理事分别代表城市的一个部门（选举部门），包括理事会。

决定为生活而学习读写

这个决定并不是源自学区读写能力的严峻形势，或是公众对发展的强烈呼吁。我们并不是在试图补救糟糕的境况（尽管我们有必要长期促进为社会经济地位较低的学生和少数民族学生的服务的学校发展），也不是在呼唤“缩小差距”。事实上， 442
我们已经为市区及郊区的学校提供了大量的资源，以推动各种团体及父母参与进来，为学生提供更为丰富的经验。这些资源来自大众，因此有着重大的意义。

不过，尽管我们的工作环境并不是那么严峻，但我们——绝大多数的校长、模范教师和中心办公室人员——直觉上认为课程应该得到大幅提高。一个较小学区的实践经验在亚伯达省范围内传播，是因为该区的学生成绩得到了很大的提高。它引起我们关注的主要有以下几点：研究基础的运用、为员工发展提供的广阔空间以及在对实施过程和学生学习的研究中方法的有效运用（见 Jocyce & Hrycauk，2003）。在亚伯达省，一些优秀教师已经变成了行动研究者，他们正在积极研究课程实施对学生学习兴趣的影响（见 Joyce & Showers，2002；Joyce，Calhoun，& Hopkins，1999；Joyce，Hrycauk，& Calhoun，2001）。

一个由小学校长和中心办公室成员组成的研究小组研究了北极光计划的效果及其构成成分，并且将他们的发现提交给了萨斯卡通公立学校区的中央行政部门和理事。理事主张大力扩展扫盲区域，同意在几年内对阅读和写作予以持续的关注，并尽量避免对许多推动学校稳定和学区发展的课程的尝试变成“纸上谈兵”（见 Elmore，2004）。

由中心行政办公室组成的核心规划小组与一个咨询小组策划了一项基于教师发展、学校发展和读写能力学习的研究计划。在经过多次讨论后我们制定出以下计划，并将其命名为“为了所有人的读写能力”。

为了生活而学习读写的基本组成：基本原理和总体目标

将课程发展和一个以学校进步、教员发展及学生学习研究为主的行动研究框架结合起来努力构建一个区域范围内的学习共同体。

首先，在区域教师专业发展中建立统一认识和共同目标是计划的主要目标，它可以平衡近几年来地方上建立的基于网站和校本学习共同体形成的相关框架。正如我们将要说到的，所有的学校已经开始参与进来（仅在阅读方面）以增强所有学生的独立阅读能力。所有学校已经发起了区域网络安全计划，该计划主要针对高年级（三到十二年级）致力于阅读和写作（有效阅读）的学生。所有的幼儿园、一年级和二年级的教师正在对一项新的阅读和写作教学模式进行研究，并收集一些影响学生学习因素的相关数据。

其次，建立一个区域范围内专业工作的行动研究模式。在为了生活而学习读写 443
的组成标准中，建立了固定的数据收集和分析标准。同样，一支骨干评估队伍已经开始对学生学习进行有条不紊的评估，而且这种评估已经超越了在学生字母表认知能力、词汇发展及写作能力发展研究中，课堂教师例行公事般的收集。

再次，实现以研究为基础、以行动研究为导向的广泛的教师发展。只有阅读和成功阅读这两个项目是在对读写能力怎样发展的研究和对原始组成成分的初步评估的基础上进行的。教学模式和课程是幼儿园的内容，而在一年级、二年级展开的行动是以这些模式指导下的理论和研究为依据的。

最后，骨干教师能够为他们的同事提供教师发展和技术支持。这个组成部分的设计是为了让学区创立一支专业发展骨干队伍，以免过分依赖外部顾问。当然在必要的时候，外部顾问可以为教师提供初级培训。

改变学生学习环境的初级标准包括：

(1) 在幼儿园课程和教学中，为了阅读和写作的教学，所有教师都在研究一套新的教学模式，特别是图—文归纳教学模式（Calhoun，1999）。教师收集关于学生字母表认知、情景词汇获得和其他读写学习方面的数据。同时，教师需要完成关于课程和所用教学模式的实施日志。这些日志中的信息和学生数据在教员发展计划中要经过分析和运用，以此来研究实施的质量和区域内学生学习的成效。

(2) 在一年级课程和教学中，图—文归纳教学模式再次成为核心模式，其应用领域包括泛读和写作，以及对教学策略的明确理解和对写作的反思（元认知训练）。

(3) 对于二年级课程和教学，除以上策略之外，还要加上对概念获得和归纳教学模式的运用，以增强学生对句子和语段结构的理解（Joyce，Weil，& Calhoun，2002）。

(4) 对于成功阅读项目，有超过 60 个组为大约 700 名致力于阅读的三到十二年级的学生提供服务，而对超龄初级阅读者则用同样的课程和教学方式教行教授——这些课程和模式大体上对同龄的初级阅读者来说是有所限制的（Joyce，Calhoun & Hrycauk，2001）。

(5) 只有阅读项目的目的是提高所有学生在家里独立阅读的水平，并且鼓励学生、家长、教师、学校和区域进行有关阅读的行动研究（Joyce & Wolf，1996；Wolf，1998）。

444 广泛的教师发展是与前四项措施中的每一项联系在一起的。对学生学习的评估也会深入到每一项，比如教师对常规数据的收集以及经过特殊训练的评估人员组成的评估团所进行的周期性评价。在第一年里，所有一年级的教师和成功阅读项目的 65 位教师都能获得以工作组形式开展的为期 10 天的教师发展培训机会。在第二年中，所有一、二年级和成功阅读项目教师能获得 8～9 天的培训，而幼儿园教师需参加为期 10 天的培训。

课程和教育的理念

在我们早期的读写课程中，一个重要的教学模式即为从传统的语言经验体系中衍生而来的图—文归纳教学模式，另外还有概念形成模式和概念获得教学模式（Calhoun，1999）。图—文归纳教学模式设计的周期从学生描述场景照片开始。例如，照片可以反映地方群体的某个方面，或者呈现世界上的某个学生能想象到的图景。学生轮流识别照片对应的对象和行为。教师拼写单词，并勾画出这些图片中所涉及的文字和元素，然后创建一个图片字典，并给每一个学生展示一系列单词对应的照片，让他们学习这些单词在图片字典中是如何运用的。之后在归纳模式指导下，他们着手对已经测试完的单词进行分类，记录相同和不同的单词，建立类别，并且确定单词的词性。教师选择一些学生所做的分类来进行拓展研究，语音特点和结构或者单词的形态性质都在研究范围之内。教师模仿作品的标题和句子，学生跟着进行模仿，口述发音规则，并学着阅读。逐渐地，学生学会将标题和句子组合成与图片内容有关的段落。图文周期一般需要 3～5 周。

这种课程的主要假设是学生成为语言的需求者，寻求建立他们自己的可视词汇和文字风格，并尝试对语音及结构特点进行概括。

学生将要追求的一系列目标

可视词汇的发展速度。起初，学生进行图片分析（一张大的照片，24×30 英寸或者更大），这是接下来 3～5 周的研究基础。想象一下，学生研究这样一张图片：在吉隆坡的一家超市里或者飞机跑道上，一名妇女抱着一个小孩。学生们将这个细节和行为识别为“香蕉”、“微笑”、“汽车”等。教师将这些来自图片实物的单词打印并拼写出来，使这些单词储存在学生的听说词汇中。而其他单词则通过教师分享世界范围内非小说和小说市场和运输来进行研究。学生们则通过自己的探索和 445
阅读图书来学习这些词汇。

词汇的归纳研究。学生通过对词汇进行分类来发现其语言和结构特性。他们逐渐明白语言是可理解的，单词的拼写是有规律的，一个单词首字母可能与另一个单词的首字母的发音听起来是一样的，从而使得单词有许多的规律，比如将 s 放在 banana（香蕉）和 smile（微笑）之后会使其变成复数，而将 cars（汽车）的 s 移除则会表示一辆车。

高水平的泛读。一开始，学生可能会关注图片水平，但渐渐地，他们了解了作者所要表达的意思之后就可以理解列有标题的书本，学着用他们学会的新单词来造句。

定期（每天几次）写作。起初，学生可能只会用一张图来解释一个词。渐渐地，他们会写出与图片有关的句子和段落。

理解策略的研究。尽管大多数关于理解力的研究是针对大龄学生的，但从学生的早期开始对理解策略模式研究（明确介绍见 Duffy，2003）也是很重要的。（关于理解力和图—文归纳教学模式更为详细的介绍见 Calhoun，1999，Joyce，Hrycauk & Calhoun，2003。）

培训设计和对实施的研究

乔伊斯和肖沃斯（Joyce & Showers，2002）研究并发展了教师发展模式，该模式的使用适应了学区学校结构和当下环境。教师发展模式的设计是为了确保教学模式中的教学技能和教学策略能够得以高水平实施和发展。培训模式混合了四种教育要素：理论和基本理念的研究，实证，参与者的课程及其课堂组织的发展，经验分享及对学生的影响。容量庞大的数字化图书馆可以被用来进行实证表述和对基本原理的探索。培训会议的成立可以使 43 所中学的教师一起分享经验，并且研究结果已经证明它（一种同事互助指导的替代品）与其他环境中的同事互助指导具有同样的效果。

教师对自己选择的模式的实施进行研究。他们用日记方式来记录课程的许多方面，包括确定学生的学习类型（分类发展、可视词汇学习、句型创造等）。教师发展团队对日志进行研究，以此作为调整培训和评估实施水平的基础。这些评估数据可用于确定整体实施水平的成效，并可以将实施水平与对学生学习的衡量联系在一起。 446

对实施的研究

大规模的学校革新，如“为了生活而学习读写”，涉及课程改革的所有环节。包括广泛的专业发展（今年大约有400位教师）和读写教师的专业发展、校长的常规性工作以及对实施情况及学生学习的研究。在整个北美，很多项目都以失败告终，这使得向项目提供的学生成绩出现了很多逻辑问题。正如一位研究者描述的那样，学生可能会处在这样一个尴尬的位置：一方面有报告称学生缺乏学习效果，而另一方面却发现根本不存在实施行为。

对实施的研究有两个层面。一是对教师和行政官员在实践中无障碍地高水平实施的条件进行的研究；二是对教师和行政官员在课堂中实施新课程元素程度的研究。

他们实施的条件是什么？

教师发展项目是按计划进行的（从幼儿园到二年级，以及成功阅读项目的所有教师，每环节8～15天）。从90%以上的平均参与度来看，计划的参与情况是非常好的，特别是在学校中难以预料的事情没有发生的时候，学生表现尤其好，难以预料的事情指的是学生的确参与了，但是效果乏善可陈。行政部门寻找并安排，在意外出现时将教师和培训顾问有序或迅速地集中起来商议。这样一来，课程资源发展了，教师发展会议组织召开了（我们将在以后的篇章中对读写教师发展会议进行说明），培训也开展了。确定方向原则的会议也按时召开。员工发展会议被安排在整个培训计划中进行，整个培训计划也经过了广泛的研究，是在对新课程和教育模式进行高水平实施的过程中产生的。

课堂实施的程度

员工发展会议的频繁召开（每4～6周一次），特别是校内教师的频繁交流，对教师学习模式和学生使用数据具有一定支持作用。

每学期收集四次教师的发展数据，这些数据来自每位教师发展计划实施前大约一周的。在每项计划实施前，要求教师完成一篇实施日志，其中需要描述他们做了什么、学生的反应怎样，并要求他们将问题和需要列出来，以这种形式来汇报学生的学习数据。例如，在幼儿园，教师对儿童字母学习和可视词汇的习得进行研究和汇报。同样，我们要求教师将他们创造的并正用于支持课堂教学的材料带到会议上来。

447 在准备召开员工发展会议时，咨询顾问和读写教师会对日志进行分析，检查实施状况和学生学习的状况。会议将围绕教师在实践中遇到的问题及未来的发展进行讨论，同时也将对培训内容的使用情况进行非正式的讨论。

在整个一年中，咨询顾问和培训者会对计划的实施水平进行评估。以下是他们整年的评估（这些评估不包括读写教师，他们是较高级别的使用者）：

幼儿园

全方位地积极实施的：50%。

经常但有些机械地实施的：25%。

实施次数少且不固定的：25%，包括不实施的。

一年级

全方位地积极实施的：大约60%。

经常但有些机械地实施的：大约 20%。
实施次数少且不固定的：大约 20%，其中有两三个完全不实施。

二年级
全方位地积极实施的：大约 50%。
经常但有些机械地实施的：大约 40%。
实施次数少且不固定的：大约 10%，其中有两个完全不实施。

成功阅读
全方位地积极实施的：大约 40%。
经常但有些机械地实施的：大约 45%。
实施次数少且不固定的：15%。

对学生学习评估的总结

这是一场范围涉及较广的实验，涉及整个区域内的初级阅读教师，有 80 名幼儿园、80 名一年级、80 名二年级和 70 名成功阅读项目教师参与开展深入的工作，组织和社会目标是重要的，学生成就也是一项重要的目标。在我们的学生中，参加二年级和成功阅读项目的学生超过 4 000 人，初级阅读已经覆盖所有20 000名学生。不像学校革新任务中组织氛围在学校革新方案的期待中产生那样（Schmoker，2006），当前的努力是利用实质性的新方案来建立一个更为协调的学校发展氛围（Joyce，Calhoun & Hopkins，1999）。评估成为建立区域范围内行动研究群体的重要组成部分（Calhoun，1994）。

骨干评估队伍 448

一支由行政中心人员、校长和教师（上面已经提到的有关读写的骨干评估队伍）组成的评估骨干队伍接受了关于冈宁程序（Gunning，1998）和格雷朗读测试（Wiederholt & Bryant，2001）管理的培训。所有学校的校长都学习了格雷口语阅读测试管理。幼儿园和一年级教师研究了学生字母学习、可视词汇学习和学生写作。在每周的在校学习中，学生需要完成大量的独立阅读。

幼儿园中的冈宁程序是由一支受过培训的特殊团队来进行管理的，一到五年级学生需要进行格雷朗读测试，而其他年级则进行成功阅读项目。

格雷朗读测试是在学生向评估人员阅读一系列文章段落的基础上进行的，这些段落由前往后逐渐复杂化。评估人员对学生单词识别能力进行研究，并让学生识别不认识的单词。评估人员所提供的单词在一段时间（大约 3 秒）内是不会被认出的。在读完每段以后，通过对学生进行提问来评定学生对内容的理解力。测试中有关流畅性和理解力的成绩已经在大量的学生中被标准化了。因此，该结果可以与标准化图表相比较。

冈宁程序是由托马斯·冈宁（1998）发展起来的，它为学生选出具有以下几个水平的图书：

冈宁水平：
第一级：图片水平。词汇比较少（有些仅仅五六个词），并且与每页的图片都有紧密联系。
第二级：标题水平。一些句子和较多的行为需要更多理解。有许多页强调同一个重点以推动书本中故事的进行。

第三级：简单的文字水平。介绍拓展文本。学生不得不阅读超越图解说明的文本。

第四至六级：初级阅读水平，词汇和故事的复杂度都有所增加，而且需要对丰富的文本式阅读有一定的理解。

第七级：2A 等级。这个阶段有一些大开本且复杂的书籍。能在这个阶段阅读的学生可以独立地阅读涉及许多主题的书。

在评估中，将书籍呈现给学生，并就封面页与学生进行简单讨论。然后，学生开始阅读书本。为了记录的流畅性和准确性，在尊重格雷朗读测试的基础上，程序
449 表述包括设计问题以获取对书籍主要方面的理解等。评估组从英国出版的尚未在加拿大广泛分布的图书中选择一些来给学生阅读，以确保学生对所读的书本比较陌生。

来自正式评估的学生学习结果

这里提供的数据来自2006年春的正式评估，并与先前几年的结果做了一些比较。控制组是前几年的数据或者测试标准。评估运用抽样法，在每一个班或者计划的每一个部分中选取了一些学生。

幼儿园

冈宁程序被用来评估学生在各个阶段阅读书本的能力。该程序由一些校区的评估骨干成员管理。评估中抽取幼儿园每个班级中的 6 名学生作为样本。其结果如下：

在计划实施的第一年，评估描述学生能够理解性地阅读的书籍的水平。我们知道，过去只有少数地区的学生能在幼儿园学习阅读，在一年级开始时，仅有 1/4 的学生能够达到 100％的字母识别率。

而如今，在幼儿园学年结束的时候，仅有一名学生（有 350 名学生接受测试）没有达到图片以上的水平。

其他所有学生都至少能阅读图片水平上的书本。

图片水平——30％
标题水平——34％
简单的文字水平——12％
初级阅读水平——18％
2A 等级水平——6％

这一结果是非常有希望的，而且它预示着美好的未来。36％的学生处于简单的文字水平或更高水平。而在过去，许多学生因为能力不足而离开了一年级。在评估中，2A 等级阅读者的阅读水平与许多中段的小学生阅读水平等同。

一年级

在 5 月和 6 月，评估骨干们运用格雷朗读测试对一年级的学生进行了测试。

两年前，一个类似的评估结果显示一年级学生的平均阅读能力 GLE 为 1.6。一年前，同样的测试显示一年级学生的阅读水平 GLE 为 2.2，而今年，这一数据为 2.4，只有大约 15％的学生的阅读水平低于 GLE1.8（这是年级水平的最低标

准)，然而，在两年前的评估中，一年级有 70%的学生低于这个水平。

二年级 450

二年级的测试是在学年的后 3 个月（一学年 10 个月）开始进行的。也就是说，只有 3 个月的时间来完成测试。7 个月后在关于阅读理解力的格雷朗读测试中，北美学生的平均分数为 2.7。这个平均分数包括所有的学生，即包括来自加拿大和美国学业成就高和学业成就低的所有学校。215 名二年级学生的样本足够在 0.01 的水平上评估二年级学生的成效。

在二年级学生进行测试 7 个月后，平均成绩达到了 3.2（而 7 个月前的测试显示的是 2.7），其差别是在校半年的平均成绩。保守地说，再有 3 个月，学生的平均成绩将会达到 3.5，或者再有 5 个月的话，二年级学生大体上能在这个成绩以上。

性别

通常来说女生学习阅读要早于且优于男生。这种差异一直延续到注册进入高校学习的女生占到总人数的 60%。为什么会出现这种状况呢?

本质上讲，二年级的男孩和女孩并没有显著不同，但这只适合于过去那种课程和教学成分结合并实施的情况。随着成绩的提高，平等性也随之提高。

这项工作并没有结束，仍然有一些学生结束二年级的学习时仍在阅读能力上有明显的欠缺。尽管如此，二年级的学生的学业结果也是值得肯定的，并且我们现在正在努力加速有需要学生的读写能力的发展。他们中将有一些参与到成功阅读的项目中。但是，在未来，我们希望从幼儿园到二年级实施的三年深入阅读教育使得在读写能力的学习上仍有困难的学生越来越少。

成功阅读项目

参与成功阅读项目的学生平均每年在阅读能力 GLE 上得到 0.6 的提高，并且与同龄人相比，他们将越来越处于领先地位。

今年 6—9 月，每个部分的平均分数所得大约是 1.4，比过去增长了 2 倍多。因此，这些学生比同龄人得到更好的发展。

这些格雷朗读测试数据来自 52 个学校的 56 个成功阅读项目组中的 477 名学生。它们是由地方行政当局的格雷口语阅读测试骨干评估人员从各组学生中随机抽取而得到的。

计划提供了关于学生 9 月和 10 月参与成功阅读项目时测试的表现及其第二学期结束时的表现的比较数据，这些数据提供了许多学生在为生活而学习读写活动中进步的直接证据。值得关注的成绩是关于理解力（理解读的是什么）和流畅性（准确度和速度）在指标水平上的成绩。

最初进行成功阅读项目的成绩和反应 451

一开始，在理解能力和流畅性方面每年分别获得大约为 0.6 和 0.25 的平均成绩指数，因此参与成功阅读项目的服务人数需要进行适当计划。在每个年级，记录的学习分数是相同的（也就是，学生在所有学年，不管是在三年级还是在八年级，参与该项目的学生的成绩都在比率指标之上）。

来看看整个的注册情况，参与成功阅读项目的学生获得的平均理解能力指数是 1.3，流畅度是 1.15。这只是成功阅读项目过去的事实，大约 30%的学生在参与该项目的第一年并没有达到这样的结果。当这些学生被移除出计算范围后，其余学生获得的平均成绩指数是1.7的理解能力和1.4的流畅性。1.7的成绩指数带给大多数学生崭新的前景和成功的希望。他们现在有良好的学习效率，并且能带着对核心课程更好的阅读能力和词汇基础来上课。

过去的记录显示，那些在第一年几乎没有获得什么进益的30%的学生将在第二年获得其他学生能够取得的进步比率。

在过去的15年中，我们并没有在大规模的成功阅读项目中减少在第一年没有收获的学生人数，尽管一些部门显示所有学生都有很大的收获。但大多数部门也许还需要一段时间来让习惯性失败的学生达到平均指数并减少一些学生最初的强烈抵制心理。

流畅度和理解能力相互关联

针对流畅度和理解能力获得的数据是适度（0.52）相关的．在每一个领域，最初参与成功阅读项目时的成绩与年终成绩并不相关。

性别

注册参加成功阅读项目的学生中60%是男生。从最初进入成功阅读项目时的成绩来看，男生和女生是相同的，但是女生通常在成功阅读项目中收获多一些，这种微小的不同是从统计意义上来讲的，我们需要对这些不同进行探究。

成功阅读项目的年级水平分类

在成功阅读项目中，学生分为三年级的学生、四至六年级的学生、六至八年级的学生以及八年级以上所有获得相同平均分数的学生。这符合成功阅读项目的程序。9岁和14岁的学生在大约三年级的水平上参与该项目，在最初一年获得了同样的数值。在第二年里，当很多资历比较老的学生在学习技能上赶上他们的应然能力时，收获会非常大。

社会经济地位

成功阅读项目与学校服务在来自不同经济水平家庭的学生中表现出了一样的效果。有一些学业进步最大的学校是为城市的贫困者开设的，这些课程在社会经济水
452 平较高的学生群体中表现得也很好。在加拿大另外一个地区，强有力的证据证明种族不是实施读写计划的一个因素——主体民族的孩子们在成绩方面的表现与其他学生是一样的。同样地，对那些具有轻度到中度学习障碍的学生的鉴定经常与社会经济地位相联系，这些学生与没有学习障碍的学生可以得到相同的成绩。

总结：由内而外/由外而内的问题

这个简单易懂的报告描述了一个复杂且涉及范围广泛的读写计划。该计划主要围绕对学生怎样学会读和写的综合性研究来扩展原始课程。计划成功地实施，此外，关于学生成就的研究表明，学生个体通过计划获得了非常大的收获。我们诚挚地认为地区范围内的计划是切实可行的，它们是基于教师发展和由教师及行政人员组成的区域共同体的研究提出的。将由内而外和由外而内的方法割裂开来并不是一个好想法。

后　记

读完这本书后，你会体会到独一无二的满足感，这种感觉是无可比拟的。 453

观看一部电影、欣赏一场音乐会或表演、滑一天的雪、徒步旅行一天等，都可以让我们的心情倍感愉悦，然而读完一本书所带来的感受却是完全不同的。

读一本小说时，你常常愿沉浸在故事中玩味，憧憬在书中那种夕阳西下的情景中享受阳光，在故事的延伸中，将自己融入到小说的角色和主题里，期望自己身临其境。

这种感觉与阅读报告文献略有不同，后者是另一种不同的满足和渴望，它往往更多地倾向于行为而不是反思。遇到这种情况我该怎么做？我将怎样把它带到我的世界中？

教育者阅读《教学模式》一书并将它运用于现实世界，唯一的结果就是学生和教师都可以取得成功。如果你是一位教师，请学习一种策略并将其用于实践。如果你是一位管理者，请将这项工作介绍给你的员工。如果你是一位致力于教师专业发展的教师教育者，请将这本书作为基本的参考。它不会令你失望。

我承诺：

这本书将为初次经历教学的教师提供一座关于教学模式的知识宝库。这些教学策略都是在研究、实践的基础上产生的，是经过细心研究的。丰富而多样化的选择将会对学生记忆信息，获得和发展概念，提出并验证假设，从文本、演讲和陈述中提取信息和观点，在合作和探究的气氛下研究社会问题。拥有这种知识宝库的确会令人感到鼓舞和愉悦。

那么，让我们开始这次旅行，对教学和学习进行研究。这是一个将多种教学技能融合到更为广泛的个人技能体系中，并使你成为专家型教师的机会，是一项联合研究和开放性的创新，是一份馈赠。

实际的呈现更让人惊喜，因为教学模式一词是具有欺骗性的，它们并不是简单的教学模式，而是学习模式。学生将方法内化，将这些策略转化融入自己的思维过
程中，并且在日常的学习中独立地使用。因此，这些模式在教学实践中得到了日益 454
广泛的运用。当学生不仅仅获得了智慧，而且还成为了更优秀的学习者时，教师也得以继续成长。

很多年前，我被认为是一位成功且受欢迎的年轻教师。我可以从容地处理与学生的关系，并带着真诚的热情与他们一起交流各学科内容。然而，我对我的成功缺乏一种深层次的理解。我凭着直觉去教学，并且在不知不觉中获得了胜任学科教学的能力。因此可以说，我再现一堂好课的能力并不稳定，甚至我具备的只是短暂地

与他人交流教学经验的能力。

我在做教师方面的成功使我快速地走向了行政管理的仕途，这种情况在教师职业中是很常见的。尽管如此，曾经作为一名校长，我也不能将自己的教学技能解释给他人。不幸之中的万幸是，经人介绍我阅读了《教学模式》，它改变了我的人生。从那以后，我赢得了教学领域内的广泛认可，《教学模式》中关于教学策略、教学技能、迁移和实施的语言已经成为我的教学向导，并且已经能够很好地为我所用。

《教学模式》为我的专业发展提供了背景和结构、历史和基础、风格和关注点。

我曾经幸运地在布鲁斯·乔伊斯及他的《教学模式》一书的指导下做了几十年的学徒。布鲁斯和艾米莉曾经在我的学校工作，并对教师进行培训。我曾经写了关于教学模式的地方课程作为一门基础平台课，并继续为这些教学模式的弹性和力量所震惊：图—文归纳教学模式被介绍到幼儿园的读写课堂；小组研究成了中学学习的主要方式；归纳、概念获得、记忆模式，以及对每日学习的群体生态的控制等都运用到了各个年级。

作为管理者和咨询顾问，我已经经历过无数的读写课堂。很显然，在很多学校的发展计划中，并没有针对教学方法进行扩展和促进的服务。因此当看到大多数教师教学技能是这么有限时，我并不惊讶。在他们看来，仿佛这并不是他们课程准备中的一部分，也不是他们职业的主流。

当学校需要比以前更好的教学时，关注的焦点似乎在别的地方。这些领域被分割并因国家标准而无法集中起来，这让人困惑不解且心烦意乱，这些标准限制并减少，而不是扩展和提升了教学和学习。如果没有制定教学资源和实践，那些区分教学资源和实践优先秩序的程序和规定便会受到鼓励。学习效率越低，规定就越发严格和教条。

我们可以做得更好，《教学模式》给我们提供了这样一条道路。

《教学模式》将教育研究作为重点介绍对象。许多地方在工作管理、结构、评估、技术和课程上做了其他的选择。尽管我们的经验没有被关注，尽管它们仍然是不完善且受限制的，但这些经验却是高尚而值得推崇的。当所有其他领域活跃起来时，先锋教育、课堂实践评估也得到了相应的发展。

455 每个人都希望根据教育目标来发展学生的学业成就，有力的教育模式将会使学生在义务、好奇心、自信心、合作、调查研究、疑惑甚至是兴趣方面得到更多的发展。

我可以承诺：

这本书为我们提供了为什么带着希望和崇高的理想开始工作将会使我们的职业生涯产生不同的、积极的影响。在学识和教学模式实践的帮助下，我们绝对有潜力使学校成为调查研究的中心、使教育实践者有不倦的好奇心，并且呈现出我们最好的职业素养。我已经看到了这种情形的发生，并且我一直关注着它的推进和反响。

我相信《教学模式》对我们的职业是十分重要且真实的，可以为我们的职业作出重大贡献。

我的经验告诉我，一旦看到这本书，我们在职业发展中就不仅仅是需要它，而且是如获至宝般地喜爱它。

凯利·杨（Kelly Young）

于卵石溪实验室（Pebble Creek Labs）

附　录

同事互助指导（peer coaching guides） 457

接下来的部分主要探讨同事互助指导，这其中包含了九个最常用、最适用的教学模式中所进行的教师之间的同事互助指导。它们有助于研究小组成员之间的规划和交流，促进相互观摩，并努力从观摩的过程中获益。

不管小组成员之间的互相观摩是否发生，同事互助本身的应用能够促进小组成员之间思想的分享。

因此，同事指导过程中的双方都很重要：计划和指导教学过程的教师和学习研究这些模式的合作者。双方共同致力于一个持续性的教学实验。他们有着相同的目标，即提高他们对师生之间的交流进行分析的能力，提高他们教学生如何获得知识和概念的能力。使用该模式有助于教学过程的设计，并且把注意力集中在观察这些模式的主要特征上。教师通过让观摩者在指定的地方填写相关信息做好准备。观摩者填写观摩一览表并将相应的结果反馈给教师。双方通力合作，研究学生反应和计划如何帮助学生更有效的学习，双方都将从中得到较好的发展，实现双方最大程度的获益。观摩者无须给教师提供如何更好地教学的建议，而是通过观摩去促进自身学习，并提供关于学生反应的信息帮助教师。

分析及交流的过程应该在客观的气氛中进行，根据实际情况对模式的各个阶段进行分析。该指导偏重于模式的结构——对学生提出的认知目标和社会目标以及学生如何做出反应、反应的原则等——在学生试图获得概念的过程中，教师如何做出反馈等方面的指导原则。教师可能想要这些同伴密切观察模式的某一个具体阶段，比如学生对某个特定的认知或社会目标所做出的反应，或者教师对学生的反应做出 458
的回应。即使有时是被要求的，合作者也应避免做出一些无根据的建议，这将破坏同事间的互助关系。通常，对一个教学过程的交流时间应该控制在五分钟以内。为了便于自我指导，教师在必要的时候可以使用录像带，在回放的过程中，教师尝试进入合作人的角色，尽可能不带任何偏见地分析和反思整个交流过程。

同事互助指导：先行组织者 459

教师：你是否建议这次分析应该有一个中心或主题？如果是，它是什么？

教学过程

多数教学过程都有内容目标和过程目标。内容目标包括信息、概念、理论、思维方式、价值标准以及其他学生有望从过程中学到的的内容。过程目标指学习的方法——完成社会的及智力的任务以提升学习能力。就某一教学模式来说，过程目标即那些能够使学生有效完成该过程中所规定任务的目标。

内容目标

教师：请陈述这一教学过程中反映基本目标的概念和信息。你将给学生提供什么样的信息？提供什么样的概念组织这些信息？这些概念或信息对学生来说是新的吗？

过程目标

教师：请陈述在该教学过程中涉及的任何过程目标。例如，你是否尽力去帮助学生学会如何理解和运用先行组织者，如何在学习材料和概念结构之间建立联系，如何将新材料和先行组织者联系起来，如何将已学到的知识运用到新信息和技能中去？

460 观摩者：请评价学生对这一模式的熟悉度，尤其要针对上述的过程目标。

阶段1：呈现先行组织者

这一教学模式的关键是运用组织起来的思想，引导学生从概念的层次上把握他们正在尽力掌握的材料。教师利用概念的"智力支架"对材料进行组织并且将这些概念呈现给学生，以便学生能够将新信息和它联系起来——或者在一个更有力的概念性结构中重新组织熟悉的信息。即使经过了精细组织的一系列主题信息有助于学生的学习，我们还要尝试在一个更高概念性层次上去促进概念的组织，以促使学生在超越仅将信息与某一主题建立联系的基础上进行信息加工，同时在一个更复杂的层次上对材料进行思考。

阶段1是先行组织者的呈现。

教师：请描述组织者，或者组织者系统，如若它（它们）是实际的，请陈述之。讨论它（它们）如何帮助学生把材料概念化。你将如何引出这些组织者？

观摩者：请就学生对组织者做出的反应进行评价。他们是否同化了组织者？他们是否理解了组织者是如何起作用的？是否理解了他们的任务是学习新的材料，然后将它们和组织者联系起来？

阶段 2：呈现信息

当然，这一教学模式的目的是促使学生在任何抽象的层次上学习材料：资料、概念、理论、思想体系——所有可能涉及的东西。这一模式将学生定位于一个积极接受者的角色，通过阅读、观察或者摸索从常规的渠道或者环境中获取信息。这些 461
信息也可以通过图书、演讲、电影、录音带，或者其他的中间形式或联合形式呈现和展示出来。

教师：请描述将要呈现的内容以及呈现的方式。将你最想要保留的内容或者你想要它在将来如何运用的内容突出强调出来。

观摩者：请评价学生的反应。学生是否对他们即将学习的内容有所了解？从学生的角度看，你清楚组织者在材料的联系方面如何运作吗？

阶段 3：建立组织者和陈述的关系

由先行组织者限定的概念结构需要和已呈现的信息综合起来，并且也需要和学生的个人知识结构达成一致。学生经过练习后能够独立完成大部分任务，因此提供一些相应的活动使概念和材料之间的关系更加清楚，同时使学生有机会对组织结构进行思考是非常明智的。

例如，我们能够阐明某一个组织者和信息的某些方面的联系，并引导学生思考更深层的联结和关系；或者我们可以让学生用自己的话语重新阐释组织者并指出它们与材料相关方面的关系。

教师：你将如何进行阐述或者提供一项任务来增加组织结构和学生概念性结构两者综合的可能性，同时清楚地表达组织者和已呈现材料之间的联系？

观摩者：请就这一阶段进行评论。学生是否已弄清组织结构以及它和将要学习 462
的材料之间的关系？

阶段 4：应用

有时，信息是作为学生学习一项技能的前提呈现给学生的（我们可以教给学生音符帮助他们学习唱歌），有时候也呈现给学生以帮助解决问题（力学的知识可以运用于需要杠杆原理的问题上）。我们也可以将已学知识运用到后续的学习任务中（等式的一般概念对掌握很多数学问题是很有用的）。

教师：在这一点上你是否希望提供一个明确的运用目标？如果是这样，请简要地描述一下。

观摩者：如果提出一项运用性任务，请对学生迁移到新内容中去的能力进行评述。

463 同事互助指导：合作学习团体

下面讨论的问题与其他的指导不同，这种形式有助于安排教学和观摩，而不是以教学模式为中心的。这一形式的主旨在于把学生组织成学习小组和合作小组，而不是关注罗伯特·斯莱文和他的同事（Slavin，1993）或者罗杰·约翰逊（1999）以及戴维·约翰逊所提出的具体合作学习策略，尽管该方法的基本原理是类似的。同时也不是为了处理群体研究（Sharan & Hertz-Lazarowitz，1980b；Thelen，1960），另外一个指导主要研究群体研究方式中的主要民主过程策略。

相反，合作学习团体为合作学习提供了一个平台，它能和其他的方法结合起来运用到教学中。

该指导描述了多种选择，教师可以从中进行挑选或提供其他的选择。观摩者分析学生的创造力，并且尝试确定一些方法帮助学生进行更具创造性的行为。下面提供的几个例子是关于归纳教学模式的。同时使用这两种指导也许是有用的。

在使用其他模式时，可以利用合作学习的类比作用。

团体中的选择

本质上，我们想要很好地将学生组织起来以使班级中的每个人都有一个合作伙伴来共同完成课堂任务。例如，两个结对的学生能在整个归纳模式中进行合作，收集信息、进行分类，并对因果关系做出推理。这种合作关系（尽管学生之间可能会形成长期的合作关系，但是没有这种必要）以小组的形式体现出来。例如，班上有30名学生，可分为5组，每组6人。我们不建议组数大于6。这些小组也可以在归纳模式中进行合作，收集整理数据并进行推理。这种合作关系提供了一个简单的团体，通过这种团体，小组可以进行分工。例如，每一对伙伴能够从某个特定的渠道收集信息，然后信息积累起来形成小组的数据库。同样地，小组的数据库可以积累成班级的数据库，然后，各组可以利用这些数据库和其他组结果进行比较和对照。

可以通过多种方式确定小组成员和合作伙伴，如学生自主选择、随机选择、教 464
师指导下的选择等，以达到最大程度上的多样化以及潜在的协同作用。

在小组指导方面，可以通过具体的方法指导学生开展学习活动。也可以使用概括性的方法，把需要进行组织的大部分任务留给学生去做。

组织

教师：在这个教学过程中你将如何组织课堂？你将选择多少组进行活动以及每组的人数是多少？

组员如何确定和划分？

你将使用什么教学或学习方法？如果你没有使用某个具体的教学模式，你将如何确定你的教学策略？

你将如何在教学过程中利用合作团体？将如何给结对的学生、学习小组或全班布置合作性任务？例如，假设这是一节归纳课，合作者可以收集资料，进行分类和推理。或者，他们可以收集资料，但是在进行分类之前，这些资料可能会被班里所有成员集中起来。他们还可以学习词汇、诗歌、地图、数字及其运算或者其他材料。你的计划是什么？

观摩者：在你熟悉了这个计划后，坐在教室里以便密切观察6名学生。在整个 465
教学过程中，不管这些学生是以合作伙伴还是学习小组或者任何其他方式进行学习，你都可以集中观察他们的行为，然后对他们的表现做出评价。

他们对他们将要完成的任务是否明确？如果没有，你能否找出他们不明确之处是什么？

他们是否知道如何去合作完成安排给他们的任务？为了更有效地达成目标，他们是否还有一些必须了解和明白的东西？

他们是否能够约束自己的行为，坚持完成任务、分工明确、轮流工作？把小组运作的任意方面示范给他们能使他们获益吗？

他们采用了何种领导模式？他们确定了一名还是多名领导？他们对过程进行讨论吗？他们互相尊重对方吗？

讨论

在此之后，讨论这 6 名学生所在的小组的运作状况。他们的创造性是否令人满意？他们之间的关系是否令人满意？如果不满意，你能否制定出一个计划帮助学生提高创造性？请记住以下几点：

1. 提供练习是最简单也是最有效的方法，能够帮助学生更有效的合作。尤其是对那些从未有过合作经历的学生来说，这一点就更加管用。

466 2. 团队越小，学生越容易规范自己的行为。缩小学习小组的规模可以使学生更好解决他们自己的问题。

3. 演示比说教更有效。教师可以参与进某个小组中，并指导学生如何更好地合作。事实上，观摩者在以后的研究中也可以参与到小组中来。

4. 越简单的任务对学生来说越容易把握。将复杂的任务分解为几个较简单的任务能够使学生通过实践获得技能。

5. 嘉奖合适的行为会收到很好的效果。如果两个团队在不同的水平上进行操作和表现，表扬有较强创造力的一组，然后加入另外一组担当起领导角色是很有效的做法。

467 同事互助指导：法理学模式

法学案例的分析通常需要通过几个课时才能得以呈现，这通常意味着，观摩者只能参与其中的一次或者两次，他们缺席期间所讨论的事情需通过简报了解。在教学和学习的过程中不能试图贸然地将它压缩为一节或两节课。

教师：你想为分析提出一个中心点吗？如果可以，你将会提什么中心点？

教学过程

多数的教学过程都有内容目标和过程目标。内容目标包括信息、概念、理论、思维方式、价值标准以及其他学生有望从过程中学到的内容；过程目标即学习方法——能够提高学习能力的社会性和智力方面的教学。在使用某种教学模式的情况下，过程目标即那些能够使学生有效完成该过程所规定任务的目标。

内容目标

教师：请描述一个最优先讨论的结果，这个法理学模式所包含的内容具有相当的多样性，因此哪些需要优先考虑是相当重要的。这里所要涉及的包括要研究的事件，与事件相关的概念、议题、价值观和政策。

过程目标

教师：请描述一下最重要的过程目标。这是一个包含了既复杂又具有多重社会维度的任务的模式。在这个过程中有哪些方面是我们应当给予特别关注的吗？

观摩者：随着教学过程的发展，观察学生的行为，特别是要留意以上描述的教 468
学目标。因为学习任务如此复杂，我们以进程中的一个或者两个方面作为评价的标准或许是更加明智的做法。

阶段 1：事例的导向

一般来说，这种模式以波及公共政策问题的情境为定向，并且有关这些情境的信息经常被收集来为研究环境和事件做准备。这些问题实施起来通常也有困难，因为这里的竞争价值和兴趣需要被折合，这种模式的核心是辨别这些竞争价值和兴趣及用来执行处理这些问题的政策的形成与分析。

在阶段 1 中，向学生呈现体现问题的最初案例。一些案例需要过长的阅读和研究，甚至需要明确其议题到底是什么。通常情况下，我们需要向学生呈现强调问题的情境。

教师：教师需要详细的描述这些案例。那么作为教师，你将要如何呈现这些案例呢？你会用一个特定的环境，来描述一个事件或对话吗？你会用特定的情境来呈现阅读吗？

学生讨论特定的情境或案例后，最终发现这些情境中固有的问题，在这种情况下，不要尝试着去仓促地得出任何草率的结论。在这种情况下，要听取和尊重学生的观点，不管这些观点的表达是强烈的还是温和的，都要记录下来以供进一步的研究所使用。

观摩者：请评价学生对案例的吸收情况，以及他们对其中所包含的问题的分析情况。他们是否以合作的方式提出问题、研究问题？他们是否能够从问题中发现事实？

469 ## 阶段 2：问题、选择和价值

第二阶段就是对已经发生的问题进行排序，通常，对一个问题的最初探究引出几种叙述的综合以确定问题——利益或者价值观的冲突；确定价值观——引出了对价值的定位，对价值的定位可以解释为什么一种行为需要采取特定的行动；同时引出了有关的现实或问题，这些需要分类整理，并标记为问题和价值。

教师：请讨论你将如何帮助学生组织目前已经形成的结论。

观摩者：请对学生的反应做出评论。他们能够分辨出事实、价值观、问题吗？他们清楚在哪里提出假设以及在哪些方面拥有足够的信息吗？到学生能够熟练的运用这个模式为止，他们会表现出各种各样的观点，确定自己的价值观，等等。这些是能够预料到的，但是一定要对这些观点和价值观加以注意，因为他们能够提示我们如何才能帮助学生形成更高级的技能。

现在需要做出决定，学生在进一步分析价值观的取向之前是否需要更多的关于案例的信息。如果需要，应该给学生提供这些信息，或者组织学生获取所需要的信息。观摩者应该仔细观察以判断学生是否获得了足够的信息以保证继续前进。教师可以决定是给学生提供更多的信息还是组织他们进行研究。

对价值定位的初步确定

现在是应该对所涉及价值观进行讨论的时候。问题的核心是很难找到一个能够协调多种价值观的方法。因而，应该让学生列举一个详尽的任务单，其中包括某种情况所涉及的所有的价值观。他们可以独立行动，也可以选择小组合作的方式，还可以作为一个整体进行合作分析。

470 教师：你将如何安排学生进行分析，是独立进行还是分组进行，或者以其他的方式进行？你将会给予他们哪些指导？

观摩者：请评论学生对于这种情境的分析情况。他们是否能够分辨问题和这个问题所体现的价值观，是否能够辨认出这种情境中所隐藏的矛盾？

集中于一个矛盾点

即使是一个简单的案例也会涉及一些潜在的问题，因此唯一可取的做法就是让学生在开始阶段就对一个特定的矛盾点进行深入的讨论。其他的矛盾留待以后再进行处理。

因此，我们要求学生选择一个矛盾点作为焦点并分析其中潜在的价值冲突。

观摩者：请评论这个过程，学生是否清楚这个矛盾以及矛盾所体现的价值观。

阶段 3：选择立场

接下来的任务就是要让学生提出一些处理矛盾的立场。这些立场可能会倾向于某些价值观，或者出现不同的价值观进行妥协的情况。

教师：请描述你将如何指导学生。与此同时，你又将如何组织他们：个人形式、小组形式或是其他形式？

接下来，学生针对他们所确定的立场进行讨论，并指出这些立场所具有的社会 471
意义。

观摩者：请对分析的结果进行评论。学生是否能够在提出政策立场的同时，又能够认识到它们所隐含的代价和利益呢？同时，当其他同学阐述自己的立场时，他们是否能够把自己置于同学的立场上进行理解（换位思考）？

阶段 4：探究所选择的立场

现在，学生通过需要通过互相讨论结果来检验他们的立场。他们可以返回到案例中去察看在每一种政策立场都被采用的情况下将会产生怎样的结果。他们应该能够区分事实结果以及其对价值观所产生的影响。教师可以采取苏格拉底教学法：让学生自由发言，在引导他们检查自己的辩论的同时又要保证他们所提出的每一个建议都得到公正的对待。

教师：你将如何让学生达到这个目标？

观摩者：请评论这段对话。学生是否能够区分他们所采取立场的事实性结果和与此价值观有关的结果？他们是否认真地对待彼此的推理论证？

阶段 5：修正立场，提出建议

接下来就是要根据先前的讨论对所持立场进行修正，然后为将要实行的政策选举出一名或者几名候选人。

教师：请描述你面对学生时将如何布置任务。

472 **对学生技能需要的建议**

观摩者：请针对学生对这个案例的反应提出一些建议，找出一些你认为需要特别注意的技巧去提高他们的表现。如果你对这个案例很陌生，只要记住它包含了一些非常复杂的社会和智力任务，这样的训练必定会导致技能的增长。在这种情况下，有没有一些特别突出的技能在以后的法理学案例的教学过程中会得到特别的关注呢？

473 同事互助指导：共同研讨

教师：你愿意为观摩者提供一个关注点吗？如果愿意，这个关注点是什么呢？

教学过程

大部分教学事件都有既有内容目标也有程序目标。内容目标包含的是应该被学生掌握的基本内容如信息、观念、概论、关联、技能。程序目标中所包含的学生需要的技能和步骤是为了可以在认知和社会任务的模型中富有成效地进行学习。

概括目标

教师：请陈述教学事件的内容目标。什么样的学习来源于教育活动？你所要探索的地区的自然状态是什么样子的？

程序目标

教师：学生是否熟悉模型？学生是否会在程序的一些方面需要练习或指导，以及在相应的课程中你会不会给予注意？

观摩者：请就学生对于模型的反应发表看法。学生有没有显现出在程序的一些方面需要具体的帮助？

阶段 1：最初结果 474

通常，共同研讨法适用于对一个主题或问题产生了新的观点时，要么是去澄清要么是去使你所探索的非正统概念或解决方案成为可能。因此共同研讨法通常由一个可以代表学生最近思考的想法引起。学生可以构想出问题，对问题进行述说或描写，演绎这个问题，描绘出所存在的众多不确定性方案之间关系的代表性关系。这一阶段的作用是使学生获得他们对于手边主题的最新想法。

教师：请叙述你如何引出学生对于所探索的领域的设想。为了帮他们明确问题方向你会说什么或做什么？

观摩者：请对学生对于最初任务的反应予以评论。学生的设想的本质是什么？

阶段 2：直接类比和拟人类比

从通过练习使得学生由最初的结果到可以在直接类比训练与拟人类比训练之间做比较这一程度的发展是模型的核心要求，所谓直接类比训练即呈献给学生的一系列促进因素；拟人类比训练即象征性地为他们在多种人物、地点和事情中进行定位。产生于这些训练中的分析材料会被用于接下来所谓的“简明矛盾”的进一步分析上。

教师：为了引导学生产生直接类比和拟人类比，你会使用什么刺激性因素？请描述你在使学生产生更有用和更惊奇的比较时的素材和顺序。

观摩者：请对这些促进因素和学生的反应做出评论。学生是否达到了隐喻意义上的“悬而未决”和产生了更少的文字性及更多的分析性对比？

阶段 3：简明矛盾和矛盾分析法 475

接下来的任务是引导学生使用阶段 2 中所产生的素材并创造简明矛盾。尽管学生对于模型已经很熟悉了，但你仍然需要为定义“简明矛盾”做准备，也需要继续引出素材直到大量的例子都包含以高质量为特征的矛盾分析法的逻辑（无逻辑）的矛盾。

教师：请描述你会怎样开始阶段 3，如果需要，请说明你会怎样解释“简明矛盾”。

观摩者：请对学生对于任务的反应做出评论。其成果该怎么丰富？

现在我们要求学生选择一些可以显示强大的矛盾的组对并这些矛盾的描述进行一些分析。例如，我们会要求他们提供一些类似“精致的折磨”的例子。

教师：请简要地描述你将会怎样把这些任务呈现给学生。

观摩者：请讨论学生们对于“简明矛盾”这一概念的理解以及他们在选择更高质量的矛盾分析时的能力。当然，对于他们试图去生成矛盾分析所得的结果进行评论。

476
阶段 4：生成新的成果

简明矛盾和对于这些矛盾的分析提供了再次认知初始问题或主题的材料。有时候我们选择或让学生选择仅仅一个矛盾去再次认知初始材料。在其他时候多元的视角是有用的。采取什么方针取决于对初始问题或概念复杂性和学生处理新视角这一能力的结合。例如，如果一个中等层级的社会研究已经在尝试对一个与国际相关联的问题形成初步的解决方案，那么我们从多元分析的角度去处理一个非常复杂的问题可能既合适又很有必要。事实上，帮助学生获得和拥有可以用于再定性问题和生成多种方案的多元分析能力的任务是非常复杂的。

教师：请描述你会怎样将“再认识初始问题”这一任务呈现给学生。你会让学生做什么？

观摩者：请对学生的成果予以评论。你对这种隐喻性训练的效果有什么看法？

现在，需要对新成果进行审核。如果学生以个体或小群体的形式进行工作，那么每一个单独的成果都需要被共享；如果问题已被解决，那么新的定义和解决方案需要被重新排列；如果已经出现了上面表述，那很有可能需要进一步的编辑。除非教学事件是研究主题的结论，否则都需要进一步的研究。

教师：请描述被分享和使用的共同研讨法的成果。这些成果可不可以引出进一步的理解和著述或进一步的资料收集抑或进一步的实验？

477 观摩者：请就新成果的用途予以评论。学生可以看到隐喻性活动的效果吗？如果他们被要求参加更进一步的活动或去组织这些活动，他们能不能通过这些任务使可替代性观点和途径得到发展？

学生训练需求评价

终究是学生在学习，学生在认知和社会任务模型中对于技能的反馈越多，他们对于学习所能达到的可能程度就越高。只有实践可以为技能构筑基础，而且我们也应该为技能提供大量的实践。在学生对模型的结构有了彻底地了解之后，我们就应该开始具体的训练以提高他们的执行能力。

观摩者：请对学生在活动中的技能予以评论并指出你所坚信的在训练中有用的任何领域。对学生的比较能力、做拟人类比时他们的角色扮演能力以及他们如何理解和应用简明矛盾进行思考。回顾整个经历，是否有一些具体的程序训练应该被仔细考虑？

同事互助指导：概念获得 478

该指导旨在帮助概念获得这一教学模式中的的同事互助。当对问题进行策划时，快速浏览指导中有“教师”标记的条目，并按照要求进行填写。它们将会指导你学会这个模式。观摩者可以使用指导熟悉教师的计划，并对观察过程做笔记。观摩者请记住，你的主要任务不是给予你的同事“专业性意见”，而是观察被教师要求的学生和整个过程，这样可以丰富自己的教学观点。从教师向你展示教学事件这个意义上来说，教师起指导作用。当你进行教学和被观察的时候，你就起指导作用。

教师：你想为这个分析提供一个中心点吗？如果想，这个中心点是什么？

教学过程

大部分课程都有内容目标和过程目标。内容目标确定学生要掌握的主题（事实、概念、归纳、关系），而过程目标指定学生为了达到内容目标或辅助性的社会目标（如学习任务中的合作）需要技巧和方法。

内容目标

教师：请陈述本课目标涉及的概念。它的本质特点是什么？它将展现给学生什么样的资料？这些资料和概念对于学生来说是新的吗？

过程目标

教师：学生对这个模式熟悉吗？他们关于过程的各个方面需要特别的帮助或训练吗？

479 ## 阶段 1：中心

这个中心为学生指定了研究范围。这样可以消除不相关的研究内容。通常，它处在比范例更抽象的水平上（比如“文字技巧”可以作为隐喻这个概念的中心）。

教师：请在下面写出中心陈述。

观摩者：教师有没有给出中心陈述？

是（　　）　　否（　　）

在你看来，学生理解它了吗？它在帮助学生专注于课程中心内容方面有作用吗？

完全（　　）　　部分（　　）　　否（　　）

阶段 2：呈现资料

资料应该被设计成正面与反面相对应的范例，要求学生通过正面范例与相对应的反面范例的比较区分概念的本质特点。

教师：请描述这些范例的性质。（它们属于单词、短语、文献或者其他？比如：“这些都是 19 世纪绘画的复制品。其中一半来自印象派画家（雷诺阿、莫奈、德加），另外一半是现实主义、浪漫主义或抽象主义的画家。”）

数据库

观摩者：被呈现的正面范例与反面范例的数量大致相同吗？

是（　　）　　否（　　）

原先使用的正面范例清晰明确吗？

是（　　）　　否（　　）

480 数据库是否包含有至少 15 对正面与反面范例？

是（　　）　　否（　　）

数据库是如何被呈现的？

每次呈现被标识一对？＿＿＿＿＿＿

所有标识的同时呈现？＿＿＿＿＿＿

其他（请描述）

在要求学生自己提出一对标识之前，教师有没有先提供 8～10 对标识？

是（　　）　　否（　　）

关于概念的本质提出假设

当学生通过资料学习时，他们仔细观察每一个范例并形成关于概念的假设。他们需要找出这些正面范例的能够对概念下定义的共同特征。

教师：你将怎样进行这项工作？

____

____

观摩者：学生是否被要求提出假设但避免分享呢？

是（　）　否（　）

学生有时被要求记录他们思维的发展。

教师：在这方面，你想怎么做？

____

观摩者：学生有没有被要求随着事件的进程来记录他们的思维过程？

有（　）　无（　）

随着课程的进行，我们需要获得关于学生是否形成并检验思想的信息。

教师：在这方面你将会怎么做？______________________ 481

____

____

____

观摩者：随着教学的进行，教师有没有收集关于学生能否得出假设的信息？

有（　）　无（　）

观摩者：学生是否被要求比较这些正面范例并把它们和反面范例进行对比？

是（　）　否（　）

阶段 3：分享思想和假设

当学生看起来已经形成相当肯定的假设时，要求他们描述思维的发展和已经获得的概念。

教师：什么时候去做这件事需要做好判断。你是如何做出判断的？你准备说什么？

____

____

____

观摩者：教师有没有让学生分享他们的想法？

是（　）　否（　）

学生是否能够表达出他们的假设？

是（　）　否（　）

如果有若干种假设，学生是否能进行论证与协调？

是（　）　否（　）

阶段 4：命名和应用概念

概念一旦达成一致观点（或不同的概念也得到了解释），就需要被命名。在学生提出名字之后，教师需要提供一些专业术语或常用术语（如“我们称这种风格为印象派”）。应用概念要求学生判定将来的例子是否适合这个概念，或者他们通过已 482
有的经验能找到范例。

教师：是否有学生需要了解的专业术语或常用术语？你将如何进一步针对这一概念提供经验？

观摩者：

学生是否能对概念进行命名？

是（　　）　　否（　　）

教师有没有给学生提供（如果需要）专业术语或常用术语？

有（　　）　　无（　　）

教师有没有提供额外的范例？

有（　　）　　无（　　）

学生有没有被要求提供他们自己的范例？

有（　　）　　无（　　）

当学生能够观察检验新材料并提供他们自己的范例时，他们是否理解了这些概念？

是（　　）　　否（　　）

课后的任务通常是在新材料中应用概念。例如，如果引入“隐喻”的概念，学生就会被要求去阅读文学作品，并在其中辨认出隐喻的运用。

教师：你设计了这样一个任务吗？如果有，请简明地加以描述。

483

学生训练需求评价

为了提高学生的成绩，我们首先探索的做法是实践。换言之，通过模式的简单重复使学生学会反应得更为恰当。其次是直接传授给学生把握该模式的认知目标和社会目标所需要的技能。

你们可能会讨论：

学生对第一阶段如何反应

他们密切关注中心陈述并把它应用到范例的考查中了吗？如果没有，是否有必要给予他们具体的指导？这些指导的内容应该是什么？

学生对第二阶段如何反应

他们比较和对比范例了吗？他们有没有带着必须更换这些例子的预期做出假设？他们是否运用反面范例排除其他选择？有没有必要为他们提供具体的训练？提供什么样的训练？

学生对第三阶段如何反应

他们是否能阐述他们的想法？他们是否明白不同的想法如何导致相似或不同的结果？他们是否能形成表达概念的标识？他们是否懂得如何凭自己的力量寻找范例并运用所学？是否有必要为他们提供具体的训练？这些训练应该是什么？

同事互助指导：探究训练 484

教师：你想为这个分析提供一个中心点吗？如果想，这个中心点是什么？

教学过程

大部分课程都有内容和过程目标。内容目标确定学生要掌握的主题（事实、概念、归纳、关系），而过程目标指定学生为达到内容目标或辅助性的社会目标（如学习任务中的合作）需要的技巧和方法。

呈现给学生的问题或令人费解的情境之中的信息、概念和理论等，是探究训练的内容目标。他们需要发现信息、形成概念并提出理论。完成这些任务所需要的技能就是过程目标，就像是解决合作问题的社交技巧。

内容目标

教师：你想让学生从这项任务中获得什么？你希望他们学习哪些信息、概念和理论？

过程目标

教师：学生熟悉这个模式吗？他们关于过程的各个方面需要特殊的帮助或训练吗？（比如，他们知道怎样通过探究获得信息吗？他们能和同伴协同合作解决问题吗？）

观摩者：学生熟悉模式的过程吗？在模式的各个方面他们需要帮助吗？ 485

阶段 1：遇到问题

探究训练模式的第一阶段的首要活动是问题的陈述。

教师：请描述在这节课中将采用的问题以及问题将如何呈现。

观摩者：学生是否理解了这个问题并找到了令人费解的地方？他们是否能够通过提问来澄清问题？当被提问时他们能对问题进行总结吗？

阶段 2：资料收集和验证

在这一阶段，学生通过提问收集有关问题的信息。

观摩者：在你看来，学生是否理解在这一阶段中他们将要运用的方法？他们有没有提出基于事实的问题？当教师示范怎么提问时学生能否做出回应？他们能区分基于事实和理论的提问吗？他们在召集会议、总结所学以及安排所提问题方面做得怎么样？他们是否会互相听取对方的建议？

阶段 3：实验

如果学生不能自发进行实验，教师将通过引导他们建立因果假设来介绍这一阶段。

486

观摩者：请对学生组织信息和提出假设的能力进行评价。描述他们的社会性行为以及对认知性任务进行反应的能力。

阶段 4：提出可能的解释

现在学生要做的就是分析这些假设并评定现象的最可能的解释是什么。如果学生没有自发这样做，教师要加以启发。

教师：请演示你将如何启发这一阶段。

观摩者：讨论学生在这一任务中的反应。他们能否清晰的陈述假设、总结证据并分析或权衡有冲突的解释？

如果学生针对他们的数据能顺利地做出推论和总结，那么教师会希望学生更进一步，通过询问“如果……将会发生什么?”这类问题来从他们的资料中预测结果。

教师：请写出一两个你可能会根据这些资料向学生提出的假设性问题。

观摩者：学生能否在前述分类和讨论的基础上做出合理的预测? 487

阶段 5：探究过程的分析

在第五阶段，学生将被引导去分析他们的探究过程并思考如何改进这一过程。这一活动给教师提供指导学生的机会，向学生解释甚至示范如何协同工作来收集和查证资料，构建概念以及提出假设并加以检验。

学生训练需求评价

为了提高学生的成绩，我们首先探索的做法就是实践。换言之，通过模式的简单重复使学生学会反应得更为恰当。其次是直接传授给学生把握该模式的认知目标和社会目标所需要的技能。如何提高学生的反应能力是随后讨论的中心。

观摩者：请对学生从事这些活动所需的技能进行评论，并从任一方面提出你认为对训练有用的建议。

同事互助指导：辅助记忆 488

在过去的 20 年里，在帮助学生掌握和记忆信息的策略研究领域中，有许多新的研究和发展。在记忆科学领域已经有了一些引人注目的研究成果（Pressley，Levin，& Delaney，1982）。

死记硬背（一遍又遍地背诵某事直到记住为止）直到最近以来一直是教师教学生记住信息的主要方法，同时，它也是教师在与学生的互动中采用的主要手段。实际上，死记硬背的方法因为如此频繁的使用已经深入人心，并和记忆相连。人们通常认为记忆就是通过机械的方法进行重复。

记忆策略

尽管对材料进行重复一直是大部分记忆策略的一个方面，但是，许多其他的记忆方法也正在被使用。这些方法极大地提高了材料被学习和记住的可能性。它们以即将被学习的材料为基础，通过不同的方式结合起来。下面会介绍一些相关的方法。

对即将学习的信息进行组织

事实上，信息越多地被整合，越容易被习得和记住。信息可以通过分类被组织起来。概念获得模式、归纳模式和先行组织者模式通过帮助学生将分类中的材料联系起来，帮助学生记忆。比如下面这一连续拼写普通的单词表，拼音字典按顺序将单词呈现给学生：

soft	plus	cloth	frost	song
trust	luck	club	sock	pop
cost	lot	son	won	

假如我们让学生以单词的开头字母、结尾字母和元音将单词分类。这就要求学生仔细观察单词，将含有相似成分的单词联系起来。然后他们可以命名每一个分类中的类别（例如，“c”组和“st”组），同时注意每组中的相同属性。他们还可以将具有共同特点的词汇联系起来，使它们组合在一起（如“pop song”和“soft cloth”等等）。然后，他们可以继续进行练习，每次练习一类词汇的拼写。相同的
489 原则对其他类型的材料也起作用，比如数字事实等。不管是给学生提供分类还是让他们自己进行分类，其目的都是一样的。另外，信息可以根据不同的类型被选择记忆。上面这份单词表显然是随机的，而一张经过深思熟虑、系统地展现出变化的单词列表将更容易被组织整合（至少它本身已经隐含了不同分类）。

对即将学习的信息进行排序

系列的记忆信息，尤其是那些每一系列都有特定意义的信息更容易同化和保存。以我们想学习的澳大利亚各州的名称为例，如果我们的学习总是从同样的名称（如最大一个州的名称）开始，并且按照同样的次序进行，那么学习起来将更加容易。按时间顺序排列的历史事件比随机排列的事件学起来更轻松。排序仅是组织信息的一种方法。我们可以让学生按字母顺序排列他们要学习的单词拼写表。

把信息和熟悉的发音联系起来

假如我们正在学习各大州的名称，我们可以把“佐治亚州”（Georgia）和“乔治”（George），“路易斯安那州”（Louisiana）和“路易斯”（Louis），“马里兰州”（Maryland）和“玛丽”（Mary）联系起来，等等。将州的名称分类、按他们的面积大小或地区进行排序，都可以提供更多的联系。

把信息和视觉表征联系起来

把马里兰州（Maryland）想象成结婚（marriage）的画面；俄勒冈州（Oregon）联系到一把枪（gun）；缅因州（Maine）联系到一段爆裂的自来水管（water main），等等。字母和数字同样可以和与其发音和影像类似的事物相联系。例如，把 one（一）和 bun（小圆面包）联系起来，头脑中出现一个男孩吃面包的画面；把 b 和 bee（蜜蜂）联系起来，眼前出现一只蜜蜂的形象。这些联想可以不停地反复使用。把“四月是最残酷的月份，正如在贫瘠的土地种植着紫丁香花”想象成一个春花被恶意折断的不祥之春，那么，这句话将更能让人记住。

把信息和相关信息联系起来

比起一个人喃喃自语、死记硬背，将一个人的名字与其他相关信息（如与某名人同名同姓、一个相似名，或是一些个人信息）相联系起来，更易让人记住这个人。例如，路易斯（路易斯·阿姆斯特朗，美国宇航员，第一个登上月球的地球

人）要比他的出生地杰克逊维尔有名得多；在学习澳大利亚各州名称时，想着指南针上的点和其中很多州名的英国起源（例如新南威尔士）就比仅只利用顺序记忆容易。

使信息形象化 490

让信息形象化的策略同样有效。罗拉尼和卢卡斯偏好“天马行空的联想”，即把信息与荒诞的联想结合在一起。（诸如“The silly two carries his twin two on his back so they are really four”。）有的人则偏好利用戏剧化和生动例证（比如，数出两个队的篮球运动员人数得出 5 加 5 等于 10）。

练习

练习也很有用，学生能够从结果反馈中获益。过去没有在需要记忆的任务中获得成功的学生，可以从相对小的任务以及获取成功时明确及时的反馈中获益。

对记忆活动的设计

教师的任务是设计活动，使学生从这些原则中受益。

通过这些原则，或者至少利用其中一部分进行组织的教学过程；或者学习任务中包含着将要记忆的信息，教师和学生都清楚应该尽力地掌握它们（学生需要尽力记住所有的信息并且永久地把它们保留在记忆中）。

教师：请确认学生将要在某一特定时期内记忆的某些课程领域的信息。

____

为了促进记忆，哪些原则需要着重强调？

____

在向学生呈现信息时，这些原则被使用了吗？如果被使用了，是如何运用的？

____

当学生处理信息时，哪些原则将会被使用？如何被使用？

____

如何安排练习和反馈？ 491

____

观摩者：在一段教学情景中，使自己处于可以观察到一部分学生（大约 6 个）

行为的位置。集中观察他们对指定任务的反应。

评价他们对任务的反应。他们看起来对任务清楚吗？他们参与进给予他们的认知任务中了吗？他们能成功完成这些任务吗？他们看起来意识到任务的发展进程了吗？

讨　论

观摩者需要向教师报告观察结果。接下来的讨论应该集中在学生反应的方式上，如果有需要，还应讨论哪些方法能帮助他们产生更有效的反应。

练习总能使学生在没有进一步指导的情况下做出具有创造性的反应。在需要指导的时候，演示是有用的。也就是说，教师可以在整个任务中用少量的资料引导学生。

为了使学生完成，任务需要简化。我们希望学生形成能够把记忆原则运用到学习任务之中的学习策略。对这一过程的清晰意识是走向自主学习的重要步骤。因此，我们应探索一些方法帮助学生理解这些任务的本质，以及它们对自己的作用。

492 同事互助指导：角色扮演

教师：你是否想为本次分析提供一个中心点？如果是，这个中心点是什么？

教学过程

大多数课程都具有内容目标和过程目标。内容目标是学生应该掌握的客观知识（包括事实、概念、规律、人际关系），而过程目标规定了学生达到内容目标或辅助性的社会目标（如在学习任务完成过程中进行合作）所需要的技巧和方法。

内容目标

教师：请陈述一节课的目标。为学生呈现什么问题？建构哪个领域的问题？这个问题或价值领域对于学生而言是否新颖？

过程目标

教师：学生对这个模式是否熟悉？对于这个过程是否需要特别的帮助或训练？

阶段 1：小组准备活动

角色扮演以一个社会问题为开端。这个问题可以是一个事先准备好的关于人际交往的场景的研究，或者是人际关系的某一方面，从而便于他们创设出包含该问题的不同场景。 493

教师：怎样把问题呈现给学生或者帮助他们形成问题？

观摩者：在你看来，学生对这个问题清楚吗？他们能否理解问题的性质和人际关系问题的类型？他们能否识别场域中的扮演者以及他们如何表演？他们能否明白问题的各个方面？

阶段 2：挑选参与者（角色扮演者和观众）

教师：请描述如何选择参与者。

阶段 3：安排场景

教师：你将如何做到这一点？你希望在第一次角色扮演中凸显出价值观的某一方面吗？

观摩者：他们能否创作出一个合理的、有意义的故事情节？请注意记录下他们面临的所有困难。

阶段 4：组织观众 494

一旦确定了人物角色并且创作出情节，观众就要做好准备。

教师：你将要求观众集中观察什么？

有时要求观众（学生）对表演进程中的角色印象进行记录。

教师：你想这样做吗？

阶段 5：表演

现在学生首次对这个问题进行表演。

观摩者：学生的角色扮演得怎么样？他们的情绪能够进入正在扮演的角色吗？观众是否专心、严肃？对角色扮演者或观众存在的问题做出评论。

阶段 6：讨论和评价

观摩者：学生是否能分析冲突的性质和冲突背后的价值观念？他们是否表明了自己的价值立场？他们对争论、技巧和价值是否有困惑？

基于这一点，阶段 5 和阶段 6 需要通过几次表演重复进行（作为阶段 7 和阶段 8）。教师引导学生以确保他们能够提出与价值观有关的问题。

观摩者：请评价学生在循环角色扮演和讨论中的表现。学生能否愈加清晰地区分不同的价值立场？

495 阶段 9：分享经验和总结①

当教师认为已经拥有了足够的材料时，就应当组织一次讨论（这一阶段在需要的情况下可以运用合作学习模式，以便最大限度地使学生参与进来）以确保学生有了自己的价值定位；同时就一些如何处理特定问题的类型提出一些价值定位；这些价值定位的提出是基于价值观的基础而不是与辩论和冲突的对抗性运用有关的基础。

教师：请准备好你给学生的指导以便开始阶段 9 的活动。

观摩者：请评价学生处理阶段 9 涉及的目标的能力。

① 阶段 7、阶段 8 为重复阶段 5、阶段 6 的操作，原书从略。——编者注

讨 论

顺着教学步骤，辅导者应该讨论帮助学生对该模式做出更加积极反应的帮助方法。最初的尝试一定很尴尬，但这种尝试经常奏效。而且，问题应加以调整来简化随时需要他们应对的难题。将该模式的步骤展示给学生也是有用的。为了给学生做示范，辅导者可以担当观摩者或者演员。或者两位老师可以一起展示。

请总结讨论的结果——你们已得出的一个或两个主要结论，这可以指导你接下来怎样使用该模型。

同事互助指导：归纳思维 496

教师：你想为分析工作提供一个中心点吗？如果想，你想以什么为中心点？

教学过程

大部分课程都有内容目标和过程目标。内容目标确定学生要掌握的主题（事实、概念、归纳、关系），而过程目标指定学生为了达到内容目标或辅助性的社会目标（如学习任务中的合作）需要技巧和方法。

归纳思维的内容目标是存在于信息与观念之中。学生根据资料类别的共同属性来对资料的内容进行分类。例如，一个数据库由不同种类的植物组成，学生可能通过植物的叶子（大小、纹理、叶脉、形状及叶子与茎的连接等）来对它们进行分类。对于这个数据库的内容目标既包括具体植物的有关知识，也包括对它们类型的确定。过程目标包括对该学科的科学技能（观察与分类）的学习，同时也包括合作解决问题的社会能力的培养。

内容目标

教师：你想让学生通过这样的分类任务学到什么？你认为这个数据库的最重要的属性是什么？你用什么样的方式对这个数据库进行分类？

过程目标

教师：学生对这个模型熟悉吗？对流程的各个方面，学生是否需要特殊的帮助或训练？（例如，学生是否知道怎样通过共同属性来对资料进行分类？在分类任务中，他们是否能与同伴进行合作学习？）

497 ## 阶段 1：数据收集和展示

归纳思维模式的阶段 1 中的基本活动包括数据的收集和展示。教师可能会提供一个数据库或者指导学生去收集需要分类的数据。学生要详细审查的数据是极其重要的，因为它们代表了学生将要从这个教学过程中学习的大部分知识。沿用上述例子，如果学生收集了叶子，将会得到一个不同于呈现它们时的数据库。

一旦学生收集了一个数据库或者教师呈现给学生一个数据库，教师就可以引导学生根据相关属性为学生的分类活动提供一个参数。比如，如果要分类的是植物，教师可以让学生通过叶子的类型来进行分类，以此缩小观察的范围。另一种情况是，教师不设置参数，仅仅指导学生按照事物的共同属性进行分类。一般来说，越是开放性的指导，越能得到好的效果。

一个数据库中的内容可能属于一个或多个种类。对于数据的分类，你可能想要尝试不同的指导，观察不同的分类结果。一般来说，数据库中的内容能够进行分类的可能性越大，研究者发挥能力的空间越大。

教师：请描述在课堂上会用到的数据库。你会直接提供数据库还是让学生去收集数据呢？如果是后者，哪些信息资源是他们所需要用到的？

列举

通过列举，资料更容易分类。继续沿用我们用过的例子——植物，教师可以在每个植物下放置一个编号卡片，这样学生就可以用植物的编号而不是名称来讨论植物的共同属性，因为学生可能还不知道植物的名称。

观摩者：教师或学生是否在试图分类之前列举了资料？

是（　　）　　否（　　）

阶段 2：概念形成

一旦收集并列举了一个数据库，而且学生也已经学过了数据收集的步骤，教师就需要致力于分组活动的技能。学生可以自主学习、结对学习、分成小组学习，甚
498 至集体学习。自主学习对学生社交能力的要求最低，小组学习则对社交能力的要求最高。如果我们的目标是培养学生的合作学习能力，以及坚持小组的利益并在需要的时候为了小组和谐进行妥协的能力。那么就需要对学生进行指导和训练。如果教师选择将整个班级作为一个组进行分类活动，那么教师要采取谨慎态度，避免使分类信息在不经意之中透露给学生。在记录和综合学习的报告结果时，教师需要再次运用相当多的方法让所有学生参与，而让学生成对地进行分类活动是让所有的学生都积极参与任务的最简单方式。教师可能想要尝试用不同的方式去指导分类活动，这样每个阶段的利弊以及产生的问题都可以与同伴进行讨论。

教师：请描述你会用什么样的方式来组织学生进行分类活动？

教师：请描述你会用什么样的方式去指导学生对你提供的数据或者他们收集的数据进行分类？

观摩者：在你看来，学生是否理解他们在分类活动中所用到的标准和方法？教师是否在不经意中给学生提供了正确的分类方式的线索？

观摩者：学生是否创造性地进行分类活动？

是（ ） 否（ ） 部分（ ）

如果教师让学生以两人结对或者小组进行活动，学生是否能够在其他 499
小组汇报分类结果时认真聆听？

是（ ） 否（ ） 部分（ ）

学生能否解释他们对各种类别的内容进行分组的依据？

是（ ） 否（ ） 部分（ ）

学生能否给他们的类别提供一个能够代表类别形成特点的名称？

是（ ） 否（ ）

学生为他们的分类类属所取的名字往往能够很准确地描述事物的特征，但是常常与专业术语或科学名称不同。例如，学生可能会为某类叶子命名为“有凹口的叶子”，但是它的专业术语却是“锯齿状叶子”。教师可以在适当时候将专业术语或科学名称提供给学生，但是不要在学生尝试自己命名之前就提供给他们。

有些课程的内容目标会在第二阶段完成。当教师希望学生通过对信息进行分类，并通过命名的方式来获得事物的概念时，他可以选择在这个阶段停止。或者当目标是让学生学习在数据库中获取的东西或者他们所不清楚了解的某些特征，分组活动就能达到这一目标。然而，当目标是对在第二阶段形成的概念的解释和应用时，归纳思维模式其余的阶段就非常合适。这个模式后面的阶段能够引导数据库中的信息和概念得到更进一步的加工，因此通常应该完成。

阶段 3：解释资料

本阶段的目标是帮助学生理解他们在第二阶段所形成的各种分类之间的关系。要想有效率地进行这样的讨论活动，学生就需要形成一个共同的分类。为了厘清学生在第二阶段所形成的分类的概念，教师需要问一些问题，将学生的注意力和思考点集中到各类分类之间的共同点和不同点上。通过问一系列的“为什么”，教师尝试在各分类之间建立因果关系。这一阶段的成功与否取决于在第二阶段进行一个完整的分类活动，并且与第二阶段相比，第三阶段所需要的时间相对较短。

教师：虽然你在预设的时候并不知道学生会得出什么样的分组，也要猜测一下 500

学生可能会构建出怎样的分类。然后要设计两个能够引导学生探索分类之间的因果关系的样题。

观摩者：学生是否有能力探索各分类之间的因果关系？

是（　　）　　否（　　）　　部分（　　）

教师是否要求学生超越数据做出相关的推断和得出结论？

是（　　）　　否（　　）

如果是，学生是否能做到？

是（　　）　　否（　　）

如果学生不能做出推断并得出结论，你能想出什么好方法来帮助他们达到目标吗？

如果学生能成功地进行推断并得出结论，教师可以通过提问“如果……会发生什么？”来将学生推进一步，要求他们通过数据来预测结论。

教师：请写下你可能会问学生的一两个假设性问题。

501 观摩者：基于前面的分类和讨论，学生是否能做出逻辑性的预测？

是（　　）　　否（　　）

教师要求学生对他们的预测进行解释和论证了吗？

是（　　）　　否（　　）

如果学生在前面分类的基础上不能进行逻辑性的预测，你能想出一些问题和例子来帮助他们完成任务吗？

教师与观摩者讨论：有没有适当的写作任务或者其他活动能够帮助拓展这堂课？

学生训练需求评价

为了提高学生的成绩，我们首先探索的做法就是实践。换言之，通过模式的简单重复使学生学会反应得更为恰当。其次是直接传授给学生把握该模式的认知目标和社会目标所需要的技能。如何提高学生的反应能力是随后讨论的中心。

观摩者：请评论学生在活动中所用到的技能，并建议在哪些部分需要对学生进行训练。特别注意学生根据事物属性分类的能力，以及准确地描述分类或根据事物特有的综合特征对给定分类进行命名的能力。还要注意他们对各分类之间可能的因果关系的理解能力，以及对他们的类别做出推论和得出结论的能力。

同事互助指导：图—文归纳模式 502

学院或者单位：________________　姓名：________

年级水平/职务：________________

图—文归纳模式周期起始日期：________________

班级描述（年级水平、学生数量、特殊需求）：

（1）描述你的图片：

（2）列举出图片涉及的词汇：

附加到图文表格以及第一轮之后的词汇册：

（3）学生得出的词汇或者短语的类别的例子： 503

（4）你选择出来进行指导的概念或类别的例子的重点：

语音分析类别或者概念：

结构分析类别或者概念：

内容分类与概念：

其他：

（5）学生概括生成标题例子：

从图画中：

从图文表格中：

504 从句子组合或分类中：

（6）学生概括生成句子的例子：

（7）你从学生的想法中形成的某一信息段落：

确保和学生一起讨论如何把这些思想汇总起来以表达清楚你的意思。

（8）学生工作样本：你可以把学生工作的一些例子记录在你的执行日志中。

确保在可用的情况下，从学生工作中取得一些范例用于你和你的同事互助中以及小组作为学习共同体期间所进行的研究工作。你可以从整个班级或是小组中选取范例；但是，我们认为，从集体研究角度看，最好在你所观察的 6 名学生中选取范例，因为，相比整个班级，你可能对这 6 名学生的反应掌握得更好，他们因而更有分析价值。

505 （9）如果你使用的图—文归纳模式周期的普通版本，尽可能地列出标题、作者及其所使用的策略（如果可用的话）。

标题	作者	F 或 NF	策略列表（出声朗读、出声交谈、深入思考、明确指导）
1			
2			
3			
4			
5			
6			
7			
8			
9			
10			
11			
12			

策略	图—文归纳模式周期中的总数
出声朗读	
出声交谈	
边想边说	
明确指导	

评论与反思：

____

____

____

问题： 506

____

____

图—文归纳模式周期的课程数目：______________

图—文归纳模式周期截止日期：______________

在图—文归纳模式周期中你与同事互助共同计划的次数：__________

在图—文归纳模式周期中你与同事互助实际活动的次数：__________

在图—文归纳模式周期中你向同事询问的次数：__________

图—文归纳模式：学生表现研究

重点：词汇发展

描述 6 名学生，他们的学习作为图—文归纳模式研究的正式部分：

1. 姓名：__________ 出生日期：__________ 性别：男/女

其他有助于了解这名学生的信息，如他的学习经历等。

____

2. 姓名：________　出生日期：________　性别：男/女

其他有助于了解这名学生的信息，如他的学习经历等。

3. 姓名：________　出生日期：________　性别：男/女

其他有助于了解这名学生的信息，如他的学习经历等。

507 4. 姓名：________　出生日期：________　性别：男/女

其他有助于了解这名学生的信息，如他的学习经历等。

5. 姓名：________　出生日期：________　性别：男/女

其他有助于了解这名学生的信息，如他的学习经历等。

6. 姓名：________　出生日期：________　性别：男/女

其他有助于了解这名学生的信息，如他的学习经历等。

学生序号	词汇总数	辅导日期	阅读词汇数量	词汇总数	辅导日期	阅读词汇数量	成绩
1							
2							
3							
4							
5							
6							

参考文献

Acheson, K. (1967). *The effects of feedback from television recordings and three types of supervisory treatment on selected teacher behaviors.* Unpublished doctoral dissertation, Stanford University.

Adams, A. H., Johnson, M. S., & Connors, J. M. (1980). *Success in kindergarten reading and writing.* Glenview, IL: Good Year Books.

Adey, P., Hewitt, G., Hewitt, J., & Landau, N. (2004). *The professional development of teachers: Practice and theory.* London and Boston: Kluwer.

Adey, P., & Shayer, M. (1990). Accelerating the development of formal thinking in middle and high school students. *Journal of Research in Science Teaching, 27*(3), 267–285.

Adger, C., Hoyle, S., & Dickinson, D. (2004). Locating learning in inservice education for preservice teachers. *American Educational Research Journal, 41*(4), 867–900.

Adkins, D. C., Payne, F. D., & O'Malley, J. M. (1974). Moral development. In F. N. Kerlinger & J. B. Carroll (Eds.), *Review of research in education.* Itasca, IL: Peacock.

Adler, M. J. (1982). *The Paideia proposal: An educational manifesto.* New York: Macmillan.

Ainscow, M. (1991). Preface. In M. Ainscow (Ed.), *Effective schools for all.* London: Fulton.

Alberti, R. E., & Emmons, F. (1978). *Your perfect right: A guide to assertive behavior* (3rd ed.). San Luis Obispo, CA: Impact.

Alfasi, M. (1998). Reading for meaning: The efficacy of reciprocal teaching in fostering reading comprehension in high school students in remedial reading classes. *American Educational Research Journal, 35*(2), 309–332.

Alkin, M. (Ed.). (1992). *Encyclopedia of educational research,* (6th ed.). New York: Macmillan.

Allington, R. (Au/Ed.). (2002). *Big brother and the national reading curriculum.* Portsmouth, NH: Heinemann.

Almy, M. (1970). *Logical thinking in second grade.* New York: Teachers College Press.

American Institutes for Research. (1999). *Designing effective professional development: Lessons from the Eisenhower program, executive summary.* Washington, DC: American Institutes for Research.

Anderson, H., & Brewer, H. (1939). Domination and social integration in the behavior of kindergarten children and teachers. *Genetic Psychology Monograph, 21,* 287–385.

Anderson, L. M., Evertson, C. M., & Brophy, J. E. (1979). An experimental study of effective teaching in first grade reading groups. *Elementary School Journal, 79*(4), 191–223.

Anderson, L. W., & Pellicer, L. O. (1990). Synthesis of research on compensatory and remedial education. *Educational Leadership, 48*(1), 10–16.

Anderson, L. W., Scott, C., & Hutlock, N. (1976). *The effect of a mastery learning program on selected cognitive, affective, and ecological variables in grades 1 through 6.* Paper presented at the annual meeting of the American Educational Research Association, San Francisco.

Antil, L., Jenkins, J., Wayne, S., & Vadasy, P. (1998). Cooperative learning: Prevalence, conceptualizations, and the relation between research and practice. *American Educational Research Journal, 35*(3), 419–454.

Apple, M. (1979). *Ideology and curriculum.* London: Routledge and Kegan Paul.

Applebee, A., Langer, J., Jenkins, L., Mullis, I., & Foertsch, M. (1990). *Learning to write in our nation's schools.* Washington, DC: U.S. Department of Education.

Aquinas, T. (1931). *The city of God.* (J. Healy, Trans.). London: J. M. Dent.

Argyis, C., & Schön, E. (1974). *Theory into practice: Increasing professional effectiveness.* San Francisco: Jossey-Bass.

Aristotle. (1912). *The works of Aristotle* (J. A. Smith & W. D. Ross, Eds.). Oxford: Clarendon Press.

Arlin, M. (1984). Time variability in mastery learning. *American Educational Research Journal, 21*(4), 103–120.

Arlin, M., & Webster, J. (1983). Time costs of mastery learning. *Journal of Educational Psychology, 75*(3), 187–196.

Armstrong, T. (1994). *Multiple intelligences in the classroom.* Alexandria, VA: Association for Supervision and Curriculum Development.

Aronson, E., Blaney, N., Stephan, C., Sikes, J., & Snapp, M. (1978). *The jigsaw classroom.* Beverly Hills, CA: Sage.

Aspy, D. N., & Roebuck, F. (1973). An investigation of the relationship between student levels of cognitive functioning and the teacher's classroom behavior. *Journal of Educational Research, 65*(6), 365–368.

Aspy, D. N., Roebuck, F., Willson, M., & Adams, O. (1974). *Interpersonal skills training for teachers.* (Interim Report No. 2 for NIMH Grant No. 5PO 1MH 19871.) Monroe: Northeast Louisiana University.

Association for Supervision and Curriculum Development. (2005). *Course catalog: Professional development online.* Alexandria, VA: Author.

Association for Supervision and Curriculum Development. (2005). Professional development online. *Professional development for educators.* Alexandria, VA: Author.

Atkinson, J. W. (1966). *Achievement motivation.* New York: Wiley.

Atkinson, R. C. (1975). Mnemotechnics in second language learning. *American Psychologist, 30,* 821–828.

Augustine. (1931). *The city of God* (J. Healy, Trans.). London: Dent.

Ausubel, D. P. (1960). The use of advance organizers in the learning and retention of meaningful verbal material. *Journal of Educational Psychology, 51,* 267–272.

Ausubel, D. P. (1963). *The psychology of meaningful verbal learning.* New York: Grune & Stratton.

Ausubel, D. P. (1968). *Educational psychology: A cognitive view.* New York: Holt, Rinehart & Winston.

Ausubel, D. P. (1977). *Behavior modification for the classroom teacher.* New York: McGraw-Hill.

Ausubel, D. P. (1980). Schemata, cognitive structure, and advance organizers: A reply to Anderson, Spiro, and Anderson. *American Educational Research Journal, 17*(3), 400–404.

Ausubel, D. P., & Fitzgerald, J. (1962). Organizer, general background, and antecedent learning variables in sequential verbal learning. *Journal of Educational Psychology, 53,* 243–249.

Ausubel, D. P., Stager, M., & Gaite, A. J. H. (1968). Retroactive facilitation of meaningful verbal learning. *Journal of Educational Psychology, 59,* 250–255.

Baer, J. (1993). *Creativity and divergent thinking.* Hillsdale, NJ: Erlbaum.

Baker, E., & Saloutas, A. (1974). *Evaluating instructional programs.* Washington, DC: Department of Health, Education, and Welfare, National Institute of Education.

Baker, R. G. (1983). *The contribution of coaching to transfer of training: An extension study.* Doctoral dissertation, University of Oregon.

Baker, R. G., & Showers, B. (1984). *The effects of a coaching strategy on teachers' transfer of training to classroom practice: A six-month followup study.* Paper presented at the annual meeting of the American Educational Research Association, New Orleans.

Baldridge, V., & Deal, T. (1975). *Managing change in educational organizations.* Berkeley, CA: McCutchan.

Baldridge, V., & Deal, T. (Eds.). (1983). *The dynamics of organizational change in education.* Boston: Addison-Wesley.

Ball, S., & Bogatz, G. A. (1970). *The first year of Sesame Street.* Princeton, NJ: Educational Testing Service.

Bandura, A. (1969). *Principles of behavior modification.* New York: Holt, Rinehart & Winston.

Bandura, A. (1971a). Psychotherapy based on modeling principles. In A. S. Bergin & S. L. Garfield (Eds.), *Handbook of psychotherapy and behavior change.* New York: Wiley.

Bandura, A. (1971b). *Social learning theory.* New York: General Learning.

Bandura, A., & Perloff, B. (1967). Relative efficacy of self-monitored and externally imposed reinforcement systems. *Journal of Personality and Social Psychology, 7,* 111–116.

Bandura, A., & Walters, R. (1963). *Social learning and personality.* New York: Holt, Rinehart & Winston.

Bangert, R. L., & Kulik, J. A. (1982). *Individualized systems of instruction: A meta-analysis of findings in secondary schools.* Paper presented at the annual meeting of the American Educational Research Association, New York.

Bangert-Drowns, R. L. (1986). *A review of developments in meta-analytic method.* Paper presented at the annual meeting of the American Educational Research Association, San Francisco.

Banks, J. A. (1995). The historical reconstruction of knowledge about race: Implications for transformative teaching. *Educational Researcher, 24*(2), 26–30.

Bany, M., & Johnson, L. V. (1964). *Classroom group behavior: Group dynamics in education.* New York: Macmillan.

Barnes, B. R., & Clausen, E. U. (1973). The effects of organizers on the learning of structured anthropology materials in the elementary grades. *Journal of Experimental Education, 42,* 11–15.

Barnes, B. R., & Clausen, E. U. (1975). Do advance organizers facilitate learning? Recommendations for further research based on an analysis of 32 studies. *Review of Educational Research, 45*(4), 637–659.

Barr, B. (1994). Research on problem-solving. *Elementary School Journal, 5*(3), 237–247.

Barron, F. (1963). *Creativity and psychological health: Origins of personal vitality and creative freedom.* Princeton, NJ: Van Nostrand.

Barron, R. R. (1971). *The effects of advance organizers upon the reception, learning, and retention of general science concepts.* (DHEW Project No. IB-030.) ERIC Document Reproduction Service No. ED 061 554.

Bartell, C. (2005). *Cultivating high-quality teaching through induction and mentoring.* Thousand Oaks, CA: Corwin Press.

Barth, R. (1980). *Run, school, run.* Cambridge, MA: Harvard University Press.

Bascones, J., & Novak, J. (1985). Alternative instructional systems and the development of problem-solving in physics. *European Journal of Science Education, 7*(3), 253–261.

Baveja, B. (1988). *An exploratory study of the use of information-processing models of teaching in secondary school biology science classes.* Doctoral dissertation. Delhi, India: Delhi University.

Baveja, B., Showers, B., & Joyce, B. (1985). *An experiment in conceptually based teaching strategies.* Eugene, OR: Booksend Laboratories.

Beatty, A., Reese, C., Persky, H., & Carr, P. (1996). *N.A.E.P. 1994 U.S. history report card.* Washington, DC: U.S. Department of Education.

Beck, A. T. (1976). *Cognitive therapy and the emotional disorders.* New York: International Universities Press.

Becker, W. (1975). *Classroom management.* Chicago: Science Research Associates.

Becker, W. (1977). Teaching reading and language to the disadvantaged—What we have learned from field research. *Harvard Educational Review, 47,* 518–543.

Becker, W., & Carnine, D. (1980). Direct instruction: An effective approach for educational intervention with the disadvantaged and low performers. In B. Lahey & A. Kazdin (Eds.), *Advances in child clinical psychology* (pp. 429–473). New York: Plenum.

Becker, W., Engelmann, S., Carnine, D., & Rhine, W. (1981). In W. R. Rhine (Ed.), *Making schools more effective.* New York: Academic Press.

Becker, W., & Gersten, R. (1982). A followup of follow through: The later effects of the direct instruction model on children in the fifth and sixth grades. *American Educational Research Journal, 19*(1), 75–92.

Bellack, A. (1962). *The language of the classroom.* New York: Teachers College Press.

Bencke, W. N., & Harris, M. B. (1972). Teaching self-control of study behavior. *Behavior Research and Therapy, 10,* 35–41.

Bennett, B. (1987). *The effectiveness of staff development training practices: A meta-analysis.* Ph.D. thesis, University of Oregon.

Bennis, W. G., & Shepard, H. A. (1964). Theory of group development. In W. G. Bennis, K. D. Benne, & R. Chin (Eds.), *The planning of change: Readings in the applied behavioral sciences.* New York: Holt, Rinehart & Winston.

Bereiter, C. (1984a). Constructivism, socioculturalism, and Popper's world. *Educational Researcher, 23*(7), 21–23.

Bereiter, C. (1997). Situated cognition and how to overcome it. In D. Kirshner & W. Whitson (Eds.), *Situated cognition: Social, semiotic, and psychological perspectives* (pp. 281–300). Hillsdale, NJ: Erlbaum.

Bereiter, C. (1984b). How to keep thinking skills from going the way of all frills. *Educational Leadership, 42*, 1, 18–21.

Bereiter, C., & Englemann, S. (1966). *Teaching the culturally disadvantaged child in the preschool.* Englewood Cliffs, NJ: Prentice-Hall.

Bereiter, C., & Kurland, M. (1981–82). Were some follow-through models more effective than others? *Interchange, 12,* 1–22.

Berger, P., & Luckmann, T. (1966). *Social construction of reality.* Garden City, NY: Doubleday.

Berliner, D. (1992). Effective schools: Teachers make the difference. *Instructor, 99*(3), 14–15.

Berman, P., & Gjelten, T. (1983). *Improving school improvement.* Berkeley, CA: Berman, Weiler Associates.

Berman, P., & McLaughlin, M. (1975). *Federal programs supporting educational change: Vol. 4. The findings in review.* Santa Monica, CA: Rand Corporation.

Beyer, B. (1988). *Developing a thinking skills program.* Boston: Allyn & Bacon.

Bielinski, J., & Davison, M. (1998). Gender differences by item difficulty interactions in multiple choice mathematics items. *American Educational Research Journal, 35*(3), 455–476.

Black, J. (1989). *Building the school as a center of inquiry: A whole-school approach oriented around models of teaching.* Ph.D. thesis, Nova University.

Blatt, B. (Ed.). (1980). *Providing leadership for staff development.* Syracuse, NY: National Council for the States in Inservice Education.

Block, J. W. (1971). *Mastery learning: Theory and practice.* New York: Holt, Rinehart & Winston.

Block, J. W. (1980). Success rate. In C. Denham & A. Lieberman (Eds.), *Time to learn.* Washington, DC: Program on Teaching and Learning, National Institute of Education.

Block, J. W., & Anderson, L. W. (1975). *Mastery learning in classrooms.* New York: Macmillan.

Bloom, B. S. (1971). Mastery learning. In J. H. Block (Ed.), *Mastery learning: Theory and practice.* New York: Holt, Rinehart & Winston.

Bloom, B. S. (1974). Time and learning. *American Psychologist, 29,* 682–688.

Bloom, B. S. (1976). *Human characteristics and school learning.* New York: McGraw-Hill.

Bloom, B. S. (1981). *The new direction in educational research and measurement: Alterable variables.* Paper presented at the annual meeting of the American Educational Research Association, Los Angeles.

Bloom, B. S. (1982). *Human characteristics and school learning.* New York: McGraw-Hill.

Bloom, B. S. (1984). The 2 sigma problem: The search for methods of group instruction as effective as one-to-one tutoring. *Educational Leadership, 41,* 4–17.

Bloom, B. S., et al. (1956). *Taxonomy of educational objectives. Handbook I: Cognitive domain.* New York: McKay.

Bode, B. (1927). *Modern educational theories.* New York: Macmillan.

Bonsangue, M. (1993). Long term effects of the Calculus Workshop Model. *Cooperative Learning, 13*(3), 19–20.

Bonstingl, J. J. (1992). *Schools of quality: An introduction to total quality management in education.* Alexandria, VA: Association for Supervision and Curriculum Development.

Boocock, S. S. (1973). The school as a social environment for learning social organization and micro-social process in education. *Sociology of Education, 4,* 49–63.

Boocock, S. S., & Schild, E. (1968). *Simulation games in learning.* Beverly Hills, CA: Sage.

Borg, W. R., Kallenbach, W., Morris, M., & Friebel, A. (1969). Videotape feedback and microteaching in a teacher training model. *Journal of Experimental Research, 37,* 9–16.

Borg, W. R., Kelley, Langer, P., & Gall, M. (1970). *The minicourse.* Beverly Hills, CA: Collier-Macmillan.

Borman, G. D., Slavin, R. E., Cheung, A., Chamberlain, A., Madden, N., & Chambers, B. (2005). Success for All: First year results from the National Randomized Field Trial. *Educational Evaluation and Policy Analysis, 27*(1), 1–22.

Borman, G. D., Slavin, R. E., Cheung, A., Chamberlain, A., Madden, N. A., & Chambers, B. (in press). The national randomized field trial of Success for All: Second-year outcomes. *American Educational Research Journal.*

Bradford, L. P., Gibb, J. R., & Benne, K. D. (Eds.). (1964). *T-Group theory and laboratory method.* New York: Wiley.

Brandt, R. (1987). On cooperation in schools: A conversation with David and Roger Johnson. *Educational Leadership, 45*(3), 14–19.

Bransford, J., Brown, A., & Cocking, R. (1999). *How people learn: Brain, mind, experience, and school.* Washington, DC: National Academy Press.

Brashear, R. M., & Davis, O. L. (1970). *The persistence of teaching laboratory effects into student teaching: A comparative study of verbal teaching behaviors and attitudes.* Paper presented at the annual meeting of the American Educational Research Association, New York.

Bredderman, T. (1981). *Elementary school process curricula: A meta-analysis.* ERIC Document Reproduction Service No. ED 170-333.

Bredderman, T. (1983). Effects of activity-based elementary science on student outcomes: A quantitative synthesis. *Review of Educational Research, 53*(4), 499–518.

Brenner, M., Mayer, R., Moseley, B., Barr, T., Duran, R., Reed, B., & Webb, D. (1997). Learning by understanding: The role of multiple representations in learning algebra. *American Educational Research Journal, 34*(4), 663–689.

Brookover, W., Schwitzer, J. H., Schneider, J. M., Beady, C. H., Flood, P. K., & Wisenbaker, J. M. (1978). Elementary school social climate and school achievement. *American Educational Research Journal, 15*(2), 301–318.

Brooks, D. (2005, October 16). Mind over muscle. *New York Times,* p. A-12.

Brooks, J. G., & Brooks, M. G. (1993). *The case for constructivist classrooms.* Alexandria, VA: Association for Supervision and Curriculum Development.

Brophy, J. E. (1973). Stability of teacher effectiveness. *American Educational Research Journal, 10,* 245–252.

Brophy, J. E. (1981). Teacher praise: A functional analysis. *Review of Educational Research, 51,* 5–32.

Brophy, J. E., & Evertson, C. (1974). *The Texas teacher effectiveness project: Presentation of non-linear relationships and summary discussion.* Austin: Research and Development Center for Teacher Education, University of Texas.

Brophy, J. E., & Good, T. (1986). Teacher behavior and student achievement. In M. Wittrock (Ed.), *Handbook of research on teaching* (3rd ed., pp. 328–375). New York: Macmillan.

Brothers, L. (1997). *Friday's footprint: How society shapes the human mind.* New York: Oxford.

Broudy, H. (1963). Historic exemplars of teaching methods. In N. L. Gage (Ed.), *Handbook of research on teaching*. Chicago: Rand McNally.
Brown, A. (1985). Reciprocal teaching of comprehension strategies (Tech. Rep. No. 334). Urbana-Champaign: University of Illinois, Center for the Study of Reading.
Brown, A., & Palincsar, A. (1989). Guided, cooperative learning individual knowledge acquisition. In L. Resnick (Ed.), *Knowing, learning, and instruction* (pp. 393–451). Hillsdale, NJ: Erlbaum.
Brown, A. L. (1995). Guided discovery in a community of learners. In K. McGilly (Ed.), *Classroom lessons: Integrating cognitive theory and classroom practice* (pp. 229–270). Cambridge, MA: MIT/Bradford Press.
Brown, C. (1967). *A multivariate study of the teaching styles of student teachers*. Ph.D. dissertation, Teachers College, Columbia University.
Brown, C. (1981). The relationship between teaching styles, personality, and setting. In B. Joyce, L. Peck, & C. Brown (Eds.), *Flexibility in teaching* (pp. 94–100). New York: Longman.
Brown, G. (1968). *Humanistic education*. Report to the Ford Foundation on the Ford-Esallen project: A pilot project to explore ways to adapt approaches in the affective domain to the school curriculum. New York: The Foundation.
Brown, G. (1971). *Human teaching for human learning*. New York: Viking Penguin.
Bruce, W. C., & Bruce, J. K. (1992). *Learning social studies through discrepant event inquiry*. Annapolis, MD: Alpha Press.
Bruer, J. T. (1997). Education and the brain: A bridge too far. *Educational Researcher, 26*(8), 4–16.
Bruer, J. T. (1998). Brain science, brain fiction. *Educational Leadership, 56*(3), 14–18.
Bruner, J. (1961). *The process of education*. Cambridge, MA: Harvard University Press.
Bruner, J., Goodnow, J. J., & Austin, G. A. (1967). *A study of thinking*. New York: Science Editions.
Bruno, J. E., & Ellett, F. S. (1986). *A core-analysis of meta-analysis*. Paper presented at the annual meeting of the American Educational Research Association, San Francisco.
Burgess, E. W., & Bogue, D. J. (1962). The delinquency research of C. R. Shaw and H. D. McKay and Associates. In E. W. Burgess (Ed.), *Urban sociology*. Chicago: University of Chicago Press.
Burkham, D., Lee, V., & Smerdon, B. (1997). Gender and science learning early in high school: Subject matter and laboratory experiences. *American Educational Research Journal, 34*(2), 297–331.
Burns, S., Griffin, P., & Snow, C. (1998). *Starting out right*. Washington, DC: National Academy Press.
Bushell, D., Jr. (1970). *The behavior analysis classroom*. Lawrence: University of Kansas, Department of Human Development.
California Department of Education. (1998). *Fact Book: 1997–98*. Sacramento: California Department of Education.
Calderon, M., Hertz-Lazarowitz, R., & Tinajero, J. (1991). Adapting CIRC to multiethnic and bilingual classrooms. *Cooperative Learning, 12*, 17–20.
Calhoun, E. (1997). *Literacy for all*. Saint Simons Island, GA: The Phoenix Alliance.
Calhoun, E. (1998). *Literacy for the primary grades: What works, for whom, and to what degree*. Saint Simons Island, GA: The Phoenix Alliance.

Calhoun, E. F. (1994). *How to use action research in the self-renewing school.* Alexandria, VA: Association for Supervision and Curriculum Development.

Calhoun, E. F. (1999). *Teaching beginning reading and writing with the picture word model.* Alexandria, VA: Association for Supervision and Curriculum Development.

Calhoun, E. (2004). *Using data to assess your reading program.* Alexandria, VA: Association for Supervision and Curriculum Development.

Calvin, W. (1996). *How brains think: Evolving intelligence, then and now.* New York: Basic Books.

Cambourne, B. (2002). Holistic, integrated approaches to reading and language arts instruction: The constructivist framework of an instructional theory. In A. Farstrup & J. Samuels (Eds.), *What research has to say about reading instruction.* Newark, DE: International Reading Instruction.

Cameron, J., & Pierce, W. (1994). Reinforcement, reward, and intrinsic motivation: A meta-analysis. *Review of Educational Research, 64*(2), 363–423.

Campbell, F., & Ramey, C. (1995). Cognitive and school outcomes for high-risk African-American students at middle adolescence: Positive effects of early intervention. *American Educational Research Journal, 32*(4), 743–772.

Campbell, J., Donahue, P., Reese, C., & Phillips, G. (1996). *NAEP 1994 reading report card for the nation and the states.* Washington, DC: U.S. Department of Education.

Campbell, J., Voelki, K., & Donohue, P. (1997). *Report in brief: NAEP 1996 trends in reading progress.* Washington, DC: National Center for Educational Statistics.

Canfield, L. H., & Wilder, H. B. (1966). *The making of modern America.* Boston: Houghton Mifflin.

Canter, L., & Canter, M. (1976). *Assertive discipline: A take-charge approach for today's educator.* Seal Beach, CA: Canter and Associates.

Carpenter, T., & Fennema, E. (2000). *Cognitively-guided instruction.* Madison, WI: Center for the National Center for Improving Student Learning.

Carroll, J. B. (1963). A model of school learning. *Teachers College Record, 64,* 722–733.

Carroll, J. B. (1964). *Language and thought.* Englewood Cliffs, NJ: Prentice-Hall.

Carroll, J. B. (1971). Problems of measurement related to the concept of learning for mastery. In J. H. Block (Ed.), *Mastery learning: Theory and practice.* New York: Holt, Rinehart & Winston.

Carroll, J. B. (1977). A revisionist model of school learning. *Review of Educational Research, 3,* 155–167.

Cawelti, G. (Ed.). (1995). *Handbook of research on improving student achievement.* Arlington, VA: Educational Research Service.

Center for Research on Elementary and Middle Schools. (1989, February). *Success for all.* Johns Hopkins, Baltimore, MD: Author.

Ceram, C. W. (1951). *Gods, graves, and scholars: The story of archeology.* New York: Random House.

Chall, J. S. (1983). *Stages of reading development.* New York: McGraw-Hill.

Chamberlin, C., & Chamberlin, E. (1943). *Did they succeed in college?* New York: Harper & Row.

Charles, C. M. (1985). *Building classroom discipline: From models to practice.* White Plains, NY: Longman.

Chesler, M., & Fox, R. (1966). *Role-playing methods in the classroom.* Chicago: Science Research Associates.

Chin, R. & Benne, K. (1969). General strategies for effecting change in human systems. In W. Bennis, K. Benne, & R. Chin (Eds.), *The planning of change* (pp. 32–59). New York: Holt, Rinehart & Winston.

Clark, C., & Peterson, P. (1986). Teachers' thought processes. In M. Wittrock (Ed.), *Handbook of research on teaching* (pp. 225–296). New York: Macmillan.

Clark, C., & Yinger, R. (1979). *Three studies of teacher planning.* (Research Series No. 55.) East Lansing: Michigan State University.

Clark, H. H., & Clark, E. V. (1977). *Psychology and language: An introduction to psycholinguistics.* New York: Harcourt, Brace, Jovanovich.

Clauson, E. V., & Barnes, B. R. (1973). The effects of organizers on the learning of structured anthropology materials in the elementary grades. *Journal of Experimental Education, 42,* 11–15.

Clauson, E. V., & Rice, M. G. (1972). *The changing world today.* (Anthropology Curriculum Project Publication No. 72-1.) Athens: University of Georgia.

Cochran-Smith, M., & Zeichner, K. (2005). *Studying teacher education.* Mahwah, NJ: Erlbaum.

Codianni, A. V., & Wilbur, G. (1983). *More effective schools: From research to practice.* New York: Teachers College Press.

Cogan, M. (1973). *Clinical supervision.* Boston: Houghton Mifflin.

Cohen, D. (1969). *Immigrants and the schools: A review of research* (Report No. AA000433). New York: ERIC-IRCD Urban Disadvantaged Series, Number 8. (ERIC Document Reproduction Service No. ED 033 263).

Cohen, E. (1986). *Designing groupwork.* New York: Teachers College Press.

Cohen, E. (1995). Producing equal-status interaction in the heterogeneous classroom. *American Educational Research Journal, 32*(1), 99–120.

Cohen, E. (1998). Making cooperative learning equitable. *Educational Leadership, 56*(1), 18–21.

Cohen, J. (1977). *Statistical power analysis for the behavioral sciences* (Rev. ed.). New York: Academic Press.

Cohen, M. (1982, January/February). Effective schools: Accumulating evidence. *American Education,* 13–16.

Coleman, J. S., Campbell, E. Q., Hobson, C. J., McPortland, J., Mood, A. M., Weinfield, E. D., & York, R. L. (1966). *Equality of educational opportunity.* Washington, DC: U.S. Government Printing Office.

Coles, G. (2001). Reading taught to the tune of the "scientific" hickory stick. *Phi Delta Kappan, 83*(3), 204–212.

Collins, K. (1969). The importance of strong confrontation in an inquiry model of teaching. *School Science and Mathematics, 69*(7), 615–617.

Collins standard dictionary. (1978). New Delhi, India: Oxford and IBH.

Cook, C. (1997). Critical Issue: Finding Time for Professional Development. North Central Educational Laboratory.

Cook, L., & Cook, E. (1954). *Intergroup education.* New York: McGraw-Hill.

Cook, L., & Cook, E. (1957). *School problems in human relations.* New York: McGraw-Hill.

Cook, T., & Leviton, L. (1980). Reviewing the literature: A comparison of traditional methods with meta-analysis. *Journal of Personality, 48*(4), 449–511.

Cook, W., Leeds, C. H., & Callis, R. (1951). *The Minnesota Teacher Attitude Inventory.* New York: Psychological Corporation.

Cooper, H., & Dorr, N. (1995). Race comparisons on need for achievement. *Review of Educational Research, 65*(4), 483–508.

Cooper, H. M. (1982). Scientific guidelines for conducting integrative research reviews. *Review of Educational Research, 52,* 291–302.
Cooper, H. M. (1984). *The integrative research review: A systematic approach.* Beverly Hills, CA: Sage.
Cooper, H. M., & Arkin, R. (1981). On quantitative reviewing. *Journal of Personality, 49,* 225–230.
Cooper, H. M., & Rosenthal, R. (1980). Statistical versus traditional procedures for summarizing research findings. *Psychological Bulletin, 87*(3), 442–449.
Cooper, L., Johnson, D. W., Johnson, R., & Wilderson, F. (1980). The effects of cooperative, competitive, and individualistic experiences on interpersonal attraction among heterogeneous peers. *Journal of Social Psychology, 111,* 243–252.
Copeland, W. D. (1975). The relationship between micro teaching and student teacher classroom performance. *Journal of Educational Research, 68,* 289–320.
Coppel, C., & Sigel, I. E. (1981). *Educating the young thinker: Classroom strategies for cognitive growth.* Boston: Krieger.
Cornelius-White, J. (2007). Learner-centered teacher–student relationships are effective: A meta-analysis. *Review of Educational Research,* 77(1), 113–143.
Cornelius-White, J., & Cornelius-White, C. (2005). Nondirective education. In B. Levitt (Ed.), *On being nondirective* (pp. 324–323). Ross-on Wye, UK: PCCS Books.
Costa, A. (1985). *Developing minds: A resource book for teaching thinking.* Alexandria, VA: Association for Supervision and Curriculum Development.
Counts, G. (1932). *Dare the school build a new social order?* New York: John Day.
Courmier, S., & Hagman, J. (Eds.). (1987). *Transfer of learning.* San Diego, CA: Academic Press.
Crandall, D., et al. (1982). *People, policies, and practices: Examining the chain of school improvement* (Vols. 1–10). Andover, MA: The Network.
Crawford, J., Gage, N., Corno, L., Stayrook, N., Mittman, A., Schunk, D., Stallings, J., Baskin, E., Harvey, P., Austin, D., Cronin, D., & Newman, R. (1978). *An experiment on teacher effectiveness and parent-assisted instruction in the third grade* (Vols. 1–3). Stanford, CA: Stanford University, Center for Educational Research.
Crosby, M. (1965). *An adventure in human relations.* Chicago: Follet Corporation.
Cruickshank, D. R. (1986). *Simulations and games: An ERIC bibliography.* Washington, DC: ERIC Clearinghouse on Teacher Education.
Cuban, L. (1984). *How teachers taught.* White Plains, NY: Longman.
Cuban, L. (1986). *Classroom use of technology since 1920.* New York: Teachers College Press, Columbia University.
Cummings, C. B. (1985). *The effect of training on interactive and classroom management in non-volunteer teacher behavior.* Paper presented at the annual meeting of the American Educational Research Association, Chicago.
Cunningham, J. (2002). The national reading panel report. In R. Allington (2002), (pp. 49–75).
Daane, M., Campbell, J., Grigg, W., Goodman, M., & Oranje, A. (2005). *The nation's report card.* Washington, DC: National Center for Educational Statistics.
Dalton, M. (1986). *The thought processes of teachers when practicing two models of teaching.* Doctoral dissertation, University of Oregon.
Dalton, M., & Dodd, J. (1986). *Teacher thinking: The development of skill in using two models of teaching and model-relevant thinking.* Paper presented at the annual meeting of the American Educational Research Association, San Francisco.
Damon, W. (1977). *The social world of the child.* San Francisco: Jossey-Bass.
Data Handbook. (1971, 1972, 1973). Boulder, CO: Social Science Consortium.

Davenport, E., Davison, M., Kuang, H., Ding, S., Kim, S.-K., and Kwak, N. (1998). High-school mathematics course-taking by gender and ethnicity. *American Educational Research Journal, 35*(3), 497–514.

Deal, T. E., & Kennedy, A. A. (1984). *Corporate cultures: The rites and rituals of corporate life.* Boston: Addison-Wesley.

Dean, V. M. (1960). *The nature of the non-Western world.* New York: New American Library of World Literature.

Decker, R. E., & Alperin, R. (n.d.). *Emotional rating supplement.* Unpublished manual, Palo Alto, CA.

de Jong, T., & van Joolingen, W. (1998). Scientific discovery learning with computer simulations of conceptual domains. *Review of Educational Research, 68*(2), 179–201.

Denham, C., & Liederman, A. (Eds.). (1980). *Times to learn.* Washington, DC: National Institute of Education, Program on Teaching and Learning.

Derry, S. J., & Murphy, D. A. (1986). Designing systems that train learning ability: From theory to practice. *Review of Educational Research, 56,* 1–40.

Deshler, D., & Schumaker, J. (2006). *Teaching adolescents with disabilities.* Thousand Oaks, CA: Corwin.

Devaney, K., & Thorn, L. (1975). *Exploring teacher centers.* San Francisco: Far West Laboratory for Educational Research and Development.

Dewey, J. (1910). *How we think.* Boston: Heath.

Dewey, J. (1916). *Democracy and education.* New York: Macmillan.

Dewey, J. (1920). *Reconstruction in philosophy.* New York: Holt.

Dewey, J. (1937). *Experience and education.* New York: Macmillan.

Dewey, J. (1956). *The school and society.* Chicago: University of Chicago Press.

Dewey, J. (1960). *The child and the curriculum.* Chicago: University of Chicago Press.

Donahue, P. (1999). *1998 NAEP reading report card for the nation and the states.* Washington, DC: U.S. Department of Education.

Donahue, P., Flanagan, R., Lutkus, A., Allen, N., & Campbell, J. (1999). *1998 NAEP reading report card for the nation and the states.* Washington, DC: U.S. Department of Education.

Donahue, P., Flanagan, R., Lutkus, A., Allen, N., & Campbell, J. (2001). *The national report card: Fourth grade reading 2000.* Washington, DC: U.S. Department of Education, Office of Educational Research and Improvement, National Center for Educational Statistics.

Downey, L. (1967). *The secondary phase of education.* Boston: Ginn and Co.

Duffy, G. G. (2003). *Explaining reading: A resource for teaching concepts, skills, and strategies.* New York: Guilford.

Duit, R., & Treagust, D. (1995). Student conceptions and constructivist teaching approaches. In Fennema and Carpenter (Eds.), (pp. 46–67).

Duke, N., & Pearson, P. D. (n.d.). *Effective practices for developing reading comprehension.* East Lansing: College of Education, Michigan State University.

Dunn, R., Beaudry, J., & Klavas, A. (1989). Survey of research on learning styles. *Educational Leadership, 46*(6), 50–58.

Dunn, R., & Dunn, K. (1975). *Educator's self-teaching guide to individualizing instructional programs.* West Nyack, NY: Parker.

Dunn, R., Dunn, K., & Price, G. E. (1989). *The learning styles inventory.* Lawrence, KS: Price Systems.

Durkin, D. (1966). *Children who read early.* New York: Teachers College Press.

Eastman, P. (1961). *Go dog go.* New York: Random House.
Editorial. (1994, October 24). *The New York Times.*
Edmonds, R. (1979). Some schools work and more can. *Social Policy, 9*(5), 28–32.
Ehri, L., Nunes, S., Stahl, S. & Willows, D. (2001). Systematic phonics instruction helps students learn to read. *Review of Educational Research, 71*(3), 393–447.
Elefant, E. (1980). Deaf children in an inquiry training program. *Volta Review, 82,* 271–279.
Elementary Science Study (ESS). (1971). *Batteries and bulbs: An electrical suggestion book.* New York: Webster-McGraw-Hill.
Eliot, T. S. The waste land. In *Collected Poems 1909–1962.* New York: Harcourt, Brace, Jovanovich.
Elkind, David. (1987). *Miseducation: Preschoolers at risk.* New York: Knopf.
Elkind, D. (2001). *Much too early.* Palo Alto: The Hoover Institute, Stanford University.
Ellis, A., & Harper, R. (1975). *A new guide to rational living.* Englewood Cliffs, NJ: Prentice-Hall.
Elmore, R. (2002). *Bridging the gap between standards and achievement.* New York: Albert Shanker Institute.
Elmore, R. (1990). On changing the structure of public schools. In R. Elmore (Ed.), *Restructuring schools.* San Francisco: Jossey-Bass.
Elmore, R. F. (2004). *School reform from the inside out: Policy, practice, and performance.* Cambridge, MA: Harvard University Press.
El-Nemr, M. A. (1979). *Meta-analysis of the outcomes of teaching biology as inquiry.* Boulder: University of Colorado.
Emmer, E., & Evertson, C. (1980). *Effective classroom management at the beginning of the year in junior high school classrooms.* (Report No. 6107.) Austin: Research and Development Center for Teacher Education, University of Texas.
Emmer, E., Evertson, C., & Anderson, L. (1980). Effective classroom management at the beginning of the school year. *Elementary School Journal, 80,* 219–231.
Englemann, S., & Osborn, J. (1972). *DISTAR language program.* Chicago: Science Research Associates.
Englert, C., & Raphael, T. (1989). Developing successful writers through cognitive strategy instruction. In J. Brophy (Ed.), *Advances in research in teaching.* Greenwich, CT: JAI Press, 105–151.
Englert, C. S., Raphael, T. E., Anderson, L. M., Anthony, H. M., & Stevens, D. D. (1991). Making strategies and self-talk visible: Writing instruction in regular and special education classrooms. *American Educational Research Journal, 28*(2), 337–372.
Erikson, E. (1950). *Childhood and society.* New York: Norton.
Estes, W. E. (Ed.). (1976). *Handbook of learning and cognitive processes: Vol. 4. Attention and memory.* Hillsdale, NJ: Erlbaum.
Evans, M., & Hopkins, D. (1988). School climate and the psychological state of the individual teacher as factors affecting the use of educational ideas following an inservice course. *British Educational Research Journal, 14*(3), 211–230.
Evertson, C. (1982). Differences in instructional activities in higher- and lower-achieving junior high English and math classes. *Elementary School Journal, 82*(4), 329–350.
Evertson, C., Anderson, C., Anderson, L., & Brophy, J. (1980). Relationships between classroom behaviors and student outcomes in junior high mathematics and English classes. *American Educational Research Journal, 17*(1), 43–60.

Eysenck, H. J. (1978). An exercise in mega-silliness. *American Psychologist, 33*(5), 517.
Feeley, T. (1972). *The concept of inquiry in the social studies.* Doctoral dissertation, Stanford University.
Fennema, E., Carpenter, T., Jacobs, V., Franke, M., & Levi, L. (1998). A longitudinal study of gender differences in young children's mathematical thinking. *Educational Researcher, 27*(5), 6–11.
Fensterheim, H., & Baer, J. (1975). *Don't say yes when you want to say no.* New York: Dell.
Fenstermacher, G., & Richardson, V. (2005). *On making determinations of quality in teaching.* New York: Teachers College Record.
Festinger, C. L. (1964). Behavior support for opinion change. *Public Opinion Quarterly, 28,* 404–417.
Fisher, C. W., Berliner, D. C., Filby, N. N., Marliave, R., Ghen, L. S., & Dishaw, M. M. (1980). Teaching behaviors, academic learning time, and student achievement: An overview. In C. Denham & A. Lieberman (Eds.), *Time to learn.* Washington, DC: National Institute of Education.
Fitzgerald, J. (1995). English-as-a-second-language learners' cognitive reading processes: A review of research in the United States. *Review of Educational Research, 65*(2), 145–190.
Flanders, N. (1970). *Analyzing teaching behavior.* Reading, MA: Addison-Wesley.
Flavell, J. H. (1963). *The developmental psychology of Jean Piaget.* Princeton, NJ: Van Nostrand Reinhold.
Flesch, R. (1955). *Why Johnny can't read.* New York: Harper Brothers.
Flint, S. (1965). *The relationship between the classroom verbal behavior of student teachers and the classroom verbal behavior of their cooperating teachers.* Doctoral dissertation. New York: Teachers College Press.
Florida Department of Education. (January, 1998). *Profiles of Florida school districts: Student and staff data.* Tallahassee, FL: Author.
Fraser, B., & Walberg, H. (Eds.). (1995). *Improving science education.* Chicago: University of Chicago Press.
Fraser, B., & Wubbels, T. (1995). *Classroom learning environments.* In Fennema and Carpenter (pp. 117–144).
Friedman, L. (1995). The space factor in mathematics: Gender differences. *Review of Educational Research, 65*(1), 22–50.
Fromm, E. (1941). *Escape from freedom.* New York: Farrar & Rinehart.
Fromm, E. (1955). *The sane society.* New York: Rinehart.
Fromm, E. (1956). *The art of loving.* New York: Harper.
Fuchs, D., Fuchs, L., Mathes, P., & Simmons, D. (1997). Peer-assisted learning strategies. *American Educational Research Journal, 34*(1), 174–206.
Fullan, M. (1982). *The meaning of educational change.* New York: Teachers College Press.
Fullan, M. (1983). Evaluating program implementation: What can be learned from follow through. *Curriculum Inquiry, 13*(2), 215–227.
Fullan, M. (1990). Staff development, innovation, and institutional development. In B. R. Joyce (Ed.), *ASCD yearbook on staff development.* Alexandria, VA: Association for Supervision and Curriculum Development.
Fullan, M., Miles, M., & Taylor, G. (1980). Organization development in schools: The state of the art. *Review of Educational Research, 50*(1), 121–184.
Fullan, M., & Park, P. (1981). *Curriculum implementation: A resource booklet.* Toronto: Ontario Ministry of Education.

Fullan, M., & Pomfret, A. (1977). Research on curriculum and instruction implementation. *Review of Educational Research, 47*(2), 335–397.

Fullan, M. G., Bennett, B., & Bennett, C. R. (1990). Linking classroom and school improvement. *Educational Leadership, 47*(8), 13–19.

Furth, H. G. (1969). *Piaget and knowledge.* Englewood Cliffs, NJ: Prentice-Hall.

Gabel, D. L. (Ed.). (1994). *Handbook of research on science teaching and learning.* New York: MacMillan.

Gage, N. L. (1963). Paradigms for research on teaching. In N. L. Gage (Ed.), *Handbook of research on teaching* (pp. 94–141). Chicago: Rand McNally.

Gage, N. L. (1979). *The scientific basis for the art of teaching.* New York: Teachers College Press.

Gage, N. L., & Berliner, D. (1983). *Educational psychology.* Boston: Houghton Mifflin.

Gagné, R. (1962a). Military training and principles of learning. *American Psychologist, 17,* 46–67.

Gagné, R. (1962b). *Psychological principles in system development.* New York: Holt, Rinehart & Winston.

Gagné, R. (1965a). *The conditions of learning.* New York: Holt, Rinehart & Winston.

Gagné, R. (1965b). The learning of concepts. *School Review, 75,* 187–196.

Gagné, R. (1967). Instruction in the conditions of learning. In L. Siegel (Ed.), *Instruction: Some contemporary viewpoints.* New York: Harper & Row.

Gagné, R., & Briggs, L. (1979). *Principles of instructional design.* New York: Holt, Rinehart & Winston.

Gagné, R., et al. (1962). *Psychological principles in systems development.* New York: Holt, Rinehart & Winston.

Gall, M. D., Haisley, F. B., Baker, R. G., & Perez, M. (1982). *The relationship between inservice education practices and productivity of basic skills instruction.* Eugene: University of Oregon, Center for Educational Policy and Management.

Gall, M. D., & Renchler, R. S. (1985). *Effective staff development practices: A research-based model.* Eugene: University of Oregon, Center for Educational Policy and Management. (ERIC Document Reproduction Service No. ED 017 615).

Gallway, W. T. (1977). *Inner skiing.* New York: Random House.

Gao, H. (2005). Kindergarten or "kindergrind?" School getting tougher for kids. *San Diego Union-Tribune,* San Diego, CA.

Garan, E. (2002). Beyond the smoke and mirrors: a critique of the National Reading Panel report on phonics. In R. Allington (Au/Ed.), *Big brother and the national reading curriculum* (pp. 90–111).

Garan, E. (2005). Murder your darlings: A scientific response to the voice of evidence in reading research. *Phi Delta Kappan, 86*(6), 438–443.

Gardner, H. (1983). *Frames of mind: The theory of multiple intelligences.* New York: Basic Books.

Gardner, J. (1978). *Excellence and education.* New York: Harper & Row.

Garmston, R. J., & Eblen, D. R. (1988). Visions, decisions, and results: Changing school culture through staff development. *Journal of Staff Development, 9*(2), 22–29.

Garner, R. (1987). *Metacognition and reading comprehension.* Norwood, NJ: Ablex.

Gaskins, I., & Elliot, T. (1991). *Implementing cognitive strategy instruction across the school.* Cambridge, MA: Brookline Books.

Gentile, J. R. (1988). *Instructional improvement: Summary and analysis of Madeline Hunter's essential elements of instruction and supervision.* Oxford, OH: National Staff Development Council.

Gerbner, G. (1987). Science on television: How it affects public conceptions. *Science and Technology, 3*(2), 109–115.
Gideonse, H. D. (1982). The necessary revolution in teacher education. *Phi Delta Kappan, 64*(1), 15–18.
Giese, J. R. (1989). *The progressive era: The limits of reform.* Boulder, CO: Social Science Education Consortium.
Gilbert, J. P., McPeek, B., & Mosteller, P. (1977). Statistics and ethics in surgery and anesthesia. *Science, 198,* 684–689.
Glade, M. E., & Giese, J. R. (1989). *Immigration, pluralism, and national identity.* Boulder, CO: Social Science Education Consortium.
Glaser, R. (Ed.). (1962). *Training research and education.* Pittsburgh: University of Pittsburgh Press.
Glass, G. V. (1975). Primary, secondary, and meta-analysis of research. *Educational Researcher, 7*(3), 33–50.
Glass, G. V. (1982). Meta-analysis: An approach to the synthesis of research results. *Journal of Research in Science Teaching, 19*(2), 93–112.
Glass, G. V., Cahan, L. S., Smith, M. L., & Filby, N. N. (1982). *School class size: Research and policy.* Beverly Hills, CA: Sage.
Glass, G. V., McGaw, B., & Smith, M. L. (1981). *Meta-analysis in social research.* Beverly Hills, CA: Sage.
Glassbury, S., & Oja, S. N. (1981). A developmental model for enhancing teachers' personal and professional growth. *Journal of Research and Development in Education, 14*(2), 59–70.
Glasser, W. (1965). *Reality therapy.* New York: Harper & Row.
Glasser, W. (1969). *Schools without failure.* New York: Harper & Row.
Glasser, W. (1984). *Take effective control of your life.* New York: Harper & Row.
Glasser, W., & Powers, W. T. (1981). *Stations of the mind: New directions for reality therapy.* New York: Harper & Row.
Glickman, C. D. (1993). *Renewing America's schools: A guide for school-based action.* San Francisco: Jossey-Bass.
Gliessman, D. H., & Pugh, R. C. (1978). Acquiring teacher behavior concepts through the use of high-structure and low-structure protocol films. *Journal of Educational Psychology, 70*(5), 779–787.
Global Equine Academy. (2004). *An equine college that is affordable.* Sundance, Wyoming: Author.
Glynn, S. M. (1994). *Teaching science with analogies.* Athens: National Reading Research Center, University of Georgia.
Gnott, H. (1971). *Teacher and child.* New York: Macmillan.
Goffman, I. (1986). *Gender advertisements.* New York: Harper.
Golemiewski, R. T., & Blumberg, A. (1970). *Sensitivity training and the laboratory approach.* Itaska, IL: Peacock.
Good, T., & Brophy, G. (1974). An empirical investigation: Changing teacher and student behavior. *Journal of Educational Psychology, 66,* 399–405.
Good, T., & Grouws, D. (1977). Teaching effects: A process-product study in fourth grade mathematics classrooms. *Journal of Teacher Education, 28,* 49–54.
Good, T., Grouws, D., & Ebmeier, H. (1983). *Active mathematics teaching.* New York: Longman.
Goodlad, J. (1984). *A place called school.* New York: McGraw-Hill.
Goodlad, J., & Klein, F. (1970). *Looking behind the classroom door.* Worthington, OH: Charles A. Jones.
Goodman, P. (1964). *Compulsory miseducation.* New York: Horizon Press.

Gordon, W. J. J. (1952). *The integration of creative persons.* Paper delivered to Sloan Fellows, MIT.
Gordon, W. J. J. (1955, December). *Some environmental aspects of creativity.* Paper delivered to the Department of Defense, Fort Belvoir, VA.
Gordon, W. J. J. (1956a). *Creativity as a process.* Paper delivered at the First Arden House Conference on Creative Process.
Gordon, W. J. J. (1956b). Operational approach to creativity. *Harvard Business Review, 34*(6), 41–51.
Gordon, W. J. J. (1957). *The role of irrelevance in art and invention.* Paper delivered at the Third Arden House Conference on Creative Process.
Gordon, W. J. J. (1961a). *Synectics.* New York: Harper & Row.
Gordon, W. J. J. (1961b, November 4). Director of research. *New Yorker.*
Gordon, W. J. J. (1962a, May). The Pures. *Atlantic Monthly.*
Gordon, W. J. J. (1962b, August). The Nobel prizewinners. *Atlantic Monthly.*
Gordon, W. J. J. (1963a, March). How to get your imagination off the ground. *Think* (IBM Press).
Gordon, W. J. J. (1963b, April). Mrs. Schyler's plot. *Atlantic Monthly.*
Gordon, W. J. J. (1965). The metaphorical way of knowing. In G. Kepes (Ed.), *Education of vision.* New York: Braziller.
Gordon, W. J. J. (1970). The metaphorical development of man. In C. McC. Brooks (Ed.), *The changing world and man.* New York: New York University Press.
Gordon, W. J. J. (1971). Architecture—The making of metaphors. *Main Currents in Modern Thought, 28*(1), 21–30.
Gordon, W. J. J. (1972, Spring). Use of metaphor increases creative learning efficiency. *Trend,* 11–14.
Gordon, W. J. J. (1973). On being explicit about the creative process. *Journal of Creative Behavior, 6*(4), 295–300.
Gordon, W. J. J. (1974). Some source material in discovery-by-analogy. *Journal of Creative Behavior, 8*(4), 239–257.
Gordon, W. J. J. (1975). *Training for creativity. International handbook of management development and training.* London: McGraw-Hill.
Gordon, W. J. J. (1977a). Connection-making is universal. *Curriculum Product Review, 9*(4), 21–30.
Gordon, W. J. J. (1977b). *Toward understanding "the moment of inspiration."* Paper delivered at the Creativity Symposium for the American Association for the Advancement of Science.
Gordon, W. J. J., with Bruner, J. (1957, May). *Motivating the creative process.* Paper delivered at the Second Arden House Conference on Creative Process.
Gordon, W. J. J., with Poze, T. (1968). *Making it strange* (Books 1 & 2). Evanston, IL: Harper & Row.
Gordon, W. J. J. (Poze, T., Ed.). (1969). *Making it strange* (Books 3 & 4). Evanston, IL: Harper & Row.
Gordon, W. J. J. (Poze, T., Ed.). (1971). *What color is sleep?* Cambridge, MA: Porpoise Books.
Gordon, W. J. J., & Poze, T. (1971a). *The art of the possible.* Cambridge, MA: Porpoise Books.
Gordon, W. J. J., & Poze, T. (1971b). *The basic course in synectics.* Cambridge, MA: Porpoise Books.
Gordon, W. J. J., & Poze, T. (1971c). *Facts and guesses.* Cambridge, MA: Porpoise Books.

Gordon, W. J. J., & Poze, T. (1971d). *Invent-o-rama.* Cambridge, MA: Porpoise Books.
Gordon, W. J. J., & Poze, T. (1971e). *Making it whole.* Cambridge, MA: Porpoise Books.
Gordon, W. J. J., & Poze, T. (1971f). *The metaphorical way of learning and knowing.* Cambridge, MA: Porpoise Books.
Gordon, W. J. J., & Poze, T. (1972a). *Activities in metaphor.* Cambridge, MA: Porpoise Books.
Gordon, W. J. J., & Poze, T. (1972b). *Introduction to synectics.* Cambridge, MA: Porpoise Books.
Gordon, W. J. J., & Poze, T. (1972c). *Strange-and familiar* (Book 6). Cambridge, MA: Porpoise Books.
Gordon, W. J. J., & Poze, T. (1972d). *Teaching is listening.* Cambridge, MA: Porpoise Books.
Gordon, W. J. J., & Poze, T. (1974a). Creative training in an occupational context. *Technical Education Reporter, 1*(1), 52–57.
Gordon, W. J. J., & Poze, T. (1974b). *From the inside.* Cambridge, MA: Porpoise Books.
Gordon, W. J. J., & Poze, T. (1974c). *Learning is connection-making.* Professional Report (Croft Publications).
Gordon, W. J. J., & Poze, T. (1975a). *Strange and familiar* (Book 1). Cambridge, MA: Porpoise Books.
Gordon, W. J. J., & Poze, T. (1975b). *Strange and familiar* (Book 3). Cambridge, MA: Porpoise Books.
Gordon, W. J. J., & Poze, T. (1976). *The art of the possible.* Cambridge, MA: Porpoise Books.
Gottfredson, D. C., Fink, C. M., & Graham, N. (1994). Grade retention and student behavior. *American Educational Research Journal, 31*(4), 761–784.
Grant, G. (1988). *The world we created at Hamilton High.* Cambridge, MA: Harvard University Press.
Graves, M., Watts, S., & Graves, B. (1994). *Essentials of classroom teaching: Elementary reading methods.* Boston: Allyn & Bacon.
Graves, N., & Graves, T. (1990). *Cooperative learning: A resource guide.* Santa Cruz, CA: International Association for the Study of Cooperation in Education.
Gray, J. (1992). *Men are from Mars and women are from Venus.* New York: HarperCollins.
Greenwald, G. D. (1991). *The railroad era: Business competition and the public interest.* Boulder, CO: Social Science Education Consortium.
Gregorc, A. F. (1982). *An adult's guide to style.* Maynard, MA: Gabriel Systems.
Griffin, G. A. (1983). *Staff development: Eighty-second yearbook of the National Society for the Study of Education.* Chicago: University of Chicago Press.
Griffin, G. A., & Barnes, S. (1984). School change: A craft-derived and research-based strategy. *Teachers College Record, 86*(1), 103–123.
Griffin, G. A., & Lieberman, A. (1974). *Behavior of innovative personnel.* Washington, DC: ERIC Clearinghouse on Teacher Education.
Guetzkow, H., et al. (1963). *Simulation in international relations.* Englewood Cliffs, NJ: Prentice-Hall.
Guetzkow, H., & Valdez, J. J. (Eds.). (1966). *Simulated international processes: Theories and research in global modeling.* Beverly Hills, CA: Sage.
Gunning, T. (1998). *Best books for beginning readers.* Boston: Allyn & Bacon.

Guskey, T. (1986). Staff development and the process of change. *Educational Researcher, 15*(5), 5–12.
Guskey, T. (1995). *Results-oriented professional development: In search of an optimal mix of educational practices.* North Central Educational Laboratory.
Haberman, M. (1995). *Star teachers in poverty.* West Lafayette, IN: Kappa Delta Phi.
Halberstam, D. (1998). *The children.* New York: Random House.
Halberstam, D. (2002). *Firehouse.* New York: Hyperion.
Hall, G. (1986). *Skills derived from studies of the implementation of innovations in education.* Paper presented at the annual meeting of the American Educational Research Association, San Francisco.
Hall, G., & Loucks, S. (1977). A developmental model for determining whether the treatment is actually implemented. *American Educational Research Journal, 14*(3), 263–276.
Hall, G., & Loucks, S. (1978). Teacher concerns as a basis for facilitating and personalizing staff development. *Teachers College Record, 80*(1), 36–53.
Halpin, A. W. (1966). *Theory and research in administration.* New York: Macmillan.
Hanson, R., & Farrell, D. (1995). The long-term effects on high school seniors of learning to read in kindergarten. *Reading Research Quarterly, 30*(4), 908–933.
Harvard University. (2005). Online and Onsite Professional Development for K–12 Schools and Districts. *Our innovative professional development solutions build on more than 30 years of cutting edge research and effective teaching practices of top educators around the world.* Cambridge, MA: Harvard University.
Harvey, O. J., Hunt, D., & Schroeder, H. (1961). *Conceptual systems and personality organization.* New York: Wiley.
Hatcher, P., Hulme, C., & Ellis, A. (1994). Ameliorating reading failure by integrating the teaching of reading and phonological skills. *Child Development, 65,* 41–57.
Hawkes, E. (1971). *The effects of an instruction strategy on approaches to problem-solving.* Unpublished doctoral dissertation, Teachers College, Columbia University.
Heard, S., & Wadsworth, B. (1977). *The relationship between cognitive development and language complexity.* Unpublished paper, Mount Holyoke College.
Hedges, L. V., & Olkin, I. (1986). Meta-analysis: A review and a new view. *Educational Researcher, 15*(8), 14–21.
Hedgeson, S. (1994). Research on problem solving: Middle school. In D. L. Gabel (Ed.), *Handbook of research on science teaching and learning* (pp. 248–269). New York: MacMillan.
Heller, M. (1991). *Reading-writing connections.* White Plains, NY: Longman.
Hendrickson, R. (1987). *The Henry Holt encyclopedia of word and phrase origins.* New York: Henry Holt.
Herrnstein, R., & Murray, C. (1994). *The bell curve.* New York: Free Press.
Hersh, R. H. (1984). *What makes some schools and teachers more effective?* Eugene: Center for Educational Policy and Management, University of Oregon.
Hertz-Lazarowitz, R. (1993). Using group investigation to enhance Arab-Jewish relationships. *Cooperative Learning, 11*(2), 13–14.
Hiebert, E., Pearson, P., Taylor, B., Richardson, V., & Paris, S. (1998). *Concepts of print, letter naming, and phonetic awareness.* Ann Arbor: University of Michigan School of Education, CIERA.
Hiebert, E., & Taylor, B. (2000). Beginning reading instruction: Research on early inventions. In L. Kamil, P. Mosenthal, P. Pearson, & R. Barr, *Handbook of reading research, Vol. III* (pp. 455–482). Mahwah, NJ: Erlbaum.

Hiebert, E., & Taylor, B. (Eds.). (1994). *Getting reading right from the start.* Boston: Allyn & Bacon.

Hill, H., Rowan, B., & Ball, D. (2005). Effects of teachers' mathematical knowledge for teaching on student achievement. *American Educational Research Journal, 42*(2), 371–406.

Hillocks, G. (1987). Synthesis of research on teaching writing. *Educational Leadership, 44*(8), 71–82.

Hoetker, J., & Ahlbrand, W. (1969). The persistence of the recitation. *American Educational Research Journal, 6,* 145–167.

Holloway, S. D. (1988). Concepts of ability and effort in Japan and the United States. *Review of Educational Research, 58*(3), 327–345.

Holms, T. H., & Rahe, R. H. (1967). The social readjustment rating scale. *Journal of Psychosomatic Research, 11,* 213–218.

Hooper, F. H. (1974). An evaluation of logical operations in instruction in the preschool. In R. K. Parker (Ed.), *The preschool in action: Exploring early childhood education programs* (pp. 134–186). Boston: Allyn & Bacon.

Hopkins, D. (1987). *Improving the quality of schooling.* London: Falmer Press.

Hopkins, D. (1990). Integrating staff development and school improvement: A study of teacher personality and school climate. In B. Joyce (Ed.), *Changing school culture through staff development. 1990 Yearbook of the Association for Supervision and Curriculum Development.* Alexandria, VA: ASCD.

Hopkins, I. (1982). The unit of analysis: Group means versus individual observations. *American Educational Research Journal, 19,* 5–18.

Howey, K., Yarger, S., & Joyce, B. (1978). *Improving teacher education.* Washington, DC: Association for Teacher Education.

Hrycauk, M. (2002). A safety net for second grade students. *Journal of Staff Development, 23*(1), 55–58.

Huberman, A. M., & Crandall, D. P. (1983). *A study of dissemination efforts supporting school improvement: Implications for action* (Vol. 9). Andover, MA: The Network.

Huberman, M., & Miles, M. (1984). *Innovation up close.* New York: Plenum.

Huhtala, J. (1994). *Group investigation structuring an inquiry-based curriculum.* Paper presented at the annual meeting of the American Educational Research Association, New Orleans.

Hullfish, H. G., & Smith, P. G. (1961). *Reflective thinking: The method of education.* New York: Dodd, Mead.

Human relations laboratory training student notebook. (1961). Washington, DC: U.S. Office of Education. (ERIC Document Reproduction Service No. ED 018 834).

Hunt, D. E. (1970a). Adaptability in interpersonal communication among training agents. *Merrill Palmer Quarterly, 16,* 325–344.

Hunt, D. E. (1970b). A conceptual level matching model for coordinating learner characteristics with educational approaches. *Interchange: A Journal of Educational Studies, 1*(2), 1–31.

Hunt, D. E. (1971). *Matching models in education.* Toronto: Ontario Institute for Studies in Education.

Hunt, D. E. (1975a). The B-P-E paradigm in theory, research, and practice. *Canadian Psychological Review, 16,* 185–197.

Hunt, D. E. (1975b). Person-environment interaction: A challenge found wanting before it was tried. *Review of Educational Research, 45,* 209–230.

Hunt, D. E. (1975c). *Teachers' adaptation to students: Implicit and explicit matching.* (Research and Development Memorandum No. 139.) Stanford, CA: SCRDT.

Hunt, D. E. (1976). Teachers are psychologists, too: On the application of psychology to education. *Canadian Psychological Review, 8,* 14–46.

Hunt, D. E., Butler, L. F., Noy, J. E., & Rosser, M. E. (1978). *Assessing conceptual level by the paragraph completion method.* Toronto: Ontario Institute for Studies in Education.

Hunt, D. E., Greenwood, J., Brill, R., & Deineka, M. (1972). *From psychological theory to educational practice: Implementation of a matching model.* Symposium presented at the annual meeting of the American Educational Research Association, Chicago.

Hunt, D. E., & Hardt, R. H. (1967). *The role of conceptual level and program structure in summer Upward Bound programs.* Paper presented at the Eastern Psychological Association, Boston.

Hunt, D. E., & Joyce, B. (1967). Teacher trainee personality and initial teaching style. *American Educational Research Journal, 4,* 253–259.

Hunt, D. E., Joyce, B., & Del Popolo, J. (1964). *An exploratory study of the modification of student teachers' behavior patterns.* Unpublished paper, Syracuse University.

Hunt, D. E., Joyce, B., Greenwood, J., Noy, J., Reid, R., & Weil, M. (1981). Student conceptual level and models of teaching. In B. Joyce, L. Peck, & C. Brown (Eds.), *Flexibility in teaching.* White Plains, NY: Longman.

Hunt, D. E., & Sullivan, E. V. (1974). *Between psychology and education.* Hinsdale, IL: Dryden.

Hunt, J. McV. (1961). *Intelligence and experience.* New York: Ronald Press.

Hunter, I. M. L. (1964). *Memory.* Harmondsworth, Middlesex, England: Penguin Books.

Hunter, J. E., Schmidt, F. L., & Jackson, G. B. (1982). *Meta-analysis: Cumulating research findings across studies.* Beverly Hills, CA: Sage.

Hunter, M. (1980). Six types of supervisory conferences. *Educational Leadership, 37,* 408–412.

Hunter, M., & Russell, D. (1981a). *Increasing your teaching effectiveness.* Palo Alto, CA: Learning Institute.

Hunter, M., & Russell, D. (1981b). Planning for effective instruction: Lesson design. In *Increasing your teaching effectiveness.* Palo Alto, CA: Learning Institute.

Hunziker, J. C. (1972). *The use of participant modeling in the treatment of water phobias.* Tempe: Arizona State University.

Individually Prescribed Instruction. (1966). Unpublished manuscripts. Philadelphia: Research for Better Schools.

International Reading Association. (1998). *Position statement on phonemic awareness and the teaching of reading.* Newark, DE: Author.

International Reading Association. (2004). Coaches, controversy, consensus. *Reading Today, 21*(5), 1.

International Reading Association and the National Association for the Education of Young Children. (1998). *Position statement on learning to read and write: Developmentally appropriate practices for young children.* Newark, DE: International Reading Association.

Ivany, G. (1969). The assessment of verbal inquiry in elementary school science. *Science Education, 53*(4), 287–293.

Jackson, P. W. (1966). *The way teaching is.* Washington, DC: National Education Association.
Jackson, P. W. (1968). *Life in classrooms.* New York: Holt, Rinehart & Winston.
Jacobson, E. (1979). *Progressive relaxation.* Chicago: University of Chicago Press.
James, H. H. (1971). Attitude and attitude change: Its influence upon teaching behavior. *Journal of Research in Science Teaching, 8,* 234–249.
Jencks, C., Smith, M., Acland, H., Bane, M. J., Cohen, D., Gintis, H., Hayns, B., & Michelsohn, S. (1972). *Inequality: A reassessment of the effect of family and schooling in America.* New York: Basic Books.
Johnson, D. W., & Johnson, R. T. (1974). Instructional goal structure: Cooperative, competitive, or individualistic. *Review of Educational Research, 44,* 213–240.
Johnson, D. W., & Johnson, R. T. (1975a). *Circles of learning.* Englewood Cliffs, NJ: Prentice-Hall.
Johnson, D. W., & Johnson, R. T. (1975b). *Learning together and alone.* Englewood Cliffs, NJ: Prentice-Hall.
Johnson, D. W., & Johnson, R. T. (1979). Conflict in the classroom: Controversy in learning. *Review of Educational Research, 49*(1), 51–70.
Johnson, D. W., & Johnson, R. T. (1981). Effects of cooperative and individualistic learning experiences on inter-ethnic interaction. *Journal of Educational Psychology, 73*(3), 444–449.
Johnson, D. W., & Johnson, R. T. (1990). *Cooperation and competition: Theory and research.* Edina, MN: Interaction Book Company.
Johnson, D. W., & Johnson, R. T. (1996). Conflict resolution and peer mediation programs in elementary and secondary schools: A review of the research. *Review of Educational Research, 66*(4), 459–506.
Johnson, D. W., & Johnson, R. T. (1999). *Methods of cooperative learning: What can we prove works?* Edina, MN: Cooperative Learning Institute.
Johnson, D. W., Johnson, R. T., Dudley, B., Ward, M., & Magnusen, D. (1995). The impact of peer mediation training on the management of school and home conflicts. *American Educational Research Journal, 32*(4), 829–844.
Johnson, D. W., Johnson, R. T., & Holobec, E. (1994). *Circles of learning.* Alexandria, VA: ASCD.
Johnson, D. W., Johnson, R. T., Johnson, J., & Anderson, D. (1976). The effects of cooperative vs. individualized instruction on student prosocial behavior, attitudes toward learning, and achievement. *Journal of Educational Psychology, 68,* 446–452.
Johnson, D. W., Johnson, R. T., & Scott, L. (1978). The effects of cooperative and individualized instruction on student attitudes and achievement. *Journal of Social Psychology, 104,* 207–216.
Johnson, D. W., Johnson, R. T., & Skon, L. (1979). Student achievement on different types of tasks under cooperative, competitive, and individualistic conditions. *Contemporary Educational Psychology, 4,* 99–106.
Johnson, D., Johnson, R., & Stanne, M. B. (2000). *Cooperative learning methods: A meta-analysis.* Minneapolis: University of Minnesota.
Johnson, D. W., & Johnson, S. (1972). The effects of attitude similarity, expectation of goal facilitation, and actual goal facilitation on interpersonal attraction. *Journal of Experimental Social Psychology, 8,* 197–206.
Johnson, D. W., Maruyana, G., Johnson, R., Nelson, D., & Skon, L. (1981). Effects of cooperative, competitive, and individualistic goal structures on achievement: A meta-analysis. *Psychological Bulletin, 89*(1), 47–62.

Johnson, J. L., & Sloat, K. M. (1980). Teacher training effects: Real or illusory? *Psychology in the Schools Journal, 17*(1), 109–114.

Jovanovic, J., & King, S. (1998). Boys and girls in the performance-based science classroom: Who's doing the performing? *American Educational Research Journal, 35*(3), 455–477.

Joyce, B. (1975). The models of teaching community: What have we learned? *Texas Tech Journal of Education, 22,* 95–106.

Joyce, B. (Ed.). (1978). *Involvement: A study of shared governance of teacher education.* Washington, DC: ERIC Clearinghouse on Teacher Education.

Joyce, B. (1978–79). Toward a theory of information processing in teaching. *Educational Research Quarterly, 3*(4), 66–77.

Joyce, B. (1980). *Teacher innovator system: Observer's manual.* Eugene, OR: Booksend Laboratories.

Joyce, B. (1987). Essential reform in teacher education. In L. Newton, M. Fullan, & J. W. MacDonald (Eds.), *Rethinking teacher education* (pp. 1–27). Toronto: Ontario Institute for Studies in Education.

Joyce, B. (1991a). Common misconceptions about cooperative learning and gifted students. *Educational Leadership, 48*(6), 72–74.

Joyce, B. (1991b). Doors to school improvement. *Educational Leadership, 48*(8), 59–62.

Joyce, B. (1999). Reading about reading. *The Reading Teacher, 36,* 220–230.

Joyce, B., Bush, R., & McKibbin, M. (1982). *The California staff development study: The January 1982 report.* Palo Alto, CA: Booksend Laboratories.

Joyce, B., & Calhoun, E. (1995). *Learning experiences in school renewal.* Eugene, OR: The ERIC Clearinghouse in Educational Management.

Joyce, B., & Calhoun, E. (1996). *Creating learning experiences.* Alexandria, VA: Association for Supervision and Curriculum Development.

Joyce, B., & Calhoun, E. (1998). *Learning to teach inductively.* Boston: Allyn & Bacon.

Joyce, B., Calhoun, E., Carran, N., Simser, J., Rust, D., & Halliburton, C. (1996). University town. In B. Joyce & E. Calhoun (Eds.), *Learning experiences in school renewal.* Eugene, OR: ERIC Clearinghouse for Educational Management.

Joyce, B., Calhoun, E., & Hopkins, D. (1998). *Models of learning: Tools for teaching.* Buckingham, UK: Open University Press.

Joyce, B., Calhoun, E., & Hopkins, D. (1999). *The new structure of school improvement.* Buckingham, UK: Open University Press.

Joyce, B., Calhoun, E. & Hopkins, D. (2000). *The new structure of school improvement.* Philadelphia: The Open University Press.

Joyce, B., Calhoun, E., & Hrycauk, M. (2001). A second chance for struggling readers. *Educational Leadership, 58*(6), 42–47.

Joyce, B., Calhoun, E., & Hrycauk, M. (2003). Learning to read in kindergarten. *Phi Delta Kappan, 85*(2), 126–132.

Joyce, B., Calhoun, E., Jutras, J., & Newlove, K. (2006). *Scaling up: The results of a literacy curriculum implemented across an entire 53-school education authority.* A paper delivered to the Asian Pacific Educational Research Association, Hong Kong.

Joyce, B., Calhoun, E., & McKibbin, M. (1998). *Going for the gold in school renewal.* Pauma Valley, CA: Booksend Laboratories.

Joyce, B., & Clift, R. (1983). *Generic training problems: Training elements, socialization, contextual variables, and personality disposition across occupational categories that vary in ethos.* Paper presented at the annual meeting of the American Educational Research Association, Montreal.

Joyce, B., & Clift, R. (1984). The Phoenix agenda: Essential reform in teacher education. *Educational Researcher, 13*(4), 5–18.
Joyce, B., & Harootunian, B. (1967). *The structure of teaching.* Chicago: Science Research Associates.
Joyce, B., Hersh, R., & McKibbin, M. (1983). *The structure of school improvement.* New York: Longman.
Joyce, B., Howey, K., & Yarger, S. (1975). *Issues to face.* Syracuse, NY: National Dissemination Center, Syracuse University.
Joyce, B., Howey, K., & Yarger, S. (1976). *Issues to face, report one: Inservice teacher education.* Palo Alto, CA: Educational Research and Development Center.
Joyce, B., Hrycauk, M., Calhoun, E., & Hrycauk, W. (2006). *The tending of diversity through a robust core literacy curriculum: Gender, socioeconomic status, learning disabilities, and ethnicity.* A paper delivered to the Asian Pacific Educational Research Association, Hong Kong.
Joyce, B., McKibbin, M., & Bush, R. (1983). *The seasons of professional life: The growth states of teachers.* Paper presented at the annual meeting of the American Educational Research Association, Montreal.
Joyce, B., McKibbin, M., & Bush, R. (1984). *Predicting whether an innovation will be implemented: Four case studies.* Paper presented at the annual meeting of the American Educational Research Association, New Orleans.
Joyce, B., & Morine, G. (1977). *Creating the school.* Boston: Little, Brown.
Joyce, B., Murphy, C., Showers, B., & Murphy, J. (1989). School renewal as cultural change. *Educational Leadership, 47*(3), 70–78.
Joyce, B., Peck, L., & Brown, C. (1981). *Flexibility in teaching.* New York: Longman.
Joyce, B., & Showers, B. (1980). Improving inservice training: The message of research. *Educational Leadership, 37,* 163–172.
Joyce, B., & Showers, B. (1981a). *Teacher training research: Working hypothesis for program design and directions for further study.* Paper presented at the annual meeting of the American Educational Research Association, Los Angeles.
Joyce, B., & Showers, B. (1981b). Transfer of training: The contribution of coaching. *Journal of Education, 163,* 163–172.
Joyce, B., & Showers, B. (1982). The coaching of teaching. *Educational Leadership, 40*(1), 4–10.
Joyce, B., & Showers, B. (1983). *Power in staff development through research on training.* Washington, DC: Association for Supervision and Curriculum Development.
Joyce, B., & Showers, B. (1984, April). *Persuasion-oriented studies of teaching.* Paper presented at the annual meeting of the American Educational Research Association, New Orleans.
Joyce, B., & Showers, B. (1986). *Peer coaching guides.* Eugene, OR: Booksend Laboratories.
Joyce, B., & Showers, B. (2002). *Student achievement through staff development* (3rd ed.). Alexandria, VA: Association for Supervision and Curriculum Development.
Joyce, B., Showers, B., Beaton, C., & Dalton, M. (1984). *The search for validated objectives of teacher education: Teaching skills derived from naturalistic and persuasion oriented studies of teaching.* Paper presented at the annual meeting of the American Educational Research Association, New Orleans.
Joyce, B., Showers, B., & Bennett, B. (1987). Synthesis of research on staff development: A framework for future study and a state-of-the-art analysis. *Educational Leadership, 45*(3), 77–87.

Joyce, B., Showers, B., Dalton, M., & Beaton, C. (1985). *Theory-driven and naturalistic research as sources of teaching skills: A classification.* Paper presented at the annual meeting of the American Educational Research Association, Chicago.

Joyce, B., Weil, M., & Calhoun, E. (2002). *Models of teaching* (7th ed.). Boston: Allyn Bacon/Pearson.

Joyce, B., Weil, M., & Wald, R. (1981). Can teachers learn repertoires of models of teaching? In B. Joyce, L. Peck, & C. Brown, *Flexibility in teaching.* New York: Longman.

Joyce, B., & Wolf, J. (1996). Readersville: Building a culture of readers and writers. In B. Joyce and E. Calhoun (Eds.), *Learning experiences in school renewal.* Eugene, OR: The ERIC Clearinghouse in Educational Management.

Joyce, B., Wolf, J., & Calhoun, E. (1993). *The self-renewing school.* Alexandria, VA: Association for Supervision and Curriculum Development.

Judd, C. H. (1934). *Education and social progress.* New York: Harcourt Brace Jovanovich.

Juel, C. (1988). Learning to read and write. *Journal of Educational Psychology, 80*(4), 437–447.

Juel, C. (1992). Longitudinal research on learning to read and write with at-risk students. In M. Dreher & W. Slater (Eds.), *Elementary school literacy: Critical issues* (pp. 73–99). Norwood, MA: Christopher-Gordon.

Kagan, J. (1994). *Galen's prophecy.* New York: Basic Books.

Kagan, S. (1990). *Cooperative learning resources for teachers.* San Juan Capistrano, CA: Resources for Teachers.

Kahle, J. (1985). *Women in science: A report from the field.* Philadelphia: Falmer Press.

Kahle, J., & Meece, R. (1994). Research on gender issues in the classroom. In D. L. Gabel (Ed.), *Handbook of research on science teaching and learning* (pp. 542–557). New York: MacMillan.

Kahn, S. B., & Weiss, J. (1973). The teaching of affective responses. In R. M. W. Travers (Ed.), *The second handbook of research on teaching.* Chicago: McNally & Company.

Kamii, C., & DeVries, R. (1974). Piaget-based curricula for early childhood education. In R. Parker (Ed.), *The preschool in action.* Boston: Allyn & Bacon.

Kaplan, A. (1964). *The conduct of inquiry.* San Francisco: Chandler.

Karplus, R. (1964). *Theoretical background of the science curriculum improvement study.* Berkeley: University of California Press.

Kenworthy, L. S. (1955). *Introducing children to the world.* New York: Harper.

Kerman, S. (1979). Teacher expectations and student achievement. *Phi Delta Kappan, 60*(10), 716–718.

Keyes, D. K. (2006). *Metaphorical voices: Secondary student's exploration into multidimensional perspectives in literature and creative writing using the synectics model.* Unpublished Doctor of Education Dissertation, University of Houston,

Kidron, M., & Segal, R. (2001). *The state of the world atlas.* New York: Simon & Schuster Touchstone.

Kilpatrick, W. H. (1919). *The project method.* New York: Teachers College Press.

Kincaid, E. (1959). *In every war but one.* New York: Norton.

Klausmeier, H. J. (1980). *Learning and teaching concepts.* New York: Academic Press.

Klausmeier, H. J., & Harris, C. W. (1966). *Analysis of concept learning.* New York: Academic Press.

Klausmeier, H. J., & Hooper, F. H. (1974). Conceptual development on instruction. In F. N. Kerlinger & J. B. Carroll (Eds.), *Review of research in education* (pp. 3–54). Itasca, IL: Peacock.

Klein, S. (1985). *Handbook for achieving sex equity through education.* Baltimore: Johns Hopkins University Press.

Kleitsch, R. G. (1969). *Directory of educational simulations, learning games, and didactic units.* St. Paul, MN: Instructional Simulations.

Klinzing, G., & Klinzing-Eurich, G. (1985). Higher cognitive behaviors in classroom discourse: Congruencies between teachers' questions and pupils' responses. *Australian Journal of Education, 29*(1), 63–74.

Knowles, M. (1978). *The adult learner: A neglected species* (2nd ed.). Houston, TX: Gulf.

Kober, N. (1981). *The role and impact of Chapter I.* Washington, DC: Office of Technology Assessment, U.S. Department of Education.

Kohlberg, L. (1966). Moral education and the schools. *School Review, 74,* 1–30.

Kohlberg, L. (1976). The cognitive developmental approach to moral education. In D. Purpel & K. Ryan (Eds.), *Moral education . . . It comes with the territory.* Berkeley, CA: McCutchan.

Kohlberg, L. (Ed.). (1977). *Recent research in moral development.* New York: Holt, Rinehart & Winston.

Kourilsky, M. (1974). *Beyond simulation: The mini-society approach to education and other social sciences.* Los Angeles: Educational Research Associates.

Kozol, J. (1992). *Savage inequalities.* New York: HarperCollins.

Kuhn, T. (1962). *The structure of scientific revolutions.* Chicago: The University of Chicago Press.

Kuhn, D., Amsel, E., & O'Loughlin, M. (1988). *The development of scientific thinking skills.* New York: Academic Press.

Kulik, J. (1992). *Analysis of the Research on Ability Grouping.* Storrs, CT: The National Research Center on the Gifted and Talented.

Kulik, C. C., Kulik, J. A., & Bangert-Drowns, R. L. (1990). Effectiveness of mastery learning programs: A meta-analysis. *Review of Educational Research, 60,* 265–299.

Lavatelle, C. (1970). *Piaget's theory applied to an early childhood education curriculum.* Boston: American Science and Engineering.

Lawson, A. E., et al. (1984). Proportional reasoning and linguistic abilities required for hypothetico-deductive reasoning. *Journal of Research in Science Teaching, 21*(4), 377–384.

Lawton, J. T. (1977a). Effects of advance organizer lessons on children's use and understanding of the causal and logical "because." *Journal of Experimental Education, 46*(1), 41–46.

Lawton, J. T. (1977b). The use of advance organizers in the learning and retention of logical operations in social studies concepts. *American Educational Research Journal, 14*(1), 24–43.

Lawton, J. T., & Wanska, S. K. (1977a). Advance organizers as a teaching strategy: A reply to Barnes and Clawson. *Review of Educational Research, 47*(1), 233–244.

Lawton, J. T., & Wanska, S. K. (1977b, Summer). The effects of different types of advance organizers on classification learning. *American Educational Research Journal, 16*(3), 223–239.

Leonard, H., Winkler, J., Hove, A., Ettedgui, E., Shanley, M. & Sollinger, J. (2001). *Enhancing stability and professional development using distance learning.* (ERIC Document Reproduction Service No. ED453 394).

Lepper, M., Keavney, M., & Drake, M. (1996). Intrinsic motivation and extrinsic rewards. *Review of Educational Research, 66*(1), 5–32.

Levin, J. R., McCormick, C., Miller, H., & Berry, J. (1982). Mnemonic versus nonmnemonic strategies for children. *American Educational Research Journal, 19*(1), 121–136.

Levin, J. R., Shriberg, L., & Berry, J. (1983). A concrete strategy for remembering abstract prose. *American Educational Research Journal, 20*(2), 277–290.

Levin, M. E., & Levin, J. R. (1990). Scientific mnemonics: Methods for maximizing more than memory. *American Educational Research Journal, 27,* 301–321.

Levine, D. (1991). Creating effective schools. *Phi Delta Kappan, 72*(5), 389–393.

Levy, D. V., & Stark, J. (1982). *Implementation of the Chicago mastery learning reading program at inner-city elementary schools.* Paper presented at the annual meeting of the American Educational Research Association, New York.

Lewin, T. (1998, December 6). U.S. colleges begin to ask, Where have the men gone? *The New York Times,* pp. 1, 28.

Lewis, H., & Streitfeld, H. (1970). *Growth games.* New York: Harcourt, Brace, Jovanovich.

Lieberman, A., & Miller, L. (1992). Professional development of teachers. In M. Alkin (Ed.), *Encyclopedia of educational research* (pp. 1045–1051).

Lindvall, C. M., & Bolvin, J. O. (1966). *The project for individually prescribed instruction.* Oakleaf Project. Unpublished manuscript, Learning Research and Development Center, University of Pittsburgh.

Linn, M., & Hyde, J. (1989). Gender, mathematics, and science. *Educational Researcher, 18*(8), 17–19, 22–27.

Lippitt, R., Fox, R., & Schaible, L. (1969a). *Cause and effect: Social science resource book.* Chicago: Science Research Associates.

Lippitt, R., Fox, R., & Schaible, L. (1969b). *Social science laboratory units.* Chicago: Science Research Associates.

Little, J. W. (1986). *The persistence of privacy: Autonomy and initiative in teachers' professional opportunities.* Paper presented at the annual meeting of the American Educational Research Association, San Francisco.

Little, J. W., et al. (1987). *Staff development in California.* San Francisco: Far West Laboratories.

Locke, J. (1927). *Some thoughts concerning education* (R. H. Quick, Ed.). Cambridge, England: Cambridge University Press.

Lorayne, H., & Lucas, J. (1974). *The memory book.* Briercliff Manor, NY: Lucas Educational Systems.

Lortie, D. (1975). *Schoolteacher.* Chicago: University of Chicago Press.

Loucks, S. F., Newlove, B. W., & Hall, G. E. (1975). *Measuring levels of use of the innovation: A manual for trainers, interviewers, and raters.* Austin, TX: Research and Development Center for Teacher Education, University of Texas.

Loucks-Horsley, S. (2003). *Designing professional development for teachers of science and mathematics.* Thousand Oaks, CA: Corwin Press.

Louis, K. S., & Miles, M. B. (1990). *Improving the urban high school.* New York: Teachers College Press.

Lucas, J. (2001). *Learning how to learn.* Frisco, TX: Lucas Educational Systems.

Lucas, S. B. (1972). *The effects of utilizing three types of advance organizers for learning a biological concept in seventh grade science.* Doctoral dissertation, Pennsylvania State University.

Ludlum, R. P., et al. (1969). *American government.* Boston: Houghton Mifflin.

Luiten, J., Ames, W., & Ackerson, G. A. (1980). A meta-analysis of the effects of advance organizers on learning and retention. *American Educational Research Journal, 17,* 211–218.

Lundquist, G., & Parr, G. (1978). Assertiveness training with adolescents. *Technical Journal of Education, 5,* 37–44.

Lyons, C., & Pinnell, G. (2001). *Systems for change in literacy education: A guide to professional development.* Portsmouth, NH: Heinemann.

Maccoby, E., & Jacklin, C. (1974). *The psychology of sex differences.* Stanford, CA: Stanford University Press.

Madaus, G. F., Airasian, P. W., & Kellaghan, T. (1980). *School effectiveness: A review of the evidence.* New York: McGraw-Hill.

Madden, N. A., & Slavin, R. E. (1983). Cooperative learning and social acceptance of mainstreamed academically handicapped students. *Journal of Special Education, 17,* 171–182.

Mahoney, M., & Thorensen, C. (1972). Behavioral self-control-power to the person. *Educational Researcher, 1,* 5–7.

Maloney, D. (1994). Research on problem solving: Physics. In D. L. Gabel (Ed.), *Handbook of research on science teaching and learning* (pp. 327–354). New York: MacMillan.

Mandeville, G. K., & Rivers, J. L. (1989). Effects of South Carolina's Hunter-based PET program. *Educational Leadership, 46*(4), 63–66.

Manzo, K. (2005a, June 22). Complaint filed against reading initiative. *Education Week, 24*(41), 3.

Manzo, K. (2005b, September 8). States pressed to refashion Reading First grant designs. *Education Week, 25*(2), 24–25.

Manzo, K. (2005c, October 12). GAO to probe federal plan for reading. *Education Week.*

Marcuse, H. (1955). *Eros and civilization.* Boston: Beacon Press.

Marsh, H., & Yeung, A. (1997). Coursework selection: Relations to academic self-concept and achievement. *American Educational Research Journal, 34*(4), 691–720.

Marzano, R., Brandt, R., Hughes, C., Jones, B., Presseisen, B., Rankin, S., & Suhor, C. (1987). *Dimensions of thinking.* Alexandria, VA: Association for Supervision and Curriculum Development.

Maslow, A. (1962). *Toward a psychology of being.* New York: Van Nostrand.

Massialas, B., & Cox, B. (1966). *Inquiry in social studies.* New York: McGraw-Hill.

Mastropieri, M. A., & Scruggs, T. E. (1991). *Teaching students ways to remember.* Cambridge, MA: Brookline Books.

Mastropieri, M. A., & Scruggs, T. E. (1994). *A practical guide for teaching science to students with special needs in inclusive settings.* Austin, TX: Pro-Ed.

Mayer, R. F. (1979). Can advance organizers influence meaningful learning? *Review of Educational Research, 49*(2), 371–383.

McCarthy, B. (1981). *The 4mat system: Teaching to learning styles with right/left mode techniques.* Barrington, IL: Excel.

McDonald, F. J., & Elias, P. (1976a). *Beginning teacher evaluation study: Phase II, 1973–74. Executive summary report.* Princeton, NJ: Educational Testing Service.

McDonald, F. J., & Elias, P. (1976b). *Executive summary report: Beginning teacher evaluation study, phase II.* Princeton, NJ: Educational Testing Service.

McGill-Franzen, A. (2001). In Neuman, S. & Dickinson, D. (Eds.), *Handbook of Early Literacy Research* (Chapter 30, pp. 471–483). New York: Guilford Press.

McGill-Franzen, A., & Allington, R. (1991). The gridlock of low achievement. *Remedial and Special Education, 12,* 20–30.

McGill-Franzen, A., Allington, R., Yokoi, I., & Brooks, G. (1999). Putting books in the room seems necessary but not sufficient. *Journal of Educational Research, 93,* 67–74.

McGill-Franzen, A., & Goatley, V. (2001). Title I and special education: Support for children who struggle to learn to read. In S. Neuman & D. Dickinson (Eds.), *Handbook of early literacy research* (pp. 471–484). New York: Guilford.

McGill-Franzen, A., Lanford, C., & Killian, J. (n.d.). *Case studies of literature-based textbook use in kindergarten.* Albany: State University of New York.

McKibbin, M., & Joyce, B. (1980). Psychological states and staff development. *Theory into Practice, 19*(4), 248–255.

McKinney, C., Warren, A., Larkins, G., Ford, M. J., & Davis, J. C. III. (1983). The effectiveness of three methods of teaching social studies concepts to fourth-grade students: An aptitude-treatment interaction study. *American Educational Research Journal, 20,* 663–670.

McNair, K. (1978–1979). Capturing in-flight decisions. *Educational Research Quarterly, 3*(4), 26–42.

Medley, D. M. (1977). *Teacher competence and teacher effectiveness.* Washington, DC: American Association of Colleges of Teacher Education.

Medley, D. M. (1982). Teacher effectiveness. In H. Mitzel (Ed.), *Encyclopedia of educational research* (pp. 1894–1903). NY: Macmillan.

Medley, D. M., Coker, H., Coker, J. G., Lorentz, J. L., Soar, R. S., & Spaulding, R. L. (1981). Assessing teacher performance from observed competency indicators defined by classroom teachers. *Journal of Educational Research, 74,* 197–216.

Medley, D., Soar, R., & Coker, H. (1984). *Measurement-based evaluation of teacher performance.* New York: Longman.

Melamed, B., & Siegel, L. (1973). Reduction of anxiety in children facing hospitalization and surgery by use of filmed modeling. *Journal of Consulting and Clinical Psychology, 43,* 511–520.

Merrill, M. D., & Tennyson, R. D. (1977). *Concept teaching: An instructional design guide.* Englewood Cliffs, NJ: Educational Technology.

Metz, K. E. (1995). Reassessment of developmental constraints on children's science instruction. *Review of Educational Research, 65*(2), 93–127.

Mevarech, Z. (1995). Teachers' paths on the way to and from the professional development forum. In T. Guskey & M. Huberman (Eds.), *Professional development in education.* New York: Teachers College Press.

Mevarech, Z., & Kramarski, B. (1997). IMPROVE: A multidimensional method for teaching mathematics in heterogeneous classrooms. *American Educational Research Journal, 34*(2), 365–394.

Meyer, L. (1984). Long-term academic effects of the direct instruction project follow through. *Elementary School Journal, 84,* 380–394.

Miles, M., & Huberman, M. (1984). *Innovation up close.* New York: Praeger.

Millar, G. (1956). The magical number seven, plus or minus two: Some limits on our capacity to process information. *Psychological Review, 63,* 81–87.

Mitchell, L. S. (1950). *Our children and our schools.* New York: Simon & Schuster.

More, T. (1965). *Utopia.* New York: Dutton.

Morris, R. (1999). *How new research on brain development will influence educational policy.* Presentation to the Policy Makers Institute. Georgia Center for Advanced Telecommunications Technology, Atlanta, GA.

Nagy, W., & Anderson, R. (1984). How many words are there in printed English? *Reading Research Quarterly, 19,* 304–330.

Nagy, W. & Anderson, P. (1987). Breadth and depth in vocabulary knowledge. *Reading Research Quarterly, 19,* 304–330.

Nagy, W., Herman, P., & Anderson, R. (1985). Learning words from context. *Reading Research Quarterly, 20,* 233–253.

Natale, J. (2001). Early learners: Are full day academic kindergartens too much, too soon. *American School Board Journal, 188*(3), 22–25.

National Assessment of Educational Progress (NAEP). (1992). *The reading report card.* Washington, DC: National Center for Educational Statistics, U.S. Department of Education.

National Assessment of Educational Progress (NAEP). (2004). *Reading highlights, 2003.* Washington, DC: National Center for Educational Statistics.

National Center for Education Statistics (1998). Long term trends in reading performance. NAEP Facts. Washington, DC: Office of Educational Research and Improvement, U.S. Department of Education.

National Center for Education Statistics. (2000). *The condition of education.* Washington, DC: U.S. Department of Education.

National Council for Staff Development. (2001). *E-learning for educators: Implementing the standards for staff development.* Oxford, OH: NSDC and National Institute for Community Innovations.

National Institute of Child Health and Human Development. (2000). *Report of the National Reading Panel: Teaching children to read: An evidence-based assessment of the scientific research literature on reading and its implications for reading instruction.* Rockville, MD: National Institute of Child Health and Human Development. Washington, DC: U.S. Government Printing Office.

National Institutes of Education. (1975). *National conference on studies in teaching (Vols. 1–10).* Washington, DC: U.S. Department of Health, Education and Welfare.

National Reading Panel. (1998). *Teaching children to read.* Washington, DC: U.S. Department of Education.

National Reading Panel. (2000). *Teaching children to read: An evidence-based assessment of the scientific research literature on reading and its implications for reading instruction.* Rockville, MD: National Institute of Child Health and Human Development.

Neill, A. S. (1960). *Summerhill.* New York: Holt, Rinehart & Winston.

Nesbitt, W. A. (1971). *Simulation games for the social studies classroom.* New York: Foreign Policy Association.

Neuman, S., & Dickinson, D. (Eds.). (2001). *Handbook of early literacy research.* New York: Guilford Press.

New Standards Primary Literacy Committee. (1999). *Reading and writing: Grade by grade.* Pittsburgh, PA: National Center on Education and the Economy and the University of Pittsburgh.

Newby, T. J., & Ertner, P. A. (1994). *Instructional analogies and the learning of concepts.* Paper presented at the annual meeting of the American Educational Research Association, New Orleans.

New Webster's dictionary of the English language (Deluxe Encyclopedia Edition). (1981). New York: Delair.

Nicholson, A. M., & Joyce, B. (with D. Parker & F. Waterman). (1976). *The literature on inservice teacher education.* (ISTE Report No 3.) Syracuse, NY: National Dissemination Center, Syracuse University.

Nucci, L. P. (Ed.). (1989). *Moral development and character education.* Berkeley, CA: McCutchan.

Oakes, J. (1986). *Keeping track: How schools structure inequality.* New Haven, CT: Yale University Press.

Oliver, D., & Shaver, J. P. (1966/1974). *Teaching public issues in the high school.* Boston: Houghton Mifflin.

Oliver, D. W., & Shaver, J. P. (1971). *Cases and controversy: A guide to teaching the public issues series.* Middletown, CT: American Education Publishers.

Olson, D. R. (1970). *Cognitive development: The child's acquisition of diagonality.* New York: Academic Press.

Orme, M., & Purnell, R. (1968). *Behavior modification and transfer in an out-of-control classroom.* Cambridge, MA: R & D Center on Educational Differences, Harvard University.

O'Sullivan, C., Reese, C., & Mazzeo, J. (1997). *NAEP 1996 science report card for the nation and the states.* Washington, DC: U.S. Department of Education.

Palomares, U., Ball, G., & Bessell, H. (1976). *Magic circle: Human development program.* La Mesa, CA: Human Development Institute.

Pardini, P. (1999). Making time for adult learning. *Journal of Staff Development, 20*(2), 37–41.

Parker, L., & Offer, J. (1987). School science achievement: Conditions for equality. *International Journal for Science Education, 8*(2), 173–183.

Pavlov, I. (1927). *Conditioned reflexes: An investigation of physiological activity of the cerebral cortex* (G. V. Anrep, Trans.). London: Oxford University Press.

PBS Teacherline. (2005). *An introduction to underlying principles and research for effective literacy instruction.* PBS Electronic Catalog. Washington, DC: PBS.

Pearson, D. (1998). *New York State Reading Symposium.* Albany, NY: The New York State Education Department.

Perkins, D. N. (1984). Creativity by design. *Educational Leadership, 42*(1), 18–25.

Perls, F. (1968). *Gestalt therapy verbatim.* Lafayette, CA: Real People Press.

Perousse, R., & Colbert, R. (Eds.). (2007). Closing the achievement gap with curriculum enrichment and differentiation. *Journal of Advanced Academics.*

Persky, H., Reese, C., O'Sullivan, C., Lazer, S., Moore, J., & Shakrani, S. (1996). *NAEP 1994 geography report card.* Washington, DC: U.S. Department of Education.

Peterson, P., & Clark, C. (1978). Teachers' reports of their cognitive processes while teaching. *American Educational Research Journal, 15*(4), 555–565.

Peterson, P., Marx, R., & Clark, C. (1978). Teacher planning, teacher behavior, and student achievement. *American Educational Research Journal, 15*(4), 417–432.

Phoenix, P. (1961). *Education and the common good.* New York: Harper.

Phillips, D. (1983). After the wake: Postpositivistic educational thought. *Educational Researcher, 12*(5), 4–12.

Phillips, D. (1995). The good, the bad, and the ugly. *Educational Researcher, 24*(7), 5–12.

Piaget, J. (1952). *The origins of intelligence in children.* New York: International University Press.

Piaget, J. (1960). *The child's conception of the world.* Atlantic Highlands, NJ: Humanities Press.

Piksulski, J., with Taylor, B. (1999). *Emergent literacy survey/K–2.* Boston: Houghton Mifflin.

Pinnell, G. S. (1989). Helping at-risk children learn to read. *Elementary School Journal, 90*(2), 161–184.

Pinnell, G. S., Lyone, C.A., Deford, D., Bryk, A., & Seltzer, M. (1994). Comparing instructional models for the literacy education of high-risk first graders. *Reading Research Quarterly, 29*(1), 9–38.

Plato. (1945). *The Republic* (F. M. Cornford, Trans.). New York: Oxford University Press.

Popper, K. (2002). *The logic of scientific discovery.* London and New York: Routledge.

Premack, D. (1965). Reinforcement theory. In D. Levine (Ed.), *Nebraska Symposium on Motivation.* Lincoln: University of Nebraska Press.

Pressley, M. (1977). Children's use of the keyword method to learn simple Spanish vocabulary words. *Journal of Educational Psychology, 69*(5), 465–472.

Pressley, M. (1995). *Cognitive strategy instruction that really improves student performance.* Cambridge, MA: Brookline.

Pressley, M. (2002). Metacognition and self-regulated comprehension. In A. Farstrup & J. Samuels (Eds.), *What research has to say about reading instruction* (pp. 291–310). Newark, DE: International Reading Instruction.

Pressley, M., & Dennis-Rounds, J. (1980). Transfer of a mnemonic keyword strategy at two age levels. *Journal of Educational Psychology, 72*(4), 575–607.

Pressley, M., & Levin, J. R. (1978). Developmental constraints associated with children's use of the keyword method of foreign language learning. *Journal of Experimental Child Psychology, 26*(1), 359–372.

Pressley, M., Levin, J. R., & Delaney, H. D. (1982). The mnemonic keyword method. *Review of Educational Research, 52*(1), 61–91.

Pressley, M., Levin, J., & Ghatala, E. (1984). Memory-strategy monitoring in adults and children. *Journal of Verbal Learning and Verbal Behavior, 23*(2), 270–288.

Pressley, M., Levin, J. R., & McCormick, C. (1980). Young children's learning of foreign language vocabulary: A sentence variation of the keyword method. *Contemporary Educational Psychology, 5*(1), 22–29.

Pressley, M., Levin, J., & Miller, G. (1981a). How does the keyword method affect vocabulary, comprehension, and usage? *Reading Research Quarterly, 16,* 213–226.

Pressley, M., Levin, J., & Miller, G. (1981b). The keyword method and children's learning of foreign vocabulary with abstract meanings. *Canadian Psychology, 35*(3), 283–287.

Pressley, M., Samuel, J., Hershey, M., Bishop, S., & Dickinson, D. (1981). Use of a mnemonic technique to teach young children foreign-language vocabulary. *Contemporary Educational Psychology, 6,* 110–116.

Pressley, M., & Associates. (1990). *Cognitive instruction that really improves children's academic performance.* Cambridge, MA: Brookline Books.

Purkey, S., & Smith, M. (1983). Effective schools: A review. *Elementary School Journal, 83*(4), 427–452.

Purpel, D., & Ryan, K. (Eds.). (1976). *Moral education: It comes with the territory.* Berkeley, CA: McCutchan.

Qin, Z., Johnson, D. W., & Johnson, R. T. (1995). Cooperative versus competitive efforts and problem solving. *Review of Educational Research, 65*(2), 82–102.

Quellmalz, E. S., & Burry, J. (1983). *Analytic scales for assessing students' expository and narrative writing skills.* (CSE Resource Paper No. 5.) Los Angeles: Center for the Study of Evaluation, Graduate School of Education, University of California at Los Angeles.

Ralph, J., & Fennessey, J. (1983). Science or reform: Some questions about the effective schools model. *Phi Delta Kappan, 64*(10), 689–694.

Reese, C., Miller, K., Mazzeo, J., & Dossey, J. (1997). *NAEP 1996 mathematics report card for the nation and the states.* Washington, DC: U.S. Department of Education.

Renzulli, J. S., & Reis, S. M. (1997). *The Schoolwide Enrichment Model: A how-to guide for educational excellence* (2nd ed.). Mansfield Center, CT: Creative Learning Press, Inc.

Resnick, L. B. (1967). *Design of an early learning curriculum.* Pittsburgh, PA: Learning Research and Development Center, University of Pittsburgh.

Resnick, L. B. (1987). *Education and learning to think.* Washington, DC: Academic Press.

Rhine, W. R. (Ed.). (1981). *Making schools more effective: New directions from follow through.* New York: Academic Press.

Richardson, V. (1990). Significant and worthwhile change in teaching practice. *Educational Researcher, 19*(7), 10–18.

Richardson, V., & Placier, P. (2001). Teacher change. In Richardson (pp. 905–950).

Rimm, D. C., & Masters, J. C. (1974). *Behavior therapy: Techniques and empirical findings.* New York: Academic Press.

Ripple, R., & Drinkwater, D. (1981). Transfer of learning. In H. E. Mitzel (Ed.), *Encyclopedia of educational research* (Vol. 4, pp. 1947–1953). New York: Free Press, MacMillan.

Robbins, P. (1991). *How to plan and implement a peer coaching program.* Alexandria, VA: Association for Supervision and Curriculum Development.

Roberts, J. (1969). *Human relations training and its effect on the teaching-learning process in social studies.* (Final Report.) Alban, NY: Division of Research, New York State Education Department.

Roebuck, F., Buhler, J., & Aspy, D. (1976). *A comparison of high and low levels of humane teaching/learning conditions on the subsequent achievement of students identified as having learning difficulties.* (Final Report: Order No. PLD 6816-76 re the National Institute of Mental Health). Denton, TX: Texas Woman's University Press.

Rogers, C. (1961). *On becoming a person.* Boston: Houghton Mifflin.

Rogers, C. (1969). *Freedom to learn.* Columbus, OH: Merrill.

Rogers, C. (1971). *Client centered therapy.* Boston: Houghton Mifflin.

Rogers, C. (1981). *A way of being.* Boston: Houghton Mifflin.

Rogers, C. (1982). *Freedom to learn in the eighties.* Columbus, OH: Merrill.

Rolheiser-Bennett, C. (1986). *Four models of teaching: A meta-analysis of student outcomes.* Ph.D. thesis, University of Oregon.

Romberg, T. A., & Wilson, J. (1970). *The effect of an advance organizer, cognitive set, and postorganizer on the learning and retention of written materials.* Paper presented at the annual meeting of the American Educational Research Association, Minneapolis, MN.

Roper, S., Deal, T., & Dornbusch, S. (1976, Spring). Collegial evaluation of classroom teaching: Does it work? *Educational Research Quarterly,* 56–66.

Rosenholtz, S. J. (1989). *Teachers' workplace: The social organization of schools.* White Plains, NY: Longman.

Rosenshine, B. (1970). The stability of teacher effects upon student achievement. *Review of Educational Research, 40,* 647–662.

Rosenshine, B. (1971). *Teaching behaviours and student achievement.* London: National Foundation for Educational Research.

Rosenshine, B. (1985). *Direct instruction. International Encyclopedia of Education.* In T. Husen & T. N. Postlethwaite (Eds.), (Vol. 3, pp. 1395–1400). Oxford: Pergamon Press.

Rosenshine, B., & Meister, C. (1994). Reciprocal teaching: A review of the research. *Review of Educational Research, 64*(4), 479–530.

Rosskopf, M. (1971). *Piagetian cognitive development research in mathematical education.* Washington, DC: National Council of Teachers of Mathematics.

Rousseau, J. J. (1983). *Emile.* New York: Dutton. (Original work published 1762.)

Rowan, S., & Guthrie, L. (1988). *The quality of Chapter I instruction: Results from a survey of 24 schools.* San Francisco: The Far West Laboratory.

Rowe, M. B. (1969). Science, soul, and sanctions. *Science and Children, 6*(6), 11–13.

Rowe, M. B. (1974). Wait-time and rewards as instructional variables: Their influence on language, logic, and fate control. *Journal of Research in Science Teaching, 11,* 81–94.

Rowen, B., Bossert, S. T., & Dwyer, D. C. (1983). Research on effective schools: A cautionary note. *Educational Researcher, 12*(4), 24–31.

Rutter, M., Maughan, R., Mortimer, P., Oustin, J., & Smith, A. (1979). *Fifteen thousand hours: Secondary schools and their effects on children.* Cambridge, MA: Harvard University Press.

Sadker, M., & Sadker, D. (1994). *Failing at fairness.* New York: Touchstone (Simon & Schuster).

Salter, A. (1964). The theory and practice of conditioned reflex therapy. In A. Salter, J. Wolpe, & L. J. Reyna (Eds.), *Conditioning therapies: The challenge in psychotherapy.* New York: Holt, Rinehart & Winston.

Salter, A., Wolpe, J., & Reyna, J. (Eds.). (1964). *The conditioning therapies: The challenge in psychotherapies.* New York: Holt, Rinehart & Winston.

Sanders, D. A., & Sanders, J. A. (1984). *Teaching creativity through metaphor.* New York: Longman.

Sanders, W., & Rivers, J. (1996). *Cumulative and residual effects of teachers on future student academic achievement. Research progress report.* Knoxville: University of Tennessee Value-Added Research and Assessment Center.

Sarason, S. (1982). *The culture of the school and the problem of change* (2nd ed.). Boston: Allyn & Bacon.

Scanlon, R., & Brown, M. (1969). *In-service education for individualized instruction.* Unpublished manuscript. Philadelphia: Research for Better Schools.

Schacter, J. (n.d.). *Reading programs that work: A review of programs from prekindergarten to 4th grade.* Santa Monica, CA: Milken Family Foundation.

Schaefer, R. (1967). *The school as a center of inquiry.* New York: Harper & Row.

Schaubel, L., Klopfer, L. E., & Raghavan, K. (1991). Students' transition from an engineering model to a science model of experimentation. *Journal of Research on Science Teaching, 28*(9), 859–882.

Schein, E. H., & Bennis, W. G. (1965). *Personal and organizational change through group methods.* New York: Wiley.

Scherer, M. (2005). Perspectives: *Educational Leadership, 82*(8), 7.

Schiffer, J. (1980). *School renewal through staff development.* New York: Teachers College Press.

Schlenker, R. M. (1991). Learning about fossil formulation by classroom simulation. *Science Activities, 28*(3), 17–20.

Schmoker, M. (2004, February).The tipping point: From feckless reform to substantive instructional improvement. *Phi Delta Kappan,* 424–432.

Schmoker, Mike. (2001, October 24). The "crayola curriculum." *Education Week.*

Schmuck, R. A., & Runkel, P. J. (1985). *The handbook of organizational development in schools* (3rd ed.). Palo Alto, CA: Mayfield Press.

Schmuck, R. A., Runkel, P. J., Arends, R., & Arends, J. (1977). *The second handbook of organizational development in schools.* Palo Alto, CA: Mayfield Press.

Schön, D. (1982). *The reflective practitioner.* New York: Basic Books.

Schrenker, G. (1976). *The effects of an inquiry-development program on elementary schoolchildren's science learning.* Ph.D. thesis, New York University.

Schroeder, H. M., Driver, M. J., & Streufert, S. (1967). *Human information processing: Individuals and groups functioning in complex social situations.* New York: Holt, Rinehart & Winston.

Schroeder, H. M., Karlins, M., & Phares, J. (1973). *Education for freedom.* New York: Wiley.

Schutz, W. (1967). *Joy: Expanding human awareness.* New York: Grove Press.

Schutz, W. (1982). *Firo.* New York: Holt, Rinehart & Winston.

Schutz, W., & Turner, E. (1983). *Body fantasy.* Irvington, IL: Irvington Press.

Schwab, J. (1965). *Biological sciences curriculum study: Biology teachers' handbook.* New York: Wiley.

Schwab, J. (1982). *Science, curriculum, and liberal education: Selected essays.* Chicago: University of Chicago Press.

Schwab, J., & Brandwein, P. (1962). *The teaching of science.* Cambridge, MA: Harvard University Press.

Seperson, M. (1970). *The relationship between the teaching styles of student teachers and those of their cooperating teachers.* Ph.D. dissertation. New York: Teachers College, Columbia University.

Seperson, M., & Joyce, B. (1981). The relationship between the teaching styles of student teachers and those of their cooperating teachers. In B. Joyce, L. Peck, & C. Brown (Eds.), *Flexibility in teaching* (pp. 101–108). New York: Longman.

Shaffer, J. B. P., & Galinsky, J. D. (1974). *Models of group therapy and sensitivity training.* Englewood Cliffs, NJ: Prentice-Hall.

Shaftel, F., & Shaftel, G. (1967). *Role playing of social values: Decision making in the social studies.* Englewood Cliffs, NJ: Prentice-Hall.

Shaftel, F., & Shaftel, G. (1982). *Role playing in the curriculum.* Englewood Cliffs, NJ: Prentice-Hall.

Shane, H. (1977). *Curriculum change: Toward the 21st century.* Washington, DC: National Education Association.

Sharan, S. (1980). Cooperative learning in small groups: Recent methods and effects on achievement, attitudes, and ethnic relations. *Review of Educational Research, 50*(2), 241–271.

Sharan, S. (1990). *Cooperative learning: Theory and research.* New York: Praeger.

Sharan, S., & Hertz-Lazarowitz, R. (1980a). Academic achievement of elementary school children in small group versus whole-class instruction. *Journal of Experimental Education, 48*(2), 120–129.

Sharan, S., & Hertz-Lazarowitz, R. (1980b). A group investigation method of cooperative learning in the classroom. In S. Sharan, P. Hare, C. Webb, & R. Hertz-Lazarowitz (Eds.), *Cooperation in education* (pp. 14–46). Provo, UT: Brigham Young University Press.

Sharan, S., & Hertz-Lazarowitz, R. (1982). Effects of an instructional change program on teachers' behavior, attitudes, and perceptions. *Journal of Applied Behavioral Science, 18*(2), 185–201.

Sharan, S., & Shachar, H. (1988). *Language and learning in the cooperative classroom.* New York: Springer-Verlag.

Sharan, S., & Shaulov, A. (1990). Cooperative learning, motivation to learn, and academic achievement. In S. Sharan (Ed.), *Cooperative learning: Theory and research* (pp. 173–202). New York: Praeger.

Sharan, S., Slavin, R., & Davidson, N. (1990). The IASCE: An agenda for the 90's. *Cooperative Learning, 10,* 2–4.

Shaver, J. P. (1995). Social studies. In G. Cawelti (Ed.), *Handbook of research on improving student achievement.* Arlington, VA: Educational Research Service.

Shaver, J. P., & Strong, W. (1982). *Facing value-decisions: Rationale-building for teachers.* New York: Teachers College Press.

Shepard, H. A. (1964). The T-Group as training in observant participation. In W. G. Bennis, K. D. Benne, & R. Chin (Eds.), *The planning of change: Readings in the applied behavioral sciences.* New York: Holt, Rinehart & Winston.

Showers, B. (1980). *Self-efficacy as a predictor of teacher participation in school decision-making.* Ph.D. thesis, Stanford University.

Showers, B. (1982a). *A study of coaching in teacher training.* Eugene, OR: Center for Educational Policy and Management, University of Oregon.

Showers, B. (1982b). *Transfer of training: The contribution of coaching.* Eugene, OR: Center for Educational Policy and Management, University of Oregon.

Showers, B. (1984). *Peer coaching and its effect on transfer of training.* Paper presented at the annual meeting of the American Educational Research Association, New Orleans.

Showers, B. (1985). Teachers coaching teachers. *Educational Leadership, 42*(7), 43–49.

Showers, B. (1989, March). *Implementation: Research-based training and teaching strategies and their effects on the workplace and instruction.* Paper presented at the annual meeting of the American Educational Research Association, San Francisco.

Showers, B., Joyce, B., & Bennett, B. (1987). Synthesis of research on staff development: A framework for future study and a state-of-the-art analysis. *Educational Leadership, 45*(3), 77–87.

Showers, B., Joyce, B., Scanlon, M., & Schnaubelt, C. (1998). A second chance to learn to read. *Educational Leadership, 55*(6), 27–31.

Shymanski, J., Kyle, W., & Alport, E. (1983). The effects of new science curricula on student performance. *Journal of Research on Science Teaching, 20*(5), 387–404.

Siegel, I. E. (1984). *Advances in applied developmental psychology.* New York: Ablex.

Sigel, F. E. (1969). The Piagetian system and the world of educational studies. In J. Hunt (Ed.), *Intelligence and experience.* NY: Ronald.

Sigel, I. E., & Hooper, F. H. (1968). *Logical thinking in children.* New York: Holt, Rinehart & Winston.

Silin, J., & Schwartz, F. (2003). Staying close to the teacher. *Teachers College Record.*

Simon, A., & Boyer, E. G. (1967). *Mirrors for behavior: An anthology of classroom observation instruments.* Philadelphia: Research for Better Schools.

Sitotnik, K. (1983). What you see is what you get: Consistency, persistence, and mediocrity in classrooms. *Harvard Educational Review, 53*(1), 16–31.

Sizer, T. R. (1985). *Horace's compromise: The dilemma of the American high school.* Boston: Houghton Mifflin.

Skinner, B. F. (1953). *Science and human behavior.* New York: Macmillan.

Skinner, B. F. (1957). *Verbal behavior.* New York: Appleton-Century-Crofts.

Skinner, B. F. (1968). *The technology of teaching.* Englewood Cliffs, NJ: Prentice-Hall.

Skinner, B. F. (1971). *Beyond freedom and dignity.* New York: Knopf.

Skinner, B. F. (1978). *Reflections on behaviorism and society.* Englewood Cliffs, NJ: Prentice-Hall.

Slavin, R. E. (1977a). Classroom reward structure: An analytic and practical review. *Review of Educational Research, 47*(4), 633–650.

Slavin, R. E. (1977b). How student learning teams can integrate the desegregated classroom. *Integrated Education, 15*(6), 56–58.

Slavin, R. E. (1977c). *Student learning team techniques: Narrowing the achievement gap between the races.* (Report No. 228.) Baltimore, MD: Center for Social Organization of Schools, Johns Hopkins University.

Slavin, R. E. (1977d). A student team approach to teaching adolescents with special emotional and behavioral needs. *Psychology in the Schools, 14*(1), 77–84.

Slavin, R. E. (1978a). Separating incentives, feedback, and evaluation: Toward a more effective classroom system. *Educational Psychologist, 13,* 97–100.

Slavin, R. E. (1978b). Student teams and achievement divisions. *Journal of Research and Development in Education, 12,* 39–49.

Slavin, R. E. (1983). *Cooperative learning.* New York: Longman.

Slavin, R. E. (1990a). Achievement effects of ability grouping in secondary schools. *Review of Educational Research, 60*(3), 471–500.

Slavin, R. E. (1990b). Mastery learning reconsidered. *Review of Educational Research, 60,* 300–302.

Slavin, R. E. (1991). Are cooperative learning and "untracking" harmful to the gifted? *Educational Leadership, 48*(6), 68–70.

Slavin, R. E., & Madden, N. A. (1995). Success for all: Creating schools and classrooms where all children can read. In J. Oakes and K. Quartz (Eds.), *Creating new educational communities: The ninety-fourth yearbook of the National Society for the Study of Education* (pp. 70–86). Chicago: University of Chicago Press.

Slavin, R. E., & Madden, N. (2001). *One million children: Success for all.* Thousand Oaks, CA: Corwin Press.

Slavin, R., Madden, N., Dolan, L., and Wasik, B. (1996). *Every child, every school: Success for all.* Thousand Oaks, CA.: Corwin.

Slavin, R., Madden, N., Karweit, N., Dolan, L., & Wasik, B. (n.d.). *Success for all: Effects of variations in duration and resources of a statewide elementary restructuring program.* Baltimore, MD: Center for Research on Effective Schooling for Disadvantaged Students, Johns Hopkins University.

Slavin, R. E., Madden, N. A., Karweit, N., Livermon, B. J., & Dolan, L. (1990). Success for all: First-year outcomes of a comprehensive plan for reforming urban education. *American Educational Research Journal, 27,* 255–278.

Smith, K., & Smith, M. (1966). *Cybernetic principles of learning and educational design.* New York: Holt, Rinehart & Winston.

Smith, L., & Keith, P. (1971). *Anatomy of an innovation.* New York: Wiley.

Smith, M. L. (1980). *Effects of aesthetics educations on basic skills learning*. Boulder, CO: Laboratory of Educational Research, University of Colorado.

Smith, T. & Ingersall, R. (2004). What are the effects of induction and mentoring on beginning teacher turnover? *American Educational Research Journal, 41*(3), 681–714.

Snow, C., Burns, M., & Griffin, P. (Eds.). (1998). *Preventing reading difficulties in young children*. Washington, DC: National Academy Press.

Soar, R. S. (1973). *Follow through classroom process measurement and pupil growth (1970–71)*. (Final Report.) Gainesville: College of Education, University of Florida.

Soar, R. S., Soar, R. M., & Ragosta, M. (1971). *Florida climate and control system: Observer's manual*. Gainesville: Institute for Development of Human Resources, University of Florida.

Social Science Consortium. (1971, 1972, 1973). *Data Handbook*. Boulder, CO: Author.

Sparks, D. (2004). *E-learning for educators*. NCREL. National Institute for Community Educators.

Sparks, D., & Hirsh, S. (1997). *A new vision for staff development*. Alexandria, VA: Association for Supervision and Staff Development.

Spaulding, R. L. (1970). E. I. P. Durham, NC: Duke University Press.

Sprinthall, M. A., & Thies-Sprinthall, L. (1983). Teachers as adult learners. In *Evaluation of the implementation of Public Law 94-142: Eighty-second yearbook of the National Society for the Study of Education*. Menlo Park, CA: SRI International.

Stallings, J. (1980). Allocating academic learning time revisited: Beyond time on task. *Educational Researcher, 9*, 11–16.

Stallings, J. (1985). A study of implementation of Madeline Hunter's model and its effects on students. *Journal of Educational Research, 78*, 325–337.

Starr, J. (1965). *Programmed modern arithmetic: Introduction to sets*. Boston: Heath.

Stauffer, R. (1969). *Directing reading maturity as a cognitive-learning process*. New York: Harper and Row.

Stauffer, R. (1970). *The language-experience approach to the teaching of reading*. New York: Harper and Row.

Staver, J. (1989). A summary of research in science education. *Science Education, 70*(3), 245–341.

Stenhouse, L. (1975). *An introduction to curriculum research and development*. London: Heinemann.

Stenhouse, L. (1980). *Curriculum research and development in action*. London: Heinemann.

Sternberg, R. (1986a). *Intelligence applied: Understanding and increasing your intellectual skills*. San Diego, CA: Harcourt Brace Jovanovich.

Sternberg, R. (1986b). Synthesis of research on the effectiveness of intellectual skills programs. *Educational Leadership, 44*, 60–67.

Sternberg, R., & Bahna, K. (1986). Synthesis of research on the effectiveness of intellectual skills programs: Snake-oil remedies or miracle cures? *Educational Leadership, 44*(2), 60–67.

Stevens, R. J., & Slavin, R. E. (1995). The cooperative elementary school: Effects on students' achievement, attitudes, and social relations. *American Educational Research Journal, 32*(2), 321–351.

Stevenson, H. (1998, September 16). Guarding teachers' time. *Education Week*.

Stevenson, H. W., Lee, S., & Stigler, J. W. (1986). Mathematics achievement of Chinese, Japanese, and American children. *Science, 231*, 693–699.

Stevenson, H. W., & Stigler, J. (1992). *The learning gap.* New York: Summit Books.
Stone, C. L. (1983). A meta-analysis of advance organizer studies. *Journal of Experimental Education, 51*(4), 194–199.
Stone, J. (2001). Comment on "An open letter to Reid Lyon." *Educational Researcher, 30*(7), 31–32.
Strauss, S. (2001). Methodology, metaphors, and mental health. *Educational Researcher, 30*(7), 32–33.
Suchman, R. J. (1962). *The elementary school training program in scientific inquiry. Report to the U.S. Office of Education, Project Title VII.* Urbana: University of Illinois.
Suchman, R. J. (1964). Studies in inquiry training. In R. Ripple & V. Bookcastle (Eds.), *Piaget reconsidered.* Ithaca, NY: Cornell University Press.
Suchman, R. J. (1981). *Idea book for geological inquiry.* Chicago: Trillium Press.
Sullivan, E. (1967). *Piaget and the school curriculum: A critical appraisal.* (Bulletin No. 2.) Toronto: Ontario Institute for Studies in Education.
Sullivan, E. V. (1984). *A critical psychology: Interpretations of the personal world.* New York: Plenum.
Swanson, H., & Hoskyn, M. (1998). Experimental intervention research on students with learning disabilities: A meta-analysis of treatment outcomes. *Review of Educational Research, 68*(3), 277–321.
Swartz, S., & Klein, A. (1997). *Research in reading rocovery.* Portsmouth, NH: Heinemann.
Taba, H. (1966). *Teaching strategies and cognitive functioning in elementary school children.* (Cooperative Research Project 2404.) San Francisco: San Francisco State College.
Taba, H. (1967). *Teacher's handbook for elementary school social studies.* Reading, MA: Addison-Wesley.
Taber, J., Glaser, R., & Halmuth, H. S. (1967). *Learning and programmed instruction.* Reading, MA: Addison-Wesley.
Taylor, C. (Ed.). (1964). *Creativity: Progress and potential.* New York: McGraw-Hill.
Temple, C., Nathan, R., Temple, F., & Burris, N. (1993). *The beginnings of writing.* Boston: Allyn & Bacon.
Tennyson, R. D., & Cocchiarella, M. (1986). An empirically based instructional design theory for teaching concepts. *Review of Educational Research, 56,* 40–71.
Thelen, H. (1954). *Dynamics of groups at work.* Chicago: University of Chicago Press.
Thelen, H. (1960). *Education and the human quest.* New York: Harper & Row.
Thelen, H. (1981). *The classroom society: The construction of education.* New York: Halsted Press.
"The Urban Simulator." (1972). Washington, DC: Washington Center for Metropolitan Studies.
Thoreson, C. (Ed.). (1973). *Behavior modification in education.* Chicago: University of Chicago Press.
Thorndike, E. L. (1911). Animal intelligence: An experimental study of the associative process in animals. In *Psychological Review, 8* (Suppl. 2). New York: Macmillan.
Thorndike, E. L. (1913). *The psychology of learning: Vol. II. Educational psychology.* New York: Teachers College.
Thorson, A. (2002). More from the education trust. *ENC Focus,* 9(4), 32.
Tobias, S. (1993). *Overcoming math anxiety.* New York: Norton.

Tobin, K. (1986). Effects of teacher wait time on discourse characteristics in mathematics and language arts classes. *American Educational Research Journal, 23*(2), 191–200.

Toppo, G. (2005a, August 8). Federally funded Reading First called into question. *USA Today.*

Toppo, G. (2005b, October 10). Reading program raises questions for lawmakers. *USA Today.*

Torrance, E. P. (1962). *Guiding creative talent.* Englewood Cliffs, NJ: Prentice-Hall.

Torrance, E. P. (1965). *Gifted children in the classroom.* New York: Macmillan.

Traub, J. (2003, August 3). New York's new approach. *New York Times.* p. 1A.

Urdan, T., Midgley, C., and Anderman, E. (1998). The role of classroom goal structure in students' use of self-handicapping strategies. *American Educational Research Journal, 35*(1), 101–102.

U.S. Department of Education. (1986). *What works: Research about teaching and learning.* Washington, DC: Author.

U.S. Department of Education. (1998). *NAEP Facts, 3*(1), 1.

Useem, E. (1990). "You're good, but you're not good enough." *American Educator, 14*(3), 24–46.

Vance, V. S., & Schlechty, P. C. (1982). The distribution of academic ability in the teaching force: Policy implications. *Phi Delta Kappan, 64*(1), 22–27.

Varenhorst, B. B. (1968). The life career game: Practice in decision-making. In S. Boocock & E. O. Schild (Eds.), *Simulating games in learning.* Beverly Hills, CA: Sage.

Vellutino, F., & Scanlon, D. (2001). Emergent literacy skills, early instruction, and individual differences as determinants of difficulties in learning to read: The case for early intervention. In S. Neuman & D. Dickinsons (Eds.), *Handbook of early literacy research* (pp. 295–321). New York: Guilford.

Villani, S. (2002). *Mentoring programs for new teachers.* Thousand Oaks, CA: Corwin Press.

Voss, B. A. (1982). *Summary of research in science education.* Columbus, OH: ERIC Clearinghouse for Science, Mathematics, and Environmental Education.

Wade, N. (2002, June 18). Scientist at work/Kari Stefansson: Hunting for disease genes in Iceland's genealogies. *New York Times,* p. 4.

Wadsworth, B. (1978). *Piaget for the classroom teacher.* New York: Longman.

Walberg, H. J. (1985). *Why Japanese educational productivity excels.* Paper presented at the annual meeting of the American Educational Research Association, Chicago.

Walberg, H. J. (1986). What works in a nation still at risk. *Educational Leadership, 44*(1), 7–11.

Walberg, H. J. (1990). Productive teaching and instruction: Assessing the knowledge base. *Phi Delta Kappan, 71*(6), 70–78.

Wallace, R. C., Lemahieu, P. G., & Bickel, W. E. (1990). The Pittsburgh experience: Achieving commitment to comprehensive staff development. In B. Joyce (Ed.), *Changing school culture through staff development.* Alexandria, VA: Association for Supervision and Curriculum Development.

Walston, J. & West, J. (2004). *Full-day and half-day kindergarten in the United States.* U.S. Department of Education, National Center for Education Statistics.

Wasik, B. A., & Slavin, R. E. (1993). Preventing early reading failure with one-to-one tutoring: A review of five programs. *Reading Research Quarterly, 28*(2), 186–207.

Waterman, F. (1977). *Interviews.* (ISTE Report No. 4.) Syracuse, NY: National Dissemination Center in Education, Syracuse University.
Watson, J. B. (1916). The place of conditioned reflex in psychology. *Psychological Review, 23,* 89–116.
Watson, J. B., & Rayner, R. (1921). Conditioned emotional reactions. *Journal of Experimental Psychology, 3,* 1–14.
Webster's New Collegiate Dictionary. (1975). Springfield, MA: G. & C. Merriam.
Weikart, D., et al. (1971). *The cognitively oriented curriculum: A framework for preschool teachers.* Washington, DC: National Association for Education of Young Children.
Weil, M., Marshalek, B., Mittman, A., Murphy, J., Hallinger, P., & Pruyn, J. (1984). *Effective and typical schools: How different are they?* Paper presented at the annual meeting of the American Educational Research Association, New Orleans.
Weiler, H. (1983). Hunter's model and its effects on students. *Journal of Educational Research, 78,* 325–337.
Weinstein, G., & Fantini, M. (Eds.). (1970). *Toward humanistic education: A curriculum of affect.* New York: Praeger.
Weiss, I. R. (1978). *Report of the 1977 national survey of science, social science, and mathematics education. National Science Foundation.* Washington, DC: U.S. Government Printing Office.
Wentzel, K. (1991). Social competence at school: Relation between social responsibility and academic achievement. *Review of Educational Research, 61*(1), 1–24.
Wertheimer, M. (1945). *Productive thinking.* New York: Harper.
White, B. Y. (1993). ThinkerTools: Causal models, conceptual change, and science education. *Cognition and Instruction, 10*(1), 1–100.
White, W. A. T. (1986). *The effects of direct instruction in special education: A meta-analysis.* Ph.D. thesis, University of Oregon.
Whitehead, A. (1929). *The aims of education.* New York: Macmillan.
Wiederholt, J. L., & Bryant, B. (2001). *Gray Oral Reading Tests.* Austin, TX: Pro-Ed.
Wilson, S., & Berne, J. (1999). Teacher learning and the acquisition of professional knowledge. In A. Nejad & D. Pearson (Eds.), *Review of research in education.* Washington, DC: American Educational Research Association.
Wing, R. (1965). *Two computer-based economic games for sixth graders.* Yorktown Heights, NY: Board of Cooperative Educational Services, Center for Educational Services and Research.
Wittrock, M. C., & Alesandrini, K. (1990). Generation of summaries and analogies and analytic and holistic abilities. *American Educational Research Journal, 27*(3), 489–502.
Wolf, J. M. (1998). Just read. *Educational Leadership, 55*(8), 61–63.
Wolfe, P., & Brandt, R. (1998). What do we know from brain research? *Educational Leadership, 56*(3), 8–13.
Wolpe, J. (1969). *The practice of behavior therapy.* Oxford: Pergamon Press.
Wolpe, J., & Lazarus, A. (1966). *Behavior therapy techniques: A guide to the treatment of neuroses.* Oxford: Pergamon Press, Inc.
Wolpe, J., & Wolpe, D. (1981). *Our useless fears.* Boston: Houghton Mifflin.
Wood, K., & Tinajero, J. (2002, May). Using pictures to teach content to second language learners. *Middle School Journal,* 47–51.
Worthen, B. (1968). A study of discovery and expository presentation: Implications for teaching. *Journal of Teacher Education, 19,* 223–242.

Xue, Y., & Meisels, S. (2004). Early literacy instruction and learning in kindergarten. *American Educational Research Journal, 41*(1), 191–229.
Young, D. (1971). Team learning: An experiment in instructional method as related to achievement. *Journal of Research in Science Teaching, 8,* 99–103.
Ziegler, S. (1981). The effectiveness of cooperative learning teams for increasing cross-ethnic friendship: Additional evidence. *Human Organization, 40,* 264–268.
Zuckerman, D. W., & Horm, R. E. (1970). *The guide to simulation games for education and training.* Cambridge, MA: Information Resources.
Zumwalt, K. (Ed.). (1986). *Improving teaching: 1986 yearbook of the Association for Supervision and Curriculum Development.* Washington, DC: Association for Supervision and Curriculum Development.

索 引

译后记

教学模式是在一定教学思想或教学理论指导下建立起来的、较为稳定的教学活动结构和程序。它既是教学理论的具体化，又是教学经验的一种系统的概括，教学模式是教学理论与教学实践高度融合的表现形态。因此，它能同时满足教学理论研究者兑现他们的研究思想、观念和结论与教学实践者归纳、整理和概括教学经验的共同诉求。成熟的教学模式可以使纷繁复杂的教学理论变得简单易行；可以为职前和在职教师提供大量精心设计的成功的教学方案；可以帮助学生在信息获得、思想、技能、价值观、思维方式等方面的形成中取得更大的进步。布鲁斯·乔伊斯在本版序言中指出："教学模式是一种媒介，教师和实习教师通过它获得多种成功的教学方法。教学模式不仅在理论上具有极强的逻辑性，而且还有助于指导实践，它是专业化教学的基础。"

四十多年前，布鲁斯·乔伊斯就开始了美国课堂教学模式的开发与运用研究，自 1972 年第一版《教学模式》问世以来，他所领导的研究者和实践者从未停止过对教学模式的更深入细致的探究和研发，因为他们坚信："没有一种教学模式能实现所有的目标。但是，如果掌握了全部的教学模式，也就可以实现所有的教学目标了。"霍华德·琼斯在本书前言中说："与以往的版本相比，这一版有明显的改动。具体表现在以下几方面：一是新增了一部分内容，专门用于解决教师在国家和州政府实行绩效化管理时代如何运用教学模式进行有效教学的问题；二是扩大了读者群，对描述性研究和其他研究的读者也同样适用；三是关注教学模式与其研发者之间的冲突（即模式自身的发展）；四是描述了学习风格（或教学风格）对模式选择的影响；五是探讨了教学模式在远程教育日益发达的今天所扮演的角色。"

从章节的变化上看，与第七版相比，我们发现本版有几个特点：一是新增了第三章"学习日渐增长的知识——穿越荆棘丛林的指南"，介绍了如何指导教师进行教学研究；第四章"影响教学的三个因素——风格、模式和多样性"主要谈到教师的教学风格、个人差异以及教学模式是如何对教学产生影响的。二是大量增加了教学案例，以便拉近教学理论与实践的距离，帮助教师更加深入地理解各模式的要义。三是凸显了教学建议的功能。即对理论的理解如何化为对教学实践中需要实施的具体行为的指导做了很好的诠释并按照问题依次以小贴士、小建议的形式列出来，更加突出了这一版的应用性，更多地考虑了如何满足一线教师将各类教学模式有效地运用于教学实践的需要。

我国学者和实践者对教学模式的理解和研究更多的是从"教"的角度出发进行

的。而美国学者对教学模式的理解更多是“学”的角度，布鲁斯·乔伊斯就明确指出，教学模式就是学习模式，他们对教学模式的分类也主要是依据学习者的学习需要、过程和结果来进行的，且美国课堂教学的实际情景和条件也与我国的有很大的不同，尽管如此，促进学生有效学习则是两国教学追求的共同目标；在对教学模式不断深化的理论探究和实现模式对现实教学有效指导上，两国的愿望也是一致的。原著者认为：“它能帮助教师们解决在师生互动中如何促进学生的概念学习、发展创新思维、增强问题解决能力、指导学生形成正确的社会角色意识等问题，成为他们的教学指南。”提升职前和在职教师的专业素养，促进教师教学专业化也是当今世界各国教师教育发展的趋势，因此，我们有理由相信，反映美国学者四十多年探究积淀的《教学模式》（第八版）同样也能带给我国教学理论研究者和实践中的教师丰富的教学方式上的滋养。

我和我指导的西南大学教育学院比较教学论专业的几届研究生很荣幸地翻译了布鲁斯·乔伊斯的《教学模式》（第八版）。整个翻译经过了初译、校译和补译过程。在历时一年多的初译阶段中，我们以学习和研究的姿态投入到翻译过程中，在对前面几版的翻译进行研读和比较的基础上，我们确立了本版的翻译原则：忠实原文风格；提炼专业术语。在初译中我们对新出现的内容采取了“还原”的做法，就是让译者努力体验作者的探究过程，在理解他们对模式的用意上在尽量做到忠实于原文的意思和表达风格；对旧有的内容，我们在翻译中采取了加工和提炼的方式。我们尽力对一些有理解分歧的词句进行仔细的斟酌和推敲，力图用更加简明扼要、通俗易懂和清晰明白的语言，最大限度地将作者的原意呈现在读者面前并试图确立一些专业术语的译名。如在考虑怎样称信息加工、社会、个体和行为系统这四类模式更合理时，我们用“类”取代了原来的“型”的翻译，认为“类”的下属概念才是“型”，这样才能有更大的包容性，事实上，乔伊斯的四类模式下也的确还有更多具体型态的模式，因此，我们自认这样的处理更加合理。当然，每次我们推敲后都会发现有更合理的译法，时间和能力限制了我们对所有感到有疑惑的方面进行反复推敲，尽管我们有不负众望，把它翻译得更准确和更美好的愿望，但仍感无法完全到达所期望的程度，对于不妥之处，我们也恳请同仁批评指正。在校译阶段我们重点是对译者的中文表达在统一性、连贯性和流畅性上进行了再加工和再确认，旨在使读者能流畅地阅读本书。在本书即将出版之际我们被要求补译本书的附录部分，我们认为补译这部分内容有助于读者对本书的探究和使用过程有更清楚和全面的认识。

《教学模式》（第八版）的翻译是由我和我指导的西南大学教育学部比较教学论和教师教育比较方向的研究生（08～13级）参与完成的。在我的组织、领导和统筹下，我们采取了集体审议的方式，经过了初译、校译和补译三个阶段和环节才得以完成。在整个过程中我们也体验到了本书所倡导的“共同研讨”教学模式的真谛，在本书的翻译过程中，受本书教学模式探究过程、方法和原理的启发，我形成了我国全日制研究生的“学导式”教养模式研究课题，我视整个翻译过程为对这一模式的体验和探究的过程。各章翻译分工如下：前言、序言、第四章：李硕、梅少波、陈思宇；第一章：杨刚、沈超；第二章：姜鸿鹏、汪耀；第三章：袁锦、王琳博；第五章：李春梅、张珩；第六章：郭俊、杨超；第七章：侯得娟、赵琳；第八章：邹昌明、董雪艳；第九章：杨迎霞、刘瑶瑶；第十章：申阳春、张桂娟；第十一章：赵国金、张蕾；第十二章：黄廷美、侯秀云；第十三章：周玲玲、刘艳；第十四章：段丽渊、莫珍翠；第十五章：菅永霞、杨芮一；第十六章：闫靓、熊彩霞；第十七章：郭晓燕、马康；第十八章：张志艳、赵伟利；第十九、二十章：杨艳梅、谭华凤、丁文龙；第二十一章：朱德凤、柴顾英；第二十二章、后记：郑晓川、姜文静；附录：丁文龙、姜文静、赵伟利、杨芮一、马康、陈思宇、刘艳。初译的统稿由兰英、杨迎霞、邹昌明完成；校译的统稿由兰英、侯秀云、刘瑶瑶完成。

感谢参与本书翻译工作的所有成员，也感谢人民大学出版社的编辑闫景、李俊峰、王鑫、王雪颖和田田等的指导，没有他们的努力本书无法出版！

西南大学教育学部教授、博士生导师

兰　英

2014年3月于重庆北碚

图书在版编目（CIP）数据

教学模式：第 8 版/（美）乔伊斯等著；兰英等译. —北京：中国人民大学出版社，2014.4
ISBN 978-7-300-18579-8

Ⅰ.①教… Ⅱ.①乔…②兰… Ⅲ.①教学模式 Ⅳ.①G42

中国版本图书馆 CIP 数据核字（2014）第 074650 号

教学模式（第八版）

布鲁斯·乔伊斯（Bruce Joyce）
［美］玛莎·韦尔（Marsha Weil） 著
艾米莉·卡尔霍恩（Emily Calhoun）
兰 英 等 译

Jiaoxue Moshi

出版发行	中国人民大学出版社		
社 址	北京中关村大街 31 号	邮政编码	100080
电 话	010－62511242（总编室）		010－62511770（质管部）
	010－82501766（邮购部）		010－62514148（门市部）
	010－62515195（发行公司）		010－62515275（盗版举报）
网 址	http://www.crup.com.cn		
经 销	新华书店		
印 刷	涿州市星河印刷有限公司		
规 格	185 mm×260 mm 16 开本	版 次	2014 年 6 月第 1 版
印 张	27.75 插页 1	印 次	2021 年 12 月第 8 次印刷
字 数	635 000	定 价	98.00 元

Pearson

尊敬的老师：

为了确保您及时有效地申请培生整体教学资源，请您务必完整填写如下表格，加盖学院的公章后传真给我们，我们将会在 2—3 个工作日内为您处理。

请填写所需教辅的开课信息：

采用教材			□中文版　□英文版　□双语版
作　　者		出版社	
版　　次		ISBN	
课程时间	始于　　年　月　日	学生人数	
	止于　　年　月　日	学生年级	□专　科　□本科 1/2 年级 □研究生　□本科 3/4 年级

请填写您的个人信息：

学　　校			
院系/专业			
姓　　名		职　　称	□助教 □讲师 □副教授 □教授
通信地址/邮编			
手　　机		电　　话	
传　　真			
official email（必填） （eg：XXX@ruc.edu.cn）		email （eg：XXX@163.com）	
是否愿意接受我们定期的新书讯息通知：	□是　　□否		

系/院主任：____________（签字）

（系/院办公室章）

______年______月______日

资源介绍：

——教材、常规教辅（PPT、教师手册、题库等）资源：请访问 www.pearsonhighered.com/educator；　（免费）

——MyLabs/Mastering 系列在线平台：适合老师和学生共同使用；访问需要 Access Code；　（付费）

100013　北京市东城区北三环东路 36 号环球贸易中心 D 座 1208 室 100013

Please send this form to：copub.hed@pearson.com

Website：www.pearson.com